今中利昭先生傘寿記念

会社法・倒産法の現代的展開

編集代表 田邊光政

発行 民事法研究会

今中利昭先生近影

は し が き

　今中利昭先生は、本年（平成27年）5月15日にめでたく傘寿を迎えられました。これまで今中利昭先生へのご長寿の祝賀として、還暦記念として『現代倒産法・会社法をめぐる諸問題』（民事法研究会・平成7年10月）、古稀記念として『最新倒産法・会社法をめぐる実務上の諸問題』（民事法研究会・平成17年5月）が献呈されておりますが、今中利昭先生から直接または間接にご指導を受けた後進の者により3冊目の記念論文集を編んで感謝の意を表すべく、傘寿記念論文集『会社法・倒産法の現代的展開』を献呈させていただく次第です。

　今中利昭先生は、昭和37年に弁護士登録をされて以来50年以上にわたり現在もお元気に活躍されておられますが、弁護士業務を含めた多方面にわたる活躍については還暦記念論文集のはしがきにおいて、また、研究者としての会社法・倒産法分野での多数のご論考とご功績については古稀記念論文集のはしがきにおいて詳細に紹介されておりますので、ここでは古稀記念論文集刊行後に今中先生が関西大学より法学博士の学位を取得されたことと、傘寿とはいえ、なお、会社法および倒産法の分野での研究の第一線に携わられておられることについて紹介をさせていただきます。

　今中利昭先生は、平成19年9月18日に、これまでの動産売買先取特権に関する研究の成果をまとめられて関西大学に学位論文を提出され、同大学から博士（法学）の学位を授与されました。その成果は『動産売買先取特権に基づく物上代位論』（民事法研究会・平成20年）として公刊されておられます。学位取得後も動産売買先取特権に関する研究を継続され、平成22年には「動産売買先取特権に基づく物上代位の目的物──物上代位余論」（関西法律特許事務所開設45周年記念論文集『民事特別法の諸問題第5巻（上巻）』（第一法規）所収）として公表されています。

　会社法分野では、今中利昭先生は、自ら創設された関西商事法研究会の40周年記念論文集『会社法改正の潮流』（新日本法規出版・平成26年）に、平成26年会社法改正の重要項目である監査等委員会制度を研究され、「監査役（会）設置制度と指名委員会等設置制度と監査等委員会設置制度の選択」を寄稿されておられます。

はしがき

　また、倒産法分野では、倒産法全体を体系化され、「新倒産法体系」甲南法務研究１号（平成17年）や、法科大学院の教科書として読まれた『実務倒産法講義』初版（平成16年）・増補改訂版（平成18年）・第３版（平成21年。いずれも民事法研究会）の倒産法総論部分を執筆されておられます。

　今中利昭先生のご研究のスタイルは、単なる理論的な紹介にとどまらず自らの実務経験（弁護士だけではなく、社外監査役、監事等弁護士以外の役職も含む）を踏まえた実践的な内容を含むものであり、かつ、トピカルなテーマを時機に合わせて表面的に紹介されるというものではなく、裁判例等資料を丁寧に収集され、長年にわたって継続的かつ周到に検討を重ねられたうえで公表されるというものです。学位論文のテーマである動産売買先取特権は、今中先生が昭和54年（1979年）に発表された「動産売買先取特権の物上代位(上)(下)」（NBL197号、199号）に始まる30年にも及ぶ主題であり、また、監査等委員会設置会社に関するご論考も、関西商事法研究会30周年記念論文集『最新会社法をめぐる理論と実務』に寄稿された「監査役制度と監査委員会制度の選択」をさらに発展された内容となっておられます。このような今中先生の誠実な研究姿勢は、実務家のみならず研究者からも敬意をもって接せられています。

　本論文集には、倒産法研究の第一人者で今中利昭先生が敬愛する伊藤眞東京大学名誉教授から「今中利昭先生傘寿のお祝いに寄せて——私の倒産法学と６人の方々」としてご寄稿いただいておりますのも、ひとえに今中先生の誠実かつ真摯なお人柄によるものと思わざるを得ません。

　今中利昭先生におかれましては、いつまでもお元気で、私ども後進の者にご指導とご鞭撻をいただけることを心から祈念申し上げております。

　本書の公刊にあたり、株式会社民事法研究会代表取締役田口信義氏と、編集部の安倍雄一氏には格別のご配慮をいただきました。厚くお礼を申し述べます。

　　平成27年（2015年）５月吉日
　　今中利昭先生傘寿記念論文集刊行委員会
　　　　　　編集代表　田邊　光政
　　　　　　編集委員　阿多　博文　今泉　純一　佐藤　鉄男　四宮　章夫
　　　　　　　　　　　赫　　高規　中井　康之　山本　和彦

●執筆者一覧●

（50音順）

相澤　光江（弁護士・TMI総合法律事務所）
赤木　真美（岡山大学社会文化科学研究科教授）
阿多　博文（弁護士・弁護士法人興和法律事務所）※
伊藤　　眞（日本大学大学院法務研究科客員教授・東京大学名誉教授）
今泉　純一（弁護士・エートス法律事務所）※
今川　嘉文（龍谷大学法学部教授）
植村　淳子（弁護士・弁護士法人関西法律特許事務所）
河崎　祐子（信州大学大学院法曹法務研究科教授）
北村　雅史（京都大学大学院法学研究科教授）
清原　泰司（南山大学大学院法務研究科教授）
金　　　春（同志社大学法学部准教授）
酒井　紀子（公正取引委員会審判官）
坂本　達也（静岡大学大学院法務研究科准教授）
佐藤　鉄男（中央大学大学院法務研究科教授）※
軸丸　欣哉（弁護士・弁護士法人淀屋橋・山上合同）
四宮　章夫（弁護士・コスモス法律事務所）※
柴野　高之（弁護士・堂島法律事務所）
髙島　志郎（弁護士・弁護士法人淀屋橋・山上合同）
高田　賢治（大阪市立大学大学院法学研究科教授）
高橋　英治（大阪市立大学大学院法学研究科教授）
田邊　光政（名古屋大学名誉教授）※
田辺　保雄（弁護士・田辺法律事務所）
赫　　高規（弁護士・弁護士法人関西法律特許事務所）※
中井　康之（弁護士・堂島法律事務所）※
永石　一郎（弁護士・永石一郎法律事務所）
中嶋　勝規（弁護士・アクト大阪法律事務所）
西村　　賢（弁護士・成和明哲法律事務所）

執筆者一覧

藤本　利一（大阪大学大学院高等司法研究科教授）
村中　　徹（弁護士・弁護士法人第一法律事務所）
山下　眞弘（名古屋学院大学法学部教授・大阪大学名誉教授）
山野加代枝（大阪電気通信大学金融経済学部講師）
山本　和彦（一橋大学大学院法学研究科教授）※
吉井　敦子（大阪市立大学大学院法学研究科教授）
吉本　健一（神戸学院大学法学部教授）
渡邊　　顯（弁護士・成和明哲法律事務所）
※は、編集委員

（所属は、平成27年4月末日現在）

目　次

第1部　会　社　法

1　支配権の異動を伴う新株発行 ……………………………… 田邊光政・2

- I　はじめに …………………………………………………………………2
- II　新株発行規制の変遷 …………………………………………………3
  - 1　明治32年商法制定時の新株発行規制 ……………………………3
  - 2　昭和25年改正 ………………………………………………………3
  - 3　昭和30年改正 ………………………………………………………5
  - 4　昭和41年改正 ………………………………………………………8
    - (1)　新株発行手続 …………………………………………………8
    - (2)　株式の譲渡制限会社と株主の新株引受権 …………………11
  - 5　譲渡制限会社における株主の新株引受権 ………………………13
  - 6　現行会社法における公開会社の新株発行規制 …………………14
- III　平成26年改正 …………………………………………………………15
  - 1　改正の背景 …………………………………………………………15
  - 2　平成26年改正法の内容 ……………………………………………16
- IV　若干の具体的論点 ……………………………………………………17
  - 1　有利発行にも該当する場合の対応 ………………………………17
  - 2　平成26年改正法206条の2違反の新株発行 ………………………18
  - 3　改正法と敵対的公開買付け ………………………………………22
- V　結びに代えて …………………………………………………………24

2　仮装払込みによる募集株式の発行等 ……………吉井敦子・26

- I　問題の所在と会社法改正……………………………………………26
- II　見せ金に係る判例の検討……………………………………………28
- III　価値の移転に関する考え方…………………………………………32
- IV　仮装払込みを行った場合の引受人の責任…………………………33
- V　引受人の出資履行の仮装に関与した取締役等の責任……………34
  - 1　善管注意義務・忠実義務…………………………………………34
  - 2　取締役等の支払義務と支払金額…………………………………34
  - 3　出資を仮装した取締役等の義務の免除…………………………35
- VI　出資履行が仮装された場合の法的関係……………………………35
- VII　会社設立に関し出資履行が仮装された場合の法的関係…………36
- VIII　新株予約権に関する払込みが仮装された場合の法的関係………38
  - 1　募集新株予約権の「発行時」において払込み等が仮装された場合……38
  - 2　新株予約権の「行使時」において払込み等が仮装された場合……39
  - 3　株主代表訴訟の提起………………………………………………39
  - 4　払込み等を仮装することに関与した取締役等の義務…………39
- 結　語………………………………………………………………………40

3　株式併合等に関する改正事項の検討 ……………西村　賢・41

- I　株式併合に関する改正の経緯………………………………………41
  - 1　株式併合に関する規制の沿革……………………………………41
  - 2　株式併合における少数株主保護の必要性と平成26年会社法改正……42
- II　平成26年会社法改正における株式併合規制の見直しの内容……44
  - 1　改正事項の概要……………………………………………………44
  - 2　改正事項の適用対象………………………………………………45
  - 3　反対株主による株式買取請求制度の創設………………………46
    - (1)　株式買取請求権の内容………………………………………47
    - (2)　株式買取請求権の行使の手続と撤回の制限………………48

(3) 財源規制等……………………………………………………50
　4　情報開示の充実……………………………………………………50
　　　(1) 事前備置手続…………………………………………………51
　　　(2) 株主総会参考書類への記載…………………………………52
　　　(3) 事後備置手続…………………………………………………53
　5　株主による差止請求制度の創設…………………………………53
　6　株式併合による発行済株式総数の減少に伴う4倍規制の徹底…54
Ⅲ　株式併合の活用………………………………………………………55
　1　投資単位または発行済株式数の調整のために行う株式併合…55
　2　事業再生……………………………………………………………56
　　　(1) 株主責任の明確化としての株式併合………………………56
　　　(2) 株式買取請求に関する業務執行者の責任と「公正な価格」…57
　3　キャッシュ・アウト………………………………………………58
　　　(1) キャッシュ・アウト目的での株式併合の利用可能性……58
　　　(2) 改正会社法によるキャッシュ・アウトの手法……………59
　　〈表〉キャッシュ・アウトの制度の比較…………………………60
　　　(3) 株式併合スキームにおける「公正な価格」………………62

4　少数株主が招集する株主総会と会社法124条4項
　　　　　　　　　　　　　　　　　　　　　　　　　……赤木真美・64

Ⅰ　はじめに………………………………………………………………64
Ⅱ　株主が招集する臨時株主総会………………………………………67
　1　規制内容……………………………………………………………67
　2　関連した問題点……………………………………………………68
　　　(1) 招集請求の要件………………………………………………68
　　　(2) 裁判所による招集許可………………………………………69
　　　(3) 招集期限をつけた招集許可の意義…………………………72
　　　(4) 少数株主による基準日の設定と公告の可否………………73
　　　(5) 株主名簿等の閲覧・謄写……………………………………74
　　　(6) 総会当日における会場設営等………………………………75

(7)　取締役の総会出席義務……………………………………………75
　　(8)　議　　長…………………………………………………………75
　　(9)　当日議決権を有する者……………………………………………76
　　(10)　議事録………………………………………………………………76
　　(11)　費　　用…………………………………………………………77
Ⅲ　検　討……………………………………………………………………78

5　監査等委員会設置会社制度 …………………………………渡邊　顯・81

Ⅰ　振り返り……………………………………………………………………81
　1　コーポレート・ガバナンス（企業統治）とは何か…………………81
　2　コーポレート・ガバナンスの起源と歴史……………………………82
　　(1)　コーポレート・ガバナンスの起源………………………………82
　　(2)　わが国の商法改正史と会社法の改正……………………………83
　〈図表1〉　商法改正史 ………………………………………………84
　3　会社法をとらえる視点…………………………………………………87
Ⅱ　監査等委員会設置会社の概要……………………………………………87
　1　監査等委員会設置会社の導入…………………………………………87
　　(1)　監査等委員会設置会社とは………………………………………87
　　(2)　監査役会・委員会設置会社との制度設計上の違い……………88
　2　監査等委員会設置会社の概要…………………………………………89
　　(1)　監査等委員会の設置………………………………………………89
　　(2)　監査等委員である取締役の選任など……………………………89
　　(3)　監査等委員会の構成………………………………………………90
　　(4)　監査等委員と監査等委員会の権限………………………………91
　　(5)　監査等委員会の運営………………………………………………92
　　(6)　監査等委員会の取締役の権限……………………………………92
Ⅲ　監査等委員会設置会社の評価……………………………………………93
　1　新しいガバナンスのしくみ……………………………………………93
　　(1)　指名委員会等設置会社の利用状況………………………………93
　　(2)　ガバナンスのしくみと変化する時代……………………………93

2　指名委員会等設置会社制定時のパブリックコメント……………94
　　　(1)　日弁連と経団連のパブリックコメントの概要……………94
　　　(2)　企業と社会・経済環境……………94
　　3　監査等委員会設置会社に対するパブリックコメント……………95
　　　(1)　日弁連と経団連のパブリックコメントの概要……………95
　　　(2)　企業の社会・経済環境……………95
　　4　監査等委員会設置会社への移行は進むか……………96
　　　(1)　監査役会設置会社との親和性……………96
　　　(2)　社外役員数の削減効果……………97
　　　(3)　その他の監査等委員会設置会社へ移行するメリット……………98
Ⅳ　**監査等委員会制度の実務上の問題**……………98
　　1　監査役ポストが消滅する……………98
　　　(1)　監査役ポスト就任者の前職……………98
　　〈図表2〉　監査役の過去の職歴……………99
　　　(2)　監査役ポストが消滅することの影響……………100
　　2　監査役・監査役会と監査等委員・同委員会の違い……………101
　　　(1)　取締役会の外側にいるのか、内側にいるのか……………101
　　　(2)　役員の指名・報酬に対する意見陳述権の影響力……………102
　　3　社会環境の変化と「取締役会の意識改革」……………103
　　　(1)　日本の企業ガバナンスをめぐる状況……………103
　　　(2)　求められるのは「取締役の意識改革」……………105

6　**親子会社関係と親会社取締役の責務**　………村中　徹・110

Ⅰ　**はじめに**……………110
Ⅱ　**改正前法における親子会社関係についての規律**……………111
Ⅲ　**親子会社関係の形成・解消過程に関連する改正項目と実務対応**……112
　　1　公開会社における支配権の異動を伴う募集株式等の割当て……………112
　　2　支配権の異動を伴う子会社株式等の譲渡……………114
　　3　その他……………114

IV 完全親子会社関係の形成に関連する改正項目と実務対応 …………115
1 特別支配株主による株式等売渡請求 ……………………………115
2 全部取得条項付種類株式の取得手続に関する見直し …………117
3 株式の併合により端数となる株式の買取請求に関する見直し ………118

V 親子会社関係の継続過程に適用される改正項目と実務対応 …………119
1 多重代表訴訟制度の創設 …………………………………………119
2 親会社等との利益相反取引に関する開示等の強化 ……………120
3 子会社を含むグループ内部統制についての取組み ……………122
4 親会社取締役の子会社に対する監督責任 ………………………122
5 その他 ………………………………………………………………123

7 代表取締役の専断的行為 ……………………………山野加代枝・125

I はじめに …………………………………………………………………125

II 取締役会設置会社における代表取締役と取締役会の関係 …………126
1 取締役会設置会社における取締役会の権限 ……………………126
2 会社の業務執行 ……………………………………………………127
3 代表取締役の権限の由来 …………………………………………127
　(1) 並立機関説と派生機関説 ………………………………………127
　(2) 業務に関する行為 ………………………………………………129

III 代表取締役の専断的行為の効力 ………………………………………131
1 並立機関説に立つ学者の見解 ……………………………………131
2 派生機関説に立つ学者の見解 ……………………………………132
3 超権代理説 …………………………………………………………134

IV 専断的行為に関する判例 …………………………………………………136
1 主要判例 ……………………………………………………………136
　(1) 事業譲渡（旧商法における営業譲渡）――最判昭和61・9・11 金商758号3頁 ………………………………………………………136
　(2) 第三者に対する新株の有利発行――最判昭和46・7・16判時 641号97頁 ……………………………………………………………136

(3)　取締役会決議を欠く新株発行 ……………………………………139
　　(4)　会社法362条4項違反の取引——最判昭和40・9・22民集19巻
　　　　6号1656頁 ………………………………………………………141
　　(5)　新株発行無効確認訴訟——最判平成24・4・24金商1392号16頁 …142
　2　判例の分析 ………………………………………………………………145
V　結びに代えて ………………………………………………………………146

8　合同会社の業務執行社員の第三者責任 ……………永石一郎・149

I　本稿の目的 …………………………………………………………………149
　1　設題・関連設問解決のポイント …………………………………………150
　　(1)　本設題の趣旨 …………………………………………………………150
　　(2)　業務執行社員の善管注意義務・忠実義務（会593条1項・2項）…151
　　(3)　業務執行社員の第三者責任（会597条、429条）…………………151
　　(4)　監視義務 ………………………………………………………………152
　　(5)　要件事実の構造 ………………………………………………………152
　2　匿名組合契約 ……………………………………………………………153
II　合同会社 ……………………………………………………………………155
　1　会社の種類別設立件数からみた合同会社の躍進 ………………………155
　　(1)　会社類型 ………………………………………………………………155
　　〈表1〉　会社の種類別設立件数（法務省登記統計）………………………155
　　(2)　会社の種類別数 ………………………………………………………156
　　〈表2〉　会社の種類別数（平成26年3月末現在）…………………………156
　2　合同会社制度 ……………………………………………………………156
　　(1)　合同会社とは …………………………………………………………156
　　(2)　合同会社の法的性質 …………………………………………………157
　　〈表3〉　各事業体における出資者の責任の比較 …………………………158
　　〈表4〉　合同会社の業務執行社員と株式会社の取締役の違い …………160
　　〈表5〉　業務執行社員と職務執行者の違い ………………………………162
　　(3)　合同会社と株式会社の本質的な違い ………………………………163
　　(4)　合同会社と他の持分会社との違い …………………………………164

3　特例有限会社 …………………………………………………165
　　　(1)　営業者甲が特例有限会社の場合の乙・丙・丁の責任 ………165
　　　(2)　特例有限会社 ………………………………………………165
　　　(3)　特例有限会社と合同会社の構造的異同 …………………166
　　　(4)　特例有限会社と合同会社の異同 …………………………167
　　　〈表6〉　特例有限会社と合同会社の異同一覧 ………………167
　　　(5)　特例有限会社と取締役会非設置株式会社の異同 ………168
　　　〈表7〉　特例有限会社と取締役会非設置株式会社の異同一覧 …169
　　4　特定目的会社（TMK） ……………………………………170
　　　〈表8〉　特定目的会社（TMK）と合同会社の異同一覧 ……170
　　5　監視義務 ………………………………………………………171
　　　(1)　株式会社の取締役の監視義務 ……………………………171
　　　(2)　特例有限会社の取締役の監視義務 ………………………172
　　　(3)　特定目的会社（TMK）の取締役の監視義務 ……………173
　　　(4)　合同会社の業務執行社員の監視義務 ……………………174
　　　(5)　各会社類型における他の取締役ないし業務執行社員に対する監視義務の根拠 ………………………………………………175

9　MBOの実施と取締役の注意義務 ……………今川嘉文・179

Ⅰ　問題点の所在 …………………………………………………179
Ⅱ　MBOの意義と課題 …………………………………………180
　1　MBOの意義 …………………………………………………180
　2　MBOの課題 …………………………………………………181
　　(1)　取締役の構造的利益相反 …………………………………181
　　(2)　取締役と株主との情報の非対称性等 ……………………182
　　(3)　公開買付けにおける強圧性 ………………………………182
Ⅲ　米国における議論 ……………………………………………183
　1　実施過程の公正性の要素 ……………………………………183
　　(1)　「公正な手続」の認定要素 …………………………………183
　　(2)　十分な機能と真の交渉権限 ………………………………184

	(3) 重要な情報の開示範囲 ································184
2	MBO と役員責任の判例動向 ····································185
	(1) 取締役の責任 ···185
	(2) 少数株主の締出し保護 ····································186
	(3) 株主利益の最大化 ··186

IV　MBO における取締役の第三者責任 ··················187

1	本件東京高判 ··187
	(1) 事案の概要 ···187
	(2) 判決の要旨 ···188
2	公正価値移転義務 ··190
	(1) MBO の目的との関係 ·····································190
	(2) 公正価値移転義務の意義 ·······························191
	(3) 公正な価格との関係 ·······································191
	(4) 公正価値移転義務違反の有無 ·······················193
3	適正情報開示義務違反と開示内容 ······················196
4	価格最大化義務 ··197

V　MBO における取締役の対会社責任 ··················198

1	本件神戸地判 ··198
	(1) 事案の概要 ···199
	(2) 判決の要旨 ···200
2	「MBO の実施過程の公正性」の検討 ··················204
	(1) 取締役の独立性 ··204
	(2) 電子メール指示との関係 ·······························204
	(3) 利益計画の見直し ··205
	(4) 社外取締役の交渉権限 ····································205
3	開示義務違反の検討 ··206
	(1) 求められる情報開示の具体的内容 ·················206
	(2) 利益相反性の回避・軽減措置 ·······················207
	(3) 賛同意見の表明 ··207
	(4) 買付価格の妥当性 ··208

4　損害との因果関係 …………………………………………………208

10　旧株主による責任追及等の訴えの創設と他の規律への影響 …………………………………………阿多博文・210

Ⅰ　はじめに………………………………………………………………210
　1　旧株主による責任追及等の訴えの制度の創設 ……………………210
　2　株主としての地位を喪失した者による訴えの提起・追行 ………210
　3　本稿の目的 ……………………………………………………………211
Ⅱ　「株主でなくなった者」による訴訟追行（会851条）………………212
　1　意　義 …………………………………………………………………212
　2　規定創設の経緯 ………………………………………………………212
　3　平成26年改正法における立法担当者の理解 ………………………214
　4　「株主でなくなった者」による株式交換等の効力発生後の訴訟
　　参加 ……………………………………………………………………215
Ⅲ　「旧株主」による責任追及等の訴え（会847条の2）………………216
　1　意　義 …………………………………………………………………216
　2　制度創設の理由 ………………………………………………………216
　3　提訴請求ができる者 …………………………………………………217
　　(1)　対象となる組織再編 ……………………………………………217
　　(2)　株式の継続保有 …………………………………………………217
　4　対象となる責任または義務 …………………………………………217
　5　適格旧株主全員の同意と責任の免除 ………………………………218
　6　旧株主による責任追及等の訴え（会847条の2）に係る訴訟への
　　参加 ……………………………………………………………………221
　　(1)　適格旧株主の参加 ………………………………………………221
　　(2)　株式交換等完全子会社の参加 …………………………………221
　　(3)　完全親会社、株式交換等完全親会社の参加 …………………222
　　(4)　責任追及等の訴え提起後、株式交換等がなされた場合はどうか …223
　7　旧株主の責任追及等の訴えの判決の効力 …………………………223

Ⅳ 新設会社・存続会社における合併消滅会社の取締役等に対する
　責任の免除、訴訟参加──適格旧株主に関する規定の類推適用の
　可否 …………………………………………………………………………224
　1　問題の所在 ……………………………………………………………224
　2　責任追及等の訴えに係る訴訟への参加 ……………………………224
　　(1)　消滅会社の株主の訴訟参加 ……………………………………224
　　(2)　存続会社の株主の訴訟参加 ……………………………………225
　　(3)　合併存続会社の訴訟参加 ………………………………………226
　3　合併の効力発生後の消滅会社（Ｂ社）の取締役等に係る責任の
　　免除 ……………………………………………………………………227
　　(1)　問題の所在 ………………………………………………………227
　　(2)　同意の主体 ………………………………………………………227
Ⅴ　結　論 …………………………………………………………………228

11　組織再編等の差止請求 ……………………………………植村淳子・229

Ⅰ　はじめに ………………………………………………………………229
Ⅱ　組織再編等行為における少数株主の権利保護制度 ………………230
　1　情報開示 ………………………………………………………………230
　2　株式買取請求 …………………………………………………………230
　　(1)　反対株主の株式買取請求権 ……………………………………230
　　(2)　略式組織再編等行為の場合 ……………………………………231
　　(3)　簡易組織再編等行為の場合 ……………………………………231
　　(4)　少数株主保護制度としての限界 ………………………………232
　3　株主総会決議取消しの訴え …………………………………………233
　　(1)　不公正な対価等による組織再編等行為の要件該当性 ………233
　　(2)　少数株主保護制度としての限界 ………………………………233
　4　組織再編行為の無効の訴え …………………………………………234
　　(1)　不公正な対価等による組織再編行為の無効事由該当性 ……234
　　(2)　少数株主保護制度としての不十分性 …………………………234

	5	損害賠償請求 ………………………………………………235
III		改正の概要 …………………………………………………236
	1	平成26年改正会社法における改正内容 ………………236
	2	改正の理由 …………………………………………………236
IV		改正の経緯 …………………………………………………237
	1	従前の法制度 ………………………………………………237
	(1)	略式組織再編行為の差止請求 ……………………………237
	(2)	解釈による差止請求 ……………………………………240
	2	中間試案 ……………………………………………………241
	(1)	中間試案の内容 …………………………………………241
	(2)	中間試案の補足説明 ……………………………………242
	3	意見照会の結果 ……………………………………………244
	4	要綱案 ………………………………………………………246
	5	平成26年改正会社法 ……………………………………246
V		平成26年改正により認められた組織再編行為の差止請求の要件 …246
	1	差止請求の要件 ……………………………………………246
	2	法令または定款に反する場合 ……………………………247
	3	組織再編の対価等が著しく不当であること ……………248
	4	実務への影響 ………………………………………………248
	5	差止仮処分・差止判決に違反した場合の効力 …………250
VI		最後に …………………………………………………………250

12 詐害的会社分割と債権者の保護 ……………………北村雅史・251

I		はじめに ………………………………………………………251
II		詐害的会社分割が生じる制度的理由と残存債権者の立場 ………252
	1	詐害的会社分割が増加した制度的理由 ………………252
	2	残存債権者保護の必要性 ……………………………………253
III		詐害的会社分割に対する残存債権者の救済手段 …………255
	1	法人格否認の法理 …………………………………………255
	2	会社法22条1項の類推適用 ………………………………256

		3	否認権の行使 …………………………………………………257

　　3　否認権の行使 …………………………………………………257
　　4　詐害行為取消権の行使 ………………………………………257
　　　(1)　詐害行為取消権行使の対象 ………………………………257
　　　(2)　会社分割の詐害性 …………………………………………258
　　　(3)　詐害行為取消権行使の効果 ………………………………260
Ⅳ　平成26年会社法改正における残存債権者の履行請求権 ………261
　　1　趣　旨 …………………………………………………………261
　　2　履行請求権行使の要件 ………………………………………262
　　3　履行請求権の行使 ……………………………………………264
　　4　改正会社法上の履行請求権と詐害行為取消権との関係 ……265
Ⅴ　おわりに ……………………………………………………………267

13　全部取得条項付種類株式の取得に関する改正 …吉本健一・269

Ⅰ　はじめに ……………………………………………………………269
Ⅱ　全部取得条項付種類株式に関する改正の内容 ………………269
　　1　改正の経過 ……………………………………………………269
　　2　事前・事後の情報開示制度 …………………………………270
　　3　株主の差止請求権 ……………………………………………271
　　4　株主による取得価格決定の申立手続 ………………………271
Ⅲ　検　討 ………………………………………………………………272
　　1　情報開示 ………………………………………………………272
　　2　差止請求権 ……………………………………………………273
　　　(1)　取得対価の内容に関する株主総会決議 …………………273
　　　(2)　不当な取得対価と差止請求権 ……………………………274
　　　(3)　株主が不利益を受けるおそれ ……………………………277
　　3　取得価格の決定申立て ………………………………………278
　　　(1)　株主総会決議と取得価格の決定申立て …………………278
　　　(2)　定款変更の反対株主の買取価格決定申立手続との関係 …278
　　　(3)　取得価格決定申立てと個別株主通知 ……………………280
　　4　全部取得の無効 ………………………………………………281

Ⅳ　おわりに……………………………………………………………………282

14　株主構成・事業内容が変動する場合に係る会社法上の規制 ………………………………………………………髙島志郎・283

Ⅰ　はじめに……………………………………………………………………283
Ⅱ　平成26年会社法改正 ……………………………………………………284
　1　反対株主の株式買取請求権、取得価格決定申立権の濫用と弊害 ……284
　2　株式買取請求、取得価格決定申立てに係る弊害に対応する平成26年会社法改正 ……………………………………………………………287
　3　平成26年会社法改正後も残る問題 ………………………………288
Ⅲ　公表後取得株主の株式買取請求 ………………………………………290
　1　問題の所在 …………………………………………………………290
　2　裁判例 ………………………………………………………………291
　　(1)　組織再編等の方針・協議開始・基本合意等の公表後 ………291
　　(2)　総会基準日後、条件等の公表前 ………………………………291
　　(3)　組織再編等の条件の公表後、株主総会決議前 ………………292
　　(4)　株主総会決議の成立後（組織再編等の確定後） ……………294
　3　検　討 ………………………………………………………………295
Ⅳ　事業の切出しの手法と規制 ……………………………………………297
　1　規制の比較 …………………………………………………………297
　〈表1〉　株主総会決議を要する場合（子会社株式譲渡・事業譲渡・会社分割） ……………………………………………………………298
　2　子会社株式譲渡に係る規制の問題点 ……………………………298
Ⅴ　事業の承継の手法と規制 ………………………………………………300
　1　第三者割当増資に係る規制 ………………………………………300
　2　組織再編等との対比 ………………………………………………301
　〈表2〉　株主総会決議を要する場合（第三者割当増資と組織再編の対比） …302
Ⅵ　おわりに…………………………………………………………………303

15 相続株式と現金・預貯金・国債・投資信託受益権
——会社法106条解釈の前提問題—— ……………山下眞弘・305

- **I 会社法と相続法の対話** ……………………………………305
  - 1 会社法106条の法意 ………………………………………305
  - 2 本稿の検討課題 …………………………………………306
  - 3 相続法との対話 …………………………………………307
- **II 遺産共有の性質論——共有・合有論の意義** ………………308
  - 1 株式共有の特殊性 ………………………………………308
  - 2 共有説・合有説に共通の問題 ……………………………308
  - 3 合有説の実質的意義 ……………………………………309
- **III 現金・預貯金・国債・投資信託受益権の相続** ……………309
  - 1 現金（金銭）………………………………………………309
  - 2 金銭債権（特に預貯金）…………………………………311
    - (1) 判例の立場 …………………………………………311
    - (2) 当然分割の当否 ……………………………………312
    - (3) 定額郵便貯金 ………………………………………313
  - 3 国債・投資信託受益権 ……………………………………314
    - (1) 最判平成26・2・25の立場 …………………………314
    - (2) 最高裁2月判決の検討 ………………………………315
    - (3) 最判平成26・12・12での展開 ……………………316
- **IV 相続株式の準共有——支配権の争奪** ………………………318
  - 1 当然分割の立場 …………………………………………318
  - 2 準共有（判例・通説）の立場 ……………………………319
  - 3 実質論からする検討 ……………………………………320
  - 4 相続法理と事業承継の視点 ………………………………322
- **V 遺産分割協議による解決と実務** ……………………………323

16 日本における少数派投資者保護——第19回比較法国際会議ナショナル・レポート——……高橋英治／坂本達也・325

- Ⅰ はじめに………………………………………………………………325
- Ⅱ 資本市場の概略 ………………………………………………………326
- Ⅲ 証券市場における規制 ………………………………………………328
  - 1 金商法のエンフォースメントの概略 ……………………………328
    - (1) 組　織 ……………………………………………………………328
    - (2) 証券取引等監視委員会の権限 …………………………………329
    - (3) エンフォースメントの手段 ……………………………………332
  - 2 証券取引所による発行者への制裁の概略 ………………………333
    - (1) 自主規制業務 ……………………………………………………334
    - (2) 自主規制業務の委託 ……………………………………………335
    - (3) 東京証券取引所および東京証券取引所自主規制法人 ………337
    - (4) 東京証券取引所の措置等の実施状況 …………………………340
- Ⅳ 株主による損害賠償の責任追及 ……………………………………342
  - 1 序 ……………………………………………………………………342
  - 2 金商法の民事責任 …………………………………………………342
    - (1) 届出の効力発生前の取引禁止についての違反行為者の責任 ……343
    - (2) 虚偽記載のある目論見書等を使用した者の責任 ……………343
    - (3) 虚偽記載のある届出書の届出者等の責任 ……………………344
    - (4) 金商法18条の責任に関する損害賠償の額 ……………………344
    - (5) 虚偽記載のある書類の提出者の有価証券を募集または売出しによらないで取得した者に対する責任 …………………………345
    - (6) 金商法21条の2の損害賠償責任に関する損害額の推定 ……345
    - (7) 役員等の有価証券を募集または売出しに応じて取得した者に対する責任 ……………………………………………………346
    - (8) 役員等の有価証券を募集または売出しによらないで取得した者に対する責任 …………………………………………………347

- (9) 会社法429条および民法709条に基づく責任との比較 ……………347
- (10) 小　括 ……………………………………………………………348

V　おわりに ……………………………………………………………348

17　独占禁止法の「事業者」としての会社 …………酒井紀子・350

I　はじめに ………………………………………………………………350
II　会社と自然人──「事業者」の行為と自然人の行為 ……………350
- 1　会社法 …………………………………………………………351
- 2　独占禁止法 ……………………………………………………351
  - (1) 刑事罰 ………………………………………………………351
  - (2) 企業結合 ……………………………………………………352
  - (3) 行政処分の対象となる違反行為 …………………………353

III　会社と会社──「事業者」と企業集団 ……………………………360
- 1　企業結合 ………………………………………………………361
- 2　違反行為──課徴金減免申請 ………………………………361
- 3　違反行為──排除措置命令 …………………………………362
- 4　違反行為──課徴金納付命令 ………………………………363
  - (1) 違反行為の参加者 …………………………………………363
  - (2) 課徴金の対象となる売上げと関連する会社 ……………367

IV　結　論 ………………………………………………………………372

おわりに …………………………………………………………………372

18　特許法98条の「一般承継」には会社分割も含まれるのか──神戸地方裁判所平成26年3月27日判決を契機として
……………………………………………………………田辺保雄・373

はじめに …………………………………………………………………373
I　事実関係 ………………………………………………………………374
- 1　事案の概要 ……………………………………………………374
- 2　争　点 …………………………………………………………374
  - (1) 争点1 ………………………………………………………374

(2) 争点2 ……………………………………………………374
II　判　旨 …………………………………………………………375
　1　争点1 ………………………………………………………375
　2　争点2 ………………………………………………………378
III　検　討 …………………………………………………………379
　1　会社分割による権利移転 …………………………………379
　　(1) 一般承継と特定承継 ……………………………………379
　　(2) 会社分割と対抗要件 ……………………………………379
　2　特許権・商標権の権利移転 ………………………………380
　3　実務への影響 ………………………………………………380
　4　その他 ………………………………………………………381

第2部　倒　産　法

1　倒産処理と社会正義──周辺的利害関係人をどう遇するか──
　　　　　　　　　　　　　　　　　　　　　　　……佐藤鉄男・384

I　はじめに …………………………………………………………384
II　利害関係人の射程 ………………………………………………385
III　利害関係人を使用する条文 ……………………………………388
IV　利害関係人の範囲と限界 ………………………………………389
　1　株　主 ………………………………………………………389
　　(1) 破産手続 …………………………………………………389
　　(2) 再生手続 …………………………………………………390
　　(3) 更生手続 …………………………………………………391
　2　労働者 ………………………………………………………392
　3　役　員 ………………………………………………………394
　　(1) 破産手続 …………………………………………………395

(2) 再生手続 ································· 396
　　　(3) 更生手続 ································· 397
　　4　市　民 ····································· 398
　　　(1) 消費者 ··································· 398
　　　(2) 個人情報主体 ····························· 399
　　　(3) 地域住民 ································· 401
Ⅴ　結びに代えて ································· 403

2　財団債権者・共益債権者の倒産手続開始申立権
　　　　　　　　　　　　　　　　　　　　山本和彦・404

Ⅰ　本稿の目的 ····································· 404
Ⅱ　学説・裁判例の状況 ····························· 405
　1　破産手続開始申立権 ··························· 405
　　　(1) 学　説 ··································· 405
　　　(2) 下級審裁判例 ····························· 406
　　　(3) 近時の見解：松下説 ······················· 407
　　　(4) 松下説の影響 ····························· 408
　2　更生手続開始申立権 ··························· 408
Ⅲ　財団債権者となるべき者の破産手続開始申立権 ····· 409
　1　財団財産が財団債権総額を上回っている場合 ····· 410
　2　財団財産が財団債権総額を下回っている場合 ····· 411
　　　(1) 手続の目的の視点 ························· 411
　　　(2) 優先順位の変更の視点 ····················· 412
　　　(3) 同時廃止の基準に関する視点 ··············· 413
　　　(4) 小　括 ··································· 415
Ⅳ　共益債権者になるべき者の更生手続開始申立権 ····· 415
Ⅴ　結　論 ··· 417

3 破産における租税等の請求権をめぐる諸問題 …今泉純一・418

- I はじめに……………………………………………………………418
- II 租税等の請求権…………………………………………………418
  - 1 破産における租税等の請求権…………………………………418
  - 2 破産手続開始前の原因によって生じた租税等の請求権……419
  - 3 破産手続開始後の原因に基づいて生じた租税等の請求権…422
  - 4 外国租税…………………………………………………………426
- III 破産債権となる租税等の請求権の実情……………………427
- IV 破産債権となる租税等の請求権の届出・調査・確定手続…429
  - 1 破産債権となる租税等の請求権の届出………………………430
    - (1) 届け出るべき租税等の請求権……………………………430
    - (2) 届出事項……………………………………………………430
    - (3) 届出の時期…………………………………………………431
  - 2 租税等の請求権に対する異議主張……………………………433
    - (1) 破産管財人の異議主張の方法……………………………433
    - (2) 処分性………………………………………………………435
    - (3) 徴収権の事後的消滅に関する異議主張…………………441
    - (4) 異議主張に関する不変期間………………………………442
  - 3 破産債権となる租税等の請求権の確定………………………444
- V 国税滞納処分と破産手続………………………………………446
  - 1 破産手続開始によっても禁止されない国税滞納処分………447
    - (1) 交付要求……………………………………………………447
    - (2) 譲渡担保目的物に対する滞納処分………………………448
  - 2 続行できる国税滞納処分………………………………………449
    - (1) 取立訴訟等…………………………………………………449
    - (2) 供託金の還付請求権に対する差押え……………………449
    - (3) その他………………………………………………………449
  - 3 先着手の国税滞納処分による回収と破産配当………………450

| Ⅵ　おわりに……………………………………………………………453

4　内部者債権の劣後化　　　　　　　　　　　　　　中嶋勝規・455

Ⅰ　はじめに……………………………………………………………455
Ⅱ　現行法の規定………………………………………………………456
　1　会社更生法………………………………………………………456
　2　民事再生法………………………………………………………456
　3　破産法……………………………………………………………456
Ⅲ　諸外国における倒産債権の劣後化の理論…………………………456
　1　アメリカの理論…………………………………………………456
　　(1)　判例法理……………………………………………………456
　　(2)　連邦倒産法における衡平に基づく劣後化………………457
　　(3)　「Rechactererization」…………………………………458
　2　ドイツの理論……………………………………………………458
　　(1)　判例法理……………………………………………………458
　　(2)　新倒産法……………………………………………………458
Ⅳ　劣後的取扱いに関する判例と学説の状況…………………………459
　1　はじめに…………………………………………………………459
　2　親会社・支配株主の場合………………………………………460
　　(1)　裁判例………………………………………………………460
　　(2)　学説の状況…………………………………………………467
　3　取締役の不当経営を根拠とする場合…………………………469
　　(1)　裁判例………………………………………………………469
　　(2)　学説の状況…………………………………………………472
　4　非内部者の場合…………………………………………………473
　　(1)　裁判例………………………………………………………473
　　(2)　学説の状況…………………………………………………475
Ⅴ　現行法下での劣後化の方策………………………………………476
　1　実務的対応………………………………………………………476

  2　計画に基づく権利変更による劣後化 ……………………477
   (1)　要　件 ……………………………………………………477
   (2)　手続保障 …………………………………………………478
   (3)　効　果 ……………………………………………………478
  3　債権確定手続での劣後化 ……………………………………479
   (1)　要　件 ……………………………………………………479
   (2)　手続保障 …………………………………………………479
   (3)　効　果 ……………………………………………………479
 Ⅵ　倒産法改正の可能性 …………………………………………480
  1　劣後化の問題点 ………………………………………………480
  2　最近の改正提言 ………………………………………………481
  3　私　見 …………………………………………………………481
   (1)　劣後化の対象 ……………………………………………481
   (2)　劣後化の要件 ……………………………………………482
   (3)　劣後化の手続 ……………………………………………485

5　倒産法における債権者の一般の利益 …………………高田賢治・486

 Ⅰ　はじめに …………………………………………………………486
  1　問題の所在 ……………………………………………………486
  2　検討の方法 ……………………………………………………488
 Ⅱ　債権者の一般の利益の類型化 ………………………………488
  1　債権者の一般の利益を含む規定 …………………………488
   (1)　民事再生法 ………………………………………………489
   (2)　会社更生法 ………………………………………………489
   (3)　特別清算 …………………………………………………490
   (4)　破産法 ……………………………………………………491
  2　債権者の一般の利益の類型 …………………………………491
   〈表〉　債権者の一般の利益を含む規定の一覧 ……………492
 Ⅲ　各類型の考察 …………………………………………………493
  1　倒産手続の競合・移行に関する規定 ……………………493

(1)　倒産手続の競合 …………………………………………493
　　(2)　倒産手続の移行 …………………………………………495
　2　管財人等による相殺 …………………………………………496
　3　担保権実行の中止命令 ………………………………………497
　4　不認可事由 ……………………………………………………498
　　(1)　手続横断的比較 …………………………………………498
　　(2)　総弁済基準説と個別弁済基準説 ………………………499
　　〔図〕　総弁済基準説と個別弁済基準説 ……………………500
　5　その他 …………………………………………………………502
　　(1)　ハードシップ免責 ………………………………………502
　　(2)　事業の全部廃止の更生計画案 …………………………502
　　(3)　担保権消滅許可 …………………………………………503
Ⅳ　おわりに …………………………………………………………504

6　申立て直後の取引の継続 ……………………………藤本利一・505

はじめに ………………………………………………………………505
Ⅰ　問題の整理 ………………………………………………………506
　1　和議法における問題点 ………………………………………506
　2　再生法の現状 …………………………………………………507
　3　検討するべき課題 ……………………………………………508
Ⅱ　アメリカ法の対応——オートマティック・ステイ ………509
　1　問題となる事例 ………………………………………………509
　2　オートマティック・ステイの機能と目的 …………………511
　3　オートマティック・ステイの効力 …………………………512
　4　オートマティック・ステイに違反する行為の効力
　　——void-voidable 論争 ………………………………………515
Ⅲ　アメリカ法の核心—— a *caveat* to all the world ………517
　1　問題の所在 ……………………………………………………517
　2　エクイティとしての倒産法—— Jeseph Story 判事と排他的対物
　　管轄権 …………………………………………………………518

(1) 倒産手続の特質と裁判管轄権 …………………………519
　　(2) 州裁判所の訴訟手続の自動的停止 …………………520
　　(3) 判決前の仮差押え（prejudgment attachment）をめぐる論争……521
　　(4) Story 判事と Ex parte Christy 事件 …………………523
　3　現代へ至る道──Frank R. Kennedy 教授による分析 …526
　　(1) ニューディール期の改革 ………………………………526
　　(2) 倒産手続規則（the Rules of Bankruptcy Procedures）…526
　　(3) 倒産手続規則と連邦民事訴訟規則 ……………………528
　　(4) 現行法 ……………………………………………………528
Ⅳ　日本法の省察──結びに代えて ………………………………529
　1　アメリカ法の足跡 ……………………………………………529
　2　動産・債権差押えと中止命令・取消命令 …………………530
　3　包括的禁止命令の拡充 ………………………………………531
　4　包括的禁止命令に違反する行為の効力 ……………………532
　5　展　望 …………………………………………………………532

7　私的整理における一時停止の制度についての一考察

………………………………………………………金　　春・535

はじめに ………………………………………………………………535
Ⅰ　制度化された私的整理における一時停止の制度の概要 ………536
　1　私的整理ガイドライン ………………………………………536
　2　産業再生機構法・企業再生支援機構法 ……………………537
　3　中小企業再生支援協議会 ……………………………………538
　4　事業再生 ADR ………………………………………………539
　5　個人版私的整理ガイドライン ………………………………541
Ⅱ　一時停止の通知と支払停止該当性 ………………………………541
　1　否定説 …………………………………………………………542
　　(1) 学　説 ……………………………………………………542
　　(2) 判　例 ……………………………………………………543
　2　肯定説 …………………………………………………………546

	(1) 学　説 …………………………………………………546
	(2) 判例――大阪高決平成23・12・27金法1942号97頁 …………548
3	検　討 ……………………………………………………549

Ⅲ 一時停止の拘束力 …………………………………………552
　1 第1回債権者会議における同意があった以降 …………………552
　2 一時停止の通知から債権者会議における同意があるまでの間 ……553
おわりに ………………………………………………………556

8 双方未履行双務契約 …………………………… 赫　高規・557

Ⅰ 本稿の目的 …………………………………………………557
Ⅱ 破産法53条、54条に関する解釈論の提言 ………………………557
Ⅲ 破産法53条が存在しないと仮定した場合の双方未履行双務契約
　の法律関係………………………………………………………559
　1 具体的な考え方 ……………………………………………559
　2 双方未履行双務契約について破産管財人のとりうる選択肢 ………563
Ⅳ 破産法53条および54条の趣旨と解釈 ……………………………564
　1 前　説 ……………………………………………………564
　2 解除および原状回復を実現する選択肢の合理性と例外 …………566
　　(1) 合理性 ………………………………………………566
　　(2) 例　外 ………………………………………………567
　3 開始時の状態を固定する選択肢を奪うことの不合理性と解釈論の
　　展開 ……………………………………………………568
　　(1) 不合理性 ……………………………………………568
　　(2) 破産法53条1項のみなし解除の適用範囲の制限解釈の可能性 ……570
　　(3) 破産法54条2項の適用範囲の制限解釈の可能性 ………………570
　　(4) 提言2と提言2′の解釈論の実質的同一性 ……………………571
　4 上記解釈論を踏まえた双方未履行双務契約の規律の体系 …………571
Ⅴ 賃借人が破産した場合の賃貸借契約の取扱い ……………………572
　1 検討対象 …………………………………………………572
　2 破産法53条が存在しないと仮定した場合の破産管財人による賃貸

借契約の中途解約の法律関係と賃貸借契約における破産法53条の解除権の意義 …………………………………………………………572
　3　破産管財人による解除と賃貸人の原状回復請求権の性質 …………574
　　(1)　破産法54条2項の適用範囲 …………………………………………574
　　(2)　破産管財人による解除と賃貸人の原状回復請求権の性質 ………575
　4　破産管財人による解除と違約金条項等の効力 ………………………578
　5　賃借人の破産管財人が破産法53条1項に基づき履行請求したときの破産手続開始前の未払賃料の取扱い …………………………579
VI　請負契約………………………………………………………………………580
　1　検討対象 …………………………………………………………………580
　2　平時における請負契約の解除の効果 …………………………………581
　　(1)　原状回復構成による請負契約の解除の効果 ………………………581
　　(2)　一部解除構成による請負契約の解除の効果 ………………………582
　　(3)　一部解除構成と請負人による債務不履行解除時の留意点 ………583
　　(4)　出来形に経済的価値がない場合 ……………………………………584
　3　注文者破産時に関する民法642条の解除権の趣旨および効果………585
　　(1)　請負人の解除権 ………………………………………………………585
　　(2)　破産手続時における請負契約についてのあるべき規律 …………586
　　(3)　民法642条の解釈論 …………………………………………………592
　　(4)　最判昭和53・6・23裁判集民124号141頁 …………………………594
　4　注文者の破産手続において請負契約が履行される場合の財団債権とされる報酬請求権の範囲 ………………………………………595
　5　請負人破産時に破産管財人が請負契約を解除した場合の効果 ………596

9　事業再編と事業譲渡と会社分割、減増資──民事再生手続を中心に ……………………………………………相澤光江・599

I　はじめに………………………………………………………………………599
II　事業譲渡……………………………………………………………………600
　1　事業譲渡とは ……………………………………………………………600
　2　会社法における基本原則 ………………………………………………600

(1)　株主総会の特別決議による承認 ……………………………………600
　　(2)　反対株主の株式買取請求権 …………………………………………601
　　(3)　会社が債務超過状態にある場合と株主保護 ……………………601
　3　民事再生手続における事業譲渡 ………………………………………602
　　(1)　再生計画によらない事業譲渡（計画外事業譲渡）………………603
　　(2)　裁判所による代替許可 ………………………………………………604
　　(3)　再生計画による事業譲渡 ……………………………………………605
　　(4)　事業譲渡と否認権行使 ………………………………………………606
　4　その他事業譲渡に必要な手続等 ………………………………………606
　　(1)　公正取引委員会への届出 ……………………………………………607
　　(2)　許認可等 ………………………………………………………………607
　　(3)　個別の権利義務移転 …………………………………………………608
　　(4)　事業譲渡と従業員の承継 ……………………………………………608
Ⅲ　会社分割 ……………………………………………………………………609
　1　会社分割とは ………………………………………………………………609
　2　会社法等における基本原則 ……………………………………………610
　　(1)　株主の保護 ……………………………………………………………610
　　(2)　債権者の保護 …………………………………………………………611
　　(3)　労働者の保護 …………………………………………………………612
　3　民事再生手続における会社分割 ………………………………………612
　　(1)　再生計画によらない会社分割 ………………………………………612
　　(2)　再生計画による会社分割 ……………………………………………614
　　(3)　詐害的会社分割 ………………………………………………………614
　4　その他会社分割に必要な手続等 ………………………………………615
　　(1)　公正取引委員会への届出 ……………………………………………615
　　(2)　許認可等の承継 ………………………………………………………615
Ⅳ　減増資 ………………………………………………………………………616
　1　株式の強制取得、自己株式の消却 ……………………………………616
　　(1)　会社法上の原則 ………………………………………………………616
　　(2)　民事再生手続上の特則 ………………………………………………616

2　募集株式の割当て ……………………………………617
　　　(1) 会社法上の原則 ………………………………617
　　　(2) 民事再生手続上の特則 ………………………617
　　3　資本金の減少 …………………………………………618
　　　(1) 会社法上の原則 ………………………………618
　　　(2) 民事再生手続上の特則 ………………………618
　　　(3) 公正取引委員会への届出 ……………………619
Ⅴ　民事再生手続におけるM&Aスキーム選択 ……………619
　　1　事業譲渡のメリット …………………………………619
　　2　事業譲渡のデメリット ………………………………620
　　3　会社分割のメリット …………………………………621
　　4　会社分割のデメリット ………………………………622
　　5　減増資方式のメリット ………………………………622
　　6　減増資方式のデメリット ……………………………622

10　スポンサーの保護 ……………………………柴野高之・624

Ⅰ　はじめに ……………………………………………………624
Ⅱ　再建型倒産手続におけるスポンサー ……………………625
　　1　スポンサーの必要性 …………………………………625
　　2　申立て前の一般的なスポンサーの選定方法 ………626
Ⅲ　スポンサー選定に関する問題提起と従来の議論 ………627
　　1　問題の背景 ……………………………………………627
　　2　法的倒産手続申立て前に選定されたスポンサーの保護に関する従来の議論 …………………………………………………………629
　　　(1) 法的倒産手続申立て前に選定されたスポンサーを、あらためて入札等を経ることなく決定してよいか、その場合の基準は具体的に何か ……………………………………………………………629
　　　(2) 入札手続を実施する場合、どのような基準でスポンサーを選定すべきか ……………………………………………………………631
　　　(3) 仮に入札の結果、当初スポンサーが選定されなかった場合の当

　　　　初スポンサーをどのように保護するべきか、その法的根拠はどの
　　　　ように解するべきか ··633
　　3　アメリカにおけるスポンサー保護の事例 ······························634
　　　(1)　363セールにおけるストーキングホース・ビッド ············634
　　　(2)　ブレイクアップフィー ···635
　　　(3)　その他の保護条項 ··636
　　　(4)　363セールにおける裁判所の関与 ···································637
　　　(5)　検　討 ··638
Ⅳ　今後のスポンサー保護の方法 ··639
　　1　お台場アプローチの射程 ···639
　　2　スポンサー保護の視点 ···640
　　　(1)　法的倒産手続（民事再生法）の目的 ·······························640
　　　(2)　事前に選定されたスポンサーの尊重 ·······························641
　　3　スポンサーの競合が想定されない事案の場合 ······················643
　　4　スポンサーの競合が想定される事案の場合 ··························644
　　5　会社更生の場合 ··646

11　事業再生 ADR の法的位置づけ ··················河崎祐子・648

Ⅰ　問題の所在 ··648
Ⅱ　事業再生 ADR の成立過程 ··651
　　1　不良債権と過剰債務に対する対処 ··651
　　　(1)　私的整理ガイドライン ···652
　　　(2)　産業再生機構・早期事業再生研究会 ·······························653
　　2　「民間」による「事業再生メカニズム」の模索 ·····················656
　　　(1)　企業活力再生研究会 ···657
　　　(2)　事業再生制度研究会 ···659
　　3　事業再生 ADR 制度の創設 ···661
Ⅲ　事業再生 ADR の法的性質 ··664
　　1　「私的整理」の変質 ···664
　　2　「法的整理」の構築 ···666

3　「私的整理と法的整理」を「繋げる」……………………667
Ⅳ　おわりに……………………………………………………668

12　純粋私的整理手続の実務　……………………軸丸欣哉・670

はじめに………………………………………………………………670
Ⅰ　手続の手順・流れ──負債整理案件の相談………………671
Ⅱ　手続の手順・流れ──手続選択………………………………671
　　1　事業の継続性の検討………………………………………671
　　2　法的整理手続と私的整理手続の選択……………………672
　　3　準則型私的整理手続と純粋私的整理手続の選択………673
Ⅲ　手続の手順・流れ──専門家チームの組成…………………674
Ⅳ　手続の手順・流れ──手続債権者との交渉開始……………674
Ⅴ　手続の手順・流れ──第1回バンクミーティング…………676
　　1　招集の方法…………………………………………………676
　　2　手続の式次第………………………………………………677
　　3　準備すべき資料……………………………………………677
　　4　情報管理……………………………………………………678
Ⅵ　手続の手順・流れ──第2回以降バンクミーティング……678
　　1　手続の開催頻度等…………………………………………678
　　2　手続の目的・内容…………………………………………678
　　3　準備すべき資料……………………………………………679
Ⅶ　手続の手順・流れ──再生計画の立案………………………679
　　1　再生計画の立案手順………………………………………679
　　2　再生計画の内容……………………………………………680
　　　(1)　金融支援の内容──債務免除の有無…………………680
　　　(2)　スポンサー型の再生計画………………………………681
　　　(3)　実抜計画・合実計画……………………………………681
　　　(4)　経営責任・株主責任……………………………………682
　　　(5)　連帯保証人の責任………………………………………683
　　　(6)　税　務……………………………………………………683

| Ⅷ | 手続の手順・流れ──再生計画の成立とモニタリング | 684 |
| Ⅸ | 法的整理手続への移行にまつわる法的問題 | 685 |

 1 法的整理手続における相殺禁止と否認の規律 …………………… 686
 2 純粋私的整理手続の開始と危機時期 ……………………………… 686
 3 純粋私的整理手続期間中の行為と相殺禁止および否認 ………… 687
 4 預金の集中管理と相殺禁止 ………………………………………… 688

13 私的整理における商取引債権の保護 ……………四宮章夫・690

Ⅰ はじめに ………………………………………………………………… 690
Ⅱ 法的倒産手続における商取引債権の弁済 …………………………… 691
 1 弁済禁止の保全処分 ………………………………………………… 691
  (1) 法的倒産手続開始前の弁済 …………………………………… 691
  (2) 倒産手続開始前の駆け込み弁済 ……………………………… 693
  (3) 倒産手続開始後の救済措置 …………………………………… 693
 2 法的倒産手続の開始後の倒産債権の弁済許可制度の変遷 ……… 694
  (1) はじめに ………………………………………………………… 694
  (2) 昭和42年法律36号による改正前の旧会社更生法112条 …… 694
  (3) 昭和42年法律36号による改正後の旧会社更生法112条の2第1項
    ないし4項 ……………………………………………………… 694
  (4) 新会社更生法47条5項後段および民事再生法85条5項後段 … 695
 3 連鎖倒産防止のための弁済許可 …………………………………… 696
  (1) 中小企業者 ……………………………………………………… 696
  (2) 会社を主要な取引先としていること ………………………… 696
  (3) 事業の継続に著しい支障を来すおそれ ……………………… 696
  (4) 一切の事情 ……………………………………………………… 697
  (5) 債権弁済の効果 ………………………………………………… 697
 4 少額債権の弁済許可 ………………………………………………… 698
  (1) 再生手続や更生手続の円滑な進行に役立つ弁済 …………… 698
  (2) 債務者会社の事業の継続に著しい支障を来すことを避けるため

　　　　の少額債権の弁済 ……………………………………………700
　5　小　括 ………………………………………………………………702
Ⅲ　倒産法制上の再建計画における衡平の原則 …………………………703
　1　再建計画と平等原則 …………………………………………………703
　　(1)　会社更生法 ………………………………………………………703
　　(2)　民事再生法 ………………………………………………………704
　2　権利保護条項 …………………………………………………………704
　3　小　括 …………………………………………………………………705
Ⅳ　準則型の私的整理手続における商取引債権の取扱い ………………706
　1　はじめに ………………………………………………………………706
　2　主要な準則型の私的整理 ……………………………………………706
　　(1)　私的整理に関するガイドライン ………………………………706
　　(2)　株式会社産業再生機構 …………………………………………707
　　(3)　中小企業再生支援協議会 ………………………………………707
　3　準則による私的整理と商取引債権の弁済 …………………………708
　　(1)　支払不能要件 ……………………………………………………708
　　(2)　衡平の原則からのアプローチ …………………………………708
　4　小　括 …………………………………………………………………709
Ⅴ　準則によらない私的整理手続における商取引債権の取扱い ………710
　1　倒産法制による不平等扱いとの共通性 ……………………………710
　2　準則による私的整理手続の不平等扱いとの共通性 ………………710
　　(1)　準則によらない再建型の私的整理手続 ………………………710
　　(2)　否認問題 …………………………………………………………711
　3　準則によらない清算型の私的整理手続 ……………………………712
　　(1)　はじめに …………………………………………………………712
　　(2)　清算価値保障原則 ………………………………………………712
　　(3)　モデルの検証 ……………………………………………………713
　　(4)　清算価値保障原則の判断の構造 ………………………………715
　　(5)　清算価値保障原則違反の場合の検討事項 ……………………715

14 相殺をめぐる民法改正――差押えと相殺・債権譲渡と相殺
　………………………………………………………………中井康之・717

- Ⅰ　差押えと相殺 ……………………………………………………………717
  - 1　改正法案 …………………………………………………………………717
  - 2　審議の経緯と改正法案の趣旨 …………………………………………718
    - (1)　審議の経緯 ……………………………………………………………718
    - (2)　改正法案の趣旨 ………………………………………………………719
  - 3　改正法案の評価と課題 …………………………………………………721
    - (1)　個別執行と包括執行との平仄 ………………………………………721
    - (2)　債権執行手続への影響 ………………………………………………722
    - (3)　差押え前の原因 ………………………………………………………723
    - (4)　物上代位への影響 ……………………………………………………731
    - (5)　差押えの申立てを知って取得した債権 ……………………………731
    - (6)　相殺予約 ………………………………………………………………732
    - (7)　他人の債権 ……………………………………………………………733
- Ⅱ　債権譲渡と相殺 …………………………………………………………734
  - 1　改正法案 …………………………………………………………………734
  - 2　審議の経緯と改正法案の趣旨 …………………………………………734
    - (1)　審議の経緯 ……………………………………………………………734
    - (2)　改正法案の趣旨 ………………………………………………………736
  - 3　改正法案の評価と課題 …………………………………………………739
    - (1)　譲受人の保護か債務者の保護か ……………………………………739
    - (2)　「発生原因である契約」とは ………………………………………739

15 動産売買先取特権に基づく物上代位――判例法理の検証――
　………………………………………………………………清原泰司・743

- Ⅰ　本稿の目的 ………………………………………………………………743
- Ⅱ　最判平成17年 ……………………………………………………………745

	1	事実関係 …………………………………………………………………745
	2	東京高判平成16年の判旨 …………………………………………746
	3	最判平成17年の判旨 ………………………………………………748
	4	小　括 ………………………………………………………………748

Ⅲ　動産売買先取特権の物上代位をめぐる従来の判例法理の検証 ……749

  1　最判昭和59年・同60年以前の判例の状況 …………………………749
  2　最判昭和59年の事実と判旨 …………………………………………750
    (1)　事　実 ……………………………………………………………750
    (2)　判旨：破棄自判 …………………………………………………751
  3　最判昭和59年の法理の検証 …………………………………………751
  4　最判昭和60年の事実と判旨 …………………………………………753
    (1)　事　実 ……………………………………………………………753
    (2)　判旨：破棄自判 …………………………………………………753
  5　最判昭和60年の法理の検証 …………………………………………754
  6　小　括 …………………………………………………………………755

Ⅳ　最判平成10年の法理 ……………………………………………………756

  1　事実と判旨 ……………………………………………………………756
    (1)　事　実 ……………………………………………………………756
    (2)　判旨：一部破棄自判 ……………………………………………757
  2　最判平成10年の法理の分析 …………………………………………758
    (1)　第三債務者保護説の立論の出発点 ……………………………758
    (2)　第三債務者の二重弁済の危険を防止するための措置 ………759

Ⅴ　最判平成17年の法理の検証 ……………………………………………761

  1　東京高判平成16年の法理の検証 ……………………………………761
    (1)　「差押え」＝物上代位権の公示方法………………………………761
    (2)　物上代位権者と目的債権譲受人との関係＝債権の二重譲渡類似
      の関係 ………………………………………………………………762
    (3)　「差押え」をしない物上代位権者に対する第三債務者の任意弁
      済＝無効 ……………………………………………………………763
  2　最判平成17年の法理の検証 …………………………………………764

	(1) 第三者の利益保護の根拠 ……………………………………764
	(2) 第三者の利益保護の必要性 …………………………………767
	(3) 目的債権譲渡後の物上代位権行使を否定する実際的理由 …………767
Ⅵ	結　語 …………………………………………………………769

今中利昭先生傘寿のお祝いに寄せて──私の倒産法学と6人の方々 …………………………………………………伊藤　眞・772

はじめに ………………………………………………………………772
Ⅰ　吉川大二郎先生 …………………………………………………772
Ⅱ　フランク・R・ケネディ先生とヴェルン・カンツリマン先生 ……774
Ⅲ　中坊公平先生 ……………………………………………………775
Ⅳ　今中利昭先生と高木新二郎先生──東西倒産実務研究会のこと …776
Ⅴ　おわりに …………………………………………………………777

- 今中利昭先生略歴 …………………………………………………782
- 今中利昭先生著作目録一覧 ………………………………………785

凡　例

〈法令等略語表〉

会	会社法
会施規	会社法施行規則
会計規	会社計算規則
商	商法
商登	商業登記法
金商	金融商品取引法
金商令	金融商品取引法施行令
社債株式振替	社債、株式等の振替に関する法律
民	民法
民訴	民事訴訟法
民執	民事執行法
民保	民事保全法
破	破産法
破規	破産規則
会更	会社更生法
民再	民事再生法
民再規	民事再生規則
和	和議法
賃確	賃金の支払の確保等に関する法律
独禁	私的独占の禁止及び公正取引の確保に関する法律
行訴	行政事件訴訟法
行審	行政不服審査法
税特措	租税特別措置法
税徴	国税徴収法
税徴令	国税徴収法施行令
税通	国税通則法
税通令	国税通則法施行令
法税	法人税法
地方税	地方税法
公開買付府令	発行者以外の者による株券等の公開買付けの開示に関する内閣

	府令
東証上場規程	東京証券取引所有価証券上場規程

〈判例集・判例評釈書誌略語表〉

民録	大審院民事判決録
民集	最高裁判所民事判例集、大審院民事判例集
下民集	下級裁判所民事裁判例集
行集	行政事件裁判例集
裁判集民	最高裁判所裁判集民事
訟月	訟務月報
審決集	公正取引委員会審決集
金商	金融・商事判例
判時	判例時報
判評	判例評論
判タ	判例タイムズ
新聞	法律新聞
労判	労働判例

〈定期刊行物略語表〉

金法	金融法務事情
ジュリ	ジュリスト
商事	旬刊商事法務
資料版商事	資料版商事法務
法教	法学教室
法時	法律時報
民商	民商法雑誌

第1部 会社法

1 支配権の異動を伴う新株発行

名古屋大学名誉教授　田邊　光政

I　はじめに

　わが国における株式会社の資金調達手段としての新株発行の方法は変化している。昭和59年頃までは、株主割当ての方法が一般的であったが、その後、平成3年頃までは公募方式が主流となり、さらにその後、平成9年以後、第三者割当ての方法によるものが増加してきた。そして、その中には、不透明な大量の第三者割当て、いわゆる「不公正ファイナンス」と称される増資が問題視されるようになってきた。これに対処するため、金融庁は、平成21年12月に、「企業内容等の開示に関する内閣府令」を改正して、第三者割当てに関する開示の強化を図り、東京証券取引所も上場規程の一部を改正する（平成21年8月24日施行）などの取組みがみられる。

　平成26年6月に成立した会社法の改正で、公開会社における募集株式の割当て等に関する規定が特則として新設された。公開会社においては募集株式、募集新株予約権の発行は授権資本枠内である限り発行株式数に関係なく取締役会の決議で足りるものとされてきたが、今回の改正によって、引受人が過半数の議決権を有する株主となるような大量の新株発行を行う場合には、株主に対して詳細な事実を通知・公告等により開示し、10％以上の議決権を有する株主か

1　公益財団法人日本証券経済研究所編「図説日本の証券市場〔2014年版〕」〈http://www.jsri.or.jp/publish/market/pdf/market_25.pdf〉37頁。
2　金融庁、東京証券取引所などの取組みを中心に平成26年の改正法を論じるものとして、赤木真美「第三者割当てに関する会社法改正の意義」関西商事法研究会編『会社法改正の潮流』（新日本法規・2014年）341頁以下参照。

ら当該新株発行に反対の意思表示がされたときは、株主総会決議を要することになった。一定の場合における取締役会の募集株式発行権限に対する制限である。株主割当て以外の方法による新株発行は既存株主の持分を希釈する効果を伴うものであり、株主の会社に対する支配的および経済的利益に影響を及ぼすことから、新株発行手続は、しばしば改正され現在に至っている。

平成26年の改正もまた新株発行規制の変遷の延長線上に位置づけられるべきであるから、まず会社法（商法・会社編）制定時からの新株発行規制の変遷を簡単にたどった後、今回の改正法に関する若干の具体的な問題を検討する。

II　新株発行規制の変遷

1　明治32年商法制定時の新株発行規制

明治32年1月24日に貴族院で可決され、同年2月25日に衆議院で可決された後、同年3月9日に法律第48号として公布された旧商法においては、ドイツ法に倣って「資本ノ総額」は定款の絶対的記載事項とされ（当時の166条1項3号）、その資本は「之ヲ株式ニ分カツコトヲ要ス」（当時の199条）とされていた。新株の引受けについては、「新株ノ引受権ヲ与フベキ者及ソノ権利ノ内容」は「定款ニ定メナキトキト雖モ資本増加ノ決議ニオイテコレヲ定ムルコトヲ得」（当時の348条4号）と規定され、新株発行による資本の増加は定款変更事項であり、その定款変更は特別決議によるべきものとされていた（当時の343条）。株主が新株引受権を有するかどうかは不明であったが、一般に、株主割当てにより増資が行われていた。

2　昭和25年改正

昭和25年改正は、GHQによる占領下という異常な状況下で進められたもので、会社法の個別的な内容に至るまでGHQの承認を得ながら進められた。ア

3　今井潔＝浅木愼一「法典論争と国産会社法の成立」浜田道代編『日本会社法立法の歴史的展開（北沢正啓先生古稀祝賀論文集）』（商事法務・1999年）113頁。

4　大隅健一郎＝大森忠夫『逐条改正会社法解説』（有斐閣・1951年）47頁。

メリカ法に倣って、取締役会制度、授権資本制度など会社法を根本的に改正するものであった。

新株発行規制についての改正では、授権資本制度を採用し、定款所定の発行予定株式総数（会社が発行する株式の総数）（当時の166条1項3号）の範囲内において、原則として取締役会が必要に応じて適宜新株発行を決定することができることとなった（当時の280条ノ2）。

昭和25年改正法166条1項5号は、会社が発行する株式の総数（発行予定株式総数のうち未発行部分）につき「株主ニ対スル新株ノ引受権ノ有無又ハ制限ニ関スル事項若シ特定ノ第三者ニ之ヲ与フルコトヲ定メタルトキハ之ニ関スル事項」を定款の絶対的記載事項とした。さらに、347条2項は、会社が発行予定株式総数を増加する場合には「増加スベキ株式ニツキ定款ヲ以テ株主ニ対シ新株ノ引受権ヲ与エ、制限シ又ハ排除スル旨若シ特定ノ第三者ニ対シ之ヲ与フルトキハソノ旨ヲ定ムルコトヲ要ス」と規定していた。

昭和25年法は、会社が発行する株式の総数を定めまたは増加する場合には、その株式につきそのつど、株主の新株引受権についてその有無または制限に関する事項を必ず定めることを要求し、その定めがなければ、会社が発行する株式の総数を定めまたは増加しても、それが無効となるとの立場であった。松本烝治博士は、この両条（当時の166条と374条）の規定は「措辞拙劣で、論理的な頭で読んでは到底了解ができないものである」と酷評された[7]。このような曖昧な規定になったのは、昭和25年改正法の立案に際し法制審議会において、株主の新株引受権をめぐってGHQの関与があったほか、委員の間で見解が分かれて対立したことに関係がある。既存株主保護を重視する委員は、法律上株主に新株引受権があるものとし、定款でそれを排除することができるとすべきであるという見解であったのに対し、新株発行の機動性を重視する委員からは、授権資本制度を採用する以上、定款で株主に新株引受権を付与していない限り、株主には新株引受権はないものとすべきであるという見解であった。これ

5　中東正文「GHQ相手の健闘の成果」浜田道代編『日本会社法立法の歴史的展開（北沢正啓先生古稀祝賀論文集）』（商事法務・1999年）218頁以下。

6　鈴木竹雄「改正法上の新株引受権」同『商法研究Ⅲ会社法(2)』（有斐閣・1971年）160頁。

7　松本烝治「新株引受権について」同『商法解釈の諸問題』（有斐閣・1955年）263頁。

らの見解の対立の妥協として、法律上は、株主に新株引受権があるともないとも明定せず、これを定款による会社自治に委ねることにした。

既存の会社は、この新法に適合させるために発行予定株式総数の増加に関する定款変更をしなければならなかったが、その定款文言は大きく4種に分かたれていたという[8]。その中で、①取締役会の定めるところによって、新株引受権を株主に与えると同時に、会社の役員、従業員にも与えることができる旨を定める会社が相当に多く、また、②株主が新株引受権を有することを原則とし、これに対する例外として、取締役会の定めるところによって、会社の役員、従業員にも一部の新株引受権を与え、または公募することができる旨を定める会社も多くなっていた。②の例に属する定款規定を設けた電気化学工業株式会社の定款の効力を争う訴えが提起された。同社の定款では、「当会社の株主は株式総数1600万株のうち、未発行株式について新株引受権を有する。但し、取締役会の決議により新株の一部を公募し、又は役員従業員旧役員及び旧従業員に新株引受権を与えることができる」と定められていたところ、東京地方裁判所は、この定款規定は、但書の新株引受権の数量の最大限が明示されていないから商法347条2項の要件を満たさず無効であると判示した[9]。この判決が、経済界をはじめ関係者を当惑させたことは論をまたない。

3 昭和30年改正

上記の昭和30年2月の電気化学工業事件に関する判決の直後、経済団体連合会は法務省に商法改正を急ぐよう要望書を提出した。法制審議会も対応を急ぎ、3月25日には改正法律案要綱を法務大臣に答申し、「商法の一部を改正する法律案」は国会で可決され、6月30日に法律第28号として公布された[10]。昭和30年改正法の内容であるが、株主は新株引受権を有しないことを原則とする立場をとることにし、新株引受権に関する事項を定款の絶対的記載事項から除外

---

8 松本・前掲論文(注7)260頁にその4種が掲げられている。
9 東京地判昭和30・2・18下民集6巻2号361頁。
10 曽野和明「商法改正の立法論的展開」会社実務協会編輯部編『商法改正の動向と基本問題』(会社実務協会・1961年)36頁、浜田道代「新株引受権騒動への緊急対策」浜田道代編『日本会社法立法の歴史的展開(北沢正啓先生古稀祝賀論文集)』(商事法務・1999年)296頁。

した。新株引受権を誰に与えるかについては、定款に別段の定めがなければ、原則として取締役会が決定することになった（同年改正商法280条ノ2第1項5号）。同年改正法の下では、株主以外の第三者に対して新株引受権を与える場合には、株主総会の特別決議による承認が必要とされた（当時の280条ノ2第2項）。

　以上の昭和30年改正を整理すると、会社の新株発行は授権資本の枠内で、原則として取締役会が決定することができ、株主割当ての方法によるときは、取締役会決議で足りるが、株主以外の第三者に対して新株発行を行う場合には、発行価額のいかんを問わず株主総会の特別決議によらなければならないという規制であった。この場合の「株主以外の第三者」とは、株主以外の第三者一般をいうのではなく、特定の第三者の意義に理解されていた。取締役会は、株主割当てまたは公募の方法による限り、定款記載の授権資本の枠内であれば、取締役会決議だけで新株発行をすることができた。しかし、授権資本の枠内でも、取締役会は、第三者（特定の第三者）に対する新株発行を決定する権限はなく、第三者割当ての方法による新株発行をするについては株主総会の特別決議を経なければならなかった。特定の第三者割当てによる新株発行を取締役会の権限としなかったのは、取締役会の権限濫用の危険を防止するためであった[11]。取締役会がその権限を濫用し、その勢力下にある者に新株引受権を与えて会社の支配権を維持または奪取しようとするおそれがあることが懸念されたのである。

　昭和30年改正法の下で、当時広く行われていた買取引受けの方法による新株発行の手続について裁判上争われるケースが頻発した。ここでの買取引受けとは、証券会社が公募株式を一括して引き受けたうえで、その支店網で新株の払込期日まで引受価額と同一価額で一般投資家に売り出し、売残りの株式が生じれば証券会社が引受人として払い込むという方法での新株発行である。発行会社としては、予定どおりの資金調達が可能であるため広く普及した。経済界は、この方法を公募の一形態と認識し、証券会社という特定の第三者に新株引受権を与えるものとは理解していなかった。そのため、株主総会の特別決議に

11　吉田昂「商法の一部を改正する法律案要綱仮案について」ジュリ78号（1955年）9頁。

よることなく買取引受けの方法により新株発行を行っていた。この買取引受けは、特定の第三者に対して新株引受権を与えるものであるから、株主総会の特別決議を経る必要があり、その決議を経ないで行われた買取引受けの方法による新株発行は無効であるとの訴えがいくつか提起され、その最初の判決が昭和37年に横浜地方裁判所で出された。横浜地方裁判所は、買取引受けにつき、会社は買取引受契約によって証券業者に対し、他の者に優先して新株を引き受ける権利、すなわち新株引受権を与えたものとみざるを得ないから、株主以外の者に新株引受権を与える場合として、株主総会の特別決議が必要（当時の280条ノ2第2項）である、との立場を述べたうえで、本件の場合には、株主総会の特別決議なく第三者に新株引受権を与えているので、商法280条ノ2第2項に違反するが、対外的代表権のある取締役が新株を発行した以上は、新株の発行自体の効力に影響がないとの見解を表明した。

　横浜地方裁判所が、買取引受けは株主以外の者に新株引受権を与える場合に該当するから株主総会の特別決議を経る必要があると解しながら、それを取締役会決議によりかつ対外的に代表権を有する取締役が発行した以上、新株発行の効力に影響がないと判示したのは、これに先立つ最高裁判例を踏襲したものと考えられる。最高裁判所は昭和36年に「原判決が本件に関し、……株式会社の新株発行に関し、いやしくも対外的に会社を代表する権限のある取締役が新株を発行した以上、たとえ右新株の発行について有効な取締役会の決議がなくとも、右新株の発行は有効なものと解すべきであるとした判示は、すべて正当である」と説いていた。ちなみに、取締役会決議を欠く場合でなく、必要な株主総会の特別決議を欠く新株発行についても最高裁判所は「新株発行は、会社の業務執行に準ずるものとして取り扱っているものと解するのを相当とすべく、右株主総会の特別決議の要件も、取締役会の権限行使についての内部的要件であって、取締役会の決議に基づき代表権を有する取締役により既に発行された新株の効力については、会社内部の手続の欠缺を理由にその効力を否定するよりは右新株の取得者及び会社債権者の保護等の外部取引の安全に重点をお

12　横浜地判昭和37・12・17下民集13巻12号2473頁。
13　最判昭和36・3・31民集15巻3号645頁。現在に至るまで、同様の解釈が行われているが、この判例の立場は不当である。

いてこれを決するのが妥当」と説き、同様の立場をとっていた。[14]

学説上は、買取引受けの方法による新株発行は取締役会決議で足りるという見解もあった。鈴木竹雄博士は、昭和30年改正法の考え方からいうと、新株の発行は、法律上は公募が原則であって、株主は新株引受権を保障されておらず、新株が公正な価額で発行される以上は、それを誰に割り当てられようと、株主は文句を言うことはできない。これに対して、新株引受権を有する者には、新株の発行価額につき有利な取扱いをすることができる建前になっているので、第三者に対しても新株引受権を与えれば、有利な価額で新株を発行することができることになる。しかし、それを取締役会限りで自由にやられたのでは、株主の利益が害されるので、株主保護の見地から特別決議を要求したのが立法理由と考えられる。このように考えると、新株が公正な価額で発行される以上は、それについて第三者が新株引受権を与えられていようがいまいが、それを問題にする必要はなく、このような場合は、商法280条ノ2第2項の適用外であると解すべきである、と説かれていた。[15] この解釈は昭和41年改正において明確に条文化されることになった。

4 昭和41年改正

(1) 新株発行手続

昭和37年の横浜地裁判決の直後、経済団体連合会は昭和38年1月に、商法緊急改正意見を表明した。買取引受けは実質的には公正な価額をもって新株式の引受人を募る間接公募の一形態にすぎず、証券会社が優先的に新株を引き受ける権利を有するものではない。したがって、この際、条文上の疑義を解消するため商法280条ノ2第2項にいう株主総会の特別決議は、買取引受けの場合には不要である旨を商法上、明文をもって規定されたいと表明した。[16]

昭和30年改正法の基本的立場はそのままにして、買取引受けについては特別規定を設けて、株主総会の特別決議は不要とすべきであるという見解である。

---

14 最判昭和40・10・8民集19巻7号1745頁。
15 鈴木竹雄「買受引受と商法280条の2第2項」同『商法研究Ⅲ会社法(2)』(有斐閣・1971年) 203頁。
16 「法務省、親びけを含む公募の実態を調査へ」旬刊商事法務研究269号 (1963年) 21頁。

これに対して、昭和38年1月に東京商工会議所は、時価を基準とする公正な価額をもって新株を発行する場合は（第三者割当ての場合も）、株主総会の特別決議を要求する理由はなく、もしその割当てが不公正ならば、商法280条ノ10（発行の差止め）の規定による救済をもって足りるので、商法280条ノ2第2項は、株主以外の者に有利な価額をもって発行する場合の規定に改め、（横浜地裁判決のような）不当な解釈がされる余地を一掃するよう改正すべき旨の要望を表明した。[17] これは、新株発行が公正な価額で行われる場合には、第三者割当ての方法によるときも、株主総会の特別決議は不要であり、株主以外の者に有利な価額で新株を発行する場合にだけ株主総会の特別決議が必要であることを明確に条文化するように改正すべきであるという見解である。

法制審議会商法部会でも「株主以外の者に対し有利な価額で新株を発行する場合」にだけ株主総会の特別決議を要する旨の規定にすべきという立場と、株主は新株引受権を有し、第三者に新株引受権を付与する場合には株主総会の特別決議が必要としたうえで、買取引受けのうち弊害を伴うことのない場合にだけ、株主総会の特別決議は不要とすべきであるとの立場が対立したが、最終的には、前者の立場で立法されることになった。そして、商法280条ノ2第2項は「株主以外ノ者ニ対シ特ニ有利ナル発行価額ヲ以テ新株ヲ発行スルニハ定款ニ之ニ関スル定アルトキト雖モ其ノ者ニ対シ発行スルコトヲ得ベキ株式ノ額面無額面ノ別[18]、種類、数及最低発行価額ニ付第三百四十三条ニ定ムル決議（筆者注：特別決議）アルコトヲ要ス此ノ場合ニ於テハ取締役ハ株主総会ニ於テ株主以外ノ者ニ対シ特ニ有利ナル発行価額ヲ以テ新株ヲ発行スルコトヲ必要トスル理由ヲ開示スルコトヲ要ス」という条文となった。

こうして、現在の公開会社における新株発行に関する手続規制がこの改正によって確立した。昭和41年改正法は、極めて重要な関連事項の改正も行った。昭和25年改正において、新株発行の差止請求権に関する規定が設けられ、法令定款違反および「著しく不公正な価額による発行」もしくは「著しく不公正な方法による発行」により株主が不利益を受けるおそれがあるときに新株発行の

---

17 「全株懇、『買取引受』『議決権の不統一行使』の立法化の早期実現を要望」旬刊商事法務研究327号（1964年）41頁。
18 平成13年の改正により額面株式は廃止された。したがって、この区別に関する事項は削除された。

差止めを請求できるものとしていたが、昭和41年改正時に「著しく不公正な発行価額」に関する部分は削除され、平成17年会社法制定の直前まで、商法280条ノ10として同じ表現のまま維持されてきた。株主に新株発行差止請求権を認める規定は昭和25年改正以来存在していたが、取締役会決議限りで新株発行が行われる場合に、株主に具体的な新株発行の内容について事前に知らせる制度についての規定を欠いていた。したがって、株主は新株発行差止請求権を行使する機会を奪われることがあった。たとえば、Y会社の株主Xが同社株式を買い集め発行済株式総数の70％を取得したが、Xの支配権を阻止しようとした同社代表取締役は5ヵ月間に5回にわたり密かに第三者割当ての方法による新株を発行し、Xの持株比率を37％に低下させたケースがあり、Xの知らないところでの新株発行であったため差止請求の機会を逸したので、新株発行無効の訴えを提起し、不公正な方法による新株発行であって無効であると主張したのに対して、「たとい原告ら主張のように、Y会社の代表取締役らが株主総会における多数者の地位を維持もしくは獲得するため、その権限を濫用して自己に味方する者のみに新株を割りあて、引き受けさせたとしても、株主において、右新株の発行前その差止を請求する権利等を有することがあるのは格別、一たん発行された以上、取引の安全の重要性にかんがみると、右理由をもつてしては新株の発行を無効というべきいわれはない」とした判例がある。[19] 昭和41年改正法が、株主以外の第三者割当てによる新株発行をする場合に発行価額が「特に有利」でない限り取締役会決議だけで行うことができることになったのに伴い、従来どおり新株発行について株主に知らせる機会を与えないままだと取締役会の権限濫用により既存株主が害される危険性が増大することを考慮して、昭和41年改正に際して、株主保護のため1ヵ条が追加された。そして「会社ハ払込期日ノ二週間前ニ額面無額面ノ別、種類、数、発行価額、払込期日及募集ノ方法ヲ公告シ又ハ株主ニ通知スルコトヲ要ス」（当時の280条ノ3ノ2）との規定が設けられた。これにより、取締役会決議により新株が発行されるごとに新株の払込期日の2週間前に株主に知らされるので、新株発行により不利益を

---

19 釧路地判昭和38・2・26旬刊商事法務研究273号10頁。XはY会社と新株引受人との双方を被告として訴えたが、Y会社以外の者は被告適格を欠くとして却下された。

被るおそれのある株主は差止請求権を行使する機会を確保されることになった。

(2) 株式の譲渡制限会社と株主の新株引受権

　株式に譲渡制限をかけている会社の場合には、新株発行について特別な考慮が払われる。したがって、株式の譲渡制限に関する規制の変遷をみておく必要がある。明治32年制定旧商法の昭和13年改正法204条は、「株式ハ之ヲ他人ニ譲渡スコトヲ得但シ定款ヲ以テ其ノ譲渡ノ禁止又ハ制限ヲ定ムルコトヲ妨ゲズ」と規定していた。当時は、株金の分割払込みを認めており、設立の際の第1回払込みの金額が株金の4分の1を下ることができないものとされていた（昭和13年改正法171条2項）。株金の全額が払い込まれていない状態での株式の譲渡には種々の複雑な問題（未払株金の払込み等）が生じるので株式の譲渡を禁止しまたは制限するについては現在とは別の考慮が必要であった。[20]

　昭和25年改正法は、「株式ノ譲渡ハ定款ノ定ニ依ルモ之ヲ禁止シ又ハ制限スルコトヲ得ズ」（204条1項）と規定し、株式譲渡の自由を強行法的に保障した。そして、株式の自由譲渡性は株式会社の絶対的原則または株主の固有権であると説かれた。すなわち、株主は自己が投下した資本を退社によって会社から回収することができない代わりに、株式の譲渡の対価として他人から回収することができなければならず、したがって株式の譲渡性は株主の固有権である[21]と説かれ、また、株式の自由譲渡性は株主有限責任の原則と並んで、株式会社における資本の動員を可能ならしめる要因であって、経済的に株式会社の最も重要な特色の一つであるのみならず、法律的にも人的会社に対する株式会社の重要な特徴をなしており、株主には人的会社のように社員の退社の制度がない代わりに株式を譲渡して会社から離脱することができなければならず、いわば株式譲渡の自由は退社が認められないことの代償をなすものであると説かれている。[22]このように、株式の自由譲渡性は株式会社の絶対的原則であると認識する立場からは、「立法論としては株式会社につき資本の最低限その他適当な基

---

[20] 株金の分割払込制度は昭和23年改正法において廃止された（田中耕太郎『会社法概論上』（岩波書店・1955年）272頁による）。
[21] 田中耕太郎『会社法概論下』（岩波書店・1955年）325頁。
[22] 大隅健一郎「株式の譲渡」田中耕太郎編『株式会社法講座第2巻』（有斐閣・1956年）640頁。

準を定めて、株式会社形態を利用しうべき企業の規模を何らか制限するのでなければ、株式の譲渡性の問題に限らず、諸多の株式会社法上の問題の合理的な解決は困難である」と説かれていた。この説の妥当性は現在でも変わらない。

ところが、昭和25年改正法は最低資本金その他株式会社形態の利用に関し何ら基準を設けないで株式譲渡自由の原則を強行法的に規定したため、同族会社その他零細企業までが株式会社形態を利用し、かつ株式会社の中でも中小企業が圧倒的多数を占めたために、株式譲渡の制限を可能とする法制を求める要請がもともと潜在していた。昭和25年改正法の2～3年後には、この要望が顕在化してきた。昭和27年には東京商工会議所が、また翌28年には関西経済連合会が、商法は株式会社の資本金の最低限を定めていないから同族会社的中小企業までが株式会社形態を利用しているところ、同族的中小企業の株式の譲渡制限を禁止することは、不良株主の輩出、会社乗っ取り等の弊害を生じ、企業経営に支障を来すとの理由で、株式譲渡制限禁止の緩和を求める改正意見を提出している。法制審議会商法部会では、中小規模の株式会社に範囲を限定して譲渡制限を認めるかどうかが議論されたが、中小企業からのニーズとは別の要因が加わってきた。それは、この時期、わが国の経済が開放経済体制へ移行する時期であり、貿易・為替の自由化とともに資本取引も自由化に向かっていた。資本取引が自由化されると、外資による日本企業の乗っ取りが懸念されることになった。外資による乗っ取りの対象会社は大規模の株式会社であることが十分予想された。そこで、定款で株式の譲渡制限を定めることにより外資による乗っ取りを防ぐことも経営者の合理的選択の一つと考えられた。こうして、中小規模の株式会社に範囲を限定することなく、定款の定めにより株式の譲渡を制限できることにした。昭和41年改正法204条1項では、「株式ハ之ヲ他人ニ譲渡スコトヲ得但シ定款ヲ以テ取締役会ノ承認ヲ要スル旨ヲ定ムルコトヲ妨ゲズ」と規定された。

株式の自由譲渡性は株主の有限責任原則等とともに株式会社の原理にかかわる問題であろう。昭和25年法が株式会社の原理の一つを貫き、株式の自由譲渡

---

23 大隅・前掲論文（注22）649頁。
24 戸川成弘「高度経済成長と開放経済体制への移行」浜田道代編『日本会社法立法の歴史的展開（北沢正啓先生古稀祝賀論文集）』（商事法務・1999年）337頁以下に詳しい。

を強行法として規定し、譲渡制限を許さなかったとき、この株式会社法の原則を不都合と考える経営者は株式会社以外の形態の会社（当時の有限会社等）に組織変更をすべきであったのであり、法務省も経済団体もそれぞれの企業の身の丈に合った会社形態に組織変更を奨励すべきであったというべきであろう。零細企業までが株式会社形態を選択しつつ、株式会社の原則を定める規定が自己にとって不都合であるから原則を曲げて自己の都合に合わせてほしいという勝手な言い分を立法関係者が認めてしまったというのが昭和41年改正における定款による株式の譲渡制限の許容であった。このような立法関係者の姿勢がその後、株式会社法の原理、原則を消滅させて今日に至っている（有限責任原則はかつての有限会社、現在の合同会社も同じで、株式会社だけの特徴ではない）。

　昭和41年改正においては、株式につき譲渡制限があるか否かにより新株発行手続に区別は設けられていなかった。譲渡制限会社においても、株主に新株引受権は付与されていなかった。

5　譲渡制限会社における株主の新株引受権

　平成2年の商法改正において、譲渡制限会社の株主は原則として新株引受権を有するものとされた。すなわち、「株式ノ譲渡ニ付取締役会ノ承認ヲ要スル旨ノ定款ノ定アル場合ニ於テハ株主ハ新株ノ引受権ヲ有ス但シ株主以外ノ者ニ対シ発行スルコトヲ得ベキ株式ノ額面無額面ノ別、種類及数ニ付第三百四十三条ニ定ムル決議アリタルトキハ此ノ限ニ在ラズ」（当時の280条ノ5ノ2第1項）との規定が追加された。会社が第三者割当ての方法で新株を発行した場合、上場会社等であれば株主は市場で買い増すことによりその持株比率を維持することは可能であるが、譲渡制限会社が第三者割当ての方法で新株を発行した場合には、株主の持株比率は低下し、その持株比率を回復することは困難である。そこで、譲渡制限会社においては、原則として株主に新株引受権を付与したものである。

　株主が新株引受権を有する譲渡制限会社においても資金難に直面し、株主以外の者に新株を引き受けてもらって資金調達をせざるを得ない場合もあり、あるいは、業務提携に伴って資本提携の必要も生じよう。そこで、上記追加条文の但書のように、株主総会の特別決議による承認を得ることによって株主以外

① 支配権の異動を伴う新株発行

の第三者に対して新株を発行することができるものとした。第三者割当ての方法による新株発行についての株主総会の承認事項は「株式の額面無額面の別、種類及数」であって、ここには発行価額が含まれていない。第三者に対する有利発行については、譲渡制限のない会社に対しても共通に適用のある規定（当時の280条ノ8第2項）が、別に、譲渡制限会社における第三者割当ての場合にも適用された。[25] 要するに、株主が新株引受権を有する譲渡制限会社が新株の引受権を第三者に割り当てる場合には、株主総会の特別決議による承認を経て、第三者に特に有利な発行価額でなければ発行価額は取締役会が決定し、特に有利な発行価額であるときは株主総会の特別決議が必要ということであった。

6 現行会社法における公開会社の新株発行規制

　平成17年に成立し、翌年から施行されている現行の会社法は、株式会社を公開会社と非公開会社（譲渡制限会社）とに区別し、種々の面で異なる扱いをしている。新株発行（募集株式の発行）についても異なる扱いをしている。公開会社の場合には、前述の昭和41年改正法を踏襲している。すなわち、新株発行の募集事項（募集株式数、払込金額、払込期日または期間等につき会199条1項、201条1項）および割当先（同法204条2項）については取締役会が決定することができる。第三者に対して特に有利な払込金額で募集株式を引き受けさせる場合には、株主総会の特別決議を経なければならない（同法199条1項3号、201条1項）。

　払込金額が特に有利でない限り取締役会決議だけで、支配権の異動を伴うことになるような第三者割当てによる新株発行を行うことも可能である。支配権の異動を伴うような新株発行の場合に限らず、第三者割当てによる新株発行により不利益を受けるおそれのある既存株主には新株発行差止請求権（差止仮処分申請権）が付与されている（会210条）。差止事由は、新株発行が法令・定款に違反する場合と著しく不公正な方法による場合であるが、いかなる場合を不公正発行というべきかが問題となっている。判例では、主要目的論が一応採用されている。資金調達の目的と特定の株主の持株比率を低下させ、その支配力

---

[25] 大谷禎男『改正会社法』（商事法務研究会・1991年）165頁。

を低下させる目的とのいずれが主要目的であるかを比較検討し、後者が主要目的であると判断されるときは、不公正発行であるとして新株発行の差止めを認めるというものである。若干の例外はあるものの、判例の主流は、一般的措辞として主要目的論に沿った言辞を述べた後、明らかに特定の株主の持株比率を低下させることに主眼があるといえる場合でも、会社側が主張する資金調達目的は不合理とはいえないとして差止めを認めないのが現実である。

III 平成26年改正

1 改正の背景

　第三者割当ての方法による新株発行は、既存株主に重大な影響を及ぼすことがある。株主には、会社支配に関する利益と会社事業から生ずる収益の配当に与る利益などの経済的利益がある。第三者割当てによる新株発行が既存株主に与える経済的不利益として、新株発行により調達した資金が従前と同じ収益率で利益をあげる保障はなく、また発行株式数の増加に伴い株価は低下するのが普通である。第三者に対する新株発行は、株主の会社に対する支配的利益に重大な影響を及ぼすことがある。既存の筆頭株主がその地位を失うこともあり、少数株主権を行使することができた株主がその権利を失うこともある。極端な場合には、会社支配権が第三者に移転することもあり得る。

　第三者割当てによる新株発行が株主の支配的利益に重大な影響を及ぼすにもかかわらず、公開会社では、有利発行でない限り、取締役会決議だけで行うことができるという法規制は昭和41年改正において採用され、現行法にも承継されているが、改正直後からこの法規制には次のような批判があった。会社の親子関係ないし企業結合関係を形成ないし強固にするために第三者割当ての方法による新株発行が行われることがある。大量の新株が第三者に割り当てられ、経営権ないし企業提携関係に変動が生ずることもある。現行新株発行規制は資金調達の機動性に特別の配慮をするが、このような第三者割当ての場合には機動性確保の要請はそれほど強いものではない。このような第三者割当てを株主総会のコントロールに服させること、特に、合併類似行為としての第三者割当

てについては、原則として合併規制と同様に規制することも立法論として検討に値するとの見解があった。[26]

2 平成26年改正法の内容

支配株主の異動は、公開会社の経営のあり方に重大な影響を及ぼすことがあるゆえに、新たな支配株主が現われることとなるような新株発行については、既存株主に対する情報開示を充実させるとともに、その意思を問うための手続を設けることにした。公開会社が募集株式を特定人に対して発行する結果としてその特定引受人（子会社を含む）が総株主の議決権の過半数を有することとなる場合には、①会社は株主に対して当該募集株式の払込期日または払込期間の初日の2週間前までに特定引受人の氏名・名称および住所、当該引受人が募集株式の株主となった場合に有することとなる議決権数等について通知しなければならない（平成26年改正法206条の2第1項）。公告をもってこの通知に代えることができる（同条2項）。②総株主の議決権の10分の1以上の議決権を有する株主が通知または公告の日から2週間以内に当該引受人による募集株式の引受けに反対する旨の通知をしたときは、会社は当該引受人に対する募集株式の発行につき株主総会の決議（普通決議）による承認を受けなければならない（同条4項）。

会社が特定の第三者に対して大量の新株を発行し、それにより支配権の異動が生じるような場合には株主の意思を問わなければならないこととする趣旨であるから、ⓐ特定引受人がすでに親会社である場合およびⓑ株主割当てによる場合については適用されない（平成26年改正法206条の2第1項ただし書）。また、ⓒ当該会社の財産の状況が著しく悪化している場合において、事業の継続のため緊急必要があるときは、株主総会の承認等を得ることなく取締役会決議限りで特定引受人が議決権の過半数を有することとなるような新株発行が可能である（同条4項ただし書）。ⓐおよびⓑの場合は、平成26年改正法206条の2第1項の例外であり、新株発行事項についての通常の通知（同法201条3項）は必

---

[26] 森本滋「第三者割当てを巡る諸問題」河本一郎ほか『企業金融と商法改正2第三者割当増資』（有斐閣・1991年）202頁。

要であるが、ⓒは206条の2第4項の例外であり、したがって会社は株主に特定引受人の氏名・名称、特定引受人が引き受けた株式の株主となった場合に有することとなる議決権の数のほか法務省令で定める事項を通知する必要があり、この通知をみた総株主の議決権の10分の1以上が反対しても、著しく財産状態が悪化していて会社事業の継続のため緊急の必要があるときは、会社は株主総会決議を経ることなく取締役会決議限りで募集株式を発行できるということである。

条文上は、「議決権の過半数を有することとなること」だけが要件とされ、それに加えて「支配権の異動を伴うこと」は要件とされていない。したがって、現に支配権を有するが当該会社の親会社でない株主が特定引受人となって議決権の過半数を有することとなるような新株発行の割当てを受ける場合（支配権の強化）には、平成26年改正法206条の2の適用を受けることになるものと解される。なお、募集株式の公募に際して買取引受けを行う引受証券会社が介在する場合でも、支配権の異動に利用されないという危険を排除できないとの理由で、206条の2の適用除外とはされない。[27]

なお、募集新株予約権の割当ての場合についても、募集株式の割当てに関する特則と同様の規定が設けられている。

Ⅳ　若干の具体的論点

1　有利発行にも該当する場合の対応

支配権の異動を伴う大量の新株発行であって、それが特定引受人にとって特に有利な発行価額で発行される場合にも、平成26年改正法206条の2第1項に基づく通知または公告を行う必要があり、反対株主が同条4項に基づく反対の通知をする機会を付与しなければならないものと解される。議決権の10分の1以上を有する株主から反対の通知があった場合の対応であるが、①平成26年改正法206条の2第4項に基づく株主総会の普通決議と②有利発行についての株

---

[27]　岩原紳作「会社法制の見直しに関する要綱案の解説〔Ⅱ〕」商事1976号7頁。

主総会の特別決議（会199条3項、201条1項）の双方の決議を経なければならないことになるのであろうか。①の決議は、特定の第三者が支配権を取得することとなる結果を伴う大規模第三者割当増資について株主の判断を問うものであるのに対して、②の決議は、特に有利な価額での第三者割当てを行うことについての株主の判断を問うもので、株主総会事項とされる趣旨が異なるのであるから、両者は異なる議案として（②は①が可決されたことを条件として）それぞれについて株主総会決議を得る形で実務は処理されるものと考えられる。[28]

　特定の引受人が議決権の過半数を有することとなるような大量の新株を当該引受人にとって特に有利な払込価額で発行する場合に、会社が株主総会の招集通知において上記①の決議を得るために必要な情報（特定引受人が過半数の議決権を有する株主となることなど）をすべて開示するとともに②の決議を得るために必要な情報をあわせて開示し、一つの議案、たとえば、「○○（当該引受人）に対して1株につき○○円（具体的金額）で○○株（具体的数字）の新株を発行する件」として提案し、この議案について特別決議で承認を得るという手法を選択することに問題があるであろうか。株主総会においては、当該大量の新株発行を引き受けた引受人は過半数の議決権を保有する株主となることおよび当該引受人に有利な発行価額で新株を発行することが必要な理由を説明することを前提とする。このように1本化した議案について特別決議で承認を得れば何ら問題はないというべきであろう。特に、平成26年改正法206条の2は、特定引受人が過半数の議決権を有することとなるような大量の新株発行は、取締役会決議だけで済まさず株主の意思を問えという趣旨であるところ、1本化した議案で株主総会に提案することは十分に改正法の趣旨に沿うものである。[29]

2　平成26年改正法206条の2違反の新株発行

　特定引受人が過半数の議決権を有することとなる新株発行を行う場合であって、10％以上の議決権を有する株主が反対の通知をしたときは、会社は原則と

---

[28] 森本大介「第三者割当増資に関する規律および子会社株式等の譲渡に関する改正」商事1985号（2012年）26頁。
[29] 1本化して議案とすることの問題点を指摘するものとして、森本・前掲論文（注28）商事1985号（2012年）27頁参照。

して株主総会の普通決議による承認を得なければならないのであるが、会社の財産状況が悪化していて会社事業の継続のため緊急の必要があるときは、株主総会決議を経ることなく取締役会決議限りで新株発行を行うことができる（平成26年改正法206条の2第4項ただし書）。「緊急の必要」の有無についての判断は極めて微妙である。緊急の必要性の有無は、裁判所が判断すべきことになる。

平成26年改正法206条の2の規定に違反して新株発行が行われた場合には、新株発行無効の訴えを提起して争うべきことになる（会828条1項2号）。特定の第三者が過半数の議決権を有することとなる大量の新株発行を206条の2の規定を無視し、同条の手続に従うことなく、または206条の2第1項に基づく株主への通知・公告をし、10％以上の議決権を有する株主からの反対の通知があったにもかかわらず、株主総会決議を経ることなく実施したような場合は同条違反の新株発行である。新株発行の効力発生後は、効力発生の日から6カ月以内に新株発行無効の訴えを提起してその効力を争うべきことになる。

特定の第三者が過半数の議決権を有することとなる大量の新株発行を平成26年改正法206条の2の規定を無視して代表取締役が行った場合は、それにより利益を害される株主が新株発行無効の訴えを提起しても、裁判所は株主を救済しそうにない。最高裁判所が新株発行の無効原因としているのは、現在までのところ、差止仮処分命令に違反する場合と募集株式発行についての株主への通知・公告を欠く場合[30]だけであり[31]、必要な株主総会の特別決議を欠くことを無効事由とは解さないのである[32]。したがって、206条の2を新設して株主の保護を図ろうとした立法の趣旨は、それを遵守しない会社との関係では、最高裁判所の解釈によって無意味にされる可能性がある。それは、最高裁判所が次に述べるような立場をとっているからである。

まず、株主以外の者に新株引受権を付与するについては株主総会の特別決議が必要であるとされた規制の下において、株主総会の特別決議を経ることなく行われた第三者に対する新株発行につき、最高裁判所は、株主総会の特別決議

---

[30] 最判平成5・12・16判時1490号134頁。
[31] 最判平成9・1・28金商1015号27頁。
[32] 最判昭和40・10・8民集19巻7号1745頁。

を欠くことは無効原因とならないと解した。その理由として、授権資本制度を採用する商法は新株発行の権限を取締役会に委ねており、新株発行は会社の業務執行に準ずるものと解するのが相当であり、右株主総会の特別決議の要件も取締役会の権限行使についての内部的要件であって、取締役会の決議に基づき代表権のある取締役により発行された新株の効力については、会社内部の手続の欠缺を理由にその効力を否定するよりは新株の取得者および会社債権者の保護等の外部取引の安全に重点をおいてこれを決するのが妥当である、と説いている。この判例は、授権資本制度の下では取締役会に新株発行の権限があるとし、株主総会の特別決議は取締役会の権限行使についての内部的要件にすぎず、取締役会決議に基づいて新株発行が行われたから有効であるとしているが、それでは、取締役会決議を欠く新株発行は無効原因と解するであろうか。最高裁判所は、「いやしくも対外的に会社を代表する権限のある取締役が新株を発行した以上、たとえ右新株の発行について有効な取締役会の決議がなくても、右新株発行は有効なものと解すべきである」と説いている。ここでは、代表取締役が発行した以上、その新株発行は有効であるとした。論理が一貫せず、理由づけも支離滅裂である。そして、後者の判例の立場は、第三者に対する有利発行には株主総会の特別決議が必要であるのに、この決議を欠く場合について、「代表取締役が新株を発行した場合には、右新株が、株主総会の特別決議を経ることなく、株主以外の者に対して特に有利な発行価額をもって発行されたものであっても、その瑕疵は、新株発行無効の原因とはならないものと解すべきである、このことは当裁判所の判例（昭和40年10月8日判決参照）の趣旨に照らして明らかである」といっている。当初の判例には、取引の安全を考慮に入れるものもあったが、現在では、これも無視している。創業者である支配株主から支配権を奪うために、代表取締役に就任した娘婿が、自己を過半数の議決権を有する株主とするために大量の新株を有効な取締役会決議を経ないでその全部を自己（代表取締役）に対して発行したという不当な新株発行について、最高裁判所は、取締役会決議がなくても、また著しく不公正な方法によ

---

[33] 最判昭和36・3・31民集15巻3号645頁。
[34] 最判昭和46・7・16判時641号97頁。

るときでも、代表取締役が発行した以上、その新株発行は有効であり、この理は、小規模閉鎖会社であるか、新株引受人が現に株式を有する（善意の第三者保護の必要がない）かどうかで変わりはないとまで言い放っている。[35]

　以上のように、最高裁判所は代表取締役が新株発行を行った場合には、法の要求する取締役会決議または株主総会決議等の機関決定を経ていなくても、また支配権奪取の目的で代表取締役が自らを引受人として著しく有利な発行価額でした新株発行もすべて有効であると解している。最高裁判所は「代表取締役が行った以上、その新株発行は無効ではない」と説く。確かに、代表取締役は会社の業務に関する一切の行為をする権限を有する（会349条4項）との規定があるが、この規定は、文字どおり、代表取締役には会社業務に関する一切の行為を独断で有効になし得る権限があるという意味に理解すべきではない。会社法362条4項は、重要な業務執行を列挙し、そこに列挙された事項「その他の重要な業務執行の決定を取締役（代表取締役）に委任することはできない」と規定する。会社法のその他の条文で取締役会決議事項とされている事項は、362条4項にいう重要な業務執行に該当する。法が株主総会決議事項としている事項はさらに重要な事項である。これらの機関決定が必要とされている事項について、代表取締役が独断で行った行為を有効と解してよいはずはない。

　現に、最高裁判所も、代表取締役が株主総会の特別決議を経ないでした営業譲渡（事業譲渡）は無効であり、譲渡当事会社および譲渡会社の株主、債権者等はその無効を主張し得るとしている。[36]さらに、非公開会社の代表取締役が株主総会決議を経ないで行った新株発行の効力について、最高裁判所は、非公開会社については、その性質上、会社の支配権にかかわる持株比率の維持に係る既存株主の利益の保護を重視し、その意思に反する株式の発行は株式発行無効の訴えにより救済するというのが会社法の趣旨と解されると説いている。[37]ここでは、代表取締役は会社の業務に関する一切の行為をする権限を有する（会349条4項）から、代表取締役が行った以上新株発行は有効であるとの論理を自ら否定している。結局、必要な機関決定を経ないで代表取締役が行った専断

35　最判平成6・7・14金商956号3頁。
36　最判昭和61・9・11金商758号3頁。
37　最判平成24・4・24金商1392号8頁。

的行為の効力については、局面によって有効としあるいは無効とするのが最高裁判所の立場であり、一貫した論理はなく、支離滅裂である。

　会社法349条5項は、代表取締役の「権限に加えた制限は、善意の第三者に対抗することができない」と規定する。これは、代表取締役が加えられた制限に違反した行為は無効であるが、善意の第三者にはその無効をもって対抗できないことを定めたものである。法人としての会社の意思決定の権限につき法はその重要度に応じて権限分配しており、重要な業務執行について取締役会に（会362条4項）、さらに株主に重要な影響を及ぼす事項については株主総会に決定権限を付与している。法が取締役会決議事項または株主総会決議事項としている事項については法が代表取締役の権限を制限しており、必要な機関の決議を経ないで代表取締役が独断で行うことは無権代表であり、無効である。代表取締役が必要な機関の決議を経ることなく新株発行を行い、証券会社が買取引受けをして多数の投資家に分売するようなケースもあり、取引の安全を図ることも重要であるから、会社法349条5項により取引の安全を図る必要がある。[38] 代表取締役の専断的行為については、これを無効としたうえで、349条5項により取引の安全を図る解釈が妥当である。[39]

3　改正法と敵対的公開買付け

　新設された会社法206条の2が最もその効果を発揮するのは、会社が敵対的公開買付けに直面した状況下においてであり、現経営陣にとって好ましくない公開買付けの対象会社となった会社は、当該公開買付けの買付期間中に206条の2に該当する第三者割当てを使って防衛策を講じることが可能となるとの指摘がある。[40] 確かに、敵対的な公開買付けに直面した対象会社の経営陣は、公開買付期間中に、206条の2に従い、株主総会の普通決議を経て特定の第三者に発行済株式の過半数を取得させることとなるような新株発行をすることによ

38　最判昭和46・10・13民集25巻7号900頁は相対的無効の概念を採用している。
39　詳しくは、田邊光政『会社法読本』（中央経済社・2008年）217頁以下。同「取締役会と代表取締役・代表執行役」田邊光政編集代表『最新倒産法・会社法をめぐる実務上の諸問題（今中利昭先生古稀記念）』（民事法研究会・2005年）722頁以下参照。
40　赤木・前掲論文（注2）358頁。

り、公開買付けを挫折させることが可能となる。

　公開買付期間中に平成26年改正法206条の2に基づき特定の第三者に支配権の異動を伴うような大量の新株発行を行うこと（買収防衛策に利用すること）は、EU加盟諸国でも同様に許容される。欧州委員会から検討を委託された会社法専門家によるハイレベル・グループ（Winter委員長）が2002年（平成14年）1月にレポートを公表し[41]、これに若干の修正を加えて、欧州議会は2004年（平成16年）5月20日、「公開買付に関する欧州議会及び理事会指令」[42]（以下、「EU公開買付指令」という）を承認した。

　このEU公開買付指令は、敵対的な企業買収に直面した対象会社の取締役会の中立義務を定めている。EU公開買付指令は、公開買付けの期間中、対象会社の取締役会は、競合する公開買付けを求めることを除き、公開買付けを挫折させる行為、ことに、買付者による対象会社の支配権の取得を継続的に阻止する結果となる新株発行をするについては、事前に株主総会の承認を得なければならない旨を定める（9条2項第1文）。競合する公開買付けを求めるとは、他の買付者（white knight）を探すことであり、公開買付けの対象会社の取締役会は、その公開買付けと競合する（通常はより高い買付価格を提示する）買付者を探すについては株主総会の事前承認は不要である。対象会社の取締役会が公開買付けに関する情報を最初に得たときから、当該公開買付けの結果について公表がされるかまたは公開買付けが失効するまでの間は、株主総会の承認を得ない限り公開買付けを挫折させるような行為をすることはできない（9条2項第2文）。逆にいえば、公開買付けに直面した対象会社の取締役会は、公開買付けの期間中、株主総会の承認を得れば、防衛策として大量の新株発行をすることも可能となる[43]。

　公開買付けが開始される前に決定されていた防衛策については、たとえそれが株主総会決議により決定されていたものであっても、「その一部または全部

41　Report of High Level Group of Company Law Experts on Issues Related to Takeover Bids (January 10, 2002).

42　Directive 2004/25/EC of the European Parliament and of the Council of 21 April 2004 on Takeover Bidsであり、全23条で構成されている。

43　EU加盟国は、上記の9条2項を加盟国の会社に要求しない権利を留保することができる（EU公開買付指令12条1項）。

がまだ実施されていない」ものについては、公開買付けが現実となった後にあらためて承認または追認されなければならない（9条3項）。平時に策定された防衛策は抽象的で仮装の買収者を想定したものにすぎず、株主は具体的・現実的となった公開買付けをどう評価するかについて判断を求められるべきであるという立場である。

イギリスも EU 公開買付指令を2006年（平成18年）に国内法化しているが、EU 公開買付指令の発効前から公開買付けの対象会社の取締役会の中立義務の規定が City Code[44] で定められていた。City Code の規定は EU 公開買付指令9条よりも詳細かつ具体的である。公開買付けの期間中または誠実な公開買付けが差し迫っていると信ずべき理由があるときは公開買付開始日前でも、対象会社の取締役会は、①株主総会の承認を得ることなく、公開買付けを挫折させる結果となり、株主が当該買付けのメリットを判断する機会を否定することとなるような行為をしてはならず、②新株発行または金庫株の譲渡、議決権株式への転換権付証券の発行、重要財産の譲渡、処分、取得をしてはならない旨[45]を定める。

わが国の場合、敵対的企業買収に直面した会社が平成26年改正法206条の2を利用して特定の者に支配権の異動を伴うような大量の新株発行を行うことは実際には稀であろう。同条は、むしろ、友好的な相手に支配権を異動させるのに利用されるであろう。買収防衛策としては、現在の経営陣をサポートしている支配株主が支配権を維持するための方策を講じている。特定の第三者に対してではなく株主割当ての方法で新株予約権を付与する（買収者には新株予約権を行使させない）プランを立てている。

V　結びに代えて

新株発行は新しい株主を生む。その意味では、会社の組織にかかわる側面がある。新株発行は、資金調達の手段である。その意味では会社の業務執行にか

44　The City Code on Takeovers and Mergers（2006年版）.
45　The City Code on Takeovers and Mergers（2006年版）Rule 21.1.

かわる性質もある。新株発行のもつこの両側面のいずれを重視するかにより新株発行の手続規制も変化してくる。わが国の資本主義の初期段階である明治32年に成立した商法は、新株発行による増資を定款変更事項として株主総会の特別決議を要求していた。その後、昭和25年により進展した資本主義を経験したアメリカ法の影響を受け、授権資本制度を導入しようとしたが、新株発行につき、株主の新株引受権の有無、特定の第三者に新株の引受権を与えることを定めたときはこれに関する事項を定款の絶対的記載事項とするなど、純粋な意義での授権資本制度とはほど遠く、松本烝治博士をして「論理的な頭で読んでは到底了解ができない」規定振りであった。昭和41年改正において、初めて授権資本制度らしい規定となった。これにより、公開会社においては新株発行の権限は取締役会に付与されているが、会社の支配権の異動を伴うことになるような大量の新株発行については、事前にその事実を十分に株主に開示して、一定数以上の株主から反対の意向が示された場合には、株主総会の承認を得る必要があるというのが平成26年の会社法改正である。

　平成26年改正法の立場は、ヨーロッパの潮流に沿うものである。公開買付けに直面した対象会社の取締役会は、たとえば防衛策の手段として新株発行を行う場合には、株主総会の承認を得なければならないというのが、イギリスのCity CodeおよびEU公開買付指令の立場であり、わが国の平成26年の改正会社法は、支配権の異動を伴う結果が生じることになるような新株発行については、株主の意思を問えということであって、同じ方向といえる。

　株主を保護しようとする立法者の努力の成果である平成26年改正法も、それが遵守されなかった場合、これまでの最高裁判所の解釈が維持される限り、無意味にされてしまうのである。多くの関係者による議論の成果としての改正法を、結局は無意味にさせ、徒労に終わらせることとなる司法判断は明らかに変更されるべきであろう。

② 仮装払込みによる募集株式の発行等

大阪市立大学大学院法学研究科教授　吉井　敦子

I　問題の所在と会社法改正

　募集株式の発行等について、仮装払込みをして交付を受けた株式を市場で売却するという事例が増加し、その弊害として市場の公正、既存株主の権利に対する侵害が増加した。すなわち、法的に明らかにするべき問題が生じてきた。改正前会社法では、募集株式の発行等に際して出資の履行が仮装された場合に、出資の履行を仮装した募集株式の引受人や払込みの仮装に関与した取締役等の責任に関する規定が存在していなかった。そこで、平成26年改正会社法（以下、「改正会社法」という）では、この点につき責任の所在を明らかにして利害関係者の利益保護が図られた。[1]

　平成17年会社は制定の際、改正前商法に設けられていた引受担保責任（旧商192条1項、280条ノ13第1項）および払込担保責任（同法192条2項）を廃止するとともに、募集株式の発行等に対しては、いわゆる打切発行（会208条5項、209条）を認めた。そこで、現在では、それら担保責任が削除された結果として払込みの効力について不明確となっているうえ、以下の平成9年最高裁判決[2]の存在によって、より混迷を深める状況となっている。

　ところで、「見せ金」が行われた場合に払込みとしての効力が認められるか

1　改正会社法に関する解説書として、坂本三郎『一問一答平成26年改正会社法』（商事法務・2014年）。改正部分につき、江頭憲治郎『株式会社法〔第5版〕』（有斐閣・2014年）111頁、754頁以下、松尾健一「資金調達におけるガバナンス」商事2062号（2015年）27頁参照。

2　最判平成9・1・28民集51巻1号71頁。

については議論がある。

「見せ金」とは、取締役が払込取扱金融機関以外の銀行からいったん金銭を借入れ、それを株式払込みにあてて、募集株式の発行等の効力が生じた後に、会社の預金を引き出して借入先に対し返済することをいう。「預合い」（会965条）とは異なり、資金移動はあるものの発起人の払込仮装に係る行為を一連のものとして観察し、「預合い」と同様に払込みなきものとして、当該株式に対する払込みについて取締役に責任を負わせることとしていた（平成17年改正前商法280条ノ13）。

そして、「見せ金」の場合、払込みの効力について無効であると考える立場は、新株発行無効の訴えによって無効であると解する[3]。あるいは、訴えによることなく当然に無効、さらに不存在であるとする不存在説もある[4]。一方で、この場合の払込みの効力について有効であると考える立場がある[5]。会社法改正が検討された法制審議会会社法制部会の考え方は有効説に立つことを前提としている。判例上では、昭和38年最高裁判決は、仮装払込みは、払込みとしての効力を生じないとしている[6]。

もっとも、仮装払込みにより発行された株式の効力についてはこれとは別に考え、資金移動の外形から無効とは考えないことも可能である。

会社法改正について検討した上記会社法制部会では、外形的な資金移動があることから形式的には払込みがあったことにより、仮装払込みをした払込人は失権したとはせず、この場合に発行された株式に対し、この者が払込みをするまでは権利を行使できない株式としてとらえられている[7]。すなわち、失権規定

---

[3] 吉本健一「新株発行・自己株式の処分の無効事由・不存在事由」浜田道代＝岩原紳作編『会社法の争点』（有斐閣・2009年）87頁。

[4] 田澤元章「仮装払込の態様と効果」浜田道代＝岩原紳作編『会社法の争点』（有斐閣・2009年）30頁。

[5] 会社法の下での見解として、江頭・前掲書（注1）112頁注2、会社法以前において、払込みの効力はなくても、取締役の引受担保責任の問題として処理し得るとして無効とはならないとする立場として、上柳克郎ほか編『新版注釈会社法(7)新株の発行』（有斐閣・1987年）322頁〔近藤弘二〕。

[6] 最判昭和38・12・6民集17巻12号1633頁。本判決は、会社設立時における株式払込みについて、見せ金による払込みは払込みとしての効力を有しないとした。

[7] 法制審議会会社法制部会第10回会議議事録〈http://www.moj.go.jp/content/000072741.pdf〉45頁〔田中亘幹事発言〕。

[2] 仮装払込みによる募集株式の発行等

の適用を排除しようとしている[8]。

ところで、平成17年会社法の下では「資本充実責任」は緩和されており[9]、上記無効説の立場は維持しがたくなっているといえよう。そこで、払込みの効力として有効とみたうえで、当事者間の衡平を図ることが適切であると考えられる。

そして、改正会社法以前には、仮装払込みによる募集株式の発行等がなされた場合、当該引受人や仮装払込みに関与した取締役また執行役に関する責任等の定めを欠いていた。このため、募集株式に係る資金を確保できないという状況にもなっていた。そこで、これらに対処するため、改正会社法では、引受人並びに仮装払込みに関与した取締役または執行役に関する責任等に係る規定を設けることとなった（改正会社法213条の2、213条の3、209条2項・3項）と解される。

さらに、改正会社法では、募集株式の発行以外の局面でも同様の状況が生ずるため、①発起人が設立時発行株式について出資の履行を仮装した場合（同法52条の2、55条）、②設立時募集株式の引受人が払込金額の払込みを仮装した場合（同法102条3項・4項、102条の2、102条の3）、③募集新株予約権の払込金額の払込みを仮装した場合（金銭以外の財産の給付も含む）、④新株予約権の行使に際してする金銭の払込みまたは金銭以外の財産の給付（同法286条の2）を仮装した場合（同法286条の3）に対し同様の規律がなされている。

II　見せ金に係る判例の検討

前掲（注2）最判平成9・1・28（以下、「平成9年判決」という）は、改正前商法の下で、仮装払込み（見せ金による払込み）がなされた場合の新株発行の効力が争われた事件である。昭和63年、XはA社が新たに発行した2400株のうち900株を引き受け、一方Yの引受け分はなかった。それまでXは370株、Yは800株を有していたところ、新株引受けの結果としてXは1270株を、Yは800株

---

[8] 法制審議会会社法制部会・前掲（注7）42頁〔野村修也幹事発言〕。
[9] 払込担保責任規定の削除をはじめ、最低資本金制度・発起設立の場合における保管証明責任の廃止等。

を保有することとなった。すなわち、支配関係が逆転し、Ｙは劣位におかれることとなった。Ｙはこの新株発行に関し、Ａ社に対し新株発行無効の訴えを提起した。

これに対し、最高裁判所は、旧商法280条ノ３ノ２に定める公告または通知がなされていないことを理由として発行無効（旧商280条ノ15）の主張を認めた。

他方、いわゆる見せ金による払込みがなされた場合等については、新株の引受けがあったとはいえない場合であっても、取締役が共同してこれを引き受けたものとみなされるところ（旧商280条ノ13第１項）、新株発行は無効とはならないとした。

このように、本判決は引受担保責任[10]が存在することを指摘して、当該新株発行は無効とはならないとしている。すなわち、「……いわゆる見せ金による払込みがされた場合など新株の引受けがあったとはいえない場合であっても、取締役が共同してこれを引受けたものと『みなされる』から、新株発行が無効となるものではなく……」[11]と述べている。

本判決の理解として、引受担保責任規定の存在が新株発行の無効を排除する機能を果たしている旨を指摘し、新株発行は有効であるとしたものと解する余地があり得よう。このため、新株発行に係る担保責任規定が削除された後の事例では、払込みは無効であると解し、新株発行も無効であると解する下級審判決がある。

この判決は、いわゆる見せ金による払込みがされた場合であっても、取締役が共同してこれを引き受けたものと「みなされる」から（商法280条ノ13第１項）、新株発行が無効となるものではないとされていた。しかし、会社法においては、前記取締役の引受担保責任に相当する規定は存在せず、また、本件のように現物出資が無効である場合には、不公正な払込金額で株式を引き受けた者等の責任に関する会社法212条の適用もないことに鑑みれば、以後、適切な払込みが行われることはあり得ないのであるから、発行された募集株式に対す

---

10 取締役の担保責任規定は、商法（明治32年法律第48号）制定の際に定められた。
11 最高裁昭和27年(オ)第797号同30年４月19日第３小法廷判決・民集９巻５号511頁を引用。

る払込みが無効である以上、新株発行のみを有効と解することはできない。したがって、本件新株の発行は無効であるというべきである、として、会社法成立後の理解として無効説の立場に立って結論を導いている。

　では、この判決のように、取締役による払込担保責任の存在が増資の有効性を引き出すととらえることはできるのか、換言すると会社法の下では、増資の効力としては無効となるというべきであろうか。上記担保責任規定の削除と新株発行の効力をいかに考えるべきであろうか。

　さらに、昭和25年商法以前の最高裁判決としては、平成9年判決が引用した最判昭和30・4・19民集9巻5号511頁がある[12]。本件会社では、昭和25年7月4日開催の臨時株主総会で増資を決議した。1株50円で総株式総数5000株の資本金25万円であり、増加資本の額が75万円（1株50円で1万5000株）であったところ、増資に係る株式数の4割弱、増資後の株式数の3割弱にあたり増資前の会社の株式総数に超過する5950株の引受けの欠缺があった。本件株主総会決議では、増資新株式は、これを現株主の持株1株につき3株を割当て、割当てに応募の不足あるときは残株式は株主中の希望者および取締役会の相当と認める会社従業員に割り当てる旨の決議がなされていた。ところが、株主で専務取締役であったAはその地位を利用しこの決議を無視し、残株式を自ら引き受けて増資登記を経た。本件で、最高裁判所は、「特別の事情のない限り右引受の欠缺は取締役の引受払込の責任により補充されるものと見るべきであって、直ちに資本増加の無効を来たすものと解すべきでない」として、新株発行は有効であるとした。原判決は、かかる多数の株式が引受無効となる結果生ずるその部分の欠缺により、増資自体が無効であるとしていた。

　ところで、この昭和30年最高裁判決の事件当時は、商法上、総額引受主義が存在していた（当時の商法351条、357条、358条）が、昭和25年商法改正により同主義は放棄された。ただし、取締役の担保責任規定は改正の前後で存続していた。したがって、この判決は、昭和25年改正前の総額引受主義の下でのものであった。そこで、これらの状況の下では、全株式の引受けを充足する必要があり、新株発行の効力を無効とはしないために、担保責任規定の存在を払込み

12　大場茂行「判解」最判解民〔昭和30年度〕43頁。

の欠缺を修復するものととらえたと解することができるのではないか。

　一方、総額引受主義が放棄された下での平成9年判決は、同じく取締役の引受担保責任規定の存在を理由としてはいるが、その説示は新株が引き受けられたものと「みなす」との表現へと展開している。それは、新株発行の際の引受担保責任規定について、改正以前の「引受……ヲ為ス『義務ヲ負フ』」との文言が、昭和25年商法改正により「引受ケタルモノト『看做ス』」と改められたのに呼応している。平成9年判決はこれに従っていたと解されるのである。そして、これらのことから、取締役による担保責任規定は、「法政策に基づく法定責任規定」であると解することができよう。

　そうすると、この担保責任規定の存在と新株発行の有効性とは連動していないと考えてよいのではないか。これらの事実に鑑みると、もはや、取締役の引受担保責任規定が新株発行の無効を回避する機能を有するものとはいえないこととなってくる。同判決からは、払込担保責任規定の存在自体が「増資の効力を有効なものとする」のではなく、増資後の登記がなされ、「この登記の存在により会社の表示行為として」増資が有効に成立した、との「外形を信頼する第三者の利益保護」の見地から、増資に係る取締役の責任規定をおいたとの「法政策」を読み取ることができるのではないか。すなわち、およそ総額払込主義を標榜する商法の下で、会社による新株発行が、それ自体会社の行為として「合理的な行為」となり得るために、取締役に対し課せられていた責任であると解することができよう。

　このようにみてくると、会社法制定の際、取締役の引受担保責任規定が削除されたことが、新株発行の検討に係る無効説、不存在確認説と連関するものではないこととなる。[13]

　では、そうすると、平成17年会社法の下で担保責任規定の削除は、いかなる意味をもつと考えるべきだろうか。これに関しては、会社法の下で取締役の引

13　この点につき、払込みも「募集株式の発行等の手続の一部」であるととらえられ、かつ、真実払込みがあったか否かを第三者が知ることは同様に困難であるから、払込みが仮装であったことも、取締役会決議の欠缺の場合（たとえば）と同視する余地があると解されている。法制審議会会社法制部会第5回議事録〈http://www.moj.go.jp/content/000056163.pdf〉35頁〔田中亘幹事発言〕。もっとも募集株式発行に係る基本たる払込みの欠缺と、取締役会決議の欠缺についての内部手続の問題とを同視できるとするのには若干の躊躇を覚える。

受担保責任が廃止された趣旨について、取締役が所定の手続を経ることなく株式を引き受けることは適切ではないと解されたことによるとの説明がある[14]。これに沿うと、平成9年判決に照らしても、政策としての本義をより明確なものとするために、改正会社法においては、仮装払込みによる株式引受人、取締役等の責任制度を新たに規定したものと解される。また、上記私見の下にあっても、仮装払込みに係る取締役の新たな担保責任規定は、「法政策に基づく法定責任」として、対転買人、対善意取得者の関係において、株式発行という「会社の行為にかかる合理性確保」[15]を図る制度として理解できる。

III 価値の移転に関する考え方

ところで、仮装払込みに係る募集株式発行の効力について「有効」と解した場合は、会社に新株に対する対価としての資金は確保されない。募集株式の発行等に関して出資の履行が仮装される場合には、本来拠出されるべき財産が拠出されていないのにかかわらず、外観上は出資の履行がなされたものとして募集株式の発行等がなされることとなる。したがって、割り当てられた株式の価値に係る登記を信頼した会社債権者の利益が害されることとなろう。そこで、このような場合には、既存株主から募集株式の引受人に対し、不当な「価値の移転」[16]が発生するととらえることができよう。ここでの不当の意味は、引受人は募集株式を取得する一方で、既存株式は支配の希釈化が行われることを指している。

この不均衡を解消するためには、引受人に対し本来拠出するべきであった財産の拠出をさせて、他の株主からの利益移転を本来の状態に回復させることが必要となる。改正会社法はこの点に着目し、募集株式の引受人が出資の履行等

---

[14] 相澤哲＝豊田祐子「株式（株式の併合等・単元株数・募集株式の発行等・株券・雑則）」相澤哲編著『立案担当者による新・会社法の解説（別冊商事法務295号）』（商事法務・2006年）59頁。

[15] 八幡製鉄政治献金事件株主代表訴訟事件判決（最判昭和45・6・24民集24巻6号625頁）で、最高裁判所は、会社による政治献金をめぐる会社の行為自体、すなわち会社の事業活動を審査の対象として観念し、これを評価することとしていると解される。そのうえで、会社の意思決定、並びにそれに基づく会社の行為の効力に関し、「会社行為の合理性」を要求し、その充足の有無をもって判断していることを理解できる。

[16] 法制審議会会社法制部会資料3-3補足説明8頁。

を仮装した場合には、会社に対し払込みを仮装した払込金額の支払い等をする必要がある（改正会社法213条の2第1項）としている。会社財産は変わらないにもかかわらず株式数は増加していることから、既存株主の株式価値は下落することとなり、引受人が株価下落分の株式価値を取得するという関係に立つのである。

他方、仮装払込みによる募集株式の発行等の効力について、これを「無効」であると解する場合はどうであろうか。この場合は、増資がなされた外形について登記が存在しているのであり、無効と解すると債権者が害されるおそれがある。また、当該株式の引受人が募集株式を市場で売却する場合には、その株式を後で特定することは一般に困難であり、株式を売却した引受人は株主価値を取得する一方で、既存株主から当該引受人に対して価値の移転があったと解することができる。

以上のところから、「仮装払込みの効力について有効である、あるいは無効であるといずれに解した場合でも」、既存株主から引受人に対し、「価値の移転」が生ずるのであり、それにより衡平性を欠く結果となり得る。そこで、会社法改正の下で、会社が当該募集株式に係る資本を確保し関係者の払込責任を明確にする趣旨から、必要な手当てがなされたと理解できる。すなわち、従来の払込担保責任に類似している法定の支払義務規定が新設されたといえる。ここでは特に、改正会社法が株式引受権の存在と払込義務の存在について明確にした点に大きな意義が認められる。

Ⅳ　仮装払込みを行った場合の引受人の責任

「価値の移転」に鑑みると、出資履行を仮装した株式の引受人は、他の株主から不当に移転を受けた価値を実質的に返還する必要がある。具体的には、当該引受人は、払込金額全額の支払義務（改正会社法213条の2第1項1号）を負う。また、出資が現物出資であった場合には、会社に対し現物出資財産の給付をしなければならないが、会社が請求した場合には現物出資財産に相当する金銭全額の支払義務がある（同2号）。この趣旨は、上記の場合に、現物財産の給付のみではなく金銭による補償との選択を認めるほうが、引受人が不当に移

転を受けた価値に係る返還という目的の関係で合理的であるからである。

上記出資の履行を仮装した募集株式の引受人の義務は、株主代表訴訟による責任追及の対象となる（会847条1項）。これは、出資の履行が仮装される場合に、募集株式の引受人と取締役等が意を通じ、「訴訟懈怠の可能性」があるからである。また、この義務の免除については、総株主の同意がなければ免除できないこととなっている（改正会社法213条の2第2項）。

V　引受人の出資履行の仮装に関与した取締役等の責任

1　善管注意義務・忠実義務

仮装払込みに関与した取締役または執行役（取締役等）は、会社に対し善管注意義務（改正前会社法330条、民644条）・忠実義務（改正前会社法355条）を負う者として、仮装払込みによる募集株式の発行等に際し責任を負う。

2　取締役等の支払義務と支払金額

仮装払込みがなされた場合、仮装払込みをした引受人が払込義務を負い、払込みの責任を負うところ、引受人がこの責任を負うことができない場合もあり得る。この場合、募集株式の引受人が出資の履行を仮装することに関与した取締役や執行役は、株式会社に対し、募集株式の引受人と連帯して金銭を支払う義務を負うべきであろう。そこで、改正会社法では、出資履行の仮装に関与した取締役や執行役も株式会社に対し、募集株式の引受人と連帯して金銭を支払う義務を負う（同法213条の3）こととした。そして、引受人の支払義務（改正会社法213条の2第1項）と取締役の支払義務（同法213条の3第1項）は、連帯債務の関係（同条2項）となる。

支払金額については、改正会社法213条の3第1項の「各号に規定する支払」の下で、募集株式の引受人が金銭の支払義務を負う場合に支払うべきとされる金額と同額であり、金銭出資の場合には払込みを仮装した払込金額の全額、現物出資の場合には現物出資財産の価額に相当する金額の全額となる。

3　出資を仮装した取締役等の義務の免除

　出資を仮装した取締役等[17]は、義務違反について反証をあげて、義務違反を回避することは認められていない。これは、当該仮装払込みに対する行為の悪性に着目したものといえる（改正会社法213条の3ただし書カッコ書）。このほかの仮装に関与した取締役等は、その職務を行うについて注意を怠らなかったことの証明により義務違反を免れることができる（改正会社法213条の3第1項ただし書）。

　また、出資を仮装することに関与した取締役等は、出資の履行の仮装によって自らが利益を受けるわけではないところ、この義務の免除については、総株主の同意を要するものとはしていない。

VI　出資履行が仮装された場合の法的関係

　募集株式の引受人が出資の履行を仮装した場合であっても、新株発行等の無効の訴え（会828条1項2号・3号）の認容判決が確定するまでの間は、募集株式の発行等は有効なものとして扱われる[18]。したがって、当該引受人が当該募集株式の株主となる。すなわち、株主として株主権の行使が可能である。

　この場合、募集株式の引受人および仮装に関与した取締役等は、それぞれ金銭の支払い等をする義務を負うことになるところ（改正会社法213条の2第1項、213条の3第1項）、これらの義務がいまだ履行されていない場合には、（客観的にみて）本来的な振込みがなされたとはいえない。したがって、募集株式の引

17　「出資の履行を仮装することに関与した」取締役等のうち、どのような者が「当該出資の履行を仮装したもの」に該当するかについては、具体的な行為の態様、出資の履行に係る仮装が果たした役割等により判断されることとなる。具体的には、出資の履行を仮装した引受人と共謀し、いったん株式会社に払い込まれた金銭に相当する額の金銭を当該引受人に返還した取締役等がこれに該当し得る。

18　改正前会社法の下では、出資の履行が仮装された場合の出資の効力、募集株式の発行等の効力については解釈が分かれ得るところである。改正会社法は、これらの点について特定の解釈を前提とはしていないといわれる。すなわち、解釈に委ねられる。したがって、個別の状況により新株発行が不存在となる場合もあり得るとされる。坂本・前掲書（注1）145頁。

受人に株主としての権利行使を認めるのは適切ではない。そこで、改正会社法では、出資履行を仮装した募集株式の引受人は、これらの義務の履行後でなければ株主の権利を行使することができない（同法209条の2）こととしている。この「株主の権利」には、剰余金支払請求権等の自益権のみならず、株主総会における議決権等の共益権も含まれる。

ただし、出資の履行が仮装されたことを知らずに募集株式を譲り受けた者についてまで株主の権利行使を認めないこととすると、募集株式に係る取引の安全は害される。また、そのような譲受人は出資の履行の仮装によって自ら利得を得た者ではないところ、一律に権利行使を否定すべきではない。そこで、募集株式の譲受人は、悪意または重過失がない限り株主の権利を行使することが認められている（改正会社法209条3項）。

さらに、取締役等が改正会社法213条の3第1項の義務を履行した場合でも、当該取締役等が募集株式を取得するわけではなく、募集株式の引受人、またはその承継人がそのまま募集株式を有する状況には変化がないといえる。そこで、この場合には、取締役等から募集株式の引受人に対し、民法上の一般原則に基づく求償を認めるべきであるとされる。

Ⅶ　会社設立に関し出資履行が仮装された場合の法的関係

募集株式の場合の仮想払込みに係る規定の適用は、会社設立においても同様に考えられる。そこで、設立の場合に発起人、設立時募集株式の引受人が出資履行を仮装した場合にも、同様に扱うこととしている。

株式会社の設立に際し、設立時発行株式についての出資の履行が仮装された場合、出資の履行を仮装した発起人または設立時募集株式の引受人に対して不当な価値の移転が生ずるため、それ以外の株主の利益を図る必要がある。

このことに対応して、設立時発行株式において、出資の履行を仮装した発起人は、発起人が設立時発行株式について出資の履行を仮装した場合には、出資に係る金銭の全額の支払いを、あるいは現物出資の場合には、給付を仮装した財産の全部の給付（株式会社が請求した場合には、それぞれにおいて、当該財産の価額に相当する金銭の全額の支払い）義務を負う（改正会社法52条の2第1項）こ

こととしている。

　また、発起人がその出資の履行を仮装することに関与した他の発起人または設立時取締役として法務省令で定める者は、株式会社に対し、自らの出資の履行を仮装した発起人と同額の支払義務を負う（改正会社法52条の2第2項、同法施行規則7条の2参照）。ただし、出資の履行を仮装した者を除き、発起人等がその職務を行うについて注意を怠らなかったこと（改正会社法52条の2第5項）を証明すれば、この義務を負わないこととしている（同項ただし書）。

　これらの発起人または設立時取締役の義務違反は、株主代表訴訟による責任追及の対象となり（会847条1項）、また、その免除には総株主の同意を要する（改正会社法55条）。

　発起人は、これらの義務が履行された後でなければ、出資の履行を仮装した設立時発行株式について、設立時株主の権利（たとえば、創立総会の議決権）を行使することができず、また、株主の権利を行使することもできない（改正会社法52条の2第4項）。これに対して、設立時発行株式またはその株式となる権利の譲受人は、出資の履行の仮装について悪意または重過失でない限り、設立時株主および株主の権利を行使することができる（同法102条4項ただし書）。この場合、会社法35条、50条2項では、設立時発行株式の株主となる権利の譲渡は、成立後の会社に対抗することができないと解されているところ、当該譲受人が株主の権利を行使することができるのは、会社のほうから譲渡につき主張する場合に限られる。

　設立時募集株式の引受人が払込みを仮装することに関与した発起人または設立時取締役として法務省令で定める者は、会社に対し当該設立時募集株式の引受人に連帯して、同額の支払いを会社に対し負うこととなる（改正会社法103条2項、同法施行規則18条の2参照）。

　そして、仮装払込みを仮装した者を除く上記の者が、その注意を怠らなかったことを証明する場合には同義務を免れる（改正会社法103条2項ただし書）。

　引受人の義務に関しては、株主代表訴訟の提起が認められている（会847条1項）。この点は新株発行の場合と同様である。また、この責任の免除には総株主の同意を要する（改正会社法102条の2第2項、103条3項）。

　仮装払込みが行われた場合の株主権の行使については、設立の場合にも出資

② 仮装払込みによる募集株式の発行等

の場合と同様の規律がある。すなわち、設立時募集株式の引受人またはその承継人による設立時株主並びに株主の権利行使についても、引受人、取締役等による資本の拠出がなされない限りは、株主権の行使は認められない（改正会社法102条3項・4項）。

Ⅷ 新株予約権に関する払込みが仮装された場合の法的関係

新株予約権に関し仮装払込みに係る規律についても、募集株式の場合と同様である。ただし、新株予約権の場合には、その発行時および行使時の双方において払込みの仮装が行われ得る。したがって、両者について規律を要する。そして、払込金額の仮装に係る株主間の価値の移転に対する考察が必要である。

1 募集新株予約権の「発行時」において払込み等が仮装された場合

募集新株予約権の発行時における払込みが仮装された場合ではあっても、募集新株予約権が行使されていないときは、いまだ株式は発行されておらず、他の株主から新株予約権者に対する不当な価値の移転は生じていないといえる。したがって、このような払込みを仮装した新株予約権者が募集新株予約権を行使し、不当な価値の移転が生じた場合には、会社に対して払込金額の全額について支払義務を負うこととなる（改正会社法286条の2第1項1号）。

さらに、新株予約権の発行時における払込みが仮装された募集新株予約権を譲り受けた者がこれを行使した場合にも価値の移転が生じるところ、当該募集新株予約権の譲受人が常に責任を負うとすると、新株予約権の譲渡に係る取引の安全が害される。そこで、この場合にも、主観的要件に着目して衡平を図るべく、当該募集新株予約権の譲受人は、払込みの仮装について悪意または重過失のある場合には、払込みを仮装した者と同様の義務を負う（改正会社法286条の2第1項1号）。

また、新株予約権者が仮装払込みについて現物をもってした場合（改正会社法246条2項）、または当該給付を仮装した者、悪意または重過失により当該募集新株予約権を譲り受けた者が当該新株予約権を行使した場合には、当該財産

の価額に相当する金額全額の支払いをする義務を負う（同法286条の2第1項1号）。

2　新株予約権の「行使時」において払込み等が仮装された場合

　新株予約権の行使時において払込みが仮装された場合、新株予約権を行使した新株予約権者は、会社に対して金銭の支払い等をなす義務を負うこととなる（改正会社法286条の2第1項2号・3号）。すなわち、①金銭の払込み（会281条1項・2項後段）が仮装された場合には当該金銭の全額の支払いを要し、②金銭以外の財産の給付（改正会社法281条2項後段）が仮装された場合には当該財産の給付（会社が請求したときは当該財産の価額に相当する金銭全額の支払い）を要する。

　以上の義務は、募集新株予約権以外の新株予約権（取得条項付株式の対価として発行される新株予約権、新株予約権無償割当てにより発行される新株予約権、組織再編に際して新株予約権の対価として発行される新株予約権等（改正会社法107条2項3号ホ、277条、749条1項4号イ等））の行使に係る仮装払込みの場合にも適用される。

3　株主代表訴訟の提起

　仮装払込みの新株予約権に係る引受人の義務は、株主代表訴訟（責任追及の訴え）の対象となる（会847条1項）。また、責任の免除については総株主の同意を要する（改正会社法286条の2第2項）。

4　払込み等を仮装することに関与した取締役等の義務

　新株予約権者が払込みの仮装に係る義務を負う場合に、新株予約権の発行時、並びに行使時における払込み等の仮装に関与した取締役として、法務省令で定める者も、会社に対し金銭を支払う義務を負う（改正会社法286条の3第1項本文、同法施行規則62条の2参照）。この金額は、新株予約権者が金銭の支払義務を負う場合に支払うべきものとされる金額と同じである。

② 仮装払込みによる募集株式の発行等

結　語

　以上、会社法改正に係る仮装払込みによる募集株式の発行等が行われた場合の規律は、先述のように、募集株式の発行等をめぐり「会社行為の合理性」を確保するためにとられた措置として理解できる。また、ここにおける会社法改正は、「株式」が単に「資金調達」だけでなく、「利害関係者の利益調整弁」としての機能を発揮させるとの、平成17年会社法成立以来の見地に立ちつつ、仮装払込みに係る制度の補充を行って、さらに新たな展開を具現化したものと解される。

　そして、平成9年判決の説示展開の脈絡と、ここまでに検討した改正会社法との対照からは、同責任規定の平成17年改正における削除により「みなす」との文言が許容していた飛躍の弊は消失したとともに、平成26年改正による、あらためての引受人、取締役等による責任規定の創設がなされて、「株主間の富の移転」に係る衡平性の保持を図ることが可能になったといえよう。

③ 株式併合等に関する改正事項の検討

弁護士　西村　賢

I　株式併合に関する改正の経緯

1　株式併合に関する規制の沿革

　数個の株式を合わせてより少数の株式にする株式併合は、平成13年6月商法改正前は、①資本減少、②組織再編にあたっての合併比率等を調整する場合、および、③1株あたりの純資産額が5万円未満の場合にその額を5万円以上とするための場合にのみ認められていた。このような目的による制限は、株式併合によって株式を失う者が出る場合など株主の被る不利益は看過できないと判断されたためであった。

　しかし、学説上は、端数が生じる株式併合は株主平等原則に違反するため多数決による不平等な取扱いはできないが、端数が生じない場合には株主平等原則は問題とならず、法定された場合以外でも株主総会の特別決議で株式併合を行うことができるとするのが通説であった[1]。

　平成13年6月商法改正では、このような学説の傾向をさらに進め、株式の大きさに関する規制を廃止する一環として、法定の限定された場合にだけ株式併合を認めるという立法政策を変更し、端数が生じる場合であっても、株式併合の必要性を株主に説明して株主総会の特別決議を経れば、目的にかかわりなく会社は自由に株式併合をなしうることとした（株式併合の自由化）。会社法も平

1　山下友信編『会社法コンメンタール(4)株式［2］』（商事法務・2009年）142頁〔山本爲三郎〕。

③ 株式併合等に関する改正事項の検討

成13年6月改正商法による株式併合規制を実質的に踏襲している。

また、同改正では株式併合による端数株主の不利益軽減を図る端株制度の採用が任意化され、さらに平成17年商法改正で端株制度は廃止された。

以上の経緯から、平成26年会社法改正前においては、株式併合を必要とする理由を株主総会で説明し、株主総会の特別決議を経れば、自由に株式併合を行うことができ（改正前会社法180条）、これにより端数が生じる場合には、端数の合計数に相当する数の株式を競売等の方法により換金し、その代金を端数株主に金銭交付することで対応することとされていた（会235条）。

もっとも、株式併合を必要とする理由については、客観的合理性は問題とされないと解されているため[2]、株主総会において必要性の理由が説明されていれば、多数決により少数株主から強制的に株式を奪うことが法律上許容され、株式併合の濫用により少数株主が不当に締め出される危険性が高まることになった。

2 株式併合における少数株主保護の必要性と平成26年会社法改正

株式併合を用いた株主の締出しに関して著名な事例として、東証マザーズに上場していた株式会社モック（以下、「モック」という）が平成19年9月に公表した株式併合があげられる。

モックは、発行済株式総数の約30倍に相当する極めて大量の新株予約権の発行を可能とすることを目的として、すでに発行されている株式について10株を1株とする株式併合を行うこと、および、この株式併合後、権利行使された場合に既存株主の株主持分が著しく希釈化される大量の新株予約権の第三者割当てによる発行を、併合後の理論株価（8万7000円）を大幅に下回る1株1万5000円という特に有利な条件で行うこととし、同月26日に開催された株主総会において、これらに関する議案はすべて可決された。その結果、当時の同社の株主の約8割にあたる約6700人が10株未満の株式しか保有していなかったため、これら多数の株主が当該株式併合により株主の地位を失うこととなった。

2　江頭憲治郎ほか編著『改正会社法セミナー・株式編』（有斐閣・2005年）238頁〔森本滋〕。

42

これら端数株主に対しては、会社法235条に基づき、株式の売却金から相当額の支払いがなされることになるが、第三者割当てにより発行された新株予約権がすべて行使されると、行使価格の調整条項等を無視して計算した場合、既存株式の価格は発行前の約20％に下落することとなる。株式の競売ないし市場での売却は新株予約権の有利発行後に行われるものとされたため、端数株主には値下がり後の株価に近い金額が交付されることが想定された。そればかりか、実際には、端数売却の処理がなされないまま、平成21年5月に時価総額基準により上場廃止となり、その後破産するという事態が起きた。

　東京証券取引所は、モックの株式併合について、流通市場への混乱をもたらすおそれがあるとして公表し、その後、このような株式の併合が繰り返されることのないよう、証券取引所の規則において、上場会社は、流通市場に混乱をもたらすおそれまたは株主の利益の侵害をもたらすおそれのある株式併合を行ってはならないこととしている（東証上場規程433条等）。また、株主総会における議決権を失う株主が生じることとなる株式の併合で、株主および投資者の利益を侵害するおそれが大きいと取引所が認めるものは、株主の権利の不当な制約として上場廃止事由になると定められている（同規程601条1項17号、東証上場規程施行規則601条14項13号等）。

　このような状況を踏まえ、株式併合について、①株式の併合によって一に満たない端数となった株式の株主（端数株主）に適切な対価が交付されないことがある、②株式併合と組み合わせて行われる第三者割当てによって、既存の株主の株式について、株式の併合前の持株比率が大幅に希釈化されることがある、③多くの株主がその地位を失う株式の併合がされることがある、という指摘を踏まえ、法制審議会会社法制部会において株式併合の規律の見直しについて検討がなされ、平成26年会社法改正において株式併合規制の見直しが図られた。

3　法制審議会会社法制部会第5回会議・部会資料3「企業統治の在り方に関する検討事項(2)」〈http://www.moj.go.jp/content/000054780.pdf〉5〜6頁。

3 株式併合等に関する改正事項の検討

II 平成26年会社法改正における株式併合規制の見直しの内容

1 改正事項の概要

　平成26年会社法改正前における株式併合の手続としては、株主総会において、株式併合を必要とする理由を説明するとともに、株式併合事項、すなわち、併合の割合、効力発生日、および、種類株式発行会社の場合には併合する株式の種類、を特別決議により定める必要があり（改正前会社法180条2項・3項）、また、効力発生日の2週間前までに株主（種類株式発行会社の場合には、株式の併合を行う種類の種類株主）および登録株式質権者に対し、株式併合事項を通知または公告しなければならず（同法181条1項・2項）[4]、かつそれで足りていた。

　平成26年会社法改正においては、株式併合に関する規制の見直しとして、株式併合により1株に満たない端数が生じる場合に、当該端数株主を保護する観点から、①反対株主による株式買取請求制度の創設、②情報開示の充実（事前備置手続、事後備置手続等）、および、③株主による差止請求制度の創設がなされた。

　加えて、改正前会社法の下では、株式併合により発行済株式総数が減少しても発行可能株式総数がそれに伴って当然に減少するわけではないと解されていたため[5]、株式併合により授権資本の範囲が拡大し、公開会社における授権資本枠を4倍以内とする法の趣旨を没却する不都合があった。そこで、この不都合を解消するため、④株式併合による発行済株式総数の減少に伴う4倍規制の徹底が図られている。

---

[4] 上場会社の振替株式に関しては、通知に代えて併合事項の公告が強制される（社債株式振替161条2項）。

[5] 平成18年3月31日付法務省民商第782号「会社法の施行に伴う商業登記実務の取扱いについて（通達）」第2部第2・1。

2　改正事項の適用対象

　平成26年改正会社法（以下、「改正会社法」という）により創設された、①反対株主による株式買取請求制度、②情報開示制度（事前備置手続、事後備置手続等）、および、③差止請求制度は、いずれも株式併合により1株に満たない端数が生じる場合に、当該端数株主を保護する観点から設けられた制度である。

　これらの制度の適用対象となる株式併合をどのような場合とするかについて、改正会社法においては、株式併合により生ずる端数の数等に照らして、端数が生ずることによる株主への影響が大きいと考えられる場合として、ⓐ単元株制度を導入していない株式会社すべて、および、ⓑ単元株制度（種類株式発行会社の場合には、株式の併合を行う種類株式についての単元株制度）を導入している株式会社のうち、当該単元株式数に併合割合を乗じて得た数に端数が生じる場合、にこれらの制度が適用されることとされている（改正会社法182条の2第1項カッコ書）。ⓑは、端数となるのが単元未満株式に限られない場合をいい、単元株式数に併合の割合を乗じて得た数が1株未満となる場合（たとえば、単元株式数が100株で、1000株を1株とする株式の併合がなされる場合）のほか、その数が1を超えるが整数とならない場合（たとえば、単元株式数が100株で、3株を1株とする株式の併合がなされる場合）も含まれる。[6]

　逆に、単元株制度を導入している株式会社のうち、当該単元株式数に併合割合を乗じて得た数に1株未満の端数が生じない場合（たとえば、単元株式数が100株で、10株を1株あるいは5株を1株とする株式の併合がなされる場合）には、これらの制度は適用されない。その理由について、会社法制の見直しに関する中間試案の補足説明では、「このような場合には、端数となるのは単元未満株式に限られるため、株式の併合により端数となる株式を有する株主に与える影響が小さいと考えられるからである」とされている。[7]

　株式買取請求権等による保護の対象とする株主・株式の範囲に関し、中間試案では、上記ⓐおよびⓑに加え、「併合の割合が一定割合（例えば、10分の1）

---

[6]　坂本三郎編『一問一答平成26年改正会社法』（商事法務・2014年）274頁。
[7]　法務省民事局参事官室「会社法制の見直しに関する中間試案の補足説明」（平成23年12月）〈http://www.moj.go.jp/content/000084700.pdf〉21頁（第1部第3・2(1)参照）。

を上回る場合（例えば、5分の1）である株式の併合についても、端数となる株式の買取請求を認めないものとするかどうかについては、なお検討する」としていた。

　この点につき、経済産業省や日本経済団体連合会（経団連）等からは、上記一定割合の場合には濫用的な使用のおそれは大きいとはいえないこと、企業の資金負担や手続コストの増加への懸念等を理由に、株式買取請求権を認めないとすべきであるとの意見が出されていたが、他方で、株式の分布状況や併合前の株式の価値によっては、端数株主の利益に大きな影響が生じうること、そのような株式の併合を繰り返すこと等による潜脱のおそれが否定できないこと等の理由により、併合の割合が一定割合を上回る場合でも株式買取請求を認めるべきであるとの意見が多数示されたことから[8]、結果的には、このような例外を設けないこととされた。

　なお、株式併合による発行済株式総数の減少に伴う4倍規制の徹底については、授権資本制度の徹底を図る趣旨での改正のため、このような適用対象の限定はない。

3　反対株主による株式買取請求制度の創設

　株式併合によって生じる1株未満の端数については、端数の合計数に相当する数の株式を、市場での売却や裁判所の許可を得たうえでの相対売買、あるいは競売などによって売却が行われ、その売却代金を端数株主に対して交付することとされている（会235条、234条）。

　しかし、モックの事例のように、株式併合により多くの端数が生じる場合には、このような処理によると、市場価格の下落や、売却先の確保が困難となること等により、端数について適切な対価が交付されないおそれもある。また、売却および代金交付の時期についても明文の定めはなく、速やかな株式売却および代金の交付がなされないおそれもある。

　そこで、改正会社法では、株式の併合によって多くの端数が生じる場合に、

---

[8] 坂本三郎ほか「『会社法制の見直しに関する中間試案』に対する各界意見の分析(中)」商事1964号（2012年）16頁。

端数となる株式の株主に対して適正な対価が交付されるための手続を充実させるため、金銭交付による端数の処理に加えて、反対株主による株式買取請求制度が創設された（改正会社法182条の4）。

(1) 株式買取請求権の内容

株式会社が株式の併合をすることにより株式の数に1株に満たない端数が生ずる場合には、「反対株主」は、当該株式会社に対し、自己の有する株式のうち1株に満たない端数となるものの全部を、公正な価格で買い取ることを請求することができる（改正会社法182条の4第1項）。

(ｱ) 株式買取請求権を行使できる株主

株式買取請求権を行使できる株主は「反対株主」とされている。「反対株主」とは、①株式の併合について決議する株主総会に先立って当該株式の併合に反対する旨を当該株式会社に対し通知し、かつ、当該株主総会において当該株式の併合に反対した株主、または、②当該株主総会において議決権を行使することができない株主をいう（改正会社法182条の4第2項）。

この点、単元未満株主の場合には、何の制約もなく会社に対して単元未満株式の買取請求を行うことができることとされていること（会192条）を踏まえ、株式買取請求権を有する株主を反対株主に限るべきではないとの意見が法制審議会会社法制部会で出され[9]、中間試案に対する各界意見においても一部同様の意見が出された[10]。しかし、あえて反対をしなかった株主の保護の必要性が高いとはいえないこと、会社の予期に反して会社の資金負担の増大が生じる可能性があること、債権者保護の観点等から、「反対株主」に限ることとされた[11]。

(ｲ) 請求対象となる株式

反対株主は、自己の有する株式のうち端数となるものの全部について一括して買取請求をしなければならず、一部のみを買取請求の対象とすることはできないこととされている（改正会社法182条の4第1項）。組織再編等の場合には、自己の有する株式の一部についてのみ、買取請求権を行使することも許容され

---

[9] 法制審議会会社法制部会第13回会議議事録〈http://www.moj.go.jp/content/000080667.pdf〉34頁。
[10] 坂本ほか・前掲論文（注8）19頁。
[11] 坂本・前掲書（注6）278頁。

るが、株式併合の場合には、端数となる株式の一部についてのみ買取請求がなされると、端数処理の手続（会235条）が無用に複雑化するおそれがあるためである。

(2) 株式買取請求権の行使の手続と撤回の制限

株式併合における株式買取請求権行使の手続は、組織再編等における反対株主による株式買取請求権のそれと基本的に同じであり、一度行使した株式買取請求は、株式会社の承諾を得た場合に限り撤回することができるとされている点も同様である。平成26年会社法改正では、組織再編等の場合も含め、株式買取請求権の撤回の制限の実効性を図るための改正がされている。

(ア) 株式買取請求権の行使

反対株主が株式買取請求を行う場合には、効力発生日の20日前から効力発生日の前日までの間に、株式買取請求に係る株式の数（種類株式発行会社の場合には、株式の種類および種類ごとの数）を明らかにして行使しなければならない（改正会社法182条の4第4項）。

そのため、株式買取請求が生じるような併合を行う場合には、その行使の機会を確保するために、会社は効力発生日の20日前までに併合事項の通知または公告を行わなければならない（改正会社法182条の4第3項）。上場会社の振替株式に関しては、通知に代えて公告が強制される点は、従前と同様である（社債株式振替161条2項）。

(イ) 買取りの効力発生日

株式買取請求に係る株式の買取りは、株式併合の効力発生日に、その効力を生ずる（改正会社法182条の5第6項）。

(ウ) 買取価格の決定

株式買取請求の買取価格は「公正な価格」であり、この買取価格については、株式買取請求を行った株主と株式会社との間で協議をし、買取価格について株主と株式会社との間で協議が調ったときは、株式会社は株式併合の効力発生日から60日以内に、その支払いをしなければならない（改正会社法182条の5第1項）。買取価格について効力発生日から30日以内に協議が調わないときは、

---

12 坂本・前掲書（注6）277頁。

株主または株式会社は、その期間満了日後30日以内に、裁判所に対して価格決定の申立てをすることができる（同条2項）。

価格決定の申立てがなされた場合、株式会社は、裁判所の決定した価格につき、株式併合の効力発生日から60日を経過した日以降、年6分の利率により算定した利息も支払わなければならない（改正会社法182条の5第4項）。ただし、当該株式会社は、裁判所の価格決定があるまでは、株主に対し、当該株式会社が公正な価格と認める額を支払うことができる（同条5項）。これまで買取価格決定前に支払いを認める制度はなかったが、株式会社の利息負担の軽減と年6分の利息受領を狙った濫用的な買取請求を抑止するため、平成26年会社法改正により新設された。当該株式会社が公正な価格と認める額を買取請求株主に支払うことを申し出たにもかかわらず、当該株主がこれを拒んだ場合には、弁済供託により当該供託額に係る利息支払義務を免れることができる。

当該株式会社が「公正な価格と認める額」については、後述する事前備置事項において、「端数処理により株主に交付することが見込まれる金銭の額及び当該額の相当性に関する事項」の開示を行っている場合には、当該額を「公正な価格と認める額」とすることが通常であろう。

(エ) 買取請求の撤回の制限

株式買取請求権を行使した株主は、効力発生日から60日以内に価格決定の申立てがないときは、その期間満了後は、いつでも株式買取請求を撤回することができる（改正会社法182条の5第3項）。他方、60日の期間中は、株式会社の承諾を得た場合でない限り、株式買取請求を撤回することはできない（同法182条の4第6項）。

改正会社法では、この撤回の制限の実効性を図るため、①株式買取請求に係る株式が振替株式である場合には、買取請求をする株主は、発行者が開設した株式買取請求に係る振替株式の振替を行うための口座（買取口座）を振替先口座とする振替の申請をしなければならないこととし（改正社債株式振替155条1項・3項）、当該株主が当該振替株式を市場で自由に売却することができないようにした。また、振替株式以外の場合についても、②株券が発行されている株式について株式買取請求をしようとするときは、当該株式の株主は、株券喪失登録請求をしている場合を除き、株式会社に対して当該株式に係る株券を提

出しなければならないこととするとともに（改正会社法182条の4第5項）、株式買取請求に係る株式については、株主名簿の名義書換えの請求をすることができないこととして（同条6項）、株式買取請求に係る株式を譲渡して、事実上、株式会社の承諾なく株式買取請求を撤回することができないようにした。[13]

（3） 財源規制等

反対株主による株式買取請求に応じて当該会社が自己株式を取得することに関しては、他の株式買取請求制度と同様、株主保護の観点から分配可能額による取得制限規制は課されない（会461条1項）。

もっとも、株式併合は、組織再編等の場合と異なり株式会社が単独で行うことができ、端数となる株式の買取りが濫用的な会社財産の還元に用いられるおそれがないとはいえないため、同様の指摘が妥当しうる会社法116条1項の株式買取請求に関する規律に倣い、端数となる株式の買取請求をした株主に対して支払った額が当該支払いの日における分配可能額を超えるときは、当該株式の取得に関する職務を行った業務執行者は、注意を怠らなかったことを証明した場合を除き、株式会社に対して、連帯してその超過額を支払う義務を負うこととしている（改正会社法464条1項）。[14]

4　情報開示の充実

平成26年会社法改正により、組織再編等の場合と同様の事前備置手続（改正会社法182条の2）および事後備置手続（同法182条の6）が要求されることとなった。1株未満の端数を生ずるような株式併合を行う場合、多数の株主が株主の地位を失う可能性もあるため、株主保護の観点から情報開示を充実させる必要がある点は組織再編等と同様といえるからである。[15]

また、平成17年改正商法214条2項では、株式併合を議題とする株主総会の招集通知に株式併合議案の要領を記載・記録することを求めていたが、会社法の下ではこれに該当する規定は設置されていなかった。この点についても会社法施行規則を改正し、端数株主に株式買取請求権が認められる株式併合を行う

13　坂本・前掲書（注6）282〜283頁。
14　法務省民事局参事官室・前掲（注7）23頁（第1部第3・2(1)参照）。
15　坂本・前掲書（注6）275頁。

場合には、株主総会参考書類に併合事項等の記載をしなければならないこととされた（改正会社法施行規則85条の3）。

(1) 事前備置手続

(ア) 事前備置書面等の備置

事前備置手続では、ⓐ株式の併合について決議する株主総会もしくは種類株主総会の日の2週間前の日、またはⓑ株主に対する通知もしくは公告の日のいずれか早い日から、株式の併合の効力発生後6ヵ月を経過する日までの間、以下の各事項を記載した書面等を本店に備え置かなければならない（改正会社法182条の2第1項、改正会社法施行規則33条の9）。

【事前備置事項】
① 併合の割合およびその相当性に関する事項
② 効力発生日
③ 種類株式発行会社の場合には併合する株式の種類およびその相当性に関する事項
④ 効力発生日における発行可能株式総数
⑤ 株式の併合をする株式会社に親会社等[16]がある場合には、当該株式会社の株主（当該親会社等を除く）の利益を害さないように留意した事項（当該事項がない場合にあっては、その旨）
⑥ 1株に満たない端数の処理をすることが見込まれる場合における当該処理の方法に関する事項、当該処理により株主に交付することが見込まれる金銭の額および当該額の相当性に関する事項
⑦ 当該株式会社において最終事業年度の末日（最終事業年度がない場合にあっては、当該株式会社成立の日）後に重要な財産の処分、重大な債務の負担その他の会社財産の状況に重要な影響を与える事象が生じたときは、その内容（備置開始日（前記ⓐおよびⓑのいずれか早い日をいう）後株式併合の効力発生日までの間に新たな最終事業年度が存することとなる場合

---

16 親会社等とは、親会社、または株式会社の経営を支配している者（法人であるものを除く）として法務省令で定めるもの、のいずれかに該当する者をいう（会2条4号の2）。法務省令で定めるものについては、改正会社法施行規則3条の2第2項・3項参照。

にあっては、当該新たな最終事業年度の末日後に生じた事象の内容に限る）
⑧ 当該株式会社において最終事業年度がないときは、当該株式会社の成立の日における貸借対照表
⑨ 備置開始日後効力発生日までの間に⑦および⑧に変更が生じたときは、変更後の当該事項

(イ) 事前備置書面等の閲覧等請求

株主は、当該株式会社の営業時間内は、いつでも事前備置書面等の閲覧等の請求をすることができる（改正会社法182条の2第2項）。なお、種類株式発行会社においては、当該請求ができる株主は、併合される種類の株式に係る種類株主に限られる（同法181条1項）。

(2) 株主総会参考書類への記載

改正会社法施行規則では、取締役が、事前開示手続等の要求される株式の併合を株主総会の議案に提出する場合には、株主総会参考書類に以下の事項を記載しなければならないこととされている（改正会社法施行規則85条の3）。

【参考書類記載事項】
① 株式併合を行う理由
② 併合の割合
③ 効力発生日
④ 種類株式発行会社の場合には併合する株式の種類
⑤ 効力発生日における発行可能株式総数
⑥ 株主総会の招集の決定をした日における改正会社法施行規則33条の9第1号および第2号に掲げる事項（事前開示事項）があるときは、当該事項の内容の概要

また、株主提案権の行使により株式併合の議案が提出された場合にも、上記と同様の事項の記載が求められている（改正会社法施行規則93条1項5号ロ）。

(3) 事後備置手続

(ア) 事後備置書面等の備置

事後備置手続では、効力発生日後遅滞なく、以下の各事項を記載した書面等を作成し、効力発生日から6カ月間、本店に備え置かなければならない（改正会社法182条の6第1項・2項、改正会社法施行規則33条の10）。

【事後備置事項】
① 効力発生時における発行済株式（種類株式発行会社の場合には併合する株式の種類の発行済株式の総数）の総数
② 効力発生日
③ 株式併合の差止請求に係る手続の経過
④ 反対株主の株式買取請求に係る手続の経過
⑤ その他株式併合に関する重要な事項

(イ) 事後備置書面等の閲覧等請求

株主または効力発生日に株主であった者は、当該株式会社の営業時間内は、いつでも事後備置書面等の閲覧等を請求することができる（改正会社法182条の6第3項）。したがって、株式併合により株式を失った端数株主も閲覧等を請求することができる。なお、種類株式発行会社においては、当該請求ができる株主は、併合される種類の株式に係る種類株主に限られる点は事前備置手続と同様である。

5 株主による差止請求制度の創設

株式併合の濫用による少数株主の不当な締出しに対する救済手段については、特別利害関係人が議決権を行使したことによって著しく不当な決議がされたといえる場合には、株主総会の決議取消しの訴えの方法により、その効力を争うことができる（会831条1項3号）。[17]

---

[17] 株主総会決議取消しの訴えの原告適格について、これまで当該決議の取消しにより株主となる者が明文上含まれていなかったが、平成26年会社法改正により、この者も対象となることが明文化された（改正会社法831条1項本文）。

もっとも、株式併合自体を事前に差し止める手段については明文がなく、事後的にその効力を否定すれば法律関係が不安定となるおそれがあることから、組織再編等と同様の規律として差止請求制度が設けられた（改正会社法182条の3）。

　この差止請求は、株式の併合が法令または定款に違反する場合において、株主が不利益を受けるおそれがあるときに認められる。

　法令違反の場合として、情報開示義務違反等が考えられる。これに加えて、対価が不当であり、取締役の善管注意義務や忠実義務に違反することが法令違反に該当するか否かが問題となるも、立案担当者は、改正前会社法における略式組織再編等についての差止請求の要件である「法令又は定款」の違反（改正前会社法784条2項1号、796条2項1号）とは、会社を規範の名あて人とする法令または定款の違反を意味し、取締役の善管注意義務や忠実義務の違反を含まないと解されていること、改正前会社法の略式組織再編において、法令または定款の違反と、組織再編対価が不相当である場合とは別の差止事由として規定されていることから、対価の不当性は差止請求の要件である「法令又は定款」の違反には含まれないとしている。[18]

6　株式併合による発行済株式総数の減少に伴う4倍規制の徹底

　公開会社（会2条5項）は、定款を変更して発行可能株式総数を増加する場合、変更後の発行可能株式総数は、当該定款の効力が生じた時における発行済株式総数の4倍を超えることができず（同法113条3項）、設立時発行株式の総数は、発行可能株式総数の4分の1を下ることができない（同法37条3項）。このように、公開会社においては、譲渡制限株式以外の株式の発行を取締役会によって行うことができ、公開会社における株式の発行についての取締役会への授権に制約を付すため、発行可能株式総数が発行済株式総数の4倍を超えてはならないという4倍規制が課されている。

　ところが、平成26年会社法改正前においては、株式が併合された場合、発行済株式総数は減少するものの、会社法113条3項は適用されず、発行可能株式

18　坂本・前掲書（注6）309頁。

総数は減少しないと解されてきた。その結果、株式の併合がなされた後、発行可能株式総数が発行済株式総数の4倍を超えることが許容され、株式併合と大規模第三者割当増資を組み合わせることにより、既存株主の株主持分を著しく希釈化させることが可能であった。

しかし、このような事態を許容すると、4倍規制の趣旨が没却されることになるため、改正会社法においては、株主総会の決議によって定めなければならない株式併合事項に、株式併合の効力発生日における発行可能株式総数を追加するとともに（改正会社法180条2項4号）、公開会社においては、その発行可能株式総数は、当該効力発生日における発行済株式総数の4倍を超えることができないこととした（同条3項）。そして、株式併合の効力発生日に発行可能株式総数に係る定款変更をしたものとみなすこととしている（同法182条2項）。

Ⅲ　株式併合の活用

株式併合は、目的による制限はなくなっているが、実務としては、投資単位または発行済株式数の調整、あるいは事業再生の場面での利用が多い。これらの場面での利用にあたり、平成26年会社法改正の影響があるのか否か、あるとしたらどのような影響があるのかについて検討する。また、従来端数株主保護のための制度整備がなされていなかったことから、キャッシュ・アウト（現金交付による少数株主の締出し）の手法として株式併合はとられていなかったが、今般の改正による利用可能性等についても検討する。

1　投資単位または発行済株式数の調整のために行う株式併合

上場株券の投資単位があまりに低い場合、株価変動の最低単位である1円あたりの株価変動率が高くなり、投機的対象として株価の乱高下を招きやすい状態となる。そのため、証券取引所の規則において、望ましい投資単位の水準を5万円から50万円と定め、その水準への移行および維持に努めることが求められている。

他方で、平成19年に全国証券取引所名で公表された「売買単位の集約に向けた行動計画」に基づき、市場利用者の利便性を高めるため、内国株券の売買単

位を100株に統一する取組みが進められており、単元株式数を1000株あるいは500株から100株に減少させることが促されている。

　この点に関し、東京証券取引所は平成26年7月1日に有価証券上場規程を改正し、「単元株式数の変更と同時に行うことにより、株主総会における議決権を失う株主が生じない株式併合は、流通市場に混乱をもたらすおそれ又は株主の利益の侵害をもたらすおそれのある株式併合には含まないものとする」(東証上場規程433条等)として、このような株式併合が上場廃止など実効性確保措置の対象とならないことを明確にし、売買単位の集約と望ましい投資単位の水準への移行および維持に資する株式併合の活用を促している。

　これを受け、近時の上場会社において行われる株式併合のほとんどは、投資単位の維持または引上げのための調整、なかでも単元株式数の減少に伴う投資単位の減少を調整する目的で単元株式数の減少と同時に行われ、当該単元株式数に併合割合を乗じて得た数に1株未満の端数が生じないものばかりである[19]。これらの場合には、株式買取請求や差止請求は認められず、開示制度の充実に関する規律の適用もないため、平成26年会社法改正による影響はほとんどない。

2　事業再生

(1)　株主責任の明確化としての株式併合

　私的整理の場面において、債権放棄を伴う再生計画案を策定する場合、準則型私的整理手続では、株主責任として、支配株主や経営者株主の無償消却とともに、一般株主についても増減資等により株主の権利の全部または一部を消滅させることを要求していることが多く[20]、DES(Debt Equity Swap:債務の株式化)の場合にも、その支援が債権放棄の代替と評しうるような場合など、実務上は株主責任の明確化が問題とされることも多い[21]。

19　戸嶋浩二=園田観希央「資金調達に関する規律の見直し」商事1957号(2012年)20〜22頁参照。
20　私的整理に関するガイドライン7.(4)、同Q&A・Q40、経済産業省関係産業競争力強化法施行規則29条1項3号、中小企業再生支援協議会事業実施基本要領6.(5)⑥、同Q&A・Q29等。
21　藤原総一郎監修『企業再生の法務〔改訂版〕』(金融財政事情研究会・2011年)161〜162頁、事業再生実務家協会編『事業再生ADRのすべて』(商事法務・2015年)313〜314頁等。

全株主の権利の全部を消滅させる100％減資が株主責任の最たるものということができるが、これは会社法では、資本金の額の減少とともに行う既存株式すべての無償強制消却と整理し、無償強制消却の手法として、普通株式を全部取得条項付種類株式に転換し、これを会社が無償で強制取得し、自己株式を消却することによって実現することが想定されている。[22]

他方、一般株主の権利の一部を消滅させる方法として、株式併合を利用するケースが想定され、実際にもそのような事例が認められる。[23]

(2) 株式買取請求に関する業務執行者の責任と「公正な価格」

株主責任の明確化として株式併合を行う場合、改正会社法により、その併合割合によっては、反対株主による株式買取請求権や差止請求が認められる場合がある。

しかし、株主責任の明確化として株式併合を行う場合は、その前提として債権放棄や DES を伴う再生計画であることが通常であり、このような金融支援を要請する場合には、債務者会社が債務超過に陥っていることが前提となっている。[24]

ところが、改正会社法においては、反対株主の株式買取請求に応じて当該会社が株主に対して支払った額が当該支払いの日における分配可能額を超える場合、当該株式の取得に関する職務を行った業務執行者は、その超過額を支払う義務を負うこととされたため（改正会社法464条1項）、分配可能額がない会社が有償での買取りを行えば、上記責任を問われる結果となる。

そのため、このような場合の株式価値をゼロと解することができるのか、債務超過の状態にある会社の株式の「公正な価格」の解釈が問題となる。

これに関しては、債務超過の状態にある会社が、全部取得条項付種類株式の取得による100％減資を行う際の裁判所による取得価格の決定の場合と基本的には同様の問題と考えられるが、この点につき学説上は、買取価格をゼロとしてよいとする説と買取価格がゼロではないという説とが対立している。[25]

---

22 山下友信編『会社法コンメンタール(3)株式［1］』（商事法務・2013年）117～118頁〔山下友信〕。
23 たとえば、株式会社コスモスイニシアは、事業再生 ADR における事業再生計画において、既存の普通株式について10株を1株に併合している。
24 事業再生実務家協会・前掲書（注21）290～291頁等。

③ 株式併合等に関する改正事項の検討

ただし、上場会社が上場維持を前提とする場合など市場株価が明確に存在し、株式の市場価値をゼロと解することの困難な企業の場合には、株式買取請求権の行使が認められる株式併合は事実上できない、あるいは極めて困難と解される。当該上場会社が単元株制度を採用している場合には、株式買取請求権が生じないような併合比率の範囲内での株式併合を検討することはできるが[26]、そうでない場合には、スポンサーへの大規模増資あるいは金融債権者に対するDES等による大幅な希釈化をもって株主責任の明確化を図ることを検討する必要があろう。なお、事業再生ADR手続における株主責任についても、「事業再生に著しい支障を来すおそれがある場合を除く」として例外を許容しており[27]、その例として、上場を維持することが会社の事業運営上重要な場合などがあげられている[28]。

3 キャッシュ・アウト

(1) キャッシュ・アウト目的での株式併合の利用可能性

近時、上場会社を買収する場合、買収後の買収対象会社の経営の効率性を高めるため完全子会社化を図ることが多く、その手法として当該買収対象会社の少数株主に現金を交付して株主の地位を失わせるキャッシュ・アウトが行われることがある。また、上場していない会社であっても、円滑な事業承継を行うため、分散した株主を整理する目的でキャッシュ・アウトが検討される場合がある。

キャッシュ・アウトには株式交換、合併等や全部取得条項付種類株式を用いる方法のほか、株式併合を用いて行うことも理論上は可能である。すなわち、支配株主以外の株主には1株以上の株式が割り当てられないように調整した大幅な株式併合比率を設定し、支配株主のみが株式を継続保有し、他の少数株主

---

25 山下・前掲書（注1）106〜107頁〔山下友信〕、飯田秀総『株式買取請求権の構造と買取価格算定の考慮要素』（商事法務・2013年）251頁以下。
26 前掲（注23）コスモスイニシアの事例では、併合割合を10分の1とするとともに、単元株数も1000株から100株に減少させていたため、平成26年会社法改正においても株式買取請求権は発生しないと解される。
27 経済産業省関係産業競争力強化法施行規則29条1項3号。
28 事業再生実務家協会・前掲書（注21）314頁。

については、端数処理として当該上場会社または支配株主が当該上場会社の株式を買い受け、その代金を少数株主に交付することなどにより少数株主の締出しが可能である。

　しかし、これまで株式併合には、株式交換や全部取得条項付種類株式の取得などと比べ、株式買取請求権などの少数株主保護のための制度が整備されておらず、株主平等原則に抵触するおそれがあるため、キャッシュ・アウトに利用すべきでないとされており、[29]実務において利用されていなかった。

　平成26年会社法改正では、株式併合についても全部取得条項付種類株式と遜色のない少数株主保護のための制度が整備され、会社法制の見直しに関する要綱において、株式併合における反対株主の株式買取請求等を、第2部「第2　キャッシュ・アウト」に位置づけるなど、キャッシュ・アウトの手法として株式併合が利用されることを想定している。

(2) 改正会社法によるキャッシュ・アウトの手法

　平成26年会社法改正では、既存のキャッシュ・アウトの手法に加えて、会社の総株主の議決権の90％以上を有する特別支配株主が利用することができる株式等売渡請求制度を新設した（改正会社法179条以下）。また、全部取得条項付種類株式の取得についても、株式併合と同様、少数株主保護の観点等から、事前・事後の備置手続（同法171条の2、173条の2）や株主に対する通知・公告（同法172条2項・3項）などの開示制度の充実、差止請求制度の新設（同法171条の3）、価格決定申立制度の見直し（同法172条1項、173条2項）等の改正がなされている。

　その結果、平成26年会社法改正により、キャッシュ・アウトの手法として、株式等売渡請求制度、全部取得条項付種類株式の取得、株式併合、現金を対価とする株式交換等の組織再編が可能と解され、それぞれの制度の特徴は、〈表〉のとおりである。

---

[29]　経済産業省「企業価値の向上及び公正な手続確保のための経営者による企業買収（MBO）に関する指針」（平成19年9月4日）〈http://www.meti.go.jp/policy/economy/keiei_innovation/keizai-housei/pdf/MBOshishin2.pdf〉13頁。

3 株式併合等に関する改正事項の検討

〈表〉 キャッシュ・アウトの制度の比較

	株式等売渡請求	全部取得条項付種類株式の取得	株式併合	組織再編 略式	組織再編 略式以外
代金支払者	買収者 (直接移転型)	対象会社 (端数処理型)	対象会社 (端数処理型)	買収者 (直接移転型)	
買収者の属性	限定なし	限定なし	限定なし	株式会社・合同会社	
対象証券	株式・新株予約権 新株予約権付社債	株式	株式	株式	
株主総会	不要	必要	必要	不要	必要
キャッシュアウトに必要な議決権	90％以上	2／3以上	2／3以上	90％以上	2／3以上
開示	事前・事後措置 株主への通知・公告	事前・事後措置 株主への通知・公告	事前・事後措置 株主への通知・公告	事前・事後措置 株主への通知・公告	
差止請求	法令違反 対価が著しく不当	法令定款違反	法令定款違反	法令定款違反 対価が著しく不当	法令定款違反[30]
株式買取請求 価格決定申立	価格決定申立	株式買取請求 価格決定申立[31]	株式買取請求	株式買取請求[32]	
事後救済	無効訴訟	取消訴訟	取消訴訟	無効訴訟	
対象会社に対する課税	課税なしと解される	課税なし	課税なし	時価評価課税 (非適格再編)	
対象会社の有報提出義務	消滅しないと解される	消滅	消滅しない	消滅しない	

---

30 簡易組織再編の場合は適用なし。
31 平成26年会社法改正前は、全部取得条項付種類株式の定款変更に伴う反対株主による株式の買取りの効力は、代金支払い時に生ずるものとされ（改正前会社法117条5項）、買取りの効力が生ずる前に全部取得条項付種類株式の取得日が到来することが通常で、その場合には当該株主は株式買取請求に係る株式を失った以上、買取価格決定の申立ての適格を失うと解されていたため（最決平成24・3・28民集66巻5号2344頁）、全部取得条項付種類株式の取得によるキャッシュ・アウトの場合には、株主が株式買取請求を選択する実質的意義はないと解されていた。この点、平成26年会社法改正により、株式買取請求による株式の買取りの効力は、普通株式に全部取得条項を付す旨の定款の一部変更の効力発生日に生ずるものと改められたため（改正会社法117条6項）、株主が株式買取請求を選択する余地が生じたと解されている（野村修也＝奥山建志編著『平成26年改正会社法』（有斐閣・2014年）110頁）。
32 簡易組織再編の場合は適用なし。

III 株式併合の活用

　このうち現金対価の組織再編は、税務上の問題から現在でもほとんど利用されていないため、実際には、株式等売渡請求、全部取得条項付種類株式の取得および株式併合のいずれかを選択することになると考えられる。
　これらを比較した場合、株式等売渡請求は、対象会社の株主総会決議を必要とせず、端数株式の処理も必要ないので迅速性にすぐれ、また株式に限らず新株予約権や新株予約権付社債も強制取得の対象とできるのでキャッシュ・アウトを確実に実現できる。そのため、株式等売渡請求を利用することのメリットは大きい。上場会社がキャッシュ・アウトを行おうとする場合、先行して株式公開買付けを行い買収者ができるだけ多くの株式を買い集めることが一般的であるが（二段階買収）、その結果として支配株主が総株主の議決権の90％以上を取得した場合には、当該制度の利用がまず検討される可能性が高いものと解される。なお、株式等売渡請求は金融商品取引法上の公開買付規制（金商27条の2第1項・6項）に服すると利便性が大きく損なわれるため、公開買付規制の適用除外とされた。[33]
　買収者が総株主の議決権の90％以上を取得できなかった場合には、全部取得条項付種類株式の取得、または株式併合の方法により、キャッシュ・アウトの実現を図ることが想定される。両制度は、平成26年会社法改正により、平仄を合わせる形で整備されたため、少数株主保護のための制度などに大きな差異はない。
　ただし、株式併合は株主総会で併合議案を採決するだけで足りるのに対し、全部取得条項付種類株式の取得には、株主総会において、①種類株式発行のための定款変更、②普通株式に全部取得条項を付す定款変更、および③全部取得条項付種類株式の取得と少なくとも三つの議案の決議が必要となり、加えて全部取得条項を付す定款変更については④普通株主による種類株主総会決議も必要となるため、一般株主にわかりにくい。
　他方、全部取得条項付種類株式の取得の場合、有価証券報告書提出義務を生じさせていた種類の株式である全部取得条項付種類株式を取得後消却すれば、金融商品取引法上の継続開示義務は消滅すると解されているが、[34]株式併合の場

---

[33] 改正後の金融商品取引法施行令6条の2第1項16号。

合には提出義務を生じさせる上場株式がなくなるわけではないので、継続開示義務が直ちになくなるわけではなく、事業年度末日を経過した後に、それ以降の提出義務の中断または免除の承認申請を行う必要があると解される。

　また、両者では自己株式の取扱いが異なり、全部取得条項付種類株式については自己株式に取得対価の割当ては行われないが（会171条2項）、株式併合の場合には自己株式も併合の対象となる。キャッシュ・アウトを行うためには、支配株主の保有株式が1株以上となるとともに、少数株主が端数のみを有することとなるようにするだけでなく、端数の合計数が1株以上となることが必要である（同法235条1項カッコ書参照）。そのため、全部取得条項付種類株式を利用する場合には、単元未満株式の買取請求（同法192条）などにより効力発生日までに自己株式が発生したとして端数の合計が1株以上となるよう余裕をもって端数を発生させることが必要となる。この点、平成26年会社法改正により、株式買取請求権による株式の買取りの効力は、普通株式に全部取得条項を付す旨の定款変更の効力発生日において生ずることとされ（改正会社法117条6項）、また、取得価格決定申立てをした株主には取得対価が交付されない旨の明文規定がおかれた（同法173条2項）。そのため、株式買取請求や取得価格決定申立てを行った株主の有する株式については、端数処理の対象に含まれないことになり、この点も勘案して余裕をみておく必要がある。他方、株式併合を利用する場合には、株式買取請求権の行使により、自己株式と株式買取請求の結果として取得する株式との合計が1株となり、他の端数を合計しても1株とならない事態が起こりうる。そのため、あらかじめ自己株式を消却するなどの対応が必要となる。

(3) 株式併合スキームにおける「公正な価格」

　株式併合を利用したキャッシュ・アウトにおいて、反対株主の株式買取請求

34　郡谷大輔＝若林義人「上場廃止に伴う有価証券報告書・内部統制報告書等の提出義務の帰趨と実務上の留意点」商事1870号（2009年）59～62頁。

35　法制審議会会社法制部会第5回会議議事録〈http://www.moj.go.jp/content/000080667.pdf〉31頁〔三原秀哲幹事発言〕。

36　酒巻俊雄＝龍田節編集代表『逐条解説会社法第2巻株式1』（中央経済社・2008年）479頁〔吉本健一〕。

37　戸嶋＝園田・前掲論文（注19）23頁。

が行使された場合の「公正な価格」をどのように考えるかが問題となる。

　この点、全部取得条項付種類株式を利用したMBOにおける株式取得価格については、レックス・ホールディングス事件の最高裁決定における田原睦夫裁判官の補足意見において、二段階買収については一連の取引を一体とみて「公正な価格」を決定すべきであるとしたうえで、「①MBOが行われなかったならば株主が享受し得る価値と、②MBOの実施によって増大が期待される価値のうち株主が享受してしかるべき部分とを、合算して算定すべき」ものとしている（最決平成21・5・29金商1326号35頁）。また、全部取得条項付種類株式を利用したMBOに際してなされた取得価格決定事件の裁判例においては、増加価値期待分として20％のプレミアムを加算するケースがみられる（東京高決平成20・9・12金商1301号28頁〔レックス・ホールディングス事件〕、大阪高決平成21・9・1判タ1316号219頁〔サンスター事件〕、東京高決平成22・10・27資料版商事322号174頁〔サイバードホールディングス事件〕等）。

　従前キャッシュ・アウトとして利用されてきた全部取得条項付種類株式の取得は、一般に、株式併合あるいは金銭を対価とする株式交換等の組織再編と経済実質はほぼ同じであり、単に法形成の相違によって反対株主に与えられる救済内容が異なるとすることは合理的ではなく、株式併合あるいは株式等売渡請求における株式の取得価格についても、上記のようなこれまでの組織再編に対する株式買取請求や全部取得条項付種類株式の取得における株式の取得価格決定の裁判例が参考になるとする見解が示されており、妥当と考える。[38]

---

[38]　土岐敦司＝辺見紀男編『企業再編の理論と実務――企業再編のすべて』（商事法務・2014年）217頁〔田中亘〕。

④ 少数株主が招集する株主総会と会社法124条4項

岡山大学社会文化科学研究科教授　赤木　真美

I　はじめに

　JASDAC上場のソーシャル・エコロジー・プロジェクト（以下、「ソーエコプロ」という）では、数年前から会社の支配権争いが生じている。その極めつけが平成26年6月26日に開催された定時株主総会といえよう。
　会社側の説明によると、いったんは取締役5名を選任する旨の会社提案が可決、議場で株主から出されたその修正動議案は否決されたのであるが、その直後株主から議長不信任と新議長選任の動議が提出され可決した。そして、新議長による議事運営の下、基準日後の第三者割当てにより議決権を付与された株主による（会社提案に賛成した）議決権行使には問題があるとして、それを集計に含まないで採決がし直された結果、取締役5名選任に関する会社提案とその修正動議のいずれについても否決され、そのまま総会が終了した。これにより、会社側と株主側で取締役の地位にあると認識する者が異なる状態が生じ、対立はさらに激化した。
　平成26年9月17日、株主側が申し立てていた臨時株主総会の招集許可申立てに対して許可が下りたため、株主総会を開催することになり、会社側の主張によれば少数株主からの請求を受けて、10月10日を基準日とする旨の公告を会社名で9月25日に行ったところ、同日の日本経済新聞に株主側が、基準日における最終の株主名簿に記載・記録された株主をもって議決権を行使することができる株主とする旨と、仮に基準日後に新株の発行が行われたとしても、基準日後の株主には議決権を付与しない旨の公告を行った。ソーエコプロの公告は電

子公告を原則とするところ、この新聞公告は、「電子公告によることのできない事故その他やむを得ない事由が生じた場合は日経に掲載する」旨の定款規定に基づいたものとされている。なお、11月29日に開催された臨時株主総会では、5名の取締役（6月26日の定時株主総会において会社提案として示された者）の解任議案と取締役6名の選任議案のいずれについても93％以上の賛成を得て成立、当日のうちに開催された取締役会決議により代表取締役も交代した。

　この一連の争いから抽出できる問題点は多い。

　まず、基準日株主の権利を害さないことを前提として、基準日後に株式を取得した者に議決権行使を認めた会社法124条4項の規定が、同項の設置当初から懸念されていたように、支配権の争いが生じている場面で使われた点である。同項に関しては、議決権の行使だけを基準日後の株主に株主の権利として認めているが、株式買取請求権などそのほかの株主権についてはどうかといった点も問題になっている。

　第2に、株主が招集する株主総会では基準日を株主が設定できるのか。仮にそうだとした場合、手続上の理由から会社が、株主の決めた基準日を変更・延長できるのであろうか。また、株主による9月25日の新聞公告は、会社法124条4項に基づいて、第三者割当増資により新たに株主となった者を出席させた定時株主総会と同様のことが、少数株主の請求により開催される臨時株主総会でも行わないよう会社を牽制する意味合いがあったのかもしれないが、公告の文言のとおり、基準日後新たに株主となった者に議決権を付与しないことを決める権限をはたして少数株主がもっているのかも疑問である。さらに、これら一連の権限を有することを前提とした場合において、株主による新聞公告は定款が規定するところの「電子公告によることのできない事故その他やむを得ない事由」にあたり、公告として有効だったのであろうか。

　第3に、6月の定時株主総会では議長不信任の動議が出され、株主を議長としてあらためて会社提案と株主提案に対する議決がなされたのであるが、その際、一部の議決権については問題ありとして議決権行使分に含めなかった行為が、会社がいうように「議長の権限は、議場の秩序維持及び議事整理権の範囲に限られ」るのであり、そのため、議長の当該事項に関する措置は「議長権限及び株主総会における議決事項の範囲を超えた明白な違法措置であり無効」と

I　はじめに

65

4 少数株主が招集する株主総会と会社法124条4項

いえるのか。

　第4に、裁判所が株主総会招集許可決定を出した場合、裁判所が招集の期限を定めなかったのであれば、いつ頃までに基準日を設けて当該総会を招集すべきなのか。

　これらの問題点は結局のところ、少数株主が裁判所の許可を得て開催する（臨時）株主総会において、当該株主がどこまでイニシアティブをとって総会運営を行うことができるのかという問題であるといえよう。

　少数株主による株主総会招集権は、昭和56年以前にあっては閉鎖的な会社に限り比較的よく利用される少数株主権であるととらえられていたが、昭和56年改正時に株主提案権（当時の商法303条）が導入されて以後、利便性等の点からもっぱらこの権利にとって代わられるようになった。ところが、株式の買い集めが活発化し始めた平成元年頃から、今度は上場会社において株主総会招集権が行使される事例が見受けられるようになった。

　ここ数年間に限っても、いくつかの事例をあげることができる。たとえば、佐藤食品工業株式会社（JASDAQ上場）では平成22年1月と同年11月にそれぞれ異なる株主から、株式会社NFKホールディングス（JASDAQ上場）においては平成22年11月に、リアルコム株式会社（東証マザーズ上場）では平成24年11月に、株式会社メディネット（東証マザーズ上場）では平成26年8月に、臨時株主総会招集請求が行われた。このうち、株式会社NFKホールディングス以外のいずれの事例も裁判所に対する株主総会招集許可申立てまで進んだ。

　こうした状況を受けて、本稿では、少数株主が招集する株主総会の運営のあり方と、当該総会開催に際して会社法124条4項の規定が及ぼす影響について

1　平成26年6月26日付けソーエコプロによるリリース。
2　少数株主が招集する株主総会は必ずしも「臨時」株主総会ではない（たとえば、少数株主の招集した利益処分のための株主総会）とする見解もあるが、たいていは臨時株主総会である。もっとも、株主の招集する総会が臨時総会なのか定時総会なのかという問題は「実務的にはあまり役に立たない」（商事法務研究会編『株主総会ハンドブック〔新訂第三版〕』（商事法務研究会・2000年）729頁〔藤原祥二〕）議論だといえよう。
3　上柳克郎ほか編『新版注釈会社法(5)株式会社の機関⑴』（有斐閣・1986年）106頁〔河本一郎〕。なお、昭和27年から36年までの統計については、小関健二「少数株主権行使の実態」旬刊商事法務研究226号（1961年）15頁以下参照。
4　東洋信託銀行証券代行部『株式実務ハンドブック』（商事法務研究会・1990年）76～77頁。

検討してみたい。

II　株主が招集する臨時株主総会

1　規制内容

　まず、株主による総会招集権に関連した規制をみていく。関連する条文は少ない。

　株主総会は本来取締役が招集する（会296条3項）。しかし、それが行われない場合には、少数株主権の発動により必要な決議が行われるよう、例外的に、少数株主に総会招集権が付与されている（同法297条4項）。

　この権利を行使することができる者は、総株主の議決権の100分の3以上を6ヵ月前から引き続き有する株主である（会297条1項）。定款で、持分要件と継続保有要件につき、法令で定められている要件を下回る数値に変更することも可能である。なお公開会社でない株式会社の場合、6ヵ月の継続保有要件は課されない（同条2項）。

　当該株主は、まず取締役に対し、総会の目的と招集理由を示して、株主総会の招集を請求する必要がある（会297条1項）。請求の方法として、会社法制定前は書面もしくは電磁的方法によることが要求されていた（旧商237条）が、会社法ではそれに関する規定が設けられていないため、口頭でもよいとする見解もある（この点については後述）。招集請求があったにもかかわらず、当該招集請求の後取締役が遅滞なく招集の手続を行わないか、招集請求の日から8週間（定款で短縮が可能）以内の日を会日とする招集通知を発しないならば、招集請求をした株主は、臨時株主総会の招集許可申立てによって裁判所（本店所在地を管轄する地方裁判所（会868条））の許可を得たうえで、自ら株主総会を招集することができる（同法297条4項）。

　招集に先立ち、当該株主は、招集に関する事項を決定しなければならない。

5　酒巻俊雄＝龍田節編集代表『逐条解説会社法第4巻機関1』（中央経済社・2008年）49頁〔潘阿憲〕。

具体的には、①株主総会の日時・場所、②目的事項、③株主総会に出席しない株主が書面もしくは電磁的方法により議決権を行使することができることとするときはその旨、および④その他法務省令で定める事項である（会298条1項）。このうち、②の「目的事項」は、裁判所が許可した会議の目的事項に限られる。株主によって招集される株主総会のほとんどが、現取締役の解任とそれに代わる取締役の選任を議案にしているといわれる。④の「法務省令で定める事項」としては、たとえば、前述③の事項を決定したことを前提に、特定の日をもって書面による議決権行使期限とする旨を定めるときには当該特定の日（会施規63条3号ロ）などがある。

そして、公開会社の場合には株主総会の日の2週間前までに、株主全員の同意がある場合を除いて（会300条）、株主に招集通知を送付しなければならない（同法299条）点や、招集通知に、議決権の行使にあたり参考となるべき事項を記載した書類や議決権行使書面をつけなければならない（同法301条）点などは、会社が招集する総会の場合と同じ（同法298条1項本文カッコ書）である。

2 関連した問題点

以下では、少数株主が招集・開催する株主総会に関連して問題となりうる点を取り上げて検討する。

(1) 招集請求の要件

招集請求権を行使することができる株主の要件として、前述したように、公開会社であれば保有期間要件のほかに持分要件が課されている。

このうち、保有期間要件は、請求の日から逆算して丸6カ月の期間を意味する。

他方、「総株主の議決権の100分の3」という持分要件については、招集請求時に満たす必要があることは当然としても、これをいつまで保有している必要があるのかについては見解が分かれる。当該総会が終結するまで持続しなければならないとする見解[6]と、裁判所の許可を得て株主総会を招集するため、当該裁判確定の時まで満たしておく必要があるとする見解[7]に分かれる。もっとも、

---

6 龍田節「株主の総会招集権と提案権㊀」法学論叢81巻1号（1967年）63頁。

いずれの見解も、新株発行により持株比率が相対的に低下したという場合であっても、そのまま招集権行使の続行を認めても差し支えないとする。裁判所の許可を得て適法に招集された総会の効力が、その後、請求した株主にとって外部的な事情を原因として左右されるのは好ましくないためである。

(2) 裁判所による招集許可

株主による株主総会の招集請求は、前述したように、裁判所の許可を得ることが前提であるが、はたしてその許可はどういう場合に出されるのであろうか。

株主総会の招集請求を受けて、会社が当該請求から8週間（当初、当時の商法237条2項後段では「6週間」と規定されていたが、平成14年改正法により現行の「8週間」に変更された（会297条4項2号））以内の日を会日とする招集通知を株主に送付したのであれば、株主が裁判所に対して行った招集許可申請は、その目的が達成されたのであるから、却下される点については争いがない。問題は、請求から8週間を超える日を株主総会の開催日とする招集通知を会社が送付した場合はどうなるのかという点である。

当初、会社が法定の期間内に株主総会を開催する旨の招集通知を送付しているかどうかという点は問題にされていなかった。長野地上田支決大正7・9・13新聞1466号21頁は、会社（清算人）が法定の期間を経過して株主総会の招集通知を発しても、申請人が取得したる、裁判所の許可を得て自ら株主総会を招集する権利はこれによって喪失することはなく、いずれか先に招集して決議を行ったならば、他方の総会招集が不必要になるにすぎないと述べた。これに対しては、同一議案について二重の総会の成立を認め、両者の決議の先後によって事実上解決しようとすることは不当であると批判された。そして、裁判所の決定前に会社が相当な日を会日とする総会招集通知をなしたならば、もはや裁判所は許可する必要がないとの見解が示された。

7　松田二郎＝鈴木忠一『條解株式会社法（上巻）』（弘文堂・1951年）194頁。
8　龍田・前掲論文（注6）63頁、松田＝鈴木・前掲書（注7）194頁。
9　竹内昭夫（弥永真生補訂）『株式会社法講義』（有斐閣・2001年）384頁、龍田・前掲論文（注6）63頁。
10　坂巻＝龍田・前掲書（注5）51頁〔潘阿憲〕。
11　大隅健一郎＝今井宏『商法(5)（総合判例研究叢書）』（有斐閣・1959年）25～26頁。

4 少数株主が招集する株主総会と会社法124条4項

　しかし、その後、会社による招集通知が法定の開催日時の要件を満たしているか否かが、株主による招集許可申請を認めるか否かの判断基準になることを示した判例が現れた。国際航業株式会社の株主から昭和63年10月18日到達の書面で臨時株主総会の開催請求が行われたにもかかわらず、同社が（6週間を超える）同年12月19日を会日とする臨時株主総会の基準日（11月16日）公告をしたことを受けて、東京地決昭和63・11・2判時1294号133頁は「裁判所の許可があるまでの間に会社が総会招集通知を発し又は公告をしたとしても、右総会が少数株主による招集請求があった日から6週間以内の日を会日とするものでない限り、これによって少数株主の総会招集許可申請権が当然に失われ、裁判所がその許可をなし得ないものとなると解することは相当でない。同条項の趣旨が株主総会開催の不当な遅滞を防止するところにあることに鑑みると、裁判所が少数株主による総会招集を許可したとしても会社が招集した総会より前に総会を開催できる見込がない等の特別の事情が認められる場合にのみ、総会招集許可申請はその利益が失われると解すべきである」との見解を示して、会社側による基準日公告の翌日、12月10日までに株主総会を招集することを少数株主に許可した[13]。

　ところで、関連して気になるのは、会社法297条4項の1号と2号の関係である。同項は、会社に株主総会の招集を請求した株主が1号・2号に該当する場合であれば、裁判所の許可を得て自ら株主総会を招集できることを規定した条文である。このうち1号は「第1項の規定による請求の後遅滞なく招集の手

---

[12] もっとも、会社が招集通知を発送しても、必ずしも総会の開催・決議に至るとは限らない。そのため、少数株主が招集する株主総会が会社による株主総会より前に開催できる見通しがなくても、株主からの申立てをいったん留保したうえで、裁判所は会社側に株主総会の開催を促すという。そして、総会決議を経て、会社から議事録が提出された段階に至った時に株主の申立てを取り下げるという対応が実務ではとられているという（東京地裁商事研究会『商事非訟・保全事件の実務』（判例時報社・1991年）196頁）。

[13] その結果、11月1日の会社側の基準日（11月16日で、総会は12月19日）設定公告のほか、少数株主側の11月3日付けの基準日（11月18日）設定公告（総会開催日時については「12月開催予定」とだけ記載）も行われる事態となった（商事1163号（1988年）40〜41頁）。その後少数株主が、臨時株主総会の基準日現在における株主確定のための株主名簿の閲覧・謄写仮処分申請を行い、東京地方裁判所がその申請を認めた（商事1164号（1988年）46〜47頁）ため、12月6日、国際航業は会社による臨時株主総会をとりやめることを決めた（商事1167号（1988年）55頁）。

続が行われない場合」(以下、便宜上「1号規定」という)を、2号は「第1項の規定による請求があった日から8週間(これを下回る期間を定款で定めた場合にあっては、その期間)以内の日を株主総会の日とする株主総会の招集の通知が発せられない場合」(以下、「2号規定」という)をあげる。前述のいずれの判例も2号規定にだけ言及しているが、1号規定の「招集の手続」に2号規定の「招集通知の発送」は含まれないのであろうか。この点について、「この二つの要件は別個のものではなく、2号規定は1号規定の一部であり、それを明確化したものにすぎない。したがって、取締役がたとえ請求後直ちに招集通知を発しても、それがずっと将来の日を会日とする総会であれば、遅滞なく招集手続をとったことにならない」と説明されている[14]。この考えをとるならば、株主による総会招集請求から8週間以内の日が株主総会開催日とされていない場合、2号規定にだけ該当するのではなく、常に1号にも該当することになるのではなかろうか。

　私見としては、2号規定が1号規定とは別個に設けられた意義について、1号をより明確にするためというより、むしろ手続と開催日をあえて区別したと考える。1号は、取締役会決議や招集通知の発送(総会の開催日はここでは問題にしない)といった手続が遅滞なく行われない場合に限定され、招集通知に記載された総会の開催日がいつにされているかという点は1号ではなく2号の問題と考えるのである[15]。この見解によれば、1号のポイントは「遅滞なく」にあるのではなく、むしろ「招集の『手続』」にあることになろう。

　なお、会社に株主総会開催の請求を行うための方法として、書面もしくは電磁的方法(旧商237条)のほか口頭でもよいとする見解がある点についてはすでに述べたとおりである。しかし、前述した国際航業の事案(前掲東京地決昭和

14　上柳ほか・前掲書(注3)114頁〔河本一郎〕。
15　なお8週間以内の日を会日として招集しないと、裁判所が比較的簡単に少数株主に招集許可を与える可能性があること、少数株主が招集手続を行うならば、招集と決議の主導権は少数株主に与えられることなどから、会社は「逡巡することなく招集手続に着手し、6週間(筆者注:現在は8週間)以内の日を総会日として臨時総会を招集すべき」であるとアドバイスする者もいる(商事法務研究会・前掲書(注2)730頁〔藤原祥二〕、福岡真之介ほか編『株主総会の実務相談』(商事法務・2012年)366頁〔北山陽介〕)ほか、同様のことに触れた会社のリリースもある(平成26年9月8日付け株式会社メディネットによるリリース参照)。

63・11・2）のように、株主による招集請求の日を起算日として8週間以内の日を総会の日とする招集通知が発送されたかどうかが、裁判所の許可に大きな影響を及ぼすのであれば、いつ株主が総会の招集請求を行ったのかが重要になる。したがって、口頭による招集請求は実務的に適切ではなかろう。

(3) 招集期限をつけた招集許可の意義

少数株主からの総会招集許可申請を受けて、裁判所がそれを許可する際、近時では一般には株主総会の開催日に期限がつけられている。たとえば先の国際航業の事例、株式会社奈良屋の事例[16]、最近では、佐藤食品工業株式会社の事例[17]（「……株主総会を平成23年3月22日までに招集することを許可する」との決定が示された）、ソーエコプロの事例がある。[18]

招集期限をつけるのは、少数株主による総会招集の許可が当事者に多大な利害を及ぼしうる点を意識したためだという。仮に期限を切らないで許可を出すならば、「招集許可に基づく招集の前に、会社側の招集がなされる場合もあり、二つの議決がなされることも考えられ、その場合における両議決の効力につき当事者間に新たな紛争を生ずることとなり妥当でない」からだと説明されている[19]。たとえば、少数株主が（招集期限をつけない）招集許可を得るならば、相当な期間、会社は同一議案についてもはや招集権限をもたず、仮に招集したとしても、それは無権限者による招集にあたり、当該決議は不存在となるのに対して、株主が長期間にわたり総会を招集しなかった場合、当該招集権は消滅する[20]。もっとも、どれくらいの期間が「長期間」にあたり、株主の招集権が消滅することになるのかが不明であり、そうした状況下で、会社と少数株主の双方が株主総会を招集した場合の状況を前述の説明は想定しているものと思われる。こうした無用な争いもしくは混乱を回避する趣旨から、裁判所が総会招集許可を出す際には招集期限がつけられるようになったのであろう。当該招集期

---

[16] 資料版商事77号（1990年）22頁。

[17] 平成23年1月11日付け佐藤食品工業株式会社によるリリース。

[18] 平成26年9月17日付けソーシャル・エコロジー・プロジェクト株式会社によるリリース。

[19] 神崎克郎ほか「〈座談会〉少数株主による権利行使問題の検討(上)」商事1181号（1989年）13頁〔山口和男発言〕。なお山口氏は、総会招集の期限をつける際して、許可の実効性を確保するため多少の余裕の日時をとると述べている。

[20] 上柳ほか・前掲書（注3）117頁〔河本一郎〕。

限までの期間中であるならば、少数株主による招集通知の前に会社が同じ議題を目的とした総会招集通知を送付しても、会社側のそれは違法であり、無効と解される。

法律関係を早期に安定させるためには、できるだけ早期に少数株主による株主総会は開催されるべきであり、その意味で招集期限をつける意義は大きい。ただその場合、株主による総会招集手続にどれだけ会社が協力するか、あるいは協力を担保する体制が整えられているのかも重要であろう。状況次第では、招集期限をつけたことが少数株主にとって不利になる場合もありそうである。

(4) 少数株主による基準日の設定と公告の可否

少数株主が招集する臨時株主総会において、基準日を決定し、それを公告する義務が誰にあるのか。

千葉地決平成元・8・15資料版商事77号22頁は、「申請人等に対し、……申請会社の株主総会を招集することを許可する。ただし、この許可は、平成元年9月2日を基準日とする基準日設定公告が申請人らまたは被申請人によって適法に官報に掲載されない場合には、効力を失う」と述べて、少数株主と会社に基準日公告の義務があることを明示した。基準日を裁判所が指定している点も特異といえる。

これに対して、商法が、総会で議決権を行使する者を確定するための方法として基準日のほか株主名簿の閉鎖を認めていた（当時の商法224条の3。平成16年に廃止された）時期の議論では、名簿の閉鎖を少数株主が選択した場合に生じる弊害を懸念した反対意見もあったが、少数株主に基準日の決定と公告をする義務があるとする見解も当時すでに示されていた。後者の意見に賛成する見解は、その理由として、会社に基準日を設定させた場合で、会社が基準日の公告を行わない事態が生じたならば、総会で議決権を行使させるべき株主を少数株主が正確に掌握できない事態が十分に予想される点をあげた。そうした状態は、瑕疵のある総会になる可能性が高く、ひいては少数株主に総会招集権を認めた意義を小さくするためである。少数株主によって招集された初めての事

---

21 神崎ほか・前掲座談会（注19）14頁〔河村貢発言〕。
22 神崎ほか・前掲座談会（注19）15頁〔河村貢発言〕。
23 商事法務研究会・前掲書（注2）459頁〔藤原祥二〕。

例（株式会社タクマの臨時株主総会）でも、基準日設定公告は招集した株主の名前で行われた。[24]

　そもそも、裁判所の許可を得て少数株主が株主総会を開催することができるようになったならば、当該総会に関する限り、その株主は会社の機関的地位に立つと一般に考えられている[25]。そのため、基準日の決定・公告をする権限が当該株主にあるのであり、株主の決めた基準日を会社が勝手に変更・延長することは許されないと考える。少数株主の同意を得た場合であっても、少数株主に代わって会社が基準日公告をすることは、混乱を避ける意味においてできる限り行わないのが賢明だと思われる。

　公告を行う際には、法律もしくは定款で定める方法によるべきである。電子公告を原則としていながら、それ以外の方法を利用するのであれば、電子公告によることのできない「やむを得ない事由」の説明が行われるべきであるし、（その説明も含めて）公告内容が全株主に周知される何らかの手だてが講じられるべきであろう。なお、公告の方法が適切でないならば、株主の権利行使の機会を害することになるので、それに関連した行為（この場合、株主総会の決議）も瑕疵があることになりうる[26]。そのため少数株主が主導で開催する総会に法律上の効果を有効にもたせようとするのであれば、自爆的な行為は慎むしかない。

(5) 株主名簿等の閲覧・謄写

　株主総会の招集許可を得た少数株主が基準日における株主を確定するためには、株主名簿の閲覧・謄写をする必要がある。東京地決昭和63・11・14判時1296号146頁は、株主総会の招集を許可された少数株主には株主総会招集権が付与されるのであるから、その当然の効果として、総会に招集すべき株主を確知する権利を有し、そのためには、株主名簿の閲覧・謄写することが可能にな

24　商事1139号（1988年）48頁の「ニュースNews」欄にその詳細と公告が掲載されている。総会の詳細については、家近正直「少数株主の招集による株主総会と総会検査役」商事1153号（1988年）6頁以下と商事1147号（1988年）46頁以下の「商事法務トピック」参照。同年の国際航業株式会社の基準日設定公告でも株主が基準日を決定している（商事1163号（1988年）40～41頁）。

25　千葉地判平成元・9・8資料版商事77号31頁、岩原紳作編『会社法コンメンタール(7)機関［1］』（商事法務・2013年）66頁［青竹正一］。

26　江頭憲治郎『株式会社法〔第5版〕』（有斐閣・2014年）216頁注6。

るほか、基準日における株主名簿の作成を待っていては期限までの総会招集が事実上不可能になるような場合には、株主名簿に代わり、基準日現在の株主を確知することができる書類の閲覧・謄写をすることもできると判示した。単独株主権として株主による株主名簿の閲覧・謄写権を明示した会社法125条が現在設けられているが、この権利を行使するまでもなく、裁判所の許可を得たことにより当然、株主名簿の閲覧等あるいはそれに代わるものを閲覧する権利を当該少数株主が保有していることを明らかにした点において、この判例の意義は現時点においても大きいといえる。

(6) 総会当日における会場設営等

株主総会当日、会場の受付、警備員の会場への配慮、警察官の派遣要請等については、会社が招集する株主総会と同様、会社にそれらの権限と義務があるとする見解もある[27]。しかし、実務では少数株主がこれらを行っているとされる。これは、会社が当該権限等を行使しないならば、株主総会の開催に支障を来すことになりかねないためであろうと推察されている[28]。

(7) 取締役の総会出席義務

取締役には株主総会に出席して、株主から特定の事項について説明を求められた場合には、当該事項について必要な説明をする義務がある（会314条）。それは、一般の株主総会であると、株主によって招集されたものであるとを問わない[29]。そのため、少数株主が招集する株主総会でも、取締役の出席は必要である。

(8) 議　長

多くの会社では、社長等を総会の議長とする旨を定款で定めているといわれている。しかし、少数株主が裁判所の許可を得て開催する株主総会で、この者が議長として公正に議事運営を行うことは期待しがたい。そのため、当該定款の定めは適用されず、あらためて議長が選出されるべきである。実務では、少

27　東京弁護士会会社法部編『株主総会議事運営規則ガイドライン』（商事法務研究会・1985年）17頁。
28　東京弁護士会会社法部編『株主総会ガイドライン〔改訂第四版〕』（商事法務研究会・1998年）465〜466頁。
29　東京弁護士会会社法部・前掲書（注28）467頁。

数株主（少数株主より委任または指名を受けた者がなった事例もあるようであるが一般には）が仮議長となって議長の選任決議が行われている[30]。招集者である少数株主が第一義的に議長になるべきだとする見解もある[31]。

(9) 当日議決権を有する者

会社法124条4項は、議決権の行使に係る基準日後の株主につき、株式会社が議決権の行使を認めることができるとしているが、その要件や手続については何ら明示していない。立法担当者は、株式会社の意思決定機関（原則として非取締役会設置会社にあっては取締役、取締役会設置会社にあっては取締役会）が基準日後の株主に議決権を与える旨を決定すれば足りると説明している[32]。

このことが、少数株主が招集する株主総会にもあてはまるのかという点については、見解が分かれるであろう。前述の立法担当者による説明がすべての株主総会にかかわることとして述べられたとするならば、少数株主による株主総会においても、基準日後の株主に議決権を付与するかどうかは取締役会等に決定権があることになる。

他方、通常の総会の場合に限定した話であるとするならば、どうであろうか。少数株主が招集する株主総会では、前述したように、当該総会に関する限り、その株主は会社の機関的地位に立つと一般に考えられているほか、基準日も当該少数株主が決定・公告することができることからすると、当該総会において基準日後の株主に議決権を認めるかどうか（少数株主がこれらの者に議決権を認めることはないと思われるが）を決定する権限についても少数株主にあると考える余地はありそうである。

(10) 議事録

会社が招集する株主総会で議事録（会318条1項）を作成する者は誰なのか。代表取締役にあるとする説と議長が行うと解する説に分かれる[33]。しかし、通常は定款規定に則り、代表取締役が議長になることが多いため、いずれの者が議事録作成者であるのかという問題は表面化しにくい。

30　東京弁護士会会社法部・前掲書（注28）468～469頁。
31　商事法務研究会・前掲書（注2）754～755頁〔藤原祥二〕。
32　相澤哲ほか『論点解説新・会社法——千問の道標』（商事法務・2006年）132頁。
33　東京弁護士会会社法部・前掲書（注28）470頁。

これに対して、少数株主が招集する株主総会ではどうなのか。この点については会社法上明らかではないが、同法施行規則72条3項6号で、議事録に記載されるべき内容として「議事録の作成にかかる職務を行った取締役の氏名」があげられていることから、取締役が作成するものと解する見解がある。しかし、そうであるならば、少数株主が招集した総会に関して（とりわけ、そこで決議が成立したならば）、取締役が議事録を作成しない場合もあり得るとして、実務では一般に議長によって議事録が作成されている。[35]

　議事録の記載に特別の法的効果が生じることはない。しかし、前述したように、少数株主が招集する株主総会での議題は、現取締役の解任と少数株主が提案する取締役の選任の場合が多く、これらが成立するならば、取締役の交替と場合によっては代表取締役の交替を生ぜしめるので、登記の変更手続を伴う。株主総会の議事録（場合によっては、その後開催される取締役会の議事録もまた）はその際に添付書類として必要になる（商登46条2項）。このうち、株主総会議事録には議長と出席取締役[36]（取締役会議事録には、出席した取締役と監査役（会369条3項））の署名または記名捺印が必要となるところ、場合によっては協力が得られないことも考えられるが、その際には、少数株主サイドの取締役だけが署名をすれば足りる（同様に、取締役会議事録では出席取締役の過半数の署名があれば登記申請を受理して差し支えない）という扱いがなされているという。[37]

(11) 費　用

　総会の招集・開催に要する費用は少数株主の負担とされる。しかし、決議が成立した場合、または取締役解任議案（会341条参照）が否決された後に解任請求（同法854条参照）が認容された場合等、「会社にとり有益な費用」であったならば、株主は会社に対して合理的な額の求償（民702条）が可能である。[38]これが一般的な見解として、支持されているようである。

　少数株主による株主総会は裁判所の許可を得て行われるが、前述したよう

34　商事法務編『株主総会ハンドブック』（商事法務・2008年）578頁〔山田和彦〕。
35　東京弁護士会会社法部・前掲書（注28）470頁。
36　東京弁護士会会社法部・前掲書（注28）438頁。
37　東京弁護士会会社法部・前掲書（注28）471頁。
38　江頭・前掲書（注26）304頁注8。

に、それは形式的な基準に基づいて判断されるのであり、少数株主の主張（もしくは決議したい事項）の妥当性といった実質的な判断に基づくものではない。そのため、場合によっては、少数株主による総会開催請求が権利濫用にあたるものもあり得ることを想定して、「会社にとって有益」な場合に限り「合理的な額」の求償権が認められるべきだと考えられているのであろう。

しかし、「会社にとって有益」かどうかについていつでも明確に判断することができるのであろうか。

有益な費用の一例として、前述したように少数株主が招集する株主総会で決議が成立した場合があげられているが、総会で議決権を行使する者を決定する権限は、少数株主による総会についても会社側にある（上記(9)参照）とする立場をとり、資金調達の必要性から基準日後に会社が第三者割当てを行うならば、当該株主総会での決議の行方は決まったも同然である。乱暴な言い方をするならば、会社法124条4項を利用しさえすれば、少数株主によって開催される株主総会はすべて当該少数株主が負担しなければならないことになる。つまり、総会を開催することが「会社にとって有益」であることの証明を、少数株主が行わない限り総会にかかった経費を負担してもらえないとするならば、極端な場合、どのような少数株主による総会もすべての経費が少数株主の負担になりかねない。それは、少数株主による総会招集制度そのものの存在意義にもかかわる。そのため、「会社にとって有益かどうか」で費用負担に絞りをかけるのではなく、その会社が株主総会を開催するにあたり通常費やしている一般的な費用（会場使用料、招集通知送付代など）については会社への求償を当然に認めるべきではなかろうか。

III 検 討

これまでみてきたように、少数株主が招集する株主総会では、少数株主の主体性を尊重する形で運営がなされることがわかった。しかし、問題は会社法124条4項を利用すれば、そうした総会における決議の行方を現経営陣が掌握できるという点である。

同項は、基準日株主が行使することのできる権利が株主総会における議決権

である場合、会社は、基準日株主の権利を害するのでない限り、当該基準日後に株式を取得した者の全部または一部を、当該権利を行使することができる者と定めることができると規定する。基準日以後、株主総会が開催されるまでの期間（最長3カ月（会124条2項カッコ書））中に多数の新しい株主が誕生しても、そうした株主は決議に加われない点については従来から問題視されていた。それでも、総会で議決権を行使する者を特定するための方法として株主名簿の閉鎖制度が存在していた時代には、名簿の閉鎖に伴って名義書換えを停止しても、その期間中新しく発行された株式の保有者は原始株主として株主名簿に記載することで、それらの株主を株主名簿上の株主として議決権行使させることができるとして実務では対応されていた。ところが、平成16年における株主名簿の閉鎖制度の廃止に伴い、これまでの実務をどういう理由づけで継続させるのかが問題になった結果、その解決策として同項が新設されたという[39]。

やっかいなのは、少数株主により株主総会の招集請求が出されそうな気配を感じて、経営者が取締役会決議による第三者割当増資と会社法124条4項を活用した場合、（判例がこれまで採用してきた）主要目的ルールがそれを止める機能を果たしそうにないという点である。もっとも、株主が総会招集権を行使した後であれば、その後の第三者割当増資により当該株主の持分割合が100分の3未満になっても、そのまま権利行使を続行することが認められていることについてはすでに述べたとおりである。ところが、①招集請求権の行使前に第三者割当増資が行われるならば、増資前に100分の3以上の議決権を有していた者で、会社法297条に基づいた招集請求を行おうと計画していた者は、その持分要件を満たさなくなり、招集請求ができなくなることがありうる。あるいは、②裁判所による許可が下りた後に第三者割当増資が行われ、その第三者割当てを引き受けた者に議決権の行使が認められたうえに（会124条4項）、その者が、少数株主が開催する総会で会社の意思に沿った議決権行使を（黙示的にでも）会社に約束したとすれば、決議前の段階で決議の行方はほぼ決定してい

---

[39] 浜田道代「新会社法の下における基準日の運用問題(上)――従来の慣行は合理的か」商事1772号（2006年）10頁。会社法124条4項が新設された経緯の詳細については、遠藤美光＝堀裕「会社法における基準日後の株主の議決権の帰趨――会社法124条4項の解釈論」金法1784（2006年）号7頁以下。

ることになる。

　同様のことは、少数株主によって開催される株主総会のみならず、会社が招集する総会（特に支配権対立が生じている場合）においても生じうるが、場合によっては総会開催の有無にもかかわるという意味で、少数株主による総会に際してはとりわけ影響が大きいといえる。

　ソーエコプロ等の事件をきっかけに検討することにした少数株主による株主総会には案外多くの問題点があること、会社法124条4項が（導入された趣旨は異なるが）、支配権争いの生じている会社にとって現時点では最大の防衛策になり得ている点を認識した。これらに関するさらなる検討については別の機会で行いたい。

5 監査等委員会設置会社制度

弁護士　渡邊　顯

I　振り返り

1　コーポレート・ガバナンス（企業統治）とは何か

　コーポレート・ガバナンス（企業統治）とは、出資者、すなわち「株主が経営者を監視・監督するしくみ」をいかにして構築するかという命題である。
　わが国においてコーポレート・ガバナンスに関する議論が活発に行われるようになった契機は、バブル経済崩壊後の大企業における不祥事の頻発にあるといわれている。[1]
　すなわち、1990年代に至ると企業が市場から資金を直接に調達するようになったため、間接金融の担い手であった銀行の企業に対する発言力が相対的に低下して、メインバンクによる経営監視の機能も低下するようになった。かねてから日本企業には企業間の株式持合が進んでいて、これがゆえに経営の相互不介入という悪しき慣習が認められていたところ、銀行による監視機能の低下はこの弊害に拍車をかけ、企業不祥事が発生する原因の一つになっていたのである。
　経済構造と社会システムの変化によって、従来からの日本型経営がもはや立ち行かなくなったとの認識が共有化されるようになった結果、コーポレート・ガバナンスは、まずは企業経営における不祥事発生の防止を意味する用語とし

1　稲葉威雄＝尾崎安央編『改正史から読み解く会社法の論点』（中央経済社・2008年）73頁。

て利用されるようになった。[2]

　その後、カルパース（CaLPERS：カリフォルニア州職員退職年金基金）といったアクティヴィスト、いわゆる「もの言う株主」による経営への積極的な意見表明によって、コーポレート・ガバナンスという用語は、一般的にも知られるようになった。

　また、折からの経済の国際化時代を背景として、激しい国際競争の中で企業が継続的に業績をあげていくために、企業の意思決定のしくみをいかに客観的かつ効率的に構築すべきかとの点においても、コーポレート・ガバナンスが積極的に議論されるようになったのである。[3]

2　コーポレート・ガバナンスの起源と歴史

(1)　コーポレート・ガバナンスの起源

　わが国における議論にのみ着目してしまうと、コーポレート・ガバナンスとは、極めて現代的な考え方の一つであると認識してしまうかもしれない。いまだに、コーポレート・ガバナンスは欧米が持ち込んだ臨時的なルールでしかないと考えている経営者が散見されるが、コーポレート・ガバナンスを「株主に対する経営者への監視・監督のしくみをいかに構築するかの命題」であると認識することができれば、その起源は株式会社制度の始まりまでさかのぼることが理解できる。

　株式会社制度の沿革は、1602年に設立されたオランダ東インド会社にその起源が求められている。[4]同社の設立において、株主の有限責任と株式譲渡の自由という、「所有と経営の分離」原則の原型が考え出されたのである。かかる原則による株式会社制度の確立が世界経済を飛躍的に発展させたことは歴史が示すとおりである。

　その一方で、経営者が株主の犠牲の下に恣意的な経営を行う弊害も、当時か

2　例として、当時の代表的商法学者であった河本一郎教授の『現代会社法』（商事法務）では、1995年に出版された新訂第7版において、初めて事項索引に「コーポレート・ガバナンス」の語が登場している。
3　神田秀樹「上場会社に関する会社法制の将来」金法1909号（2010年）21～22頁。
4　大塚久雄『株式会社発生史論』（岩波書店・1969年）328頁以下。

ら、すでに問題にされていた。[5]

　その後、株式会社制度は、欧米を中心として発展し、今や全世界的な標準となるに至ったが、かかる資本主義経済の誕生と歴史を鑑みるにあたっては、株主による経営者の監視・監督のしくみをいかに構築するかという試行錯誤が繰り返されてきたことに思いを致さなければならない。

　このように、株式会社制度の歴史は、一方では経済活動の世界的な発展に寄与した歴史であり、他方では株主による経営者への監視・監督制度の構築という歴史でもあったのである。コーポレート・ガバナンスという用語それ自体は比較的新しいものであるが、そこで議論されているテーマは、株式会社制度の最大のしくみである所有と経営の分離という原則から宿命的に生じるところの、株主が経営者を監視・監督する制度の必然性という株式会社制度の根源にかかわる問題なのである。

　(2)　わが国の商法改正史と会社法の改正

　わが国における株式会社制度の歴史も、社会・経済環境のダイナミックな変動に対応しながら規律のしくみを変化させる途をたどってきた。

　〈図表1〉の「商法改正史」は、わが国における株式会社制度改正の歴史をまとめたものである。[6]

　〈図表1〉をみると、会社法制度は、時代の要請に応じて企業に対して、その発展のためのツールを与えてきたことがわかる反面、ある一面（網掛けによる強調部分）に着目してみると、株式会社制度を改正してきた歴史は、株主による経営者の監視のしくみ、すなわちコーポレート・ガバナンスを確立するための歴史であったことも容易に理解することができるのである。

　このように、商法および会社法の一連の改正の中でも、コーポレート・ガバナンスにかかわる改正の比率が高いということは、わが国の株式会社制度は、その創設以来、社会・経済状況の変化に対応して企業の経済活動をサポートしてきた一方で、株主が経営者を監視・監督するしくみをいかに構築するべきかとの命題について試行錯誤を繰り返してきた事実を示しているのである。

5　大塚・前掲書（注4）359頁以下参照。
6　〈図表1〉は、秋坂朝則『諸法改正の変遷とその要点〔新訂版〕』（一橋出版・2006年）の巻頭・巻末の表紙裏に記載された年表を基に、本章の主題にあわせ適宜加筆、修正したものである。

5 監査等委員会設置会社制度

〈図表１〉　商法改正史

年　代	商　法　の　改　正	近時の出来事
明治23年	わが国最初の商法典（旧商法典）の公布	＊大日本帝国憲法の発布
26年	旧商法典の一部（会社など）が施行	
31年	旧商法典が全面施行	
32年	旧商法典の全面改正による新商法典の公布 ・5編からなる ・民事・商事に共通する規定は民法に規定 ・準則主義による会社設立を株式会社にも導入 ・ドイツ商法の影響により、監査役は会計と監査両方に強い権限をもつことに	
44年	会社法制の不備・欠陥等を是正する改正 ・財産評価に時価以下主義を導入 ・取締役等の責任明確化	＊日露戦争・韓国併合
昭和13年	有限会社法の公布 総則と株式会社関係の全面改正 ・商人概念の拡張、商号選定の制限 ・債権者保護・株主保護の強化 ・取締役等の責任・罰則強化 ・取締役および監査役の被選任資格から株主であることを削除	＊第一次世界大戦 ＊世界恐慌が日本に波及
23年	株金全額払込制を導入	＊敗戦、GHQから会社構造の民主化要請
25年	経済民主化政策の一環として株式会社のアメリカ法化 ・資金調達の便宜 ・取締役会制度の法定 ・株主総会の権限が縮小され、取締役・取締役会の業務執行に関する意思決定権限が拡大した	

	・監査役制度をもたないアメリカ法の影響により、監査役の権限は会計監査に限定され、業務監査権は取締役会へ移行した ・株主の地位強化	
	・外国会社に関する規定の整備	
26年	昭和25年改正法の施行延期論との妥協	
30年	株主の新株引受権騒動に対応	
37年	株式会社の計算規定の整備と会社事務手続の軽減	
	・資産評価に原価主義を導入 ・繰延資産の範囲拡大 ・引当金の容認	
41年	昭和25年改正の再修正	＊粉飾決算と倒産の社会問題化（山陽特殊製鋼、サンウェーブ工業）
	・株式の譲渡制限の容認 ・額面株式と無額面株式の相互転換の容認	
49年	監査制度の改善強化と計算規定の整備	＊オイルショック
	・監査役に業務全般の監査権が付与された ・決算監査の拡充 ・会計監査人制度の導入	
	株式会社の監査等に関する商法の特例に関する法律の公布	
56年	昭和49年に始まる会社法の根本改正計画の一部実現	＊ロッキード事件
	・株主単価の引上げ、子会社における親会社株式の取得禁止	
	・株主提案権の創設 ・利益供与禁止規定の創設 ・取締役会の権限拡大 ・監査役報酬の取締役との区別	
平成2年	大小会社区分立法の計画とその一部の実現	＊証券会社による損失補てんの判明（証券不祥事）
	・発起設立の合理化 ・最低資本金制度の導入 ・社債の発行限度枠の緩和	
5年	日米構造問題協議関連の改正と社債法の整備	
	・株主代表訴訟の容易化、株主帳簿閲覧権の強化	

⑤ 監査等委員会設置会社制度

	・監査役の任期の伸長、大会社の監査役の員数増加	
	・監査役会制度の法定	
	・社外監査役制度の導入	
6年	自己株式取得規制の規制緩和	＊不良債権問題
9年	自己株式取得規制の再緩和	＊山一證券等の破綻
5月	・ストックオプション制度の導入	
6月	合併法制の整備	
9月	罰則の強化	
	・利益供与罪の強化	
11年	株式交換・株式移転制度の導入と時価評価の導入	
	・株式交換・株式移転制度の創設	
13年	企業金融の緩和に関する改正	
6月	・金庫株の解禁	
	・額面株式の廃止	
11月	資金調達手段の弾力化と企業運営の電子化	
	・種類株式の弾力化、新株予約権制度の創設	
	・会社関係書類の電子化・招集通知等の電子化	
12月	コーポレイトガバナンスの強化	
	・監査役の機能強化	
	・監査役会の半数以上を社外監査役とすることが義務化	
	・取締役の責任軽減制度の創設	
	・株主代表訴訟制度の合理化	
14年	新しい時代の要請に適合するための改正	
	・取締役の選・解任権付株式の導入	
	・株主総会の合理化、委員会等設置会社制度の導入	
15年	自己株式取得規制の緩和	
16年	電子公告制度の導入	
6月	・電子公告制度の許容・調査機関制度の導入	
	・債権者保護手続の合理化	
	株式決済制度の合理化	
	・株券不発行制度の導入	
	・新しい株式振替制度の導入	
17年	会社法の制定	＊金融商品取引法
	・機関設計の柔軟化	

・監査役は原則業務、監査権限を有するが、会計監査に限定も可

3　会社法をとらえる視点

　2006年（平成18年）に施行された会社法は、その試行錯誤の一つの結実であったが、2014年（平成26年）に最初の大きな改正を迎えた。

　法改正に際しては、個々の改正事項に関する技術的な論点に議論が集中するのが一般的である。

　しかし、旧商法時代もまた然りであるが、株式会社法制改正においては、経済社会の発展と変化に対応する株式会社制度の最適化が試みられているとともに、株主が経営者を適切に監視・監督するしくみをどのように構築すべきかという、古くて新しいコーポレート・ガバナンスの最適化も意図されてきているのである。

　今次の会社法改正においては、たとえば「ライツ・オファリング」のように市場の要請に応じて実務上の障害となっていた点を改正するものもあるが、主眼はコーポレート・ガバナンスの実効性を図ることにあり、社外取締役資格要件の厳重化や監査等委員会の設置に途を開く制度などが規律されていて、経営監視の新たなしくみを実現しようとしているのである。

　コーポレート・ガバナンスは単なる欧米流のスタイルの一つではなく、株主による経営者の監視は株式会社制度には不可欠であるという歴史的な視点を踏まえ、今度こそ立法の趣旨を各界において実現する努力が期待されているといわなければならない。

II　監査等委員会設置会社の概要

1　監査等委員会設置会社の導入

(1)　監査等委員会設置会社とは

　以上のような日本のコーポレート・ガバナンスの振り返りを踏まえ、2014年

（平成26年）の会社法改正により導入された監査等委員会設置会社の要点を検討する。[7]

従前、取締役会を監査する機関の制度設計としては、「監査役会」と「委員会設置会社」とが設けられていたが、これらに加えて、第三の機関設計として「監査等委員会設置会社」が創設された。

この制度は、監査役を設けず、過半数が社外取締役により構成される独立性の高い「監査等委員会」を取締役会内に設置し、同委員会が監査役会の行ってきた監査・監督機能を代替するという新たなガバナンスのしくみである。

(2) 監査役会・委員会設置会社との制度設計上の違い

従来の制度と比較すると、監査役・監査役会の場合は、監査役は取締役会の監査・監督機能に特化して自らは業務執行権限を有していなかったが、今改正による監査等委員の取締役は、取締役会の一員として業務決定に関する議決権を有している点に大きな差異がある。

また、委員会設置会社においては、取締役会内に「指名委員会」「報酬委員会」「監査委員会」が設置され、取締役は業務執行の権限を有さず、取締役会はこれらの三つの委員会によって経営者の業務執行を監督する機関として位置づけられているが、監査等委員会においては、取締役会は業務を決定し、かつ執行する権限を有している。この意味において、監査等委員会設置会社は、監査役会設置会社と委員会設置会社の中間的な形態として設計されているのである。

なお、監査等委員会設置会社の創設に伴い、従来の委員会設置会社制度は「指名委員会等設置会社」へと名称が変更された。したがって、本稿の以降における解説では、改正会社法上の同制度については指名委員会等設置会社制度

---

[7] 本稿における以下の記述は、2013年（平成25年）11月29日に閣議決定され、国会提出された「会社法の一部を改正する法律案」およびその要綱に基づき、岩原紳作「『会社法制の見直しに関する要綱案』の解説」別冊商事法務編集部編『会社法制の見直しに関する要綱の概要（別冊商事法務372号）』（商事法務・2012年）1〜77頁、前田雅弘ほか「〈座談会〉『会社法制の見直しに関する要綱』の考え方と今後の実務対応」別冊商事法務編集部編『会社法制の見直しに関する要綱の概要（別冊商事法務372号）』（商事法務・2012年）79〜128頁における解説を参考にした。また、菊池伸＝石井裕介『会社法改正法案の解説と企業の実務対応』（清文社・2014年）77頁以下、山本憲光「監査等委員会設置会社の新設」ビジネス法務14巻2号（2014年）22〜27頁といった実務家による解説を適宜参照している。

との名称を用いることとする。

2　監査等委員会設置会社の概要

(1)　監査等委員会の設置

監査等委員会は、定款の定めにより設置することができる（改正会社法（以下、単に「法」という）326条2項）。監査等委員会を設置する場合には、監査役を併置することは許されない（法327条4項）。

なお、監査等委員会設置会社には、取締役会および会計監査人の設置が義務づけられている（法327条1項3号・5項）。

(2)　監査等委員である取締役の選任など

(ア)　選任および解任

監査等委員となる取締役を選任する場合は、株主総会の決議において、監査等委員ではない取締役とは区別して選任する必要がある（法329条2項）。

監査等委員である取締役が、その会社またはその子会社の使用人等を兼ねることができない点は、監査役または指名委員会等設置会社の監査委員と同様である（法331条3項）。

監査等委員である取締役を解任する場合は、通常の取締役と異なり、株主総会の特別決議によらねばならない（法309条2項7号）。したがって、監査役と同様の身分保障を受けているといえる。

(イ)　任　期

監査等委員会設置会社では、監査等委員でない取締役の任期は1年であるが、監査等委員である取締役の任期は2年とされる（法332条3項・4項）。

取締役の任期が1年へと短期化される一方、これを監査する監査等委員である取締役の任期はこれよりも1年長く設計されたのである。つまり、任期の面でも、通常の取締役と異なる身分保障が図られているといえるだろう。

(ウ)　報　酬

監査等委員である取締役の報酬は、他の取締役の報酬とは区別して定めなければならない（法361条2項）。したがって、監査等委員会設置会社においては、監査等委員を含む全取締役の報酬の総額について株主総会で決議し、個別の報酬額は取締役会にて決定する、という従前の方法は行えなくなったことに注意

が必要である。

　監査等委員である各取締役の個別報酬を定款または株主総会で定めなかった場合には、個別の報酬額は取締役会ではなく監査等委員である取締役の協議によって定めることとされ（法361条3項）、報酬の決定についても監査役と同様の制度とされている。

　　(エ)　同意権、議題・議案提出請求権、意見陳述権
　上記のような選任並びに解任や報酬等の身分保障に関する制度に加え、監査等委員会は以下の同意権・意見陳述権を有する。
　①　監査等委員会は、取締役会が監査等委員である取締役の選任に関する議案を株主総会に提出することに対する同意権を有している（法344条の2第1項）。このため、取締役会は、監査等委員会が同意しない人物を監査等委員候補とする議案を株主総会に提出することはできない。
　②　監査等委員会は、取締役に対し監査等委員である取締役の選任に関する議題や議案を株主総会に提出するよう請求する権限を有しているので（法344条の2第2項）、監査等委員の構成には、監査等委員会の意向が強く働くことになっている。
　③　監査等委員は、監査等委員である取締役が退任または辞任をする場合や監査等委員の報酬について、株主総会で意見を陳述することができる（法342条の2第1項・2項、361条5項）。

　このように、監査等委員の身分の消長と報酬に関する株主総会の議決に関しても、監査等委員の影響力が担保されるように制度設計されている。

　(3)　監査等委員会の構成
　監査等委員会は、3名以上の取締役で構成され、その過半数は社外取締役でなければならない（法331条6項）。

　監査等委員会では、監査役会と異なり、常勤としての監査等委員を設ける必要はない。これは、自ら独任性による監査を行う監査役と異なり、監査等委員会は、指名委員会等設置会社の監査委員会と同様に、内部統制システムを利用した監査を行うからである。

⑷　監査等委員と監査等委員会の権限
㋐　監査役会、指名委員会等設置会社の監査委員会と共通の権限

監査役会または指名委員会等設置会社との間で共通する権限等としては、以下のものとなる。

① 　監査等委員会は、取締役の職務執行を監査し、監査報告書を作成する（法399条の２第３項１号）。
② 　監査等委員会は、会計監査人の選任、不再任、解任に関する議案の内容を決定する権限を有する（法399条の２第３項２号）。

　　改正前会社法においては、委員会設置会社における監査委員会のみがこれらの権限を有し、監査役会は同様の権限を有していなかったが、2014年（平成26年）の改正に伴い、監査役会も会計監査人の選任、不再任、解任に関する議案の内容を決定する権限が付与された。これによって、監査役会、指名委員会等設置会社の監査委員会、監査等委員会設置会社の監査等委員会は、共通して会計監査人の選任、不再任、解任に関する議案の内容を決定する権限を有することとなった。

③ 　監査等委員会が選定した監査等委員には監査等委員会設置会社の業務および財産状況の調査権限が付与されている（法399条の３第１項）。
④ 　監査等委員は、取締役の不正行為等を発見した場合にこれを取締役会に報告する義務（法399条の４）を負っており、取締役の法令違反行為の差止請求権（法399条の６）を有している。これらの権限等は、監査役会、指名委員会等設置会社の監査委員会と共通の権限と義務となっている。
⑤ 　監査等委員は株主総会提出議案等に法令違反等がある場合、株主総会への報告義務（法399条の５）を負う。

　　指名委員会等設置会社の監査委員にはこのような権限はないが、監査等委員は、監査役の権限に倣い、取締役が株主総会に提出しようとする議案等について法令違反等があると認めるときは、その旨を株主総会に報告しなければならないとされた。なお、監査役には、このような報告義務の前提として、監査役による議案等の調査義務が定められているが、監査等委員は、取締役として株主総会に提出される議案等の内容を調査・確認する義務があるから、重ねて監査等委員としての調査義務を課す必要はないと

考えられ、報告義務のみが課されている。この報告義務は、監査役に倣って設けられたものであるから、同じく取締役の地位を有する指名委員会等設置会社の監査委員にはない義務であることに注意を要する。

　(イ)　**監査等委員会の特有の権限**

監査等委員会が選定する監査等委員は次の権限を有している（法399条の2）。

① 株主総会において監査等委員以外の取締役の選任・解任・辞任について、同委員会の意見を述べる（法342条の2）。

② 監査等委員以外の取締役の報酬に関して、意見を述べる（法361条）。

これらの権限により、監査等委員会は、監査等委員以外の取締役の選任等および報酬について一定の影響力をもつこととなり、監査等委員会が、取締役の選任や報酬についても、指名委員会等設置会社における指名委員会や報酬委員会に準じる監督機能を果たすことが期待されているのである。

(5) 監査等委員会の運営

監査等委員会の運営等については、指名委員会等設置会社における監査委員会と同様の規定がおかれている（法399条の8、399条の9、399条の10）。

(6) 監査等委員会の取締役の権限

　(ア)　**代表取締役等への重要な業務執行の決定の委任**

監査等委員会設置会社の取締役会の権限について、取締役の過半数が社外取締役である場合または定款で定めた場合には、指名委員会等設置会社と同様、代表取締役等に広い範囲にわたり重要な業務執行の決定を委任することが認められている（法399条の13第5項・6項）。

前述のように、監査等委員会に対して、監査等委員以外の取締役の選任等および報酬に関する意見陳述権を付与したことにより、監査等委員会が、指名委員会等設置会社の指名委員会および報酬委員会と類似の監督機能を果たすことが期待され、監査等委員会による十分な監督が果たされるであろうから、改正会社法は代表取締役等への委任可能範囲を大幅に拡張してもよいと考えたのである。

　(イ)　**取締役の任務懈怠の推定の適用除外**

監査等委員会設置会社における新たな制度として、利益相反取引に関する取締役の任務懈怠を推定する規定を適用除外する制度がある（法423条4項）。

これは、監査等委員会が事前に承認することにより、取締役が利益相反取引を行う場合の任務懈怠を推定する規定（法423条3項）の適用を除外するものである。
　これによって、利益相反取引について、任務懈怠の推定という制約を受けずに取締役が迅速な業務執行を行うことが可能になるといえよう。同制度は、監査役会はもちろん、指名委員会等設置会社においても導入されていない監査等委員会の独自の権限であり、監査等委員会制度導入のメリットである。

III　監査等委員会設置会社の評価

1　新しいガバナンスのしくみ

(1)　指名委員会等設置会社の利用状況
　監査等委員会設置会社は、2014年（平成26年）の法改正によって、新しいガバナンスのしくみとして提案されるに至っている。
　2002年（平成14年）に導入された指名委員会等設置会社は、米国におけるガバナンスのしくみが大幅に取り入れられた制度であったが、2013年（平成25年）においても、全上場会社中わずか57社に採用されているにすぎない[8]。現状では、指名委員会等設置会社制度は、その目論見どおりに利用されるに至らなかったと評するほかはない。

(2)　ガバナンスのしくみと変化する時代
　コーポレート・ガバナンス、すなわち「株主が経営者を監視・監督するしくみ」の構築が株式会社制度における宿命的命題であることはすでに述べたところである。ガバナンスが時代に対応して発展してきた歴史が示すように、経営者と株主との関係のあり方に一義的な正解があるわけではなく、その時代や、社会的な環境の変化に応じて最適なガバナンスのしくみを模索することが求められているといえるだろう。
　2014年（平成26年）の改正法が提案する監査等委員会設置会社の評価を行う

8　日本取締役協会「委員会設置会社リスト（上場企業）」（2013年11月27日）を参照した。

にあたり、指名委員会等設置会社の利用がなぜ進まなかったのか、監査等委員会設置会社の利用は進むのかという論点について、日本弁護士連合会（以下、「日弁連」という）および経済団体連合会（以下、「経団連」という）のパブリックコメントを検討してみたい。

2　指名委員会等設置会社制定時のパブリックコメント

(1)　日弁連と経団連のパブリックコメントの概要

日弁連は、指名委員会等設置会社の導入について、肯定的な意見を示していた。

その要旨は、社外取締役を中心に構成される各種委員会を設置して取締役会の監督機能を強化し、執行役に業務執行を決定させることで業務の効率性を高めるとの導入理由は相当である、というものである[9]。

これに対し、企業側の代表といえる経団連は、指名・報酬・監査の三委員会および執行役を一体の制度として導入しなければならない点が機関設計として硬直的にすぎるとの意見を出しており、企業が部分的な選択（代表取締役制度と執行役制度の選択、監査役制度と監査委員会の選択等）ができるように改めるべきではないかとの意見を表明していた[10]。

(2)　企業と社会・経済環境

両団体のパブリックコメントをみる限り、指名委員会等設置会社制度がモニタリングシステムとしてすぐれた面を有していることに争いはないようである。

叩き上げの従業員が取締役となり、取締役会を中心に業務執行を行うことが通常であった日本企業にとって、委員会に過半数の社外取締役を選任しなければならない制度は、いかにすぐれたガバナンスを実現するとはいえ、今までの経営のしくみ（つまり人事を含むさまざまな実務慣行）を大幅に変更してしまうことになってしまうため、多くの企業が採用に躊躇を覚えたのか、制度の導入

---

[9]　日本弁護士連合会「商法等の一部を改正する法律案要綱案に対する意見」（2001年12月19日）〈http://www.nichibenren.or.jp/activity/document/opinion/year/2001/2001_32.html〉。

[10]　(社)経済団体連合会「会社機関の見直しに関する考え方」（2001年4月27日）〈http://www.keidanren.or.jp/japanese/policy/2001/020.html〉に基づく。

は進まなかった。つまり、2002年(平成14年)時点では、日本のガバナンス風土は、指名委員会等設置会社を受け入れる土壌がまだ整っていなかったというべきである。

3 監査等委員会設置会社に対するパブリックコメント

(1) 日弁連と経団連のパブリックコメントの概要

では、2014年(平成26年)の改正点である監査等委員会設置会社については、両団体はどのように評価しているだろうか。[11]

日弁連は、同制度について、監査等委員の独立性が十分ではなく、「執行と監督の分離」が確保されていないため、ガバナンスの実効性に疑問があるとしている。[12] 三委員会および執行役を備えた指名委員会等設置会社制度に賛成していた日弁連の立場からすれば、2014年(平成26年)の改正には消極的にならざるを得ないところであろう。

一方で、経団連は、監査役会設置会社・指名委員会等設置会社制度に加えて監査等委員会設置会社が導入されることにより、柔軟なガバナンス体制の構築につながるとして肯定的に評価している。[13]

(2) 企業の社会・経済環境

2002年(平成14年)に指名委員会等設置会社制度が導入された時と異なり、現在では社外取締役の選任を歓迎する世論が高まっている。東京証券取引所一部上場企業においては、2014年(平成26年)6月時点で、すでに社外取締役を選任済みの会社が74％にもなっていることがその証左でもある。[14]

2014年(平成26年)の会社法改正により、社外取締役の選任を義務づけるま

---

11 会社法改正の要綱案では「監査・監督委員会設置会社制度」との名称であったが、法律案では「監査等委員会設置会社制度」に名称が改められている。本稿では、監査等委員会設置会社との表記に統一する。
12 日本弁護士連合会「会社法制の見直しに関する中間試案に対する意見」(2012年1月18日) 〈http://www.nichibenren.or.jp/library/ja/opinion/report/data/2012/opinion_120118.pdf〉。
13 (社)日本経済団体連合会『「会社法制の見直しに関する中間試案」に対する意見」(2012年1月24日) 〈https://www.keidanren.or.jp/japanese/policy/2012/007.pdf〉。ただし、監査・監督委員に占める社外取締役の割合は半数以上とすべきであるとの修正意見を出している。
14 株式会社東京証券取引所「東証上場会社における社外取締役の選任状況＜速報＞」(平成26年6月17日) 〈http://www.tse.or.jp/news/09/b7gje6000004n58m-att/b7gje6000004n5bv.pdf〉。

でには至らなかったものの、上場会社かつ大会社である企業が社外取締役をおかない場合には、「社外取締役を置くことが相当でない理由」を説明しなければならなくなったとの点については注目に値する（法327条の2）。

また、東京証券取引所でも、上場規程によって社外取締役をおくことを「努力義務」としたことにも注意しなければならないところである。つまり、これらの事実から判断できることは、もはや社外取締役を選任するべきか否か、という議論は終わりを迎えつつあるということである。今後は、社外取締役の導入が当たり前になることを前提に、社外取締役を活かすガバナンス制度はどうあるべきかが問われる時代になったというべきである。

4　監査等委員会設置会社への移行は進むか

はたして、監査等委員会設置会社は利用されるであろうか。特に、監査役会設置会社から監査等委員会設置会社への移行が進むかが注目を集めているので、以下に検討したい。

(1)　監査役会設置会社との親和性

導入に反対する日弁連の意見は、旧法下の委員会設置会社と比較した場合に、2014年（平成26年）の改正では指名・報酬委員会を欠いていること、また、「執行と監督の分離」が不徹底であることを問題視している。

しかし、今回の改正に反対する日弁連が望ましいとしていた指名委員会等設置会社が、現実には利用されていないのに等しい事実に立脚する限り、日弁連の意見は理想論でしかないといわざるを得まい。

現在、ほとんど多くの上場会社は監査役会設置会社を採用して、2002年（平成14年）の委員会設置会社の採用を見送っていることに鑑みれば、取締役会を大胆に変更して、その重要な機能をモニタリングの1点に絞り込み、業務執行のほとんどを執行役に委ねてしまうという指名委員会等設置会社に移行することに躊躇を覚えてしまうのも無理からぬところであろう。

したがって、いかにすぐれたガバナンスのための制度とはいえ、企業側にとって、慣れ親しんだ監査役会設置会社との親和性をいかに図るかということは誠に重大な点であるといえるだろう。

監査等委員会設置会社においては、監査役会がおかれない代わりに、取締役

会の内部に監査等委員会が設置されることになるが、業務執行の意思決定の中心は変わらずに取締役会に残されている。[15] この点を指して、監査等委員会設置会社は、監査役会設置会社と指名委員会等設置会社の中間的な制度であるといわれるところでもある。

中間的な制度であるということは、一面ではモニタリングのしくみとして不徹底であるとの評価につながるかもしれない。しかし、他方の見方に立てば、監査役会設置会社制度との親和性が高いともいい得るであろう。

かかる視点からすると、監査役会設置会社から監査等委員会設置会社へ移行する場合には、負担を相対的に小さくしながらガバナンス機能を高めるという選択ができるようになるから、制度選択として柔軟性があると評価することもできるのではあるまいか。

(2) 社外役員数の削減効果

上記に加えて、監査等委員会設置会社への移行には、社外役員の員数を抑えることができるという積極的なメリットも認められる。

社外取締役をおくことが義務づけられるには至らなかったものの、前述のとおり、東京証券取引所が要請するところの努力義務があるため、今後は社外取締役を選任しないとの選択を継続することは難しくなったとみなければならない。

したがって、監査役会設置会社では、社外監査役を最低2名おかなければならないのに加えて社外取締役を最低1名おくこととなるとすれば、社外役員の数としては最低3名が必要となってしまう。これに対し、監査等委員会設置会社に移行すれば、社外役員については社外取締役を2名選任すれば足りることになるのである。

社外取締役の選任義務化に反対する論拠の一つが、社外役員にふさわしい識者の確保が容易ではないことにあった点を考えれば、社外役員数を最小限に抑えつつ、監査役会設置会社と親和性のある監査等委員会設置会社に移行して、ガバナンス体制を刷新していくという選択は、多くの上場会社にとって受け入

---

15 取締役の過半数が社外取締役である場合または定款で定めた場合には、代表取締役等に広い範囲にわたり重要な業務執行の決定を委任することも可能である。

(3) その他の監査等委員会設置会社へ移行するメリット

そのほかにも、監査等委員会設置会社には、代表取締役等へ重要な業務執行の決定を委任する制度（法399条の13第5項・6項）や、利益相反取引に関する取締役の任務懈怠推定の適用除外の制度（法423条4項）といった、監査役会設置会社にない制度が導入されている。これらの点は、企業側の現実的なニーズに応えるものであって、監査等委員会設置会社への移行を側面から促す要因となるかもしれない。

以上のとおり、今日の状況としては社外取締役を選任せざるを得なくなっていることを踏まえると、監査等委員会設置会社は、従来の監査役会設置会社と親和性をも備えることから、現時点における社会状況に適応したものであるといえる。つまり、監査等委員会設置会社は、指名委員会等設置会社が利用されなかった理由を鑑みると、現在の日本の企業を取り囲む環境により配慮されたしくみとなっているといえるから、監査役会設置会社からの新制度の移行には、相応の期待がもてるだろう。

Ⅳ 監査等委員会制度の実務上の問題

前記Ⅲにおいて、監査役会設置会社と監査等委員会設置会社との間には一定の親和性があるから、その移行には期待がもてると述べた。

しかし、一定の親和性があるといっても、両制度の間にはやはり大きな差異があるのであって、監査等委員会制度を導入することによって、監査役会設置会社制度の下で形成されていた企業の実務や慣行に多くの変化を生じさせることになることは間違いない。

そこで、監査役会設置会社から監査等委員会設置会社に移行するとした場合に想定される実務上の重要なポイントについて、以下に検討したい。

1 監査役ポストが消滅する

(1) 監査役ポスト就任者の前職

監査等委員会の導入については、監査等委員会の権限や地位、その機能と

いった点に議論が集約しがちであるが、それ以前に、監査等委員会に移行することは、長年にわたって慣れ親しんできた「監査役」という機関がなくなることを意味するから、監査役のポストが消滅することによる実務上の影響に着目する必要があるだろう。

社内監査役の前職をまとめたものがある（〈図表2〉参照）。

〈図表2〉 監査役の過去の職歴[16]

	2013年調査	
	人数	比率
会長・副会長	18	0.5
社長	54	1.6
副社長	48	1.5
専務・常務	519	15.8
取締役	617	18.8
執行役（員）	505	15.4
相談役・顧問・嘱託	109	3.3
監査関係部長等	317	9.7
監査関係以外の部長等	777	23.7
その他	315	9.6
合計	3,279	100.0

（①：会長・副会長～取締役、②：執行役（員）・相談役・顧問・嘱託、③：監査関係部長等・監査関係以外の部長等）

〈図表2〉は、社内監査役については、会長をはじめとして社長や専務、取締役を務めた後に監査役になる例が全体の3分の1強（①）、顧問や執行役員から監査役となる例がその半分程度（②）、部長職級の従業員が監査役になる例が全体の3分の1程度である（③）ことを示している。

---

16 公益社団法人日本監査役協会「役員等の構成の変化などに関する第14回インターネット・アンケート集計結果（監査役設置会社版）」（平成26年1月10日）13頁表を、本稿にあわせ再構成した。

(2) 監査役ポストが消滅することの影響

(ア) 監査役と監査等委員である取締役の差異

　監査等委員会を導入した場合、監査役ポストは消滅することになるが、では、今まで社内監査役を輩出してきた①、②、③の者の今後の行き先はどうなるのだろうか。

　もちろん、監査等委員会導入にあわせ、今まで社内監査役となっていた者をそのまま監査等委員の取締役に選任する、つまり、これらの人材を今までと同様に①、②、③から選任する、との対応はあり得るところである。

　しかし、後述するように、独任制の監査機関として、取締役会の外側から取締役会を監査する監査役と、取締役会の内部の委員会と位置づけられ、取締役会の一員として議決権を有する監査等委員では、同じ監査機関とはいえ、立ち位置や権限が大きく異なる。つまり、候補者に求められる能力・経歴が大きく異なることが十分に想定されうるのである。したがって、今までの監査役候補者をそのまま監査等委員としての取締役として選任するかどうかは、十分な検討が必要となるであろうから、単純にその立場をスライドすれば足りるというわけにはいかないだろう。

(イ) 監査役候補者の処遇

　ところで、〈図表2〉の①および②のような者を監査等委員としての取締役に選任することには違和感が少なく、したがって移行もスムーズに進むだろうと思われる。

　しかし、③の部長職級の従業員を監査等委員としての取締役にする場合については、その経歴と能力を吟味する必要が出てくるであろうから、管理職の人事政策やローテーション全体にわたる影響が予想される。

　すなわち、今まで監査役にふさわしいとされた部長職級の人材が、そのまま監査等委員としての取締役に適任とは限らない場合があり得るから、監査等委員会設置会社に移行した場合には、一部の部長級職の行き先であった監査役ポストがなくなることにより、これらの立場の者をどう処遇すべきかという問題が生じる可能性がある。

　従来の日本の人事制度において、従業員は、各部門の部長職を経て、最終的に役員になることが昇進の基本的な道筋であった。この場合の役員とは、取締

役または監査役であるが、監査役というポストが消滅した場合に、そのままスライドして監査等委員の候補者としてよいかは問題であるから、行き場のない部長職が増えるといったような、人事の根幹に影響が出る危険性なしとしないのである。

従来であれば監査役に転出するべき人物が、そのまま部長職にとどまるとすれば、人事上の停滞が生じてしまい、部長の下の管理職の昇進に影響を与えるおそれが出てくる。かといって、そのような人物に対し、おいそれと与えられる代替ポストもなかなかみつからないだろう。

このように、監査等委員会設置会社制度に移行することは、実はポストをめぐる上級管理職全体の処遇問題を引き起こす可能性がある。その導入に際しては、管理職の人事政策への影響を踏まえ、その対応を検討しておかなければならないだろう。

2　監査役・監査役会と監査等委員・同委員会の違い

次に、監査役と監査等委員の具体的な権限の違いから、ガバナンス上いかなる変化が起こりうるかを検討したい。

(1) 取締役会の外側にいるのか、内側にいるのか

(ア) 「外側」にいる監査役会

監査役は独任制の機関であり、取締役会から独立した立場で監査役自らが個別に業務監査を行うことが基本である。他方、内部監査部門は、担当取締役の指揮命令系統の下でその職務を遂行している。したがって、監査役会は内部監査部門に対する直接の指揮命令権限を有してはいないのである。

このように、監査役・監査役会は、取締役会や会社の内部部門からいわば隔離されていて、外側からこれらを監督する建前となっている。このことは、監査役は取締役会や会社の内部部門から独立して監査を行えるというメリットを有する反面、取締役会や会社の内部部門からの距離が離れすぎていて、取締役会等に働きかける手段が限られるという側面もあった。

(イ) 「内側」にある監査等委員会

これに対し、監査等委員会は、取締役会そのものの内部の委員会であるから、いうまでもなく、監査等委員は取締役の地位にある。このため、監査等委

員は、監査等委員であっても取締役であるから、取締役として取締役会の決議にも参画することになる。

監査役も取締役会に出席し、必要があれば意見を述べることはできるが、その権能は、原則として単に意見を述べることにとどまるから、取締役会の一員として議決権を有する監査等委員との間には立場と権限に大きな違いがある。

監査役会は取締役会の外側にあって、監査役には取締役会で意見を述べる「権限」が認められ、例外的に監査報告に留保意見をつけたり、取締役の業務執行を差し止める権限が認められてはいるものの、現実にはその実例をみることは極めて少ない。

これに対し、監査等委員は取締役でもあるから、議案についての判断のために必要であれば、業務執行の違法・適法だけでなく、その当・不当についても意見を述べることができる。取締役会としても、決議の成立を確実なものにするためには、監査等委員たる取締役の同意をあらかじめ得ておくことが必要となるだろう。

仮に、監査等委員が反対の意見を示したとしても、取締役の過半数の賛成が得られるならば議決を強行することもあり得ないではないが、現実には、取締役会を監査する立場の取締役が反対したままの状態で決議を断行すると、多くの困難を伴うことになり得る。このため、監査役会制度と比べると、監査等委員が取締役会で意見陳述する機会がより増加することと予想され、またその意見は単なる「参考意見」にとどまらず、取締役会における議論の最大の論点にもなり得ることも想定される。

今後の監査等委員会制度の導入は、取締役会の業務執行を外部から監査役がモニターするとの監査方法から、取締役会の内部において議論を尽くしたうえで判断を形成する方法を導くものであるから、より充実したガバナンスの実現に資することになると思料される。

(2) 役員の指名・報酬に対する意見陳述権の影響力

監査等委員会には、監査等委員以外の取締役の指名・報酬について株主総会で意見を述べる権限が付与されている。

監査役会設置会社制度の下においては、監査役は、監査役の報酬や選解任について株主総会において意見を述べる権限を付与されていたものの、その他の

取締役の報酬・選解任についてまでの意見陳述権は認められていなかった。

　監査役会制度においては、自らの報酬・選解任について不利益な議案が取締役会から提出された場合に限って、意見を陳述することができるという、いわば「防御的」な権限にとどまっていたわけであるが、監査等委員会制度の下では、かかる限定はなく、他の取締役の報酬や選任と解任についても意見を陳述することができるようになったのである。

　株主総会において、監査等委員から「〇〇取締役は、監査等委員会の求める監査活動に非協力的であり、再任は望ましくない」等の意見が陳述されるとしたら、そのインパクトは極めて大きいものになるであろう。メディアによって取り上げられ、株主から多数のクレームが寄せられることになるのであろうから、当該取締役がその地位を全うすることは困難になるであろう。

　すなわち、取締役が監査委員に協力しない場合には、「これ以上協力を拒むのであれば、次回株主総会において意見表明を行う」と告知することによって、監査等委員会は取締役に対する事実上の強い監督力・強制力を行使することができるようになるのである。

　この取締役の報酬並びに選任や解任に対する意見陳述権は、監査等委員会の重要な権限であり、監査役には認められていない権限なのである。

3　社会環境の変化と「取締役会の意識改革」

　最後に、コーポレート・ガバナンスをめぐる社会環境の変化について言及して本稿を終えたい。

(1)　日本の企業ガバナンスをめぐる状況

(ア)　社外取締役選任の事実上の義務づけ

　社外取締役の選任について事実上の義務づけに向かう世論に抗うことの困難性は加速度的に増しているといえるだろう。

　現に、社外取締役を選任する東京証券取引所上場会社（第1部）の比率は、7割を超えた74.2％に達しており[17]、さらに、報道によれば、すでに社外取締役を選任した、または社外取締役の選任を計画している企業の割合は、88％にも

17　株式会社東京証券取引所・前掲（注14）参照。

[5] 監査等委員会設置会社制度

及ぶとされている。[18]

　もはや、社外取締役を選任するか否かの議論の余地はなくなっており、議論の段階は、どうやって自社に適切な社外取締役候補者を確保するか、社外取締役を活かしたガバナンス体制をいかに構築し運用するかとの点に移りつつあるというべきである。

　(イ)　「オール・アクティヴィスト」の時代

　東京証券取引所の外国法人等の株式保有比率は、前年度比2.8ポイント上昇して30.8％となり、過去最高であった2013年度（平成25年度）をさらに上回る結果となった。[19]加えて、カルパースその他の海外投資機関は、一部上場企業に対し、社外取締役を増員するよう求める書簡を連名で送付する等積極的に活動しており、その圧力を強めつつある。[20]

　また、2014年（平成26年）2月26日付けで金融庁は「日本版スチュアードシップ・コード」を公表しており、今後は日本の機関投資家も、投資先企業に対して意見表明を積極的に行うようになると予想される。加えて、2014年（平成26年）5月に自由民主党の日本経済再生本部が公表した「日本再生ビジョン」において、上場企業のコーポレート・ガバナンスコード（企業統治の規範）づくりが提言され、すでに策定に向けた議論も始まっている。また、これらのコードは、会社法の「ハード・ロー」と対比してソフト・ローといわれるようになっている。

　時代は、企業に対して、会社法というハード・ローの改正を求めることにとどまらず、スチュアードシップ・コードとコーポレート・ガバナンスコードの二つの「ソフト・ロー」をコーポレート・ガバナンスの車の両輪として求めるようになっているというべきである。今後は、コーポレート・ガバナンスへの取組みとその意見表明を求める流れは急速に進みつつある。

　すでに、従来は「もの言わぬ株主」の代表でもあった生命保険会社が、ス

18　日経産業新聞2014年6月23日第3面。
19　株式会社東京証券取引所ほか「平成25年度株式分布状況調査の調査結果について」（平成26年6月19日）〈http://www.tse.or.jp/market/data/examination/distribute/b7gje6000000508d-att/bunpu2013_2.pdf〉。
20　日本経済新聞2014年6月5日朝刊第2面。

チュアードシップ・コードの制定を受け、議決権行使の基準を定めたり、議案に対する賛否数を公表したりする等して、投資先に対する意見表明の動きを強めているとの報道もなされている。

かつては、海外機関投資家が、「もの言う株主」「アクティヴィスト」として、警戒すべき特殊な株主として指摘されていたが、このような社会状況を踏まえれば、もはや会社に対して意見表明を行い、経営について説明を求める株主は、何ら特別な存在ではなくなったといってよいだろう。その意味で、今や「オール・アクティヴィスト」の時代に突入したともいうべきである

(2) 求められるのは「取締役の意識改革」

㋐ 株主との対話を避けることはできない

監査等委員会は、監査役会との親和性があるとはいえ、その導入に際しては、監査役会設置会社の下で慣れ親しんできた実務慣行に変化を与えるだろう。

このような変化を厭い、従来どおりのガバナンス体制を堅持するとの対応も可能ではある。

しかし、現在の企業を取り巻く環境は、あらゆる面で変化を拒んだまま乗り切れるほど甘いものではない。大多数の安定的な静かな株主と少数の「総会屋」に対応していた時代から、現在では、多数の個人株主・内外の機関投資家を含む「オール・アクティヴィスト」に対して適切に説明を行うことが必然になる時代に変化したと何人も認めざるを得ないだろう。

また、取締役会を監視する社外取締役の選任も不可避な情勢になっているというべきであるから、今、取締役はすべての株主から常に監視・監督され、常に説明が求められる立場にあるといっても過言ではない。

今次の会社法改正では、社外取締役を選任しない場合には、株主総会において社外取締役を選任しない理由の説明を義務づけ、さらに社外役員要件を厳格化するとともに、監査等委員会制度の創設といった、ガバナンスに関する多数の改正を行った。これらの改正は、いずれも会社内部の「内輪向け」の考え方を改め、会社の外側、特に株主に向けて開かれた経営を行うよう促すものである。

その意味で、株主と意を尽くして対話をすることが must になったというこ

とができ、いわば「株主との対話を回避できない時代」が訪れたといえる。

いつの世も時代は変わっていくのであって、従来のやり方を墨守し続けたり、変化に対応することを躊躇したりすることはマーケットが許さないだろう。新しいしくみや制度を積極的に活用し、株主から信認を勝ち得ていくことが、市場と時代の変化を先取りすることにつながるといえるのである。

(イ) 社外取締役を活かす

(A) 社外取締役を活用することは不可欠である

著名な大企業の数社において会社のトップたる代表取締役を社外から迎える人事がなされたとの報道もある[21]。このような人事は欧米では日常茶飯事であったが、どうやらわが国においても当たり前になったのかもしれない。このように経営トップが社外から招かれる状況になれば、終身雇用制に基づいた考え方は全く成り立たなくなってくるから、取締役の社外性など矮小化された議論でしかなくなってくるといえる。

2014年（平成26年）会社法改正に伴う監査等委員会制度の創設により、ガバナンスの充実のための有力な選択肢が増えたのであるから、社外取締役を活用することを真剣に考えないとオール・アクティヴィスト対応を構築することはできなくなったと気づくべきである。

(B) 社外取締役の選任の効果

これに対し、社外取締役を選任することは不要ではないか、と考える向きはいまだに根強い。社外取締役が選任されたにもかかわらず、業績が低迷し続けている企業や、不祥事の発生を根絶できない企業があるためか、社外取締役を選任したとしても、業績の向上につながるわけではないし、企業不祥事を防止できるわけでもない、というのがその論拠である。

例をあげれば、2002年（平成14年）に委員会設置会社制度（現行会社法では、指名委員会等設置会社制度）が導入された際に、東芝・ソニーといった著名な会社が同制度を採用し、それに伴い社外取締役を多数選任したことがある。これに追随した会社もあったが、その中には十分な業績をあげているとはいいがた

---

[21] 日本経済新聞2014年6月24日朝刊第1面参照。株式会社サントリーホールディングスの代表取締役として社外取締役が招かれることとなったと報道されている。

い会社もある。また、過日粉飾会計が発覚したオリンパスにおいても、社外取締役が十分なチェック機能を果たしていなかったと指摘されているところでもある。

　社外取締役を選任しさえすれば、業績も改善し、企業不祥事も未然に防ぐことができるというほど、ことは簡単な問題ではないのである。

　企業としてとるべき選択は、社外取締役の効果の有無をうんぬんすることより、リスクの発生を最小化することを優先しなければならないのである。そのために、社外取締役の知識や経験を活かすガバナンス体制をどのようにして構築するか、もって業績向上にいかに資するか、また不祥事発生のリスクをいかに最小化するかを検討することがあるべき姿なのである。

(C)　社外取締役を活用するには

　今までは、社外取締役の選任が必ずしも一般的でなかったため、社外取締役を「活かす」ための社内体制が確立されず、社外取締役が意見を述べたり、取締役会の議論に参加したりするための環境が十分に整備されていなかった傾向があるように思われる。

　たとえば、日本経済新聞のある記事において、ソニーにおける社外取締役の待遇について紹介されているが、取締役会の直前まで資料が送られず、また、何か発言しても「それは技術を知らない人の見当はずれな意見」と冷たい対応をされ、社外取締役としての自分の役割を見失ってしまったとの経験が述べられている。[22]

　この社外取締役の体験談は、決して同社のみに特異なものではないと思い当たる人が少なからずいるのではないだろうか。日本の会社は、社外取締役と協働することに、まだまだ不慣れなのかもしれない。

　社外取締役を選任することが不可避な情勢である現在、選任した社外取締役を活かすために、その活動環境を改善していくことが次の課題となるだろう。具体的には、以下の取組みが必要ではないかと思われる。

①　事前説明の機会と、対応スタッフの確保

　業務執行に直接関与しない社外取締役には、議題や議案の事前情報が相

22　「ソニーの社外取締役制度は機能しているのか」日本経済新聞（電子版）2014年6月17日。

対的に不足しがちである。十分な事前準備のためには、会議資料が1週間前（遅くとも2日前）までに送付されることが望ましく、また、専属スタッフによる説明の機会を設けたり、社外取締役の質問に対して必要な事実調査を速やかに行ったりできる体制を確保することも必要であろう。

② 意見陳述機会の確保

取締役会の議長は、議事進行に際し、社外取締役の意見陳述の機会を十分確保できるよう、留意することが必要である。議論の最中に適宜意見を求めることはもちろん、議案の内容いかんによっては、採決の前には、必ず社外取締役に意見の有無を求めることを習慣化し、社外取締役の知見を議論に役立てるよう心を砕くことが求められる。

③ 社内組織への参画機会

一定規模以上の企業には、コーポレート・ガバナンスに関係する機能を担うコンプライアンス、リスク管理、CSR、ダイバーシティ等に関する社内委員会等にオブザーバーまたは議長等として、社外取締役を迎え入れる例がある。これら委員会活動に社外取締役が参加することは、会社の内容をより理解することに資するから、ガバナンスの更なる向上のための一つの方法として検討されてよい。

(ウ) 新制度と自己変革

社外取締役を選任することが不可避となり、「オール・アクティヴィストの時代」が到来していることを踏まえれば、自社のガバナンスのあり方を、株主本位の目線でとらえ直すことも不可避であろう。

そのための唯一の方法が監査等委員会設置会社制度への移行であるとまではいわない。しかし、変化を嫌って安易に従前の制度・慣行を維持していくことはもはや許されないと知るべきであろう。自社のガバナンス体制を徹底的に「株主目線」で見直し、実務慣行の棚卸し作業を行ったうえで、自社にふさわしい制度を選択する必要がある。

会社法が改正されるたびに、改正点を形式的に導入しても、時代にあわせて変化していこうという経営陣の意識改革がなされなければ、新しい制度や取組みも画餅に帰してしまうという議論は、今までも再三にわたって繰り返されてきた。

ガバナンスの面ですぐれたしくみをもつ指名委員会等設置会社制度の利用が、必ずしも業績の改善につながらなかった理由は何だったのか。不祥事の発生を何ゆえに防止できなかったのか。社外取締役の知見を活かす体制が十分に整備されていなかったのはどうしてだったのか。過去の社外取締役の採用方針や運用面の見直しを徹底して行うことが不可避である。

　これなくしては株主に合理的な説明ができないだろうし、これを徹底すれば監査等委員会制度の利用を含むガバナンス改革の具体的な取組みがみえてくるはずである。

　会社においては、その会社にふさわしいガバナンスのしくみがあってもよいが、願わくば時代を先取りする見識をもってことに処することを期待して本稿を終えることとする。

⑥ 親子会社関係と親会社取締役の責務

弁護士 村中 徹

Ⅰ はじめに

平成26年改正会社法（以下、「改正法」という）は、企業統治のあり方の検討に加えて「親子会社に関する規律等を見直す」ことを改正の骨子としており[1]、親子会社関係にある親会社および子会社に関連して、親会社の株主や子会社の少数株主の保護のための規律、グループ・ガバナンスの強化のための規律を導入している。

親子会社関係に関する会社法の規律は、親子会社関係の形成・解消過程に適用される規律、親子会社関係の継続過程に適用される規律、に分類することが可能である。また、前者の親子会社関係の形成の過程については、完全親子会社関係の形成に関する特別の規律が設けられている。

本稿では、①改正前法における親子会社関係にまつわる規律を概観し、そのうえで、②親子会社関係の形成過程に関連する改正項目[2]、③完全親子会社関係の形成過程に関連する改正項目、④親子会社関係の継続過程に関連する改正項

---

1 平成22年2月24日開催法制審議会第162回会議・諮問第91号。
2 改正前法における親子会社関係の組成の手法としては、議決権の過半数超の株式の譲受け、募集株式の引受けによる議決権の過半数超の株式の取得、組織再編（会社分割、株式交換、株式移転）の活用、子会社等を主体とする事業譲受けの活用等の手法によって実現可能である。また、親子会社関係の解消は、支配株主の株式の譲渡、募集株式の第三者への割当て、組織再編の活用、第三者に対する子会社の事業譲渡等によって可能である。なお、現行法における完全親子会社関係の形成の手法としては、後述のとおり、全部取得条項付株式の活用、株式併合、組織再編等の活用等が考えられる。

目のそれぞれについて、主要な改正点の概要を紹介するとともに、親子会社関係における親会社取締役の責務を検討し、実務上の課題や留意点等を検討する。

II 改正前法における親子会社関係についての規律

　改正前法は、親会社、子会社の定義を設けているものの、親子会社関係にある会社について、親会社が子会社に対してどのような関係性をもつべきかについて、直接的な規律を設けていない。会社法は、単体の法人格を基礎に規律を設けており、現に親子会社の関係が継続している過程に関する規律としては、子会社が親会社株式を保有することを原則として禁止するほか、開示および監査にまつわる規律を部分的に設けているにとどまる。

　親子会社間で取締役を兼務する者が存在する場合には、兼務会社間での取引について、自己取引・利益相反取引の承認の規制（会356条1項2号、365条1項）が及びうるが、かかる規制についても、取引そのものを禁止する効果をも

3　親会社・子会社の概念（会2条3号・4号、会施規3条・4条）について、改正法は「親会社等」（改正法2条4号の2、改正会施規3条の2第2項）、「子会社等」（改正法2条3号の2、改正会施規3条の2第1項）の定義を新たに設けている。

4　親子会社関係に関連して、社外取締役・社外監査役について親会社関係者は欠格事由として定められており（会2条15号・16号）、他の会社の公開子会社である場合について、親会社・兄弟会社の取締役・監査役兼任者である候補者は、参考書類における開示が求められる（会施規74条3項、76条3項）。このほか、監査役については、子会社取締役・使用人等の兼任が禁止されており（会335条2項）、会計監査人についても、子会社等から監査業務以外の業務について継続的に報酬を受けている者は、その親会社の会計監査人になることができない（同法337条3項）。なお、公開会社の場合の選任時の参考書類における開示（会施規77条7号）、事業報告における開示（同規則126条8号）が義務づけられているが、いずれも資格要件としての規律にとどまる。

5　子会社による親会社株式の保有を原則として禁止するとともに（会135条1項、976条10号）、子会社が保有する親会社株式については議決権を認めていない（同法308条1項、会施規67条、95条5号）。

6　改正前法は、連結計算書類の作成・開示を義務づけ（会444条1項、会計規61条）、例外的に連結配当規制適用会社（会計規2条3項51号）について、分配可能額の算定に際して拘束を及ぼすものの（会461条2項6号、会計規158条4号）、親子会社間の取引については、個別注記表における関連当事者との取引に関する注記（会計規98条1項15号、112条）とこれらに関する附属明細書における表示（同規則117条）などを義務づけるにとどまる。

111

たらすものではない。このほか、親子会社間での取引に関係して、取締役の義務・責任に関する規定の適用が問題になり得るものの、親子会社関係が継続している過程に関連する親会社取締役の責務にかかわる改正前法の規律は、企業集団の業務の適正性を確保するための体制の整備に関する事項の決定（改正前法362条4項6号等、改正前会施規100条1項5号）並びに事業報告における開示（会施規118条2項）など、限定的なものにとどまる。

III 親子会社関係の形成・解消過程に関連する改正項目と実務対応

1 公開会社における支配権の異動を伴う募集株式等の割当て

　改正法は、既存株主の利益を保護する見地から、公開会社が、「支配株主の異動」を伴う株式・新株予約権の発行を行う場合、当該株式等の引受人（以下、「特定引受人」という）の氏名（名称）および住所、引き受ける株式に係る

7　親会社が子会社から不当に利益の獲得をすることを制限するための規律として、株主に対する利益供与の禁止規定（改正前法120条1項、970条）の適用の可能性があるが、あくまで同規定は議決権の行使に関連してなされた場合に規律を及ぼすべきものであり、議決権行使と独立に取引条件が設定されたことを立証することにより、適用についての推定（会120条2項）を覆すことが可能であり、限定された場面を規律するものといわざるを得ない。

8　改正前法では、親子会社間で取締役を兼務する場合に、競業および利益相反取引（会356条）が問題になるほか、子会社少数株主の保護に関連して、子会社取締役の任務懈怠のある場合の損害賠償責任の追及（同法423条1項）、親会社が子会社との取引を通じて子会社の少数株主の犠牲の下に利益を得ることについては、株主の権利行使に関する利益供与に係る規制（同法120条）の適用が問題となり得る。

9　その余の親会社の子会社に対する監督・調査に関する規律としては、監査役・会計監査人の子会社調査権（会381条3項、389条5項、396条3項）が認められているほか、親会社株主による子会社の書類等の閲覧・謄写（たとえば、子会社の取締役会議事録について会社法371条5項）があげられる。また、事業報告における「財務及び事業の方針の決定を支配する者の在り方に関する基本方針」の記載（会施規118条3号）は、グループ経営の指針や買収防衛策等を内容とする例が多いが、これらも親会社による子会社に対する監督にかかわる基本方針等についての規律であるともいえる。

10　会社法上の規律ではないものの、財務報告に関する内部統制報告書の提出義務（金商24条の4の4）は、財務報告に関する企業集団における内部統制の整備を事実上義務づける制度であり、かかる規律の遵守によって、親会社が子会社に対する統制を及ぼす側面も認められる。

11　募集株式の割当て等を行う結果、募集株式の引受人が総株主の議決権の過半数を有することとなる場合をいう（改正法206条の2第1項）。

議決権数等について、株主への通知または公告を要するものとする（改正法206条の2第1項・2項）。

通知または公告の日から2週間以内に総株主の議決権の10％以上（これを下回る割合を定款で定めた場合にはその割合）の議決権を有する株主からの反対の通知があった場合には、原則として株主総会の普通決議を要するものとし（改正法206条の2第4項）、例外的に、「公開会社の財産の状況が著しく悪化している場合」において「当該公開会社の事業の継続のため緊急の必要があるとき」には、株主総会の決議を不要とする（同項ただし書）。

上記の改正に伴い、公開会社では、支配権の異動を伴う募集株式の割当てに際して、株主総会の決議を経ないこととする場合には、主要な株主等の了解を取り付けることが必要になるが、総会決議を不要とする場合の要件は不明確であり、実務的には、慎重な判断が求められる。

また、株主総会の承認決議を欠く募集株式の発行の効力については、平成26年の会社法改正が、支配権の所在という既存株主の持ち株比率に対する保護を重視していることに鑑みて、単なる新株発行手続の瑕疵にとどまらず、新株発行の無効原因であると解釈する余地もあり得よう。

なお、新株予約権の株主に対する無償割当てに関する割当通知については、従来、新株予約権の行使期間の初日の2週間前までに、株主およびその登録株式質権者に対して通知すべきところ（改正前法279条2項）、改正法は、新株予約権の無償割当ての効力発生日後遅滞なく通知すればよいとしている（改正法279条2項）。これにより、株主への割当てによるいわゆるライツオファリングの手法による資金調達は、期間を短縮して実施する余地が生まれ、スケジュー

---

12 「公開会社の財産の状況が著しく悪化している場合」において「当該公開会社の事業の継続のため緊急の必要があるとき」を裏付ける事情として、財務状況の疎明資料等を含めて資金調達の必要性を裏付ける事情等を、株主への通知・公告時にあわせて情報提供する等の対応が考えられる。
13 株主の異議が提出される前の段階で、あらかじめ念のために株主総会決議を行うことも、株主の異議が提出されることを停止条件として、株主総会決議を行うことも理屈の上では可能であろう。
14 非公開会社について、株主総会決議を欠く第三者割当ての新株発行は無効原因があるものとされるが（最判平成24・4・24民集66巻6号2908頁）、支配株主の異動を伴う募集株式の発行に際しては、改正法は、既存株主の持ち株比率を保護しようとする趣旨であると考えて、同様に新株発行の無効原因があるものと解釈する余地が生じ得るように思われる。

ル等を検討するについては留意が必要となる。

2　支配権の異動を伴う子会社株式等の譲渡

　改正前法において、親会社が子会社の株式または持分の全部または一部を譲渡する場合、完全子会社の株式の譲渡の場合を含めて、親会社の事業の一部の譲渡には該当しないと解されており、株主総会の決議は不要であるとされる。[15]改正法は、子会社株式の保有を通じた子会社の事業に対する支配を子会社株式の譲渡により失うことは、親会社にとっての事業の一部譲渡と実質的に異ならないことに鑑みて、簡易事業譲渡に該当しない場合（改正法467条1項2号の2イ）、かつ、親会社が子会社株式の譲渡の効力発生日において当該子会社の過半数の議決権を保有していない場合（同号ロ）に、事業譲渡と同様に株主総会の承認を要するものとする。

　子会社株式等の譲渡について、株主総会の承認を要する場合には、事業譲渡と同様に、略式事業譲渡に関する規律（会468条）、反対株主の株式買取請求（同法469条、470条）が適用されるため、これらを踏まえてスケジュールの策定等を行う必要がある。

3　その他

　改正法は、組織再編の差止請求（改正法784条の2第1号、796条の2第1号、805条の2）を設ける。[16・17]組織再編の差止めは、①組織再編等について法令または定款違反があり、②株主が不利益を受けるおそれがある場合に限り許容される。また、略式組織再編については、改正前法と同様に、合併対価等に関する事項が著しく不当であり、株主が不利益を受けるおそれのある場合にも、差止請求が認められる（改正法784条の2第2号、796条の2第2号）。なお、組織再編[18]

15　改正前法の解釈について、江頭憲治郎『株式会社法〔第4版〕』（有斐閣・2011年）885頁。
16　差止請求は、吸収合併、吸収分割または株式交換における消滅株式会社等の株主または新設合併、新設分割または株式移転における消滅株式会社等の株主が行使可能であり、事業譲渡が行われる場合には、差止請求は認められていない。
17　組織再編の場面以外に、全部取得条項付株式の取得の差止請求（改正法171条の3）、株式併合についての差止請求（同法182条の3）も新たに設けられている。これらの場合には、本文中で述べた組織再編の差止請求とは異なり、差止原因は「法令又は定款に違反する場合」に限定されている。

が株主総会の決議によらず、簡易組織再編によることができる場合には、差止請求は認められない（同法784条の2第2号、796条の2第2号）。

改正前法は、略式組織再編の場合に限り、組織再編の対価が不当であることを理由に、差止請求を認めるが（改正前法784条2項2号、796条2項2号）、改正法が認める組織再編一般についての差止請求は、かかる理由による差止めを認めていない。なお、改正法の下では、吸収合併等の組織再編を用いて親子会社関係を形成、解消する場合に、民事保全法23条に基づく仮処分の申立てに際して、組織再編の差止請求権を本案訴訟に係る請求権と位置づけることが可能となる。[19]

IV 完全親子会社関係の形成に関連する改正項目と実務対応

1 特別支配株主による株式等売渡請求

改正法は、株式会社（対象会社）の総株主の議決権の10分の9以上を有する特別支配株主[20]が、他の株主全員に対して、対象会社の株式、新株予約権を譲り渡すよう請求できる制度を創設した（改正法179条1項〜3項）。

株式等売渡請求をしようとする特別支配株主は、対象会社に対して、株式等売渡請求を行う旨とともに、①対価として交付する金銭の額またはその算定方

---

18 改正法784条の2第2号、796条の2第2号は、いずれも改正前の会社法784条2項2号または796条2項2号に規定されていた条項が、それぞれそのまま移設されたものである。

19 民事保全法に基づく保全処分の申立てに際しては、いかなる法律構成に基づいて本案訴訟に係る請求権を主張・立証するかが問題となるが、改正法が、組織再編一般についての差止請求を許容したことにより、差止請求についての本案の請求原因として主張することが可能となる。組織再編の差止請求の仮処分に際して本案についての法律構成を論じるものとして、村田敏一「株式会社の合併比率の著しい不公正について——その抑止策と株主の救済策を中心に——」立命館法学321・322号（2008年）537頁以下を参照。

20 特別支配株主の議決権の保有については、直接保有のみならず特別支配株主完全子法人（改正会社施規33条の4）による間接保有を含む（改正法179条1項カッコ書）。対象会社としては、特別支配株主に対して株式の保有状況についての説明を求めるなど、株式売渡請求をする株主が特別支配株主に該当することをどのように確認するかが実務上の課題となる。この点に関連して、振替株式について社債、株式等の振替に関する法律上の個別株主通知の利用が可能であるかは判然としていない。

法、②売渡株主に対する対価の割当てに関する事項、③新株予約権の売渡請求をあわせて行う場合の所定の事項、④取得日その他の事項を通知して、対象会社の承認を得なければならない（改正法179条の3第1項）。

対象会社は、株式等売渡請求についての通知を受けた場合には、当該請求を承認するか否かについて特別支配株主に対して通知義務を負い（改正法179条の3第4項）、対象会社が株式売渡請求を承認した場合には、取得日の20日前までに、売渡株主等に対して、承認した旨および特別支配株主の氏名等および上記①〜④その他の事項について、通知または公告をしなければならない（同法179条の4第1項・2項）。

対象会社は、売渡請求の適法性（改正法179条の7第1項1号・2号参照）、売渡対価・売渡条件の妥当性（同3号参照）を検討して、売渡株主の利益を害さないように留意して判断することが求められる（改正会施規33条の7第1号ロ）。対象会社の取締役は、対象会社に対する善管注意義務とは別個に、売渡株主の利益の保護のための注意義務を負うことになり、注意義務の加重が生じていると評価することも可能である。

売渡請求を受けた売渡株主は、①株式売渡請求が法令に違反する場合、②売渡対象会社が売渡株主に対する通知義務（改正法179条の4第1項1号）、または

---

[21] 株式等売渡請求においては、新株予約権、新株予約権付社債についてもあわせて売り渡すことができる。この点は全部取得条項付株式の取得、株式併合には認められていない機能であり、少数株主の締出しの手法の選択に際しての考慮事由になり得る。

[22] 対象会社の承認は、取締役会設置会社では取締役会の決議によらなければならない（改正法179条の3第3項）。

[23] かかる通知のうち、特別支配株主に対する通知は、公告をもって代えることができる（改正法179条の4第2項）。ただし、振替株式発行会社では、当該公告が社債、株式等の振替に関する法律において義務づけられているため（改正後の社債、株式等の振替に関する法律161条2項）、かかる会社では、売渡株主に対する通知と公告の双方を行うこととなる。

[24] 株式売渡請求は、特別支配株主と売渡株主間で行われる取引であり、特別支配株主の対価の支払能力があることは売渡株主の保護にとって重要な要素である。対象会社では、特別支配株主の資金の調達方法（改正会施規33条の5第1項1号）についても、預金残高証明書や融資証明書等の確認等を通じた吟味が必要となるが、特別支配株主の支払能力についてどの程度の疎明を求めるべきかの判断は容易ではない。また、対象会社が上場会社である場合は、売渡株式の市場価格に照らして、売渡条件の相当性は比較的容易に判断できるが、非公開会社では、そもそも売渡株式について市場価格が存在せず、売渡条件の評価は極めて困難である。非公開会社では、売渡請求に賛同するかについての判断に際して、この点でも大変難しい判断を強いられる。

事前開示手続（同法179条の5、改正会施規33条の7）に違反した場合、③株式等売渡請求の対価についての定めが対象会社の財産の状況その他の事情に照らして著しく不当である場合、において、売渡株主が不利益を受けるおそれがあるときに、特別支配株主に対して、当該売渡株式の全部の取得をやめることを請求できる（改正法179条の7）。

また、売渡株主は、取得日の20日前から取得日の前日までの間に、売渡株式の買取価格決定について、裁判所に対して申立てが可能であるほか（改正法179条の8）、売渡株式等の取得の無効の訴えを提起することが可能である（同法846条の3）。[25]

2　全部取得条項付種類株式の取得手続に関する見直し

改正前法の下では、子会社について少数株主を締め出して、完全子会社とするためには、全部取得条項付株式（会108条1項7号）を用いることが一般的である。[26]しかし、全部取得条項付種類株式を活用して少数株主を締め出すについては、当該手法が少数株主の締出しを直接の目的として設けられたものではなく、制度の転用であるため、現金を対価とする組織再編を利用する場合に比べて、情報開示の規律が十分でなかった。

改正法は、全部取得条項付種類株式を取得する株式会社（以下、「取得会社」という）について、事前開示（改正法171条の2、改正会施規33条の2）と事後開示（改正法173条の2、改正会施規33条の3）を義務づけたほか、株主に取得価格

---

[25] 売渡株式等の取得の無効の訴えは、売渡株主の保護のための制度であるが、対象会社の取締役も、売渡株主の利益の保護の実現に配慮すべき立場にあるため、提訴権者に含まれている（改正法846条の2第1項）。売渡請求の承認後であっても、対象会社の取締役は無効事由があることを認識した場合、かかる権能の行使を含めて対応を検討すべきこととなる。

[26] 定款変更により、種類株式を発行する旨の定めを設けたうえで、全部取得条項付種類株式の取得に際して新たに発行する種類株式を対価として交付する場合に、株主として残したい者に対しては当該種類株式を1株以上交付し、締出しを図る対象の少数株主に対しては、1株未満の端数が交付されるように割当て比率を設定し、当該少数株主の有する株式をいったん端数株式とした後、端数処理により当該端数株式の売却代金を少数株主に交付することにより、少数株主の締出しを図る手法が実務上活用されている。かかる手法が活用される背景には、現金を対価とする組織再編の手法による締出しは、法人税制上非適格と扱われ、完全子会社となる会社が有する資産の評価益・評価損が益金・損金に算入される問題がある（江頭憲治郎『株式会社法〔第5版〕』（有斐閣・2014年）922頁）。

の決定申立ての機会を与えるために、取得会社は取得対象の株主に対して、取得日の20日前までに、全部取得する旨の通知または公告をしなければならないことを義務づけた（改正法172条2項・3項）。

このほか、取得価格の決定の申立期間に関する規律（改正法172条）、価格決定の申立てをした株主の取扱い（同法173条2項）や取得価格の決定前に取得会社が公正な価格と認める額を株主に対して支払うことができる制度（同法172条5項）、全部取得条項付種類株式の取得の差止請求の制度（同法171条の3）が、それぞれ整備された。今後、全部取得条項付株式の取得により少数株主の締出しを図る場合に、株主に対する情報開示等の規律を遵守して対応することが求められる[27]。

3　株式の併合により端数となる株式の買取請求に関する見直し

改正前法下では、株式併合については、反対株主による株式買取請求権等が認められていない。このため、少数株主の締出しを目的に、少数株主について1株に満たない併合比率を設定して、少数株主の有する株式をいったん端数株式とした後、端数処理により当該端数株式の売却代金を少数株主に交付することにより、少数株主の締出しを図る手法は、実務上、株式併合について株主総会決議の取消しが認められる可能性の高いことが懸念されて[28]、少数株主の締出しの手法としては活用されてこなかった。

改正法は、他のキャッシュ・アウトの手法と同様に、反対株主の買取請求権（改正法182条の4第1項）を付与したほか、事前開示（同法182条の2）、事後開示（同法182条の6）の定めを設けるとともに、株主に対する通知および公告に関する制度を整備した（同法182条の4第3項）[29]。

株式併合については、単元株式数に併合割合（改正法180条2項1号）を乗じ

---

[27] 事後開示事項のうち、裁判所に対する価格決定の申立ての手続の経過についての開示（改正会施規33条の3第3号）は、改正前法下では発行会社と申立株主との間でのみ把握されていた事実関係（申立ての件数、和解成立、決定の事実等）について部分的であるとしても開示が要求される点で、開示内容・範囲について慎重な検討が必要となろう。
[28] 会社法制の見直しに関する中間試案第一部・第三2(1)の補足説明参照。
[29] 株式の併合についての株主総会の議案について、「株式の併合を行う理由」が参考書類の記載事項として定められている（改正会施規85条の3第1号）。

て得た数が整数になる場合には、単元未満株式が生じるにすぎず、買取請求権が認められていない（同法182条の2第1項柱書）。これらの点を含めて、今後は少数株主の締出しについての多様な選択肢の一つとして活用の余地が広がった。

V 親子会社関係の継続過程に適用される改正項目と実務対応

1 多重代表訴訟制度の創設

改正法は、親会社株主の保護を目的として、一定の要件の下で、親会社の株主が訴えにより、その子会社の取締役等の損害賠償責任を追及することを認めた（多重代表訴訟制度。改正法847条の3第7項）。多重代表訴訟制度において追及することができる責任は、株式会社の取締役、監査役、執行役、会計監査人等について、その責任の原因となった事実が生じた日において、当該株式会社（子会社等）の最終完全親会社が有する当該株式会社（子会社等）の株式の帳簿価額が当該最終完全親会社の総資産額の5分の1を超える場合における当該取締役等の責任をいう（改正法847条の3第4項）。

原告適格は、株式会社の最終完全親会社等の総株主の議決権の100分の1以上の議決権または、当該最終完全親会社等の発行済株式の100分の1以上の数の株式を有する株主に認められる（改正法847条の3第1項）。

多重代表訴訟制度は、原告適格、被告適格を限定しており、純粋持株会社等の一部にその適用は限定されるが、適用対象となる会社では、親会社株主が、

---

30 端数買取りの制度の創設に伴い、買取代金の支払い等による資金負担や価格決定に係る時間的・手続的コストの増大になり得ることを考慮して、単元未満株式のみが端数となる場合には、株主に与える影響が小さいため、端数買取りの制度の対象としない趣旨であるとされる（会社法制の見直しに関する中間試案第一部・第三2(1)）。なお、この点は、他の制度に比べて、法律上の買取請求の対象範囲を限定するものであり、買取代金の負担軽減等の観点から制度選択に際しての考慮要素ともなり得るが、実務上は、単元未満株式の買取請求、買増請求の制度を定款変更により設けている例も多いため、かかる定めのない場合に限り意味をもつことになると思われる。

31 最終完全親会社とは、子会社の株式全部を、自らまたは完全子会社等を通じて保有している株式会社であって、その完全親会社等がないものをいう（改正法847条の3第1項本文カッコ書参照）。

子会社における子会社取締役の職務執行についての問題点の有無等について、これまで以上に関心をもつことが想定される。提訴の対象となる子会社役員のD&O保険の見直しの要否を検討すべきであるほか、親会社株主が子会社の会計帳簿や計算書類等を閲覧請求した場合の対応等が課題となる。

2 親会社等との利益相反取引に関する開示等の強化

改正法は、子会社少数株主の保護の観点から、事業報告または附属明細書の記載事項として、子会社の計算書類の個別注記表等に表示された親会社等との利益相反取引（会計規112条1項参照）に関し、①「当該取引をするに当たり当該株式会社の利益を害さないように留意した事項（当該事項がない場合にあっては、その旨）」、②「当該取引が当該株式会社の利益を害さないかどうかについての当該株式会社の取締役（会）の判断およびその理由」、③「社外取締役を置く株式会社において、②の取締役の判断が社外取締役の意見と異なる場合にはその旨」を規定する（改正会施規118条5号、128条3項）。

子会社の利益を害するかどうかの判断については、税務上のいわゆる独立当事者間取引基準によることや、親子会社間の他の事情を加味して判断する立場などが考えられるが、その判断は容易ではない。事業報告への記載の義務づけは、開示規制を定めるものであり、子会社取締役の善管注意義務の内容を必ず

---

[32] 親会社の株主は、子会社における取締役の任務懈怠等の事実を当然には把握できず、親会社から提供を受ける連結計算書類や事業報告の記載を通じて、子会社における不祥事等の事実およびかかる不祥事に関連して、子会社の取締役等の任務懈怠の可能性を覚知し得るにすぎない。親会社株主は、子会社の帳簿や取締役会議事録の閲覧等の各種調査権（会31条3項、125条4項、318条5項、371条5項、433条3項、442条4項等）を行使することにより、子会社における子会社取締役の任務懈怠の具体的事実等を把握する余地があるが、親会社株主による子会社の会計帳簿や取締役会議事録の閲覧については、裁判所の許可が必要である（同法433条3項、442条4項）。かかる会計帳簿等の閲覧許可の申立事件においては、親会社株主において帳簿閲覧の必要性を疎明するとともに、閲覧対象の事項や閲覧範囲の特定等が争点となる。

[33] 具体的には、①親会社株主が子会社の会計帳簿や計算書類等の閲覧を請求した場合の子会社における対応、②親会社株主からの提訴請求に際して、親会社監査役は子会社に対する調査権等を行使して、提訴請求の当否を検討する、③親会社株主による提訴に際して、親会社として補助参加することの可否、当否についての検討等の対応が必要となろう。また、その前提として、子会社における取締役等の職務執行についての情報の保存や報告等の体制整備等のグループ内部統制の整備を具体的にどう推し進めるかが実務課題となろう。

しも加重するものではないとされるが[35]、実務としては、株主総会での質疑の材料となることも考慮して、慎重な記載の検討が必要となる。

　監査役・監査委員・監査等委員は、親会社との利益相反取引についての事業報告等における記載内容についての「意見」を、監査役（会）等の監査報告の内容としなければならない（改正会施規129条1項6号、130条2項2号、130条の2第1項2号、131条1項2号）。この場合、監査役等は、事業報告等の記載内容が法令の要件を充足した事実に即した記述であるか、「留意した事項」、「当該取引が当該株式会社の利益を害さないかどうかについての判断」および「その理由」のそれぞれについて、適法性にとどまらず妥当性を含めた「意見」（評価）を記載することになる[36]。

　かかる改正法の規律への対応の前提として、実務は種々の取組課題を抱えることとなる。紙幅の関係で、項目を列挙するにとどめるが、たとえば、①関連当事者との取引の管理に際して、親子会社間の取引について、利益相反取引の該当性が問題となる取引の抽出のしくみの整備、②抽出した当該取引を評価する判断基準の確立、③当該取引について、定期的に取締役会、監査役（会）へ報告するしくみの整備、④上記①～③について社外役員のモニタリングの対象とするしくみの整備[37]、⑤これらの取組課題を踏まえたグループ内部統制の基本方針の決議事項（改正会施規98条1項5号、100条1項5号、110条の4第1項5

34　実務上、グループ内での商標使用についての対価の受領や経営指導料の名目で、子会社から親会社に対する金員の交付が行われることがある。かかる取引については、税務上、独立当事者間取引に照らして条件を設定することが通例であるが、税務上の概念である独立当事者間取引の要件は、他に比較対象となる取引がないような場合には、判断の基準が不明確となり、実務上も判断は容易ではない。

35　岩原紳作「『会社法制の見直しに関する要綱案』の解説〔Ⅲ〕」商事1977号（2012年）12頁。

36　改正前の会社法は、個別注記表や附属明細書の記載について、会計監査人や監査役等による監査報告の対象としている（改正前法436条1項・2項1号、改正会施規122条1項2号、126条1項2号等）。会社法制定前の商法施行規則133条4号は、親子会社間での非通例的取引等について、監査報告の対象事項として列挙していたが、これを踏まえて、改正前の監査役監査基準においても取締役の利益相反取引についての監査が求められている（監査役監査基準22条、23条1項4号）。監査役等は、これらの点を含めて、改正会社法施行規則に即して各社の監査基準を見直すことが必要となる。

37　社外取締役をおく株式会社においては、社外取締役の意見を踏まえて、事業報告等の記載が求められることに照らすと（改正会施規118条5号ハ）、社外取締役を含めた社外役員が親子会社間の利益相反取引についてのモニタリングを行えるしくみを整備することが望ましい。

号、111条2項5号）の見直しなどが考えられる。

3　子会社を含むグループ内部統制についての取組み

　改正法は、子会社の管理についての規律として、グループ内部統制システムの構築義務づけと開示を規定している（改正法348条3項4号、362条4項6号、399条の13第1項1号ハ、416条1項1号ホ）。かかる改正は、従来の法務省令の規定（会施規98条1項5号、100条1項5号、112条2項5号）を会社法に格上げしたものであり、取締役会の職務として実質的な変更はないものと解されている。

　ただし、改正法の下では、株式会社の業務の適正を確保するために必要な体制について、その運用状況の概要が事業報告の内容に追加されている（改正会施規118条2号）。これに伴い、事業報告への記載の前提として、企業集団についての業務の適正を確保するために必要な体制についての運用状況の概要を定期的に取締役会に対して報告する等の運用が行われることが想定されるが、かかる取締役会における報告の実施は、親会社の取締役に対して、企業グループ全体についての内部統制の整備・運用を事実上義務づけるべく取組みを求める効果をもたらす余地があろう。[38]

4　親会社取締役の子会社に対する監督責任

　会社法改正に先立つ法制審議会での審議に際しては、多重代表訴訟の制度の創設の提案に関連して、多重代表訴訟を創設しない場合の手当てとして、取締役の子会社についての監督義務の明文化として、「取締役会は、その職務として、株式会社の子会社の業務を監督するものとする」との提案がなされていた。[39]かかる提案は最終的に要綱案では採用が見送られたものの[40]、少なくとも、改正前法の解釈として、親会社の取締役の善管注意義務の内容として子会社に対する監視監督義務が認められることは共通の認識となったものといえる。[41]

---

[38]　企業集団の中で、子会社が親会社に対して経営指導を仰ぐ等の目的で、経営委任契約の締結をする例が見受けられるが、かかる契約の締結は、企業グループ全体についての内部統制の整備の一環として位置づけられるべきものであり、かかる契約締結の目的・内容とグループ内部統制の基本方針の内容を整合的に定めるべく、親会社の取締役会としても留意が必要となる。

[39]　法制審議会会社法制部会資料23の第1。

この点で、親会社が子会社に対していかなる範囲で監督責任を負担するのかについてはあらためて実務上の関心も高まっているが、親会社取締役について子会社に対する監視監督の義務が一般的に認められるとしても、子会社の取締役の監視監督義務と別個独立に親会社取締役について、監視監督義務の懈怠が問題になるのはどのような場面であるかは判然としない。親会社取締役の善管注意義務違反として問題とされるべきは、あくまで親会社としての損害発生と因果関係のある任務懈怠にほかならない。この意味で、親会社取締役の子会社に対する監視監督の任務の懈怠は、子会社における損害発生の予見可能性について、認識可能性のあるような状況において初めて問題とされるべきものであり、いわゆるグループ内部統制についての取組課題に適正に取り組んでいる限り、損害発生の端緒となるような報告を踏まえた対応を放置する等の具体的な任務の懈怠がない限りは、当然に責任追及の対象となるようなものではないと考えられる。

5 その他

このほか、改正法では、子会社の社外役員の選任に際して、親会社関係者が社外要件を満たさないため（改正法2条15号ハニ・16号ハニ）、グループ内の大会社等の役員選任に留意が必要であり、監査役会を非設置とするなどの機関設計の見直し等も検討課題となり得よう。[42]

---

[40] これらの提案の採用が見送られた経緯としては、「経済界の委員等が『監督』といった言葉によって、現行法上の取締役会の義務を超えたものが要求されるおそれがあり、重要でない子会社についても、親会社取締役会による積極的なモニタリング等の行為が要求されたり、過剰に子会社経営に介入して、子会社の自主性が損なわれ、グループ経営そのものに対する委縮効果が懸念される等を理由に挙げて強く反対した」ことが指摘されている（岩原・前掲論文（注35）8頁、法制審議会会社法制部会第17回会議議事録13頁以下、同第22回会議議事録2頁以下参照）。
[41] 親会社取締役の子会社に対する監督義務に関する法制審議会での議論については、塚本英巨「平成26年改正会社法と親会社取締役の子会社監督責任」商事2054号（2014年）23頁を参照。また、従来の議論については、拙稿「子会社の管理における取締役・監査役の職務と実務課題」田原睦夫先生古稀・最高裁判事退官記念論文集『現代民事法の実務と理論(上)』（金融財政事情研究会・2013年）686頁以下も参照。

6 親子会社関係と親会社取締役の責務

42 監査役会を非設置とした場合に、監査役の複数選任を維持するか、常勤監査役の選任を維持するか、という点も実務上問題となり得る。グループ内の100％子会社であれば、企業集団内部統制の設計の問題として、広く経営裁量が及ぶ事項であると考える余地もあろうが、子会社の少数株主の保護の要請が妥当する場合には、そもそも監査役会を非設置とすることが適当であるかどうかという見地からの検討が必要になる場合もあり得よう。

7 代表取締役の専断的行為

大阪電気通信大学金融経済学部講師 山野 加代枝

I はじめに

　1950年（昭和25年）に業務執行（決定）機関として取締役会制度および代表取締役制度が設けられた。取締役会は業務執行を決定し、代表取締役が会社を代表して執行するという経営機構である。取締役会は業務執行を決定する機関であり、「重要な業務執行の決定」を代表取締役に委任してはならない（旧商260条2項、会362条4項）と規定されている。取締役会が「重要な業務執行の決定」を代表取締役に委任することができないということは、その反面、「重要ではない業務執行」についてはこれを代表取締役に委任することができるということでもある。他方、代表取締役は会社の業務に関する一切の行為をなす権限を有し、この代表取締役に加えた制限をもって善意の第三者に対抗できないと定めている（旧商261条3項、78条、会349条4項・5項）。

　代表取締役の「営業（会社法では業務に変更）に関する一切の行為をなす権限」という意義が、代表取締役は営業（業務）に関する行為である限りは常に自ら決定しかつ執行できる権限であって、法はこれを代表取締役の固有の権限として付与しているということを意味すると解した場合には、会社の「重要な業務執行の決定」は必ず取締役会によらなければならないとする規定と矛盾することになる。会社の「重要な業務執行」は取締役会の決定によらなければならないとすれば、会社法349条4項は代表取締役の業務に関する一切の行為につき自ら決定してなす権限を有することを定めた規定とは解することができなくなる。この両条の関係について学説・判例の解釈を題材に検討する[1]。

代表取締役と取締役会との権限関係、ことに代表取締役の権限の由来については昭和25年の改正当初から並立機関説と派生機関説との対立がある。これら両説については、後に検討するが、結論的にいえば、基本的な見解の相違にもかかわらず、両説は具体的な問題の処理の局面では合流することが多いのである。

　ところで、平成14年の商法改正の際に、大会社ではアメリカ型の経営機構に近い委員会設置会社（平成26年改正により指名委員会等設置会社に名称変更）を選択することができるようになり、この経営機構を選択した会社もある[2]。そして、監査役設置会社の代表取締役の代表権に関するのと同じ規定が、代表執行役の代表権について設けられている（会420条、349条4項・5項）。代表執行役の権限に関するこの規定をどう解釈すべきかは指名委員会等設置会社でも問題とはなるが、現在、指名委員会等設置会社数は少なく、本稿では、監査役設置会社であり、かつ取締役会設置会社を中心に代表取締役の専断的行為の効果について検討する。

II　取締役会設置会社における代表取締役と取締役会の関係

1　取締役会設置会社における取締役会の権限

　取締役会設置会社における取締役会の職責は「会社の業務の決定」と「取締役の職務の執行の監督」である（会362条2項1号・2号）。会社の業務執行の

---

[1]　会社の業務執行の決定権限は取締役会に帰属するとする規定（会362条4項）と代表取締役は業務に関する一切の権限を有するとする規定（同法349条4項）の条文上の矛盾を問題視し、ことに代表取締役が必要な機関（取締役会、株主総会）の決議を経ないで独断でした行為の効力に関する学説・判例の支離滅裂な状態に対して、かねてから統一的な理論的解決を提唱されているのは田邊光政教授である。田邊光政「取締役会と代表取締役・代表執行役」田邊光政編集代表『最新倒産法・会社法をめぐる実務上の諸問題（今中利昭先生古稀記念）』（民事法研究会・2005年）722頁以下、田邊光政『会社法読本』（中央経済社・2008年）214頁以下参照。

[2]　現在、ソニー株式会社、イオン株式会社等90社が委員会設置会社である。なお、いったん委員会設置会社となった後、監査役設置会社に再移行した会社も63社ある。カネボウ株式会社、株式会社ニッセイ等。日本監査役協会作成資料「委員会設置会社リスト」（平成26年7月24日現在）〈http://www.kansa.or.jp/support/iinkai-list1407.pdf〉。

決定権限は取締役会にあり、しかも「重要な業務執行」については必ず取締役会で決定しなければならず、取締役会は代表取締役その他の業務執行取締役に重要な業務執行の決定を委ねてはならないと規定する（会362条4項）。このことから極めて明らかなことは、代表取締役は会社法362条4項に掲げる事項その他「重要な業務執行」については決定権限がないということである。

2　会社の業務執行

　取締役会設置会社においては、現行会社法においても、従来どおり、取締役は取締役会の構成員として業務執行の決定に関与する権限と職責を有するが、取締役の地位において当然に業務執行を行う権限はない。会社の業務執行は代表取締役および取締役会により業務執行取締役として選定された取締役だけが業務を行うことができる（会363条1項1号・2号）。

　業務執行の決定権限は取締役会に帰属するがゆえに、業務執行取締役は、取締役会の決議または株主総会の決議に基づいて業務執行をすべきことになっている。法が代表取締役その他の業務執行取締役への委任を許容する範囲内において、取締役会から委任された事項についてだけ業務執行取締役は自己の裁量で業務を執行すべきことになる。そして、「重要な業務執行に属さない日常業務」については、代表取締役に委任されているものと解されている。

3　代表取締役の権限の由来

(1)　並立機関説と派生機関説

　代表取締役は会社の業務執行を行う機関であり（会363条1項1号）、会社を代表する機関である（同法349条1項）。代表取締役は、会社の業務に関する一切の裁判上・裁判外の行為をなす権限を有するものとされ、その権限に制限を加えてもこれをもって善意の第三者に対抗できないものと規定されている（同条4項・5項）。

　取締役会と代表取締役との権限関係をどのように解するかについては見解が分かれている。両者を別個独立の機関とみる並立機関説と、代表取締役は業務執行機関である取締役会から派生したものであるという派生機関説とに分けられる。

7 代表取締役の専断的行為

　並立機関説は、会社の業務執行を意思決定と執行自体に分かち、取締役会は業務執行に関する意思決定機関であり、代表取締役は決定された事項を執行する機関にすぎないとする。代表取締役は取締役会の下部機関にすぎず、取締役会の命令・監督の下、株主総会または取締役会の決議を執行するほか、取締役会から委任された範囲内でのみ自ら決定しかつ執行することができ、ことに日常の業務については代表取締役としての選任のうちに当然にその委任があるものと推定する。[3]

　この説によれば、代表取締役には業務執行に関する意思決定の権限はないのであるから、取締役会からの特別の委任がない限り取締役会の決議を得てからでないと業務執行ができないことになって、会社経営の実情に沿わないのみならず、法が代表取締役は会社の営業に関する一切の行為につき代表権を有し、かつその代表権に加えた制限をもって善意の第三者に対抗し得ないものとする趣旨を理解することができないと批判される。[4] 代表取締役は取締役会が決定したことを単に代表して実行するだけの権限しかなく、業務執行の決定権がないのであれば、代表権を制限するという規定は理解しがたいと批判される。

　このように並立機関説を批判する派生機関説によれば、代表取締役の権限は取締役会による業務執行権限の委譲に由来すると解する。取締役会は業務執行機関であり、業務執行の決定はもとより、その決定したことを執行する権限も有する。会議体としての取締役会が業務執行機関であるということは、機関意思の決定が取締役会決議をもってなされるべきことを意味するにとどまり、「権限自体は全体としての取締役にいわば合有的に帰属している」と説かれる。[5] 取締役会がその決定した事項を実行する場合には、当然取締役全員の共同によるべきことになるが、これでは機動的・能率的な経営はできないから、法は取締役会に代表取締役の選任を要求してその実行を特定の取締役に委ねさせ、全体としての取締役に代わって行わせることとしたのが代表取締役であると解する。したがって、代表取締役の権限は本来取締役会の権限から由来したもので

---

[3]　鈴木竹雄＝竹内昭夫『会社法』(有斐閣・1981年) 196頁、田中誠二『会社法詳論 (上巻)』(勁草書房・1969年) 466頁。

[4]　大隅健一郎＝今井宏『新版会社法論 (中巻Ⅰ)』(有斐閣・1983年) 194頁。

[5]　大隅健一郎『会社法の諸問題〔増補版〕』(有信堂・1962年) 261頁。

あるとされる。

　派生機関説では、代表取締役は代表権を有する範囲内において、換言すれば会社の事業に関する一切の裁判上または裁判外の行為につき、自ら決定し、執行する権限を有するのが原則であるが、法律・定款の規定により株主総会または取締役会の決議事項とされているもの、あるいは取締役会決議ないしその決議による取締役会規則で取締役会に留保されている事項については、代表取締役は権限を有しないとされる[6]。

(2) 業務に関する行為

　代表取締役は会社の業務に関する一切の行為をなす権限がある（会349条4項）とされているが、代表取締役が代表行為をなしうる「業務に関する行為」とは何かが問題となる。

　次のように説く有力説がある。それは、営業（現行法は業務という用語を使用するが、引用文献の用語に従い営業と用語のまま引用する）としてなす行為であると営業のためにする行為であるとを問わず、会社の営業に関連する行為をいうものと解される。会社の組織または営業の基礎にかかわる事項、たとえば、会社の解散、合併、株式交換、株式移転、事業譲渡などは営業に関する行為に含まれず、これらの行為は株主総会の決議事項とされる。会社の営業に関する行為は、経常性と反復性を特質とし、会社営業の継続を前提とするものであって、当該行為の客観的性質上、経常的な行為を意味するという説である[7]。日常の業務がこれに含まれることは明らかであるが、新株の発行、剰余金の配当、株式の併合などのように反復性・継続性を有しない事項は除外される。また、会社法362条4項に列挙される事項およびそれに準じる「重要な業務執行」行為は取締役会の決議事項とされているがゆえに、これらも除外される。こうして会社法349条4項が定める代表取締役にその権限があるとされる「営業に関する行為」とは、①法律または定款により株主総会または取締役会の決議が必要とされている事項および、②取締役会がその決議事項として留保している事項を除いた営業に関連する行為を指すことになると説かれる[8]。

---

[6] 大隅・前掲書（注5）259頁以下、上柳克郎ほか編『新版注釈会社法(6)株式会社の機関(2)』（有斐閣・1987年）137頁〔山口幸五郎〕。
[7] 山口幸五郎『会社取締役制度の史的展望』（成文堂・1989年）276頁。

7 代表取締役の専断的行為

　この説は、代表取締役が自ら決定かつ代表行為をなしうる事柄という意味で「営業に関する行為」をとらえようとしていることは明らかである。営業に必要な資金調達のための新株発行は営業のための行為であり、会社法362条4項に列挙される「多額の借財」もそうであり、重要な使用人の選任・解任、支店の設置・改廃なども営業に関する事柄ということができよう。株主総会事項がこの説では除外されるが、総会の特別決議が必要な第三者への新株の有利発行も営業のためにする行為に該当する。営業に関する行為の意義を、この説のように反復性・継続性という特性のある事柄に限定することは、「営業」（事業）という言葉の自然な意義からは違和感がある。

　営利法人である会社の行為はすべて「営業（業務）に関する行為」といって差し支えないのではないか。会社はもっぱら事業のために存在するものであって、その行為は常に業務のためにするものと解され、したがって、会社の行為については、商法503条2項の付属的商行為についての推定規定は適用がないものと解されていることを想起すべきである。「営業（業務）に関する行為」[9]とは、およそ会社の権利能力の範囲内の一切の行為を指すという学説がある。[10]この説が正当な解釈である。代表取締役は、会社の代表者として一切の行為につき代表行為をなすのは当然である。しかし、その代表行為の意義について[11]は、注意が必要であり、それは、代表取締役が自ら決定しかつ実行する権限を意味するものではない。代表取締役は必要な株主総会決議または取締役会決議に基づいて、また代表取締役として選任されたときに取締役会から委任された常務に関しては自ら決定して代表行為をすることができると解すべきである。

8　山口・前掲書（注7）276頁。
9　田邊・前掲論文（注1）727頁。
10　北沢正啓『会社法〔第5版〕』（青林書院・1998年）401頁。
11　ただし、取締役と会社間の訴訟行為については監査役が会社を代表することにつき、会社法386条。

III 代表取締役の専断的行為の効力

1 並立機関説に立つ学者の見解

　代表取締役の権限の由来については、前述のように、派生機関説と並立機関説との対立があり、その考え方が異なる。株主総会または取締役会の決議が必要とされている事項についてその決議を経ずに代表取締役が専断的に行った行為の効力は、代表取締役の権限に関するその基本的な考え方の違いによって異なるのであろうか。

　並立機関説によれば、代表取締役は本来は業務執行に関する権限はなく、取締役会から委任された事項のみ自ら決定しかつ執行することができると解されているが、法が取締役会決議を要求している事項を取締役会は代表取締役に委任することができないがゆえに、取締役会決議が必要な事項に関して代表取締役がその決議を得ずに独断で行ったときは、権限のない者による行為として常に無効になるはずである。しかし、この立場に立つ学者は、代表取締役が取締役会等の決議によらないで行った行為の効力いかんは、決議を要求して守ろうとする会社の利益と、行為が代表者によって行われたことを信頼した第三者の利益とを比較衡量して具体的に決すべきであると説く。そして、総会の決議事項は、事柄が会社にとって重大であるから、原則として無効とすべきであるが、会社はその無効を善意の第三者に対抗できないと解すべきであるとする。しかし、新株の有利発行については、株主総会の特別決議が必要な第三者に対する新株の有利発行を代表取締役が独断でしても有効とし、その効力に関係がないとする。取締役会の決議事項についても、取引の安全を顧慮する必要がない事項（総会の招集・会社と取締役間取引など）は無効であるが、取引安全の衡量が大きい事項（新株発行、社債発行など）は効力に関係がなく有効と認め、悪意者に対しては、悪意の抗弁を対抗できると解するのが妥当であると説かれる。[13]

12　鈴木＝竹内・前掲書（注3）211頁。

⑦ 代表取締役の専断的行為

　会社法362条4項が取締役会の決議事項としている取引行為について、代表取締役がその決議なく独断でした場合に関して、会社と相手方の利益衡量からいって、代表取締役に対する取締役会の監督が足りなかった会社が、相手方において知りうべきであったという理由で責任を逃れるのは妥当ではない。代表取締役の権限濫用の問題として、会社は悪意者に対してのみその無効を主張しうると解すべきであると説いている。[14]

　並立機関説の基本的な考え方は、代表取締役には業務執行に関する意思決定の権限はなく、取締役会から委任された事項についてだけ自ら決定しかつ執行する権限があり、株主総会の決議事項とされているものはもちろん、重要な業務執行と法が考慮し取締役会決議が必要とされている事柄については取締役会は代表取締役に委任をしてはならないとされていることである。つまり、株主総会または取締役会の決議が必要とされている事柄については代表取締役は全く決定権限がないということである。それなのに、この立場の学者は、株主総会の特別決議が必要とされている第三者への新株の有利発行を代表取締役がその決議なく専断的に行った行為が有効であるとし、取締役会決議を欠く代表取締役の独断による新株発行を有効とするなど、取引の安全を考慮する必要がある場合には、「権限のない代表取締役」の行為を有効と解している。権限のない代表行為というのは無権代理（無権代表）にほかならず、その者の行為は本人（会社）に対する関係では無効となるはずであるが、この立場の学者によれば、代表取締役による権限外の行為は、取引の安全を考慮する必要がないときは無効であり、取引の安全保護の必要が大きいときは有効という結論を導いている。妥当な結論を求めようとしていることはわかるが、法律論としてそのような解釈がなぜ可能なのか疑問である。

2　派生機関説に立つ学者の見解

　代表取締役は会社の営業に関する一切の行為につき自ら決定し、かつ執行することができるが、この範囲の行為であっても、法令・定款により株主総会ま

13　鈴木＝竹内・前掲書（注3）212頁。
14　鈴木＝竹内・前掲書（注3）215頁。

たは取締役会の決議が必要とされる事項は代表取締役の権限から除外されるというのが、派生機関説の立場である。この考え方によれば、株主総会または取締役会の決議の要求されている事項については、代表取締役は決定権限を有しないのであるから、必要な機関決定を経ずに代表取締役が独断でした対外的行為は無権限者による無権代表行為であり無効と解すべきことになるが、この立場に立つ学者の見解もさまざまである。

取締役会の決議が無効な場合または必要な取締役会決議を欠く場合の代表取締役の行為の効力は、取締役会の決議を要求する法の趣旨と取引安全の保護の必要とを考慮して決するほかないが、一般的にいえば、会社の外部関係に属する事項については、取締役会の決議を欠いても、代表取締役が会社を代表して第三者となした行為の効力には影響がなく、ただ悪意（重過失は悪意と同視）の相手方に対しては会社は一般悪意の抗弁を対抗してその義務を免れるにとどまるという見解がある。

会社法362条4項違反の代表取締役の行為を原則的に有効としながら、悪意・重過失のある相手方に対しその無効を主張しうる理由として、信義則違反ないし一般悪意の抗弁に求める場合には、会社は悪意の相手方からの請求を封じることができるだけであり、会社が給付した物などを相手方から取り戻すことの説明に困ることとなるので、「悪意または重過失ある相手方に対する関係ではその行為は一律に無効とする必要があるが、そのことの理由は端的に、利益衡量のうえでそれが妥当であることに求めれば足りる」ともいわれる。

この立場の学者は、営業（業務）に関する行為について代表取締役は自ら決定しかつ執行できるが、この範囲の行為でも、法令・定款により株主総会または取締役会の決議事項とされている事項については代表取締役の権限から除外されるとの考え方に立ちながら、有効な取締役会決議が必要な取引行為を代表取締役がその決議を経ないで独断でした場合に、取引の安全を考慮してこれを有効と解している。代表取締役が権限外の行為をしても、原則として有効であ

---

15 大隅＝今井・前掲書（注4）195頁。
16 大隅＝今井・前掲書（注4）186頁。
17 今井宏「代表権の制限と取引の安全」谷口知平＝山木戸克己編集代表『判例における法理論の展開（民商法雑誌創刊50周年記念）』（有斐閣・1986年）166頁。

り、ただ相手方が悪意・重過失の場合にだけ信義則違反または一般悪意の抗弁を主張できるにすぎないというのである。一般悪意の抗弁は、相手方に請求権があることを認めたうえで、その権利行使を信義則に照らし許さないとする抗弁である。したがって、これらの説は、代表取締役による専断的行為も、相手方の善意・悪意にかかわらず有効であり、悪意・重過失のあった相手方との関係でも取引は有効であるが、悪意の相手方がその権利を会社に対して行使するのは濫用であるとして排斥するものである。もっとも、今井宏教授は、悪意・重過失ある相手方に対する関係では行為は一律に無効とするのが、利益衡量のうえで妥当であると説かれる。すなわち、必要な取締役会決議を経ないで代表取締役が独断でした取引も原則として有効であるが、悪意者に対する関係では無効という解釈であり、有効か無効かは利益衡量で決めればよいというのである。[18]

中島史雄教授は、派生機関説に立つことを明らかにしたうえで、法律・定款によって取締役会の決議を要するものとされた事項は、取締役会決議の裏付けがなければ、代表取締役の代表権は存在せず、代表取締役の専断的行為は原則として無効であるが、会社は善意の第三者に対しては無効を主張し得ないとすることによって取引の安全は十分に図られるとの見解を主張される。[19] この見解は、無効を対抗できない第三者の主観的要件を単に善意とのみしており、過失をどう扱うのか不明であり、その根拠規定を何に求めるのかも不明である。

3 超権代理説

取締役会の決議が必要とされている事項について、代表取締役がその決議を経ないですることは権限外の行為であり、民法110条を類推適用すべきであるとの学説がある。この説は二つに分かれる。

山口幸五郎教授は、代表取締役が必要な取締役会の決議を経ずに行った行為を、①法律上の権限踰越行為と、②代表権の内部的制限違反行為とに二分する。①の場合、すなわち、商法（当時。現会社法）の規定により株主総会決議

---

18 今井・前掲論文（注17）166頁。
19 中嶋史雄「代表取締役の権限」奥島孝康＝宮島司編『商法の判例と論理（倉沢康一郎教授還暦記念論文集）』（日本評論社・1994年）184頁、187頁。

事項または取締役会決議事項とされている事項は、代表取締役の対外的業務執行の決定権限を超える行為であるから、決議の成立が行為の有効要件であり、これを代表取締役がその決議を経ないで行うことは無権代表行為であり無効であるが、会社の内部事情を知らない無過失の相手方に対しては、表見代理に関する民法110条により無効を主張できないと解される。あわせて②の場合は、経常性と反復継続性をもった営業に関する行為については、代表取締役は、本来、決定権限をもっているので、定款または取締役会規則で取締役会の決議事項と定めることによって代表取締役の権限に制限を加えても、商法261条3項（当時。現会社法349条5項）により、善意の第三者には対抗できないと解されている。[20]

　稲葉威雄判事（当時）は、①と②とを区別せず、代表取締役が必要な取締役会決議または株主総会決議を経ないで行った行為は無権代表行為であって、常に民法110条によって処理すべきであると解される。代表取締役は会社の業務執行について一般的な代表権をもっているが、取締役会等の決議を要する場合にはその行為に限り、取締役会の決議があって初めて完全な代表権をもつことになり、その決議なしで代表取締役が取引をしたときは、その権限を超えて代表行為をしたことになる。代表取締役が権限を有すると信ずべき正当事由があったことを相手方が主張立証するときには、会社はその者に無効をもって対抗できないと解される。[21]

　この超権代理説は理論的整合性という面では最も難点のない学説ということができる。ただし、民法110条を適用ないし類推適用する場合には、代表取締役と取引をする相手方が善意かつ無過失であるときのみ保護されることになるが、その要件の妥当性が問題となるように思われる。[22]

20　山口・前掲書（注7）164頁。なお、河本一郎『現代会社法〔新訂第9版〕』（商事法務・2009年）462頁も同旨。
21　稲葉威雄「商法改正と銀行取引」金法1002号（1982年）10頁。
22　田邊・前掲論文（注1）733頁。

⑦ 代表取締役の専断的行為

Ⅳ 専断的行為に関する判例

1 主要判例

　法が株主総会決議または取締役会決議を要求している事項について、代表取締役がそれらの機関の必要な決議を経ることなく行った行為の効力について判例はどのように解しているのであろうか。

　(1) **事業譲渡（旧商法における営業譲渡）**——最判昭和61・9・11金商758号3頁

　　(ア) 事案の概要

　3工場を有するX株式会社は、そのうちの一つの工場に属する一切の営業をY株式会社設立中の発起人代表Aに譲渡した。X会社がその残代金を請求したのに対し、Y会社は、右営業譲渡契約は譲受人（Y会社）にとり財産引受けにあたるのに原始定款に記載を欠き無効であること、X会社においても商法245条（現会社法467条）による株主総会の特別決議を欠くから無効である旨について契約締結後20年を経過した後に主張して争った事案である。

　　(イ) 判示内容

　最高裁判所は、「本件営業譲渡契約が譲渡の目的としたものは、……商法245条1項1号にいう営業の『重要ナル一部』に当たる」が、「本件営業譲渡契約については事前又は事後においても……株主総会による承認の手続をしていないというのであるから、これによっても、本件営業譲渡契約は無効である」とした。

　ただし、Y会社は「右違反に籍口して、専ら、既に遅滞に陥った本件営業譲渡契約に基づく自己の残債務の履行を拒むためのものであると認められ、信義則に反し許されない」としている。

　(2) **第三者に対する新株の有利発行**——最判昭和46・7・16判時641号97頁

　　(ア) 事案の概要

　被告（被控訴人、被上告人）であるY会社（不動産会社）の株主であるX（原

告、控訴人、上告人）が、被告Ｙ会社が訴外会社Ｚ（証券会社）に対してなした買取引受けによる新株発行が有利発行であるにもかかわらず、株主総会の特別決議を経ていないとして、新株発行無効確認を求めた事案である。

　Ｙ会社は、昭和42年９月８日開催の臨時取締役会において、訴外Ｚ証券会社に対して公募株式数176万6750株、発行価額１株につき115円、売出期間昭和42年９月21日から同月26日まで、引受手数料１株につき金５円という条件付きで買取引受けさせる旨の決議をし、同日右Ｚ証券会社との間に次の買取引受契約を締結した。

① 　Ｚ証券会社は176万6750株を１株につき115円の割合でＹ会社より買取引受けをする。

② 　右株式売出要領は売出株数176万6750株、売出価額１株につき115円、売出期間昭和42年９月21日から同月26日まで、株券交付日同年10月２日とする。

③ 　Ｚ証券会社は昭和42年９月30日に右株式に対する払込金として１株につき115円を払い込むものとする。

④ 　右株式の引受手数料は１株につき金５円として昭和42年10月２日にＹ会社からＺ証券会社に支払うものとする。なお、Ｚ証券会社は右契約に基づきＹ会社から引き受けた本件について引受価額と同一価額をもって新株買主を募集する義務を負うものである。

　上記取締役会決議による新株発行価額決定の日の前日のＹ会社の株式価額は133円、決定前１週間の平均株価は131円29銭、同１カ月間の平均株価は125円93銭であり旧株と新株の配当差は３円75銭であった。また、右決議当日におけるＹ会社の資本金は20億777万5000円、旧株数は4015万5500株、発行新株数は2184万4500株、現行配当率は年１割５分で予想配当率もこれと同率であり、また資本状態には特別変化はなかった。なお、発行新株数のうち訴外Ｚ証券会社の引受け分を除くその余の新株はすべて額面価額金50円を発行価額として株主に新株引受権を付与割当てしたものである。

　控訴人Ｘは、ⓐＹ会社が発行した新株のうち、Ｚ証券会社が引き受けた分についてのみの発行の無効を主張したうえで、ⓑ本件新株発行価額は、取締役会決議がなされた日の前日である昭和42年９月７日のＹ会社の株式の東京証券取

引所における取引価額（時価）によるべきものであって、少なくとも時価1株につき133円をもって公正な価額というべきである。Z証券会社は本件新株の引受手数料として1株につき金5円の支払いをY会社より受けているから、本件新株の発行価額は実質上1株について115円から右手数料5円を差し引いた110円というべく、これを右時価と比較するときは、17.29％低いから、Y会社は特に有利な発行価額をもってZ証券会社に対して新株引受権を与えたものといえる。したがって、株主総会の特別決議を経ることなく行った当該新株発行は無効であると主張した。

(イ) 判示内容

最高裁判所は、「株式会社の代表取締役が新株を発行した場合には、右新株が、株主総会の特別決議を経ることなく、株主以外の者に対して特に有利な発行価額をもって発行されたものであっても、その瑕疵は、新株発行無効の原因とはならないものと解すべきである。このことは当裁判所の判例（昭和40年10月8日判決、民集19巻7号174頁）の趣旨に徴して明らかである」と説いた。

ちなみに、前掲最判昭和40・10・8の事案は、株主以外の者に新株引受権を付与する場合には、株主総会の特別決議を必要とする法制の下で、代表取締役が必要な株主総会の特別決議を経ないで発行したことが新株発行無効原因になるとして訴えが提起されたものであるが、最高裁判所は「新株の発行は、元来株式会社の組織に関するものではあるが授権資本制度を採用する現行商法が新株発行の権限を取締役会に委ねており、ただ株主以外の者に新株引受権を与える場合には、株式の数、最低発行価額等について株主総会の特別決議を要するに過ぎないものとしている点等にかんがみるときは、新株発行は、むしろ、会社の業務執行に準ずるものとして取り扱っているものと解するを相当とすべく、右株主総会の特別決議の要件も、取締役会の権限行使についての内部的要件であって、取締役会の決議に基づき代表権を有する取締役により既に発行された新株の効力については、会社内部の手続の欠缺を理由にその効力を否定するよりは右新株の取得者および会社債権者の保護等の外部取引の安全に重点を置いてこれを決するのが妥当であり、従って新株発行につき株主総会の決議のなかった欠缺があっても、これをもって新株の発行を無効とすべきではない」と説いた。

(3) 取締役会決議を欠く新株発行
(ア) 最判昭和36・3・31民集15巻3号645頁
(A) 事案の概要

原告（控訴人・上告人）Xらは、被告Y会社の株主である。Y会社は、昭和26年4月30日に設立された資本の額2000万円、発行株式の総数40万株（1株の金額50円）の株式会社であるが、昭和29年5月1日を払込期限として1株の金額を50円とする額面株式40万株を発行した。しかし、右新株の発行は、Y会社の備置の昭和29年4月21日付け取締役会議事録によれば、同日午後2時Y会社の会議室で取締役会が開催され、取締役4名が出席し全員一致の意見をもって、

① 1株の金額を50円とする額面新株式40万株を発行する。
② 発行価額を1株につき50円とする。
③ 払込期限を昭和29年5月1日とする。

旨の決議がなされたとの記載があった。

Xらは、ⓐその記載は虚偽であり、右取締役会が開催された事実はない、ⓑ仮に右取締役会が開かれたものとしても、その決議は次の理由で無効であると争った。すなわち、右取締役会の招集通知は、各取締役に対し発せられていないが、招集手続を経ないことにつき取締役全員の同意は存せず、また当時におけるY会社の取締役は議事録記載の4名のほか4名を加え総員8名であるから4名のみの出席では取締役会の定足数たる過半数に達していない。したがって右取締役会の招集手続および決議方法には瑕疵があると主張した。

(B) 判示内容

「株式会社を代表する権限のある代表取締役が新株を発行した以上、これにつき有効な取締役会決議がなくても、右新株の発行は有効である」、「原判決が本件に関し、昭和25年法律第167号によって改正された商法の解釈として、株式会社の新株発行に関し、いやしくも対外的に会社を代表する権限のある取締役が新株を発行した以上、たとえ右新株の発行について有効な取締役会の決議がなくとも、右新株の発行は有効なものと解すべきであるとした判示は、すべて正当である。そして、原判決が右判断の理由として、改正商法（株式会社法）はいわゆる授権資本制を採用し、会社成立後の株式を定款変更の一場合とせ

ず、その発行権限を取締役会に委ねており、新株発行の効力のためには、発行決定株式総数の引受及び払込を必要とせず、払込期日までに引受及び払込のあった部分だけで有効に新株の発行をなし得るものとしている（第280条の9）等の点から考えると、改正法にあっては、新株の発行は株式会社の組織に関することとはいえ、むしろこれを会社の業務執行に準ずるものとして取り扱っているものと解するのが相当であることを挙げていることもすべて首肯し得るところである。取締役会決議は会社内部の意思決定であって、株式申込人には右決議の存否は容易に知り得べからざるものであることも、また右判断を支持すべき一事由として挙げることができる」。

　この判例は、取引の安全を考慮するものであるが、それでは取引の安全を考慮する必要のない場合についてはどのように解するのかが問われたのが下記(イ)の事例である。

　(イ)　最判平成6・7・14金商956号3頁
　(A)　事案の概要
　Y株式会社は、創業以来、発行済株式の過半数を有していたXが代表取締役に就任しており、同人のワンマン会社であった。Xが健康を害してから、Y会社の取締役であったAは、その業務全般を取り仕切っていたが、その後Xと不仲になり、同人の信頼を失うこととなった。そのため、Aは、Xが株主総会を招集してY会社を解散する決議をしたり、Aを解任する決議をすることをおそれるようになり、これを阻止する目的をもって、もっぱら、XからY会社の支配権を奪い取り、AおよびAの側に立つ者が過半数の株式を有するようにするために、まず、第1の取締役会を開催して自らが代表取締役に就任した。次いで当時入院中であったXに招集通知をしないで第2の取締役会を開催し、本件新株発行の決議を得て、Xに秘したまま本件新株を発行した。なお、右決議においては、新株の募集の方法は公募によるものとされていたが、結果的には、Aがその全部を自らが引き受けて払い込んだ。その結果、AおよびA側に立つ者（Aの妻と異母兄弟）の持ち株の合計が従前27.9%であったのが、51.9%になり、Xとの立場は逆転し、AがY会社に対する支配機能を新たに取得することになった。

　これを知ったXは、①右の第2の取締役会は、その招集通知が当時の代表取

締役であるXに対してされておらず同人も出席していないので不適法であり、このように瑕疵のある取締役会での新株発行決議に基づく本件新株発行は無効である、②本件新株発行は、Aがこれを全部自ら引き受け、自己の株式持分比率を高めて実質上自らがY会社を支配できるようにする目的の下にしたものであり、著しく不公正な方法によりされたものであるから無効である旨主張して本件新株発行の無効を求める訴えを提起した。

(B) 判示内容

裁判所は、第一審、二審とも、Xの請求を認容した。しかし、最高裁判所は次の理由で原判決を破棄しXの請求を棄却した。「新株発行は、株式会社の組織に関するものであるとはいえ、会社の業務執行に準じて取り扱われているものであるから、右会社を代表する権限のある取締役が新株を発行した以上、たとい、新株発行に関する有効な取締役会決議がなくても、右新株の発行が有効なことは、当該裁判所の判例（最高裁昭和32年(オ)第79号同36年3月31日第二小法廷判決・民集15巻3号645頁）の示すところである。この理は、新株が著しく不公正な方法により発行された場合であっても異なるところではないものというべきである。また、発行された新株がその会社の取締役の地位にある者によって引き受けられ、その者が現に保有していること、あるいは、新株を発行した会社が小規模で閉鎖的な会社であることなど、原判決の事情は、右の結論に影響を及ぼすものではない」と説いた。

(4) 会社法362条4項違反の取引――最判昭和40・9・22民集19巻6号1656頁

(ア) 事案の概要

製材加工業を営むX株式会社の代表取締役Aは、昭和31年11月、株主総会の決議も取締役会の決議も経ることなくその製材工場を構成する土地、建物、機械、器具類一式をYに譲渡し、代金の支払いを受け、そのほとんどを自己の報酬として領得した。X社の定款では、重要な事項については取締役会決議を要する旨の定めがあった。X社は、本件は営業譲渡であるところ株主総会の特別決議がないこと、重要な業務執行であり取締役会決議が必要なところその決議がないこと等を理由として譲渡は無効であるとして返還を求めた。代表取締役Aは、営業の譲渡には該当しないとしたうえで、必要な取締役会決議を経ない

⑦ 代表取締役の専断的行為

代表取締役の行為（現行法上の会社法362条4項違反の行為）の効力について争った。

(イ) 判示内容

最高裁判所は、「代表取締役は、株式会社の業務に関し一切の裁判上または裁判外の行為をする権限を有する点にかんがみれば、代表取締役が、取締役会の決議を経てすることを要する対外的な個々的取引行為を、右決議を経ないでした場合でも、右取引行為は、内部的意思決定を欠くに止まるから、原則として有効であって、ただ、相手方が右決議を経ていないことを知りまたは知り得べかりしときに限って、無効であると解するのが相当である」と説いた。これは、最高裁判所が、必要な取締役会決議を経ないでした代表取締役の業務執行行為の効力について民法93条を類推適用したものと理解されている。

(5) 新株発行無効確認訴訟——**最判平成24・4・24金商1392号16頁**

(ア) 事案の概要

Y社は信用保証業務等を目的とする株式会社で、発行する株式はすべて譲渡制限株式である。Y社は平成15年6月24日の株主総会において、取締役にストックオプションを付与することとし、新株予約権を発行する旨の特別決議をした。

その決議内容は、以下のとおりである。

① 新株予約権の目的である株式：普通株式6万株
② 発行する新株予約権の総数：6万個
③ 新株予約権の割当てを受ける者：平成15年6月25日および新株予約権の発行日の各時点においてYの取締役である者
④ 新株予約権の発行価額：無償
⑤ 新株予約権の発行日：平成15年8月25日
⑥ 新株予約権の行使時に払い込むべき額：新株予約権1個につき750円
⑦ 新株予約権の行使期間：平成16年6月19日から平成25年6月24日まで
⑧ 新株予約権の行使条件
　ⓐ 新株予約権行使時にY社の取締役であること
　ⓑ その他の行使条件は、取締役会の決議に基づき、Yと割当てを受ける取締役との間で締結する新株予約権の割当てに係る契約で定めるところ

による（本件委任）。

Y社の平成15年8月11日の取締役会において、Z_1＝4万個、Z_2＝1万個、Z_3＝1万個の新株予約権を割り当てる旨の決議が行われた。同月、Y社とZらは、Y社の株式が店頭売買有価証券として日本証券業協会に登録された後、または国内証券取引所に上場された後6カ月が経過することを本件新株予約権の行使条件とすることを内容とする「新株予約権の割当てに係る契約」をした。そして、Y社は同月25日に新株予約権を発行した。

その後、平成17年10月にZ_1が収受したリベート等をめぐって税務調査を受けるようになり、税務当局から重加算税を賦課する可能性があることを指摘され、株式の公開は困難な状況となった。

Y社の取締役会において、平成18年6月19日、本件新株予約権の行使条件としての上場条件を撤廃する決議（本件変更決議。新株予約権発行後の行使条件変更）がされ、同日、Y社とZらは、本件変更決議に沿って新株予約権割当てに係る契約を締結した。同年6月から8月までの間に、Zらは新株予約権を行使し、Y社はこれに応じ、合計2万6000株の普通株式を発行した。Y社の株式が証券取引所または日本証券業協会の店頭売買有価証券として登録されることはなかった。

Y社の監査役であるXが、Y社の取締役であったZらによる新株予約権の行使は、行使条件を変更する取締役会決議が無効であるにもかかわらず、それに従ってされたものであって、上記新株予約権の行使による株式の発行は無効であると主張して、会社法828条1項2号に基づいて、新株発行無効確認を求めて訴えを提起した。

(イ) **最高裁判所の判断**

(A) **本件（取締役会による）変更決議の効力**

旧商法280条ノ21第1項は、株主以外の者に特に有利な条件をもって新株予約権を発行する場合には、株主総会の特別決議を要する旨を定めるが、同項に基づく特別決議によって新株予約権の行使条件の定めを取締役会に委任することは許容されると解される。しかし、株主総会は、当該会社の経営状態や社会経済状況等の株主総会当時の諸事情を踏まえて新株予約権の発行を決議するものであるから、行使条件の定めについての委任も、別途明示の委任がない限

143

り、株主総会当時の諸事情の下における適切な行使条件を定めることを委任する趣旨のものである。すなわち、いったん定められた行使条件を新株予約権の発行後に適宜実質的に変更することまで委任する趣旨のものであるとは解されない。また、上記委任に基づき定められた行使条件を付して新株予約権が発行された後に、取締役会の決議によって行使条件を変更し、これに沿って新株予約権を割り当てる契約の内容を変更することは、その変更が新株予約権の内容の実質的な変更に至らない行使条件の細目的な変更にとどまるものでない限り、新たに新株予約権を発行したものというに等しく、それは新株予約権を発行するには、そのつど株主総会の決議を要するものとした旧商法280条ノ21第1項の趣旨にも反するというべきである。

　そうであるとすれば、当該新株予約権の発行後に上記行使条件を取締役会によって変更することは原則として許されず、これを変更する取締役会決議は無効と解するのが相当である。

　(B)　行使条件に反した新株予約権の行使によって発行された株式発行の効力
　公開会社でない株式会社については、募集事項の決定は取締役会の権限とはされず、株主割当て以外の方法により募集株式を発行するには株主総会の特別決議によって募集事項を決定することを要し、また、株式発行無効の訴えの提訴期間も、公開会社の場合は6カ月であるのに対し、非公開会社の場合には1年とされている（会828条1項2号）。これらの点に鑑みれば、非公開会社については、その性質上、会社の支配権にかかわる持株比率の維持に係る既存株主の利益の保護を重視し、その意思に反する株式の発行は株式発行無効の訴えにより救済するというのが会社法の趣旨と解されるのであり、非公開会社において、株主総会の特別決議を経ないまま株主割当て以外の方法による募集株式の発行がされた場合、その発行手続には重大な法令違反があり、この瑕疵は上記株式発行の無効原因になると解するのが相当である。

　非公開会社が株主割当て以外の方法により発行した新株予約権に株主総会によって行使条件が付された場合に、この行使条件が当該新株予約権を発行した趣旨に照らして当該新株予約権の重要な内容を構成しているときは、上記行使条件に反した新株予約権の行使による株式の発行は、これにより既存株主の持株比率がその意思に反して影響を受けることになる点において、株主総会の特

別決議を経ないまま株主割当て以外の方法による募集株式の発行がされた場合と異なるところはないから、上記新株予約権の行使による株式の発行は、無効原因があると解するのが相当である。

2 判例の分析

　以上、必要な機関の決定を経ずに代表取締役が独断でした行為の効力に関する判例をみてきたが、次のように分析することができる。

　第1に、会社の組織に関する行為と業務執行行為とを区別し、前掲最判昭和40・10・8（上記1(2)(イ)参照）は、新株の発行は、元来株式会社の組織に関するものではあるが授権資本制度を採用する現行商法（当時）が新株発行の権限を取締役会に委ねており、新株発行は、むしろ、会社の業務執行に準ずるものとして取り扱っているものと解するを相当と解したうえで、代表取締役が株主総会の特別決議を経ないでした行為を有効とした。株主総会決議が必要な組織に関する行為をした場合は無効であるが、業務執行行為に関し必要な株主総会の特別決議を経ないでした代表取締役の行為は有効とする趣旨のようである。現に、事業譲渡については無効としている（前掲最判昭和61・9・11（上記1(1)））。しかし、同じく株主総会決議が必要な行為でありながら、組織的行為とそうでない行為とでなぜ違った結論になるのか疑問である。事業譲渡も有利な発行価額での第三者割当てもともに株主にとって重大な利害関係のある事項だから株主総会の特別決議が必要というのが立法者の判断である。

　第2に、会社法362条4項に列挙される事項に違反する代表取締役の行為とその他の法令に違反する代表取締役の行為とでは違った理由づけをしている点である。取締役会の決議を経ないで代表取締役が専断的に行った新株発行の効力につき、最高裁判所（前掲最判昭和36・3・31（上記1(3)(ア)））は、株式会社の新株発行に関し、いやしくも対外的に会社を代表する権限のある取締役が新株を発行した以上、たとえ右新株の発行について有効な取締役会の決議がなくとも、右新株の発行は有効なものと解すべきであるとした原審の判示は、すべて正当であるとした。これに対して、会社法362条4項違反の行為については、民法93条を類推適用している。法律上は、必要な取締役会決議を欠く代表取締役の行為という点で共通の問題であり、両者を区別すべき根拠は存在しないと

いうべきである。

　第3に、前掲最判昭和46・7・16（上記1(2)）と前掲最判平成24・4・24（上記1(5)）の矛盾である。前掲最判昭和46・7・16は、公開会社の場合であり、前掲最判平成24・4・24は非公開会社の場合であるから、前者の場合を有効、後者の場合を無効とするについては矛盾はないというのであろう。非公開会社の場合につき、最高裁判所（前掲最判平成24・4・24）は、非公開会社については、募集事項の決定は取締役会の権限とはされず、株主割当て以外の方法により募集株式を発行するには株主総会の特別決議によって募集事項を決定することを要し、また、株式発行無効の訴えの提訴期間も、公開会社の場合は6カ月であるのに対し、非公開会社の場合には1年とされている（会828条1項2号）。これらの点に鑑みれば、非公開会社については、その性質上、会社の支配権にかかわる持株比率の維持に係る既存株主の利益の保護を重視し、その意思に反する株式の発行は株式発行無効の訴えにより救済するというのが会社法の趣旨と解されるのであり、非公開会社において、株主総会の特別決議を経ないまま株主割当て以外の方法による募集株式の発行がされた場合、その発行手続には重大な法令違反があり、この瑕疵は上記株式発行の無効原因になると解するのが相当であると説いている。

　株式発行無効の提訴期間が異なること、株主の持株比率の維持についての利益の軽重という違いが両者を全く別個の結論に導くに足る根拠といえるか、はなはだ疑問である。いずれの場合にも、必要な株主総会の特別決議を欠いた代表取締役の専断的行為の効力の問題なのである。

　以上のように代表取締役の専断的行為の効力に関する判例の立場は一貫性がない。本来統一的に処理されるべき問題を事例ごとにさまざまに処理している点は問題とされるべきである。

V　結びに代えて

　法は会社の業務執行のうち重要なものとそうでないものとに分け、重要な業務執行についての決定は必ず取締役会決議を経ることを要求している（会362条4項）。株式の募集の決定（同法201条1項）、競業および会社との取引（同法

365条1項)など、各条文で取締役会決議を要求している事項は、すべて重要であるとの立法者の判断を表している。会社ないし株主の利益の観点から、さらに重要事項と考えられる事項については株主総会の決議事項とされている。重要事項であるから、法人としての意思決定の権限を取締役会または株主総会に分配しているのであって、代表取締役が単独で決定しかつ執行することはできないものとしている。

したがって、法律上、株主総会ないし取締役会の決議事項とされているものについては、代表取締役には決定権限はなく、必要な機関の決議を経ないで代表取締役が専断ですることは無権代表行為であり、無効であるといわざるを得ない。取引の安全保護を考慮する必要はあるが、そのことゆえに無効な行為を有効とすることはできず、無効と解したうえで取引の安全保護を図る途が必要であるという立場を支持すべきである。[23]

無権代理行為は、本人に法的効果は帰属せず、一定の場合に本人はその無効を主張できないとするのが民法の表見代理の規定である(代表取締役の専断的行為については民法110条が問題となる)。しかし、代表取締役の無権代表行為について民法の表見法理の規定を適用ないし類推適用するのは問題である。表見代理においては、善意かつ無過失の相手だけが保護されることになるが、代表取締役と取引をした相手方に軽過失があったという理由で保護しないのは妥当ではない。商取引の安全保護の主観的要件としては、相手方ないし第三者の善意かつ無重過失が一般的な基準とされていることを考慮する必要がある。

さらに、商法ないし会社法に全く実定法的根拠となる規定がないときは、民法に依拠せざるを得ないが、この問題については、会社法349条5項で解決するべきと考える。同条項は、代表取締役の権限に加えた制限は、善意の第三者に対抗することができないと規定する。会社の業務に関する事項であって、株主総会ないし取締役会の決議事項とされているものは、代表取締役の代表権に加えられた制限といえ、必要な株主総会・取締役会決議を経ないで代表取締役が行為することは、その制限に違反することになる。代表取締役の制限違反の行為については、会社は善意の第三者に対抗できないとされている。この場

---

23 田邊・前掲論文(注1)735頁。

[7] 代表取締役の専断的行為

合、重過失は悪意と同視すべきであるとの説を支持すべきである。[24]

---

24 田邊・前掲論文（注1）736頁。

8 合同会社の業務執行社員の第三者責任

弁護士　永石　一郎

I　本稿の目的

　本稿は、次第にその存在意義が大きくなって今後活用が広範に及ぶと考えられる合同会社の解説とあわせ、合同会社のプレイヤーである業務執行社員・職務執行者の第三者に対する責任について、特例有限会社の場合と取締役会非設置株式会社の場合の比較を通じ設題を用いて解明しようとするものである。当事者関係、業務執行社員の関係、設題は下記のとおりである。

［当事者関係図］

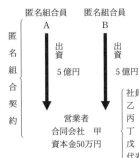

都心の一等地、青山地区にある5軒の土地付建物を甲が購入（地上げ）し、一括してマンション建設の目的でデベロッパー等に販売することにより、譲渡益をあげることが匿名契約の目的である。

社員は乙・丙・戊で、甲への出資金は、乙・戊各10万円、丙は30万円
乙　業務執行社員　公認会計士　　　会計担当（定款に記載）
丙　業務執行社員　株式会社　　　　資本金3000万円　地上げ担当（〃）
丁　丙の代表取締役で丙の職務執行者　地上げの交渉者
戊　業務執行社員　弁護士　　　　　地上げに関する法律問題担当（〃）
代表社員を定める旨の定款の規定はない。
業務執行社員の報酬は、定款に定められている。

〈設題①〉
　乙は、A、Bの出資金を甲の預り金として、銀行に新たに開設した甲名義の口座に送金させなければならなかったが、早晩出金するものだからと

考えてＡ、Ｂの出資金を自己が代表を務める会計事務所の乙名義の口座に送金させた。

　丁、戊が乙に対してＡ、Ｂから出資金の入金があったかどうか尋ねたところ、乙は「Ａ、Ｂから出資金合計金10億円の入金があり、○○銀行の口座に保管してあります」と答えたので、丁、戊は、乙は公認会計士であり金銭を扱う専門家であるからと信用し、それ以上何らの問合せをしなかった。ところが、乙の監査業務に落度があり乙のクライアントが倒産し、そのクライアントの破産管財人から損害賠償金4億円を被保全権利として乙の銀行口座を仮差押えされ、Ａ、Ｂからの出資金合計金10億円のうち4億円を銀行口座から出金することができなくなり、甲は結局地上げ代金を支払うことができなくなった。このためＡ、Ｂと甲間の匿名契約は終了せざるを得なくなった。Ａ、Ｂが甲に対して匿名組合契約の債務不履行責任を問い得るのは当然であるが、その他、Ａ、Ｂは各々2億円について乙、丙、丁、戊に会社法597条に基づいて損害賠償請求できるか。

〈関連設問〉

(1)　上記設題において、業務執行社員の役割分担が定款に記載されている場合と記載されていない場合で、乙、丙、丁、戊の責任にどのような違いがあるか。
(2)　乙が業務執行社員でなく、単なる甲の従業員ないし経理業務の外注者であった場合、丙、丁、戊の責任にどのような違いがあるか。

1　設題・関連設問解決のポイント

(1)　本設題の趣旨

　乙は、甲がＡ、Ｂからの出資金を匿名契約目的に支出できるよう管理すべき善管注意義務（任務）があるにもかかわらず漫然と管理し、よって出資金のうち4億円が口座から出金できなくなり、甲に4億円の損害を被らしめた。そしてその結果、甲の債権者であるＡ、Ｂに各2億円の損害をもたらした。つまり、乙の任務懈怠により、結果としてＡ、Ｂに各2億円の間接損害をもたらし

たものである。丙、丁、戊には、乙が上記任務懈怠（善管注意義務違反）を引き起こさないように監視すべき義務があったのか、あったとすると、その義務違反に重大な過失があったといえるかを問うのが本設題の趣旨である。

(2)　業務執行社員の善管注意義務・忠実義務（会593条1項・2項）

　合同会社の業務執行社員の業務執行権は、社員たる地位に基づいて発生するものであるが、株式会社の取締役の業務執行権は、会社と取締役との間の委任契約すなわち委任に関する民法643条以下の規定により生ずる点において異なる。したがって、合同会社の業務執行社員の善管注意義務は、民法644条の規定により生ずるものではないので、業務執行社員に善管注意義務を課すためには根拠が必要となる。そこで、合同会社の業務執行社員に善管注意義務・忠実義務を負わせるために会社法593条1項・2項の規定が設けられたものである。また、合同会社は定款自治が大きい会社類型とされているが、定款で「善管注意義務を負わない」旨を定めたとしても、それは会社法に反するので無効となると解されている。本設題においては、乙が、自己が代表である会計事務所の乙名義の銀行口座に、A、Bからの出資金合計10億円を送金させていたことが善管注意義務違反（任務懈怠）となるのは当然であるが、丙、丁、戊は乙にそのような銀行口座管理をさせないようにする監視義務違反があったのかどうかが問題となる。

(3)　業務執行社員の第三者責任（会597条、429条）

　会社法597条は、業務を執行する有限責任社員がその職務を行うことにより第三者に損害を与えた場合の当該有限責任社員の責任について規定するものであり、株式会社についての会社法429条1項と同様の規定である。

　この規定は、間接損害に関する有限責任社員の責任を強化するために設けられたものである。業務執行社員の悪意・重過失による任務懈怠から合同会社が損害を被り、その結果、第三者に損害を生じさせた場合には、この規定がないと、有限責任社員は不法行為責任などを除き自己の出資の価額を限度として責任を負うにとどまることになる。そのため、有限責任社員は、自己の責任が限定されていることを奇貨として、会社財産が不足している状況であっても、投機性の高い事業を実施したりして、結果的に倒産に至るという事態を招きかねない。そこで、合同会社の業務を執行する有限責任社員に対し、株式会社の取

締役と同様の第三者責任を課すことによって、当該業務執行社員が会社の債務につき有限責任であることによる弊害を防止しようとしたものである。

本設題においては、丙、丁、戊に乙に対する監視義務違反すなわち甲に対する任務懈怠があるかどうか、また、丙、丁、戊は、会社法597条によりA、Bに損害賠償責任を負うかが問われている。

　(4)　監視義務

業務執行社員の監視義務に関して検討すべきは以下のとおりである。
① 合同会社の業務執行社員は、株式会社における取締役相互の監視義務（取締役会設置会社における取締役の監視義務については、最判昭和48・5・22民集27巻5号655頁・判時707号92頁がある）と同じように他の業務執行社員・職務執行者に対する監視義務を負うのか
② 合同会社と類似する他の会社類型における監視義務
　ⓐ 取締役会設置会社以外の株式会社において取締役が二人選任されていた場合、取締役はお互いに他の取締役の業務執行について監視義務を有するか
　ⓑ 旧有限会社において取締役が二人選任されていた場合と同じに考えてよいか
③ 監視義務の発生根拠
　監視義務の発生根拠はすべての会社類型において同じか否か
　(5)　要件事実の構造
　(ア)　A、Bから乙に対し会社法597条の責任を追及する場合

A、Bから乙に対し会社法597条の責任を追及する場合の要件事実の構造は次のとおりである。

〈請求原因〉
① 乙は甲の業務執行社員
② 乙はその職務執行に際し、匿名組合出資金を自己の口座に保管していた行為が任務懈怠と評価しうる評価根拠事実
③ 乙の②行為について悪意または重大な過失（評価根拠事実）があったこと
④ A、Bは甲と匿名組合契約を締結していること

⑤　甲の匿名組合契約不履行によりＡ、Ｂに損害が発生したこと
⑥　乙の②行為とＡ、Ｂの⑤の損害に因果関係があること
〈乙の抗弁１〉
○　請求原因②の乙の任務懈怠の評価障害事実
〈乙の抗弁２〉
○　請求原因③の悪意または重過失に関する評価障害事実
〈乙の抗弁３〉
○　Ａ、Ｂが請求原因⑤の損害を被るについてＡ、Ｂに過失があったことの評価根拠事実

　乙が抗弁として経営判断の原則、責に帰すべき事由がないことの各評価根拠事実を主張できるかどうかは、検討が必要である。

　㈑　Ａ、Ｂから丙、丁、戊に対し、会社法597条の責任を追及する場合
　Ａ、Ｂから丙、丁、戊に対し、会社法597条の責任を追及する場合の請求原因は、次のとおりである。
①　丙、丁、戊は甲の業務執行社員
②　任務懈怠は乙の口座管理についての監視義務違反（不作為）であるから、その不作為が任務懈怠と評価しうる評価根拠事実
③　丙、丁、戊の②行為について丙、丁、戊の悪意または重大な過失（評価根拠事実）があったこと
④　Ａ、Ｂは甲と匿名組合契約を締結していること
⑤　甲の匿名組合契約不履行によりＡ、Ｂに損害が発生したこと
⑥　丙、丁、戊の②行為とＡ、Ｂの⑤の損害に因果関係があること

2　匿名組合契約

　匿名組合は、「当事者の一方が相手方の営業のために出資をし、その営業から生ずる利益を分配することを約する」契約である（商535条）。出資をなす者を「匿名組合員」といい、出資を受ける者を「営業者」という。匿名組合は、民法上の組合と異なり、匿名組合員と営業者の二当事者間の契約である。匿名組合員の出資は、営業者の財産に属し（同法536条１項）、かつ、匿名組合員は、営業者の業務を執行すること、または営業者を代表することができない（同条

3項)。また、匿名組合員は、営業者の行為について、第三者に対して権利および義務を有しない(同条4項)。

　匿名組合契約が用いられる理由はその課税方式にある。匿名組合契約に係る損益について、法人が営業者である場合の匿名組合営業について生じた利益または損失は、その利益の額または損失の額から匿名組合契約により匿名組合員に分配すべき利益の額または負担させるべき損失の額を控除した残額を当該事業年度の益金または損金に算入するとされている(法人税法基本通達14-1-3)。また、匿名組合の営業者が組合員に分配する利益の額は、当該営業者のその営業に係る所得の金額の計算上、必要経費に算入するとされるとともに、匿名組合員が受け取る利益の分配金は、雑所得に該当するとされている(所得税法基本通達36・37共-21後段)。したがって、会社型SPV(本件では合同会社甲)が法人課税の対象である場合でも、甲は営業者として匿名組合契約を締結することによって、対象資産の取得・管理・運用・処分によって生じる損益をそのまま投資家に分配し、法人課税を実質的に回避することができる。

　匿名組合契約の問題点としては、営業者の倒産によるリスクが指摘されている。営業者について法的倒産手続が開始した場合、出資金はその倒産財団に組み入れられ、匿名組合員は、別除権を有していない限り倒産手続に従って弁済を受けるしかなくなるからである。

　また、本設題におけるように匿名組合の目的である事業が成功不能となったときは匿名組合契約は終了する(商541条1号)。そして、営業者は匿名組合員にその出資の価額を返還しなければならない(同法542条本文)。

　本設題は、A、Bは、甲との匿名組合契約が事業成功不能という事由により終了し、出資金のうち戻ってこなくなった各2億円を乙・丙・丁・戊に請求できるか、できるとするとその根拠は何か、を問うものである。

II 合同会社

1 会社の種類別設立件数からみた合同会社の躍進

(1) 会社類型

会社には、株式会社、合名会社、合資会社および合同会社があるが、合同会社は、平成18年5月1日、会社法の施行によって創設された新しい会社類型である。

なお、旧有限会社法に基づいて設立された旧有限会社は、平成18年5月1日以降は、会社法の規定による株式会社として存続するものとされた（会社法の施行に伴う関係法律の整備等に関する法律（以下、「平成17年整備法」という）2条1項）が、その商号には、有限会社という文字を用いなければならないと規定したことから、この会社を「特例有限会社」という（平成17年整備法3条）。

〈表1〉 会社の種類別設立件数（法務省登記統計）

	18年	19年	20年	21年	22年	23年	24年	25年
合名会社	86	52	48	31	29	40	60	84
合資会社	59	47	414	312	199	250	131	105
合同会社	3,392	6,076	5,413	5,771	7,153	9,130	10,889	14,581
株式会社	67,742	95,363	86,722	79,902	80,535	80,242	80,862	81,889
合　計	71,279	101,538	92,597	86,016	87,916	89,662	91,942	96,695

神﨑満治郎『5つの定款モデルで自由自在「合同会社」設立・運営のすべて』（中央経済社・2014年）1～3頁。

合同会社は、米国でパススルー課税（会社に法人税が課税されず、法人の損益は、法人の構成員である社員の損益となり、社員は自己の他の損益と通算できる制度）の点から大いに活用されているLLC（Limited Liability Company）を見本に日本版LLCとして平成17年6月新たな会社類型として制度化されたが、財務省が合同会社のパススルー課税を認めなかったので、当初は設立件数が少なかった。

ところが、その後、合同会社はその使い勝手の良さ（設立、運営・維持コス

155

トが安く、簡易・迅速な意思決定が可能）が認識・周知され、次第に合同会社の設立が増加してきたのは〈表１〉のとおりである。今後、合同会社の設立はさらに増加するものと思われる。このような使い勝手の良さから、株式会社から合同会社へ組織変更する株式会社もあり、その数は平成25年においては51社に及んでいる（法務省登記統計）。たとえば、株式会社西友ストアー（社員１万8000人）は平成21年３月１日に日本事業を統括する中間持株会社「ウォルマート・ジャパン・ホールディングス合同会社」の完全子会社へ移行し、同年９月１日付けで資本金11億円の合同会社に改組することになった。また、平成24年５月21日、資本金70億円の極東石油工業株式会社は組織変更により極東石油工業合同会社になったが、極東石油工業合同会社の出資持分の50％を所有しているのは、資本金10億円のEMGマーケティング合同会社である。

(2) 会社の種類別数

平成26年３月末現在の大まかな会社の種類別数（清算中の会社を除く）は、〈表２〉のとおりである。

〈表２〉 会社の種類別数（平成26年３月末現在）

株式会社	約172万5000社
特例有限会社	約166万社
合名会社	約１万8000社
合資会社	約８万1000社
合同会社	約６万社

神田秀樹『会社法〔第16版〕』（弘文堂・2014年）7頁。

2 合同会社制度

(1) 合同会社とは

合同会社は、組織の対外的関係は株式会社等と同じく全構成員（社員）が有限責任でありながら、組織の内部関係については、民法上の組合と同様、法律で強制されることなく定款で自由に設定できる（合名会社、合資会社と同じ）という特徴をあわせもった会社形態である。しかし、先に述べたように米国のLLCにおけるパススルー課税の適用が認められなかった。その結果、合同会社は、旧有限会社とほとんど同じ会社類型であるといえる。その特徴は、

① 社員は1名でよく、法人でもよい。
② 定款についての公証人認証は不要である。
③ 出資は金銭または現物出資に限る。労務出資や信用出資は不可である。
④ 公証人の認証がいらないので設立費用が低廉である。
⑤ 株式会社または合同会社への組織変更が可能である。
⑥ 資本金5億円以上または負債200億円以上でも会社法上の大会社にあたらない。
⑦ 内部統制システム・会計監査人の設置義務がない。
⑧ 会社更生法の適用外である（出資者・担保権者においては倒産リスクを回避できる）。
⑨ 匿名出資契約の締結が可能である（本設題のように、今後匿名組合とセットで利用されることが多くなろう）。
⑩ 社債の発行が可能である。

以上から、合同会社のメリットとしては、設立費用の節約、意思決定の迅速化、出資比率にかかわりない損益分担、資産流動化法における活用などがあげられる。

(2) 合同会社の法的性質

(ア) 合同会社の社員の地位

合同会社の社員の地位は1個である（持分単一主義）。1個の大きさが出資の価額に応じて異なり、各社員は大きさの違う風船を1個ずつ持っているとたとえられる。株式会社では、株主総会の決議においてその有する株式1株につき1個の議決権を有するとし、原則、議決権の多数決による（会308条1項、309条）のに対し、合同会社では、原則、社員の過半数によって決する（同法590条2項）。しかし、合同会社においては各社員に業務執行権があるので、株式会社における少数株主の締出しというような危険を回避できる[1]。

(イ) 有限責任

合同会社は、社員の全部が有限責任社員である会社である（会576条4項）。

1　江頭憲治郎「合同会社制度のメリット――締出し防止策の側面」松嶋英機ほか編『新しい時代の民事司法（門口正人判事退官記念）』（商事法務・2011年）241頁以下。

有限責任といっても、「有限責任社員は、その出資の価額（既に持分会社に対し履行した出資の価額を除く。）を限度として、持分会社の債務を弁済する責任を負う」とされているから（同法580条2項）、本来的には会社債権者に対する間接有限責任を負うことを意味する。株式会社（同法104条）、旧有限会社と同じである。したがって、合同会社では社員全員が有限責任しか負わないことから、債権者保護のため、株式会社と同じく計算書類の閲覧・謄写請求、資本金の額の減少、利益の配当等について特則が設けられている（同法625条〜636条）。株式会社と異なるのは出資の払戻し制限である。さらに、合同会社の社員になろうとする者は、合同会社の設立の登記をする時までに、その出資に係る金銭の全額を払い込まなければならず（同法578条本文）、また、合同会社設立後に新たに社員になろうとする者は、出資に係る金銭の全額の払込みを完了した時に合同会社の社員となる（同法604条3項）とされており、出資時の全額払込主義がとられている点が株式会社と異なる。

各事業体における出資者の責任の比較は〈表3〉のとおりである。

〈表3〉 各事業体における出資者の責任の比較

事業体の種類＼項目	出資者の責任	所有と経営	法人格	事業体への課税	社債発行の可否	法定監査の必要性
合同会社	有限	一致	あり	法人税	可（会676条、2条23号）	なし
株式会社	有限	分離	あり	法人税	可（会676条、2条23号）	あり
特例有限会社	有限	一致	あり	法人税	可（会676条、2条23号）	なし
特定目的会社（TMK）	有限	分離	あり	※ペイスルー課税	可（資産流動化法121条1項）	あり
民法上の任意組合	無限	一致	なし	パススルー課税	否	なし

| 有限責任事業組合 | 有限 | 一致 | なし | パススルー課税 | 否 | なし |
| 投資事業有限責任組合 | 一部有限 | 一致 | なし | パススルー課税 | 否 | あり |

※租税特別措置法67条の14第1項、租税特別措置法施行令39条の三十二の二2項
金子宏『租税法〔第19版〕』(弘文堂・2014年) 290頁参照。

(ウ) 定款自治

　会社法は、合名会社、合資会社、合同会社を「持分会社」と総称し (会575条1項)、第3編に持分会社に共通の規律として、会社の内部関係について、広く定款自治を認めている。合同会社においては、損益分配の割合は原則として出資の価額に応じるが、利益または損失の分配について定款に別段の定めをおくことができる (同法622条1項)。

(エ) 合同会社の業務執行

　合同会社では、社員全員が原則として業務執行権を有する (会590条1項)。そして、社員が二人以上である場合には、合同会社の業務は、原則として社員の過半数をもって決定する (同条2項)。つまり、所有と経営とが一致するのが原則である。しかし、定款をもって、業務を執行する社員を定め (同条1項)、業務の決定方法を定めることができる (同法591条1項)。

　業務を執行する社員が法人である場合には、当該法人は、職務を行うべき者 (職務執行者という。会598条1項) を選任し、その者の氏名および住所を他の社員に通知しなければならない。機能的には、当該職務を行うべき者は、株式会社の取締役に類似する。

　合同会社では、業務を執行する社員が原則として合同会社を代表する (会599条1項本文)。

(オ) 損益分配 (会622条) と利益の配当 (同法621条) の違い

　損益の分配とは、社員が合同会社に対してどれだけ持分があるかということであり、決算処理により損益が確定する。実際に社員にいくら配当するかということとは関係がない。利益の配当とは、現実に社員に払い戻すことである。合同会社が利益の配当をするかについては、会社法628条の制限がある。利益配当により社員に法人税、所得税が課せられ、合同会社の利益積立金額が減少

する。

(カ) 合同会社の業務執行社員と株式会社の取締役の違い

合同会社の業務執行社員と株式会社の取締役の違いは、〈表4〉のとおりである。

〈表4〉 合同会社の業務執行社員と株式会社の取締役の違い

業務執行社員	取締役
業務執行権（590条・591条）	当然にはない
代表権（599条）	当然にはない
選任は定款の定めによる（90条1項）	株主総会で選出
辞任・解任の制限（591条4項・5項）	解任されることがある
善管注意義務・忠実義務等（593条）	善管注意義務・忠実義務（355条・民644条）
競業禁止・利益相反禁止（594条・595条）	競業禁止、利益相反禁止（356条）
損害賠償責任（596条・597条）	損害賠償責任（423条）
社員の責任を追及する訴えの特則（601条・602条）	株主代表訴訟（847条）
業務執行権消滅の訴え（860条・861条）	取締役解任の訴え（854条）
他の業務執行社員に対する監視義務あり	他の取締役の業務に対する監視義務あり
経営判断の原則の適用はない	経営判断の原則の適用あり

※条文は会社法。

(キ) 業務執行社員の責任

(A) 会社に対する責任

業務執行社員は、その任務を怠ったときは、会社に対し、連帯して、これによって生じた損害を賠償する責任を負う（会596条）。

社員が会社に対し、他の社員の責任を追及する訴えの提起を請求した場合において、会社が当該請求の日から60日以内に当該訴えを提起しないときは、当該請求をした社員は、当該訴えについて持分会社を代表することができる。ただし、当該訴えが当該社員もしくは第三者の不正な利益を図りまたは当該持分会社に損害を加えることを目的とする場合は、この限りでない（会602条）。こ

れは、株式会社の株主代表訴訟（同法847条）とやや類似しているが、原告は、持分会社自身であり、その訴訟遂行に係る代表権を社員が行使するというものである。また、代表訴訟のような取締役等の業務執行の適正性の確保を主眼としていない。訴訟費用につき株主代表訴訟のような特則（同条6項）もない。

　責任免除の方法については特別の制限が設けられておらず、会社は社員の責任を自由に免除することができる。事後の責任免除は当然のこと、事前に責任を免除することも可能である。

(B)　第三者に対する責任

　業務を執行する有限責任社員がその職務を行うにつき悪意または重過失あるときは、当該有限責任社員は、連帯して、これによって第三者に生じた損害を賠償する責任を負う（会597条）。取締役の第三者に対する責任（同法429条1項）と同様の規定である。会社法429条1項は、取締役は、その職務を行うについて悪意または重大な過失があったときは、これによって第三者に生じた損害を賠償する責任を負うと規定している。取締役と第三者（会社債権者等）との間には契約関係はないので、この責任は債務不履行責任ではない。この責任の法的性質については、第三者保護の立場から、取締役の責任を加重するために特に設けられた責任である、といういわゆる法定責任説が判例（最大判昭和44・11・26民集23巻11号2150頁・判時578号3頁）であり、通説である[2]。合同会社の業務執行社員は、有限責任であるからこのような会社法429条と同じ責任を課すことにより、業務執行社員が有限責任であることによる弊害を防止しようとするものである。しかし、役員等の第三者に対する責任規定はほかにもたくさんある。たとえば、後述する「資産の流動化に関する法律」94条や、「一般社団法人及び一般財団法人に関する法律」118条、各種組合法（中小企業等協同組合法38条の2、水産業協同組合法37条3項、農業協同組合法31条2項）などである。判例も組合法における役員の善管注意義務違反を根拠に対第三者責任を認めている（最判平成21・1・19金商1321号58頁、福岡高判平成17・5・12判タ1198号273頁、大阪高判平成14・3・29金商1143号16頁、仙台高判昭和53・4・21金商584号32頁）。

2　法定責任説については、泉田栄一『会社法論』（信山社・2009年）508〜511頁が詳しい。

(ク) 職務執行者

(A) 職務執行者とは

職務執行者とは、業務執行社員が法人の場合に現実に職務を行う者である。

(B) 業務執行社員と職務執行者の違い

業務執行社員と職務執行者の違いは、〈表5〉のとおりである。

〈表5〉 業務執行社員と職務執行者の違い

業務執行社員	法人業務執行社員の職務執行者
出資により当然に業務執行権を有する（590条1項）	法人が当該法人の役員、従業員、それ以外の者を単独または複数任意に指定した者が業務執行権を有する（598条1項・2項）。
辞任・解任の制限（591条4項・5項）	辞任・解任について規定なし
善管注意義務（593条1項）・忠実義務等（593条2項）	職務執行者は業務執行社員が合同会社に対して負うべき左記の義務と同様の義務を負う（598条2項）。
競業禁止・利益相反（594条・595条）	
合同会社、第三者に対する損害賠償責任（596条・597条）がある。	合同会社、第三者に対する損害賠償責任（598条2項・596条・597条）がある。 法人社員は職務執行者の当該行為が法人社員の指示により行われたか否かにかかわらず、同様の責任を負う。両責任は連帯債務となる。
社員の責任を追及する訴えの特則（601条・602条）	適用なし
業務執行権消滅の訴え（860条）	適用なし
業務の執行社員は設立時に登記される（914条6号）	法人の職務執行者は設立時に登記される（914条8号）。

※条文は会社法

(C) 職務執行者の義務と責任

職務執行者は、業務執行社員が合同会社に対して負うべき義務および責任と同様の義務および責任を負う（会598条2項）。法人の業務執行社員が職務執行者を選任していた場合、職務執行者に任務懈怠責任が生じたときは法人自体も任務懈怠責任を負うものと解する。

(ｹ) 持分の譲渡

　合同会社の社員同士は実質は組合的結合であるため、持分の自由な譲渡は認められない。他の社員全員の承諾がなければ、持分の全部または一部を譲渡することができない（会585条1項）。しかし、業務を執行する社員全員の承諾があれば、業務を執行しない有限責任社員は自己の持分の全部または一部を他人に譲渡することができる（同条2項）。社員の氏名または名称および住所は定款の絶対的記載事項であるため（同法576条1項4号）、持分を譲渡するには定款変更が必要である。定款変更は総社員の同意によって行うのが原則であるが（同法637条）、業務を執行しない有限責任社員の持分の譲渡にかかわる定款変更は、業務を執行する社員の全員の同意によってすることができる（同法585条3項）。なお、譲渡の承認、定款変更のいずれについても、定款で別段の定めをすることができる（同条4項）。

(3) 合同会社と株式会社の本質的な違い

(ｱ) 会社の意思決定

　株式会社は資本多数決原則（会309条1項、329条1項）であるが、合同会社は頭数多数決（同法590条2項）ないし全員一致（同法637条）である。

(ｲ) 投下資本の回収

　株式会社においては、定款による株式譲渡制限制度は株主の投下資本回収を制度内で保障するのに対して、合同会社においては、持分譲渡承諾制度内に投下資本回収を保障する制度はない。この相違は、合同会社の社員には退社が認められているが（会606条、607条、609条）、株式会社の株主の場合には一般的な退社制度が存しないことから生じたものであるが、合同会社社員の投下資本回収手段の保障という観点から、合同会社については、持分譲渡に他の社員の承諾が必要とされる制約（基本的に社員権の譲渡はないという前提である）との均衡を図るうえで、任意退社の制度（同法606条）を設けた。しかし、他方で、有限責任制度の観点からは、会社法635条は退社に伴う持分払戻額が剰余金額を超える場合には債権者保護手続を要することとしている（合同会社に関する特則であり、他の持分会社にはこのような規制は存しない）。

　このように、退社制度の有無が合同会社と株式会社との大きな違いである。

(4) 合同会社と他の持分会社との違い

(ア) 計算書類の作成義務と債権者からの閲覧請求

合同会社では、貸借対照表のほか、損益計算書、社員資本等変動計算書および個別注記表を作成しなければならず（会617条2項、会計規71条1項2号）、債権者は、営業時間内はいつでも閲覧・謄写請求ができる（会625条）。

他の持分会社（合名会社・合資会社）では貸借対照表の作成は義務づけられているが、その他の計算書類作成に関しては任意であり（会計規71条1項1号）、会社債権者からの閲覧・謄写請求も規定されていない。

なお、持分会社には、合同会社も含め、計算書類の公告義務はない（会440条参照）。

(イ) 出資原則

合名会社の社員および合資会社の無限責任社員は、出資の目的として金銭出資・現物出資だけでなく、労務出資や信用出資も認められる（会576条1項6号）。

合同会社においては、社員全員が有限責任しか負わないため、出資の目的は金銭等に限定され、労務や信用の出資は認められない（会576条1項6号カッコ書）。

(ウ) 配当規制（剰余金の分配についての財源規制）

合同会社は、配当額（利益の配当により社員に対して交付する金銭等の帳簿価額）が利益配当日における利益額を超える場合には、利益の配当をすることができない（会628条）。

[当事者関係図]

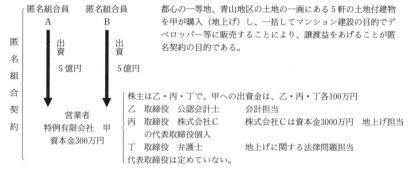

合同会社以外の持分会社には、直接無限責任を負う社員がいるため、債権者保護の制度は採用されていない。また、無限責任社員は、配当額が利益額を超える場合でも、会社に対して金銭等を支払う義務を負わない（会623条）。

3 特例有限会社

(1) 営業者甲が特例有限会社の場合の乙・丙・丁の責任

合同会社は旧有限会社とほとんど同じ性質・構造を有しているので、本設題の営業者である合同会社甲を特例有限会社におき替えて、乙・丙・丁の責任を検討してみる。

> 〈設題②〉
> 　乙は、A、Bの出資金を甲の預り金として、銀行に新たに開設した甲名義の口座に送金させなければならなかったが、早晩出金するものだからと考えて、A、Bの出資金を自己が代表を務める会計事務所の乙名義の口座に送金させた。
> 　丙、丁が乙に対してA、Bから出資金の入金があったかどうか尋ねたところ、乙は「A、Bから出資金合計金10億円の入金があり、〇〇銀行の口座に保管してあります」と答えたので、丙、丁は、乙は公認会計士であり金銭を扱う専門家であるからと信用し、それ以上何らの問合せをしなかった。ところが、乙の監査業務に落度があり乙のクライアントが倒産し、そのクライアントの破産管財人から損害賠償金4億円を被保全権利として乙の銀行口座を仮差押えられ、A、Bからの出資金合計金10億円のうち4億円を銀行口座から出金することができなくなり、甲は結局地上げ代金を支払うことができなくなった。このためA、Bと甲間の匿名契約は終了せざるを得なくなった。A、Bが甲に対して匿名組合契約の債務不履行責任を問い得るのは当然であるが、その他、A、Bは各々2億円について乙、丙、丁にどのような法的根拠に基づいて損害賠償請求できるか。

(2) 特例有限会社

合同会社と似た会社制度として特例有限会社がある。

平成17年に有限会社法は廃止され、以降、有限会社を設立することは認められていない。従前の有限会社は、経過措置が設けられ、会社法施行日以降、株式会社として存続している。このような株式会社を「特例有限会社」とよんでいる（平成17年整備法2条1項、3条2項カッコ書）。これらの会社は、商号中に有限会社という文字を使用しなければならない（同法3条1項）。

　また、平成17年整備法により、特別の定款変更や登記などの手続を経ることなく、従前の規制が維持されるよう手当てが施されている（同法2条～46条）。たとえば、計算書類公告の義務は課されず（同法28条）、取締役の任期は決定されておらず（同法18条）、監査役を設置した場合でも会計監査に限る旨の定款規定があるものとみなされ（同法24条）、大会社であっても会計監査人を設置できない（同法17条2項）、などである。

　旧有限会社は、そのまま特例有限会社として存続することも可能であるが、定款を変更して株式会社への商号変更をし、特例有限会社の解散と株式会社の設立を登記することにより、通常の株式会社となることも認められる（平成17年整備法45条2項、46条）。

　特例有限会社と旧有限会社との違いは、商号および株式会社法の適用を受けることだけで中味は何も変わっていない。

(3)　特例有限会社と合同会社の構造的異同

(ア)　特例有限会社と合同会社の類似点

　合同会社においては社員全員が有限責任社員であり、かつ、出資者と業務執行者とが同一ないし密接な関係にあることからすると、現行の特例有限会社と合同会社とは会社類型としての構造も似ている。すなわち、

① 所有と経営が一致していることである。このことは、特例有限会社において取締役の任期制限がないことからもうかがわれる。なぜなら、所有と経営が一致しているので定期的に社員の信任を問う必要がないからである。

② 「合同」という名称にかかわらず、社員が1名であっても合同会社を設立することができ、社員が1名であっても解散事由とならない（会641条4号）。特例有限会社も社員が1名になっても存続する。

③ 合同会社は、会社法440条に相当する規定がおかれておらず、計算書類

を公告する義務はない。特例有限会社も同様である。

④　会社法にいう大会社は株式会社に限られているため（会2条6号）、資本金の額が5億円以上または負債の合計額が200億円以上の合同会社、特例有限会社であっても、会社法上の大会社とならない。したがって、内部統制システム構築の義務はないし、会計監査人設置の義務もない。

(ｲ)　**特例有限会社と合同会社の異なる点**

特例有限会社と合同会社の異なる点は、以下のとおりである。

①　業務執行権の発生根拠が、合同会社の場合は社員たる地位に基づき法律上当然に発生するが、特例有限会社の場合は任用（委任）契約に基づくものである。

②　特例有限会社においては、法人は業務執行者すなわち取締役になれない。

以上に鑑みると、合同会社は、社員の地位が原則として業務執行者の地位と一体化している点を除けば、特例有限会社と機能的にはほぼ同じということもできる。

(4)　**特例有限会社と合同会社の異同**

特例有限会社と合同会社の異同は、〈表6〉のとおりである。

〈表6〉　**特例有限会社と合同会社の異同一覧**

		特例有限会社 （平成17年整備法第2節）	合同会社 （会社法）
業務執行権	発生原因	委任契約	社員たる地位
	業務執行権の内容	取締役（任期に制限なし）（整備法18条） 株主は株主総会で議決権を行使するのみ。	原則として社員全員。ただし、定款をもって業務執行社員を限定可能（会590条1項）。業務執行社員が法人である場合は、職務を行うべき者を選任（同法598条1項）
	業務執行者	辞任可	正当な事由がなければ辞任不可（会591条4項）
代表権		取締役（会349条1項）。ただし、代表取締役を選任できる（同条1項・3項）	原則として業務執行社員（会599条1項）。ただし、代表者を定めることができる（同条1項・3項）

持分の譲渡	株主間の譲渡は自由。非株主への譲渡については株主総会の承認（整備法9条1項）	原則として業務執行社員の全員の承認が必要（会585条1項）。ただし、定款で別段の定めをすることもできる（同条4項）
損益の分配	利益の配当は原則として株数に比例。ただし、定款で別段の定めをすることができる（会454条、整備法44条）	損益分配の割合は原則として出資の価額に比例。ただし、定款で別段の定めをすることができる（会622条1項）
大会社規制	なし	なし
一人会社	可能	可能
定款自治	特に定めなし	強行規定に反しない限り可能（会577条）
会計監査人	不要（整備法17条2項）	不要
監査役	不要	不要
内部統制システム構築義務	不要（整備法21条）	不要
会社更生法	適用対象あり※	適用対象外
社債の発行	可能	可能
公告の方法	官報、日刊新聞紙、電子公告のいずれか（会939条1項、911条3項30号、整備法42条7項、5条2項・3項）	官報、日刊新聞紙、電子公告のいずれか（会939条1項）
計算書類の公告	義務なし（整備法28条）	義務なし

※　会社法の施行時にすでに設立されている有限会社、すなわち有限会社法上の有限会社（旧有限会社）は、会社法施行後は、会社法上の株式会社として存続することとなるが（整備法2条1項）、このような会社（特例有限会社）についても、会社更生法の適用を排除する旨の経過規程が設けられていないことから、整備法の施行日後は、更生手続を利用することが可能となる[3]。

(5)　特例有限会社と取締役会非設置株式会社の異同

特例有限会社と取締役会非設置株式会社の異同は〈表7〉のとおりである。

---

[3]　村松秀樹＝世森亮次「会社法の施行に伴う破産法・民事再生法・会社更生法の改正の概要」金法1753号（2005年）18頁。

〈表7〉 特例有限会社と取締役会非設置株式会社の異同一覧

	特例有限会社	取締役会非設置株式会社
商号	有限会社（整備法3条1項）	株式会社（会6条2項）
機関設計	定款で監査役をおくことができる（整備法17条1項）。大会社であっても会計監査人をおく必要なし（同条2項）	定款で、取締役会、会計参与、監査役、監査役会、会計監査人、委員会をおくことができる（会326条2項）
取締役・監査役の任期	なし（整備法18条）	公開会社でなければ10年まで伸長可、監査役の任期は原則4年（会336条1項）
第三者責任	あり（会429条）	あり（会429条）
取締役の他の取締役への委任の制限	なし（整備法21条）	あり（会348条3項）
取締役の報告義務	なし（整備法21条）	あり（会357条）
監査役の選任に関する監査役の関与	なし（整備法18条）	あり（会343条）
監査役の設置・権限	設置は任意 会計監査（整備法24条）	設置は任意 監査の範囲（会389条）
計算書類の公告	なし（整備法28条）	原則としてあり（会440条1項・4項）
支店における計算書類の備置義務	なし（整備法28条）	あり（会442条2項）
休眠会社のみなし解散	なし（整備法32条）	12年でみなし解散（会472条）
清算会社の場合の機関設計	定款で監査役のみをおくことができる（整備法33条1項）	定款で、清算人会、監査役または監査役会をおくことができる（会477条2項）
特別清算	なし（整備法35条）	あり
合併・分割の制限	吸収合併存続会社・吸収分割承継会社になれない（整備法37条）	制限なし
株式交換・株式移転	認められない（整備法38条）	認められる

4 特定目的会社（TMK）

特別目的会社（SPC）とは、ある特別〈専用〉の目的をもって設立された会社の総称をいう。証券化目的においては、旧有限会社がそれを担っていたので、この旧有限会社を特別目的会社とよんでいたのである。

特別目的会社のうち、資産の流動化に関する法律（略称「資産流動化法」・「SPC法」）に基づいて設立される株式会社型の特別目的会社のことを特定目的会社（TMK）とよんでいる。資産流動化法は「特定目的会社による特定資産の流動化に関する法律」（旧SPC法）の改正に伴い現在の名称に改められており、平成12年から施行されている。対象資産の拡大や特定目的会社の設立手続の簡素化など、より使い勝手の良い会社にするためである。最低資本金10万円、取締役1名以上で設立できる。

旧有限会社は会社法の改正により廃止されたので、今後は旧有限会社の役割を合同会社が担うことになるものと思われる。

特定目的会社と合同会社の異同は〈表8〉のとおりである。

〈表8〉 特定目的会社（TMK）と合同会社の異同一覧

	特定目的会社	合同会社
業務執行者	取締役	業務執行社員
役員等の会社に対する責任	責任あり（資産流動化法94条1項）	責任あり（会596条）
役員等の第三者責任	責任あり（資産流動化法95条1項）	責任あり（会597条）
監査役	必要（資産流動化法67条1項2号）	なし
会計監査人	大会社では必要（資産流動化法67条1項3号）	不要
社債発行手続	資産流動化計画（資産流動化法121条以下）	会社法676条で発行できるが、発行内容は業務執行社員の決定（会590条）
開示規制	特定社債券（金商2条1項4号） 優先出資証券（金商2条1項8号）	社債券（金商2条1項5号） 匿名組合契約において合同会社を営業者とした場合の匿名組合出資持分（金商2条2項）

振替決済	特定社債（社債株式振替2条1項6号）	社債（社債株式振替2条1項1号）
会社更生法	適用対象外	適用対象外
公告の方法	官報、日刊新聞紙、電子公告のいずれか（資産流動化法194条1項・3項）	官報、日刊新聞紙、電子公告のいずれか（会939条1項・4項）
決算公告	義務あり（資産流動化法104条5項）	義務なし
資産税制	登録免許税・不動産取得税の軽減措置がある	なし
投資家税制	ペイスルー課税（租税特別措置法67条の14）	匿名組合契約において合同会社を営業者とした場合、実質ペイスルー（法人税法基本通達14-1-3）課税

5　監視義務

監視義務とは、業務執行権者が、他の業務執行権者が法令（善管注意義務・忠実義務の一般的規定を含む）・定款を遵守しその業務を適法かつ適正に行っているかを監視する義務であるが、すべての会社類型において業務執行権者が他の業務執行権者に対して監視義務を負うかどうかについて争いがある。特に、業務執行権限のない平取締役が代表取締役、他の業務執行取締役に対し監視義務を負うとする根拠については見解が分かれる。以下、検討する。

(1)　株式会社の取締役の監視義務
(ア)　取締役会設置会社の取締役の監視義務

取締役会設置会社における株式会社の代表取締役は、他の代表取締役または平取締役に対し監視義務を負う（最大判昭和44・11・26民集23巻11号2150頁）。これに対し、代表権のない取締役は、取締役会に上程されない事項に関して監視義務を負わないとする説もあるが、今日の通説[4]・判例[5]（最三小判昭和48・5・22民集27巻5号655頁、最判昭和55・3・18判時971号101頁、福岡高宮崎支判平成

---

[4]　大阪谷公雄「取締役の責任」田中耕太郎編『株式会社法講座3巻』（有斐閣・1956年）1120頁。
[5]　神田秀樹『会社法〔第16版〕』（弘文堂・2014年）223頁、江頭憲治郎『株式会社法〔第5版〕』（有斐閣・2014年）465頁。

11・5・14金商1074号30頁）は、取締役が代表取締役の業務執行に対する監督機能を有する取締役会の構成員であることを理由に、取締役会に上程されない事項に関しても監視義務を肯定している。これも会社法423条の善管注意義務の一環と解することもできるが、取締役会の構成員としての業務執行義務にその根拠を有するものと解する。

(イ) 取締役会非設置会社における取締役の監視義務

取締役会が設置されない会社における取締役は、会社の業務執行権を有する反面、業務執行義務を負う。取締役の他の取締役に対する監視義務の存否は解釈問題であるが、実務、通説は、取締役は自己の業務執行の一環として他の取締役の業務執行に対する監視義務を負うと解されている[6]。その根拠は業務執行義務にあり、代表権者を定めた場合、代表取締役の業務に対しては監視義務を負うが、他の取締役に対しての監視義務はなくなるものと解される。この場合、他の取締役に対する監視義務は、取締役の会社に対する善管注意義務に根拠を求めるべきではなかろうか。

(2) 特例有限会社の取締役の監視義務

特例有限会社に取締役が二人いて代表取締役を定めていなかった場合、取締役には他の取締役に対する監視義務があるか否か、まず旧有限会社の取締役について検討する。

(ア) 旧有限会社における取締役の監視義務

旧有限会社の取締役は、業務執行の一環として他の取締役の業務執行に対する監督（監視）義務がある[7]。その根拠、理由について山本爲三郎教授は次のように述べておられる。「株式会社では、監督権限を有する取締役会の構成員としての地位から、取締役の監視義務が導き出されている。これに対して有限会社では、複数の取締役が選任された場合にも（有限会社法25条）、各取締役が単独で業務執行機関を構成する。従って機関構成の上からは、株式会社の場合のような監督権限は出てこない。また、業務執行は取締役の過半数をもって決し

6　江頭・前掲書（注5）399頁、黒沼悦郎「新会社法における機関設計」法律のひろば2006年3月号34頁、弥永真生『リーガルマインド会社法〔第13版〕』（有斐閣・2012年）207頁、東京地方裁判所商事研究会編『類型別会社訴訟Ⅰ〔第3版〕』（判例タイムズ社・2011年）251頁。

7　江頭憲治郎『株式会社・有限会社法〔第3版〕』（有斐閣・2004年）334頁。

なければならないが（有限会社法26条）、これは業務執行の方法に加えられた制限にすぎず、これにより業務執行権限の委任関係が生じるわけではなく、やはり監督権限の根拠とはならない。しかしながら、これらのことから、有限会社の取締役の監視義務を否定してしまうのは早計である。監査役も任意機関とされる有限会社では（有限会社法33条１項。しかもその権限は会計監査に限られる（有限会社法33条の２））、取締役の職務執行を監督する機関は社員総会ということになるが、社員総会では監督機能を十分に発揮することはできないと思われる。したがって、取締役が一人の場合は格別、複数選任されていれば、監督権限の有無とは別個に取締役に監視義務を認めるべきであろう。複数の取締役を選任する意義は、多様な業務執行に対し、その円滑、迅速化を図ることだけにあるのではなく、それを慎重、適正に行わさせる意味も大きいと考えられるからである。……それでは、有限会社の取締役の監視義務は、どのような理論的根拠を有するのだろうか。それは、業務執行権限を善管注意義務に従って行使しなければならない取締役の地位に由来すると考える」[8]。すなわち、業務執行義務から監視義務が発生すると解しておられる。

(イ) **特例有限会社における取締役の監視義務**

特例有限会社は株式会社となり、前述の取締役会非設置会社と同様に、他の取締役に対する監視義務があるものと解されている。ということは、特例有限会社の取締役は旧有限会社の取締役の監視義務発生根拠とは異なり、株式会社の取締役相互の監視義務と同じ根拠から認められるのであろうか。

(3) **特定目的会社（TMK）の取締役の監視義務**

(ア) **資産流動化法における取締役の第三者責任についての判例（以下は改正法により述べる）**

資産流動化法95条は、役員等の第三者に対する損害賠償責任を規定している。この規定に基づき、特定目的会社とともにその取締役に対して第三者責任を追及する訴えが提起され、取締役の責任が否定された判例（大阪地判平成18・5・30金商1252号38頁）がある。事案は、買主である特定目的会社が、特定

---

[8] 山本爲三郎「有限会社の取締役の監視義務について」慶応大学法学研究60巻12号（1987年）123頁。

不動産購入資金として予定していた優先出資の調達が適わず、特定不動産を取得できなかったことを受け、特定目的会社の資金調達の絵図面を示した資産流動化計画の策定に取締役の任務懈怠があったとして、資産流動化計画を提出した当時の特定目的会社取締役を訴えたものである。裁判所は、被告取締役は、当該資産流動化計画の策定に実質的には関与しておらず、その計画実施を主たる任務として就任したものであるから、任務懈怠があるとは認められないとした。

　(イ)　判例の解釈

　資産流動化法上の特定目的会社は、資産流動化の対象となる資産をその保有者から譲り受け、当該資産をオリジネーター（原所有者）から切り離すためだけに存在する資産流動化のための器として設立されるペーパーカンパニーである。資産流動化業務およびその附帯業務以外の業務を行うことを禁止されているため、特定目的会社の取締役に期待される職務は、決定された資産流動化計画を機械的に実施することにあり、取締役の裁量的判断はないものとされている。そのため、特定目的会社の機関設計としては、取締役も1名以上で足りるとして簡素化されている。特定目的会社の資産流動化計画については、取締役が決定するものではなく、あらかじめすべての特定社員の承認を受けなければならないとなっている（資産流動化法6条）。当該判決は、資産流動化法上の特定目的会社の取締役の任務懈怠責任について、定型的にこれを否定するのではなく、事案ごとに個別検討する必要があることを指摘している。このことからすると、仮に特定目的会社に取締役が2名いた場合には、互いが監視義務を負うとされる事案も出てこよう。

(4)　合同会社の業務執行社員の監視義務

　業務執行社員はその職務を善良なる管理者の注意をもって行う（会593条1項）。また、業務執行社員と会社との関係においては、民法646条から650条までの規定が準用される（会593条4項）。業務執行社員は、他の社員の請求があるときは、いつでもその職務の執行の状況を報告し、その職務が終了した後は遅滞なくその経過および結果を報告しなければならない（同条3項）。いずれも、定款に別段の定めがある場合はこの限りではない（同条5項）。

　合同会社の業務執行社員は、他の業務執行社員に対して監視義務があるのか

ないのか、あるとするとその根拠は、業務執行社員の合同会社に対する善管注意義務（会593条）の一環であると考えるのか。業務執行権がある反面、業務執行義務があるので、業務執行義務の一環として他の業務執行社員に対する監視義務、従業員に対する監督義務が発生するのかは説明の問題にすぎないともいえるが、筆者は業務執行義務から発生するものと考える。

もっとも、「持分会社の社員は、取締役会設置会社の取締役と異なり、他の社員の業務の執行について、その適正性を要求する権利はあるものの、その適正性を確保するための義務、いわゆる監視義務まで負うものではない。したがって、会社法597条の『その職務』の範囲は、株式会社の取締役の場合と当然に同一ではない」[9]と、合同会社の業務執行社員の監視義務を否定する見解もある。

(5) 各会社類型における他の取締役ないし業務執行社員に対する監視義務の根拠

(ア) 各会社の取締役ないし業務執行社員の監視義務の根拠

監視義務が業務執行権に基づくのか、会社に対する善管注意義務の一環として生ずるのかについては、筆者はすでに述べたように業務執行権に基づくものと考える。

(イ) 監視義務の程度・内容

各会社の取締役ないし業務執行社員の監視義務の程度・内容は、当該会社の規模など具体的事情を考慮して判断される。たとえば、取締役会設置会社における社外取締役と常勤取締役とでは、監視義務の範囲・内容が違うことからも明らかである。

○設題①の解答

　A、Bは、債務不履行を理由として、甲に対して各2億円の支払請求をなしうる。業務執行社員乙は、乙の甲に対する善管注意義務違反（任務懈怠）により甲に4億円の損害を与え、しかも乙に重大な善管注意義務違反があるといえるので、A、Bは、会社法597条により乙に対し各2億円

---

[9] 薦田英人編『持分会社・特例有限会社の制度・組織変更と税務』（中央経済社・2013年）59頁。

の支払請求なしうる。A、Bが丙、丁、戊に各2億円の支払請求をなしうるかどうかは、丁、戊については、乙の業務執行につき監視義務違反があるかないか、監視義務違反行為が悪意または重大な過失行為に基づくものかどうか、要するに、A、Bに対する第三者責任の有無によって判断される。丙は、丙の職務執行者である丁が第三者責任を負わないので、業務執行社員としての第三者責任は負わない。丙の代表取締役丁の行為がA、Bに対する不法行為責任を生ずるものであれば丙も会社法350条の責任を負うことになるが、丁がA・Bに不法行為責任を負わないので、本設題では丙の不法行為責任は生じない。

債権者	債務者	根　拠
匿名組合員A・B	営業者・合同会社甲	出資金を仮差押えされ、地上げ資金を出金できなくなったので、本事業の目的不達成による匿名契約債務不履行責任（民415条、商542条）を負う。
	甲の業務執行社員公認会計士乙	口座預金を仮差押えされたのだから、業務執行社員としての任務懈怠に重大な過失があるからA・Bに第三者責任（会597条・429条）を負う。
	甲の業務執行社員丙	丙の職務執行者丁が下段に述べるように第三者責任を負わないので、丙は業務執行社員としての会社法597条の第三者責任は負わない。
	甲の業務執行社員丙の職務執行者丁	丁は丙の職務執行者であるので、乙の任務に対する監視義務違反（任務懈怠）はあるが、重大な過失があるとまではいえないので会社法598条2項、597条の第三者責任はない。
	甲の業務執行社員弁護士戊	業務執行社員乙に対する監視義務違反はあるが、重大な過失とまではいえないので、業務執行社員としての会社法597条の第三者責任はない。

○設題②の解答

特例有限会社における丙、丁の責任について

丙、丁は、取締役として甲の業務全般の業務執行義務を有しているので、乙に対する監視義務があり、その違反があるといえるが、重大な過失があるとまではいえない。よって、丙、丁はA、Bに対し会社法429条1項の責任を負わない。

○設題①の関連設問の解答
　(1)について
　業務執行社員の監視義務（善管注意義務）は合同会社の目的、定款の定め、その他の事情を勘案してその有無が判断される。業務分担が定款に定められていること、乙が公認会計士であること（信頼の原則）なども判断要素となる。設題①で丁、戊に乙の金銭管理についての監視義務違反がないとはいえないが、丁、戊が乙から「銀行口座に保管している」との答えを得ているので、乙が経理の専門家である公認会計士であることを考えるとそれ以上追及しなかったことに重大な過失があるとまではいえない。乙、丙の責任については、設題①の解答と同様である。[10]
　(2)について
　乙が甲の従業員の場合は、丁、戊の乙に対する監督義務の問題であり、丁、戊各々に監督義務違反による会社法597条、598条2項の責任があるものと考えられる。乙が外注者の場合も同様である。丙の責任については、設題①の解答と同様である。

〈発展問題〉
　乙は、破産管財人に対する損害賠償債務、A、Bに対する第三者責任債務の両方の責任を免れるべく、破産免責目的で破産手続開始決定を受けた場合、A、Bはどのように対応すべきか。両債務とも破産債権者表に記載されている。
〈コメント〉

10　江頭・前掲書（注5）462頁。

A、Bは、乙に対する損害賠償請求権が「悪意に基づく不法行為の損害賠償請求権（破253条1項2号）」にあたるとして、非免責債権であることを主張して破産裁判所書記官に破産債権者表の記載について執行文の付与を申し立てる。書記官が執行文を付与しない場合は、当該債権が「悪意に基づく不法行為に対する損害賠償請求権」であることの確認の訴えを提起するか、当該債権が非免責債権であることの確認の訴えを提起し、その勝訴判決を書記官に提示して破産債権者表に執行文の付与を受けることとなる。

〈参考文献〉

本文に掲げたもののほか以下のとおり。

・相澤哲ほか「新会社法の解説(12)持分会社」商事1748号（2005年）11頁
・江頭憲治郎ほか「〈座談会〉合同会社等の実態と課題(上)(下)」商事1944号（2011年）6頁・1945号（2011年）27頁
・中島吉央『図解でわかる日本版LLC合同会社の作り方』（ぱる出版・2006年）
・神﨑満治郎『5つの定款モデルで自由自在「合同会社」設立・運営のすべて』（中央経済社・2014年）
・泉田栄一『会社法論』（信山社出版・2009年）
・宍戸善一「合弁合同会社」前田重行先生古稀記念『企業法・金融法の新潮流』（商事法務・2013年）
・山田純子「取締役の監視義務——アメリカ法を参考にして——」森本滋ほか編『企業の健全性確保と取締役の責任』（有斐閣・1997年）

⑨ MBOの実施と取締役の注意義務

龍谷大学法学部教授 今川 嘉文

I 問題点の所在

　本稿は、東京高判平成25・4・17判時2190号96頁（以下、「本件東京高判」という）および神戸地判平成26・10・16金商1456号15頁（以下、「本件神戸地判」という）を素材として、MBOの実施において、利害関係を有する取締役の対第三者責任および対会社責任を考察する。

　本件東京高判は、MBOの実施における善管注意義務の内容として、「取締役は公正価値移転義務および適正情報開示義務を負う」と述べ、被告取締役らには公正価格移転義務違反は認められないが、適正情報開示義務違反がある。しかし、株主に損害が生じていないため、会社法429条等に基づく損害賠償請求を棄却した事案である。

　MBOにおいては、対象株式の買付者側に立つ取締役の利益は、売り手となる株主の利益と対立する（取締役の構造的利益相反）。また、会社の内部事情に精通した取締役と株主とでは、対象株式の公正な価格評価の算出において基礎となる情報量および精度が異なる（情報の非対称性）といえる。

　対象会社の株主が不十分な情報に基づき、低廉な買付価格で株式を売却するように誘導されれば、買付けに応じた株主から買付者側に立つ取締役に、経済的利益の移転が生じる可能性がある。当該状況を回避するためには、取締役の会社に対する善管注意義務（会330条）および忠実義務（同法355条）では必ずしも対処が十分ではない。そのため、個々の株主に対する責任として、対象株式の公正価値の算出および価格最大化義務（株主共同の利益のために、売却価格

を最大限に高める注意義務)、適正な情報開示が求められ、これらに違反した場合、取締役は損害賠償責任を負うのかという問題がある。

　他方、本件神戸地判は、MBOにおける善管注意義務の一環として、「取締役は、MBOの合理性確保義務、手続的公正性配慮義務、MBO完遂尽力義務を負う」が、本件ではMBOの頓挫において手続的公正性配慮義務違反により、会社法423条に基づき対会社責任を負うとした事案である。

　株式評価の前提となる対象会社の利益計画の立案または公開買付価格の決定手続の公正さに疑念が生じないよう、手続的公正性配慮義務に基づき、取締役はいかなる行動が求められるのか。不適切とされる行為に関する検証に要した費用は会社の損害といえるのか。MBOに係る公開買付価格の公正性と手続的公正性配慮義務違反とは独立した関係にあり、後者の義務違反を理由として、取締役は対会社責任を負うのか。

　これらの問題点を前提として、MBOの意義と課題、取締役の信認義務、米国における議論、MBOに係る取締役の対第三者責任および対会社責任における注意義務の内容を考察する。

II　MBOの意義と課題

1　MBOの意義

　MBO（Management Buy Out）とは、経営者等の資金または提携関係者（投資ファンド等）の資金により、既存株主から自社株式を購入して、取引所の上場基準のうち株主数および流通株式数・比率等の株式基準に抵触させて、株式を非上場化（ゴーイング・プライベート）することをいう。

　MBOのメリットとして、①中長期的な視点での経営管理（たとえば、新規事業の進出、事業再編等）が可能である、②株主構成の単純化による迅速かつ柔軟な経営判断が容易となる、③株主は、MBOにより相場を超える価格による株式売却の機会が提供される、④優良会社にとり敵対的買収防衛策となる、⑤上場維持に伴う費用負担の軽減（たとえば、金融商品取引法の有価証券報告等の継続開示費用、四半期監査費用、大規模な株主総会開催の費用、株主管理費用

等)、⑥上場子会社を非上場として、利益配当等によりグループ外に流出していた経営資源を留保できるなどが指摘できる。

他方で、買付者側に立つ取締役は対象会社に関する多様な情報を有し、株主を含む他者とは投資情報の前提となる会社情報に多大な格差が生じるため、MBO の合理性と意思決定過程の適正化が求められる。

では、MBO を行う合理性と何か。具体的には、MBO が当該企業の企業価値を向上させているのかである。しかし、必ずしも結果的に企業価値を向上させることができなかったとしても、当時の状況に照らして企業価値の向上に資するものと客観的に判断できる状況、および株主が納得して投資判断を行う状況がつくり出されていればよいと考えられる。

2 MBO の課題

MBO は概して、対象会社の取締役かつ大株主と少数株主の間に利益相反関係が認められるため、少数株主の保護をいかに図るかが問題となる。このことは、独立した第三者からの買収による MBO であっても、対象会社の取締役が MBO 後、役員の地位が約束されているような場合、同じ問題が生じる[1]。

そのため、MBO の課題として、次のことが指摘できる。①取締役の構造的利益相反問題、②取締役と株主との情報の非対称性・業績予想の下方修正の有無等、③公開買付けにおける強圧性等である。

(1) 取締役の構造的利益相反

MBO においては、市場価格に一定のプレミアムを付加して買取価格を提示するが、買主側は適切な情報開示を欠いて資産評価および業績予測などを低く見積もり、株式のプレミアムを抑えようとするかもしれない。買付け側の取締役はより低い価格が利益となり、売付け側の株主はより高い価格が利益となるため、当該取締役と株主の間には利益相反的構造が生じる。

MBO の実施に伴う株式の買付価格の算定評価に関し、実質的に買付者側に立つ取締役が多額の会社費用を用いて買取価格を算定することになり、この意

---

[1] 水野信次＝西本強『ゴーイング・プライベート(非公開化)のすべて』(商事法務・2010年) 3頁。

味では当該取締役は会社との間で利益相反関係にあるといえる。

　MBOが企業価値の向上に寄与するのであれば、株式の買付価格の算定評価に係る費用は、健全な業務執行のうえで当然に必要とされる経費である。しかし、MBOの意義から逸脱して、株式の買取価格が不当に低く設定されるように誘導した場合、買主としての立場が強い取締役は不当に利益を享受する懸念がある。当該取締役がMBOの実施後、対象株式の持株比率が高く、引き続き代表取締役または取締役に就任して経営にあたる場合、利益相反性は強くなる。

(2) 取締役と株主との情報の非対称性等

　取締役は対象会社の事業内容・業績等の変遷・推移を中長期的にみることができるため、情報量および情報の質において一定の格差が生じることは否定できない。MBOで重要となる企業情報は対象会社の将来予測を含めた営業・財務内容、資産価値等であり、株式の評価に多大な影響を与えるものである。

　株式の買付者側に立つ取締役は、概して対象会社の大株主でもあるため、その地位を濫用して、他の取締役に不当な圧力をかけて、他の取締役の意思形成・意思決定に係る独立性を侵害する可能性がある。その結果、対象会社の業績等の将来予測を著しく過小評価させることにより、株式の買取価格を人為的に低く誘導するかもしれない。

　買付者側に立つ取締役は、業績の下方修正等のネガティブ情報を意図的かつ積極的に流して、他の取締役による独立した意見および判断を封じて、株価を人為的に下落させる行為により、買付者側に立つ取締役に有利な条件でMBOを実施することが考えられる。当該取締役の善管注意義務違反の是非については、MBOを実施するまでの株式評価の過程、および各取締役および取締役会の意思形成のあり方、業績の下方修正の妥当性等を検証すべきことになる。

(3) 公開買付けにおける強圧性

　MBOの前提となる公開買付けにおける強圧性とは、第1期の公開買付けが成立したのであれば、少数株主を締め出すために、第2期の公開買付けをより低い価格で実施することである。少数株主は最終的に全部取得条項付株式等によりキャッシュアウトにさらされるため、第1期の公開買付価格に満足していなくても、結果的に第1期の公開買付けに応じる可能性が高い。取締役と少数

株主との情報格差により、不適切な公開買付価格に応じざるを得ない状況は、広義の公開買付けにおける強圧性といえる。

経済産業省「企業価値の向上及び公正な手続確保のための経営者による企業買収（MBO）に関する指針（2007年9月）」（以下、「MBO指針」という）等が指摘するように、MBOにおいては、株主に対する、威圧的（強圧的）効果の排除、透明性の確保が求められる。第1に、威圧的（強圧的）効果の排除とは、説明文言が問題となる。たとえば、「公開買付けに応じない株主は、その後の必要手続において、弁護士に相談するなど、自らの責任にて確認し、判断されたい」という公開買付者により株主に対する文言は問題となろう。第2に、透明性の確保とは、買付け価格を検討するための株主にとって公正な手続および適切な開示を通じて行われたかである。

MBOは概して、対象会社の取締役かつ大株主と少数株主の間に利益相反関係が認められるため、株式評価および情報開示のあり方等において、少数株主の保護が求められる。

III 米国における議論

1 実施過程の公正性の要素

(1) 「公正な手続」の認定要素

MBOにおける利益相反回避のあり方、株式評価の適正化に関する措置に関し、米国の判例法理を概観すれば、会社利益および少数株主保護のため、MBOの実施過程の「公正な手続」の認定要素として、下記があげられる[3]。

①交渉当事者の真の交渉権限と十分な機能、②財務・法務アドバイザーの権限・活動、③関連情報の開示、④取引の時期、⑤取引がどのように検討され始

2　経済産業省ウェブサイト〈www.meti.go.jp/policy/economy/keiei_innovation/keizaihousei/pdf/MBOshishin2.pdf〉。
3　Peru Copper Corporation Shareholder Derivative Litigation, 30 A. 3d 60（2011 Del. Ch. LEXIS 162）; Segraves v. Uristadt Prop. Co., 1996 WL 159626（Del. Ch. 1996）, In re Tremont, 694 A. 2d 429（Del. Ch. 1997）, In re Cysive, Inc., S'holder Litig., 836 A. 2d 531（Del. Ch. 2003）。

めて交渉されたか、⑥取引の構造、⑦取締役会等への情報開示、⑧取締役会の独立した意思形成等が重視されているか等である。

(2) 十分な機能と真の交渉権限

株式評価の算定等が適正になされたかについて、交渉当事者の役割として、①真の交渉権限、②十分な機能、の有無が問われる。十分な機能は、真の交渉権限の上位概念とされる。

(ア) 十分な機能

「十分な機能」の具体的要素として、たとえば、①公開買付けに対する会社の賛同意見表明を審議する取締役会から、MBOに関与する代表取締役または取締役を特別利害関係人としての排除、②顧問法律事務所・外部金融機関等の利益相反の可能性の排除、③MBOの評価に関し外部機関は手続面および実質的内容の議論の有無、④買収者から独立した第三者評価機関による株式評価算定書の作成、⑤株式評価算定書の作成過程および開示の適切性、⑥他の買収者の行為を阻害する過剰な取引保護条項の排除、⑦公開買付期間の妥当性、等である。

(イ) 真の交渉権限

「真の交渉権限」の具体的要素として、たとえば、①特別委員会または社外取締役間で、役割・任務の理解共有の有無、②MBOの当事者から独立した第三者評価機関からデュー・ディリジェンスおよび株式評価の算定方法の公正性に関する意見聴取の有無、③企業評価アドバイザーの作成資料に関する質問・検証の適切性、④特別委員会または社外取締役による独立当事者としての交渉の関与、⑤MBOに利害を有する取締役に対する代替案の提示、等である。

これらは、MBOの成立過程の公正性を検討する要素となるものであり、当該要素のすべてについて法的要請として遵守が義務づけられているものではない。MBOは企業価値を高めるための経営戦略であるが、その実現に際し、株主共同の利益が侵害されなければ、個別の手続体制に不十分な面があったとしても、取締役は直ちに善管注意義務違反とならないであろう。

(3) 重要な情報の開示範囲

会社および取締役は、MBOにおける株式の評価の決定プロセス等に関し、株主に対する重要な情報に関する説明責任が求められる。重要か否かの判断

は、開示されなかった事実がもし開示されていれば、合理的な投資家であれば利用可能な情報の総体を変更していただろうという可能性が高いかどうかである。

2 MBOと役員責任の判例動向

　企業買収および支配権の争奪等における取締役の責任、またはMBOにおける少数株主の締出し保護に関する米国の裁判例を概観する。

(1) 取締役の責任

　第1に、Revlon判決では、会社支配権の争奪をめぐる会社の競売が進み、ブレイク・アップ（現経営陣組織での会社崩壊）が明白である場合、会社の売却に際して取締役は株主のために最高価格を提示した買収者に対象会社を売却する競売人としての義務があり、この範囲において経営判断原則による保護があるとした。[4]

　第2に、Paramount判決では、Revlon判決の義務の発生要件について、支配権の変動または会社の売却が生じ得るあらゆる経営上の判断に適用されるとした。[5]

　第3に、McMullin判決では、支配権の変更が生じない場合でも、Revlon義務が適用され、支配株主が合併取引を提案し、全体の指揮をとった場合、少数株主を保護するために、対象会社の取締役に信認義務が課されるとした。[6]

　デラウェア州最高裁判所が示したRevlon判決から多数の変遷を経て、McMullin判決は支配権の変動が生じない場合にも、Revlon判決の義務が発生すると判示した。McMullin判決において、デラウェア州控訴裁判所は、少数株主は議決権の行使により支配株主に勝つことはできないのであるから、取締役らには、支配株主の提案を批判的に評価し、独自の判断を下すことで、少数株主の利益を守る義務が課されていると判示した。そのためには、少数株主が投資判断をするのに十分な情報提供が求められるであろう。[7]

4　Revlon Inc, v. MacAndrews & Forbes Holdings, Inc., 506 A. 2d 173 (Del. Supr. 1986).
5　Paramount Communications, Inc. v. Time Inc., 571 A. 2d 1140 (1989).
6　McMullin v. Beran, 765 A. 2d 910 (Del. Supr. 2000).

(2) 少数株主の締出し保護

第1に、Weinberger 判決は、親子会社間の吸収合併において、締め出される少数株主を保護するため、①公正な取引（取引の開始時期・構造・交渉内容）、②公正な価格による株式評価という「完全な公正基準」が求められ、支配株主はその立証責任を負うとする。[8]

第2に、Siliconix 判決は、支配株主による従属会社の少数株主に対する公開買付けでは、完全な公正基準が排除され、経営判断の原則が適用されるためには、買付申込みに威圧性および開示違反がないことを要するとした。[9]

第3に、Pure Resources 判決は、公開買付けが強圧的ではないとされるためには、①少数株主の過半数の承認を要し、②支配株主が90％以上の株式を取得した場合、同じ条件で即時に略式合併を行い、③支配株主による報復的行為を禁止することを指摘する。[10]

第4に、Netsmart 判決は、MBO の公表後においても積極的に他の買収者を探索することを取締役会に要請している。[11]

(3) 株主利益の最大化

米国における Revlon 判決以降、「株主に対する最高価格提案」の義務が絶対指標ではなく、株主利益の最大化が常に求められるのではない。しかし、合理的に入手可能な最大の価値を追求する義務が課される。

MBO における買収提案は、その時点での会社に対する評価を意味する。MBO を行わなくても実現が可能な利益を分配したもの、または株価上昇に対する期待といった、個別に算定することが困難とされる要素が総合的に含まれているであろう。MBO に際しては、対抗提案を受け入れうる環境整備が取締役に求められるが、常に株主に対する最高価格提案が優先されるべきではないと解するべきである。

取締役は会社の利益を一次的に考慮すべきであり、結果的に株主利益の最大

7　Chief Justice E. Norman Veasey, Article : *Law and Fact in Judical Review of Corporate Tranzaction*, 10 U. Miami. Bus. Law. Rev. 1, 11-12 (2002).
8　Weinberger v. UOP, Inc., 457 A. 2d 701 (Del. Sup. 1983).
9　In re Siliconix Incorporated Shareholders Litigation (2001 Del. Ch. LEXIS83).
10　In re Pure Resources Inc. Shareholders Litigation, 808A. 2d 421 (Del. Ch. 2002).
11　In re Netsmart Technologies Inc. Shareholders Litigation (2007 Del. Ch. LEXIS35).

化は二次的なものとなる。そのため、①取締役個人の利益追求のためになっていないか、②対抗提案等の検証および合理性について、取締役は説明義務を負うと解される。

Ⅳ　MBOにおける取締役の第三者責任

1　本件東京高判

　本件東京高判は、MBOを実施する会社において、①取締役および監査役は公正価値移転義務を負い、②取締役は公開買付けに対する賛同意見表明において善管注意義務に基づき適正情報開示義務を負う。しかし、③価格最大化義務を負わないとした。本件では公正価格移転義務違反がなく、株主が公開買付けに応じるか否かの意思決定を行ううえで適切な情報を開示すべき義務に違反するが、株主に損害が生じていないため、会社法429条等に基づく損害賠償請求を棄却した。

(1)　事案の概要

　訴外A社（レックス・ホールディングス）はジャスダックに上場する株式会社であり、平成18年2月17日、前年度の業績を上回るという連結業績予想を発表したにもかかわらず、同年8月21日には、特別損失の発生を公表するとともに、同年12月期の業績予想の大幅な下方修正を発表した。

　A社の創業者であり代表取締役Y_1はA社株の29.61％を保有する株主であった。Y_1は経営改善策の一つとして、平成18年4月頃からMBOを検討するようになり、同年6月頃、Bファンドの関係者と接触をした。

　平成18年7月、A社はBファンドとの間でMBOに関する基本合意書を取り交わし、A社買収のための会社としてY_2社が設立された。MBOの第1段階として同年11月10日、Y_2社によるA社株の公開買付けの実施が公表された。買付価格はA社株1株あたり23万円であり、これは前日までの過去1カ月間の終値の単純平均値20万2000円に対し13.9％のプレミアムを加えた価格である。A社は同日、本件公開買付けに賛同意見を表明した。なお、本件公開買付けが成立した場合、Y_1はY_2社に33.40％を出資することを予定し、同社の経営に

あたることが公表された。

平成18年11月11日から同年12月12日の本件公開買付けの結果、Y_2社はA社の発行済株式総数の約91.51%を所有するに至った。続いて、第２段階のスクィーズアウトの手段としてA社は、平成19年３月28日の定時株主総会において、定款変更によりその株式を全部取得条項付株式としたうえで、普通株式１株に満たない株主については、普通株式を売却するによって得られる金銭が交付されること、その金額については本件公開買付けの買付価格である１株23万円を基準として算定された金額となる予定であることは本件買付け開始時にあらかじめA社によって公表されていた。

別訴において、株主は定時株主総会に先立ち、本件決議に反対する意思を会社に通知するとともに、本件定時株主総会で本件決議に反対したうえで、裁判所に会社法172条１項に基づき全部取得条項付種類株式の取得価格の決定を求めた。東京高等裁判所は、株価上昇期待値を20%として、公正な価格を33万6966円と算定した（東京高決平成20・９・12金商1301号28頁）。

他方、A社の株主であったXらが、本件公開買付けおよび全部取得条項付種類株式の取得によるMBOの実施により、レックス・ホールディングスの価格決定の裁判後、元株主は代表取締役らに対し、「第三者機関が作成した評価書等を公開しないなかで、公開買付けが実施され、株主が低い価格で公開買付けに応じ、また、市場で売却したこと」等による損害賠償を求める訴えを提起した。

原告の主張によれば、その所有するA社株を１株あたり23万円という低廉な価格で手放すことを余儀なくされ、適正な価格である33万6966円との差額の損害を被ったとして、Y_1らに会社法429条１項および民法709条に基づき損害賠償を請求した。

(2) 判決の要旨

原告敗訴（１審請求棄却・控訴審請求棄却）であった。

(ア) MBOにおける善管注意義務

取締役が、MBOの経営上の効用に着目し、会社の企業価値を向上させて会社の利益を図るためにMBOを行うことは、関係法令に違反し、または、会社の経営状況その他諸般の事情を考慮した経営判断として著しく不合理と認めら

れるなどの事情がない限り、許容されるものであり、取締役および監査役の善管注意義務が直ちに問題となるものではない。

　MBOにおいて、株主は、取締役（およびこれを支援するファンド）が企業価値を適正に反映した公正な買収価格で会社を買収し、MBOに際して実現される価値を含めて適正な企業価値の分配を受けることについて、共同の利益を有するものと解されるから、取締役が企業価値を適正に反映しない安価な買収価格でMBOを行い、旧株主に帰属すべき企業価値を取得することは、善管注意義務に反するというべきである。

　(イ)　公正価値移転義務

　取締役および監査役は、善管注意義務の一環として、MBOに際し、公正な企業価値の移転を図らなければならない義務（以下、便宜上「公正価値移転義務」という）を負うと解するのが相当であり、MBOを行うこと自体が合理的な経営判断に基づいている場合でも、企業価値を適正に反映しない買収価格により株主間の公正な企業価値の移転が損なわれたときは、取締役および監査役に善管注意義務違反が認められる余地があるものと解される。

　(ウ)　適正情報開示義務

　取締役は、善管注意義務の一環として、株式公開買付けにつき会社として意見表明をするときは、当該意見表明において、株主が株式公開買付けに応じるか否かの意思決定を行ううえで適切な情報を開示すべき義務を負っていたと解するのが相当であり、たとえば、賛同意見表明において、株主の判断のために重要な事項について虚偽の事実を公表し、または公表すべき重要な事項もしくは誤解を生じさせないために必要な重要な事実の公表をしなかった場合には、善管注意義務の問題が生じるものというべきである。

　情報提供義務に関するX₁らの主張は、個別の事案において生じる義務または情報開示を行うときにその情報開示を適正に行うべき義務（以下、「適正情報開示義務」という）を主張するものとしては、理由がある。

　(エ)　価格最大化義務

　価格最大化義務に関するX₁らの主張は、米国デラウェア州の判例法上、MBOに際して取締役が負うとされているという「レブロン義務」なる義務を根拠とする主張であって、わが国で行われた本件MBOに直ちに妥当するもの

ではない。仮に、上記主張が、企業価値の公正な移転を超えて売却価格を最大限に高める義務を負うという趣旨であれば、株主が共同所有により把握している企業価値を超えて利益を得ることまでが、会社法上、取締役および監査役の善管注意義務によって保護されると解する根拠はみあたらない。

2 公正価値移転義務

(1) MBO の目的との関係

MBO の目的と実施において、本件東京高判は「取締役が、会社の企業価値を向上させて会社の利益を図るために MBO を行うことは、経営判断として著しく不合理と認められるなどの事情がない限り、許容される」と述べる。東京高等裁判所は被告 Y_1 らが A 社の犠牲において自己または第三者の利益を図るため MBO を実施したものではないと認定した。

しかし、本件東京高判は、「MBO を行うこと自体が合理的な経営判断に基づいている場合」であっても、「企業価値を適正に反映しない買収価格により株主間の公正な企業価値が損なわれたときは、取締役および監査役に善管注意義務違反が認められる余地がある」と判示する。「公正価値移転義務」として、取締役および監査役は、MBO に際し、公正な企業価値の移転を図らなければならないのである。

従来から学説上、株式会社は営利を目的とすることから、取締役は企業価値の向上を通じて、利潤最大化をはじめとする株主の利益最大化の実現について、善管注意義務または忠実義務を負うとされる[12]。

取締役は権限の行使においては株主にいわれない不利益を与えないようにすべき責務を負う（東京高判平成17・6・15金商1219号8頁）。株主共同の利益から離れた会社の利益を否定し、株主間で富の不当な移転を生じさせないことが前提となる。株主間で不当な富の移転を生じるような会社の行為について、取締役の善管注意義務違反が認められることは、これまでも暗黙の前提であった[13]。

---

12 多数者の引用する、落合誠一「企業法の目的〜株主利益最大化原則の検討〜」岩村正彦ほか編『岩波講座現代の法7企業と法』（岩波書店・1998年）3頁、23頁。
13 弥永真生「判批（東京高判平成25・4・17）」ジュリ1456号（2013年）3頁。

(2) 公正価値移転義務の意義

　買収者が MBO から生じる利益を独占することは許されず、そのうちの一部は株主に与えられなければならない[14]。会社にとっての合理的な MBO であっても、企業価値を適正に反映しない買収価格は、株主の共同の利益に反することになる。

　本件東京高判は、「取締役および監査役には、企業価値を適正に反映しない安価な買収価格による企業価値の移転によって、株主の共同の利益が損なわれることがないように配慮すべき善管注意義務がある」と指摘する。企業価値を適正に反映しない買収価格により株主間の公正な企業価値の移転が損なわれたときは、取締役および監査役に善管注意義務違反が認められる余地があるものと解される。

　株式会社は企業価値の向上を通じて、株主の共同利益を図ることが一般的な目的であり、株主の共同利益を害するような MBO を実施することは、取締役の善管注意義務または忠実義務に反するであろう。他方で、株主間の利害が対立し、株主間で価値移転が生じる場面においては、取締役は株主間の公正を図るべき義務を負い、これは取締役の善管注意義務に含まれる[15]。

(3) 公正な価格との関係

(ア) 全部取得条項付種類株式取得の対価

　全部取得条項付種類株式の取得対価（会171条1項）について、株主は裁判所に取得価格の決定の申立てをすることができる（同法172条1項）。全部取得条項付種類株式取得の対価が争われたレックス・ホールディングス事件において、東京地方裁判所は、会社法172条1項の「裁判所による価格の決定は、客観的に定まっている過去の株価を確認するのではなく、新たに公正な価格を形成するもの」と述べ、公正な価格の算定方法に関し、「取得日における当該株式の客観的な時価（出来るだけ市場価値に近い価値）に加えて、強制的取得により失われる今後の株価上昇に対する期待権を評価した価格をも考慮することが

---

[14]　飯田秀総「レックス・ホールディングス損害賠償請求事件高裁判決の検討(上)」商事2022号（2014年）9頁。
[15]　江頭憲治郎ほか「〈座談会〉MBO取引・完全子会社化時の取締役の行動規範を考える(上)」ビジネス法務11巻6号（2011年）33頁〔江頭憲治郎発言〕。

相当」であると判断した（東京地決平成19・12・19金商1283号22頁）。

(イ) 公正な価格とプレミアム

上場株式の「公正な価格」は、市場価格をベースとして算出すべきと考えられるが、①平均株価の起算点、②平均対象の期間、③プレミアム率により、「公正な価格」が大きく異なる可能性がある。

株式評価の算定において純資産価額方式またはDCF法を加味することは理論的には可能である。これらにおいても恣意性または不確実な予測が入る余地のあることは否定できず、上場株式は市場価格が基準となる。公開買付けを行い、直後に少数派株主を締め出す場合、市場価格に一定のプレミアムをつけることになる。

(ウ) プレミアムの付加

プレミアムとして、①M&Aによるシナジー、②支配プレミアム、③スクィーズアウト・プレミアムが検討される。最近の裁判例では、1カ月～6カ月間の平均株価に、プレミアムをつける。レックス・ホールディングス事件（最決平成21・5・29金商1326号27頁）、サンスター事件（大阪高決平成21・9・1金商1326号20頁）等では、公正価格の算定に際し、「取得日における株式の客観的価値に加え、今後の株価上昇に対する期待値」を考慮している。

公正価格を構成する要素のうち、「今後の株価上昇に対する期待値」について、レックス・ホールディングス事件の東京高裁決定（東京高決平成20・9・12金商1301号28頁）は、MBOに際して実現される価値として、①MBOを行わなければ実現できない価値、②MBOを行わなくても実現可能な価値に分類している。東京高等裁判所は、前記①の価値について、「MBO後の事業計画につき、その実現の不確実性についての危険を負担しながら、これを遂行する取締役の危険と努力についても配慮しつつ、これを『株主と取締役に分配』するのが相当」と判示した。

(エ) 公正価値と公正な価格の相違

公正価値移転義務における「公正価値」と全部取得条項付種類株式取得の対価としての「公正な価格」との関係が問題となる。株式の取得対価としての「公正な価格」は33万6966円と算定されたが、本件では1株23万円を公正価値と算定された。

本件東京高判は、33万6966円という価値に関し、「別訴高裁決定（東京高決平成20・9・12金商1301号28頁）は、訴訟手続における立証責任の分配に従って、公正価値移転義務違反の有無について判断したものではなく、取得価格決定の制度の趣旨を踏まえた裁判所の合理的な裁量により判断したものである」として、取締役の第三者責任が問題となった公正価値移転義務における「公正価値」と株式の取得対価における「公正な価格」とは、直ちに結びつくものではないとした。

　非訟事件である取得価格決定申立ては、裁判所が取得価格決定制度の趣旨を踏まえて、合理的な裁量によって取得価格を決定するものとされる（前掲最決平成21・5・29田原睦夫裁判官補足意見）。当該非訟事件と損害賠償請求事件の相違に加え、別訴では提出されなかった鑑定書および意見書が本件東京高判では証拠となっている。

　公正価値移転義務における「公正価値」は、株式の取得対価における「公正な価格」と異なり、一定の幅がある概念であり、当該幅を逸脱する場合、取締役等の善管注意義務違反があるといえる。[16]この幅を逸脱しているか否かは、中立性のある第三者機関による株式算定書があるか、その内容が不合理かどうか等から判断されるであろう。[17]

　公正価値移転義務の「公正価値」は、会社法172条1項の取得価格決定制度で示された価格により低廉な価格で実施したからといって、直ちに取締役の公正価値移転義務違反が認められるものではない。

(4) 公正価値移転義務違反の有無

(ア) 「株主の総意」基準

　取締役が企業価値を適正に反映しない安価な買収価格でMBOを行い、株主間の公正な企業価値の移転が損なわれたか否かは、買収価格の評価およびMBOの利益相反性を回避または軽減する措置がとられていたかにより判断されることになろう。[18]

16　大塚和成＝西岡祐介「判批（東京高判平成25・4・17）」金法1992号（2014年）20頁。
17　飯田・前掲論文（注14）12頁。
18　川島いづみ「判批（東京高判平成25・4・17）」判例評論663号（2014年）35頁（判時2214号165頁）。

本件東京高判は、買収価格が適正であったか否かの判断を、適切な情報提供を条件として、「企業所有者である株主の総意に委ねられる」と判示する。すなわち、会社の企業価値は、将来の業績予想等の不確定要素によって左右され、「プレミアムが何％以上であれば妥当である」といった一義的・客観的な基準を設けることはできない。「適正な買収価格といっても、一定の幅がある」ため、その幅の中でどの程度の評価をもって企業価値を適正に反映した買収価格と認めるかは、株主の総意に委ねられると判示する。

　具体的には、①株主の適切な判断機会が確保されているような慣行が成立した段階では、当該慣行を履践した MBO に多数の株主が賛同した場合、② MBO の場合に特別な慣行が成立する以前においても、株主総会において、適正な情報が株主に伝えられたうえで、一定の買収価格による MBO に賛成することを決議させた場合、である。

　前記①の「株主の適切な判断機会が確保されるような慣行」としては、MBO 指針に加え、ⓐ買付者側に立つ取締役が対象会社における意思決定に関与しないこと、ⓑ独立性が確保された第三者委員会が設置されていること、ⓒ合理的な内容の第三者機関による株式算定書が取得されていること、ⓓ公開買付けが相当期間にわたり設定されていること、ⓔ公開買付けの対抗提案を阻止する取引保護条項が設定されていないこと、等がある。

　(イ)　「株主の総意」基準の問題点

　本件東京高判は、「株主の意思決定のうえで重要な情報の開示が行われていなかったので、株主の多数が賛同したことをもって公正な価値移転があったと推認することもできない」と述べる。同判決は、「株主の総意に委ねるには、適切な情報開示が前提条件となる」ことを明示した点に意義があるかもしれない。

　株主に重要な情報開示を行い、MBO 指針に即した MBO を実施し、大多数の株主が当該 MBO に賛同している場合、株主の総意を根拠として、公正価値移転義務違反は認められないとの判断がなされる可能性は高いかもしれない。

　しかし、買収価格の公正さの最終的な判断基準として、重要な情報開示がなされていたとしても、株主の総意、たとえば、株主総会の決議や一般株主の多数が公開買付けに応募したことをもって判断されるとすることは必ずしも説得

的ではない。[19]

公開買付けでは、必ずしも買収価格が適正でなくとも、それなりに利益が確定できれば、投資家は応募するかもしれない。[20]また、株主総会の決議には、どこまでの賛成があればそれを「株主の総意」と理解し得るかということに加え、議決権の行使者と株式を手放すことになる株主が異なることがある。[21]

株主の総意による賛成があったとしても、直ちに、本件東京高判がいうところの「MBOに際して実現される価値を含めて適正な企業価値の分配を受ける」ことを保証するものではない。

(ウ) 「株主の総意」が認められない場合

本件東京高判は、前記「株主の総意」が認められる場合、「買収価格が客観的にはその時点での客観的な企業価値を反映した株式価格を下回るものであったとしても、特段の事情のない限り、当該MBOによる企業価値の移転は、株主の共同の利益を害することにはならない」とする。

しかし、本件MBO当時は、「株主の適切な判断機会が確保されるような慣行」なるものが必ずしも確立しておらず、MBO指針は存在していなかった。上場会社のMBOは公開買付けが前提となり、最初から株主総会が開催されることはないため、株主総会で一定の買収価格によるMBOを賛成する決議がなされることはない。

本判決は株主の意思を根拠とした公正価値移転義務違反の有無を判断することができない事案であり、A社の当時の経営状況等に照らし、1株23万円という価格がA社の客観的価値を反映した株式価格であったか否かが検討された。

本件東京高判は、判断指標として、第三者評価機関による評価書の内容が、A社の企業価値を反映した株式価格でなかったと認めることはできないと判断して、公正価値移転義務違反を否定している。また、監査報告書において、継続企業の前提に関する重要な疑義ないし重要な不確実性を指摘されるほど深刻な経営不振に陥っていることが作為的であると認めることは困難であると指摘する。公開買付価格には十分なプレミアムがついていたと評価されていること

---

19 飯田・前掲論文（注14）11頁。
20 川島・前掲判批（注18）35頁。
21 山本爲三郎「判批（東京高判平成25・4・17）」金商1434号（2014年）6頁。

から、1株23万円という価格は「A社の客観的価値を反映した株式価格ではなかったと認めることはできない」と判示している。

　適正な買収価格は、一定の幅のある概念であることを考慮すれば、株主の総意を根拠に公正価値移転義務違反の有無を判断する枠組みを用いることができない事情があったとしても、MBO指針に従って、恣意的な価格の算定がなされないような配慮された形で形成された第三者評価機関の算定書が取得され、複数の計算方法によりMBO価格が適正であると評価されている事案では、MBO価格が会社の客観的価値を反映した株価でなかったと株主が立証することは容易ではないであろう。

3　適正情報開示義務違反と開示内容

　公開買付けに対する賛同意見表明の報告書の不実開示に関し、民事責任を定めた規定は存在しないため、本件東京高判は当該不実開示について、善管注意義務違反ととらえているが、必ずしも開示すべき情報の範囲が明確ではない。

　本件東京高判は賛同意見表明に際しての開示義務を、株主が公開買付けに応じるか否かの意見決定を行ううえで適切な情報を開示すべき義務とし、求められる開示のレベルをあわせて提示している。[22]

　本件で問題となった事由として、①A社が本件公開買付けに対し賛同意見を表明するに際し、本件MBOの準備が特別損失の発生および業績予測の下方修正を公表した8月のプレス・リリースの前に進められていたこと、②5月のプレス・リリースで極端に楽観的な観測を開示していたことが、デュー・ディリジェンスの過程で事後的に判明していること、③3カ月後の8月のプレス・リリースにおいては、5月のプレス・リリースとは公表の内容が全く異なるものとなっていた理由等の情報が開示されていないこと、等である。

　本件東京高判は、8月のプレス・リリースにおいて問題となった業績予想は、その後の経営状況から実情に合致していた可能性が高いと述べるが、開示義務違反の判断は、行為当時を基準にして行われる。特別損失の増額は会計の裁量の範囲内と認め、業績予測の下方修正は開示の時点で合理的な根拠に基づ

22　川島・前掲判批（注18）36頁。

いていたか否かで判断されるものである。本件東京高判は、これらが株価操作目的の恣意的な情報開示ではないとするが、その疑いがもたれる場合、取締役は疑いを払拭するために、第三者機関の意見書を開示すべきであるとした。

これらから、「株主が、本件公開買付けに応じるか否かの判断をするにあたり、公表すべき重要な事項若しくは誤解を生じないために必要な重要な事項を公表していない」として、Y_1らに適正情報開示義務違反を認めた。

しかし、本件東京高判は、適正情報開示義務が履行されて公開買付けが成立した場合であっても、または不成立になった場合であっても、Xらは1株23万円を超える対価を取得できないとして、損害賠償請求を棄却している。

賛同意見表明の段階において、取締役は株主が公開買付けに応じるか否かの意思判断が変更される蓋然性を有する重要な情報を開示することが求められる。本件ではMBOの準備が開始された後に、8月のプレス・リリースにおいて特別損失の発生および業績予測の下方修正が発表されたという特殊事情が考慮されたため、正確性を維持する補完的な情報開示が要請されたのであろうが、情報開示の範囲が著しく増大したとはいえない。

4　価格最大化義務

本件東京高判は、Xらによる米国のRevlon義務を根拠とする企業価値の公正な移転を超えて売却価格を最大限に高める義務を負うことを否定している。一見、価格最大化義務を排斥しているようであるが、当該義務は公正価値移転義務に包摂できるともいえる

米国の判例法理においても、支配株主がRevlon義務を前提として、公開買付けの強圧性の排除が求められる。対象会社の取締役は支配株主の提案を批判的に評価し、少数株主の利益を最大限に守るため、他の買収者を探索すること、少数株主の利益を増大させるかどうか確認する義務が求められる。

近年では、Revlon義務は、「株主の利益のために合理的に入手可能な最善の価格を確保する義務」であるとされる。Revlon義務は、買収価格のみに基づいて審査されるのではなく、①意思決定の過程において依拠された情報が適切であったか否か、②取締役が行動した当時の時点からみて、当該取締役の決定が合理的であったかが審査される。[23]

本件東京高判は、Revlon義務のあてはめを価格最大化義務に重点をおきすぎている面がある。Revlon義務は必ずしも公正価値移転義務と矛盾するものではない。Revlon義務を本件にあてはめると、①A社の業績が悪化したためMBOが提案され、②買収価格は評価機関の算定を上回り、③32日間の公開買付期間中に対抗する買収提案がなく、④取引保護条項がない、ことは一定の基準を満たしている。他方、否定的要素として、①Y_1がA社株式の約30％を保有し、対抗買収が起こりにくい事案であること、②公開買付けの強圧性を解消するのに十分なスキームとはなっていないこと、③株式評価機関の評価書等を受領した翌日にA社の取締役会が買収提案への賛同意見を行っていることがあり、これらは、「善管注意義務による株主の共同の利益保護が強く求められる」という本件東京高判の認識とも合致するかもしれない。[24]

　MBOの強い利益相反性を勘案して、利益相反性の回避・軽減措置が不十分である場合、別訴の取得価格決定申立事件において、公開買付価格を上回る価格が決定された場合、買付者側に立つ取締役がMBO後も対象会社等における地位が保証されている場合、取締役の義務違反に関する立証責任の転換等が考えられる。

V　MBOにおける取締役の対会社責任

1　本件神戸地判

　本件神戸地判は、MBOが頓挫した場合における取締役の会社に対する善管注意義務違反を認めた事案である。本件では、S社の創業家によるMBOが頓挫したため、同社株主である原告が、当時の取締役らに対し、「善管注意義務違反等にあたる行為によりMBOが頓挫し、検証のためにS社が無駄な費用を支出した」等を主張して、株主代表訴訟を提起した。

　神戸地方裁判所は、MBOに係る公開買付価格を公正であるとしつつ、手続

23　飯田秀総「レックス・ホールディングス損害賠償請求事件高裁判決の検討(下)」商事2023号（2014年）21頁。
24　飯田・前掲論文（注23）23頁。

的公正性配慮義務違反等を理由として、MBOの不成立に伴う一連費用に関し、被告Y_1（創業家一族の取締役兼代表執行役）、被告Y_2（Y_1の母親であり、元代表取締役社長）、被告Y_3ら（S社の社外取締役3名）のうち、Y_1およびY_2に対し、1億9706万9421円の損害賠償を命じた。そこで、以下において、神戸地方裁判所が指摘する、取締役に対する、①MBOの合理性確保義務、②手続的公正性配慮義務、③MBO完遂尽力義務を検討する。

(1) 事案の概要

S社の取締役兼代表執行役であった創業家一族によるMBO（以下、「本件MBO」という）のために、S社株に対する株式公開買付けが行われた。S社は当時、大阪証券取引所2部市場（当時）に株式を上場する委員会設置会社であった。S社は、平成8年度の売上535億円をピークに、平成15年3月期に同391億円にまで減少した。金融機関からはMBOを含む経営改革に関する提案がなされていた。創業家は外資系投資ファンドM社をパートナーとして、MBOを計画し、公開買付者となる有限会社を設立した。

S社の取締役会は公開買付けに対し賛同意見を表明したが、S社側による株式評価と創業家一族を含む買付者側による株式評価に著しい相違があり、株式評価の基礎資料となる利益計画書が数次にわたり変更された。

その後、S社で複数の内部通報があり、それに伴い設置された第三者委員会等は、「創業家である役員による利益相反行為があったと断定することはできないが、利益相反があったという合理的疑念を払拭することもできない」と指摘し、大阪証券取引所が調査報告および改善要求書を求めた。S社の社外取締役が公開買付賛同意見の表明を撤回すると、大手都市銀行が公開買付者に資金融資をしない旨を決定した。平成20年12月17日に、公開買付けの全部の買付けを行わない旨が公表された。この結果、MBOは不成立に終わった。

これらを受けて、別訴においてS社の株主または元株主は、本件公開買付けが旧経営陣の不正行為により失敗し、S社株の相場が下落したことにより、会社法429条1項等に基づく損害賠償を請求した。東京地方裁判所および東京高等裁判所は原告請求を棄却した。

本件神戸地判はS社の株主が、社内取締役が公開買付価格の決定に不当介入し、株式価値の算定の基礎資料となる利益計画を修正させるなどをして、株式

価値の額を低く修正させたなどの利益相反行為が問題となり、旧経営陣がMBOの事前作業のため支出費用および利益相反行為の検証費用として約5億円がS社の被った損害として、株主代表訴訟を提起した事案である。

(2) 判決の要旨

原告勝訴である。

(ア) MBOにおける取締役の義務

神戸地方裁判所は、①MBOの合理性確保義務、②手続的公正性配慮義務、③MBO完遂尽力義務について、次のように述べる。

(A) MBOの合理性確保義務

取締役は、自己または第三者の利益を図るため、職務上の地位を利用してMBOを計画・実行し、著しく合理性に欠けるMBOを実行しない義務を負う。本件神戸地判は、S社の経営改善策として、MBOを自己または第三者の利益を図るためではないと判示している。

(B) 手続的公正性配慮義務

MBOにおいて、公開買付価格の決定プロセスにおいて、利益相反的な地位を利用して情報量等を操作し、不当な利益を享受しているのではないかとの強い疑念を株主に抱かせぬよう、その価格決定手続の公正さの確保に十分な配慮を払うことが求められる。価格自体の公正さが維持されるか否かにかかわらない。

25　東京地判平成23・7・7金法1933号118頁および東京高判平成23・12・21判タ1372号198頁は、原告の損害賠償請求を棄却した。

26　K法人の算定によるS社株評価は、①DCF法1104円～1300円、②株式市価法528円～544円、③類似会社比準法897円～1129円、④修正純資産法925円である。他方、被告Y_1が依頼したE法人の算定によるS社株評価は、①DCF法646円～908円、②株式市価法498円～600円、③類似会社比準法599円～855円である。平成20年8月31日に、S社の取締役会はY_1側のコンサル会社および社外取締役が関与した試算指示書に基づき、8月31日付け利益計画を承認した。過去11年の売上下落率、事業子会社の状況、事業計画の評価等を検討し、8月31日付け利益計画は7月22日付け利益計画と比べ、平成25年3月期の営業利益予測を約96%減となった。当初、買付者側はTOB価格として＠650円を提示するが、同年9月18日に社外取締役と公開買付者がTOB価格を＠800円で合意した。

27　志谷匡史「シャルレ株主代表訴訟事件第一審判決の検討」商事2061号（2015年）8頁は、「MBOの実施は、経営判断として取締役の裁量に委ねられる経営事項である」としながら、「裁判所による審査が及ぶこと自体が取締役を規律づける効果を期待してよい」と指摘する。

V　MBOにおける取締役の対会社責任

(C)　MBO完遂尽力義務

　取締役はMBOの実施に際し、善管注意義務の一環として、企業価値の向上に資する内容のMBOを立案、計画したうえ、その実現（完遂）に向け、尽力すべき義務を負う。本件では、手続的公正性配慮義務または情報開示義務を導き出す規範としての役割となっている。

　(イ)　手続的公正性配慮義務

　神戸地方裁判所は、公開買付価格は妥当としながらも、手続的公正性配慮義務に違反すると判示した。

　(A)　公開買付価格の妥当性

　MBO後の立場として、創業家一族の持株比率は51.33％から49.2％、投資ファンドM社が50.8％となり、MBOの利益相反性の程度が特に強いとまではいえないが、手続的公正性配慮義務の水準を緩和する合理的理由はない。

　取締役と株主間の利益相反性を回避・軽減する措置がとられ、価格の妥当性では、公開買付価格（800円）が不公正な価格であると認めるに足りる的確な証拠はなく、実施前6カ月間におけるS社の平均株価（約535円）に株価上昇に対する期待の評価値を20％上乗せした場合の価格（642円）と比べても150円以上高額である。

　(B)　問題となる電子メール内容

　700円の公開買付価格（最終的に800円。当時、S社株は500円で推移）を前提に、平成20年8月3日から同年9月9日の間、Y_1はMBOのプロジェクトリーダーであった執行役Pに対し、次の電子メールを送信した。

　①買付者側の想定している700円に近い株価で本件公開買付けをするのが最善であり、（第三者評価機関）K法人の株価算定結果（DCF法で1104円〜1300円、株価倍率法（類似会社比準法）の上限値で1129円）を修正し、（第三者評価機関）E法人の株価算定結果（DCF法で646円〜908円）に近づけるべきこと、②K法人とE法人の算定結果の乖離に関し社外取締役にすぐには知らせずにことを進めること、③社外取締役に株価算定結果の状況を伝える際に、買付者側のコンサルQを同席させて説明すること、④K法人にあらためて提出する事業計画は、7月11日時点での計画数値をベースとし、数値作成はQがサポートすること、⑤K法人が算定結果を下げられないのであれば、DCF法を採用せず、類

似企業比較法（類似会社比準法）ではH社等の企業を入れ、K法人が受け入れなければ、他の第三者評価機関に依頼することを検討すること、等である。

(C) 手続的公正性配慮義務違反

K法人による株価算定結果（7月30日付け算定結果）が市場株価に比べて高値であり、E法人の株価算定結果間に相当大きな乖離があることが判明した時点で、被告Y_1は公正さの確保に配慮した慎重な行動が求められていた。被告Y_1の電子メール送信指示行為は、手続的公正性配慮義務に違反する。

被告Y_1は社外取締役を中心に本件公開買付価格の決定プロセスを進めることはおよそ念頭になく、本件MBOを頓挫させないためには、自らの主導の下、本件公開買付価格につき「700円ありき」を前提に、各利益計画の数値やK法人による株価算定方法を操作することにより、株価算定結果を本件公開買付者ら側の想定価格に近づけるよりほかないものとして、多数の電子メールを送信した。

被告Y_1の対応は、本件公開買付価格の決定手続の公正さを大きく害するものであったといわざるを得ない。また、Y_2は、被告Y_1がPに対する電子メール送信指示行為により、公開買付価格に不当な影響を及ぼそうとしていることを認識したにもかかわらず漫然放置した。

(D) 社外取締役Y_3〜Y_5の責任

被告（社外取締役）Y_3〜Y_5は、被告Y_1らが手続的公正性配慮義務を尽くさず、取締役会を通じて、これを監視すべき義務（手続的公正性監視義務）を負っていた。被告Y_1らの手続的公正性配慮義務違反の本体は、Pに対する電子メール送信指示行為等にあるところ、被告Y_1が本件公開買付価格の決定に対して、どのような関与をしたかは、基本的には電子メールを送受信した者以外には直接これを知る術がないのが通常である。本件公開買付価格の決定手続においては、取締役と株主との間の利益相反性を回避または軽減する措置が講じられている。被告Y_3らに手続的公正性監視義務違反の事実があるとはいえない。

試算指示書の作成において、Qが行った関与はもっぱら被告Y_3らが検討し決定した数値をパソコン入力する作業であり、具体的な計画数値の設定にまで深く関与した形跡はみあたらない。社外取締役Y_3らとQの対応は公開買付価

格の決定手続の公正さとの関係で一線を越える不当性を有するものであったとはいいがたく、手続的公正性配慮義務に違反する事実は認められない。

　㈦　MBO完遂尽力義務と情報開示義務違反

　取締役は、善管注意義務の一環として、「株式公開買付けに関して一般に対してMBOの対象会社として提出する意見表明を公表するに当たって、株主が株式公開買付けに応じるか否かの意思決定を行う上で適切な情報を開示すべき」義務を負っているものと解するのが相当である。

　MBOにかかわる公開買付けにおいて、利益相反を回避する措置を講じている場合、その具体的内容を賛同意見表明報告書に記載することが法令上定められている。被告らの9月19日付け賛同意見表明に関し、「買付け等の価格の評価の公正性を担保するための措置及び利益相反を回避するための措置」として、①意見表明に対する出席取締役全員の承認を掲げ、②「当社取締役会は、平成20年6月より、本取引に法的論点に関する説明を弁護士法人Z法律事務所から受けております」と付記し、プレス・リリースした。

　Z法律事務所は、そのドラフトにおいて、被告Y_3らが中期利益計画（7月22日付け利益計画）を修正変更し8月31日付け利益計画を作成した行為について善管注意義務違反に問われる可能性が十分にあると結論づけている。それにもかかわらず、「当社取締役会は、平成20年6月より、本取引に法的論点に関する説明を弁護士法人Z法律事務所から受けております」との付記記載をしたことは、会社法上の善管注意義務（情報開示義務）に違反する。

　㈣　損害との因果関係

　S社の具体的支出として、①K法人に対する費用、②メディア業務委託費、③第三者委員会の費用、④検証委員会の費用、⑤コーポレートパートナーの株価再算定費用、⑥Z法律事務所およびM法律事務所に対する報酬、がある。

　神戸地方裁判所は、Y_1・Y_2に対し、前記のうち、②～⑥につき責任（1億9706万円余）を負うと判示した。他方、Y_3らに対し、Y_1らによる手続的公正性配慮義務違反がPに対する電子メール送信指示行為にあることは明らかであり、その内容の致命的ともいい得る不当性からみて、Y_3らが情報開示義務を尽くしていたとしても、S社の取締役会が12月2日付け不賛同表明をプレス・リリースするに至っていた可能性は十分にあったといわざるを得ないとして、

Y₃の情報開示義務違反との間には相当因果関係は認められない、とした。

2 「MBOの実施過程の公正性」の検討

(1) 取締役の独立性

　取締役は、他の取締役に対し、直接的に委任関係はないが、取締役間ではお互いを信頼し合い、議論を行い、会社の意思形成を図る。相互の信頼という観点から信認関係があると考えられる。[28] たとえ、取締役間に信認関係があるとまでは明確にいえなくとも、他の取締役に対し独立性を侵害せず、適正な意思形成を確保できる環境を提供・維持することは、各取締役が会社に対し有する信認関係から要請される。

　他方、他の取締役が、特定の取締役の意見および報告等を何ら検討することなく、鵜呑みにして会社の意思形成を図ることは、監視義務違反を含む善管注意義務違反が問題となるであろう。

(2) 電子メール指示との関係

　本件では、Y₁の電子メール指示は公開買付価格の形式において、不当介入となっているのであろうか。不当介入があれば、Y₃による公開買付価格の提案、買付者側との交渉、創業者一族に不利益ともなる利益吐き出しおよび提案価格の承認がなされにくいのではないか。

　平成20年8月3日に、Y₁が執行役Pに、「買付価格を700円とすることが最善である」と電子メールで述べている。本件公開買付公表前のS社の平均株価は、6カ月平均で「約535円」であり、Y₁が念頭においた700円は平均市場価格より30％以上の価額である。

　Y₃は800円という公開買付価格を提案し、平成20年9月16日および17日には買付者側と交渉し、創業者一族に約20億円の利益吐き出しを認めさせたうえで、800円を承認させている。

---

[28] 信認義務は、Restatement of The Law (Agency) または Restatement of Trusts に基づき、英米のコモンローおよび衡平法により発達してきた。信認義務法理は、忠実義務を伴う事件で多く採用されている。取締役は会社事業の受認者であり、かつ当該事業に関しては会社・株主という共同体のための財産の受託者でもある。そのため、取締役の対会社責任、対第三者責任において広く信認義務が課されている（砂田太士『兼任取締役と忠実義務』（法律文化社・1994年）6頁）。Frankel, *Fiduciary Duties as Default Rules*, 74 Or. L. Rev. 1209, 1235 (1995).

公開買付価格を800円とする合意がなされた当時、S社株の市場価格は1株609円であり、合意価格の800円は市場価格より31％以上の価額である。Y_1は電子メールで「最善である」との表現を用いているが、Y_3は700円という提案に服従するのではなく、独自に800円という価格を提示している。

本件神戸地判は、「被告Y_1は社外取締役を中心に本件公開買付価格の決定プロセスを進めることはおよそ念頭になく、本件MBOを頓挫させないためには、自らの主導の下、本件公開買付価格につき『700円ありき』を前提に、各利益計画の数値やK法人による株価算定方法を操作する」と指摘する。しかし、Y_1は「700円ありき」といえるほど強い働きかけを行ったのかやや疑問である。社外取締役Y_3は買付者側に買付価格を提示する権限、および800円で合意する権限を有している。Y_1は社外取締役Y_3の意思形成を必ずしも侵害しておらず、社外取締役の意思形成および交渉権限が維持できているように思われる。社外取締役が公開買付けの賛同意見を撤回した結果、MBOが不成立となった面があるが、本件MBOは各社外取締役の判断が尊重され、重要視されている。

(3) 利益計画の見直し

問題となった複数回にわたる利益計画の作成および最終的に株価算定の基礎とされた利益計画は当初の利益計画から乖離している。株式評価は流動的かつ不確実な市場の動向の予測、複雑な要素が絡む事業の将来性の判定の上に立ち、取締役として総合的・専門的な判断を要する。

利益計画の見直しは、取締役が適切な株式評価を行うに際し必要不可欠な職務である。公開買付価格の前提となる利益計画は社外取締役、取締役会、K法人による審議および話合いに基づき立案され、検証委員会においても不合理性が否定されている。本件神戸地判が指摘する「公開買付価格の決定プロセスにおいて、(Y_1が)利益相反的な地位を利用して情報量等を操作し、不当な利益を享受しているのではないかとの強い疑念」は、当該局面において具体的に妥当するのか疑問である。

(4) 社外取締役の交渉権限

MBOの場面において、代表的な利益相反回避措置が採用されているかどうかを過度に重視するのではなく、より実質的な観点から、独立当事者間の取引

と同視できるような公正な手続を経ていると評価できるかを、事案に即して検討すべきである。[29]

本件では、特別委員会は設置されていないが、社外取締役が法律事務所および株式評価機関と議論し、S社の各利益計画を検討している。具体的には、①社外取締役が創業者系の取締役とは独立して、かつ独立が侵害されることなく、②独自にさまざまな数値および要素をQ等の買付者側の情報を鵜呑みにせず、③専門家から意見を聴取し、④創業者系の取締役を特別利害関係人として排除し、⑤他の利害関係者との過剰な取引保護に関する取決めをせず、⑥社外取締役間で、役割・任務の理解共有をなし、⑦MBOの手続的な留意点だけでなく、実質的な議論をなし、⑧独立当事者間として具体的に交渉し、代替案を示している。本件のMBO実施計画または不実施において、Y_3ら社外取締役は意思決定過程の主導権を握っているといえる。

3 開示義務違反の検討

(1) 求められる情報開示の具体的内容

会社および取締役は、MBOにおける株式の評価の決定プロセス等に関し、株主に対する重要情報の開示および説明責任が求められる。重要かどうかの判断は、開示されなかった事実がもし開示されていれば、合理的な投資家であれば利用可能な情報の総体を変更していただろうという可能性が高いかどうかであり、投資行動を変更していたであろうかである。[30]

情報開示の不備で、差止命令が下された米国の事案をみれば、たとえば、①対象会社に公正意見（fairness opinion）を提出しているフィナンシャル・アドバイザー等の外部専門家が成功報酬を受け取ることになっているにもかかわらず、その成功報酬額または算定方法が開示されていない場合、②対象会社を代表して交渉していた者が買収後に、買収者に有利な地位で雇われるという条件

---

[29] 那覇地判平成13・2・27金商1126号31頁、大阪高判平成19・3・15判タ1239号294頁、東京地判平成19・12・4金商1304号12頁。

[30] 飯田秀総『株式買取請求権の構造と買取価格算定の考慮要素』（商事法務・2013年）165頁、白井正和「MBOにおける利益相反回避措置の検証」商事2031号（2014年）9頁、土肥慎司＝藤井宏樹「MBOにおける取締役の善管注意義務」ビジネス法務7巻6号（2007年）27頁。

が付与されていながら、その内容が開示されていない場合、③ MBO により CEO が受け取る経済的な利得について開示されていない場合、である。[31]

(2) 利益相反性の回避・軽減措置

公開買付価格の算定に関する記載、意思決定の過程等に関する記載、公正性を担保するための措置、利益相反性を回避するための記載等が考えられる。本件では、平成20年9月19日に、S社の取締役会はK法人の算定を踏まえ、賛同意見の表明を決議し、利益相反措置概要を公表している。

神戸地方裁判所は利益相反性の回避・軽減措置として、たとえば、①対象会社が第三者である公開買付けの対抗者との接触を禁止する no shop 条項が設定されていないこと、②平成20年8月27日以降、被告 Y_1・Y_2 は取締役会に出席せず、本件公開買付けの9月19日付け賛同意見表明について議決権を行使しなかったこと、③当該賛同意見表明は、被告 Y_1・Y_2 を除く取締役全員一致で可決されたものであること、④第三者株式評価機関であるK法人から株式評価を取得していること、等を指摘している。

(3) 賛同意見の表明

公開買付けの対象者は、公開買付けに関する賛同意見等を記載した書面を内閣総理大臣に提出することを要し、当該意見表明報告書は公衆の縦覧に供される（金商27条の10第1項、公開買付府令25条）。意見表明報告書の記載事項には、当該公開買付けに関する意見の内容、根拠および理由がある。たとえば、公開買付けに応募することをすすめる、すすめない、中立の立場をとる等を表明する。また、MBO等において、対象者として利益相反を回避する措置を講じているときはその具体的内容を記載する。

当該情報開示は、公開買付けの対象者またはその役員が、投資家または株主に対してどのように考えているかは、投資家が公開買付けに応じるか否かを判断するうえで重要な情報であり、投資判断の的確性をより高めることができるものであることから義務とされた。

賛同意見表明の趣旨に照らせば、法律事務所から指摘を受けた善管注意義務違反に問われる可能性の内容に関し、S社の取締役会は再検討し、事後的にも

---

31 Marci Capital Mater Fund, Ltd v. Plato Learning, Inc., 11 A. 3d 11785 (2010), In re Topp Co. S'holders Litig., 926 A. 2d 58 (Del. Ch. 2007).

公開買付けの諸条件の妥当性を高めることにより、投資家に誤解を生じさせない行為をとることができたともいえる。

(4) 買付価格の妥当性

S社株主損害賠償請求事件において前掲（注25）東京高判平成23・12・21は、「平成20年11月21日以降の被控訴会社の株価下落の原因が、直ちに本件利益相反行為にあったものと認めることはできない」と述べている。原審前掲（注25）東京地判平成23・7・7は、「利益相反行為の疑いが公表された後、被告会社の株価は直ちに下落していない。利益相反行為の存否は市場における投資者一般の投資判断に特段影響を及ぼさなかった」と述べ、情報開示違反を否定している。

前述したように、公開買付けでは、必ずしも買収価格が適正でなくとも、それなりに利益が確定できれば、投資家は応募するかもしれない。しかし、前掲（注25）東京高判平成23・12・21および本件神戸地判は、本件買付価格の妥当性を認めている。これは当事者間の交渉の結果、合意された買付け等価格が適正であり、かつ適正な開示が行われていたことの表れであろう。

合意された買付け等価格について適正な開示が行われていれば、具体的な買付け等価格と算定結果のレンジとの関係を問うまでもなく、善管注意義務および情報開示に関する義務との関係では、適正な開示がなされており、義務違反等はないのではなかろうか。[32]

4　損害との因果関係

外部機関に本件MBOおよび役員の行為等の検証を依頼したことが、創業者系の取締役の利益相反の疑念が原因だとしても、MBOでは構造的利益相反が生じることが不可避である。株式評価機関および検証委員会等への費用の支出は、役員が善管注意義務を尽くすためになされたものであり、外部機関に検証を依頼しないことは取締役の任務懈怠となる。外部検証委員会等での検証は、

32　十市崇「MBO等に関する適時開示内容の見直しの実務への影響」商事2011号（2013年）73頁。志谷・前掲論文（注27）12頁は、法律事務所の意見を採用するか否かの判断と、株主に対する情報開示を適正に処理することは別物であるが、株主の誤解を招かぬよう細心の注意を払う必要があると指摘する。

会社側の判断であり、Y_1・Y_2が判断したものではない。

MBOにおいて取締役は、株主の共同利益に配慮することが求められる（東京地判平成23・2・18金商1363号48頁）。当該義務に違反するかどうかは、MBOの交渉における各取締役の果たした役割の程度、利益相反関係の有無・程度、その利益相反関係の回避または解消措置の有無などを総合して判断される[33]。

本件神戸地判は、Y_3に対し、Y_1らの手続的公正性配慮義務違反がPに対する電子メール送信指示行為にあり、内容の致命的ともいい得る不当性があると指摘する。それが、利益計画および公開買付価格等の意思決定に具体的にいかなる影響を与えたのか不明である。Y_3ら社外取締役が意思決定過程の主導権を握っており、その独立性は維持されていると思われる。

K法人の株価算定結果が市場価格に比べて高値であり、E法人の株価算定結果がK法人のそれと相当大きな乖離があることが判明した時点において、Y_1は本件公開買付価格の決定手続の公正さに疑念が生じないよう、慎重な行動が求められることは肯定される。

Y_3らはY_1の当該電子メールを見たのではなく、利益相反の回避措置は完全ではないながらも機能をし、利益計画の立案または公開買付価格の妥当性に反映されている。利益相反的な地位を利用して情報等を操作したといえるのか疑問である。創業者一族は本件MBOが実現しても持株数が発行済株式総数の過半数を下回ることになる。神戸地方裁判所は「本件MBOの実施後の被告Y_1らの株式保有割合等からみて、本件MBOの利益相反性の程度が特に強いとまではいえない」と述べる。そのため、絶対的支配権を得て恣意的にS社の経営を行うという意図はなかったともいえる。

MBOは一般株主を退出させる効果があり、会社側における手続過程の意思決定の局面において、一般株主が納得できる公正性が求められる。被告Y_1は軽率な面があった。しかし、Y_1ら社内取締役は社外取締役に対し独立性を侵害したとは考えにくく、独自の意思形成を確保できる環境を提供・維持している。最終的に社外取締役は公開買付けに不賛同意見を表明したが、それも社外取締役独自の意思形成の結果である。

---

[33] 萬澤陽子「判批（東京地判平成23・7・7）」ジュリ1449号（2013年）114頁。

[10] 旧株主による責任追及等の訴えの創設と他の規律への影響

弁護士　阿多　博文

I　はじめに

1　旧株主による責任追及等の訴えの制度の創設

　平成26年改正会社法（平成26年法律第90号。以下、「平成26年改正法」という）では、「旧株主」（株式会社の株式交換もしくは株式移転または株式会社が吸収合併消滅会社となる吸収合併の効力が生じた日において当該株式会社の株主であった者をいう。847条の2第1項）による責任追及等の訴えの制度（847条の2）が創設された。法制審議会第167回会議（平成24年9月7日）で答申された「会社法制の見直しに関する要綱」の主要な項目である「第2部　親子会社の規律の整備」のうち、株主権の復元、親会社株主の権限強化という視点から検討された「第1　親会社株主の保護等」に関する項目の一つである「2　株式会社が株式交換等をした場合における株主代表訴訟」が立法化されたものである。[1]

2　株主としての地位を喪失した者による訴えの提起・追行

　株主としての地位を喪失した者による各種訴えの提起の可否・訴訟の帰趨に

1　森本滋『会社法・商行為法手形法講義〔第4版〕』（成文堂・2014年）304頁、「会社法制の見直しに関する要綱」における「第2部　親子会社の規律の整備」に関する横断的な紹介としては、拙稿「会社法改正の意義と経緯（第二部、第三部）および多重代表訴訟の幾つかの論点」北村雅史＝高橋英治編『グローバル化の中の会社法改正（藤田勝利先生古稀記念論文集）』（法律文化社・2014年）18頁参照。

ついては、会社法（平成17年法律第86号）の中にいくつか規定が設けられている。①株主による責任追及等の訴え（847条）の係属中に株式交換等により当該株式会社の「株主でなくなった者」による訴訟追行（851条）は、会社法制定前にみられた否定する裁判例を変更するため明文化された。②組織変更、組織再編の効力発生の日までは「株主であった者」にも会社の組織に関する行為の無効の訴えの原告適格を認める規定（828条2項6号～12号）は、平成17年改正前商法の規定（415条2項、374条ノ12第2項、374条ノ28第3項、363条2項、372条2項）を整理したものである。

さらに、平成26年改正では、③旧株主による責任追及等の訴え（847条の2）のほか、④株主総会決議取消しの訴えについて、株主総会決議により株主としての地位を喪失した者であっても、当該決議が取り消されるとその地位が遡及的に復活し「株主となる」ことから、訴え提起権を認めている（831条1項）。[2]

3 本稿の目的

③「旧株主」による責任追及等の訴え（会847条の2）は、株式交換等の効力発生後に訴えを提起する場面を対象に、①効力発生前に提起した訴訟の係属中に効力が発生し「株主でなくなった者」に訴訟追行を認める規定（同法851条）とのバランスから認められた規定である。

しかし、③「旧株主」による責任追及等の訴え（会847条の2）は、①「株主でなくなった者」の訴訟追行に関する規定（同法851条）と異なり、株式会社が消滅会社となる新設合併・吸収合併により株主としての地位を喪失した者については原告から除外している。また、他の規定（上記2①②④）では原告適格・訴訟追行に関する事項しか定めていないが、③「旧株主」による責任追及等の訴えでは、「適格旧株主」という概念を定義し（同法847条の2第9項）、それを用いて責任の免除（同項）や訴訟参加（同法849条）の要件を定めている。

そこで本稿では、③「旧株主」による責任追及等の訴え（会847条の2）について検討し、①「株主でなくなった者」による訴訟追行（同法851条）での規律

---

[2] 平成26年改正前の裁判例として、東京高判平成22・7・7金商1347号18頁。改正法の紹介としては、拙稿「『株主となる者』による株主総会決議取消しの訴えについて」関西商事法研究会編『会社法改正の潮流——理論と実務』（新日本法規・2015年）235頁参照）。

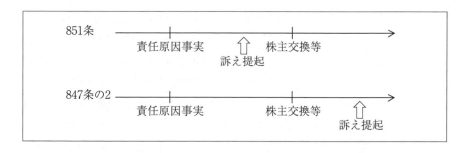

や新設合併・吸収合併における消滅会社の株主の取扱いへの影響を検討する。

論述の順序は、まず①「株主でなくなった者」による訴訟追行に関する規律（会851条）について紹介する。その際、①と③が対象となる組織再編を異にする理由も取り上げる。次に③「旧株主」による責任追及等の訴え（同法847条の2）を詳細に検討し、「適格旧株主」を用いた責任免除、訴訟参加の手続について説明する。最後に、適格旧株主の規律の拡張の可能性について検討し、私見を述べたい。

II 「株主でなくなった者」による訴訟追行（会851条）

1　意　義

「株主でなくなった者」による訴訟追行に関する規定（会851条）は、責任追及等の訴えを提起した株主（同法847条）または共同訴訟人として訴訟参加した株主（同法849条）が「株主でなくなった」場合であっても、①株式交換または株式移転により完全親会社の株式を取得したとき（同法851条1項1号）、②合併新設会社の株式、合併存続会社の株式または合併存続会社の完全親会社の株式を取得したとき（同2号）には原告適格を継続し、訴訟追行を認める。

2　規定創設の経緯

原告適格は本案判決をしても紛争解決をもたらさない当事者の訴訟を打ち切るための要件であるから、株主としての地位を失えば、原告適格も喪失し、訴えは却下されるのが訴訟法上の原則である。会社法制定前は訴訟要件の議論だ

けで形式的に処理する裁判例があったが、理論・実質論からの批判が強く、会社法はこれら裁判例を変更する旨を明示すべく規定を創設した。

　原告適格とは、訴訟手続において、原告として訴えを提起した者が訴えにおいて特定された請求の当否（訴訟物である権利関係の存否）について本案判決を受けることのできる適格をいう。原告適格が認められるためには、訴訟の結果に直接的かつ重大な法律上の利害関係の存在が必要であり、どの場面で原告適格が認められるのかについては訴えの類型によって異なる。

　取締役の責任追及等の訴えでは、提訴請求権者（原告適格）の一つとして株主が法定されているが（会847条1項柱書）、株主は、民事訴訟法上の法定訴訟担当（担当者のための法定訴訟担当）と整理されている（民訴115条1項2号）。担当者のための法定訴訟担当とは、担当者が自己固有の権利の実現または保全のために、義務者ないし義務者に準じる者の権利関係について法律上訴訟追行権が認められている場合を指すが、①株主は取締役等の適正な職務執行について利害関係を有していること、②代表訴訟は会社が役員等に有する請求権を会社に代わって訴訟上請求するものであることから、株主は法定訴訟担当を基礎づける利害関係を有することになる。

　株式交換・株式移転により完全子会社となる株式会社の提訴株主については、①株式交換・株式移転前は直接的な利害関係を有していたこと、②株式交換・株式移転後は、完全親会社の株主として完全子会社の取締役等の適正な職

3　東京地判平成13・3・29判時1748号171頁（株式移転の事例）、名古屋地判平成14・8・8判時1800号150頁（株式移転の事例）、東京高判平成15・7・24判時1858号154頁（株式交換の事例）。

4　前掲（注3）引用の東京高判平成15・7・24は「どのような方法、内容により、どの限度において完全親会社の株主を保護するかは、正に、立法政策の問題というべきである」と判示する。

5　会社法制定前の原告適格の議論については、吉本健一「判批」判評516号（2002年）39頁（判時1767号185頁）、関俊彦「株主代表訴訟の原告適格と株式移転」ジュリ1233号（2002年）107頁参照。

6　江頭憲治郎『株式会社法〔第5版〕』（有斐閣・2014年）489頁注8。

7　兼子一ほか『条解民事訴訟法〔第2版〕』（弘文堂・2011年）28条前注5（160頁）〔新堂幸司＝高橋宏志＝高田裕成〕、三木浩一ほか『民事訴訟法〔第2版〕』（有斐閣・2015年）125頁、374頁〔垣内秀介〕。

8　対世効が認められる場合、判決効の拡張を受ける利害関係人との関係で当事者適格が重要な意味をもつことについては、三木ほか・前掲書（注7）379頁〔垣内秀介〕、垣内秀介「形成判決の効力、訴訟担当資格者間の判決の波及、払戻金額増減の裁判の効力」神作裕之ほか編『会社裁判にかかる理論の到達点』（商事法務・2014年）359頁。

務執行について間接的な利害関係を有していること、しかも、③他に完全子会社の取締役の責任追及等をする株主が存在しないことから、提訴株主が訴訟係属中に「株主でなくなった者」となっても、完全親会社の株式を保有する限り、法定訴訟担当を基礎づける利害関係が肯定される。そのため、「株主でなくなった者」であっても、そのまま当該訴訟を追行することができる（会851条1項1号）。

　原告適格（法定訴訟担当）を利害関係から基礎づける説明は、新設合併・吸収合併における消滅会社の株主であっても可能である。平成17年会社法制定の際の立法担当者も、組織再編が行われたことにより組織再編前の会社の株主でなくなったとしても、当該会社の完全親会社や<u>存続会社の株主</u>としての地位を保有するのであれば、当該代表訴訟の結果について<u>間接的に影響を受ける</u>ことに鑑み、会社法851条は原告適格が失われないことにしていると説明している（下線部は筆者による）。[9]

3　平成26年改正法における立法担当者の理解

　平成26年改正法の立法担当者は、消滅会社の株主に合併新設合併会社・合併存続会社の株式を割り当てる場合（三角合併を除く）に原告適格が継続する理由として、原告適格（法定訴訟担当）を基礎づける利害関係から説明するのではなく、包括承継の理論から説明可能であり、しかも、特別の規定を新たに設けなくとも、消滅会社の株主は平成26年改正前会社法の代表訴訟の制度によっても新設会社または存続会社に当該損害賠償請求権等に係る責任追及等の訴えを提起し、また、訴訟追行ができると主張する。忖度すれば、次のようになる。[10・11]

　合併では消滅会社の権利義務は合併新設合併会社・合併存続会社に一般承継（包

---

[9]　相澤哲編著『一問一答新・会社法〔改訂版〕』（商事法務・2009年）249頁、同編著『新・会社法の解説（別冊商事法務295号）』（商事法務・2006年）218頁。

[10]　坂本三郎ほか「平成26年改正会社法の解説〔V〕」商事2045号（2014年）36頁、坂本三郎編著『一問一答・平成26年改正会社法』（商事法務・2014年）187頁。

[11]　岩原紳作（法制審議会会社法制部会会長）の説明として「『会社法制の見直しに関する要綱案』の解説〔III〕」商事1997号（2013年）10頁参照。なお、江頭・前掲書（注6）489頁注8、497頁注20参照。

括承継）されるから（会2条27号・28号、750条1項、754条1項）[12]、消滅会社が取締役等に対して有する損害賠償請求等も合併新設会社・合併存続会社に一般承継されることになる。他方、消滅会社の株主の地位は、新設合併では、合併新設会社の株式が交付されることによって合併新設会社に収容され（同法753条1項6号・7号、754条2項）、吸収合併でも、対価として合併存続会社の株式が交付される限り合併存続会社の株主としての地位を得ることになる（同法749条1項2号・3号、750条3項1号）[13]。

そこで、消滅会社の株主は、消滅会社存続中に責任追及等の訴えを提起し訴訟係属中に新設合併・吸収合併の効力が生じた場合であっても、消滅会社株主が合併新設会社・合併存続会社の株主としての地位を有している限り、消滅会社から一般承継された損害賠償請求権に係る責任追及等の訴えを提起し、そのまま訴訟を追行することが許される。

平成26年改正法の立法担当者の説明を基にすれば、「株主でなくなった者」による訴訟追行（会851条）は、包括承継の理論では説明できない株式交換・株式移転、三角合併について原告適格の継続を創設するとともに、理論的に説明が可能な新設合併・吸収合併について、平成17年会社法立法当時の事情を踏まえ確認的に明定したことになる[14]。

4 「株主でなくなった者」による株式交換等の効力発生後の訴訟参加

「株主でなくなった者」による訴訟追行に関する規定（会851条）は、訴えを提起した株主または共同訴訟人として訴訟参加した株主が「株主でなくなった」場合の訴訟追行について規律し、株式交換等の効力発生後に他の「株主でなくなった者」による訴訟参加等については何も触れていない。この点は「旧株主」による責任追及等の訴え（同法847条の2）における「適格旧株主」の訴

---

12 森本滋編『会社法コンメンタール(17)組織変更、合併、会社分割、株式交換等［1］』（商事法務・2010年）158頁〔柴田和史〕、206頁〔宮島司〕。
13 江頭・前掲書（注6）497頁注20は「消滅会社株主の地位は、存続会社において継続していると解される」と説明する。
14 岩原・前掲論文（注11）10頁、江頭憲治郎『「会社法制の現代化に関する要綱案」の解説(3)」商事1723号（2005年）4頁、9頁。

訟参加との関連で検討する。

III 「旧株主」による責任追及等の訴え（会847条の2）

1 意　義

　「旧株主」による責任追及等の訴え（会847条の2）は、株主（同法847条1項）が当該株式会社の株主でなくなった場合であっても、①株式交換・株式移転により完全親会社の株式を取得したとき（同法847条の2第1項1号）、②吸収合併後の合併存続会社の完全親会社の株式を取得したとき（同2号。三角合併）には、株式交換等完全子会社（同条1項柱書）に対し、効力発生時までに生じた株式交換等完全子会社の取締役等の責任または義務に係る追及等の訴え提起を請求することを認める。

2 制度創設の理由

　平成26年改正法の立法担当者は、①株式交換等がなければ、取締役の責任追及等の訴えを提起し得たのであって、旧株主は自らの意思でその地位を失ったわけではないこと、②完全親会社（会847条の2第1項）の株主として、株式交換等の効力が生ずる前に発生していた取締役等の責任を追及することになお利害関係を有していることから、株式交換等の効力が当該責任等を追及する訴えの提起前に生じたのか否かによって責任追及の可否を区別するのは相当でないと説明する。[15]

　上記理由を整理すると、①株式交換等の効力発生以前は、株主は監督是正権を行使すべき直接の利害関係を有していたこと、②株式交換等の効力発生後も、完全親会社株主として間接的な利害関係を有することから、株式交換等の効力が発生した後であっても、法定訴訟担当を基礎づける利害関係を肯定できるということになろう。

15　坂本・前掲書（注10）183頁。

3 提訴請求ができる者

(1) 対象となる組織再編

対象となる組織再編は、株式交換・株式移転または三角合併だけで、新設合併・吸収合併は対象に含まれない。

平成26年改正法の立法担当者は、旧株主であっても、合併新設会社・合併存続会社の株式を有する限り、包括承継の理論により、現行の代表訴訟の制度に基づき、新設会社・存続会社に対し訴えを提起するように請求できるので、あえて規律を設ける必要はなく、付加して、新設合併・吸収合併の場合まで含めると、旧株主の継続保有要件が適用され（会847条の2第1項）、提訴権者について新設合併・吸収合併の効力が生じた日の6カ月前から当該日まで引き続き株式会社の株主であった場合に限るという制限的な解釈が導かれる危険がある（同法847条1項の適用が排除される）ことを理由にあげる。

(2) 株式の継続保有

株式会社が公開会社の場合には、旧株主は株式交換等の効力が生じた日の6カ月前から効力発生日まで引き続き保有していることを要する（会874条の2第1項）。

取締役の責任追及等の訴えと異なり（提訴請求時を基準。会847条1項）、株式交換等の効力発生時の継続保有を基準とする。法定訴訟担当を基礎づける事実は、①直接的な利害関係と②間接的な利害関係であるが、①との関係で、株式交換等の効力発生時において提訴請求可能な程度の利害関係を要求する趣旨である。

4 対象となる責任または義務

責任追及等の訴えの対象となるのは、株式交換等の効力発生時までにその原因となった事実が生じた責任または義務に係るものに限られる（会847条の2第1項カッコ書）。継続保有要件と同じく、旧株主に直接的な利害関係を要求する

---

16 坂本ほか・前掲論文（注10）36頁。
17 坂本ほか・前掲論文（注10）37頁注79。坂本・前掲書（注10）188頁。
18 坂本ほか・前掲論文（注10）37頁。

趣旨である。

なお、取締役の責任追及等の訴え（会847条1項）が対象を「責任」と規定しているのと異なり、旧株主による責任追及等の訴え（同法847条の2第1項）は「責任または義務」と規定する。両者の表記が異なる理由は明らかではないが、立法担当者が対象となる「義務」として摘示する規定例は、金銭支払義務に関するもので（見出しは「責任」とあるが、個々の条文では「義務」と表記される）、義務と責任を意識的に区別したものであろう。

5 適格旧株主全員の同意と責任の免除

適格旧株主とは、会社法847条の2第1項本文または第3項の規定によれば提訴請求をすることができることとなる旧株主をいう（会847条の2第9項）。

平成26年改正法は、旧株主による責任追及等の訴えの対象となる責任または義務（株式交換等の効力が生じた時までにその原因となった事実が生じた責任または義務に係るもの）の免除につき、①株式交換等完全子会社の総株主（完全親会社またはその完全子会社）の同意に加え、②適格旧株主の全員の同意も要する（会847条の2第9項）。①株式交換等完全子会社の総株主の同意だけで免除を認めると、旧株主による責任追及等の訴え制度を創設する意義が失われるからである。

役員等の責任または義務も金銭の支払いを内容とする一種の債務であるから、債権者である株式会社は債務者である役員等に対して債務を免除することができる（民519条）。債務免除は業務執行の一内容であり、昭和25年改正前は、株主総会の特別決議によって取締役の責任免除を認めていたが（昭和25年改正前商法245条1項4号）、昭和25年商法改正に際し、株主の利益の保護の強化の観点、単独株主権である代表訴訟との平仄から、総株主の同意と要件を厳格化し（平成25年改正商法266条2項）、当該要件は会社法制定後も引き継がれている（会424条）。

---

19 坂本ほか・前掲論文（注10）37頁。
20 坂本・前掲書（注10）193頁。
21 坂本ほか・前掲論文（注10）38頁。坂本・前掲書（注10）193頁。
22 岩原紳作編『会社法コンメンタール(9)機関[3]』（商事法務・2014年）286頁〔黒沼悦郎〕。

III 「旧株主」による責任追及等の訴え（会847条の2）

　ここからは関係者が複数となるため、図を併用しながら説明する。
　旧株主による責任追及等の訴えの対象となる責任または義務は、株式交換等完全子会社の取締役等に関するものであるから、会社法424条を形式的にあてはめると、①株式交換等完全子会社（S社）の総株主（完全親会社P社）の同意が要件となる。
　では、②適格旧株主全員（株主甲乙）の同意は、どのように説明されるのか。旧株主による責任追及等の訴えが単独株主権であること（会876条の2）との平仄から適格旧株主の全員の同意を要するという立法担当者の説明は、会社法424条の趣旨と整合的である。しかし、この説明では適格旧株主（株主甲乙）と完全親会社（P社）との関係が明らかではない。
　平成26年改正法で創設された特定責任追及の訴え（多重代表訴訟。会847条の3）における責任免除の要件は、株式会社の総株主の同意（同法424条）と最終完全親会社の総株主の同意である（同法847条の3第10項）。つまり、特定責任では最終完全親会社の構成員である株主全員の関与が求められるが、適格旧株主（株主甲乙）は完全親会社（P社）の株主の一部にすぎない（完全親会社の株主は適格旧株主とそれ以外の株主に二分される）。この違いは、どのように説明されるのか。立法担当者による説明はみあたらない。
　株式交換等がなければ、責任免除の同意をする株主は、②適格旧株主（株主甲乙）であったが、株式交換等の効力が生じたことにより、株式交換等完全子会社（S社）の株主は、②適格旧株主（株主甲乙）から①完全親会社（P社）に入れ替わった。そこで、もともと同意の主体であった②適格旧株主全員（株主甲乙）と①株式交換等完全子会社の総株主（完全親会社（P社））の双方の同意を要求したとでも説明することにあろう。
　その他、責任の一部免除を行う場合には、適格旧株主の特段の行為を要求していない（会425条ないし427条の特則は設けていない）。
　立法担当者は、①実務的には、適格旧株主の特定が容易でないこと、②理論的には、適格旧株主を構成員とする株主総会に相当する会議体の決議に関する規律を設ける必要があるが、規律が極めて複雑になること、③適格旧株主は免除されていない部分についてなお責任追及等の訴えを提起することができるから実益が乏しいことを理由に特則を設けないこととしたと説明している。[23]

219

10 旧株主による責任追及等の訴えの創設と他の規律への影響

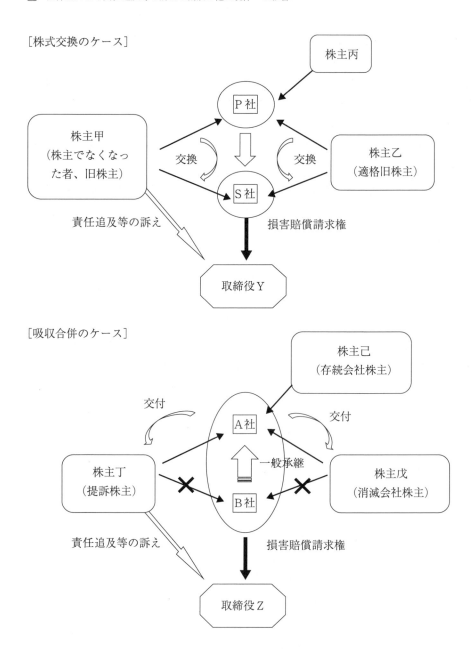

6 旧株主による責任追及等の訴え（会847条の2）に係る訴訟への参加

(1) 適格旧株主の参加

　取締役の責任追及等の訴え（会847条1項）では、馴れ合い訴訟の防止または取締役等に不当に有利な訴訟上の和解・訴えの取下げ防止のため、株式会社が提起した取締役の責任追及等の訴えには株主が、また、株主が提起した当該訴えには他の株主が、原告側に共同訴訟人として参加することができる（同法849条1項）。[24]

　旧株主（株主甲）や完全子会社（S社）による責任追及等の訴え（会847条の2）も、同様の趣旨から適格旧株主（株主乙）に参加の機会を与える必要がある。そこで、訴訟参加について定める平成26年改正前会社法849条の「株主」に適格旧株主を含めるべく「株主等」と改め（会847条の4第2項参照）、①旧株主（株主甲）が提起した責任追及等の訴えには、適格旧株主（株主乙）が原告側に共同訴訟人として、また、②株式交換等完全子会社（S社）が提起した責任追及等の訴えには、適格旧株主（株主甲乙）が原告側に共同訴訟人として参加することができるものとした。[25]

　なお、旧株主以外の完全親会社の株主（株主丙）は、完全親会社（P社）の株主として間接的な利害関係は有するが、株式交換等完全子会社（S社）の株主としての地位を取得したことはないから、取締役Yの業務執行について直接的な利害関係はなく、原告適格（法定訴訟担当）は有しないので、旧株主（株主甲）や株式交換等完全子会社（S社）による責任追及等の訴え（会847条の2）に共同訴訟人として参加することはできない（これを認めると、単独で特定責任追及の訴えを提起できることになる）。ただし、補助参加の利益があれば、補助参加は認められよう。

(2) 株式交換等完全子会社の参加

　株式交換等完全子会社（会847条の2第1項。S社）も訴訟への参加を認め

23　坂本ほか・前掲論文（注10）37頁。坂本・前掲書（注10）194頁。
24　江頭・前掲書（注6）490頁。
25　江頭・前掲書（注6）498頁。

る必要があるので、訴訟参加について定める平成26年改正前会社法849条の「会社」に株式交換等完全子会社を含めるべく「会社等」と改め(会848条参照)、旧株主(株主甲)が提起した責任追及等の訴えには、①株式交換等完全子会社(S社)が原告側(株主甲)に共同訴訟人として、また、②被告側(取締役Y)に補助参加人として参加することができるものとした[26]。

(3) 完全親会社、株式交換等完全親会社の参加

株式交換等完全子会社(S社)の株式を直接有している完全親会社(会847条の2第1項。P社)は、その株主としての地位に基づき、①旧株主(株主甲)が提起した責任追及等の訴えには、原告側(株主甲)に共同訴訟人として、また、②株式交換等完全子会社(S社)が提起した責任追及等の訴えにも原告側(S社)に共同訴訟人として参加することができる。さらに、③旧株主(株主甲)が提起した責任追及等の訴えには、被告側(取締役Y)に補助参加人として参加することができる[27]。

③のケースは、株主である完全親会社(P社)が取締役(Y)に参加することになり、完全親会社(P社)と適格旧株主(株主甲乙)との間で利害が衝突する場面であるが、完全親会社(P社)は、適格旧株主(株主甲乙)が完全親会社(P社)に損害を加える目的をもって責任追及等の訴えが提起された場合には、不適法却下を求めることができるから(会847条の2第1項ただし書・3項ただし書)、適格旧株主(株主甲乙)とは異なる独自の利益を有していると説明されている[28]。

さらに、株式交換等完全子会社(S社)の株式を直接有していない株式交換等完全親会社(会849条2項1号)であっても、完全親会社(P社)と同様独自の利益を有しているから、旧株主(株主甲)が提起した責任追及等の訴えについて、①原告側(株主甲)に補助参加人として、また、②被告側(取締役Y)に補助参加人として、参加することができる(同項)[29]。

---

26 坂本三郎ほか「平成26年改正会社法の解説〔VI〕」商事2046号(2014年) 8頁注86。
27 江頭・前掲書(注6)498頁、坂本ほか・前掲論文(注26) 5頁。
28 坂本ほか・前掲論文(注26) 5頁。
29 坂本・前掲書(注10)203頁。

(4) 責任追及等の訴え提起後、株式交換等がなされた場合はどうか

①「株主でなくなった者」による訴訟追行に関する規律（会851条）は、提訴株主や共同訴訟参加人としての地位を取得した者に株式交換等の効力発生後も訴訟追行を認めているだけで、「提訴株主や共同訴訟参加人」以外の完全子会社や消滅会社の株主が、効力発生後に共同訴訟参加ができるか否かについては何も触れていない。

しかし、効力発生前に原告としての地位を取得したことによって、「提訴株主や共同訴訟参加人」以外の完全子会社や消滅会社の株主としての利害関係に差異が生じるわけではない。そこで、株式交換等の効力が生じた後であっても提訴株主による追行が認められる訴訟について、提訴株主または共同訴訟参加人以外の株主も会社法849条に基づき訴訟に参加できると解すべきである（ただし、新設合併・吸収合併の消滅会社株主については、後述する）。また、完全親会社、株式交換等完全親会社についても同様である。

7　旧株主の責任追及等の訴えの判決の効力

責任追及等の訴え（会467条）に関する通説は、株主が訴えを提起した場合の判決の効力について、株主が法定訴訟担当であることから（民訴115条1項2号）、勝訴敗訴いずれの場合も会社に及ぶとし、会社は訴訟物である権利について重ねて本案の裁判を求めることが許されないという拘束を受けることになり、結果として、会社の権利について担当者として当事者適格をもつ他の株主も同様の拘束力を受けると説明する（既判力の反射効）。その結果、一部の株主が原告として追行した訴訟の結果は、残りの株主を拘束し、他の株主は詐害再審を提起することしかできないと理解されている。また、会社または株主が共同訴訟参加人として参加する場合には（会879条、民訴52条）、類似必要的共同訴訟となり、原告である株主と共同訴訟参加人との間には判決の合一確定が要求されるため、共同訴訟人の一人に対する判決の効力が他の共同訴訟人に及ぶことになる。

旧株主（株主甲）による責任追及等の訴えにおいても、株式交換等完全子会社（S社）に判決の効力が及び、適格旧株主（株主乙）および株式交換等完全子会社の株式を保有する完全親会社（P社）は既判力の反射効として拘束力を

受けることになる。

適格旧株主以外の株主（株主丙）は補助参加しかできないから、参加的効力しか認められない。

また、株式交換等完全子会社（S社）の株式を保有しない株式交換等完全親会社も補助参加しかできないから、参加的効力しか認められないことになる。

IV 新設会社・存続会社における合併消滅会社の取締役等に対する責任の免除、訴訟参加
——適格旧株主に関する規定の類推適用の可否

1 問題の所在

平成26年改正法の立法担当者は、新設合併・吸収合併における消滅会社の株主（株主丁）は、特別の規定を設けなくても、平成26年改正前会社法の責任追及等の訴えの制度により、合併新設会社・合併存続会社に責任追及等の訴えを提起し、または訴訟を追行できると説明する。

この説明を前提にすれば（以下、吸収合併を前提に説明する）、訴えの提起が吸収合併の効力発生の前後を問わず、合併存続会社（A社）による取締役等（取締役Z）の責任の免除、さらには、取締役の責任追及等の訴えへの訴訟参加についても、一般原則が適用されそうである。

他方、株式交換・株式移転については、平成26年改正法は適格旧株主という概念を用いて独自の処理を定めている。そこで、消滅会社における取締役等の責任に関する規律について検討したい。なお、論述の都合から、訴訟参加の可否を先に論じ、その後に責任の免除の要件を検討したい。

2 責任追及等の訴えに係る訴訟への参加

(1) 消滅会社の株主の訴訟参加

平成26年改正前会社法の規律の適用を前提にすれば、消滅会社の株主（株主丁戊）が合併存続会社（A社）の「株主」としての地位を取得する限り、①消滅会社（B社）が提起した取締役の責任追及等の訴え（存続会社（A社）が承継

IV 新設会社・存続会社における合併消滅会社の取締役等に対する責任の免除、訴訟参加
── 適格旧株主に関する規定の類推適用の可否

している）には株主（株主丁戊）が、また、②株主（株主丁）が提起した当該訴えには他の株主（株主戊）が、原告側に共同訴訟人として参加することができることになる（会849条1項）。

(2) 存続会社の株主の訴訟参加

消滅会社（B社）の提訴株主（株主丁）が提起した責任追及等の訴えについて、合併の効力発生後も株主丁が訴訟追行をしている場合に、存続会社の株主（株主己）が共同訴訟人として参加できるか。いくつかの視点から検討する必要がある。

まず、消滅会社（B社）における株主（株主丁戊）の地位の帰趨について検討する。消滅会社（B社）における株主の地位は存続会社（A社）でも継続しているという考え方（併存説）が論じられている。[30] かかる考え方からは、消滅会社の株主（株主丁戊）は、消滅会社（B社）と存続会社（A社）の地位を併有するとの結論と親近性を有し、二つの地位（完全親会社の株主と適格旧株主）を有する適格旧株主に類似することから、適格旧株主と同様に共同訴訟参加が認められるが、一つの株主の地位しか有しない存続会社（A社）の株主（株主己）は、適格株主に該当しない株主（株主丙）と同様、共同訴訟参加は認められないことになりそうである。

しかし、株式交換等では、効力発生後は完全親会社（P社）と株式交換等完全子会社（S社）という二つの法人格が存在し、株主丙と株式交換等完全子会社（S社）は間接的な関係にすぎないが、吸収合併では、効力発生後は、合併存続会社（A社）の一つの法人格しか存在しないのであって、消滅会社（B社）と合併存続会社の株主（株主己）との関係は後発的とはいえ、直接の関係である。それゆえ、株式交換後の適格旧株主ではない株主（株主丙）と存続会社の株主（株主己）と同様に扱うのは無理がある。

一般承継の理論において触れたように、消滅会社の株主（株主丁戊）は、合併の対価として株式の交付を受けることで合併存続会社（A社）の株主の地位を取得するのであって、その地位は一般承継とは無関係である。また、株式は本来的に無個性であって、消滅会社（B社）の株主という個性が継続するもの

30　江頭・前掲書（注6）498頁。

ではない。存続会社（A社）の株式の交付によって消滅会社（B社）の株主としての地位（株主丁戊）は消滅すると解すべきである（消滅説）。

したがって、合併存続会社の株主（株主己）は、消滅会社の株主（株主丁戊）と同じ地位を有すると理解することになる。

次に、利害関係と程度・内容から検討しておく。存続会社の株主（株主己）が共同訴訟参加するためには、原告適格（法定訴訟担当）を基礎づけるだけの利害関係を有していることが必要である。

消滅会社（B社）の株主（株主丁戊）は、消滅会社（B社）の取締役の適正な職務執行について直接的な利害関係（消滅会社株主の監督是正権）を有し、かつ、合併の効力発生後も、合併存続会社（A社）の株主として直接の利害関係を有している（存続会社株主の監督是正権）。他方、合併存続会社の株主（株主己）は、消滅会社（B社）の取締役の適正な職務執行については直接的な利害関係（消滅会社株主の監督是正権）を有していない。そこで、二重の利害関係を有する者（株主丁戊）だけに法定訴訟担当を認め、合併の効力発生前には利害関係がなかった存続会社の株主（株主己）には、消滅会社の取締役（取締役Z）への責任追及等の訴えには訴訟参加人としての参加は認めないという考え方もあり得よう。しかし、株式交換等の利害関係は間接的であるのに対し、吸収合併後の利害関係は直接的な利害関係である。合併存続会社の株主（株主己）も、責任追及が可能な限り、消滅会社（B社）の取締役等の適正な職務執行を求めることについて利益を有しているのであり、かかる利害関係に基づき原告適格（法定訴訟担当）を基礎づけることは可能である。

したがって、いずれの視点においても合併存続会社の株主（株主己）も株主丁が提起した責任追及等の訴えに共同訴訟人として訴訟参加ができる（会849条1項）。

(3) 合併存続会社の訴訟参加

消滅会社（B社）が提起した取締役の責任追及等の訴えは、吸収合併後は、合併存続会社（A社）に当然承継される（民訴124条1項2号参照）。訴え提起がなされていないとしても、合併存続会社（A社）は取締役等に対する損害賠償請求権を一般承継するから、原告適格を起訴づける直接かつ重大な利害関係が認められ、原告適格が認められ合併存続会社（A社）自らが訴え提起をするこ

IV 新設会社・存続会社における合併消滅会社の取締役等に対する責任の免除、訴訟参加
——適格旧株主に関する規定の類推適用の可否

とも可能である。

したがって、訴訟参加については、合併存続会社（A社）は、株主（株主丁）が提起した取締役の責任等の追及の訴えが合併の効力発生後も係属している場合はもちろん（会851条）、効力発生後に消滅会社（B社）の株主（株主丁）が取締役Zに責任追及等の訴えを提起した場合であっても、原告側に共同訴訟人として参加することができる（同法849条1項）。

また、消滅会社株主（株主丁）が提起し吸収合併の効力発生後も訴訟が係属する場合には、被告側（取締役Z）に補助参加人として参加することができる。

3 合併の効力発生後の消滅会社（B社）の取締役等に係る責任の免除

(1) 問題の所在

責任の免除には、①株主の利益の保護の強化の観点、②単独株主権である代表訴訟との平仄から、総株主の同意を要求している（会424条）。他方、株式交換等の場面では、同意の主体として、株式交換等完全子会社の総株主（完全親会社。P社）と、適格旧株主の全員（株主甲乙）が予定され、双方の同意を要求している（同法847条の2第9項）。では、消滅会社（B社）の取締役（取締役Z）が合併の効力発生後、責任免除を得るためには誰の同意が必要か。

(2) 同意の主体

吸収合併では株式交換等の同意の主体に対応するものとして、①存続会社（A社）の総株主（株主丁戊己）と、②消滅会社（B社）の総株主（株主丁戊）が観念できる。

ところで、株式交換等と異なり、吸収合併では法人は存続会社（A社）一つしか存在しないから一つの同意で足りる。では、要求される同意の主体は、①存続会社（A社）の総株主（株主丁戊己）か、②消滅会社（B社）の総株主（株主丁戊）か。

ここでも議論の立て方として、消滅会社の株主の地位の帰趨が問題となる。存続会社で継続しているという考え方（併存説）と存続会社では消滅しているという考え方（消滅説）があり得るが、消滅しているととらえるべきで、そう

227

であるならば、消滅会社（B社）の株主（株主丁戊）だけに独自の地位を認める必要性に乏しい。

次に、会社法424条の趣旨が代表訴訟との平仄から、提訴リスクを回避するために総株主の同意を求めるのであれば、存続会社（A社）の株主（株主己）にも原告適格（法定訴訟担当）を認める以上、株主己の同意も要求せざるを得ない。

したがって、①存続会社（A社）の総株主の同意を要求すべきであって、この結論は会社法424条が株式会社の総株主の同意を要件としていることとも整合しよう。

V 結 論

本稿では、旧株主による責任追及等の訴え（会847条の2）の趣旨から、適格旧株主の適用場面の拡張可能性について検討した。その結果、①株式交換、株式移転および三角合併と一般承継理論で説明される②新設合併と吸収合併に区分し、①については、提訴後に成立した株式交換等の効力発生後も責任追及等の訴訟が係属している場合には、適格旧株主だけが共同訴訟参加できる（同法849条）。他方、②については、もともとが消滅会社の株主か合併存続会社の株主か否かを問わず、株主としての地位を有する限り、責任追及等の訴えの提起・訴訟追行が可能であり、共同訴訟参加できる。

また、責任免除の要件も、①は完全親会社の同意と適格旧株主全員の同意が要件とされるが（会847条の2第9項）、②は合併存続会社の総株主の同意で足りる。

これらの違いは複数の法人を前提に株主の地位・利害関係が二元的か、単独の法人を前提に地位・利害関係が一元的かの違いによると考える。

11 組織再編等の差止請求

弁護士 植村 淳子

I はじめに

　組織再編等行為は、会社価値、すなわち株式価値の最大化をめざした経営判断により行われ、その手続においては、原則として株主総会の承認決議が必要とされる。そのため、当該組織再編等行為は、多数株主にとってはその利益となる場合が通常であるし、仮に、会社の取締役等の主導により多数株主の利益に反する組織再編等行為が行われようとした場合には、多数株主は、当該組織再編等行為を諮る株主総会において反対意見を示し、議案を否決することにより、自らの権利を保全することができる。

　しかし、株主には多様な立場の株主が存在するため、多数株主と少数株主の利益が相反し、当該組織再編等行為が多数株主にとっては利益となる行為であったとしても、少数株主にとって不利益を生じさせる場合も考えられる。特に、平成17年の会社法制定時に対価の柔軟化が認められ、少数株主に対して金銭等を交付して株主から排除するスクィーズアウトが可能となったことから、多数株主と少数株主との交付対価の不公正という問題が顕著に現れるようになった。

　そのため、平成26年会社法改正（以下、「平成26年改正」という）では、組織再編等行為に対して少数株主がとりうる対抗手段として想定される差止請求について、従前、略式組織再編行為においてのみ明文規定が設けられていたものを、略式組織再編行為以外の組織再編行為においてもこれを認めるために一般的な組織再編行為の差止請求に係る明文の規定が新たに創設された。

本稿では、少数株主の権利保護の制度全体における差止請求の必要性・重要性について検討したうえで、平成26年改正後の組織再編行為に係る差止請求の要件を検討する。

II　組織再編等行為における少数株主の権利保護制度

平成26年改正前から明文または解釈上認められていた組織再編等行為に対する少数株主の権利保護のための制度としては以下のものがあげられる。

1　情報開示

組織再編等行為において、株主に賛否の判断を行わせるにあたって、まずは、当該組織再編等の情報が適時適切かつ十分に開示されることが必要となる。

そこで、効力発生日までの情報開示として、組織再編等契約の内容や条件の相当性等に関する事項、相手方当事会社の計算書類等の内容について、①事前開示書面の備置き（会782条、794条、801条）、②株主総会の招集通知（同法298条、299条）および株主総会参考書類（同法301条）、③事後開示書面の備置き（同法791条、801条、811条、815条）等による情報開示義務等が定められている。

上記手続について、適切な開示が行われなかったまたは正確な情報が提供されなかったという場合、当事会社の組織再編等行為の手続に係る法令違反となり、平成26年改正により定められた組織再編行為の差止請求における差止事由となる（略式組織再編行為についての平成26年改正前会社法784条2項、796条2項および、改正後の784条の2、796条の2、805条の2においても同じ）。

2　株式買取請求

(1)　反対株主の株式買取請求権

組織再編等行為については、当該組織再編等行為に反対する株主に対して、一定の要件を備えた場合、広く株式買取請求権が認められている（会785条、806条、797条、469条）。

当該反対株主の株式買取請求権には、①反対株主の意思の尊重、②投下資本

の回収手段の保障という目的とともに、③反対株主による株式買取請求権が増加すれば、多数株主が受ける利益が減少するため、不当な企業再編行為を防止することが期待できる、という機能がある。[1]

平成17年会社法制定により認められた対価の柔軟化は、少数株主の締出しについて正当な理由が求められていないことから、少数株主の保護としては経済的損失を補填することで十分であるとの考え方を前提としているものと解されているが、反対株主の株式買取請求権は、締め出された株主の経済的損失を補填するための手段として、特に重要な制度であるとされている。

(2) 略式組織再編等行為の場合

平成26年改正前は、略式組織再編等行為においても、広く反対株主の株式買取請求権が認められていた。

しかし、特別支配株主については保護の必要性がないため、平成26年改正で、略式組織再編等行為において、特別支配会社は株式買取請求権を有しないものとされた（平成26年改正法785条2項2号・3項、797条2項2号・3項、469条2項2号・3項）。

(3) 簡易組織再編等行為の場合

簡易組織再編等行為について、平成26年改正前より、分割会社・譲渡会社の株式買取請求権は認められていなかった（会785条1項2号、806条1項2号、467条1項2号、469条1項。なお、簡易合併、簡易株式交換においては、消滅会社等の簡易手続がない）。これは、組織再編の規模に鑑みて、株主に及ぼす影響が軽微であるためであるとされていた。

これに対して、存続会社等・譲受会社において簡易組織再編等行為の要件を満たす場合には、反対株主の株式買取請求権は認められていた（会797条1項、469条1項）。しかし、簡易組織再編等行為が行われるのに乗じて、機関投資家等から大量の株式買取請求が行われるなど濫用の弊害が目立つようになった。また、会社の規模に比べて相対的に小規模な組織再編等行為であれば株主に及ぼす影響が軽微であるという点は存続会社等・譲受会社においても、分割会社・譲渡会社と同じである。そのため、平成26年改正により、簡易組織再編等

---

1 川口恭弘「企業買収時における少数株主の保護」監査役546号（2008年）39頁、40頁。

行為一般について、反対株主の株式買取請求権が認められないこととなった（平成26年改正法797条1項ただし書、469条1項2号）。

なお、簡易合併および簡易分割については、存続会社等が承継する事業に潜在債務が存在するおそれがあるが、反対株主は、一定数の株式を有する株主の反対により株主総会の決議を求めたり（平成26年改正法796条4項。同項により株主総会の決議が必要とされるときは、反対株主は株式買取請求権を有することとなる）、役員等の損害賠償責任（同法423条）の追及をしたりすることができるため、他の手続と区別する必要性は乏しいとされ、あわせて株式買取請求権が認められないこととなった。

(4) 少数株主保護制度としての限界

上記のとおり、組織再編等行為においては、株主保護の必要性が低いと判断される場合を除き、広く反対株主の株式買取請求が認められている。また、当該株式買取請求について、理論上、各株主が個別に判断を行い、公正な価格での株式買取請求を行うことができるものと規定されているため、少数株主が経済的損失を補塡する制度として重要な役割を果たしている。

しかし、反対株主の株式買取請求権は、承認株主総会で反対するとともに事前通知を行う手続等が必要であるが、一般的な株主はそのような手続を知らない可能性もあるし、仮に事前備置書類等に不実記載があった場合など承認株主総会などの時点で組織再編等の条件が不当であることに株主が気づいていなかった場合には、その権利を行使することができない。また、株式買取請求権を行使し、会社との間で株式の価格について協議が整わなかった場合、裁判所に対して価格決定の申立てを行うこととなるが（会786条、807条、798条、470条）、当該手続には株式価値の鑑定費用などの相当の費用と時間を要する。そのため、少額の持分しかもたない株主が、その権利行使を積極的に行うかどうかは極めて疑わしく、少数株主の保護として実効性を欠くとの指摘がある。

---

2 法務省民事局参事官室「会社法制の見直しに関する中間試案の補足説明」（平成23年12月）〈http://www.moj.go.jp/content/000084700.pdf〉54頁。

3 弥永真生「著しく不当な合併条件と差止め・損害賠償請求」黒沼悦郎＝藤田友敬編『企業法の理論（上巻）（江頭憲治郎先生還暦記念）』（商事法務・2007年）628頁。

3 株主総会決議取消しの訴え

(1) 不公正な対価等による組織再編等行為の要件該当性

　組織再編等行為については、略式組織再編等行為および簡易組織再編等行為を除き、原則として、株主総会の特別決議による承認を得なければならない（会783条、795条、804条、309条2項12号、467条1項、309条2項11号）。

　少数株主の保護が必要となるのは、多数株主または経営者と、賛成多数となることができない少数株主の利益が相反する場合で、主に組織再編等の対価等が不公正である場合である。

　組織再編等行為を行う当事会社の一方が他方の株主であるか、両社の株主を兼務している場合、当該株主は「特別利害関係人」（会831条1項3号）であるといえる。当該株主が議決権を行使し、その結果、一方の会社に著しく有利な条件での組織再編等行為の承認決議がなされた場合、「著しく不当な決議」（同号）が行われたとして、株主総会決議の取消事由となるものと解されている（東京地判平成元・8・24判時1331号136頁）。[4]

(2) 少数株主保護制度としての限界

　通説では、組織再編行為の効果を争う場合、株主総会決議取消しの訴えによることができるのは効力発生までであり、組織再編行為の効力発生後は、組織再編行為等の無効の訴え（会828条）をもってのみ主張することができると解されている。[5]

　しかし、現行法では、組織再編行為でも債権者異議手続のないもの、株券提出手続がないもの（株券発行会社でない場合等）があり、また、仮にこれらの手続があっても株主総会決議までにこれらの手続を開始することができるため、早ければ株主総会の決議の翌日に効力を発生させることが可能である。この場合、株主総会決議取消しの訴え（および後述する当該取消しの訴えを本案訴訟とする仮処分の申立て）を行う余地がない。

---

[4] 相澤哲ほか編著『論点解説新・会社法』（商事法務・2006年）679頁。
[5] 江頭憲治郎『株式会社法〔第5版〕』（有斐閣・2014年）368頁。

4　組織再編行為の無効の訴え

(1) 不公正な対価等による組織再編行為の無効事由該当性

通説によれば、組織再編行為の効力が発生した後は、無効の訴え（会828条1項7号～12号）によりこれを争うこととなる。

通説は、株主総会決議取消しの訴えを提起後に組織再編行為の効力が生じた場合には、原告は、訴えの変更の手続により組織再編行為の無効の訴えに変更することができ、承認株主総会決議の瑕疵は組織再編行為の無効の一事由となると考えられている。当該考え方によれば、①特別利害関係人の議決権行使により、②一方の会社に著しく有利な条件での組織再編行為の承認決議がなされ、これが株主総会決議取消しの訴えから引き続き主張される場合には、組織再編行為の無効の訴えにおいても無効事由として争うことができる。

しかし、上記通説は、上記②の著しく不公正な組織再編の条件を含む承認決議がなされたことのみでは、組織再編行為の無効事由とはならないと解する。

裁判例で、少数株主の保護としては経済的損失を補填することで十分であるとの考え方を前提として、経済的損失は、反対株主の株式買取請求権の行使により塡補可能であるという理由から、合併比率の不当または不公正は合併無効事由とはならない（東京地判平成2・1・31判例集未登載）と判示したものがあり、平成17年会社法制定時の立法担当者の解説でも、会社法において合併比率について特に法的な規制を設けていないことから、合併比率の不公正は決議内容の法令違反とならず、株主総会の無効事由とはならないと明確に述べられている。

(2) 少数株主保護制度としての不十分性

株主総会決議取消しの訴えの効果は対世効を有するとともに（会838条）、遡及効を有するが、組織再編行為の無効の訴えには遡及効が認められない（同法839条）。

したがって、会社分割や株式交換・株式移転のように効力発生により会社が

6　江頭・前掲書（注5）368頁。
7　相澤ほか・前掲書（注4）679頁。

複数できる場合に、遡及効を欠く救済しか認められないと、違法決議を主導した者が無効判決確定前に株主等を排除した側の会社で何を行っても株主等は何ら打つ手がない。[8]

また、組織再編行為の効力を争う方法が、無効の訴えにより事後的に否定する方法であることは、取引の安全に対して与える影響が大きく望ましい手続ではない。

なお、組織再編行為の効力発生後は無効の訴えによらなければならないとの通説は、従前の商法で、組織再編行為の効力発生については、承認株主総会から最低1カ月の期間があった（当時は債権者異議手続・株券提出手続が必ず株主総会決議後に行われた）頃に定着した考え方である。上記のとおり、現在は、早ければ株主総会の決議の翌日に効力を発生させることが可能であるため、組織再編行為の効力発生後は無効の訴えによらなければならないとすれば、株主総会決議取消しの訴えの対象とすることができる場面がなくなるため、組織再編行為の対価等が不公正であることについて、組織再編行為の効力を争うことが困難となる。

立法論として、組織再編行為の効力発生時期について、承認株主総会の翌日に発生させなければならない実務上のニーズは乏しいから、株主総会決議取消しの訴え（または当該取消しの訴えを本案訴訟とする仮処分）に必要な期間（決議の日から2週間）経過後に効力が発生する制度に改正すべきとの意見もある。[9]

しかし、実務をみてみると、組織再編行為を行う旨を決定する取締役会決議等から効力発生までの期間を、可能な限り短くしたいとのニーズは大きいものと考えられるため、安易に上記改正が実現するとは考えにくい。

5 損害賠償請求

組織再編の条件等の不公正性について、株主は、会社法429条1項に基づき、取締役に対して損害賠償を請求することができる。一方で、対価が自社株式等でのみ行われる場合には、対価等が著しく不公正であっても会社には損害は生

---

8 江頭・前掲書（注5）368頁。
9 江頭・前掲書（注5）368頁。

じず、株主は取締役の会社に対する損害は生じないため、423条1項に基づく損害賠償請求をすることができず、取締役の会社に対する責任を代表訴訟によって追及することはできないとする考え方が有力である[10]。当該考え方によれば、株主は個人で個別にその損害賠償請求を行うことになるため、持分を少数しか保有しない株主にとっては、その権利行使を行うことについての負担が大きいという問題がある。

III 改正の概要

1 平成26年改正会社法における改正内容

平成26年改正においては、従前明文で規定されていた略式組織再編行為以外の組織再編行為（簡易組織再編行為の要件を満たす場合を除く）についても、株主が当該組織再編行為をやめることを請求することができる旨の、明文の規定を設けることとなった。

具体的には、略式組織再編行為についての差止請求の規定を削除し、新たに、784条の2、796条の2、805条の2を設けて差止請求を規定することとなった（平成26年改正前において、組織再編の対価等が著しく不当であることも差止事由として認めていた点については、そのまま略式組織再編行為固有の差止事由として残している）。なお、略式組織再編行為が認められていない新設合併等（新設合併、新設分割または株式移転）の手続における差止請求も認められることとなっている（平成26年改正法805条の2）。

2 改正の理由

上記IIでみてきたとおり、組織再編等の手続においては、少数株主の各種権利保護制度が認められているが、いずれも権利保護において不十分な点を有するものであるため、組織再編行為の効力が発生する前に、その効果の発生を停

---

10 ただし、対価の交付が現金等で行われる場合には、会社の純資産が減少するため、会社にも損害が生じることとなると考えられる。

止させる制度として、差止請求の必要性が論じられてきた。差止請求においては、適正な対価の金額を具体的に特定する必要まではないうえ、組織再編が差し止められることにより、再交渉がされて対価が適正なものへと変更されれば、すべての株主がその利益を享受することができるという利点があるとされている。

そこで、組織再編に際して交付される対価等の適正さを確保するためのしくみとして、略式組織再編以外の組織再編においても、組織再編に際して交付される対価等が著しく不相当であるとき等に差止請求を認める制度を新たに創設すべきであるとの指摘を受け、組織再編行為についての一般的な差止請求の規定についての検討が行われ、改正に至った。

Ⅳ 改正の経緯

1 従前の法制度

(1) 略式組織再編行為の差止請求

(ア) 略式組織再編行為の差止請求の規定制定の経緯

組織再編行為の差止請求について、平成26年改正前会社法においては、これを一般的に認める規定はなく、略式組織再編行為についてのみ、明文で差止請求（会784条2項、796条2項）が認められていた。[11]

略式組織再編行為（会784条1項、796条1項）は、平成17年の会社法制定時に導入された制度である。[12] ほぼ完全な支配関係がある会社間において組織再編行為を行う場合には、株式会社である被支配会社において、仮に株主総会を開催したとしても結論において変わるところがないことが明らかであることから、このような場合には、被支配会社における株主総会の開催を不要とすることにより、迅速かつ簡易な組織再編行為を行うことを可能とした。[13]

---

11 事業譲渡については、略式事業譲渡（会468条1項）の場合でも差止請求に係る規定は設けられていない。
12 なお、簡易組織再編の規定は、平成17年改正前商法374条の22を承継するものである。
13 相澤哲編『一問一答新・会社法』（商事法務・2005年）229頁。

しかし、略式組織再編の場合には、被支配会社における株主総会が開催されないこととなるため、被支配会社の少数株主にとっては、株主総会の決議の取消しの訴えを提起する等（改正前商法247条1項）の組織再編行為の効力を争う機会が著しく少なくなる。また、簡易組織再編行為とは異なり、異議手続（会784条4項、796条4項）も設けられていない。そのため、それに代わる少数株主の保護の方策の整備として、組織再編行為の差止請求（平成26年改正法784条2項、796条2項）が創設された。[14]

(イ) 差止めの理由

平成26年改正前の略式組織再編行為に対する差止請求の要件は、以下の①および②を満たす場合である。

① ⓐ 組織再編行為が法令または定款に違反する場合

　　または、

　ⓑ 組織再編契約に定められた対価の内容もしくは割合が、組織再編当事会社の財産の状況その他の事情に照らして著しく不当である場合

② 消滅会社等の株主が不利益を受けるおそれがある場合

(ウ) 組織再編行為が法令または定款に違反する場合の解釈

上記要件①ⓐについて、「法令」とは、原則として、会社を名あて人とするわが国すべての法令を意味すると解されており（最判平成12・7・7民集54巻6号1767頁）、具体的には、組織再編契約の内容の違法、組織再編契約等に関する書面等の不備置・不実記載、組織再編手続の瑕疵、私的独占の禁止及び公正取引の確保に関する法律（独占禁止法）に定める手続違反、必要となる認可の不取得等があげられる。[15]

組織再編の対価等が不公正であることは、会社法において合併比率等についての法的規制が設けられていないことから、決議内容の法令違反となるもので

---

[14] なお、会社法784条1項ただし書または796条1項ただし書の規定により、略式組織再編の要件を満たさない場合であっても、被支配会社の株主が組織再編行為の差止めを求めることができる。これは、譲渡性の低い対価を交付させられるために略式組織再編をすることが認められない場合であっても、9割以上の株式を保有している支配株主が当該組織再編行為により少数株主の利益を侵害する危険性が高いことには変わりがないものと考えられるからである（相澤哲＝細川充「新会社法の解説(15)組織再編行為(下)」商事1753号（2005年）44頁）。

[15] 江頭・前掲書（注5）877頁。

はないと考えられていた。[16]

　この点、「法令・定款」違反に、取締役の善管注意義務・忠実義務の違反を含むと考えることもできるのではないか、という考え方もある。当該考え方は、会社に対して善管注意義務・忠実義務を負う取締役は、実質的に会社の所有者である株主の利益を最大化する義務を負っていると考えることができ、各株主に対する善管注意義務・忠実義務も負うと考えることもできる、という発想に基づくものである。しかし、所有と経営の分離を掲げる会社法制度は、株主には多様な立場があり、すべての株主の利益に対する善管注意義務・忠実義務の履行が困難である場合があることを前提に、役員等に、会社としての利益の最大化を義務づけ、会社に対する善管注意義務・忠実義務を課すものである。よって、「法令・定款」違反に、取締役の善管注意義務・忠実義務の違反を含むと解することは困難である。

　(エ)　組織再編等の対価等が、組織再編当事会社の財産の状況その他の事情に照らして著しく不当である場合

　平成17年会社法制定により認められた対価の柔軟化は、少数株主の締出しについて正当な理由が求められていないことから、少数株主の保護としては経済的損失を補塡することで十分であるとの考え方が前提となっている。そのため、合併比率など割当比率の不公正は、株式買取請求権による救済を求めるべきもので、株主が総会決議の効力を争うことはできないという考え方も有力である。

　しかし、上述のとおり特別利害関係人の議決権の行使により著しく不当な組織再編の対価等が定められた場合には、株主総会決議の取消しの訴えを提起することが認められている。

　これに対して、略式組織再編手続では、当該効力の発生を争う当該株主総会決議が存在しないため、その平仄から、略式組織再編行為につき著しく不当な対価等で行われる場合には、株主は行為の差止めを請求できるとの明文の規定が定められたものである。[17]

16　相澤ほか・前掲書（注4）679頁。
17　江頭憲治郎『「会社法制の現代化に関する要綱案」の解説（別冊商事法務288号）』（商事法務研究会・2005年）78頁。

(2) 解釈による差止請求

　略式組織再編以外の組織再編等行為一般については、明文の規定はないものの、取締役および執行役の違法行為の差止請求（会360条）によって組織再編行為一般に差止請求ができるとする考え方や[18]、組織再編等行為の承認株主総会決議取消しの訴えを本案訴訟とする承認株主総会決議の執行停止の仮処分申立てによる差止請求をすることができるという考え方が存在した。

(ア) 取締役の行為の差止請求（会360条）による組織再編等行為の差止請求

　取締役の行為の差止請求制度を利用した組織再編等行為の差止請求の可否については、略式組織再編についてのみ明文で規定した条文の存在意義が説明できないとして、否定する考え方があった[19]。

　また、その要件について、会社法360条は、「当該行為によって当該株式会社に著しい損害が生ずるおそれがあるとき」と定められているところ、組織再編の対価等が不公正であることは、一部の株主にとって損害が生じるとしても会社には損害は生じないのではないかとも考えられる、との問題点があった。対価が現金等で行われる場合には、会社にも経済的損失が生じるものと考えられるが、対価が株式等で行われる場合には、株主に損害は生じるが、会社には損害は生じないと考えられるため、利用できる場合が限定される。

　さらに、監査役設置会社または委員会設置会社において、「著しい損害」は、「回復することができない損害」とする旨が規定されており（会360条3項）、会社の受ける損害が金銭賠償不能または原状回復不能の場合に限定する趣旨と解される。したがって、会社法360条による差止請求については、反対株主の株式買取請求権等金銭賠償によって塡補できない損害（その効力自体否定しなければならない事情）があることを立証しなければならないと考えられた。

(イ) 株主総会決議取消しの訴えを本案訴訟とする仮処分手続による差止請求

　組織再編等行為に係る株主総会決議において、①特別利害関係人の議決権行使により、②一方の会社に著しく有利な条件での組織再編行為の承認決議がなされた場合、取消しの訴えにより争うことができる。組織再編等行為で問題と

18　弥永・前掲論文（注3）630頁。
19　藤田友敬「新会社法における株式買取請求権制度の改正」証券取引法研究会編『証券・会社法制の潮流』（㈶日本証券経済研究会・2007年）266頁脚注14。

なることが多い対価等の不公正性については、対価等が著しく不公正であるにもかかわらず、株主総会決議において賛成多数で可決される場合、相手方会社の株主など、利害対立する立場にある特別利害関係人が議決権行使をした結果であることが多いため、当該承認株主総会決議取消しの訴えを本案訴訟とする組織再編手続実施の差止仮処分を申し立てることにより、組織再編行為の対価等が不公正である場合の救済が可能であると考えられる。

しかし、当該手続は、民事保全法の仮の地位を定める仮処分となるところ、民事保全法の解釈論として、実体法上の差止請求権が明確でなければ、被保全権利の存在を否定し、そのような仮処分の申立ては却下すべきであるとの意見があった。[20]

さらに、平成17年会社法制定により、組織再編を承認する株主総会決議の翌日に組織再編の効力を発生させることが可能となったため、事実上株主総会決議取消しの訴えおよび当該取消しの訴えを本案訴訟とする仮処分の申立てを行う余地がないとの意見が存在した。

2 中間試案

(1) 中間試案の内容

法制審議会会社法制部会は、平成23年12月7日に「会社法制の見直しに関する中間試案」[21]（以下、「中間試案」という）を公表し、意見照会の手続を行った。中間試案における、組織再編等の差止請求に係る案は以下のとおりである。

> 略式組織再編に加えて、それ以外の組織再編（簡易組織再編の要件を満たす場合を除く。）についても、株主が当該組織再編をやめることを請求することができる旨の明文の規定を設けるかどうかについては、以下のいずれかの案によるものとする。
> 【A案】　当該組織再編が法令又は定款に違反する場合であって、消滅株式

---

[20] 法務省民事局参事官室「会社法制の見直しに関する中間試案の補足説明」商事1952号（2011年）54頁、東京地裁保全研究会編『詳論民事保全の理論と実務』（判例タイムズ社・1998年）103～104頁。
[21] 商事1952号4頁参照。

会社等の株主が不利益を受けるおそれがあるときは、消滅株式会社等の株主は、消滅株式会社等に対し、当該組織再編をやめることを請求することができるものとする。存続株式会社等についても、同様の規律を設けるものとする。
(注1)　上記に加えて、特別の利害関係を有する者が議決権を行使することにより、当該組織再編に関して著しく不当な株主総会の決議がされ、又はされるおそれがある場合であって、株主が不利益を受けるおそれがあるときに、株主が当該組織再編をやめることを請求することができるものとするかどうかについては、なお検討する。
(注2)　全部取得条項付種類株式の取得、株式の併合及び事業譲渡等についても同様の規律を設けるものとする。
【B案】　明文の規定は、設けないものとする。

(2)　中間試案の補足説明
(ｱ)　改正推進意見

　上記中間試案の補足説明においては、改正推進意見として、現行法の解釈論により、組織再編を承認する株主総会の決議について特別の利害関係を有する者が議決権を行使したことによって、著しく不当な決議がされた場合には、株主は、株主総会の決議取消しの訴え（会831条1項3号）を本案訴訟とする仮処分を申し立てるなどして、組織再編の差止めを請求することができるとする見解があるが[22]、平成17年会社法制定により、組織再編を承認する株主総会決議の翌日に組織再編の効力を発生させることが可能となったため、株主総会決議取消しの訴えを本案訴訟とする仮処分では組織再編を止めることが事実上できなくなっていると考えられること等の理由から、明文で差止請求を定める意義があるという意見があげられていた。当該意見は、平成17年会社法制定当時、略式組織再編の導入に伴い、略式組織再編行為においては株主総会による承認を不要とした結果、承認決議が行われれば少数株主が株主によるその決議につい

---

[22]　甲府地判昭和35・6・28判時237号30頁、大隅健一郎「株主権に基づく仮処分」同『商法の諸問題』（有信堂・1971年）221頁、245頁、弥永・前掲論文（注3）623頁、634頁以下等。

て決議取消しの訴えを提起できるような事情がある場合に、決議取消しの訴えに変わる少数株主の保護措置として差止請求権が認められたという経緯を踏まえた解釈によるものである。

　また、仮の地位を定める仮処分に関する民事保全法の解釈論として、実体法上の差止請求権が明確でなければ、被保全権利の存在を否定し、そのような仮処分の申立ては却下すべきであるとの指摘がある。そのため、組織再編行為の承認に係る株主総会決議取消しの訴えを本案訴訟とする仮処分が認められないとの判断となる可能性があるので、明文上、組織再編一般についての差止請求制度を設けるべきであるとの意見もあげられた。

　これらの肯定意見は、反対株主の株式買取請求権では塡補できない少数株主の権利を保護する必要があるとともに、組織再編行為の無効の訴え（会828条）によっては、組織再編の効力発生後、事後的にその効力を否定することしかできないため、法律関係が不安定となるおそれがあることから、事前の救済手段として、差止請求制度を設ける意義が大きいとの考え方に基づいている。

　㈣　反対意見

　これに対して、反対意見として、明文の規定を設けることとすれば、組織再編の実施に対して萎縮的効果を及ぼすおそれがあることおよび組織再編の差止請求が濫用される危険があること等があげられていた。

　㈥　要　件

　中間試案策定までには、組織再編行為一般についての差止請求を認めるとしても、少数株主保護において多く問題となる組織再編の対価等が不公正である場合の差止請求を認めるか、あるいは、明確な法令・定款違反の場合に限り差止請求を認めるか、という点も議論されていた[24]。

　反対株主の株式買取請求権の制度的な限界や組織再編の無効の訴えによって事後的にその効力を否定することは取引の安全に対して与える影響が大きい、

---

[23] 相澤哲編著『立案担当者による新・会社法の解説（別冊商事法務295号）』（商事法務・2006年）199頁、相澤・前掲書（注13）211頁、森本滋編『会社法コンメンタール⒅組織変更、合併、会社分割、株式交換等［２］』（商事法務・2010年）111頁〔柳明昌〕等。

[24] 法制審議会会社法制部会「第12回会議議事録」〈http://www.moj.go.jp/content/000080186.pdf〉39～42頁、「第14回議事録」〈http://www.moj.go.jp/content/000081570.pdf〉32～33頁。

との理由から広く差止請求を認める制度を新たに創設すべきであるとの考え方によれば、組織再編の対価等が不公正であることも差止事由とする、との考え方が導かれる。

これに対して、実際の差止請求は、仮処分手続により実行されることが予想されるところ、短期間で判断される仮処分手続において、組織再編の条件という実態的な問題について審査をすることは困難であるとの考え方からは、差止事由は、明確な法令・定款違反の場合に限定するとの考え方が導かれる。また、実態的な判断を差止事由とすると手続の見通しが困難となるため萎縮的効果が高まるとの考え方からも、差止事由は、明確な法令・定款違反の場合に限定するとの考え方に導かれる。

議論の結果、中間試案においては、A案で、略式組織再編の差止請求について定める会社法784条2項1号を参考に、「組織再編が法令又は定款に違反する場合であって、消滅会社等の株主が不利益を受けるおそれがあるとき」のみを組織再編行為の差止事由として定めることとされた。「法令又は定款違反」の解釈について、略式組織再編の差止請求に係る784条2項1号の法令・定款違反は、善管注意義務や忠実義務の違反を含まないと一般的に解されていることから、A案にいう「法令又は定款」の違反についても、これと同様の解釈がされることが考えられるとの意見があわせて述べられた。

一方で、中間試案では、法令・定款違反の場合に加えて、特別の利害関係を有する者が議決権を行使することにより、当該組織再編に関して著しく不当な株主総会の決議がされ、またはされるおそれがある場合であって、株主が不利益を受けるおそれがあるときにも、株主による組織再編の差止請求を認めるかどうかについては、なお、検討する旨が（注1）で示されていた。

3　意見照会の結果

上記のとおり公表された中間試案に対し、平成23年12月14日から平成24年1月31日までの間、パブリックコメントの手続が実施されるとともに、裁判所、弁護士会、大学、経済団体、各業界団体等多数の関係機関・団体に対して個別の意見照会が行われた。

組織再編等の差止請求に係る中間試案への意見は、賛成と反対に大きく分か

れた。

　A案への賛成意見は、学者から多く出され、B案への賛成意見は、経済団体等から多く述べられた。

　A案への賛成意見としては、組織再編の無効の訴えや株式買取請求権等の現行法（当時）上の規律だけでは、組織再編の構成に対する監視機能を果たす制度が十分に整備されているとはいえないこと、無効の訴えにより事後的に効力を否定することは法律関係を錯綜させるおそれがあること、現行法（当時）の下では、株主が組織再編を差し止めることが困難であること、等が理由としてあげられた。[25]

　B案への賛成意見としては、広く差止請求を認めれば、適正な条件による組織再編に対しても、萎縮的効果を及ぼすおそれがあること、濫用的な差止請求の懸念があること、組織再編に不満をもつ少数株主の保護は、組織再編の無効の訴えや株式買取請求権等の現行法（当時）の規律により十分図られていること、等が理由としてあげられた。

　なおA案の（注1）については、「組織再編に関して著しく不当な株主総会の決議がされ、又はされるおそれがある場合」を差止事由とすべきであるとの意見の理由として、実務でおよそ問題とされるのは、組織再編に際しての消滅会社等の株主等に交付される対価の比率であること等があげられた。これに対して反対意見の理由としては、株主による組織再編の差止請求は、実際には、仮処分命令申立事件により争われ、短期間での判断が必要となること、当該要件について、定量的・定性的に判断することは難しく、この案が採用された場合には予見可能性を欠く法制度になるおそれがあること、この場合の株主保護は株式買取請求権で十分であること等があった。

　また、A案の（注2）については、事業譲渡等の差止めは、会社法360条の規律で足りるとの意見等が出された。

---

[25] 坂本三郎ほか「『会社法制の見直しに関する中間試案』に対する各界意見の分析(下)」商事1965号（2012年）43頁。

4 要綱案

以上の手続を経て審議が行われ、平成24年8月1日に「会社法制の見直しに関する要綱案」（以下、「要綱案」という）が決定された。
組織再編等行為の差止請求に係る要綱案は以下のとおりである[26]。

〔要綱案　第2部　第4〕
　次に掲げる行為が法令又は定款に違反する場合において、株主が不利益を受けるおそれがあるときは、株主は、株式会社に対し、当該行為をやめることを請求することができるものとする。
① 全部取得条項付種類株式の取得
② 株式の併合
③ 略式組織再編以外の組織再編（簡易組織再編の要件を満たす場合を除く。）
（注）略式組織再編の差止請求（第784条第2項及び第796条第2項）については現行法の規律を維持するものとする。

5 平成26年改正会社法

以上の経緯を経て、組織再編等行為の差止請求については、上記要綱案の内容で、「会社法の一部を改正する法律」（平成26年法律第90号）に盛り込まれ、同法律は平成26年6月20日に成立し、平成26年6月27日に公布された。

V 平成26年改正により認められた組織再編行為の差止請求の要件

1 差止請求の要件

平成26年改正により認められた組織再編行為一般の差止請求の要件は、①当

26　事業譲渡は改正による明文での差止請求の規定創設とはならなかった。

該組織再編行為が法令または定款に違反し、②当該株主が不利益を受けるおそれがあるときである（平成26年改正法784条の2、796条の2、805条の2）。略式組織再編行為については、従前の定めと同じく、法令または定款違反に代えて、①'組織再編の対価等が著しく不当であることも要件として認められている。

2　法令または定款に反する場合

　「法令又は定款」の趣旨について、平成26年改正前の略式組織再編行為の差止事由である「法令又は定款」（平成26年改正前会社法784条2項1号、796条2項1号）とは、会社を規範の名あて人とする法令または定款の違反を意味し、取締役の善管注意義務や忠実義務の違反は含まないと解されていた。

　これに対して、平成26年改正前から組織再編等行為の差止請求への利用の解釈がなされていた取締役の違法行為差止請求（会360条）の要件とされている法令違反については、学説・裁判例上、取締役の善管注意義務・忠実義務違反が含まれていると解釈されている。[27]

　立法担当官は、新設された組織再編行為の差止請求に関する規定の差止事由である「法令又は定款」とは、平成26年改正前の略式組織再編行為の差止事由である「法令又は定款」の違反と同趣旨と解され、取締役の善管注意義務や忠実義務違反は含まれない、との見解を明確に示している。[28] さらに、組織再編の対価等が不公正であることについての取締役の善管注意義務・忠実義務の違反の問題が生じうるとしても、平成26年改正前の略式組織再編行為の差止請求の定めにおいても、明文上、法令または定款違反と、対価等が著しく不当であることとを、別の差止事由として規定していたことから、対価等が著しく不当であること（取締役の善管注意義務・忠実義務違反等）が「法令又は定款」違反となることはないと解されるとの意見を述べている。

27　落合誠一編『会社法コンメンタール(8)機関［2］』132～134頁〔岩原紳作〕。
28　坂本三郎ほか「平成26年改正会社法の解説〔IX・完〕」商事2049号（2014年）21頁。

3 組織再編の対価等が著しく不当であること

略式組織再編行為においては、平成26年改正前から、組織再編の対価等が著しく不当であることも要件として明文で認められていた。

平成26年改正の中間試案においては、差止事由として、組織再編の対価等が不当であることを対象とするか否かという点において、「特別の利害関係を有する者が議決権を行使することにより、当該組織再編に関して著しく不当な株主総会の決議がされ、又はされるおそれがある場合であって、株主が不利益を受けるおそれがあるときに、株主が当該組織再編をやめることを請求することができるものとするかどうかについては、なお検討する」旨が注記されていたが、略式組織再編行為以外の組織再編行為の差止請求の要件としては明文化されなかった。

これは、中間試案策定までに議論されていた、組織再編行為の差止事由として、組織再編の対価等が不公正である場合を認めるか、あるいは、明確な法令・定款違反の場合に限るか、という点について、平成26年改正においては、後者をとると結論づけた、ということであると考えられる。

上記のとおり、経済団体等は、スピードや機動性が必要となる組織再編において、差止請求の明文化により萎縮的効果が生じ、必要な企業再編が行われずに企業価値が向上しないという事態を憂慮し、広く組織再編行為の差止請求を明文化すること自体に反対していた。平成26年改正は、差止請求については広く認めてこれを明文化するとの結論に至ったが、反対意見に配慮し、要件としては、企業に対する萎縮的効果が限定されるよう予見可能な法令・定款違反に限定するとの結論になったものと考えられる。

4 実務への影響

以上の改正の内容および経緯を踏まえると、実務上、少数株主保護の場面で、明らかな法令・定款違反が問題になることは多くないため、平成26年改正により組織再編行為の差止請求の対象となる事例が実質的に増加するとは考えにくく、実務に与える影響は限定的であると考えられる。

なお、中間試案の補足説明では、「組織再編に関して著しく不当な株主総会

の決議がされ、又はされるおそれがある場合」が明文の差止要件として掲げられなかったとしても、従前から解釈により認められている、承認株主総会決議取消しの訴えにおいて、同要件を取消事由として仮処分手続で差止めを行う解釈論が否定されるものではないと考えられる、との意見が述べられていた。[29]当該意見は、承認株主総会決議に取消原因が認められる場合には、差止事由の「法令違反」となりうるという解釈を否定しない、という趣旨であると考えられる。

しかし、平成26年改正の趣旨を前提とすれば、承認株主総会決議取消しの訴えにおいても、当該訴えを本案訴訟とする仮処分手続により差止請求を行う場合には、対価等の不公正性を争うことは不適当であるとの解釈が導かれる。

ただし、承認株主総会決議の翌日を効力発生日とすることができる現行法においては、承認株主総会決議取消しの訴えについて、仮処分手続により差止めを求めることは実質的に困難である。

この点、通説によれば、株主総会決議取消しの訴えは、組織再編行為の効力発生により無効の訴えに吸収され、承認株主総会決議の瑕疵は、組織再編行為の無効事由となると考えられている[30]（ただし、その場合の取消原因は、決議の日から3カ月以内に提訴して主張することが必要となると解されている）。当該考え方に基づけば、組織再編行為の効力発生後、特別利害関係人の議決権行使により、対価等が著しく不当な決議が行われた場合を株主総会決議の取消事由（瑕疵）として争う余地が残っていると解するべきであると考えられる。

なお、略式組織再編行為について、従前どおり組織再編の対価等が著しく不当であることも要件として認められたのは、略式組織再編行為については株主総会決議が存在せず、組織再編の対価等が著しく不当である場合の差止請求の規定を、他の一般の差止請求とあわせて削除してしまった場合、事後的にも当該事由を争うことができなくなってしまうからである。

29　法務省民事局参事官室・前掲論文（注20）55頁。
30　江頭・前掲書（注5）368頁。

5 差止仮処分・差止判決に違反した場合の効力

　新たに認められた組織再編行為の差止請求は、その本案訴訟および事前の仮処分申立てにより争われることとなるが、当該仮処分決定で、差止めを命じられたにもかかわらず、会社がこれに違反した場合、どのような効果を生じさせるか。

　この点、理論上、差止命令違反は、会社に対する不作為義務を生じさせるものであり、会社と株主との間の債権債務関係にすぎないとの見解も学説上有力である。[31]

　しかし、募集株式の発行等の差止仮処分命令への違反に関して、判例は、差止請求権の実効性を担保する必要上、無効原因になると解しており（最判平成5・12・16民集47巻10号5423頁）、組織再編行為の差止仮処分命令への違反についても同様に解釈されるものと考えられる。

VI　最後に

　平成26年改正においては、組織再編行為一般についての差止請求制度を認める必要性と、濫用的差止請求を防ぐために、明文化する差止請求の要件を、判断が比較的明確かつ容易であると考えられる法令・定款違反に限定した結果が現れた内容となっている。

　少数株主の保護においては、組織再編の対価等の不公正が最も問題となるところ、平成26年改正では、当該要件は明文化せず、従前の議論を残したままとなっているため、今後も、少数株主の保護のための制度については、継続して検討されていく必要性があるものと考えられる。

31　江頭・前掲書（注5）763頁。

12 詐害的会社分割と債権者の保護

京都大学大学院法学研究科教授　北村　雅史

I　はじめに

　会社分割は、債務超過に陥ったあるいは陥りそうな企業が、会社分割後、承継会社・設立会社に債務の履行の請求をすることができる債権者と、分割会社にしか請求できない債権者（残存債権者。「残存債権者」の会社法上の定義については後述IV 2参照）とを恣意的に選別したうえで、承継会社・設立会社に優良事業や資産を承継させるなどして、残存債権者を不当に害する態様で行われることがある。このような会社分割を、一般に詐害的会社分割という。

　会社分割の手続をとれば、法定再生手続を経ることなく、また債権者の個別同意を前提としない点で私的整理手続とも異なった方法で、迅速・柔軟に事業再生を図ることができるため、優良事業の維持・再生のための有効な手段となりうる。実際に、会社分割は、優良部門と不採算部門を抱える会社が、その再生スキームとして、優良部門を設立会社や承継会社に承継させてその事業を維持し、分割対価、あるいはその対価（株式等）を売却することによって得られた金銭等を分割会社の債権者に分配するなどして、事業再生を図るスキームとして利用されることがある。

　しかし、一方で、このスキームは、残存債権者に異議を述べる権利を与えることなく行うことができるから[1]、残存債権者から債権回収の機会を奪う結果と

---

[1] 承継会社・設立会社に移転する債務について分割会社が重畳的に引き受けることにすれば、債権者異議手続の対象となる債権者は存在せず、全債権者に一切告知せずに会社分割を行うことができる。

なる態様で濫用される危険性を伴う。

　平成20年頃より、詐害的会社分割に関して残存債権者の救済を求める裁判が増加している。これまで、裁判例は、民法の詐害行為取消権行使や破産法の否認権行使のほか、法人格否認の法理や商号続用譲受会社の弁済責任に関する会社法22条1項の類推適用によって、残存債権者の保護を図ってきた。また、平成26年6月の会社法改正では、残存債権者を直接保護することを目的とする制度が創設された。

　本稿は、会社分割規制における残存債権者の立場およびそれに対する保護の必要性を明らかにし、従来用いられているさまざまな救済手段の適用要件および効果を整理したうえで、平成26年会社法改正による新たな救済制度について、他の救済制度との関係に留意して検討するものである。[2]

II　詐害的会社分割が生じる制度的理由と残存債権者の立場

1　詐害的会社分割が増加した制度的理由

　近年の詐害的会社分割事例の増加には、事件が係属する裁判所が地理的に偏っていることから、一部の経営コンサルタントたちによる企業再生のアドバイスの影響があったものと推測される。もっとも、会社分割がそのように濫用されるおそれは、平成12年の商法改正によって会社分割制度が導入された当時からなかったわけではない。しかし、平成20年前後から詐害的会社分割の問題が顕在化した背景には、平成17年の会社法制定による次のような会社分割の規制の緩和があるといわれている。

　第1に、会社法制定前の商法（平成17年改正前商法）の下では、分割当事会社に「債務ノ履行ノ見込アルコト及其ノ理由ヲ記載シタル書面」が事前開示書類に含まれており（同法374条ノ2第1項3号、374条ノ18第1項3号）、分割当事

---

[2]　平成26年会社法改正では、会社分割に係る債権者保護について、詐害的会社分割における残存債権者の保護制度の新設のほか、「分割会社に知れていない債権者の保護」に関する規律の見直しも行われた。後者について、北村雅史「会社分割等における債権者の保護」金商1461号（2015年）107頁以下参照。

会社のいずれかに債務の履行の見込みがないことが分割無効事由になると解釈されていた[3]。すなわち、債務の履行の見込みがあることを会社分割の実体要件とすることが、事実上詐害的な会社分割を阻止してきたわけである。

これに対し、会社法は、当該事前開示事項を「債務の履行の見込みに関する事項」に変更した（会施規183条6号、205条7号）。会社法の下でも、実質的に（帳簿上ではなく）債務の履行の見込みがないことが会社分割の無効事由となるとする立場もあるが[4]、多数説は、会社分割によって分割当事会社が債務超過になる場合でも会社分割の効力は否定されないと解している[5]。この立場によれば、優良事業・資産を承継会社・設立会社に移転して分割会社が債務超過となるような会社分割も、それ自体は許容されることになる。

第2に、会社法が、分割による承継の対象を、従前の「其ノ営業ノ全部又ハ一部」（平成17年改正前商法373条、374条ノ16）から「事業に関して有する権利義務」（会2条29号・30号）に変更したことも、詐害的会社分割を容易にする一因になったと指摘されている[6]。承継財産が「一定の事業目的のために組織化され有機的一体となった財産」（最判昭和40・9・22民集19巻6号1600頁）でなくともよくなったので、担保価値のある個々の財産のみを選別して移転することが容易になったのは事実であろう[7]。

2 残存債権者保護の必要性

会社分割が行われる場合、原則として、当事会社は、債権者が一定期間会社分割に異議を述べることができる旨を通知・公告し、異議を述べた債権者に対しては、弁済、担保提供等の措置を講じなければならない（債権者異議手続

---

3 原田晃治「会社分割法制の創設について㈠──平成12年改正商法の解説」商事1565号（2000年）11頁以下。

4 江頭憲治郎『株式会社法〔第5版〕』（有斐閣・2014年）899頁。

5 相澤哲＝細川充「組織再編行為」相澤哲編著『立案担当者による新会社法関係法務省令の解説（別冊商事法務300号）』（商事法務・2006年）137頁。

6 神作裕之＝三上徹「商法学者が考える濫用的会社分割問題──会社分割法制のなかでできる限りの手当を望みたい」金法1924号（2011年）40頁。

7 最高裁判所として初めて新設分割につき詐害行為取消権行使を認めた最判平成24・10・12民集66巻10号3311頁の事例は、分割会社にとって優良資産である不動産（それ自体は事業ではない）が会社分割によって設立会社に承継されたというものである。

会789条、799条、810条)。会社分割により、債権者の個別的な同意なくして債務者である会社が交替し、あるいは債務者である会社の財産状態が変わりうるので、債権者が損害を被る可能性があるからである。承継会社の債権者はすべて債権者異議手続の対象となる（同法799条1項2号)。一方、分割会社の債権者のうち会社分割後も分割会社に対して債務の履行を請求することができる者は、いわゆる人的分割の場合を除き、債権者異議手続の対象とならない（同法789条1項2号、810条1項2号)。その理由は、分割会社は、承継会社・設立会社に移転した純資産の額に相当する対価を取得するため、その財産状況に変動がないはずであること（人的分割の場合は、分割対価が分割会社に帰属しないため、分割会社においてもすべての債権者が債権者異議手続の対象となる）、および事業譲渡の場合に引き続き譲渡会社に債務の履行を請求できる債権者には特段の保護制度がないこととの均衡、である。債権者異議手続の対象とならず、それゆえ会社分割に異議を述べることができない債権者は、会社分割無効の訴えの原告適格もないと解されている（東京高判平成23・1・26金商1363号30頁)。

　しかし、吸収分割の場合は、分割対価が不当に低価格であることがあり、共同新設分割（会762条2項）では、割当比率（同法763条1項7号）の不相当により、承継された権利義務に見合う対価を分割会社が得られないことがありうる。単独新設分割の場合には、本来的に分割対価は相当なものであるといえるが、分割会社における残存債権者とそれ以外の債権者の間で不平等取扱いがされること、優良資産が設立会社株式という換価困難な財産に変わること、設立会社が第三者割当てによる新株発行をすることによって分割会社が有する設立会社株式の価値が容易に毀損されることなどから、残存債権者の利益が実質的に害される可能性は小さくない（後述III 4(2)参照)。

　このように、詐害的会社分割から残存債権者を保護する必要性があるにもかかわらず、平成26年改正前の会社法では残存債権者保護のための制度が特に設けられていなかった。

---

[8] 吸収分割契約に会社法758条8号の定めがある場合、または新設分割計画に会社法763条1項12号の定めがある場合は、分割対価は実質的に分割会社の株主に交付される。この場合を人的分割とよぶ。

III 詐害的会社分割に対する残存債権者の救済手段

　詐害的会社分割に対して、これまでの裁判例は、以下のような方法で残存債権者の保護を図ってきた。なお、これまでに裁判例で現れた事例のほとんどが単独新設分割に関するものであるので、本項（III）の記述は、単独新設分割であることを前提とする。

1　法人格否認の法理

　残存債権者が、設立会社の法人格を否認して分割会社に対する債務の履行を設立会社に求めることができれば、残存債権者の利益が守られる。法人格否認の法理が適用できる場合には、残存債権者は新設分割によって設立会社に移転した財産の額を超えて債務の履行を請求できることになる（設立会社は無限責任を負う）から、後述（IV）の平成26年改正会社法によって創設された履行請求権よりも、残存債権者にとって有利な救済となる。

　もっとも、法人格否認の法理が適用されるためには、設立会社が全くの形骸であるか（形骸事例）、分割会社が設立会社を意のままに支配し（支配の要件）、かつ設立会社を違法不当な目的のために利用しているという要件（目的の要件）が存すること（濫用事例）が必要である。実際の会社分割の事例では、一般に設立会社は分割会社とは別個に事業活動を行っているから形骸事例にはなりにくい。また、これまでに法人格否認の法理を用いて残存債権者の設立会社に対する債務の履行請求を認めた事例（福岡地判平成22・1・14金商1364号42頁、福岡地判平成23・2・17判タ1349号177頁）は、いずれも分割会社が分割対価を廉価で設立会社関係者に売却するなどして残存債権者のための責任財産を毀損させることが当初から会社分割スキームに組み込まれていたという悪性の強い（目的の要件が認められやすい）ものであった。これに対し、分割会社が設立会社株式全部を保有し続けている場合にも目的の要件が認められるかどうかは疑問であり、設立会社が分割会社とは独立して企業再建に取り組んでいる場合には支配の要件も認められにくいであろう。

2　会社法22条１項の類推適用

　会社法22条１項は、事業譲渡において、譲受会社が譲渡会社の商号を続用する場合、譲受会社は、譲渡会社の事業によって生じた債務について、その債務がその事業譲渡の対象からはずされている（譲受会社がその債務を引き受けていない）ときでも、弁済する責任を負う、と規定する。この規定は、会社分割において、設立会社が分割会社の商号を続用する場合にも類推適用される（最判平成20・6・10判時2014号150頁）。これにより、商号を続用する設立会社は、新設分割計画によって設立会社に移転しない分割会社の債務についても、弁済する責任を負うことになる。この場合も、設立会社は、分割会社から承継した財産の価額にかかわらず弁済の責任を負う（無限責任）。

　裁判例は、設立会社が分割会社の商号をそのまま続用する場合（東京地判平成22・11・29判タ1350号212頁）のほか、分割会社の商号とは異なるゴルフクラブ名を設立会社が続用した場合（前掲最判平成20・6・10）や商号とは異なる店舗名（屋号）が続用された場合（東京地判平成22・7・9判時2086号144頁）においても、会社法22条１項の類推適用を認める。

　この救済方法は、設立会社が分割会社の商号・屋号を続用する場合にのみ採用できるものであり、会社法22条１項が類推適用される場合には、同条２項も類推適用されると考えられるため、設立会社が分割後遅滞なく分割会社の債務を弁済する責任を負わない旨を登記しまたは分割会社とともに債権者に通知した場合には設立会社は責任を負わない。また、会社法22条は、分割会社の「事業」すなわち「一定の事業目的のために組織化され有機的一体となった財産」

9　本文に引用した福岡地判平成22・1・14の控訴審である福岡高判平成23・10・27金商1384号49頁は、分割会社が設立会社を支配や差配している事実がないとして、法人格否認の主張を退けた。

10　屋号の続用について免責登記が認められることについて「質疑応答7766」登記研究660号（2003年）208頁を、会社分割の場合の商号続用に係る免責登記について「質疑応答7792」登記研究675号（2004年）247頁を、それぞれ参照。なお、会社分割でかつ商号以外の名称の続用といういわば二重の類推適用事例において、会社法22条２項の免責登記が認められるか否かは必ずしも明らかではない。本文に引用した東京地判平成22・11・29と東京地判平成22・7・9は、いずれも、設立会社が会社分割後遅滞なく債権者に債務を引き受けない旨を通知したなど免責を認めるべき特段の事情がある場合には、設立会社は会社法22条１項の責任を負わない旨を述べるが、会社法22条２項の免責要件のうち登記についての言及はない。

が新設分割によって設立会社に移転し、その事業を設立会社が承継する場合に類推適用の基礎があり、分割会社の「事業」に該当しない優良資産のみが新設分割によって移転する場合には類推適用されない。それゆえ、この救済方法の妥当する場面は限定的である。

3　否認権の行使

　否認権が会社分割とりわけ会社設立を伴う新設分割を対象とすることができるか否かについては、4で述べる詐害行為取消権についてと同じ議論があるが、裁判例は基本的にこれを肯定する。

　詐害的会社分割は、特定の債権者に対する担保の供与または債務の消滅に関する行為にはならず（破160条1項柱書・カッコ書、162条）、また単独新設分割の場合には分割会社は相当の対価を得ていることになるが、それにより分割会社が隠匿等の処分をするとは限らないから破産法161条の否認権の対象にもなりにくい[11]。そこで、裁判例は、一般に詐害的会社分割が破産法160条1項1号の「破産債権者を害する」行為に該当するものとして否認権の行使を認める（福岡地判平成21・11・27金法1911号84頁、東京地判平成24・1・26判タ1370号245頁、東京高判平成24・6・20判タ1388号366頁）。

　もちろん、否認権は、分割会社について破産手続、再生手続または更生手続が開始された場合の救済方法であり（民再127条以下、会更86条以下）、詐害的会社分割の事例につき一般に用いることのできる救済方法ではない。

4　詐害行為取消権の行使

(1)　詐害行為取消権行使の対象

　現在、詐害的会社分割の一般的な救済方法として定着しつつあるのは、民法424条以下の詐害行為取消権の行使である（東京地判平成22・5・27判時2083号148頁、東京高判平成22・10・27金商1355号42頁、名古屋地判平成23・7・22判時

11　ただし、福岡地判平成22・9・30判タ1341号200頁は、新設分割によって、分割会社が、その有する土地を設立会社に移転しその対価として設立会社株式を取得し、新設分割の5日後に当該設立会社の株式全部を分割会社代表者の妻に譲渡したという事例において、この会社分割は、破産法160条1項のほか、161条1項にも該当するとした。

2136号70頁、福岡高判平成23・10・27金商1384号49頁、名古屋高判平成24・2・7判タ1369号231頁など)。

詐害的会社分割に詐害行為取消権に関する民法の規定を適用するにあたって、①会社分割という組織上の行為でしかも会社設立を伴う新設分割が詐害行為取消権行使の対象となるか、②詐害行為取消権行使と会社分割無効の訴えはどのような関係にあるか、③新設分割において受益者（設立会社）の悪意を観念できるか、といった問題点が指摘されてきたが、近年、最高裁判所は、残存債権者が詐害行為として新設分割を取り消しうることを明らかにした（最判平成24・10・12民集66巻10号3311頁)。最高裁判所は、①については、新設分割が財産権を目的とする法律行為としての性質を有する以上、会社の組織に関する行為であることを理由として詐害行為取消権行使の対象にならないと解することはできないとし、②については、詐害行為取消権の行使によって新設分割を取り消しても、その取消しは会社設立の効力には何ら影響を及ぼすものではないから、新設分割無効の訴えが会社法上規定されていることをもって、新設分割が詐害行為取消権行使の対象にならないと解することはできないとした。[12]③について、当該最高裁判決は特に判示していない。確かに、新設分割の場合には、分割時まで設立会社は存在していないが、分割会社が設立会社を設立するのであるから、分割会社（その代表取締役）に詐害意図がある場合には、設立会社にも詐害の認識があるものとされるのであろう。[13]

(2) 会社分割の詐害性

詐害行為取消権行使が認められるためには、債務者（分割会社）が「債権者（残存債権者）を害すること」を知って会社分割をしたこと、つまり会社分割の「詐害性」が要件になる。

一般に詐害行為取消権行使の要件としての行為の「詐害性」について、当該行為が財産の処分であれば、対価が不当に低い価格である場合のほか、対価は相当でもたとえば不動産を金銭に変える場合には費消・隠匿されやすくなるた

---

[12] ①②に関する判旨とその検討について、北村雅史「濫用的会社分割と詐害行為取消権(上)(下)」商事1990号（2013年）7頁以下・1991号（2013年）10頁以下参照。

[13] 森本滋「株式会社を設立する新設分割と詐害行為取消権（判批）」民商147巻6号（2013年）572頁。

め、詐害性が認められるとされてきた。これを会社分割にあてはめてみると、上述のように、吸収分割なら分割対価が不当に低価値である場合があり得、共同新設分割なら割当比率の不相当により承継財産に見合う対価を分割会社が取得できない場合がある。これに対し、単独新設分割の場合は、分割対価は設立会社の株式全部であり、それは分割会社から設立会社が承継した財産の価値と同じになるはずであって（したがって対価は相当である）、分割会社は分割対価としてこれ以上の価値のものを望むことはできない。しかし、新設分割について詐害行為取消権行使を認める裁判例の多くは、分割会社の資産が設立会社株式に変わったことをもって詐害性を肯定する。

　それらの事案の中には、新設分割の直後に設立会社株式が廉価で売却されたもの（前掲福岡高判平成23・10・27）や、設立会社が第三者割当てによる新株発行を行った結果分割会社が有する設立会社株式の価値が希釈化され、現実に責任財産の価値が毀損されたもの（前掲東京地判平成22・5・27）もある。そのように残存債権者のための責任財産を毀損することが当初から会社分割に係るスキームに組み込まれている場合には、当然に詐害性が肯定されよう。平成27年3月31日に国会に提出された「民法の一部を改正する法律案」（以下、「民法改正法律案」という）424条の2（以下、民法改正法律案については改正提案がされている民法の条文を引用する）は、法制審議会が平成27年2月24日に決定した「民法（債権関係）の改正に関する要綱」（以下、「民法改正要綱」という）第16の3を受けて、否認権に関する破産法161条1項と同様の枠組みを採用した「相当の対価を得てした財産の処分行為の特則」を設けるものとするところ、このようなスキームの事例ならば、「相当の対価を得てした財産の処分行為の特則」の内容にも該当すると考えられる（上述3および注11参照）。

　しかし、裁判例の多くは、設立会社の発行済株式のすべてが分割会社にとどまっている事例でも、会社分割の詐害性を認めている。その理由は、不動産等の財産が設立会社（非上場会社）の株式に変わることによって、換価性が損なわれ、また換価が可能であっても価値の評価が困難であることに求められている。これは、不動産が金銭に変わる場合（費消されやすくなる）とは逆方向の理由づけである。もっとも、分割対価が非上場株式であって換価が困難であることを強調して詐害性を認定することには、慎重であるべきであるとの見解も

259

ある。[15]

　一般には、債務者の行為によって責任財産が減少し、その結果債務者が債務超過となる場合や、すでに債務超過の状態にある場合において債務者の行為によってさらに責任財産が減少するときが、「債権者を害する」行為にあたる。[16]他方、新設分割の対価が相当であっても、残存債権者と債務が設立会社に承継される債権者（以下、「承継債権者」という）との間で会社分割後の責任財産に許容できない不平等が生じることを、残存債権者に対する詐害性と解する立場もある（前掲最判平成24・10・12における須藤正彦裁判官の補足意見）。ここでいう不平等取扱いは、同一の債務者の共同財産を債権者のうち一部の者に弁済等の形で分配するという典型的な偏頗行為（破162条）ではなく、[17]承継債権者と残存債権者の恣意的な選別の結果、残存債権者についてのみ共同担保が毀損されることを詐害性と考えている。[18]また、分割を実行したうえで旧会社を清算した場合の弁済率が、分割をせずに事業継続した場合あるいは清算した場合の弁済率よりも低い場合は、残存債権者を害することになるとする見解もある。[19]分割会社の責任財産が単純に減少した場合のほか、残存債権者と承継債権者の不平等取扱いによっても、残存債権者の弁済率は低下しうる。

(3) 詐害行為取消権行使の効果

　新設分割が詐害行為として取り消された場合でも、設立会社の設立自体は取り消されず、移転した財産の返還のみが認められることになる。

　一般に法律行為が詐害行為として取り消された場合、判例理論によると、目

14　大阪高判平成21・12・22金法1916号108頁。一方、分割会社の資産が設立会社株式という容易に処分可能な財産に転換したことから、分割会社の財産について隠匿等のおそれを生じさせることが詐害性の根拠であるとする裁判例もある（福岡地小倉支判平成23・12・12訟月59巻5号1407頁）。
15　神作裕之「濫用的会社分割と詐害行為取消権(下)」商事1925号（2011年）42頁。
16　坂本三郎ほか「平成26年改正会社法の解説〔IX・完〕」商事2049号（2014年）24頁、太田洋＝高木弘明編著『平成26年会社法改正と実務対応』（商事法務・2014年）230頁以下。
17　「民法改正要綱」第16の4を受けた民法改正法律案424条の3は、破産法162条と同じ枠組みを採用して「特定の債権者に対する担保の供与等の特則」を設けることとするが、会社分割自体は「担保の供与又は債務の消滅に関する行為」ではない。
18　田中亘「会社法改正の視点からみた濫用的会社分割」土岐敦司＝辺見紀男編『濫用的会社分割』（商事法務・2013年）26頁。
19　野村修也＝奥山健志『平成26年改正会社法』（有斐閣・2014年）143頁、髙田剛「会社分割等における債権者の保護」ビジネス法務2014年2月号58頁。

的物が金銭のように可分であれば、取消債権者が損害を受ける限度でその範囲の金銭等の移転が取り消され（大判大正9・12・24民録26輯2024頁。「民法改正要綱」第16の8を受けた民法改正法律案424条の8も実質的に同様）、目的物が不可分の場合は、たとえ目的物の価格が取消債権者の債権額を超える場合であっても、当該目的物（現物）の返還が認められる（最判昭和30・10・11民集9巻11号1626頁）。ただし、原状回復が困難な場合には価格賠償請求ができる場合がある。[20]

会社分割によって事業に関して組織化され有機的一体となった権利義務が承継されても、承継された財産全体が不可分であるわけではない。もっとも、設立会社が分割会社から承継した事業を継続する場合、承継した個々の財産には変動が生じており、残存債権者が設立会社に承継された財産を特定してこれを返還させることは困難な場合がある。そこで、裁判例では、現物返還に代えて価格賠償を認めるものが多い。[21]

IV 平成26年会社法改正における残存債権者の履行請求権

1 趣 旨

平成26年6月の会社法改正において、詐害的な会社分割があった場合、残存債権者は、会社分割あるいは個々の財産の移転を取り消すことなく、承継会社・設立会社に対して、債務の履行を請求できるという制度が、新たに設けられた。これは、詐害的会社分割における残存債権者の保護を、民商法の一般原則に委ねるだけでなく、会社法自体に規定を設けることが適切であるとの考えに基づいている。以下では、平成26年の改正会社法（以下、「改正会社法」とい[22]

---

[20] 内田貴『民法III〔第3版〕』（東京大学出版会・2005年）327頁。「民法改正要綱」第16の7(1)を受けた民法改正法律案424条の6第1項も、現物返還が原則でありそれが困難な場合に例外的に価額償還が認められる旨を定める。

[21] III 4 で掲げた下級審裁判例はすべて価格賠償を認めた。なお、前掲最判平成24・10・12は、現物（不動産）の返還を命じた事例である。

[22] 法務省民事局参事官室「会社法制の見直しに関する中間試案の補足説明」（以下、「補足説明」という）商事1952号（2011年）56頁。

う）により認められた残存債権者の請求権を「履行請求権」とよぶ。履行請求権は持分会社を当事会社とする会社分割についても創設されたが（会761条2項3項、764条4項、766条4項）、以下の記述は株式会社を当事会社とする会社分割を前提にする。

なお、事業譲渡でも同じ問題（詐害的事業譲渡）が生じる。もともと、平成26年改正前の会社法において会社分割の残存債権者に特段の保護規定がおかれなかった理由の一つとして、事業譲渡において譲渡対象に含まれない債務の債権者の立場と会社分割の残存債権者の立場は共通するところ、事業譲渡の場合に譲渡対象とならない債務の債権者には特段の保護規定がおかれていないことと平仄をあわせるためであるといわれてきた[23]。そうであれば、会社分割の残存債権者のために承継会社・設立会社に対する履行請求権を認めるのなら、事業譲渡についても同旨の規定を設けて平仄をあわせるべきことになる。そこで、改正会社法および平成26年改正商法は、詐害事業（営業）譲渡に係る譲受会社（譲受人）に対する債務の履行請求に関する規定を新設した（会23条の2、商18条の2。会社と会社以外の商人間の事業譲渡（営業譲渡）について会24条）。

2　履行請求権行使の要件

改正会社法によって認められる履行請求権の行使の要件は以下のとおりである。

第1に、履行請求権を行使できるのは残存債権者である。改正会社法において、残存債権者とは、分割会社の債権者で、その債権者に対する分割会社の債務が、会社分割後、承継会社・設立会社に承継されない場合の、当該債務の債権者と定義されている（会759条4項、764条4項）。残存債権者は、債権者異議手続の対象にならないから（同法789条1項2号、810条1項2号）、履行請求権という保護が与えられる。人的分割の場合の残存債権者は、債権者異議手続により保護されるため、履行請求権は認められない（同法759条5項、764条5項）。

第2に、分割会社が、残存債権者を害することを知って、会社分割をしたことが必要である（会759条4項、764条4項）。「害することを知って」は詐害行

23　江頭・前掲書（注4）903頁。

為取消権を定める民法424条1項と同じ文言であり、「害することを知って」の意味については、原則として詐害行為取消権の場合におけると同様の解釈をすることになると考えられる。もっとも、上述（Ⅲ4⑵）のように、会社分割における詐害性とは何かについて、さまざまな見解が主張されている。債務超過の状態あるいはそれに近い会社が会社分割をすることにより、分割会社の債権者が残存債権者と承継会社・設立会社に請求できる債権者に分かれ、かつ分割会社の優良資産の大部分が承継会社・設立会社に移転する場合には、詐害性が肯定されやすいであろう。

第3に、承継会社が、吸収分割の効力が生じた時において、残存債権者を害すべき事実を知っていたことが必要である（会759条4項ただし書）。これも、詐害行為取消権に関する民法424条1項ただし書の要件と同じである。[24] 承継会社にはそれ独自の株主、債権者等の利害関係者がいるので、会社分割が詐害性のあるものであっても、承継会社がそれを知らなければ、承継会社に不利益を被らせるべきではないからである。なお、新設分割では、この要件はない（会764条4項参照）。したがって、詐害行為取消権行使の場合と異なり（上述Ⅲ4⑴）、履行請求権には設立会社の悪意を認定する作業は不要になる。

第4に、分割会社に破産手続開始の決定、再生手続開始の決定または更生手続開始の決定がないことが必要である（会759条7項、764条7項）。会社分割後、分割会社に破産手続等が開始され、分割会社の管財人等が会社分割に否認の訴えを提起し、承継会社・設立会社に流出した財産の回収を図った場合には、残存債権者の履行請求権とどのような調整をするかという困難な問題が生じるため、この要件が定められている。破産、民事再生または会社更生の手続が開始された後は、流出資産の回収はもっぱら管財人等による否認権の行使に委ねられる。[25]

---

[24] 民法改正法律案は、民法424条1項ただし書の「害すべき事実」を「害すること」に変更するものとする。これに連動して、会社法759条4項ただし書の「害すべき事実」も「害すること」に変更されることになる（「民法の一部を改正する法律の施行に伴う関係法律の整備等に関する法律案」による会社法の改正案）。

[25] 岩原紳作『「会社法制の見直しに関する要綱案」の解説（別冊商事法務372号）』（商事法務・2012年）49頁。

3　履行請求権の行使

　2で述べた要件が満たされると、残存債権者は、承継会社・設立会社に対し、直接に、承継した財産の価額を限度として、債務（残存債権者の分割会社に対する債務）の履行を請求することができる。詐害行為取消権行使と異なり、履行請求権行使については、裁判所に申し立てる必要はない。

　ここで「承継した財産の価額」とは、承継した積極財産の総額を意味し、承継した積極財産から承継した消極財産を差し引いた（純資産的な）価額ではない。もし承継した（積極）財産から承継した債務の額を控除すると、詐害的な会社分割による財産の流出によって残存債権者の債権回収の可能性が損なわれないようにするという、この制度の目的を達成できなくなるからである。[26]

　履行請求が承継した財産の価額に限定されるのは、残存債権者が分割前よりも有利な立場にならないようにするためである。すでに平成17年改正前の商法の時代から、人的分割の場合の残存債権者が、債権者異議手続の前提である各別の催告を受けなかった場合には、承継会社・設立会社に対して、承継した財産の価額を限度として、債務の履行を請求できるとする制度が設けられていた（会759条3項、764条3項、平成17年改正前商法374条ノ10第2項、374条ノ26第2項）のと同じ趣旨である。

　なお、履行請求権は、残存債権者の「分割会社に対する債務」の履行を承継会社・設立会社に請求するもので、法文上この債務は金銭債務に限られない。ただし、この制度は、もともと残存債権者が承継会社・設立会社に対し、直接に金銭の支払いを請求できるようにするものとして検討されていた。[27] 詐害行為取消権について、最高裁判所は、特定物の引渡しを求める債権であっても、債務者が無資力になれば損害賠償債権に変じうるので、債務者の一般財産により担保されなければならないことは金銭債権と同様であることを理由として、特定物引渡請求権の目的物を処分することにより債務者が無資力となった場合には、債権者は右処分行為を詐害行為として取り消すことができるものとする

26　岩原・前掲書（注25）49頁。
27　前掲（注22）「補足説明」56頁。

（最判昭和36・7・19民集15巻7号1875頁）。これとパラレルに考えるならば、履行請求権は、残存債権者の分割会社に対する債権が特定物の引渡請求権である場合には原則的に認められないが、会社分割によって分割会社が無資力になる場合には、例外的に履行請求権が認められると解することになろう。[28]

残存債権者の履行請求権には、行使期間が定められている（会759条6項、764条6項）。すなわち、分割会社が残存債権者を害することを知って会社分割をしたことを、残存債権者が知った時から2年以内に請求または請求の予告をしなければならない。請求のほか、「請求の予告」を含めているのは、期限付きあるいは条件付きの債権を想定したのである。残存債権者がそのような事実をいつ知ったかにかかわらず、吸収分割では会社分割の効力発生日から、新設分割では設立会社の成立の日からそれぞれ20年を経過すると、残存債権者は履行の請求をすることができない。これは、詐害行為取消権の行使期間を定める民法426条の定めを参照したものと考えられ、2年は消滅時効期間、20年は除斥期間を定めたものと解される。なお、民法改正法律案は、「民法改正要綱」第16の14を受け、現在の民法426条の期間を出訴期間に改めるとともに、長期の期間（20年）を行為の時から10年に短縮するものとする。これに連動して、履行請求権の長期の行使期間も10年に変更されることになる（平成27年3月31日に国会に提出された「民法の一部を改正する法律の施行に伴う関係法律の整備等に関する法律案」における会社法759条6項、764条6項の改正案）。

4　改正会社法上の履行請求権と詐害行為取消権との関係

残存債権者による承継会社・設立会社に対する履行請求権は、民法の詐害行為取消権に加えて設けられるものとして、検討が進められてきた。[29] つまり、履行請求権は、詐害行為取消権の特則として定められたのではなく、詐害行為取消権とは独立した救済方法と位置づけられる。もっとも、詐害的会社分割において残存債権者に詐害行為取消権行使を認めた最高裁判決（前掲最判平成24・10・12）は、残存債権者には（平成26年改正前の）会社法上十分な保護が与えら

28　岡伸浩編『平成25年会社法改正法案の解説』（中央経済社・2014年）200頁。
29　前掲（注22）「補足説明」56頁。

れていないことを、その根拠とする。この立場からすれば、改正会社法により履行請求権が認められるようになると、残存債権者には詐害行為取消権行使が認められなくなる可能性があるとの指摘がある。[30]

しかし、残存債権者は、人的分割の場合を除き、債権者異議手続による保護を受けられず、それゆえ会社分割無効の訴えの原告適格も否定されるため、分割会社の債権者のうち債権者異議手続の対象となる者よりも依然として保護が薄い。また、履行請求権行使のためには詐害性についての分割会社・承継会社の悪意が要件となり、履行請求は承継財産の価額を限度として認められるなどの制約があるため、改正会社法の下での残存債権者の立場は、分割後に承継会社・設立会社と分割会社の双方に対して債務の履行を請求できる（それゆえ債権者異議手続の対象とならない）分割会社の債権者と比べても、不利であると考えられる。したがって、改正会社法の下でもなお、残存債権者は他の分割会社の債権者に比して保護の程度が低い状況にあるといえる。また、履行請求権と詐害行為取消権の行使には、後者が必ず訴えの方法によらなければならないことのほか、要件・効果においても次のような違いがあり、改正会社法の下でも、残存債権者に詐害行為取消権の行使を認めることが適切である。

第1に、詐害行為取消権は債務者への現物返還を原則とし、また取消しは、取消債権者のためだけに行われるのではなく、すべての債権者の利益のために効力を生ずる（民425条）。[31]これに対し、履行請求権は、分割会社の残存債権者の固有の利益のために認められる権利であり、残存債権者は、承継会社・設立会社に対し、自己のために直接履行請求をすることができる。

しかし、詐害行為取消権に関する現在の判例法理によると、取消債権者は、目的物が動産・金銭であれば受益者等に対し直接自己への引渡しを請求できるものとされ、目的物が金銭であれば債務者への返還義務と被保全債権とを相殺することにより、事実上優先弁済を受けることができる（大判大正10・6・18

---

[30] 岡正晶「濫用的会社分割の詐害行為取消を認めた最二判平成24・10・12」金商1405号（2012年）1頁、鳥山恭一「詐害行為取消権による会社分割の取消し（判批）」法学セミナー697号（2013年）131頁。

[31] 民法改正法律案は、「民法改正要綱」第16の10を受け、民法425条の規律を、詐害行為取消請求を認容する確定判決は、債務者およびそのすべての債権者に対してもその効力を有するものと改めることとする。

民録27輯1168頁)。そうであれば、詐害行為取消権と履行請求権の間には、実質的な差はあまりないのかもしれない。もっとも、残存債権者にとって現物返還を求めるほうが好ましい場合は、詐害行為取消権を行使すべきことになる。[32]

　第2に、詐害行為取消権を行使(訴訟提起)している間に分割会社において破産手続等が開始された場合、当該訴訟は中断するが、取消権の行使は効力を失うわけではなく、破産管財人等がこれを受け継ぐことができる(破45条1項・2項、民再40条の2第1項、140条1項、会更52条の2第1項・2項)。一方、分割会社について破産手続開始の決定、再生手続開始の決定または更生手続開始の決定があったときは、履行請求権は行使できず、また履行請求権は分割会社の請求権ではなく残存債権者個人の権利と位置づけられるため、破産管財人等がこれを承継することもあり得ない。

　第3に、承継財産が第三者(転得者)に処分された場合、詐害行為取消権は一定の要件の下で転得者に対して行使できるが、改正会社法の履行請求権は転得者に対する請求権を含んでいない。したがって、転得者への請求をすべきときは詐害行為取消権によるべきことになる。

　改正会社法の下でも、残存債権者には引き続き詐害行為取消権の行使が認められるとすれば、詐害的会社分割の局面において、残存債権者は、上記の相違点を勘案して、詐害行為取消権を行使するか履行請求権を行使するかを選択すべきことになる。

Ⅴ　おわりに

　改正会社法が履行請求権制度を新設したことにより、残存債権者が詐害的会社分割に対処する手段がさらに多様化した。法人格否認の法理や会社法22条1項の類推適用による場合は、承継会社・設立会社が残存債権者に対して負う責

---

[32]　法制審議会民法(債権関係)部会が平成25年2月26日に決定した「民法(債権関係)の改正に関する中間試案」(第15の7・8(4))では、取消債権者は、受益者等から直接引渡しを受けた金銭等を債務者に返還する債務を受働債権とする相殺をすることができないものとする提案がされていたが、「民法改正要綱」においては、相殺による優先弁済を制限する提案は見送られた(潮見佳男『民法(債権関係)の改正に関する要綱仮案の概要』(金融財政事情研究会・2014年)79頁参照)。

任の額に制限がないなどの点で残存債権者にとって有利であるが、これらは適用される場面が限定されている。したがって、今後、詐害的会社分割に対する残存債権者保護のための手段として一般的に利用されるのは、詐害行為取消権と履行請求権の行使であろう。

　詐害行為取消権と履行請求権は、いずれも会社分割が残存債権者を害する（詐害性がある）場合に行使できる。もっとも、Ⅰで述べたように、分割会社の優良部門・優良資産を承継させる会社分割が合理的な事業再生スキームとして利用されることもある。どのような場合が残存債権者を害する会社分割であり、どのような場合が合理的なスキームとしての会社分割かの線引きは難しい。実際の解決としては、債務超過会社が会社分割をする場合は、詐害性を事実上推定し、合理的な事業再生スキームであることの反証を承継会社・設立会社に求めることなどが検討されるべきである。

33　法人格否認の法理が適用されるためには、目的の要件として強い詐害性が必要とされるが、会社法22条1項を類推適用するには、商号その他の事業主体を示す名称が続用されていればよく、会社分割に詐害性があることは必要ではない。
34　森本・前掲判批（注13）571頁。

13 全部取得条項付種類株式の取得に関する改正

神戸学院大学法学部教授・弁護士 吉本 健一

I　はじめに

2014年6月に成立し2015年5月1日から施行される会社法の改正（以下、「改正法」という）では、少数派株主の締出し行為についても、重要な改正が行われた。すなわち、第1に、いくつかの少数派株主締出し行為について、その規律の平仄をあわせ株主保護を図るために、規制内容の統一化が図られた。第2に、新しい少数派株主締出し行為として、特別支配株主による株式等売渡請求の制度が創設された（改正法179条以下）。本稿は、このうち第1の点に関連する全部取得条項付種類株式に関する改正の内容を検討する。

II　全部取得条項付種類株式に関する改正の内容

1　改正の経過

2005年会社法の下では、企業組織の「選択と集中」を促進して、日本経済の活性化を実現するために、少数派株主を公正な対価をもって会社から締め出す行為（いわゆるキャッシュ・アウト）が認められた[1]。すなわち、第1に、組織再編の対価を柔軟化して、株式以外の財産を対価として交付することが可能と

---

[1] 会社法施行前において、少数派株主を締め出す行為が全くなかったわけではない。吉本健一「改正会社法における少数派株主の締出し行為」関西商事法研究会編『会社法改正の潮流——理論と実務』（新日本法規・2014年）150頁注6参照。

なった。その結果、吸収合併および株式交換において吸収合併存続会社または株式交換完全親会社の株式以外の財産を交付された吸収合併消滅会社または株式交換完全子会社の株主は、組織再編後の会社の株主資格を失い、会社から締め出されることになる。第2に、全部取得条項付種類株式の制度を創設した。この制度では、全部取得の対価として別の種類株式の端数を交付されることになる株主は、株式不可分性の効果として端数につき金銭の交付を受けることとなり、会社から排除される。

　全部取得条項付種類株式の制度は、本来債務超過会社が100％減資を行う手段として構想されたものの、会社法ではその利用目的に制限がないことから、現実にはもっぱら少数派株主を締め出す手段として利用されている。[2] ところが、組織再編行為の規律と比較した場合には、同じく少数派株主の締出しという効果を生じる行為であるにもかかわらず、全部取得条項付種類株式の制度では、締め出される少数派株主の利益保護が不十分であると考えられた。[3] 2014年の改正は、この点について、組織再編行為の規律に平仄をあわせるものである。

2　事前・事後の情報開示制度

　改正点の第1は、事前および事後の情報開示制度である。従来、全部取得条項付種類株式を利用した少数派株主の締出し（全部取得）には、情報開示が要求されていなかった。改正法は、まず事前開示として、全部取得条項付種類株式を取得する会社は、当該取得を決議する株主総会の日の2週間前の日または取得日の20日前までに行う通知・公告の日のいずれか早い日から取得日後6カ月を経過する日までの間、会社法171条1項各号に定める事項（①全部取得の対価の内容、②取得対価の割当方法、③取得日）その他法務省令（会施規33条の2）

---

[2]　その理由としては、税制上の有利性があげられる。福島洋尚「全部取得条項付種類株式を用いた少数株主の締め出しと株主総会決議の効力を争う訴え」永井和之ほか編『会社法学の省察』（中央経済社・2012年）424頁注1、山本爲三郎「M&Aに関する少数株主と会社債権者の保護」江頭憲治郎編『株式会社法大系』（有斐閣・2013年）511〜518頁参照。

[3]　法務省民事局参事官室「会社法制の見直しに関する中間試案の補足説明」（平成23年12月）〈http://www.moj.go.jp/content/000082648.pdf〉（以下、「補足説明」という）46頁、坂本三郎ほか「平成26年改正会社法の解説〔Ⅷ〕」商事2048号（2014年）4頁。

で定める事項を記載し、または記録した書面または電磁的記録をその本店に備え置き（改正法171条の2第1項）、株主からの閲覧・謄抄本の交付等の請求に応じなければならないものとした（事前開示：同条2項、会施規226条7号）。

また、会社は、取得日後遅滞なく、その取得した全部取得条項付種類株式の数その他の法務省令（会施規33条の3）で定める事項を記載し、または記録した書面または電磁的記録を作成し（改正法173条の2第1項）、取得日から6カ月間本店に備え置き（同条2項）、株主または取得日に全部取得条項付種類株式の株主であった者からの閲覧・謄抄本の交付等の請求に応じなければならないものとされた（事後開示：同条3項、会施規226条8号）。

3　株主の差止請求権

第2点として、株主の差止請求権が認められた。これは、改正法が組織再編行為においても、簡易組織再編の場合を除き、一般的な差止請求権を認めたことに倣ったものである。すなわち、全部取得条項付種類株式の取得が法令または定款に違反する場合において、株主が不利益を受けるおそれがあるときは、株主は、当該全部取得条項付種類株式の取得をやめることを請求することができるとされた（改正法171条の3）。

4　株主による取得価格決定の申立手続

第3点として、全部取得条項付種類株式の取得対価に不満のある株主による取得価格決定の申立手続に関する改正がある。まず、全部取得条項付種類株式の取得決議があった場合には、会社は取得日の20日前までに、全部取得条項付種類株式の株主に対し当該取得を通知・公告しなければならず（改正法172条2項・3項）、また反対株主は、取得日の20日前の日から前日までの間に裁判所に取得価格の決定を申し立てることができるものとされた（同条1項）。この場合に会社は、取得価格の決定があるまでは、公正な価格と認める額を株主に支払うことができる（同条5項）。

---

[4] 事前開示書類の閲覧権者である全部取得条項付種類株式を「取得する株式会社の株主」（改正法171条の2第2項）には、事後開示書類の閲覧権者である「取得日に全部取得条項付種類株式の株主であった者」（旧株主：改正法173条の2第3項）も含まれる。

株主に対する通知・公告は、全部取得条項付種類株式に議決権がない場合に、当該株主に取得価格決定の申立てを行う機会を確保するためである[5]。また、取得価格決定の申立期間を変更して、当該申立ては取得日の前日までに行うものとし、申立株主に取得対価が交付されてしまわないようにした。さらに、会社による公正な価格と認める額の支払いは、組織再編における反対株主の株式買取価格の決定申立ての場合と同様に、会社の利息負担の軽減を図るものである[6]。

III 検 討

1 情報開示

　改正前の会社法では、全部取得条項付種類株式を取得する場合に、株主総会において上記II 2①②③の内容を定めるほか（会171条1項）、取締役は当該株主総会において全部取得を必要とする理由を説明することになっていた（同条3項）。これらの点は改正後も同じであるが、改正法はさらに、法務省令で詳細な情報を開示することを求めている。

　すなわち、改正法171条の2第1項に規定する法務省令で定める事項につき、改正後の会社法施行規則33条の2第1項は、①取得対価の相当性に関する事項、②取得対価について参考となるべき事項、③計算書類等に関する事項、④備置開始日（改正法171条の2第1項各号に掲げる日のいずれか早い日）後取得日までの間に上記①②③について変更が生じたときは、変更後の当該事項、とする旨を、また①の事項に関して第2項、②の事項に関して第3項、③の事項に関して第4項がそれぞれ詳しく規定している。次に、事後開示に関する改正法173条の2第1項に規定する法務省令で定める事項につき、会社法施行規則33条の3は、①会社が全部取得条項付種類株式を取得した日、②改正法171条の3の規定による請求に係る手続の経過、③改正法172条の規定による手続の経

---

[5] 坂本ほか・前掲論文（注3）5頁。
[6] ただし、反対株主の株式買取請求の場合と異なり、年6％の利息は全部取得条項付種類株式の取得日後から発生する（改正法172条4項）。

過、④会社が取得した全部取得条項付種類株式の数、⑤上記①〜④に掲げるもののほか、全部取得条項付種類株式の取得に関する重要な事項とする旨を、定めている。

これらの開示情報は、組織再編行為における情報開示とほぼ同じである。したがって、情報開示の点では、全部取得条項付種類株式の取得による少数派株主締出し行為について、組織再編行為による少数派株主締出しの場合と同様の措置が講じられたと評価できる。

2 差止請求権

(1) 取得対価の内容に関する株主総会決議

少数派株主を締め出す目的で全部取得条項付種類株式の取得を行うには、株主総会の特別決議が必要である（会171条1項柱書、309条2項）。通常はしたがって、すでに発行済株式総数（自己株式を除く）の3分の2以上を保有する支配株主が存在していることが想定される。そうすると、全部取得の対価の内容等に関する株主総会決議は、支配株主の意向が強く影響し、少数派株主に不利な内容となるおそれがある。

第1に、2以上の種類株式を発行している会社では、そのうちの一つである全部取得条項付種類株式の取得対価の内容について、全体としての株主総会決議で全部取得条項付種類株式の種類株主に不利な内容が定められる危険性がある。

第2に、通常の少数派株主の締出し事例のように、普通株式のみを発行している会社が定款変更により当該普通株式を全部取得条項付種類株式に変更した場合には、当該種類株式を取得する際の取得対価は当該会社の別の種類株式であり、その割当方法は全部取得条項付種類株式の数に応じたものでなければならない（会171条2項）から、その限りでは少数派株主のみが不利益を受けるということはない。しかし、少数派株主を締め出すために、少数派株主には対価となる別の種類株式の1株に満たない端数のみが割り当てられ、その端数の合計数（その合計数に1に満たない端数がある場合は切り捨てる）[7]に相当する数の株式を競売し、またはこれに代えて市場価格のある株式については市場価格として法務省令で定める方法により算定される額をもって、市場価格のない株式に

273

ついては裁判所の許可を得て競売以外の方法により売却し、かつその端数に応じて代金が端数株主に交付されることになる（会234条1項2号・2項）。また、この場合に、会社自身が当該株式の全部または一部を買い取ることができる（同条4項）。この際に、現実的な買い手として想定されるのは、単独株主となった支配株主または会社自身である。したがって、当該株式の売却代金がその株式の公正な価格に比して低いときは、締め出される少数派株主が不利益を被ることとなる。

(2) 不当な取得対価と差止請求権

新しく設けられた株主の差止請求権は、このような締出し対価が不当に低額である場合の救済手段として機能することが期待される。しかし、その要件としては、まず全部取得条項付種類株式の取得が法令または定款に違反することとなっている。そして、組織再編における差止請求権については、要件としての法令は、差止請求の相手が会社であって取締役ではないことを理由として、会社を名あて人とする具体的な法令に限定され、取締役の善管注意義務や忠実義務を定める規定（会331条、355条、民644条）は含まれないという解釈が有力である。[8]

ところで、種類株式発行会社においてある行為が特定の種類株主に損害を及ぼすおそれがある場合に、当該種類株主総会の特別決議（会324条2項4号）により当該行為を行うことを認める会社法322条1項各号所定の行為に、全部取得条項付種類株式の取得は掲げられていない。そうすると、会社法は、全部取得条項付種類株式の取得自体は、当該種類株主に損害を及ぼす行為とは考えて

---

[7] この1株未満の端数の切捨ては、状況により少数派株主に大きな不利益となるおそれがある。少数派株主の中に比較的多くの株式を有する株主がいる場合には、その株主の保有株分を端数にするために、別の種類株式の割当比率（全部取得条項付種類株式1株に対して割り当てられる別の種類株式の数）を小さくしなければならない結果、端数部分も大きくなるからである。

[8] 補足説明・前掲（注3）54頁、岩原紳作「『会社法制の見直しに関する要綱案』の解説〔Ⅴ〕」商事1979号（2012年）9頁、太田洋＝安井桂「組織再編等の差止請求制度とその論点」商事1988号（2013年）17頁、田中亘「各種差止請求権の性質、要件および効果」神作裕之ほか編『会社裁判にかかる理論の到達点』（商事法務・2014年）18頁、坂本三郎ほか「平成26年改正会社法の解説〔Ⅸ・完〕」商事2049号（2014年）21頁。このような解釈に対する疑問を提示する見解として、飯田秀総「組織再編等の差止請求規定に対する不満と期待」ビジネス法務2012年12月号78頁、白井正和「組織再編等に関する差止請求権の拡充——会社法の視点から」川島四郎＝中東正文編『会社事件手続法の現代的展開』（日本評論社・2013年）218頁参照。

いないことになる。しかし、現実に不当な取得対価による全部取得条項付種類株式の取得が行われる場合には、会社法322条1項を類推することにより、当該全部取得条項付種類株式の株主による種類株主総会決議が必要であるとの解釈も成り立つように思われる。そうすると、上記(1)の第1のケースのように複数の種類株式が発行されている場合には、全部取得条項付種類株式の種類株主総会決議なしに当該全部取得条項付種類株式の取得を行うことは、法令違反として差止めの対象となる余地が生じる。ところが、本稿で検討対象としている少数派株主締出しの場面（上記(1)の第2のケース）では、発行されている種類株式は全部取得条項付種類株式のみであり、種類株主間に利害の対立が生じているわけではない。利害対立は、同じ全部取得条項付種類株式の株主である支配株主と締め出される少数派株主との間に生じるのであるから、このような場面において、会社法322条1項を類推適用することは困難であるように思われる。そうすると、そのような不当な締出し対価により締め出される少数派株主の保護手段として、差止請求権はあまり期待できないことになりそうである。

　しかし、全部取得条項付種類株式の取得は、株主総会の特別決議によって決定される（会171条1項、309条2項3号）ところ、当該決議は支配株主の議決権行使により成立する。したがって、当該決議による締出し対価が取得される全部取得条項付種類株式の価値に比して著しく低い場合には、当該決議は特別利害関係株主の議決権行使による著しく不当な決議であるという評価が可能である（同法831条1項3号）。なぜならば、種類株式の発行等による多様な株主利益の存在しうる会社法の下では、会社法831条1項3号所定の特別利害関係とは、株主の地位と無関係な個人的利害のみならず、他の株主と異なる株主としての利害をも含むと解すべきであるからである。とすると、このような取消事

9　会社法322条1項各号所定の行為以外の行為について、同条項が類推されるかについては争いがある。山下友信「種類株式間の利害調整――序論」新堂幸司＝山下友信編『会社法と商事法務』（商事法務・2008年）91頁以下参照。

10　江頭憲治郎『株式会社法〔第5版〕』（有斐閣・2014年）160頁。合併に関し、弥永真生「著しく不当な合併条件と差止め・損害賠償請求」黒沼悦郎＝藤田友敬編『企業法の理論（上巻）（江頭憲治郎先生還暦記念）』（商事法務・2007年）634頁。これに対する疑問として、村田敏一「株式会社の合併比率の著しい不公正について」立命館法学321・322号（2008年）535～537頁参照。

11　吉本健一『会社法』（中央経済社・2008年）158頁注8参照。

由という瑕疵がある株主総会決議に基づく全部取得条項付種類株式の取得は、法令に違反すると評価できるのではないだろうか。つまり、会社法831条1項3号の前提として、会社は株主総会において特別利害関係株主の議決権行使により著しく不当な決議をしてはならない、という（黙示の）法規範が存在すると考えるのである。そうすれば、そのような瑕疵ある総会決議は法令違反であり、これに基づく全部取得条項付種類株式の取得も法令違反であるといえるから、差止請求が可能となる（同法171条の3）。

確かに2014年の改正作業における経緯からすれば、改正法に関するこのような解釈はとり得ないとの評価も十分に成り立ち得る。しかし、そうなると不当な取得対価による締出しに対する救済としては、取得価格決定の申立権しかないことになるが、このような状況は少数派株主の利益保護に問題を残すことになる。当該権利の実効性には疑問が投げかけられているからである。特に組織再編一般に関する差止請求の場面とは異なり、少数派株主を締め出す場面で

---

12 そのような瑕疵（取消事由）がある総会決議も取り消されるまでは有効であるが、ここでの問題は決議の効力ではなくて、決議の適法性である。これに対して、太田＝安井・前掲論文（注8）17頁は、そのような総会決議は取消判決が確定するまでの間は有効であるから、それまでは法令違反もないとされる。

13 組織再編行為について同旨を述べるものとして、江頭・前掲書（注10）879頁注4、中東正文「組織再編等」ジュリ1472号（2014年）48頁、受川環・「組織再編における差止事由の検討」ビジネス法務2014年11月号99頁参照。

14 法務省民事局参事官室「会社法制の見直しに関する中間試案」（平成23年12月）〈http://www.moj.go.jp/content/000082647.pdf〉（以下、「中間試案」という）第2部第5のA案の（注1）では、「特別の利害関係を有する者が議決権を行使することにより、当該組織再編に関して著しく不当な株主総会の決議がされ、又はされるおそれがある場合であって、株主が不利益を受けるおそれがあるときに、株主が当該組織再編をやめることを請求することができるものとするかどうかについては、なお検討する」とされていたが、最終的に「会社法制の見直しに関する要綱」では採用されなかった。組織再編の対価の不当性といった実体的な問題について、裁判所が仮処分の手続において短期間で審理することが困難であるとの指摘があることを踏まえたとされる（岩原・前掲論文（注8）9頁）。

15 太田＝安井・前掲論文（注8）17頁、伊藤吉洋「特別利害関係人の議決権行使による著しく不当な決議と組織再編の差止」北村雅史＝高橋英治編『グローバル化の中の会社法改正（藤田勝利先生古稀記念論文集）』（法律文化社・2014年）235頁。

16 主として反対株主の株式買取請求権に関するが、①権利行使のための手続的負担が大きい、②権利行使した株主しか救済されない、③権利行使の効果が会社からの資金流出なので、不当な対価決定に対する抑止効果が低い、などが指摘されている。飯田・前掲論文（注8）77〜78頁、白井・前掲論文（注8）210頁など。

は、やはり差止請求による救済の必要性が大きいと考えられる[17]。

　仮にこのような解釈が困難であるとしても、少なくとも従来から有力に主張されてきた株主総会決議取消しの訴えを本案とする全部取得条項付種類株式の取得を差し止める仮処分（民保23条2項）の申立ては可能であろう[18]。改正法が従来から解釈上認められていた差止請求権の行使を否定したとまではみられないからである[19,20]。

(3) 株主が不利益を受けるおそれ

　他方で、株主が不利益を受けるおそれという要件については、会社に損害が生じその結果として株主に不利益が生じるようないわゆる間接損害は含まれないという立場がある[21]。全部取得条項付種類株式の場合は、合併やその他の吸収型組織再編の場合とは異なり、単独の会社の内部における支配株主と少数派株主との間の利害対立が生じる場面であり、少数派株主の締出し対価の相当性が問題となっているから、これは会社の損害とは無関係の株主の直接損害であるといえる。したがって、上記の立場に立ったとしても、この点では差止請求の要件は満たされることになる。

17　現金交付合併について、齊藤真紀「不公正な合併に対する救済としての差止めの仮処分」神作裕之ほか編『会社裁判にかかる理論の到達点』（商事法務・2014年）129頁参照。

18　弥永・前掲論文（注10）634〜635頁、得津晶「民事保全法出でて会社法亡ぶ？」法時82巻12号（2010年）31頁、甲府地判昭和35・6・28判時237号30頁。

19　補足説明・前掲（注3）54頁参照。太田＝安井・前掲論文（注8）18頁、田中・前掲論文（注8）23〜24頁、中東・前掲論文（注13）48頁。

20　そもそも同一の行為につき差止めと無効の救済が認められている場合に、総会決議に取消事由という瑕疵があることが無効事由に該当すると解するのであれば、当該瑕疵が差止事由に該当しないという解釈はバランスがとれているとはいいがたいように思われる。事後的に無効とされることから生じる法的混乱を考慮すると、事前の差止めを認めるほうがより妥当な解決を得られるからである。

21　太田＝安井・前掲論文（注8）19頁。その理由としては、中間試案・前掲（注14）では、事業譲渡等についても、組織再編行為と同様に差止請求権を設けることが提案されていたが（第2部第5のA案の（注2））、事業譲渡等では株主の直接損害が想定されないという理由で、最終的に差止請求権が設けられなかったとの指摘がある。関口智宏「組織再編における株式買取請求権・組織再編等の差止請求」ビジネス法務2014年2月号55頁参照。

3 取得価格の決定申立て

(1) 株主総会決議と取得価格の決定申立て

　取得価格の決定申立手続では、まず取得日の20日前までに全部取得条項付種類株式の株主に全部取得を通知・公告することとされた（改正法172条2項・3項）[22]。振替株式では公告のみである（社債株式振替161条2項）。これによって、全部取得条項付種類株式が無議決権株式である場合にも、当該種類株主に全部取得の事実が知らされることになる。そこで、締出し対価に不満のある少数派株主は、公正な取得対価の決定を裁判所に求めることができる（改正法172条1項）。改正前は、この申立ては、株主総会の取得決議の日から20日以内にすることになっていたが、改正法は取得日の20日前から取得日の前日までに行うこととされている（同条2項・3項）。この改正によって、会社は、取得日の20日前までに株主総会で取得決議を行うことが必要となる[23]。改正前の実務では、株主総会決議後あまり期間をおくことなく全部取得条項付種類株式の取得が行われるケースもあり、取得日後に取得価格決定の申立てが行われた場合には、いったん取得日に取得対価の交付を受けた申立株主との法律関係の処理が錯綜することが指摘されていた[24]。改正後は、取得価格決定の申立ては、取得日の前日までになす必要があり、申立株主には取得対価は交付されないので（改正法173条2項柱書カッコ書）、このような問題は生じないこととなる。

(2) 定款変更の反対株主の買取価格決定申立手続との関係

　株式会社が発行する普通株式が定款変更により全部取得条項付種類株式と

22　なお、他の少数派株主締出し行為の場合と異なり、全部取得条項付種類株式の取得の場合には、登録質権者に対する通知・公告が規定されていないが、通知・公告を要すると解すべきである。ちなみに、株式質権は、全部取得条項付種類株式の取得対価に対する物上代位権を有し（改正法151条1項3号）、対価が金銭の場合は登録質権者は優先弁済権を有するものとされている（同法154条）。

23　全部取得条項付種類株式の株主も、「第171条第1項各号に掲げる事項を定めた場合（株主総会決議がなされた場合）には」、取得対価決定の申立てをすることができるとされている（改正法172条1項柱書）。なお、全部取得条項付種類株式を取得する旨の通知・公告は、株主総会において全部取得条項付種類株式を取得する旨および取得日が決定された後でないと、行うことができないと思われるが、立案担当者は、通知・公告を株主総会決議前に行うこともできると考えているようである。坂本ほか・前掲論文（注3）5頁参照。

24　岩原紳作「『会社法制の見直しに関する要綱案』の解説〔Ⅳ〕」商事1978号（2012年）49頁、坂本ほか・前掲論文（注3）5頁、吉本・前掲論文（注1）155頁注17）参照。

なった場合には、当該株主は、まず当該定款変更に関し、反対株主の株式買取請求権を行使することができる（会116条１項２号）。しかし、少数派株主を締め出すために全部取得条項付種類株式が利用されるケースでは、定款変更決議と全部取得決議が同一の株主総会でなされ、また定款変更の効力発生日と全部取得条項付種類株式の取得日が同一日に設定されるのが通常である。そうすると、改正前の規律では、定款変更に関し反対株主が買取価格決定の申立てを行っても、その審理中に全部取得条項付種類株式の全部取得の効力が生じると、もはや申立株主は買取対象である株式を喪失するから、申立適格を失い、申立ては却下されることになる。[25] 改正前は、株式買取請求による買取りの効力は、買取代金の支払い時に生じるから（改正前会社法117条５項）、申立適格を維持するにはその時点まで株式を保有している必要があると解されるからである。[26] したがって、このような株主は、全部取得条項付種類株式の取得対価について、裁判所に価格決定の申立てをすることで（同法172条１項）、締出しにおける公正な価格を確保することができた。

改正法は、反対株主の株式買取請求があった場合には、定款変更会社、事業譲渡等当事会社並びに吸収合併存続会社、吸収分割当事会社、新設分割会社および株式交換完全親会社においても、合併消滅会社および株式交換・株式移転完全子会社と同様に、当該行為の効力発生日に株式買取りの効力が生じるものとした（改正法117条６項、470条６項、786条６項、798条６項、807条６項）。したがって、これによれば、論理的にまず全部取得条項付種類株式への定款変更の効力発生と同時に反対株主の株式買取りの効力が生じ、その直後に全部取得条項付種類株式の全部取得（株式買取請求による買い取った株式を除く）の効力が生じることとなる。したがって、今後は、上記最高裁決定（注25）とは異なり、定款変更の反対株主の申立てによる買取価格決定手続（改正法117条）のみが認められ、何らかの事情で当該買取請求が撤回されない限り、全部取得条項付種類株式の取得価格決定の申立て（同法172条）は許されないこととなろう。[27]

25　最決平成24・３・28民集66巻５号2344頁。
26　このような解釈の妥当性に疑問を呈するものとして、吉本健一「判批」金商1407号（2013年）２頁以下参照。
27　仁科秀隆「株式の価格決定と個別株主通知」商事1976号（2012年）33頁、吉本・前掲判批（注26）７頁注30。

(3) 取得価格決定申立てと個別株主通知

　振替株式が全部取得条項付種類株式に変更されたうえで全部取得される場合には、反対株主は、裁判所に取得価格決定の申立てをすることができる（改正法172条1項）。この場合に、価格決定の審理において会社が当該株主の株主資格を争った場合には、当該株主は審理終結時までに個別株主通知を行うことにより、自らの株主資格を対抗しなければならないとするのが判例である。[28] その理由は、複数の総株主通知においてある者が各基準日（株主総会の議決権の基準日と全部取得の基準日）の株主であると記載されていたということから、その者が上記各基準日の間も当該振替株式を継続的に保有していたことまで当然に推認されるものではなく、発行会社が継続的保有要件充足を確認するためには個別株主通知が必要であるというものである。

　しかし、他方では、全部取得条項付種類株式を株主総会の議決権の基準日後に取得した株主も、取得価格決定の申立適格があるとする下級審裁判例が増えている。[29] これによれば、基準日株主であっても、基準日後に追加取得した全部取得条項付種類株式もあわせて取得価格決定の申立資格があることになる。基準日株主と基準日後に株主となった者で基準日後に取得した全部取得条項付種類株式の価格決定の申立資格に差を設ける合理的な理由はないからである。[30] そうすると、この立場を前提にする限り、前掲最高裁判所（注28）の立場は否定されたといえるのではないだろうか。取得価格の決定を申し立てる株主資格としては、取得日の基準日株主であればよく、[31] 株主総会の議決権の基準日と全部取得条項付種類株式の全部取得の基準日との間において継続的に株式を保有している必要はなく、そうであれば個別株主通知も必要でないからである。[32]

28　最決平成22・12・7民集64巻8号2003頁。
29　東京地決平成25・7・31資料版商事358号148頁、東京地決平成25・9・17金商1427号54頁、東京地決平成25・11・6金商1431号52頁。
30　前掲（注29）東京地決平成25・11・6の事案では、申立株主三人のうち、一人は基準日前に取得した株式を基準日後に売却したが、基準日後に取得した株式について取得価格決定の申立てを行い、一人は基準日後に取得した株式について当該申立てを行い、一人は基準日前に取得した株式および基準日後に取得した株式について当該申立てを行っている。
31　ただし、全部取得条項付種類株式の取得決議に関する基準日株主として保有する株式については、当該総会前に反対の通知をし、かつ当該総会において反対の議決権行使をする必要がある。

4　全部取得の無効

　少数派株主の締出し行為の無効に関し、組織再編行為と特別支配株主による株式売渡請求の場合については、訴えをもってのみ主張できるとされている（会828条1項、846条の2第1項）。他方で、全部取得条項付種類株式の取得および株式併合に関しては、このような制限はない。したがって、これらの行為の無効は、無効原因がある限り、誰でもいつでも自由に主張できることになる。しかし、そうなると、全部取得条項付種類株式の全部取得後何年経過していても、利害関係者（たとえば全部取得により締め出された少数派株主）はその無効をどのような方法でも（別の訴訟における攻撃防御方法としても）主張することができる[33]。また、株主総会決議の取消判決が確定すれば、全部取得条項付種類株式の取得は遡及的に無効となるであろうから[34]、全部取得を前提とした事後の行為も効力を否定されるおそれがある[35]（たとえば、全部取得条項付種類株式の取得により完全親会社となった単独株主が完全子会社を吸収合併した場合には、全部取得条項付種類株式の取得決議が取り消されたことは合併無効原因となろう）。しかし、このような結果は、法的安定性を著しく害するおそれがあり、また同じ少数派株主の締出し行為であっても、どの手段を利用するかによって法的安定性が異なることとなり、妥当ではないように思われる[36]。

32　吉本健一「振替法における少数株主権等の意義と個別株主通知の効力」出口正義＝吉本健一＝中島弘雅編『企業法の現在（青竹正一先生古希記念）』（信山社・2014年）216頁。

33　どのような瑕疵が全部取得条項付種類株式の取得の無効原因となるかは解釈問題であるが、たとえば財源規制に違反する対価による取得が考えられる（会461条1項4号）。なお、全部取得条項付種類株式の取得の差止仮処分に違反する取得も、無効と解することになろう。組織再編行為の場合について、太田＝安井・前掲論文（注8）19頁、中東・前掲論文（注13）49頁。

34　著しく不公正な締出し価格による全部取得条項付種類株式の取得決議は、会社に残存する支配株主の議決権行使により成立していると考えられるから、特別利害関係株主の議決権行使による不当決議に該当する可能性が高い（会831条1項3号）。なお、東京地判平成26・4・17金商1444号44頁も参照。

35　改正法831条1項は、「当該決議の取消しにより株主となる者」にも総会決議取消しの訴えの原告適格を認めたが、この文言は株主総会決議の取消しが当該決議に基づく行為の無効を当然に招来し、当該行為により株主としての地位を喪失した者が株主に復帰することを意味している。

36　吉本・前掲論文（注1）165～168頁。

13 全部取得条項付種類株式の取得に関する改正

IV　おわりに

　本稿では、2014年改正会社法における全部取得条項付種類株式に関する改正内容を検討した。改正法では、会社法における他の少数派株主の締出し行為とほぼ同様の規律が定められており、その意味では締め出される少数派株主に一定の同一水準の利益保護措置が確保されたと評価することができよう。しかし、他方では、全部取得条項付種類株式の取得対価が著しく不当である場合の差止請求や無効主張のように、組織再編や特別支配株主による株式等売渡請求の場合とは異なる規律内容となっている点もあり、今後の改正法の解釈・運用について、学説や裁判所の動向が注目される。

14 株主構成・事業内容が変動する場合に係る会社法上の規制

弁護士 髙島 志郎

I はじめに

　株式の内容等を変更する定款変更、全部取得条項付種類株式の取得や事業譲渡、組織再編を行う場合には、一定の要件を満たす場合を除き、株主の権利や会社の基礎に重大な変更を生じさせるものとして、株主総会の決議を要することとされているほか、反対株主には株式買取請求権や取得価格決定申立権が認められている。

　特に、多数派株主の意向により、全部取得条項付種類株式を利用してスクィーズアウトが行われる場合や、組織再編を利用して事業の承継や統合が行われるとともに株主構成に変動が生じる場合は、少数派株主の権利保護（事前の情報開示、意思決定への関与、事後的な救済）が必要となるが、他方で、株主総会の開催を要することによるコスト増やスケジュールへの制約が生じ、さらには、濫用であると指摘される反対株主の株式買取請求権の行使や取得価格決定申立てがなされることもある。

　また、株式併合も、全部取得条項付種類株式と同様にスクィーズアウトに利用することが可能な制度ではあるものの、両者についての規制が異なることから、株式併合は全部取得条項付種類株式ほどは利用されないこと、また、事業に対する支配を失うという点においては事業譲渡と大きく異ならない子会社株式の譲渡について株主総会決議の要否等が不明確であることなど、制度間で不均衡と思われる面があった。

　「会社法の一部を改正する法律」（平成26年法律第90号）による会社法の改正

（以下、「平成26年会社法改正」という）では、濫用と指摘される株式買取請求権や取得価格決定申立てが行われることによる弊害を解消し、株式併合についても全部取得条項付種類株式の取得と同様の規律とし、一定規模の子会社株式の譲渡には一定規模の事業譲渡と同様の規制を設けるなどの対応が図られた。しかしながら、法制審議会会社法制部会で議論はなされたものの最終的な改正案には盛り込まれなかった事項もあり、また、平成26年会社法改正後の規制でもその対象範囲の妥当性や規制の実効性が疑問に思われるものなど、いまだ、不十分、不均衡な側面が残るように思われる。

そこで、本稿では、スクィーズアウトや組織再編により事業内容や株主構成が大きく変動する行為が行われる際の会社法の規律について、問題点と平成26年会社法改正による対応を整理、検討したうえで、いまだ残る問題点を確認することとした。

II 平成26年会社法改正

1 反対株主の株式買取請求権、取得価格決定申立権の濫用と弊害

全部取得条項付種類株式を利用したスクィーズアウトや、株式交換を利用した既存の子会社の完全子会社化、吸収合併や共同株式移転による経営統合などが行われる際、その前提として公開買付けが行われるなどの対応により、株主総会の特別決議を成立させるに特段問題のない状態となったとしても、少数派株主は残ることから（特に、全部取得条項付種類株式を利用したスクィーズアウトや株式交換は、少数派株主が残ることから行われるものである）、全部取得条項付種類株式の取得については取得価格決定申立て（会172条）が、組織再編については反対株主の株式買取請求（同法785条1項等）が行われ、買取価格の協議が整わなければ買取価格決定申立て（同法786条2項等）がなされることになる。

もちろん、これは、多数派株主の議決権行使により権利を害されることを避けるための少数派株主の保護として必要な制度として設けられたものである

が、時に、これが、濫用的に行われていると指摘されるケースもみられたところである。特に、平成26年会社法改正以前においては、取得価格決定、買取価格決定が確定するまでは、会社が適当と判断する金額を供託することもできないこととされていたことから、株主が任意にこれを受領するのでない限り、年6分の利息が発生することとなり（会786条4項等）、これが株式買取請求、取得価格決定申立てを行う一つのインセンティブになっていると指摘されてきた。取得価格決定、買取価格決定に対して即時抗告が行われれば、決定が確定するまでに数年を要することもあり、取得価格、買取価格に対して1割を超える利息が発生するケースもある。全部取得条項付種類株式の取得価格決定であれば、取得を決める株主総会決議により定められた対価として株主に割り当てられる別の種類株式の端数を売却する際、これを会社が買い取ることを予定している場合もあり、その場合には、取得価格決定において定められた価格の元金部分の支払いは、そもそも予定していた支出ということになるが、株式買取請求の場合には特に会社が株式を買い取ることを予定しているわけではないことから、元金部分に加えて多額の利息を支払わなければならないという、大きな資金負担が生じることとなる。

さらに、株式買取請求における買取りの効力発生は、吸収合併消滅株式会社および株式交換完全子会社においては吸収合併、株式交換の効力発生日とされており（会786条5項）、新設合併および株式移転においては新設会社の成立の日とされているが（同法807条5項）、そのほかは、代金の支払いの時とされていた（平成26年改正前会社法117条5項、470条5項、786条5項、798条5項、807条5項）。そのため、買取りの効力発生までに定時株主総会が開催され、剰余金の配当が実施される場合もあるところ、そのような場合には、株式買取請求をした株主には、買取価格決定が確定して代金の支払いがなされるまでの間について年6分の利息を受け取るとともに、剰余金の配当を受領できることとされており、二重取りとなることから、このことも株式買取請求を誘発しているとの指摘がなされていた。

1　法制審議会会社法制部会第7回（平成22年11月24日開催）議事録〈http://www.moj.go.jp/content/000060893.pdf〉37頁以下〔髙木弘明関係官発言〕。
2　東京地判平成22・2・12（ウエストロー・ジャパン 2010WLJPCA02128001）。

そして、株式買取請求の撤回には会社の承諾を要するとされているものの（会116条6項、469条6項、785条6項、797条6項、806条6項）、特に事業の重要な一部を譲渡した会社、吸収合併存続会社、分割会社、吸収分割承継会社、株式交換完全親会社の株主の株式買取請求の場合には、会社は引き続き存在していることから、株式買取請求をした株主が市場等で株式買取請求の対象である株式を売却することもあり、そのような場合にも、会社が株式買取請求をした株主に対して債務不履行による損害賠償請求まではせず、会社の承諾なく株式買取請求を撤回することが事実上可能となっているとの指摘がなされていた。[3]

以上を要するに、反対株主等は、公正な価格での買取り、取得を求めて株式買取請求や取得価格決定申立てができ、一定量の株式を保有する場合でも急速な売却による市場価格の下落というデメリットを避けることができる、というにとどまらず、買取価格決定申立事件あるいは取得価格決定申立事件において争えば争うほど、長期間について年6分という現在の市場金利の情勢に比較して高率の利息を受け取ることができ、事業譲渡や組織再編においては、株式買取請求をしていない株主と同様に剰余金の配当を受け取ることができるうえ、争っている長期間のうちに市場株価が上昇すれば、市場で売却して事実上株式買取請求を撤回できる、という、二重にも三重にもメリットを享受できる状況にあったものといえる。[4]

そして、100%子会社の吸収合併における吸収合併存続会社や発行済株式の大半を保有する子会社の株式交換による完全子会社化における株式交換完全親会社の株主の場合など、会社の状況にほとんど変化がなく、株主にも影響が少ないとして株主総会決議を要しないこととされている簡易組織再編の場合であっても、このようなメリットの享受が可能であった。

少数派株主の権利保護ももちろん重要ではあるが、それは、会社が大きく変化する場合においてのみ、公正な価格での買取り、取得がなされれば十分で

3　前掲（注1）参照。
4　買取価格決定において、一定時点での市場株価が公正な価格と判断された場合には、対象となる株式数がそれほど多くなければ、市場で売却しても株式買取請求権を行使しても、結果はほぼ同じということになるが、対象となる株式数が多ければ、市場価格の下落という影響を受けることなく一時に株式を処分することが可能となる。

あって、それ以上のことは、法律上許容されている以上当然には権利の濫用であるとまでいうことはできないとしても、会社においては、必要以上の負担となっており、それが事業譲渡を行う会社や吸収合併存続会社、株式交換完全親会社である場合においては、結局のところ、株式買取請求を行わなかった他の株主の負担になるのであって、「弊害」との指摘は免れないものと思われる。

2 株式買取請求、取得価格決定申立てに係る弊害に対応する平成26年会社法改正

以上の状況を踏まえて、平成26年会社法改正においては、まず、①会社の状態に大きな変化をもたらさないとされる簡易組織再編として株主総会決議を要しない場合[5]において、反対株主に株式買取請求権を認めないこととされ（会797条1項ただし書）、②代金支払日とされていた類型についても株式買取請求権の効力発生日は事業譲渡や組織再編の効力発生日（新設合併、株式移転については新会社成立の日）に統一され（同法117条6項、470条6項、786条6項、798条6項、807条6項）、買取価格決定申立事件の審理が長期間に及んでも利息と剰余金配当の二重取りになることはほぼ回避できることとなり[6]、さらに、③買取価格決定、取得価格決定の前においても、会社は、自ら公正な価格と認める額を株主に対して支払うことができることとし、その部分に限っては年6分という高率の利息の支払いを免れることができることとなり[7]（同法117条5項、470

---

[5] 株主総会の決議を要しない事業譲渡については、平成26年会社法改正前から反対株主の株式買取請求権は認められていなかった（会467条1項2号カッコ書）。

[6] 全部取得条項を付する定款変更に反対し、かつ、全部取得条項に基づく取得にも反対した株主は、株式買取請求権を行使して買取価格決定申立てをするか（会116条1項、117条2項）、取得価格決定申立てをするか（同法172条）、を選択できるところ、買取価格決定が確定して代金の支払いがなされる前に全部取得条項に基づく取得の効力が発生すると、株式買取請求をすべき株式を保有しない状態となることから、株式買取請求権が否定されるとする判例（最決平成24・3・28民集66巻5号2344頁）があるところ、株式買取請求における買取りの効力発生が定款変更の効力発生日となることにより、そのような事態は避けられることとなった。

[7] 法制審議会民法（債権関係）部会第99回会議（平成27年2月10日開催）において決定された「民法（債権関係）の改正に関する要綱案」においては、法定利率に係る民法404条を改正することとされ、商事法定利率に係る商法514条も削除するものとされている。このことからすると、買取り、取得に際しての年6分の利息についても、見直しがなされる可能性があるが、それでも、直ちには市場金利と同水準までには下がらないものと思われる。

条5項、786条5項、798条5項、807条5項)、会社において過剰な負担が発生することは一定程度避けることができるものと思われる。そして、④買取口座制度が新設され（社債株式振替155条）、反対株主が株式買取請求を行う場合には、対象となる株式を会社が開設した買取口座に振り替えなければならないこととされ、買取口座からの振替には会社の同意が必要とされることから、会社の承諾を得ない事実上の撤回はできないこととなった。これにより、市場株価が上昇すれば市場で売却することも狙いながら株式買取請求を行うといった投機的と指摘される行動はとれないこととなった。

3 平成26年会社法改正後も残る問題

他方で、法制審議会会社法制部会においては、会社が組織再編等を公表した後に取得された株式については反対株主の株式買取請求権を認めるべきでないとの意見が出され、議論がなされたが、他の改正により濫用的な株式買取請求は一定程度防げるとして、この点についての改正は見送られた[8]。

また、平成26年会社法改正においては、簡易組織再編として株主総会決議を要しない場合においては反対株主の株式買取請求権は認められないこととされる一方で、平成26年会社法改正前においては子会社株式の譲渡についても株主総会決議を要することとするなどの規制をする明文の規定はなかったところ[9]、一定規模の子会社の株式譲渡については、事業譲渡や会社分割と同様に、株主総会決議を要することとするとともに、反対株主には株式買取請求権が認められることとなった（会467条1項2号の2）。これにより、事業譲渡、会社分割

---

[8] 法制審議会会社法部会第18回（平成24年3月21日開催）議事録〈http://www.moj.go.jp/content/000097964.pdf〉39頁。

[9] 「子会社を管理・運営する事業」という概念でとらえ、承継させる資産の額によってはその譲渡には株主総会決議を要する、という考え方もあるが、発行済株式の86％を譲渡したことが事業譲渡に該当しないと判断した裁判例（東京地判平成4・3・13判タ805号170頁）があり、子会社株式そのものの譲渡については事業譲渡に該当しないと明言する見解（江頭憲治郎『株式会社法〔第4版〕』（有斐閣・2011年）885頁注1）もあった。他方で、共同株式移転により経営統合が行われる場合には株主総会決議を要するが、共同株式移転により子会社となった統合当事者である会社の株式を譲渡して統合を解消するにはこれを要しないというのではバランスを欠くように思われる（法制審議会会社法制部会第6回（平成22年10月20日開催）議事録〈http://www.moj.go.jp/content/000057493.pdf〉38頁〔奈須野太幹事発言〕）。

と子会社株式の譲渡に同様の規律が設けられることとなったが、事業譲渡と会社分割においては、譲り渡す資産（同項2号）、承継させる資産（同法784条3項）の帳簿価額をもって、その規模が判断され、承継させる負債の額は考慮されないのに対し、子会社株式の譲渡においては、当該子会社の負債の額も反映されているものと考えられる子会社株式の帳簿価額を基準として判断されることとなっているという違いがあって、株主総会決議の要否、株式買取請求権の存否の分かれ目となる基準が異なることにより、株主に対する影響の程度が同じであっても、その要否、存否は必ずしも同じとはなっていないように思われる。

　さらに、吸収合併存続会社、吸収分割承継会社、株式交換完全親会社において、簡易組織再編として株主総会決議を要しないとされるのは、その対価が吸収合併存続会社等の株式である場合において、発行済み株式の2割を超えない場合である。対価が大きくない以上、承継するもの、取得するものもそれほど大きくないという意味において株主に対する影響の度合いが大きくないという側面ももちろんあるが、大規模な新株発行が行われて株主構成が大きく変動することがないという側面もあり、発行済株式の2割を超える株式が発行される場合には株主構成に変動が生じる点において株主に対する影響が大きいことから株主総会決議を要し、反対株主に株式買取請求権を認めることとする規制であると考えることも可能である。平成26年会社法改正においては、支配株主の異動を伴う第三者割当増資について、公開会社においても一定の株主が反対の通知をすれば株主総会決議を要するとの新たな規律が設けられたが（会206条の2）、株主構成が変動するという側面からみると、組織再編と第三者割当増資では規制が大きく異なっている。

　以上のとおり、事業内容、株主構成に変動が生じる場合に係る規律については、平成26年会社法改正によって、弊害や規律の不足・不均衡が一定程度解消されたとはいうものの、いまだ、弊害が生じる可能性や規律に不均衡な側面が残っているように思われることから、以下においては、公表後取得株主の株式買取請求権・取得価格決定申立権、事業等の一部を切り出す場合における事業譲渡・会社分割と子会社株式の譲渡の場合の規律の違い、株主構成の変動を伴って他から事業等を承継する場合における規律の違いについて、検討する。

III　公表後取得株主の株式買取請求

1　問題の所在

　Ⅱ2において述べたとおり、株式買取請求権や取得価格決定申立権の弊害については、平成26年会社法改正により大きく解消されることとなったものと思われる。

　他方で、すでに述べたとおり、組織再編等の公表後に取得した株主等、取得時期によって株式買取請求権や取得価格決定申立権を制限する明文の規定を設ける改正は見送られた。

　買取りの効力が生じる時についての改正や価格決定前の支払制度の新設、買取口座制度の新設等により、株主においてこれまで不当と指摘されてきた利得を得ることはかなりの部分で回避でき、「公正な価格」以上のものを得ることはなくなったといえるが、会社にとっては、「公正な価格」を支払うという範囲にとどまるとはいえ、買取りにおいては多額の資金が流出することになる場合があることには変わりはない。組織再編においては財源規制はないが、それでも手元資金の流出の影響が大きい場合もあるし、全部取得条項付種類株式を利用したスクィーズアウトにおいては、取得価格決定申立てがなされた場合の対価の支払いには財源規制がかかるとする見解もある（会173条1項、461条1項4号）。[10]

　そこで、以下においては、過去の裁判例で指摘された考え方を整理するとともに、株主の保護に必要な範囲を超えて組織再編等を行う会社に無用の負担が生じることを避けるため、株式買取請求権や取得価格決定申立権を制限すべき場面がないかどうかを検討する。

10　対価として交付された株式の端数での処理の場合、端数を会社が買い取れば財源規制がかかるが（会234条4項、461条1項7号）、会社が買い取らない場合は、対価としての株式の交付には財源規制は関係がない（同法461条1項柱書「株式を除く」）。なお、株式併合も平成26年会社法改正後では同様の扱いとなる（同法182条の4）。

2 裁判例

(1) 組織再編等の方針・協議開始・基本合意等の公表後

テクモ・コーエー事件（東京高決平成25・2・28判タ1393号239頁）の差戻し前の抗告審（東京高決平成23・3・1金商1388号24頁）においては、「本件経営統合の蓋然性が高いことを認識した上でテクモ株式を取得した者であっても、正当な株式移転比率によって本件株式移転から生じるシナジーを享受する利益を有しており、本件株式の公正な価格は、本件経営統合による企業価値の増加を適切に反映した公正な価格（シナジー反映価格）とすべき」であると指摘されている。経営統合の協議が開始されたにとどまり、その条件等も未確定である時点で株式を取得する者は、その後の協議により正当な条件での経営統合が行われることを期待することも許容されるべきであると考えられる。したがって、経営統合に係る株主総会決議が否決されるよう反対の議決権行使のために株式を買増しする、あるいは、他の株主の反対の議決権行使により否決されることを期待して株式を取得する、というような事情が認められなくても、その後の協議により定まったものとして公表された経営統合の条件等を踏まえて、これに反対し、株式買取請求権を行使することには、不当と評価される点はみあたらない。学説においても、会社法の下では適正な条件での組織再編等が行われたと仮定した場合の状態までの救済を認める以上、この段階の取得は何らの制約にはつながらないとするものも多いようである。[11]

(2) 総会基準日後、条件等の公表前

定款で定められた定時株主総会の基準日のほか、臨時株主総会の基準日であっても、基準日から株主総会までは最大で3カ月の間隔をあけることができるため、基準日の後に組織再編や全部取得条項付種類株式を利用したスクィーズアウトの条件が公表されることも、あり得ないわけではない。

後に組織再編や全部取得条項付種類株式を利用したスクィーズアウトに関する決議がなされる株主総会の基準日後に、その条件等が公表されない段階で、

---

11 藤田友敬「新会社法における株式買取請求制度」黒沼悦郎＝藤田友敬編『企業法の理論（上巻）（江頭憲治郎先生還暦記念）』（商事法務・2007年）295頁。

株式を取得した株主については、セレブリックス事件（東京地決平成25・9・17金商1427号54頁）やエース交易事件（東京地決平成25・11・6金商1431号52頁）において、「基準日後に取得した株主の申立権を否定する明文の規定はなく、基準日において株主総会の議案を認識しているとは限らず、株主総会決議が成立するとは限らない」として、「基準日後に取得した株主も『株主総会において議決権を行使することができない株主』に含まれる」等と指摘されている。仮に組織再編等が行われること自体は公表されているとしても、その条件等が決定されて公表されるまでの間は、正当な条件での経営統合が行われることを期待することも当然に許容されるべきであると考えられるし、組織再編等が行われること自体も公表されていない段階であれば、株式買取請求権を否定すべき根拠はみあたらないというべきであろう。

(3)　組織再編等の条件の公表後、株主総会決議前

　横川電機製作所と北辰電気の合併に際しての北辰電気の株式の買取請求に係る買取価格決定申立事件（東京地決昭和58・10・11判タ515号159頁）[12]においては、「商法が同条で合併承認決議に反対する株主に株式買取請求権を認めているのは[13]、会社合併の場合に、相手方会社の内容、合併条件などによって不利益を被るおそれがある少数株主について、経済的な救済方法を図るためのものであるから、本来合併計画の公表後に、右事実を知りながら新たに株式を取得して株主となったような者については、右のような救済方法を当然には顧慮する必要がないというべきである」としつつも、結論においては、株式買取請求権自体は否定していないが、ナカリセバ価格による買取りを定める旧商法408条の3第1項をそのまま適用すれば不当な利益を与えることとなるとして、合併を前提として形成された市場価格によるべきであり、かつ、当該株主の取得価格が上限となる、とされている。

　その後にも、合併の発表後にその事実を知りながら株式を取得した者の株式買取請求権が問題となった事案（東京地決昭和60・11・21判時1174号144頁）[14]において、「商法408条の3第1項は、合併に反対する株主に株式買取請求権を認め

12　本件は、株価が下落する局面で株式買取請求が行われた事案であり、合併公表前一定期間の平均株価によると、取得時の価格を相当程度上回ることとなった。
13　会社法施行前の旧商法408条の3。

ているが、その趣旨は、会社が他の会社と合併する場合に、これに反対する株主に資本回収の手段を与え経済的な救済を図ること」にあるとし、「会社の合併発表後にその事実を知りながら新たに株主となった者については、『承認ノ決議ナカリセバ其ノ有スベカリシ公正ナ価格』による救済を本来的には顧慮する必要がないというべきである」としつつ、結論においては株式買取請求権が認められている。

　これらの事件は、いずれも、会社法における「公正な価格」での株式の買取りではなく、「ナカリセバ価格」での買取りのみを認めていた会社法施行前の旧商法下でのものである。しかしながら、「ナカリセバ価格」のみならず、企業価値を向上させる組織再編等に際してはこれによる相乗効果（シナジー）等の企業価値増加分をも適切に分配することを認める会社法においても、どの程度保護すべきかという点に違いはあるものの、少数株主が「相手方会社の内容、合併条件などによって不利益を被るおそれ」があることからこれを保護すべきである、という点に限ってみれば、別異に考える必要はないように思われる。[15]

　旧商法下での二つの東京地裁決定は、法律が定める価格とは異なる価格を株式買取価格と決定することにより、また、株価の状況からして市場で売却するよりも株主に対して不利であったことにより、いずれも、価格の面において会社に特段の不都合がないという事情、さらには、株式買取請求のなされた株式の数もそれほど多くはなかったという事情も読み取れるが、[16]株式数が多くなれば、株主にとっては市場で一時に売却することによる市場株価の下落を避けることができるという利益が得られる一方で、会社には多額の資金の流出を余儀なくされるという負担が生じるのである。救済を顧慮する必要がない、というのであれば、株式買取請求権そのものを否定すべき事案もあり得るように思わ

14　本件は、株価が上昇する局面で株式買取請求が行われた事案であり、株主は市場で売却すれば、合併公表前一定期間の平均株価を相当程度上回る価格となった可能性のある事案であった。

15　神田秀樹「株式買取請求権制度の構造」商事1879号（2009年）4頁においても、旧商法下での論考を引用し、組織再編行為の計画公表後に取得した株主に反対票を投じる機会を与えても不当ではないことは同じである、とされている。

16　決定された価格によると、対象株式の買取価格の総額は、横川電機製作所と北辰電気の合併の事案では238万円、東京地決昭和60・11・21の事案では24万7000円であった。

れる。

　株主総会決議の前の取得であれば、取得時には株主総会決議が成立するとは限らないし、経営統合に係る議案が否決されるよう反対の議決権行使のために株式を買増しする、あるいは、他の株主の反対の議決権行使により否決されることを期待して株式を取得することも考えられることから、そのような株主について株式買取請求権を否定すべきではない、とする指摘もある。[17]セレブリックス事件（前掲東京地決平成25・9・17）においても、株主総会基準日後に取得した株主の取得価格決定申立てを認める理由として、株主総会決議が成立するとは限らない、という点を取り上げている。

　しかしながら、特に前提として公開買付けが行われる組織再編や、親会社による完全子会社化が行われる際、あるいは、全部取得条項付種類株式を利用したスクィーズアウトが行われる際には、その公表においては、株主構成も開示され、その時点において株主総会決議が成立することが明らかな場合がある。そのような状況において、あえて、株式を取得する、あるいは、買増しをした株主について、株主総会において反対の議決権を行使するために取得した、あるいは、株主総会において否決されることを期待して取得した、ということはおよそ考えにくいのであって、株主総会決議前であることをもって、株主総会決議が成立するとは限らないから株式買取請求権を認めるべき、というのは、現実的な可能性から考えれば、合理性を欠くように思われる。

　グッドマンジャパン事件（東京地決平成25・7・31資料版商事358号148頁）においては、株主総会決議後ではあるものの別の日に開催される種類株主総会の開催前の株式取得であることから、全部取得条項付種類株式の取得価格決定の申立適格を認めているが、すでに株主総会決議も成立しているのであって、基準日が異なるからといって種類株主総会決議が成立しない可能性は合理的に期待できる状況にあったとも思われない。

(4) 株主総会決議の成立後（組織再編等の確定後）

　組織再編行為等に係る総会決議後に株式を取得した株主については、株式買取請求権を否定する見解が一般的なようである。[18]

---

[17] 法制審議会会社法制部会第12回（平成23年8月31日開催）議事録〈http://www.moj.go.jp/content/000080186.pdf〉27頁〔静正樹委員発言〕。

グッドマンジャパン事件（前掲東京地決平成25・7・31）は、傍論ではあるものの、株主総会決議後の取得分の株式については全部取得条項付種類株式の取得価格決定申立適格を否定しているが、そうであれば、決議が成立することが明らかな株主構成が公表された場合も同様に考えられるのではないかと思われる。

　他方、ノジマ事件（東京高決平成21・7・17金商1341号31頁）は、簡易合併について取締役会決議の公表後に取得した株主の株式買取請求が問題となった事案であるが、「株式買取請求の対象とならないとする直接的な規定はなく、そのように解すべきであることを前提とする規定もなく、そのような制限を設けるべき合理的理由・事情も見当たらない」として、これを認めている。一部は会社法796条4項の通知の期限内の取得であるが、それ以降の取得分についても株式買取請求を認めており、組織再編行為が行われることが確定した後の取得であっても株式買取請求が認められるものと判断しているものと考えられる。

3　検　討

　組織再編等の検討や協議が開始されたことが公表された段階では、定時総会で決議される場合や目的を開示せずに基準日が設定された場合など、組織再編等を承認する株主総会決議の基準日の後の取得であっても、組織再編等が実際の条件よりも良い条件で行われると想定ないしは期待して株式を取得することも考えられるため、株式買取請求権や取得価格決定申立権を否定する理由はみあたらないし、当該株主による株式取得時の取得価格を上限とする理由もないものと思われる。組織再編等が適正な条件で行われれば株式が当該株主による取得時の市場価格を上回る価値をもつと考えて市場で株式を取得する行動を否定すべき理由は考えにくいところ、取得価格を上限とすると、買取価格決定あるいは取得価格決定においてそれ以下の価格と判断されるリスクを負うだけになる。

18　江頭憲治郎『株式会社法〔第5版〕』（有斐閣・2014年）830頁、十市崇＝館大輔「反対株主による株式買取請求権(上)」商事1898号（2010年）89頁。

さらに、組織再編等の条件が公表された後であっても、これを承認する株主総会の基準日前の取得であれば、組織再編等の条件が公表された後であることのみをもって株式買取請求権や取得価格決定申立権を否定することはできないと思われる。この時点においては、株主構成によっては、株主総会において反対の議決権を行使して組織再編等の承認を否決することをめざして株式を取得する、あるいは、自身による議決権行使のみによらずとも他の株主が適切に判断して否決されることを想定ないし期待して株式を取得する、ということも考えられるからである。特に後者においては、当該株主が組織再編等の条件の公表後に取得した株式数やそれ以前から保有していた株式数とは直接関係がなく、取得株式数や保有株式数がそれほど多くない場合であっても是認されるものと考えられる。この時期の取得についても、当該株主による取得時の価格を上限とすると、その後の下落のリスクを負うだけとなり、価格決定においてそのような考慮がなされるとすれば、会社が提案する組織再編等に賛成することを強制する結果となりかねない。

 他方、組織再編等の条件の公表に際しては、これと同時に公表される株主構成によっては否決の可能性は極めて低いことが明らかであり、反対票を集めるために取得することや、他の株主の議決権行使により組織再編等の承認決議が否決されることを期待できるとは認めがたい状況も考えられる。

 この時点において株式を取得した株主に、株式買取請求権や取得価格決定申立権を認める必要があるかについては、疑問があるといわざるを得ない。

 グッドマンジャパン事件（前掲東京地決平成25・7・31）は、傍論ではあるものの、株主総会決議後の取得分については全部取得条項付種類株式の取得価格決定申立適格を否定しているが、そうであれば、決議が成立することが明らかな株主構成が公表された場合も同様に考えることもできるように思われる。この状況で、「否決される可能性を考慮して取得した」のだとしても、株式買取請求権を認めてまで保護する必要はないのではないかと思われる。

 もちろん、この時点からも株主構成が変動する可能性がないわけではないが、少なくとも、前提として株式公開買付けが行われた場合や親会社が主導して行う組織再編等の場合においては、主導的役割を果たす株主が自らの保有株式を手放すことは考えられないのであって、組織再編等が株主総会で否決され

ることを想定ないしは期待することは、株式買取請求権を認めてまで保護すべき合理的な期待とはいいがたいように思われるし、それが基準日後のものとして株主構成が公表されたのであれば、もはや変動の余地はなく、会社が撤回しない限り、公表された条件において組織再編等が行われることは確定しているといっても過言ではないと思われる。

　取得時期により株式買取請求権や取得価格決定申立権を否定する明文の規定を設ける改正は行われていないが、以上に述べたとおり、濫用あるいは保護する必要のないものであるとして株式買取請求権や取得価格決定申立権を否定すべきケースについては検討の余地がある。対価が相当であっても、株主にとっては、保有株式数が多ければ多いほど市場における一時での売却では市場価格の下落のリスクがあるところこれを回避できる一方で、資金が流出することは会社にとって大きな負担となるのであるから、保護の必要のない局面においてまで株式買取請求権や取得価格決定申立権を認める必要はないものと思われる。

　明文の規定で取得時期による区分けはできないとすれば、権利濫用として株式買取請求権や取得価格決定申立権を否定する裁判例の蓄積を待たざるを得ないこととなるが、そうすると、これらが認められるかどうかの予測が困難となり、組織再編等の条件公表後の株式取得が事実上制約されることになり、ひいては、会社が提案する組織再編等の条件を賛成することを強制することになりかねないため、やはり、否定される局面は明確に特定されるべきであると考える。

Ⅳ　事業の切出しの手法と規制

1　規制の比較

　平成26年会社法改正後において、子会社株式譲渡と事業譲渡、会社分割について、株主総会決議を要する場合を整理すると、〈表1〉のとおりとなる。

19　会社が組織再編等を中止することは株主総会決議の後でも起こり得ることである。

株主総会決議を要し、反対株主に株式買取請求権が認められるのは、事業譲渡・会社分割では承継させる資産を基準として総資産の5分の1を超えない場合であるのに対して、子会社株式の譲渡では子会社株式の帳簿価格が総資産の5分の1を超える場合に限定される。株式の価格は同じ事業規模でも負債を考慮した数値となるのが通常であり、負債が大きい子会社は事業規模が大きくても規制を免れる可能性がある。事業規模は大きいが負債の大きい会社も対象外となることになり、その事業に要する資金を、資本で入れるか、貸付けとするかによって、譲渡に際して受ける規制が異なってくることになる。[20]

〈表1〉　株主総会決議を要する場合（子会社株式譲渡・事業譲渡・会社分割）

	対象（分子）	基準(分母)	割合	その他の要件等
子会社株式譲渡（会467条1項2号の2）	株式帳簿価額	総資産額	1／5超	議決権が半数以下となる場合に限定される。
事業譲渡（会467条1項2号）	資産帳簿価額	総資産額	1／5超	承継させる負債の額は考慮しない。
会社分割(分割会社)（会784条3項、805条）	資産帳簿価額	総資産額	1／5超	承継させる負債の額は考慮しない。

2　子会社株式譲渡に係る規制の問題点

　前述のとおり、子会社株式譲渡に係る規制が新設されたが、子会社における重要な意思決定における親会社株主の関与は、議論はされたものの改正は見送られた。
　したがって、子会社における第三者割当増資、自己株式取得、事業譲渡、組織再編について、親会社の株主総会決議は不要であり、反対株主の株式買取請求権も認められていない。
　そのため、会社自身の行う事業の譲渡、分割による承継であれば、その規模

20　株式について含み益が大きい子会社の場合（企業価値と比較して、親会社における子会社株式の帳簿価格が小さい場合）も規制を免れる可能性が高くなるが、その点は、事業譲渡、会社分割においても、承継させる資産に含み益がある場合は同様の問題が生じる。

によっては株主総会決議を要し、反対株主には株式買取請求権が認められるところ、子会社の行う事業であれば、その事業の全部または一部を会社分割あるいは事業譲渡により第三者に承継させ、その対価を得た子会社を解散する、あるいは、剰余金の配当を行うことによって、実質的に事業の対価を親会社が取得することもできる。

　さらに、子会社株式の譲渡のみが対象となるため、子会社において第三者割当増資を行う、あるいは、子会社と第三者である会社とを合併させることにより、子会社の株主構成を変動させて子会社ではない状態とした後で譲渡することも考えられるし、総資産の5分の1を超えるかどうかの判断は譲渡する株式の帳簿価額のみが対象となるため、保有する子会社株式の一部のみを譲渡することとし、残りは子会社に自己株式として取得させておく方法も検討できなくはない。第三者割当増資と自己株式取得を組み合わせる方法も考えられる。

　子会社において第三者割当増資を行えば、余分な資金を子会社にもたせることになるが、株式譲渡が実行された後、新たな株主に対して剰余金の配当で還元することもできる。資本金減少、資本準備金減少が必要となる場合もあり、その場合には、債権者保護手続を経るという負担が生じることになるが、それも、子会社における手続であって、子会社株式を譲渡しようとする親会社において株主総会決議を開催し、反対株主に株式買取請求権の行使に対応しなければならない負担とを比較すれば、前者のほうが負担が小さいということも十分考えられるところである。

　さらに、事業譲渡、会社分割で承継させるには、完全子会社に対するものであっても、承継させる資産の帳簿価額によっては株主総会決議を要し、反対株主の株式買取請求に対応しなければならないが、完全子会社に対する事業譲渡、会社分割であれば、それ自体で企業価値に大きな変動が生じることは想定しにくいところであり、それほど多くの株主から株式買取請求を受けないということも考えられる。その際に、負債も承継させるなど、子会社株式の帳簿価額が高くならないようにし、総資産の5分の1を超えないようにして、株主総会決議を経ることなく当該子会社株式を第三者に譲渡するという方法も考えられなくはない。もちろん、事業譲渡、会社分割の際に、その後の子会社株式譲渡について説明をしなければ、少なくとも株主総会参考書類の交付が必要とな

る場合には必要な事項の記載（会施規87条１号、90条１号、92条１号）を欠くものとして株主総会決議取消しの事由となるものと思われるが、３カ月の提訴期間（会831条１項）を経過した後ではこれを争うことができないし、会社分割の無効についても、その訴えは６カ月の提訴期間（同法828条１項９号・10号）の制約を受けるし、そもそも、会社分割、事業譲渡の時点においては子会社株式の譲渡を具体的には想定していなかったということもあり得る。

　そのほか、中間持株会社による孫会社株式譲渡も規制されないことから、子会社において株式移転を行って中間持株会社を設立し、事業を営む会社を孫会社とし、中間持株会社である子会社による孫会社株式の譲渡の形とすることによって、株主総会決議を経ることなく事業を営む会社の株式を第三者に譲渡することも考えられる。[21]

V　事業の承継の手法と規制

1　第三者割当増資に係る規制

　平成26年会社法改正においては、公開会社における支配株主の異動を伴う第三者割当増資について、株主に対する通知または公告を義務づけるとともに、一定割合の株主[22]が反対を通知した場合には株主総会決議を要するとの規制が新設された（会206条の２）。

　ここでは、支配株主の異動を伴うものとして、当該第三者割当増資の引受人の議決権が過半数となる場合における募集株式の発行等が規制の対象とされているが、法制審議会会社法制部会においては３分の１を超える場合を規制すべきとの意見も多く、パブリックコメントにおいても同様の意見が多数あったようである。[23]

---

[21]　法制審議会会社法制部会第６回会議（平成22年10月20日開催）議事録〈http://www.moj.go.jp/content/000057493.pdf〉37頁〔中東正文幹事発言〕。
[22]　定款に定めがない場合、総株主の議決権の10分の１以上の議決権を有する株主。
[23]　法制審議会会社法制部会第19回会議（平成24年４月18日開催）議事録〈http://www.moj.go.jp/content/000098749.pdf〉53頁〔内田修平関係官発言〕。

なお、定款変更や事業譲渡、組織再編と異なり、反対株主の株式買取請求の制度はない。[24]

2　組織再編等との対比

　支配株主の異動を伴う第三者割当増資に係る規制は、第三者割当増資が行われる場合において、これを行う会社が募集株式の引受人の子会社となるような場合には、組織再編に近い会社の基礎的変更であるとの指摘もあり[25]、設けられたものである。

　そこで、組織再編と対比してみると、株主総会決議を要する場合は〈表2〉のとおりとなる。

　株式を対価とする組織再編においては、発行済株式の20％に相当する株式が発行される場合に株主総会決議を要することとなり、かつ、反対株主の株式買取請求権が認められることになるのに対して、第三者割当増資の場合は増資後の引受人の議決権が総株主の議決権の2分の1を超える場合が問題となるのみである（もっとも、増資前の当該引受人の議決権割合が高ければ、わずかな増資でも規制を受けることとなる）。

　他方で、簡易合併、簡易株式交換により支配株主の異動が生じるとしても、そのこと自体については規制はない。したがって、簡易組織再編により他の会社の事業を承継し（簡易分割によって他の会社の事業を承継、簡易合併により他の会社の子会社の事業を承継、簡易株式交換により他の会社の子会社の株式を承継）、

---

[24] 法制審議会会社法制部会では、支配株主に対する株式買取請求手続（セル・アウト制度）を設けることも議論されているが、増資の引受け手がなくなるとの指摘があり、改正には盛り込まれなかった（法制審議会会社法制部会第5回会議（平成22年9月29日開催）議事録〈http://www.moj.go.jp/content/000056163.pdf〉20頁〔奈須野太幹事発言〕、同25頁〔油布志行関係官発言〕）。

[25] 法制審議会会社法制部会第19回会議（平成22年9月29日開催）議事録21頁〔前田委員発言〕。吸収合併、株式交換、吸収分割に際して、存続会社等においては、対価（株式の場合は、交付する株式数に1株あたりの純資産額を乗じて得た額）が純資産の5分の1を超えない場合であれば、簡易合併、簡易株式交換となるため、債務の大きい会社を消滅会社とする吸収合併や完全子会社とする株式交換、あるいは、債務も承継させる吸収分割であれば、事業規模が大きくても簡易組織再編の要件を満たすことができる範囲は広くなる。したがって、金銭等を対価とする場合を別にすれば、承継する事業の規模ではなく、対価として交付される株式の数、つまり、これによる株主構成の変動の大きさによる規制と考えることも可能である。

〈表2〉 株主総会決議を要する場合（第三者割当増資と組織再編の対比）

	対象（分子）	基準（分母）	割合	その他
第三者割当増資（会206条の2）	引受人の議決権	増資後の総株主の議決権	1／2超 →既保有分がなければ、発行済株式と同数の発行	・引受人がすでに親会社である場合は除外される。 →引受人の既保有株式も考慮される。 ・議決権の10分の1を有する株主が反対通知をした場合に限定される（ただし、事業の継続のために緊急の必要がある場合は除かれる）。
合併、株式交換、会社分割（承継会社）（会796条3項）	組織再編対価＝1株あたりの純資産額×株式数（対価が存続会社等の株式の場合）	純資産	1／5超 →発行済株式の2割（対価が存続会社等の株式の場合）	（原則として）6分の1以上の議決権を有する株主が反対通知をした場合、差損が生じる場合は株主総会決議を要する。

その際に対価として株式を交付することにより当該他の会社の子会社となれば、その後の（親会社となった）当該他の会社を引受人とする第三者割当増資は会社法206条の2による規制を受けないこととなる。

　ある会社（以下、便宜のため、「対象会社」という）の事業を承継する場合において、対象会社の株主に対して第三者割当増資を行い、これにより取得した資金をもって引受人である対象会社の株主が保有する対象会社の株式を譲渡により取得することによって、株式交換と類似の結果を得ることができる。株式交換と異なり、株式譲渡においては、対象会社の株主が多数いる場合において、一部の株主がその保有する株式を譲渡する意向をもっていても、他のすべての株主に対して譲渡を強制することはできない。しかし、親会社となる会社の株主への影響という意味では、対象会社の株主との関係で強制的であったかどう

かは直接関係がない。したがって、株式交換か株式譲渡かの違いは、必ずしも対象会社の株主全員の同意を得る必要がないことから組織再編を実現できる可能性が高くなる、という意味をもつにすぎないものと考えることもできる。

　第三者割当増資により取得した資金により対象会社の株式の全部を取得した後、当該会社を消滅会社とする合併を行えば、簡易合併の要件を満たすことが通常であると思われるため、株主総会の決議を経ることも、株式買取請求権の行使を受けることもなく、対象会社との合併を行うこともできる。

　さらに、株式を手放すことに同意しない対象会社の株主がいる場合においても、多数の株式を譲渡により取得し、残余の株主について、簡易株式交換により対象会社を完全子会社化する方法も考えられる。

　以上のとおり、対象会社の事業を承継しようとする会社が対象会社の既存の株主でない場合においては、発行済株式の同数まで発行できるため、株主総会決議なしで第三者割当増資により相当の資金を調達することが可能であり、直接株式交換・吸収合併を行う場合よりも規模の大きな会社の子会社化、吸収合併を、株主総会決議なし、反対株主の株式買取請求なしで行うことができるものと考えられる。

VI　おわりに

　以上のとおり、平成26年会社法改正では、組織再編等の条件の公表後に取得した株主の株式買取請求権や取得価格決定申立権を制限する規定は設けられなかったが、グッドマンジャパン事件（前掲東京地決平成25・7・31）において傍論ではあるものの組織再編等を承認する株主総会決議後に株式を取得した株主については否定されると指摘されているとおり、権利濫用等の解釈によって株式買取請求権や取得価格決定申立権が否定される余地が残されているが、その線引きやその根拠については、必ずしも議論が一致していないように思われる。

　また、簡易組織再編においては反対株主の株式買取請求権を認めないこととされる一方で、一定の場合の子会社株式譲渡や第三者割当増資は新たに規制を受けることとなったが、事業の切離しや事業の承継とともに株主構成が変動す

る局面においては、採用する手法によっては、新たに設けられた規制を受ける場合もあれば、これを回避できる場合もある。しかしながら、形式的に規制を回避できるとしても、その態様によっては潜脱であると指摘されるケースも出てくるように思われ、それがいかなる場合であるかについては、事例の蓄積により予測可能性が高まることが望まれる。

15 相続株式と現金・預貯金・国債・投資信託受益権
――会社法106条解釈の前提問題――

名古屋学院大学法学部教授・弁護士　山下　眞弘

I　会社法と相続法の対話

1　会社法106条の法意

　共有株式の権利行使に関して、会社法106条は、株式が共有に属するとき共有者は、その権利行使者を定め、会社に対しその者の氏名または名称を通知しなければ、その株式について権利行使することができない旨定め、その例外として、会社が権利行使に同意した場合はこの限りでないとしている。本条は、旧商法203条2項の規定を基本的に引き継いでいるが、会社法では、権利行使者の通知も要することが明確にされ、ただし書として「会社の同意」による例外規定も追加された。とりわけ106条ただし書の意味するところが不明なまま解釈が分かれ、本条の法意の理解を困難なものとしている。

　この点に関する最新判例である東京高判平成24・11・28判タ1389号256頁は、[1]
106条ただし書の適用要件について、準共有者で「協議」が行われ「意思統一」が図られている場合にのみ会社の同意による権利行使を認めると判示するものの、「全員一致」による意思統一が要求されるのか、それとも協議さえ行われれば「過半数」でも足りるのかが示されていない。この事案では何ら協議が行われていなかったため、厳密な基準を示す必要がなかったわけであるが、ここが最も知りたい部分である。通説・判例によれば、106条本文にいう権利行使

1　山下眞弘「判批」金商1447号（2014年）16頁およびそこに引用の評釈を参照されたい。なお、本件上告審である最一小判平成27・2・19全商1464号27頁も高裁判決を支持している。

者の選定が共有持分の「過半数」で足りるとされており、全員一致による必要がないとされたので、意思統一の存在を認定する判断基準が重要となる。これまでの判例が、株式は遺産分割までは相続人に分割帰属せず、共同相続人間で準共有（民264条）の関係が生じるとし（最判昭和45・1・22民集24巻1号1頁）、多くの学説もこれを支持しているため、権利行使者の選定などをめぐる議論が不可避となる。当然分割帰属と解すれば、このような問題を避けることができるが、とりわけ株式については後の検討で明らかとなるが（後記Ⅳ参照）当然分割帰属の見解は採用できない。したがって、結論的には「準共有」の立場に立って、「遺産分割協議」に委ねることとし、広範な権限を有する権利行使者の指定にも原則全員一致を要求するのが、終局的かつ公平な解決をめざす相続法理の目的に照らして妥当ということになる。この場合に問題となるのは、ごく一部の反対で権利行使者の指定ができなくなる点である。共有持分の過半数で指定させることによって、入口を広げておくべきかどうか判断の難しいところであるが、全員一致の方向で考えたい。

2　本稿の検討課題

　本稿では、このような会社法106条の議論に入る前に、あらためて確認したいことがある。すでに結論を先に示したが、そもそも株式を相続した場合に、株式は相続人の準共有となるのか、それとも当然分割されて単独所有となるのか。単独所有と解することができれば、106条の議論は生じる余地がなくなるが、判例および学説の圧倒的多数は、相続株式を準共有状態と解してきた。結論的には、筆者も相続された株式は準共有状態と解すべきものと考えてきたが、準共有と解すべき理由については、これまでの学説や判例の説明では不十分であり、本稿では株式以外の相続財産にも検討対象を広げ、さらに実質的な説明を補足したい（後記Ⅳ参照）。

　判例は現金を準共有としながら金銭債権を当然分割としてきたが、両者を分けることに合理性はあるのか。預金に関する銀行実務では相続紛争に巻き込ま

---

[2] 山下眞弘「非公開会社の株式相続と会社法106条の法意──円滑な事業承継に向けて──」『名古屋学院大学法学部開設記念論文集』（名古屋学院大学法学部・2014年）201頁以下を参照されたい。

れるのを避けるうえで相続人を確定する必要があるため、判例と異なる取扱いをせざるを得ないという実情がある。この銀行実務は是認されるべきである。現に判例も現実の要請に対処するため、定額郵便貯金の例外的取扱いに限定せず、最近の最高裁判決によれば、国債、投資信託受益権など金銭債権に近いものについても当然分割の例外措置を講じている。これをどう評価すべきか。当然分割帰属の妥当する対象は存在するのか。本稿の課題の中心はそこにある。

以下、相続株式を準共有と解する理論上・実際上の理由を中心に、合有論との関係も踏まえて（後記Ⅱ参照）、現金・預貯金・国債、投資信託受益権との比較（後記Ⅲ参照）を基に、この問題を検討する。そして、結論的には当然分割帰属を排除し、共有の立場から遺産分割協議によって解決すべきことを主張したい（後記Ⅴ参照）。なお、本稿で検討の対象とする会社は、株式が公開されておらず単独もしくは少人数の株主からなる株式会社であって、所有と経営が分離していない、いわゆる同族的な小規模会社を念頭においている。このような会社にあっては、相続問題が会社法の領域に波及する傾向があり、それに対応するため相続法と会社法の交錯する困難な問題が生じる。

3　相続法との対話

遺産相続の法的効果について、相続法の分野では、主として現金や金銭債権等の相続について議論されており、判例とともに一定の方向が示されてきた。しかし、近年、それらに関しても学界では再検討の必要性が指摘されている。2014（平成26）年の第78回日本私法学会シンポジウム「現代相続法の課題」においても、金銭債権・金銭債務について注目すべき新たな提案がなされた。[3] 筆者も会社法の立場から、株式相続に関する質問をしたが明確な回答を得るには至っていない。[4] さしあたり、株式については、会社法分野での議論を基に、相続法との対話をよびかけるほかなさそうである。本来、この課題は相続法の領域に属しており、会社法の中で自己完結的に解決するのは無理であるということを確認し、基本的には相続法理によって、あるいは相続法とその関連法分野

3　論究ジュリスト10号（2014年夏号）96頁以下に掲載の諸論考が有益である。
4　私法学会シンポジウム報告「現代相続法の課題」私法77号（2015年）掲載予定。

とともに、立法的解決の道を探る必要があるということを指摘したい（後記Ⅳ参照）。

Ⅱ　遺産共有の性質論——共有・合有論の意義

1　株式共有の特殊性

　会社法106条は、株式が複数の者の「共有」に属するときに適用されるとしており、民法898条は、「相続人が数人あるときは、相続財産は、その共有に属する」と定めているので、株式につき共同相続が生じた場合には、会社法106条が適用されることになる。ただし、後述するように、相続によって株式が当然分割されるとの見解もある（後記Ⅳ参照）。検討すべきことは、それだけではない。相続財産としての株式が共有状態になるとしても、相続場面の特性も無視できない。一般の共有とは異なって、相続による共有は当事者の合意によるものでもなく、その関係は遺産分割までの暫定的なものにすぎず、共有物分割請求権も法律上制限されている（民907条）。これらの点を踏まえて、遺産共有の性質を一般の共有と区別して「合有」とする見解が民法学では有力とされていた。いわば、民法上の組合財産と同じように扱うわけである。なお、共同相続財産と組合財産とは大きく異なり、両者を同一視することはできないとする批判もあるが[5]、同じように扱うという結論だけは妥当ということができる。

2　共有説・合有説に共通の問題

　共有・合有いずれの立場に立っても、共有物の「変更・管理・保存」に関する民法251条および252条の適用問題は避けられない。相続人の行為がこれらのいずれに該当するかによって、相続人全員の共同を要するか、持分の過半数の賛同で足りるか、各人単独でできるかが決まり、このことは共有説でも合有説であっても同じである[6]。しかも、規定上も判例によっても、相続人の行為が上

---

[5]　小粥太郎「遺産共有法の解釈——合有説は前世紀の遺物か？」論究ジュリスト10号（2014年夏号）114頁、神作裕之「会社訴訟における株式共有者の原告適格」神作裕之ほか編『会社裁判にかかる理論の到達点』（商事法務・2014年）230頁参照。

記三つのいずれに該当するかが必ずしも明確ではないという問題がある。たとえば、株式についていえば、会社法106条で要求される権利行使者の選定方法についても、判例は過半数とするだけで理由は明らかでない。全員一致を求めることに躊躇しているだけのようにもみえる（最判平成9・1・28判時1599号139頁）。ここで民法の共有物に関する規定を持ち出しても、上記三つの基準が不明なため、結局のところ問題の解決とはならない。むしろ、結論が先にあり、そこから上記三つのいずれかを導くというのが実態ではないかと推測される。この点では、共有か合有かの議論は、実質的に意味がないといえる。さらに、遺産共有の一般論としてはともかく、株式の共有については、たとえ合有説に立っても会社法106条が適用されることに変わりはない。

3 合有説の実質的意義

近年の民法学では、共有か合有かの二者選択の議論から離れて、具体的に妥当な解決を図る考え方が有力になりつつあるかにみえるが、相続財産を一体として観念しその財産を債権者の引当てとして確保する合有説の問題意識は正しい方向にあるといえる。にもかかわらず、これが定着しなかったのは、合有概念の不安さにあるとの指摘がある。そこで、この論者は、合有説を採用しないとしても、その問題意識の実質を活かす解釈論を具体的場面に即して試みることを主張される[7]。これも、近年の民法学の流れに沿う考え方であり合理的といえる。

III 現金・預貯金・国債・投資信託受益権の相続

1 現金（金銭）

判例では、金銭（以下、「現金」という）[8]は遺産分割の対象とされる（最判平

---

[6] 金子敬明「相続財産論」吉田克己＝片山直也編『財の多様化と民法学』（商事法務・2014年）732頁参照。

[7] 泉久雄「共同相続財産の共有論・合有論について」法教第2期2号（1973年）38頁、小粥・前掲論文（注5）118頁参照。

成4・4・10判時1421号77頁、判タ786号139頁）。相続人は、「遺産の分割までの間」は、相続開始時に存した現金を相続財産として保管している他の相続人に対して、自己の相続分に相当する現金の支払いを求めることはできないとされている。これによれば、遺産中の現金は遺産分割の対象と解されることになる。現金は、「金銭債権」と異なって債務者である第三者は登場しないので、共同相続人間の利害調整の問題として考えればよく、不動産などを対象とした遺産分割の結果生じた不均衡の調整弁としてこれを活用することができる。そのためにも、現金を当然分割とするのは実際上問題とされる。

また、即時取得の事案に関する判例として、現金は通常、物としての個性を有せず、単なる価値そのものと考えるべきだから、現金の所有権者は、「特段の事情」のない限り、その占有者と一致すべきであり、また現金を現実に支配して占有する者は、価値の帰属者（所有者）とみるべきであるとした判決がある（最判昭和39・1・24判時365号26頁）。これによれば、共同相続人のうちの一人が現金を占有すると、その者が現金の所有者となりそうで、相続で現金の共有は観念できないのではないかとの疑問が生じる。この点については、共同相続人の一人が、相続開始時に存在した現金を相続財産として保管しているような場合は、判例にいう「特段の事情」が認められ例外と解される。これは、相続財産である現金を金銭債権に近いものと把握するか、不動産などに近いものと考えるかという問題であるが、いずれにせよ、現金は個性もないため、最終的な利害調整の手段として活用するのに便宜であり、そのためには遺産分割の対象と理解するのが合理的である。

以上、これまでの判例の立場を確認すれば、①相続財産の共有（民898条）は民法249条以下の「共有」と同じ性質のものであり（最判昭和30・5・31民集9巻6号793頁）、それを前提にすれば、②次に検討する金銭債権のごとき可分債権は当然分割され、共同相続人は各人がその相続分に応じて権利を承継する

---

8 本稿では、金銭債権と混同しないよう現金の用語を用いるが、現金と金銭の定義やそれぞれの用語の用法については必ずしも明確な区別はなく、使われる状況において多義的かつ相対的に用いられている（古市峰子「現金、金銭に関する法的一考察」金融研究14巻4号（1995年）101頁以下）。なお、本格的な研究としては、能見善久「金銭の法律上の地位」星野英一ほか編『民法講座別巻1』（有斐閣・1990年）101頁参照。

こととなるが（同法427条）、③現金は可分であるにもかかわらず、判例は特に理由を示さないまま、当然分割されることなく遺産分割の対象とする。しかし、相互に矛盾はないのであろうか。さらに、現金が相続開始後に遺産管理人の名義で銀行に預金された場合、この預金は金銭債権の扱いを受けるのか、それとも遺産である現金が管理されているだけであるとして現金の扱いがされるのかという議論も生じるが、管理のためという特殊性を強調する説明が説得的といえよう。

2　金銭債権（特に預貯金）

(1)　判例の立場

判例によれば、複数の相続人がいる場合、相続財産に「金銭その他の可分債権」があるときは、その債権は法律上当然分割され、各共同相続人はその相続分に応じて権利を承継するものとされている（最判昭和29・4・8民集8巻4号819頁）。したがって、可分債権である金銭債権は遺産分割の対象とはならないと解されているが、それはなぜか。判例は、民法898条の規定する遺産の共有は、民法249条以下に規定する「共有」とその性質を異にするものではないとしている（前掲最判昭和30・5・31）。合有とは解されていないため、遺産としての金銭債権は、当事者の意思表示で不可分とされるような場合（民428条）でない限り分割される結果、民法427条によって各当事者は等しい割合で権利を有することになる。それゆえ、金銭債権は遺産分割の対象とはならないと説明される。

これに対しては、共同相続人間の利益調整の観点から批判することもできる。金銭債権を遺産分割の対象から外せば、その財産は共同相続人間の利益調整に活用できなくなる。不動産などの分割後に相続人間で不均衡が生じたような場合に、金銭債権はその調整弁の役割を果たすうえで便利であるとの理由で、遺産分割の対象に含めるべきとの主張である。その理論的説明として、遺産共有の性質を「合有」と解し、遺産分割まで共同相続人全員でのみ権利行使

9　道垣内弘人「判批」家族法判例百選〔第7版〕(2008年) 137頁参照。
10　判例は「金銭その他の可分債権」と表現しているが、判例が現金を遺産分割の対象としていることからすれば、この表現は「金銭債権その他の可分債権」の意味と解すべきである。

すべきとする。しかし、たとえば第三者との関係も考慮に入れると、共同相続人のうち一人が債務者を訴えたような場合に、合有債権であるという理由で却下されると第三者たる債務者が不当に利益を得る結果となるため、合有と解することにも問題がないではない。議論の多いところであるが、最近の判例も当然分割の立場であるが（最判平成16・4・20判時1859号61頁）、これに対しても、次のような強い批判がみられる。

(2) 当然分割の当否

　判例の当然分割の立場については、多くの問題が指摘されてきた。民法規定の解釈に関して、264条ただし書の「特別の定め」というのは、427条を指すのではなく、相続財産の共有を規定する898条および遺産分割に関する906条などであり、相続法の領域に属する規定を指しているとの指摘がある。これは、相続財産について相続法の規律を重視するかどうかにかかわっている。遺産分割によって公平・公正を適切に実現しようとする相続法の理念からすれば、共同相続人にとってはメリットがある場合があるとしても、第三者の不利益は無視できず、金銭債権を当然分割とする立場には問題がある。それだけではない。特別受益のある相続人がいる場合には、遺産分割の対象外とすることで共同相続人の間においても不公平な結果となる。

　そこで、私法学会シンポジウムの報告でも、金銭債権も遺産分割の対象とする制度設計が提案された。[11] その解釈論として、先に示した民法264条ただし書の「特別の定め」を相続法のルール（民898条、906条など）と解する提案である。あるいは、金銭債権は分割承継されるとしたうえで、遺産分割の対象とする見解もあるが、[12] 金銭債権を分割承継と解することに合理性がなければ、そもそも分割承継に拘泥する必要がない。分割承継の立場に一つメリットを見出すとすれば、相続開始後の葬儀費用など急を要する支出に対応できるということかもしれないが、これは銀行実務のいわゆる「便宜扱い」として別途考慮すれば足りる。結局、相続法のルールに乗せるという解釈論による解決が現実的で妥当でもある。これは、いわば民法427条からの解放を意味する。[13]

11　窪田充見「金銭債務と金銭債権の共同相続」論究ジュリスト10号（2014年夏号）123頁、125頁参照。
12　阿部徹「預金取引と相続」遠藤浩ほか監修・淡路剛久ほか編『現代契約法大系第5巻金融取引契約』（有斐閣・1984年）180頁参照。

ところで、社債はどうなるか。金銭債権とされるものとしては、預金債権が最も身近であるが、会社法で規制される社債も金銭債権に属すると定義され（会2条23号）、上記の提案からすれば、これも判例の立場と異なり遺産分割の対象とすべきことになるであろう。いずれにせよ、社債は単なる金銭債権と比較して多種多様である点に特色があり、社債の種類によっては株式に近い側面もあることから、株式と統一的に取り扱うのが妥当といえる。[14]

(3) 定額郵便貯金

これに関する最高裁判所初の判決として、最判平成22・10・8民集64巻7号1719頁、金商1360号38頁は、定額郵便貯金債権について、その預金者が死亡しても相続開始と同時に当然に相続分に応じて分割されることはないとして、その最終的な帰属は遺産分割の手続で決するべきである旨判示した。本判決は、可分債権の共同相続に係る従来の判例の規律を踏まえたうえで、そのような規律が定額郵便貯金債権には妥当しないことを明らかにしている。ただし、本判決は、郵便貯金法がこの種貯金の分割を許容しないことを根拠としていることから、この制限が当事者の合意による場合についてまで及ぶかどうかは不明であるが、本判決の射程は限定的なものとも推測できる。

しかし、その射程が限定的であるとしても、可分債権の当然分割帰属という原則に対する例外を認めることに違いはない。このような例外措置が多数蓄積されるのであれば、原則分割とする判例の立場そのものの見直しが迫られることになるが、いずれにせよ、本判決の結論自体については異論のないところである。[15]

---

13 米倉明「銀行預金債権を中心としてみた可分債権の共同相続——当然分割帰属なのか——」法学雑誌タートンヌマン6号（2002年）1頁は、可分債権の共同相続を当然分割帰属から解放することを主張され、最高裁判所が当然分割説を採用していると断定することに疑念を示される。川地宏行「共同相続における預金債権の帰属と払戻」法政論集254号（2014年）907頁は、判例が当然分割説をとる限り、銀行は高度な注意義務を課されるので、民法478条の過失を問わない方向で再構成することを主張される。判例が準共有に転向すれば、この問題は解消する。

14 社債について、相続実務研究会編『問答式遺産相続の実務』（新日本法規・2000年）613頁参照。

15 前掲最判平成22・10・8の評釈によれば、遺産分割の対象とする本判決の結論に異論はないようであるが（中田裕康「判批」法学協会雑誌129巻11号（2012年）264頁）、その射程は限定的と解され（岩藤美智子「判批」民商149巻6号（2014年）623頁）、判決による妥当性の確保には制約がある。

3 国債・投資信託受益権

(1) 最判平成26・2・25の立場

　最判平成26・2・25民集68巻2号73頁、金商1438号10頁(以下、「2月判決」という)の事実関係は、以下のとおりである。A・B夫婦の間にYとXら計4人の子がいるが、A・Bが相次いで死亡し、夫婦の遺産が子に均分相続された。家庭裁判所は、遺産のうち預貯金を除く部分につき、同じ持分で共有取得とする遺産分割審判をして、その後審判は確定した。XらはYとの分割協議が調わないことを理由に、遺産の一部である株式、投資信託受益権、外国投資信託受益権、それに国債(以下、「本件国債等」という)について、裁判所に共有物分割請求をした。これに対しYは、Xらの協議の一方的な打切りは共有物分割請求の濫用と主張し争ったという事案である。

　第一審(熊本地判平成22・10・26金商1438号17頁)は、Xらの請求を認容したが、本件原審(福岡高判平成23・8・26金商1438号15頁)は、次の理由でXらの共有物分割請求を却下した。すなわち、「本件国債等に基づく解約請求権等の受益権は、いずれもその性質上、可分債権に該当し、共同相続人であるY及びXらは、相続開始により、これらを各4分の1の割合に応じて分割承継し、もはや同相続人間で準共有を生じることはない」それゆえ「本件国債等につき、改めて、これを共有物分割の対象とする必要性は認められないから、本件訴えは、その利益を欠いており、不適法である」としたため、Xらが上告した。

　本件最高裁2月判決によれば、本件における国債と投資信託受益権はいずれも「準共有」とされ、結論として、Xらの訴えは適法とされた。準共有の理由は以下のとおりである。すなわち、「個人向け国債の発行等に関する省令」2条に規定する国債は、額面金額の最低額が1万円とされ、「社債、株式等の振替に関する法律」の規定による振替口座簿の記載または記録は、上記最低額の整数倍の金額とされていること等から、このような国債は、法令上、一定額をもって権利の単位が定められ1単位未満での権利行使が予定されていないものであり、その内容と性質に照らせば、共同相続された個人向け国債は、相続開始と同時に当然に相続分に応じて分割されることはないと判示した。また、委託者指図型投資信託(投資信託及び投資法人に関する法律2条1項)に係る信託

契約に基づく受益権（投資信託受益権）は、口数を単位とし、その内容として、法令上、金銭支払請求権のほか委託者に対する監督的機能を有する権利が規定されており、可分給付を目的とする権利でないものが含まれているので、このような権利の内容および性質に照らせば、投資信託受益権も当然に分割されることはないと判示された。なお、本判決は、株式についても同様に準共有とし、いずれも最終的な帰属は遺産分割によるものとしている。[16]

(2) 最高裁 2 月判決の検討

(ア) 国　債

国債は、金融機関を通じて販売され、あらかじめ定められた償還期限がくれば、利子をつけて償還される。個人向け国債は、中途換金も可能とされており、その実態は金銭債権にも近いということもできる。そうであれば、金銭債権と同じ当然分割の取扱いを受けてもよさそうであるが、判例は、当然に相続分に応じて分割されることはないとした。その根拠は、法令によって 1 単位未満での権利行使が予定されていない点にあるということのようであるが、法令の存在が不可分の根拠なのか。いまひとつ説得的な説明に聞こえてこない。判例が当然分割帰属に拘泥しながら妥当性をめざし、当然分割の例外を認めること自体に無理があるのではなかろうか。

(イ) 投資信託受益権

投資信託とは、信託というしくみを応用した金融商品で、信託は、委託者が受託者に信託財産を預け入れ、受託者は、その信託財産の管理・処分を通じて得た利益を受益者に還元するというしくみである。投資信託では、①投資委託会社が「委託者」となり、信託銀行を「受託者」として信託をつくり、②その

---

16 前掲最判平成26・2・25の評釈として、香月裕爾「投資信託受益権等の不可分債権性」NBL1022号 4 頁、潮見佳男「判批」金法2001号 7 頁、谷健太郎「当然分割か準共有か——投資信託等に関する最高裁判例——」金法1993号 4 頁、堂園昇平「投資信託受益権の共同相続——平成26年 2 月25日最高裁判所第三小法廷判決——」銀法773号10頁、奈良輝久「判批」銀法771号 4 頁、藤原彰吾「投資信託・個人向け国債の相続に関する最高裁判決」金法1995号 4 頁、山下純司「判批」法教408号62頁、吉谷晋「投信・国債は不可分とした判決に思うこと」金法1992号 1 頁（いずれも2014年）がある。なお、本判決を含めた詳細な検討として、中田裕康「投資信託の共同相続——補論とともに」金融法務研究会『近時の預金等に係る取引を巡る諸問題（金融法務研究会報告書㉕）』（金融法務研究会事務局・2015年）22頁参照。

受益権を単位化して投資家に販売し、③投資家が支払った受益権の購入代金が、信託財産として信託銀行に集められ運用され、④その結果生じた利益が「受益者」である投資家に分配される。このようなしくみとなっている。投資信託は、委託者と受託者が財産の管理運用を行ってくれるが、その運用にリスクが伴うため、信託法や投資信託法は、受益者に一定の監督的権能を与え、信託の受益権は金銭の支払いを求める権利およびそれを確保するための監督的権能の双方を含んでいる（信託法2条7項参照）。

本判決では、共同相続された投資信託受益権は、当然分割されることはないとし、その理由として、投資信託受益権は口数を単位とし、これには可分給付を目的とする権利でないものが含まれていることをあげているが、投資信託の一口は1円でも可能であり口数単位での分割も可能である。あるいは権利行使の単位のあることが不可分の根拠とされるのか。何が不可分なのか不明である[17]。また、委託者に対する監督的権能を有する権利が含まれていることも理由としているが、これは株式の議決権のような性質のものでもない。したがって、これらが説得的な理由となるのか疑問なしとしない。

(3) 最判平成26・12・12での展開

先の最高裁2月判決に引き続き、同年に出された最判平成26・12・12金商1458号16頁（以下、「12月判決」という）の事実の概要は次のようである。すなわち、Aは死亡時に証券会社Bで購入した複数の投資信託受益権を有していたところ、死後これら投資信託受益権から「収益分配金」が発生し、その後に「元本償還金」も発生して、それらは証券会社BおよびBを吸収合併したY証券のA名義口座に預り金として入金された。そこで、Aの相続人XはYに対して、相続人として3分の1の相続分にあたる金員の支払いを求めたというものである。

---

[17] 中田裕康「投資信託の共同相続」現代民事判例研究会編『民事判例Ⅵ2012年後期』（日本評論社・2013年）19頁は、可分債権の概念について、不可分債権と対比して整理される。なお、内海順太ほか〈座談会〉相続時における投資信託の取扱い(上)(下)」銀法687号4頁、688号22頁（いずれも2008年）では、投資信託実務について詳細に議論され、奥国範「判批（福岡高判平成22・2・17）」銀法723号（2010年）5頁、村田渉「投資信託の共同相続と当然分割」金法1839号（2008年）19頁には投資信託のシステムが図示されている。

これに対し最高裁12月判決は、次の理由で「預り金」は当然に相続分に応じて分割されるものではないとした原審（高松高判平成24・9・11金商1458号21頁）を支持し、「元本償還金又は収益分配金の交付を受ける権利は上記受益権の内容を構成するものであるから、共同相続された上記受益権につき、相続開始後に元本償還金又は収益分配金が発生し、それが預り金として上記受益権の販売会社における被相続人名義の口座に入金された場合にも、上記預り金の返還を求める債権は当然に相続分に応じて分割されることはなく、共同相続人の1人は、上記販売会社に対し、自己の相続分に相当する金員の支払を請求することができない」と判示した。

　本判決は、2月判決を維持したうえで、投資信託受益権から発生した元本償還や収益分配金が預り金として口座に入金され、金銭債権となった後でも、当然分割とはならないことを明らかにし、この点で先の2月判決を一歩踏み出した判断をしている。このことは、相続時に当然分割とならなければ、判例上これまで当然分割とされたはずの金銭債権に変わっても、当然には分割債権とはならないということを意味している。しかし、「収益分配金」については、これが法定果実と認められると、信託受益権が準共有でも、そこから生じた法定果実たる収益分配金は当然分割されると解する余地はありうる。これを想起させる判例として、相続財産中の不動産から生じた金銭債権たる賃料債権は分割帰属するとした最判平成17・9・8金法1760号27頁がある。これと12月判決は、矛盾しないのであろうか。このようにみてくると、可分債権＝当然分割という公式が適用できる場面は、ほとんどなさそうにみえる。むしろ、発想の転換を図って過去の公式を否定するほうが解決の早道かもしれない。[18]

---

[18]　前掲最判平成26・2・25および前掲最判平成26・12・12の比較分析として、山下純司「共同相続における財産権帰属の判例法理」金法2009号（2015年）43頁が参考となる。

Ⅳ　相続株式の準共有——支配権の争奪

1　当然分割の立場

　株式が共同相続された場合は、可分債権と同様に当然分割され、整除できない端数についてのみ分割帰属しないと主張する見解がある。これは、共同相続人相互の利害調整という観点から、当然分割帰属を認めるのが公平であるとの主張である[19]。その理由として、当然分割の是非は1個の株式が可分であるかではなく複数の相続株式が可分であるかどうかで考えるべきであり、仮に準共有と解すると会社法106条で権利行使者を定める必要が生じ、少数持分権者の相続人の利益が保護されず、さらに金銭債権でも厳密にいえば整除できない端数部分は生じるのであるから、整除できるかどうかは準共有となるかどうかの決め手にはならない点も指摘される。このように解されるのは、各相続人は持分に応じて会社経営リスクを負担するのであるから、それに見合うだけの会社経営に対する支配権（議決権）が認められるべきであるとの趣旨であろう。当然分割説によれば、各相続人は持分に応じた数の株式を保有するので、妥当な結論を得ることができるとされ、これが準共有説によると、権利行使の方法に会社法106条の制約があるため、共同相続人のうち少数派が自らの意向を反映できない場合が生じ、また、多数派と権利行使者が結託すると少数持分権者を救済する有効な手段がないと批判される。

　しかし、当然分割帰属とすることには問題がある。当然分割説によって株式が相続により分割されると株式は遺産分割の対象外となる。その結果、相続株式の全部を後継者に取得させる道を閉ざすことになって、共同相続人間の終局的な紛争解決を妨げ事業承継の障碍とならないか。このような問題を避ける実務上の運用として、遺産分割の対象とならないはずの金銭債権についても、遺産分割の対象とするため黙示の合意を認定することで、当然分割説の帰結を回

---

[19]　出口正義「株式の共同相続と商法203条2項の適用に関する一考察」筑波法政12号（1989年）74頁以下参照。

避する努力もなされているようである。さらに実務界が準共有の立場に立つ判例を前提に動いているという現実も考慮すると、準共有説の方向が支持できるとの指摘もある[20]。

なお、上場会社の少数派株式については、共益権の価値は考慮する必要性が乏しいことを理由にして、そのような株式は当然分割されると解する余地もあるとの指摘もみられるが[21]、上場会社の株式にも共益権があり、とりわけ議決権は無視できず、当然分割と解するのは困難といえる。

2 準共有（判例・通説）の立場

当然分割説に対して、一貫して最高裁判所は、株式は遺産分割までは相続人に分割帰属せず、共同相続人間で準共有（民264条）の関係が生じるとしており（最判昭和45・1・22民集24巻1号1頁、同昭和52・11・8民集31巻6号847頁）、最高裁2月判決もその立場を維持し、不十分ながらもその理由を示している。それを要約すれば、株式は、法律上の地位を意味し、株主は、自益権と共益権を有するので、このような株式に含まれる権利の内容および性質に照らせば、「共同相続された株式は、相続開始と同時に当然に相続分に応じて分割されることはない」としている。

学説も準共有説が通説であり[22]、相続が生じても当然に共同相続人に分割して帰属せず、共同相続人の準共有となると解している。その理由として、株式は単なる権利というよりも会社に対する一定の地位であるから、金銭債権のような可分債権ではないとしている。しかし、準共有と結論づけるのが妥当であるとしても、これらの理由は準共有と解するうえで必ずしも実質的な理由とはいえそうにない。とりわけ、わが国で大多数を占める非公開の同族会社での株式相続を念頭において、その実態に応じた実際的な理由が求められ、このような

---

20 田中亘「相続は争いの始まり」法教338号（2008年）55頁参照。
21 神作・前掲論文（注5）233頁参照。
22 上柳克郎＝鴻常夫＝竹内昭夫編『新版注釈会社法(3)株式(1)』（有斐閣・1989年）50頁〔米津昭子〕、田中誠二＝山村忠平『五全訂コンメンタール会社法』（勁草書房・1994年）416頁、酒巻俊雄＝龍田節編『逐条解説会社法第2巻株式1』（中央経済社・2008年）35頁〔森淳二朗〕、奥島孝康＝落合誠一＝浜田道代編『新基本法コンメンタール会社法1』（日本評論社・2010年）187頁〔鳥山恭一〕、江頭憲治郎『株式会社法〔第5版〕』（有斐閣・2014年）122頁参照。

会社では、株式相続が会社支配権を左右するということに目を向けて理由づけをなすべきである。

3 実質論からする検討

　いずれも理論上の説明としては成り立ちうるが、株式の相続という場面でいずれが妥当な結論を導きうるかが重要であって、株式の性質論から準共有とし、あるいは共同相続の効力規定（民898条）だけを唯一の根拠に、相続株式についても準共有と決めつけるのは実際的ではなく説得力もない。もとより相続株式を準共有と解する限り、少数派の利益が害されるという危険は避けられない。この危険は、なるほど相続株式が各相続人にその相続分に応じて当然分割されると解することで解消するとはいえ、相続株式が当然分割されるという結論は、とりわけ多数を占める閉鎖的な同族会社にとって大きな問題となる。

　閉鎖的な会社においては、大株主の死亡による株式相続の結果が会社支配権の行く末を決定づける。株式の共同相続は、このような閉鎖的な同族会社について深刻な紛争を生じるため、その最終的な解決は相続人間の遺産分割協議に待つほかない。さらに現実の問題として、遺産分割は相続割合に応じてすべての財産をそれぞれ個別に分割するのではなく、たとえば、事業を承継する者に株式を相続させる代わりに、現金や不動産などを他の者に相続させるという分割方法が合理的であり、それが企業の存続にも資する。そのような観点からすれば、相続株式をその共有者に対して、相続割合に応じて分割してしまうと、後の遺産分割の結果と異なる場合に相続法から会社法に問題が波及することとなり、さらに深刻かつ複雑な法律問題を招きかねない。相続分に応じて株式が当然に分割されるという解決は、紛争の一体的な解決に支障となる。遺産分割協議が終局的な解決であるとすれば、その協議が成立するまで会社業務の停滞が予想され、その点が当然分割説から批判されそうであるが、会社業務が停滞するからこそ、それが遺産分割協議を推進させる原動力ともなるとの指摘もある[24]。

---

[23] 山下友信編『会社法コンメンタール(3)株式 [1]』（商事法務・2013年）42頁〔上村達男〕参照。
[24] 大杉謙一「判批（最判平成11・12・14）」ジュリ1214号（2001年）89頁参照。

IV　相続株式の準共有——支配権の争奪

　要するに、遺産分割協議の前に会社の法律関係が変動するというのは、紛争をより深刻化させることになり、当然分割という立場には看過できない問題があるといわざるを得ない。相続株式の各共有者に議決権行使を認めれば、後の遺産分割の結果次第では、最終的に株式を保有しなくなる相続人にも会社の法律関係の形成変動に関与させたことになり、望ましい遺産分割を阻害する。

　なお、本稿の中心的な課題から外れるが、会社法106条との関係においても、権利行使者の権限が広範なものであるとすれば、事実上にせよ、その指定は承継者まで決定づける可能性もあり、その重大性から強いて民法の規定を示せば、共有物の「変更」（民251条）に相当するとみるべきである。権利行使者の権限に制約を設け少数派保護のために慎重な手続を要求すれば、過半数でも足りるということになりそうであるが、少数派保護の具体的内容が問題となり、共有者間での意思統一が図られたと認定される基準が明らかにされる必要がある。これを克服するためにも、権利行使者の選定に全員一致を求めるのが終局的な解決となり安定的といえる。全員一致の立場からは、同族的な中小会社株式の共同相続の場合には、単なる共有物の管理行為とみることはできないので、共同相続株式の権利行使者の決定には共有者全員の同意を要することとなる。したがって、この立場に立てば、過半数説に立った平成9年1月28日の最高裁判決（判時1599号139頁）は破綻したというほかない。[25][26]

---

[25]　権利行使者の決定に共有者全員の同意を要するとする説も有力である。大野正道「株式・持分の相続準共有と権利行使者の法的地位」江頭憲治郎編『八十年代商事法の諸相（鴻常夫先生還暦記念）』（有斐閣・1985年）232頁、大野正道『企業承継法の研究』（信山社・1994年）127頁、木内宜彦「判批（東京地判昭和60・6・4）」判評326号（1986年）56頁（判時1180号218頁）、江頭・前掲書（注22）123頁参照。

　全員一致と判示した徳島地判昭和46・1・19判時629号90頁は、権利行使者1名を定めることを規定した趣旨について、それは「専ら共有株主権を行使するさいの会社に対する関係を会社の便宜のために規制しただけのもので、共有者相互（内部）の代表者選定行為自体を規定したものではなく、右内部関係の法的性質についてはこれを別個に検討すべきものである。しかして、前記のような共有者のなす代表者選定行為自体は被選定者（本件では原告）に対し広汎かつ重要な権限（本件の如く、場合によっては会社経営の死命を制することもある議決権の行使のほか利益配当受給権、各種の少数株主権の行使等にも及ぶ）を包括的に委託する一種の財産管理委託行為（債権法の領域）と目すべきものであつて、共有物につき個々の権利行使をその都度行ういわゆる管理行為または保存行為（物権法の領域——この場合は共有物の管理一般にならい、多数決または単独でなしうる。そして、これを規定した民法252条は強行法規である）とは次元を異にするものと解するのが正当であり、それ故その選定行為は性質上全員の合意をもつてする必要がある」とした。説得的である。

4　相続法理と事業承継の視点

　共同相続による財産の共有は、その後の遺産分割までの暫定的な状態を意味し、遺産分割は、遺産に属する財産の種類や性質、各相続人の年齢、職業、心身の状態および生活状況その他「一切の事情を考慮」して行われるわけで（民906条）、これは合有にも近い性質を有している。これまで被相続人とともに企業経営に従事していた相続人は、それ以外の相続人とはおのずと立場が異なり、事業承継に直結する株式の相続に際してもこのことは「考慮されるべき事情」になりうる。それによる不均衡は、現金等で埋め合わせすればよい。株式は社員の地位を表し、会社との継続的な法律関係を前提としているため、円滑な事業承継を実現するには株式は経営従事者に集中するのが望ましい。

　株式の相続問題は相続法の支配する領域に属するが、とりわけ中小の非公開同族的な会社については、会社支配権の争奪にかかわる問題となる。法定相続人の遺留分割合が小さくないことから生じる問題もあるが、事業承継は農地相続と類似する側面もあることを考慮すれば、事業を承継する相続人について特例措置を設けるなど特段の配慮をすべきである。しかし、相続株式は最終的には遺産分割制度によるとしても、非公開株式の金銭的評価が容易でなく[27]、これは家庭の事件を扱う現行制度には馴染まず、その手続の中で事業承継者を決めるのは至難の業である。なお、株式だけでなく営業用資産についても、細分化を避けて事業を承継する者に支障のないような分割が審判等でも試みられているようで、経営の継続が不可能になるような分割は合理的でないとされており、家族法の専門家からもこの問題は相続法が抱える大きな問題とされる[28]。遺産分割手続と遺留分減殺請求が一本化されていることには違和感があり、立法論としては遺留分制度の存廃も含めた見直しが求められる。とりわけ事業継承

---

[26]　持分過半数とする最判平成9・1・28は、その理由として「けだし、準共有者の全員が一致しなければ権利行使者を指定することができないとすると、準共有者のうちの一人でも反対すれば全員の社員権の行使が不可能となるのみならず、会社の運営にも支障を来すおそれがあり、会社の事務処理の便宜を考慮して設けられた右規定の趣旨にも反する結果となるからである」とした。しかし、これだけでは説得的な説明とは評価しがたい。

[27]　非公開株式の金銭的評価が容易でないことについては、河本一郎＝濵岡峰也『非上場株式の評価鑑定集』（成文堂・2014年）4頁〔濵岡峰也〕が詳細である。

の場面にあっては、民法特例を待つまでもない法制度の整備が今後の課題となる。

V　遺産分割協議による解決と実務

　これまで判例が当然分割としたのは可分債権である金銭債権に限られていたはずである。ところが、最高裁2月判決および12月判決では、国債、投資信託受益権について、いずれも金銭給付に係る財産権であるにもかかわらず、法令による制限や他の諸権利を含む法的地位などを理由に、当然分割帰属の例外を認めている。このような傾向は、同じく金銭債権である定額貯金についてもみられたところである。さらに、細分化され譲渡されることを前提とした株式についても、同様に準共有とされている。しかし、いずれに関しても判例はその実質的理由について必ずしも説得的に語っていない。

　判例からいえることは、金銭債権について分割帰属の立場を維持しながらも、相続財産を当然分割とする範囲を限定するのが妥当であると認め、共同相続した財産中に金銭債権その他の財産権が存在するときには、分割帰属の例外を広げていくというのが判例の立場なのである。このような判例の態度はどのように評価されるべきか。これまで確立された判例法理を基に実務が定着していることに配慮すれば、判例の基本的な立場は維持されるべきであるということもできようが、その判例法理自体が相続法理に適合していないのであれば、これまでの判例の立場を維持するのは本末転倒というべきである。共同相続財産については、遺産分割までは財産の一体性を維持するのが妥当と考えられてきたはずである。かつて合有説が勢いを増したのも、そこに理由があったはずである。判例は分割が可能な現金でも準共有とし妥当な解決をしたこともあわせ考えれば、すべての相続財産を共有・準共有とし遺産分割協議で決着すると

28　島津一郎＝松川正毅編『基本法コンメンタール相続〔第5版〕』（日本評論社・2007年）88頁〔松川正毅〕も、この問題は相続法で検討すべき課題であるとされ、能見善久＝加藤新太郎編『判例民法10相続〔第2版〕』（第一法規・2013年）132頁、149頁〔大塚正之〕も同様の認識に立って、農地や営業用資産等の相続に関して事業承継者が相続することを認めた多数の審判例があることが紹介されている。

いう方向に、判例もその発想を変えてみてはどうか。最近、このような大胆な提案も見受けられる。相続法の議論に立ち入る能力はないが、会社法106条が定める準共有株式の権利行使を議論する前提として、このような提案を支持したい。しかし、判例の変更は遠い将来とみるのが現実的であり、それが実現するまでは、とりわけ銀行預金に関しては、実務界は判例に反してでも現実的な対応をせざるを得ない。このような事情を社会一般も理解すべきであろう。

〈付記〉　本稿は、平成26年度から3カ年にわたる科学研究費補助金・基盤研究(C)の共同研究「中小企業マネジメントに関する労働法と会社法の対話」のうち会社法を中心にした相続法に係る研究成果の一部である。

29　山下（純）・前掲論文（注18）55頁参照。
30　野村豊弘「預金債権の共同相続」金融法務研究会『近時の預金等に係る取引を巡る諸問題（金融法務研究会報告書㉕)』（金融法務研究会事務局・2015年）19頁によれば、判例と異なり共同相続人全員による払戻しが銀行実務の慣行として行われ、これまでは合有説に近い処理がなされてきたが、最近では遺言などを確認して相続分の割合に応じた払戻請求に応じているようでもある。払戻拒絶を理由とする債務不履行責任や遅延損害金を恐れてのことであろう。この取扱いは当然分割説に沿うものであるが、特別受益や寄与分がある場合、あるいは遺留分減殺請求があるような場合を想定すると、銀行は対応の困難に直面することになる。なお、ある地方の銀行実務では、出生時の戸籍謄本の取寄せが困難という事情がある場合に、死亡記載の除籍謄本だけで遺言執行者による預金払戻しに応じた例もあるが、これに対し厳格な対応をする銀行もある。厳格に対応することで銀行は争いに巻き込まれるのを防止できる反面、厳格な対応を嫌って預金者が離れた例もあり、やはり判例の変更が急務といえる。

16 日本における少数派投資者保護
——第19回比較法国際会議ナショナル・レポート——

大阪市立大学大学院法学研究科教授　髙橋　英治
静岡大学大学院法務研究科准教授　坂本　達也

I　はじめに

　日本において、株式会社は、248万3247社存在し、そのうち、株式が金融商品取引所（金融商品取引法（以下、「金商法」という）2条16項）に上場されている会社については、3554社存在する。日本における株式会社の大多数は、中小規模の会社である。日本における上場会社は、非上場会社に比べて、圧倒的に少ない。しかし、上場会社は、その規模が大きく、その株主も多数存在し、また世界的に事業活動を行っているものもある。日本経済にとって、上場会社は重要な存在であり、資本市場を継続的に発展させることは、日本経済にとって

---

* 本稿は、"The Protection of Minority Investors and the Compensation of their Losses in Japan —— National Report of Japan ——" と題する英文の報告書の日本語原稿を要約したものである。同報告書は、比較法国際アカデミー（International Academy of Comparative Law）が2014年7月にウィーンで開催された第19回比較法国際会議（International Congress of Comparative Law）のために、The Protection of Minority Investors and the Compensation of their Losses をテーマとするナショナル・レポート（National Report）として提出したものである。

1　国税庁長官官房企画課「平成23年度分・会社標本調査――調査結果報告――税務統計からみた法人企業の実態」（平成25年3月）〈http://www.nta.go.jp/kohyo/tokei/kokuzeicho/kaishahyohon2011/pdf/h23.pdf〉。

2　昭和23年4月13日法律第25号。

3　東京証券取引所、大阪証券取引所、名古屋証券取引所、福岡証券取引所および札幌証券取引所が公表した「平成23年度株式分布状況調査結果について」（平成24年6月20日）〈http://www.tse.or.jp/market/data/examination/distribute/b7gje6000000508d-att/bunpu.pdf〉、および「平成23年度株式分布状況調査結果の概要」（平成24年10月4日）〈http://www.tse.or.jp/market/data/examination/distribute/b7gje6000000508d-att/report2011.pdf〉による。

重要であり、資本市場の継続的な発展のためには、投資者の保護および市場における公正な取引が必要である。日本において、資本市場を規制するのは、金商法である。

本稿では、少数派投資者保護に関して、第1に、資本市場、第2に、証券市場における規制、および第3に、株主による損害賠償の責任追及について概略を提示する。

II 資本市場の概略

日本の証券市場としては、東京証券取引所、大阪証券取引所、名古屋証券取引所、福岡証券取引所および札幌証券取引所があげられる。たとえば、東京証券取引所の第一部、第二部およびマザーズに関して、時価総額の合計は、2013年2月28日において、342兆7205億9700万円であり、上場会社の総数は、2295社である。大阪証券取引所の全市場に関しては、2013年2月28日において、時価総額の合計は、202兆3537億839万8000円であり、上場会社の総数は、1612社である。名古屋証券取引所の第一部、第二部およびセントレックスに関しては、2013年2月28日において、時価総額の合計は、120兆5435億8800万円であり、上場会社の総数は、311社である。上記の5つの証券取引所に関して、2013年2月28日において、時価総額の合計は、765兆3109億4632万8795円であり、上場会社の合計は、4407社である。2013年2月における売買高の合計については、東京証券取引所の売買高の合計は、778億9596万8000株式であり、大阪証券取引所の売買高の合計は、24億1307万2000株式であり、名古屋証券取引所のそれは、2131万2000株式である。これら3つの証券取引所の売買高の合計は、803億3035万2000株式である。また、2013年2月における売買代金の合計については、東京証券取引所のそれは、47兆727億円であり、大阪証券取引所

---

4 日本経済新聞によれば、2013年7月16日に、東京証券取引所と大阪証券取引所は、現物株の市場を統合し、東京証券取引所で初めての取引が始まった。日本経済新聞2013年7月16日夕刊1頁。2013年10月16日時点の東京証券取引所のウェブサイトによれば、東京証券取引所は、同年7月16日に、大阪証券取引所から1100社を引き継いだ。統合後の東京証券取引所の上場会社数は、同年10月15日において、3403社である〈http://www.tse.or.jp/listing/companies/index.html〉。

のそれは、1兆8311億1388万円であり、また名古屋証券取引所のそれは、125億6742万8000円である。これらの合計は、48兆9163億8130万8000円である。

上記5つの証券取引所が共同で公表した平成23年度（2011年度）の株式分布状況調査の調査結果[5]によれば、平成23年度（2011年度）におけるこれら5つの証券取引所の上場会社のうち、調査の対象となった会社は、3554社である[6]。これらの調査対象会社の株主数は、4718万人であった（延べ人数）。このうち、個人株主は、4591万人（97.3％）であり、外国法人等である株主は、29万人（0.6％）、事業法人等である株主は、79万人（1.7％）、金融機関は、9万人（0.2％）、証券会社は、7万人（0.2％）である。平成23年度（2011年度）末の株式保有比率に関しては、個人株主の株式保有比率は、20.4％であり、外国法人等の株式保有比率は、26.3％、事業法人等のそれは、21.6％、金融機関の株式保有比率は、29.4％（29.4％のうち、信託銀行18.6％、都銀・地銀等3.9％、保険会社およびその他の金融機関6.9％）である。証券会社の株式保有比率は2.0％である。

以上のように、日本の上場会社においては、少数株主の中心となる個人株主が多数存在し、個人株主の株式保有比率の割合も高いといえる。したがって、これら個人投資者の保護を確保するための規制は、市場の発展のための前提条件であると解すべきである。

---

5 「平成23年度株式分布状況調査結果の概要」・前掲（注3）、「平成23年度株式分布状況調査結果について」・前掲（注3）参照。

6 「平成23年度株式分布状況調査結果の概要」・前掲（注3）および「平成23年度株式分布状況調査結果について」・前掲（注3）によれば、調査対象会社数は、2012年3月31日現在の東京、大阪、名古屋、福岡、札幌の5証券取引所に上場していた内国上場会社（3564社）のうち、当該5証券取引所への新規上場日以降2012年3月31日までに決算期末日が到来していないため、上場後の株主の状況を把握することができない会社等（10社）を除いた3554社となっている。

III 証券市場における規制

1 金商法のエンフォースメントの概略

(1) 組 織

　金商法の規制に関しては、内閣総理大臣が金商法所定の権限を有し（金商194条の7）、特に重要な権限を除いて、金商法による権限を金融庁長官に委任するとされている（同条1項）。[7] これにより、金融庁が法の執行をする行政機関としての地位を有する。金融庁長官は、内閣総理大臣から委任を受けた権限の一部を財務局長または財務支局長に委任することができるとされている（同条6項）。財務省の地方支分局である財務局は、金融庁において設置されている証券取引等監視委員会より下位におかれており、金融庁または証券取引等監視委員会の指揮監督下にある。[8]

　上述のように、金融庁においては、証券取引等監視委員会が設置されている。同委員会は、市場規制の遵守を監視する機関であり、衆議院および参議院の両議院の同意を得て内閣総理大臣が任命する委員長一人および委員二人をもって組織され（金融庁設置法（以下、「設置法」という）10条、12条）、委員長および委員には、一定の場合を除き、その意に反して罷免されることのない身分の保障が認められており（同法14条）、委員長および委員は独立してその職権を行うとされ（同法9条）、委員長および委員の職権の行使について独立性が確保されている。

　証券取引等監視委員会においては、同委員会に与えられた権限に属する事項を処理するために、事務局が設けられており、6つの課がある。[9] すなわち、これらの課は、総務課、市場分析審査課、証券検査課、取引調査課、開示検査課および特別調査課であり、2012年度末における定員については、総務課は18

---

[7] 委任されない権限については、金商法施行令37条の2参照。
[8] 〈http://www.fsa.go.jp/sesc/aboutsesc/pdf/relations.pdf〉。松尾直彦『金融商品取引法〔第2版〕』（商事法務・2013年）28頁。
[9] 〈http://www.fsa.go.jp/sesc/aboutsesc/pdf/24teiin.pdf〉。

人、市場分析課は50人、証券検査課は119人、取引調査課は59人、開示検査課は42人、および特別調査課は104人であり、合計は392人である。財務局等の監視官部門の定員は、2012年度において322人である。したがって、証券取引等監視委員会および財務局の監視官部門の定員の合計は、714人である。

(2) 証券取引等監視委員会の権限

証券取引等監視委員会の権限には、検査および調査に関する権限、勧告または建議等の権限がある。

検査および調査に関する権限に関しては、第1に、金商法には、次のような規定がある。内閣総理大臣は、金商法による権限を金融庁長官に委任する（金商194条の7第1項）。そのうえで、金融庁長官は、金商法194条の7第1項により委任された権限のうち、一定の権限を証券取引等監視委員会に委任する（同条2項）。上記一定の権限は、特定の者の業務もしくは財産に関し参考となるべき報告もしくは資料の提出、および、特定の者の業務もしくは財産の状況もしくは帳簿書類その他の物件の検査を特定の者に対して要求する権限である（同条2項）。特定の者とは、たとえば、①金融商品取引業者等（同法56条の2第1項）、②取引所取引許可業者（同法60条の11）、③金融商品仲介業者等、④金融商品取引所等（同法151条、153条）等である。以上のほか、報告の徴取および検査権限については、課徴金に係る事件について必要な調査をするため、事件関係人もしくは参考人に質問し、またはこれらの者から意見もしくは報告を徴する権限、および、事件関係人の営業所その他必要な場所に立ち入り、帳簿書類その他の物件を検査する権限が証券取引等委員会に委任されている（同法194条の7第1項・2項8号）。

---

10 〈http://www.fsa.go.jp/sesc/aboutsesc/pdf/24teiin.pdf〉。
11 沖縄総合事務局財務部を含む。〈http://www.fsa.go.jp/sesc/aboutsesc/pdf/teiin_suii.pdf〉。
12 〈http://www.fsa.go.jp/sesc/aboutsesc/pdf/teiin_suii.pdf〉、〈http://www.fsa.go.jp/sesc/aboutsesc/pamphlet/pamphlet_h24.pdf〉。
13 山下友信「金融商品取引法のエンフォースメント」山下友信＝神田秀樹編『金融商品取引法概説』（有斐閣・2010年）440頁。
14 金融商品仲介業者等に対する権限は、これらの者の業務について報告もしくは資料の提出または検査の権限である（金商66条の22）。
15 詳細につき、金商法194条の7第2項、66条の45、67条の18第4号、75条、79条の4、155条の9等参照。

第2に、金融庁長官は、金商法194条の7第1項により委任された権限（同条2項および3項により委員会に委任されたものを除く）のうち、一定の権限を委員会に委任する（同条4項）。一定の権限には、①審問、処分に係る聴聞、または裁判所の禁止または停止命令のための申立てについて、関係人もしくは参考人に出頭を命じて意見を聴取し、またはこれらの者から意見書もしくは報告書を提出させる権限、関係人からの帳簿書類その他の物件の提出を命じる権限、関係人の業務もしくは財産の状況または帳簿書類その他の物件を検査する権限（同条4項1号、187条）、②裁判所の禁止または停止命令のために申し立てる権限がある（同法194条の7第4項2号、192条）。

　第3に、金商法は、金融庁長官が同法194条の7第1項により委任された権限のうち、次の権限を証券取引等監視委員会に委任することができると規定する（同条3項）。その権限には、たとえば、縦覧書類を提出した者等に対し報告もしくは資料の提出を命じ、またはそれら者の帳簿書類その他の物件を検査する権限（同法26条）がある。このほか、同様に、報告または検査に関する権限については、公開買付者等（同法27条の22第1項）、大量保有報告書を提出した者等（同法27条の30）、特定情報を提供した者等（同法27条の35）、金融商品取引業者等（同法56条の2第1項〜4項）、金融商品仲介業者等（同法66条の22）、証券金融会社等（同法156条の34）、金融商品取引所に上場されている有価証券の発行者等が金商法により提出する財務計算に関する書類の監査証明を行った公認会計士または監査法人（同法193条の2第6項）等に対する権限がある。[16]

　以上が証券取引等監視委員会に委任される権限または委任されうる権限である。上記の第1の部類の権限（金商194条の7第2項）または第2の部類の権限（同条4項）は、証券取引等監視委員会に当然に委任される。第3の部類の権限は、金融庁長官が証券取引等監視委員会に委任することができる権限である。第3の部類の権限に関しては、たとえば、証券取引等監視委員会は、内閣総理大臣および金融庁長官から委任を受けている権限として、金商法26条等に基づく開示検査を2005年7月から実施しており[17]、開示検査は、公益または投資者保護のため必要かつ適当であると認めるとき、有価証券報告書等の開示書類

16　詳細につき、金商法194条の7第3項参照。

III　証券市場における規制

の提出者に対し、報告の徴取および検査を行うものであり、開示検査の結果、開示書類に重要な事項についての虚偽記載等が認められた場合には、内閣総理大臣または金融庁長官に対して課徴金納付命令を発するよう勧告を行うほか、当該開示書類の提出者が訂正に応じない場合は、訂正報告書等の提出を命ずるよう勧告を行うこととしている[20]。

　裁判所の禁止または停止命令についての申立てについて、裁判所は、緊急の必要があり、かつ、公益および投資者保護のため必要かつ適当であると認めるときは、内閣総理大臣または内閣総理大臣および財務大臣の申立てにより、金商法または同法に基づく命令に違反する行為を行い、または行おうとする者に対し、その行為の禁止または停止を命ずることができるとされている（金商法192条）。この申立ての権限、および申立てについて必要な調査をするための権限（同法187条）は、証券取引等監視委員会に委任されている（同法194条の7第4項）。

　犯則事件の調査等について、金商法は、証券取引等監視委員会の職員は、犯則事件を調査するため必要があるときは、犯則嫌疑者等に対して出頭を求め、犯則嫌疑者等に対して質問し、犯則嫌疑者等が所持しもしくは置き去った物件を検査し、または犯則嫌疑者等が任意に提出しもしくは置き去った物件を領置することができるとし（金商210条1項）、犯則事件を調査する必要があるときは、裁判所の許可状により、臨検、捜索または差押えをすることができるとする（同法211条1項）[21]。証券取引等監視委員会の職員は、犯則事件の調査を終えたときは、調査の結果を証券取引等監視委員会に報告しなければならず（同法223条）、証券取引等監視委員会は、犯則事件の調査により犯則の心証を得たときは、告発をしなければならない（同法226条1項）。これらの権限は、証券取

17　2013年5月1日における証券取引等監視委員会のウェブサイト〈http://www.fsa.go.jp/sesc/aboutsesc/about_work.htm〉の記載。証券取引等監視委員会が同委員会のウェブサイトにて公表している2012年度パンフレット（以下、「2012年度パンフレット」という）〈http://www.fsa.go.jp/sesc/aboutsesc/pamphlet/pamphlet_h24.pdf〉9頁。
18　2012年度パンフレット9頁。
19　2012年度パンフレット9頁。
20　2012年度パンフレット9頁。
21　このほか、金商法211条の2参照。

331

引等監視委員会の固有の権限である。犯則事件には、たとえば、虚偽の有価証券報告書等の提出、有価証券報告書等の不提出等がある。[22][23]

　以上のほか、証券取引等監視委員会には、勧告と建議の権限がある。すなわち、勧告の権限については、証券取引等監視委員会は、金商法等の規定に基づき、検査、報告もしくは資料の提出の命令、質問もしくは意見の徴取または犯則事件の調査を行った場合において、必要があると認めるときは、金融商品取引の公正を確保するため、または投資者の保護その他の公益を確保するため行うべき行政処分その他の措置について内閣総理大臣および金融庁長官に勧告することができるとされる（設置法20条1項）。建議の権限については、証券取引等監視委員会は、証券取引検査等の結果に基づき、必要があると認めるときは、金融商品取引の公正を確保するため、または投資者の保護その他の公益を確保するために必要と認められる施策について内閣総理大臣、金融庁長官または財務大臣に建議することができるとされる（同法21条）。これら勧告と建議については、法的拘束力がなく、内閣総理大臣および金融庁長官による尊重義務も規定されていない。[24]

　以上では、証券取引等監視委員会に与えられる権限についてみてきた。証券取引等監視委員会は、これらの権限を実際に用いることにより、金商法のエンフォースメントを実現することを期待されている。これら権限は、証券市場において公正な取引がなされているのか否かを監視し、投資者を保護するために必要である。

　　(3)　エンフォースメントの手段
　　　(ア)　刑事罰

　金商法の規制に関して重要な違法行為については、刑事罰の対象となる（金商197条以下）。金商法197条によれば、開示書類における重要な事項について虚偽の記載のあるものを提出した者等に対して、10年以下の懲役もしくは1000万円以下の罰金に処し、またはこれを併科するとされ（同条1項）、または、

22　山下・前掲論文（注13）441頁。
23　山下・前掲論文（注13）441頁、松尾・前掲書（注8）30頁。このほか、金商法施行令45条参照。
24　松尾・前掲書（注8）31頁。

財産上利益を得る目的で、不正行為の禁止（同法157条）、風説の流布、偽計等の禁止（同法158条）および相場操縦行為等の禁止（同法159条）の罪を犯して有価証券等の相場操縦の行為をした者に対して、10年以下の懲役および3000万円以下の罰金に処するとされる（同法197条2項）。金商法197条の2によれば、インサイダー取引（同法166条、167条）については、5年以下の懲役もしくは500万円以下の罰金に処し、またはこれを併科するとされる（金商197条の2第13号）。

金商法157条から159条、197条2項および197条の2第13号の罪の犯罪行為により得た財産、および、上記の財産の対価として得た財産または上記財産がオプションその他の権利である場合における当該権利の行使により得た財産は、没収するとされ（金商198条の2第1項）、財産を没収すべき場合において、これを没収することができないときは、その価額を犯人から追徴するとされる（同条2項）。このように、金商法は、犯罪行為者が得た経済的利益を剥奪するという趣旨で、付加刑として上記の没収および追徴を規定する[25]。

(イ) **課徴金**

金商法が規定する違法行為が刑事罰の対象となる場合には、制裁は、刑事罰によるとされていた。しかし、刑事罰を科すことは、人権に対する制約となることから、謙抑的に行われ、違法行為を抑止するために十分に期待できない[26]。刑事罰が科されない限り、行為者は違法行為による利益を得たままである。このような刑事罰によるエンフォースメントの限界を克服する手段として、課徴金制度が採用された。課徴金の趣旨は、不正な利益を剥奪するというものであり[27]、課徴金は、国庫への金銭の支払いを国が強制するものである[28][29]。

2　証券取引所による発行者への制裁の概略

金商法によれば、金融商品取引所は、金融商品会員制法人または株式会社で

25　山下・前掲論文（注13）444頁。
26　山下・前掲論文（注13）445頁、近藤光男＝吉原和志＝黒沼悦郎『金融商品取引法入門〔第3版〕』（商事法務・2013年）54頁。
27　山下・前掲論文（注13）445頁。
28　山下・前掲論文（注13）448頁。
29　山下・前掲論文（注13）446頁。

なければならない（金商83条の2、金商令19条参照）。金融商品取引所とは、内閣総理大臣の免許を受けて金融商品市場を開設する金融商品会員制法人または株式会社をいうとされている（金商2条16項）。札幌証券取引所および福岡証券取引所は、会員制法人証券取引所であり、東京証券取引所、大阪証券取引所および名古屋証券取引所は、株式会社証券取引所である。[30]

(1) 自主規制業務

金融商品取引所は、金商法および定款その他の規則に従い、取引所金融商品市場における有価証券の売買および市場デリバティブ取引を公正にし、並びに投資者を保護するため、自主規制業務を適切に行わなければならないとされている（金商84条1項）。自主規制業務とは、金融商品取引所について行う次の業務をいうとされている（同条2項）。すなわち、自主規制業務とは、①金融商品、金融指標またはオプションの上場および上場廃止に関する業務（同1号）、②会員等の法令、法令に基づく行政官庁の処分もしくは定款その他の規則または取引の信義則の遵守の状況の調査（同2号）、その他取引所金融商品市場における取引の公正を確保するために必要な業務として内閣府令で定めるもの（同3号。金融商品取引所等に関する内閣府令（以下、「内閣府令」という）7条参照）である。

証券取引所による制裁に関する権限について、金商法は、金融商品取引所は、その定款において、会員等が法令、法令に基づいてする行政官庁の処分、当該金融商品取引所の定款、業務規程、受託契約準則その他の規則および取引の信義則を遵守しなければならない旨並びに法令、法令に基づいてする行政官庁の処分もしくは上記規則に違反し、または取引の信義則に背反する行為をした会員等に対し、過怠金を課し、その者の取引所金融商品市場における有価証券の売買もしくは市場デリバティブ取引もしくはその有価証券等清算取次ぎの委託の停止もしくは制限を命じ、または除名（取引参加者にあっては、取引資格

---

[30] 2013年4月20日における各証券取引所ウェブサイトによる。札幌証券取引所につき、〈http://www.sse.or.jp/about/introduce.html〉。福岡証券取引所につき、〈http://www.fse.or.jp/about/index.php〉。東京証券取引所につき、〈http://www.tse.or.jp/about/tse/index.html〉。大阪証券取引所につき、〈http://www.ose.or.jp/profile/752〉。名古屋証券取引所につき、〈http://www.nse.or.jp/about/outline/〉参照。

の取消し）をする旨を定めなければならないとしている（金商87条）。

　以上のように、金融商品取引所は、自主規制業務を適切に行わなければならないとされ、自主規制業務には、取引所金融商品市場における取引の公正を確保するために必要な業務として内閣府令で定めるものが含まれ、内閣府令で定めるものとして、上場する有価証券の発行者が行う当該発行者に係る情報の開示に関する審査および上場する有価証券の発行者に対する処分その他の措置に関する業務が含まれている。このように、金商法は、金融商品取引所が発行者に対して処分を行うことを認める（金商84条1項、2項3号、内閣府令7条4号）。

(2) 自主規制業務の委託

　金融商品取引所が自主規制業務を行う方法については、金商法は、次のような制度を設ける。第1に、金融商品取引所は、内閣総理大臣の認可を受けて、自主規制法人に対して、当該金融商品取引所の自主規制業務の全部または一部を委託することができる（金商85条1項）。自主規制法人とは、金商法102条の2以下の規定に基づいて設立された法人である（同項参照）。自主規制法人は、金融商品取引所、金融商品取引所持株会社または親商品取引所等[31]でなければ、設立することができないとされ（同法102条の3）、自主規制法人の会員は、金融商品取引所、金融商品取引所持株会社または親商品取引所等に限るとされる（同法102条の12）。自主規制法人は、自主規制業務を行うためには内閣総理大臣の認可を受けなければならず（同法102条の14）、金融商品取引所の委託を受けて、当該金融商品取引所に係る自主規制業務を行うとされ（同法102条の18）、自主規制業務およびこれに附帯する業務のほか、他の業務を行うことができないとされる（同法102条の22）。

　第2に、株式会社金融商品取引所は、自主規制業務を自主規制法人に委託している場合を除き、定款の定めるところにより、自主規制委員会をおくことができるとされる（金商105条の4第1項）。自主規制委員会は、当該自主規制委員会を設置する株式会社金融商品取引所（以下、「特定株式会社金融商品取引所」

---

[31] 金融商品取引所を子会社（金商87条の3第3項に規定する子会社をいう）とする商品取引所または金融商品取引所を子会社とする商品取引所持株会社をいう（同法102条の3カッコ書）。

335

という)の自主規制業務に関する事項の決定を行うとされ(同条2項)、自主規制業務に関する事項の決定について、取締役会から委任を受けたものとみなされ(同条3項)、自主規制業務に関する事項の決定について、執行役または取締役に委任することができないとされる(同項)。自主規制委員会は、自主規制委員三人以上で組織し、その過半数は、社外取締役でなければならないとされ(同法105条の5第1項)、自主規制委員は、特定株式会社金融商品取引所の取締役の中から、取締役会の決議によって選定されるとされ(同条2項)、自主規制委員会には自主規制委員長をおくものとされ、自主規制委員の互選によって社外取締役のうちからこれを定めるとされる(同条4項)。特定株式会社金融商品取引所の自主規制業務については、金商法105条の4第2項および3項にかかわらず、特定株式会社金融商品取引所の代表取締役または代表執行役は、公益または投資者の保護を図るため特に必要があると認める場合であって、状況に照らし緊急を要するときは、上場の廃止その他の内閣府令で定める自主規制業務に関する事項を決定することができるとされる(同法105条の9第1項)。これに関しては、特定株式会社金融商品取引所が上場の廃止その他の内閣府令で定める自主規制業務に関する事項の決定をした場合には、当該株式会社金融商品取引所の代表取締役または代表執行役は、自主規制委員会に対し、速やかに、その旨を報告しなければならないとされる(同条2項)。

　以上のように、金商法は、金融商品取引所が別法人である自主規制法人を設立し、これに対して自主規制業務を委託すること、または、株式会社金融商品取引所が同社において自主規制委員会を設置することを強制する制度を採用していない(金商85条、105条の4参照)。すなわち、自主規制業務について、金商法は、第1に、金融商品取引所が金商法および定款その他の規則に従って自主規制業務を行う場合、第2に、金融商品取引所が自主規制業務を自主規制法人に委託する場合、および、第3に、株式会社金融商品取引所が自主規制業務を自主規制委員会に委任する場合を選択的な制度として設けている。

　実務においては、東京証券取引所には東京証券取引所自主規制法人が設立され、自主規制業務を行う体制が設けられており、大阪証券取引所は、自主規制委員会を設置する[32]。札幌証券取引所および福岡証券取引所は、自主規制法人制度を採用していない[33]。名古屋証券取引所は、任意に自主規制委員会とよぶ諮問[34]

委員会を設置しているが、これは、金商法105条の4以下に規定する自主規制委員会とは異なるものである。

(3) 東京証券取引所および東京証券取引所自主規制法人

東京証券取引所自主規制法人（以下、「東証自主規制法人」という）は、同法人の業務について次のように定款に定める。東証自主規制法人は、金融商品取引所の自主規制業務を行うことを目的とし（東証自主規制法人定款6条1項）、委託金融商品取引所が開設する取引所金融商品市場における有価証券の売買および市場デリバティブ取引を公正かつ円滑にし、並びに金融商品取引業の健全な発展および投資者の保護に資することを旨として業務を行うものとし（同条2項）、委託金融商品取引所の委託を受けて、7条1号から8号に掲げる自主規制業務を行うものとするとし（同定款7条）、前記の自主規制業務には、上場する有価証券の発行者が行う当該発行者に係る情報の開示に関する審査および上場する有価証券の発行者に対する処分その他の措置に関する業務（同条6号）が含まれる。

東京証券取引所の有価証券上場規程（以下、「東証上場規程」という）によれば、東京証券取引所は、金商法84条2項に規定する自主規制業務のうち、有価

---

32 2013年4月21日における東京証券取引所ウェブサイト〈http://www.tse.or.jp/about/tse/index-r.html〉による。このほか、東京証券取引所自主規制法人の定款については、〈http://tse-gr.info/rule/JPH19TE8303011017201.html〉参照。

33 2013年4月21日における大阪証券取引所のウェブサイト〈http://www.ose.or.jp/self_regulation/674〉による。このほか、大阪証券取引所の定款34条参照。大阪証券取引所の定款については、〈http://www.ose.or.jp/f/general_cms_pages/13554/wysiwyg/ki01.pdf〉参照。

34 札幌証券取引所および福岡証券取引所には、上述のように、株式会社金融商品取引所ではないため、自主規制法人を設立するか否かの選択肢があり、自主規制委員会を採用する選択肢は認められない。2013年4月21日における札幌証券取引所および福岡証券取引所のウェブサイトにおいては、自主規制法人に関する記述はみあたらなかった。なお、札幌証券取引所の定款50条以下および福岡証券取引所の定款50条以下参照。札幌証券取引所の定款については、〈http://www.sse.or.jp/kisoku/pdf/teikan/1.pdf〉参照。福岡証券取引所の定款については、〈http://www.fse.or.jp/files/rulbun/01teikan.pdf〉参照。

35 2013年4月21日における名古屋証券取引所のウェブサイトの調査結果による。名古屋証券取引所の定款については、〈http://www.nse.or.jp/rule/files/teikan.pdf〉参照。諮問委員会規則については、〈http://www.nse.or.jp/rule/files/01.pdf〉参照。このほか、松尾・前掲書（注8）449頁、大崎貞和「金融商品取引所等」山下友信＝神田秀樹編『金融商品取引法概説』（有斐閣・2010年）414頁参照。

36 東京証券取引所自主規制法人定款については、前掲（注32）参照。

証券の上場および上場廃止に関する業務、および、上場有価証券の発行者が行う当該発行者に係る情報の開示に関する審査および上場有価証券の発行者に対する処分その他の措置に関する業務を東証自主規制法人に委託することができ（東証上場規程3条1項）、東京証券取引所は、東証自主規制法人に委託した業務については、東証自主規制法人が行う審査または調査等の結果に基づき承認または処分その他の措置等を行うとされる（同条3項）。

　東京証券取引所がとる具体的な措置等として次のようなものがある。第1に、東京証券取引所は、一定の場合であって、当該上場会社の内部管理体制等について改善の必要性が高いと認めるときは、当該上場会社が発行者である上場株券等を特設注意市場銘柄に指定することができるとし（東証上場規程501条1項）、特設注意市場銘柄へ指定されている上場株券等の発行者である上場会社は、当該指定から1年を経過するごとに、内部管理体制の状況を記載した書面（内部管理体制確認書）の提出を速やかに行わなければならないとされる（同条2項）。前記一定の場合には、たとえば、虚偽記載または不適正意見等（同規程601条1項11号）、上場契約違反（同12号）、または、公益または投資者保護のための上場廃止（同20号）等がある（同規程501条1項参照）。

　第2に、東京証券取引所は、上場会社が会社情報の適時開示等の規定（東証上場規程402条以下）または企業行動規範に関する遵守すべき事項の規定（同規程432条以下）に違反したと東京証券取引所が認める場合において、改善の必要性が高いと認めるときは、当該上場会社に対して、その経緯および改善措置を記載した書面（改善報告書）の提出を求めることができるとし（同規程502条1項）、改善報告書を提出した上場会社は、当該改善報告書の提出から6カ月経過後速やかに改善措置の実施状況および運用状況を記載した報告書（改善状況報告書）の提出を行わなければならないとされる（同規程503条1項）。また、東京証券取引所は、改善報告書を提出した上場会社に対して、当該改善報告書の提出から5年を経過するまでの間、当該上場会社の改善措置の実施状況および運用状況に関し東京証券取引所が必要と認めるときは、改善状況報告書の提出を求めることができるとされ（同条2項）、さらに、東京証券取引所は、上場会社が株券等の上場および東京証券取引所への書類の提出に関する規定による書類の提出等を適正に行わなかった場合において、改善の必要性が高いと認め

るときは、当該上場会社に対して改善報告書の提出を求めることができるとされる（同規程504条1項）。[37] 上場会社は、改善報告書または改善状況報告書の提出を求められた場合には、速やかに当該改善報告書または当該改善状況報告書の提出を行わなければならないとされる（同規程502条3項、503条3項、504条2項）。改善報告書および改善状況報告書は、公衆の縦覧に供される（同規程502条4項、503条4項、505条2項）。

　第3に、東京証券取引所は、上場会社が会社情報の適時開示等に関する規定に基づく会社情報の開示を直ちに行わない状況にあると認められる場合において、当該事実が開示されていないことを周知させる必要がある場合には、当該上場会社が発行者である上場有価証券の全部または一部の銘柄を開示注意銘柄に指定するとされる（東証上場規程506条1項）。

　第4に、東京証券取引所は、上場会社が会社情報の適時開示等に関する規定または企業行動規範に関する遵守すべき事項に関する規定等に違反したと東京証券取引所が認める場合において、東京証券取引所が必要と認めるときは、その旨を公表することができるとされる（東証上場規程508条1項1号・2号）。

　第5に、東京証券取引所は、上場会社が会社情報の適時開示等の規定、企業行動規範に関する遵守すべき事項の規定、または、これらの規定以外に、東証上場規程その他の規則に違反したと東京証券取引所が認める場合において、当該上場会社が東京証券取引所の市場に対する株主および投資者の信頼を毀損したと東京証券取引所が認めるときは、当該上場会社に対して、上場契約違約金の支払いを求めることができるとされ（東証上場規程509条1項）、上場会社は当該上場契約違約金を支払わなければならないとされる（同条2項）。

　第6に、上場内国株券が一定の場合に該当する場合には、その上場を廃止するものとされる（東証上場規程601条）。[38] 前記の一定の場合には、たとえば、監査報告書等を添付した有価証券報告書等を提出期限経過後1カ月以内に提出しなかった場合（同条1項10号）、上場会社が有価証券報告書等に虚偽記載を行い、かつ、その影響が重大であると東京証券取引所が認める場合（同11号ａ）、

37　このほか、改善報告書の提出につき、東証上場規程505条参照。
38　上場外国株券等の上場廃止につき602条、マザーズの上場内国株券および上場外国株券等の廃止につき603条、604条参照。

上場会社の財務諸表等に添付される監査報告書等において、公認会計士等によって「不適正意見」または「意見の表明をしない」旨が記載され、かつ、その影響が重大であると東京証券取引所が認める場合（同11号b）、上場会社が上場契約に関する重大な違反を行った場合（同12号）、または公益または投資者保護のため東京証券取引所が上場廃止を適当と認めた場合（同20号）等がある。

(4) 東京証券取引所の措置等の実施状況

　以上では、東京証券取引所による発行者に対する措置等についてみてきたが、以下では、上記措置の実施数について簡単に提示する。[39]特設注意市場銘柄指定件数は、2010年ゼロ件、2011年ゼロ件、2012年2件であり、合計2件である。改善報告書徴求件数は、2010年9件、2011年2件、2012年5件であり、合計16件である。開示注意銘柄指定件数は、2010年2件、2011年ゼロ件、2012年1件であり、合計3件である。公表措置件数は、2010年3件、2011年2件、2012年6件であり、合計11件である。上場契約違約金徴求件数は、2010年2件、2011年ゼロ件、2012年1件であり、合計3件である。

　上場廃止の件数は、次のとおりである。[40]2003年における上場廃止件数は、65件であり、2004年50件、2005年54件、2006年49件、2007年70件、2008年79件、2009年78件、2010年68件、2011年52件、2012年56件である。合計は、621件である。2003年から2012年までの期間における上場廃止の原因別は、次のとおりである。[41]完全子会社化による上場廃止は、344件であり、株式全部取得による上場廃止は、87件であり、合併による上場廃止は、54件であり、破産・再生・更生による上場廃止は、54件であり、上場廃止の申請による上場廃止は、21件であり、その他による上場廃止は、61件である。虚偽記載による上場廃止の件数は、次のとおりである。2003年ゼロ件、2004年1件、2005年2件、2006年1件、2007年ゼロ件、2008年ゼロ件、2009年2件、2010年1件、2011年ゼロ件、

---

[39] 2013年4月25日における東京証券取引所のウェブサイトによる。東京証券取引所の各種措置の実施状況については、〈http://www.tse.or.jp/sr/activity/jokan.html〉参照。

[40] 2013年4月25日における東京証券取引所のウェブサイトによる。上場廃止の情報については、〈http://www.tse.or.jp/listing/haishi/list.html〉参照。

[41] 2013年4月25日における東京証券取引所のウェブサイトによる。上場廃止の理由別件数については、〈http://www.tse.or.jp/sr/activity/b7gje6000000674q-att/b7gje6000000676i.pdf〉参照。

2012年ゼロ件である。合計は、7件である。監査意見不表明による上場廃止の件数は、2003年ゼロ件、2004年ゼロ件、2005年2件、2006年ゼロ件、2007年2件、2008年1件、2009年1件、2010年ゼロ件、2011年1件、2012年ゼロ件であり、合計は、7件である。有価証券報告書提出遅延による上場廃止の件数については、2003年から2012年までの間において、2005年を除くすべての年においてゼロ件であり、2005年に1件あるのみである。四半期報告書提出遅延による上場廃止の件数については、2003年から2012年までの間において、2010年に1件あるのみであり、その他の年においてはゼロ件である。[43]

　以上のように、金商法は、金融商品取引所に自主規制業務を適切に行うことを規定し（金商84条1項）、自主規制業務には、発行者に対する処分その他の措置に関する業務が含まれる（同条2項3号、内閣府令7条）。金商法が規定する自主規制業務について、東京証券取引所は、東証自主規制法人を設置し、東証自主規制法人が東京証券取引所の自主規制業務を行っている。東京証券取引所は、東証上場規程に基づいて、上場株券等の発行者である上場会社に対して、東証自主規制法人の審査等の結果に基づき処分または措置等を行い（東証上場規程3条3項）、たとえば、虚偽記載等について上場廃止等の措置をとる（同規程601条1項11号ａ、602条1項1号、603条1項6号、604条1項2号）。また、先にみたように、東京証券取引所は、前記の権限を有するにとどまらず、実際に、具体的な措置等を行っている。

42　2004年の上場廃止は、虚偽記載および公益・投資者保護を理由とする。2005年の2件の上場廃止の理由は、いずれも虚偽記載および監査意見不表明である。2006年の上場廃止の理由は、虚偽記載および公益・投資者保護である。

43　2013年については、1月15日から5月8日までの間、虚偽記載、監査意見不表明、有価証券報告書提出遅延または四半期報告書提出遅延による上場廃止の件数は、いずれもゼロ件である。2013年4月25日における東京証券取引所のウェブサイトの調査結果による。上場廃止の情報に関するウェブサイトについては、前掲（注40）参照。

Ⅳ 株主による損害賠償の責任追及

1 序

　投資者が発行者等による開示規制違反について発行者等に対して損害賠償の責任を追及する方法には、民法上の不法行為（民709条）に基づく請求、会社法429条に基づく請求、および金商法の規定に基づく請求がある。

　民法上の不法行為に基づく請求の場合、責任追及をする投資者は、過失の存在、過失と損害との間の因果関係および損害額を立証する必要があり、これらの立証が困難である。

　会社法によれば、取締役等は、その職務を行うについて悪意または重大な過失があったときは、これによって第三者に生じた損害を賠償する責任を負う（会429条1項）。また、取締役または執行役は、株式等を引き受ける者の募集をする際に通知しなければならない重要な事項についての虚偽の通知等をした場合、または、計算書類および事業報告等に記載すべき重要な事項についての虚偽の記載等をした場合には、その者が当該行為をすることについて注意を怠らなかったことを証明したときを除き、第三者に生じた損害を賠償する責任を負う（同条2項）。会社法429条によれば、損害を受けた投資者は、取締役等に対して損害賠償の責任を請求することができるが、責任を追及する投資者には、立証の負担が課されるという問題がある。[44]

　金商法が定める民事責任の規定は、民法上の不法行為責任の一般原則を修正して、開示規制違反によって損害を受けた投資者が救済を受けるために責任を追及する際に投資者に課される立証の負担を軽減している。[45]

2 金商法の民事責任

　金商法において、開示規制違反についての民事責任の規定には、次のような

---

[44] 小出篤「発行開示——民事責任」山下友信＝神田秀樹編『金融商品取引法概説』（有斐閣・2010年）192頁以下。
[45] 小出・前掲論文（注44）178頁、松尾・前掲書（注8）179頁。

ものが含まれる。

(1) 届出の効力発生前の取引禁止についての違反行為者の責任

金商法16条によれば、有価証券について必要な届出の効力が生ずる前に募集または売出しにより取得させ、または売り付けた場合に、その有価証券を取得させた者は、損害賠償の責任を負う。同条により責任を課されうる者は、発行者、有価証券の売出しをする者、引受人、金融商品取引業者、登録金融機関または金融商品仲介業者である（金商15条1項、16条参照）。金商法16条の責任は、無過失責任である。

(2) 虚偽記載のある目論見書等を使用した者の責任

金商法17条によれば、募集または売出しについて重要な事項に虚偽の記載のある目論見書または資料を使用して有価証券を取得させた者は、虚偽の記載であることを知らないで有価証券を取得した者に対して、その者が受けた損害を賠償する責任を負うとされ、損害賠償の責任を負うとされる者が、記載が虚偽であることを知らず、かつ、相当な注意を用いたにもかかわらず知ることができなかったことを証明したとき、その責任を負わないとされる（金商17条ただし書）。金商法17条の責任は、過失責任である。同条は、証明の責任を、損害賠償の責任を負うべき側に負わせる。17条により責任を負う者については、重要な事項について虚偽の記載のある目論見書または資料を使用して有価証券を取得させたといえる者であれば足り、発行者、有価証券の募集または売出しをする者、引受人もしくは証券会社等は17条の責任主体に含まれる。17条による損害賠償を請求するためには、有価証券の取得者は、虚偽記載があること等と自己の損害との間に因果関係があることおよび損害の額を立証しなければならないと解されている。したがって、有価証券の取得者にとっては、17条により救済を得ることは難しいとされる。

46　小出・前掲論文（注44）178頁、松尾・前掲書（注8）180頁。
47　近藤＝吉原＝黒沼・前掲書（注26）200頁。
48　最判平成20・2・15民集62巻2号377頁。
49　近藤＝吉原＝黒沼・前掲書（注26）201頁、小出・前掲論文（注44）186頁。
50　近藤＝吉原＝黒沼・前掲書（注26）201頁、小出・前掲論文（注44）186頁。

(3) 虚偽記載のある届出書の届出者等の責任

有価証券届出書のうちに重要な事項について虚偽の記載があるときは、当該有価証券届出書の届出者は、当該有価証券を当該募集または売出しに応じて取得した者に対し、損害賠償の責任を負い（金商18条1項）、当該有価証券を取得した者がその取得の申込みの際記載が虚偽であることを知っていたときは、当該有価証券届出書の届出者は損害賠償の責任を負わない（同項ただし書）。金商法18条1項は、有価証券届出者の届出者に責任を課す。この責任は、虚偽の記載がある場合のみならず、記載すべき重要な事項もしくは誤解を生じさせないために必要な重要な事実の記載が欠けている場合にも課される（金商法18条1項。21条の2の責任も同様である）。18条1項の責任は、無過失の責任であり、有価証券届出書の届出者は、虚偽記載等について過失がなかったとしても、責任を免れない（18条2項についても、同様である）。[51] 届出者は、有価証券の取得者が虚偽記載等を知っていたことを立証しなければならない。[52] 有価証券の取得者は、虚偽の記載と自らの損害との因果関係を証明する必要はない。[53] 18条の責任を追及するために、取得者が有価証券を取得するに際して有価証券届出書を直接参照したこと、またはその記載を信頼していたことは必要とされない（金商法21条の2の責任についても同様である）。[54] これは、有価証券届出書の虚偽記載等により価格形成がされている以上、当該取得者が有価証券届出書をみていなかったとしても虚偽記載等と損害との因果関係は存在するといえるからである。[55]

(4) 金商法18条の責任に関する損害賠償の額

金商法18条の責任については、損害額が金商法により規定されており（金商19条1項）、有価証券の取得者は損害額について証明する必要はない。金商法19条は、有価証券届出書の届出者が負う損害賠償の額を一定に定めるとともに、有価証券届出書の届出者に1項により定められる損害賠償の額からの減額

---

51 近藤＝吉原＝黒沼・前掲書（注26）193頁、小出・前掲論文（注44）187頁、190頁。
52 近藤＝吉原＝黒沼・前掲書（注26）192頁。
53 近藤＝吉原＝黒沼・前掲書（注26）192頁、小出・前掲論文（注44）187頁。
54 小出・前掲論文（注44）187頁、209頁。
55 小出・前掲論文（注44）188頁。

について立証の責任を課すことにより、その減額の余地を認める（同条2項）。

(5) **虚偽記載のある書類の提出者の有価証券を募集または売出しによらないで取得した者に対する責任**

　金商法18条1項は、有価証券を募集または売出しに応じて取得した者を保護する。金商法21条の2は、有価証券を募集または売出しによらないで取得した者を保護する。有価証券報告書等の一定の縦覧書類（金商25条1項1号～12号・5号および9号を除く）に重要な事項について虚偽の記載があるときは、当該書類の提出者は、当該書類が公衆の縦覧に供されている間に当該書類の提出者が発行者である有価証券を募集または売出しによらないで取得した者に対し、損害賠償の責任を負う（同法21条の2第1項）。提出者は、当該有価証券を取得した者がその取得の際虚偽記載等を知っていたことを証明すれば、損害賠償の責任を負わない（同項ただし書）。募集または売出しによらないで有価証券を取得した者の例は、流通市場で取得した者である[56]。金商法21条の2第1項により保護される者は、虚偽の記載がある書類等が公衆縦覧に供されている間に有価証券を取得した者である[57]。21条の2の責任は、同法18条の責任同様、無過失責任である[58]。[59]

(6) **金商法21条の2の損害賠償責任に関する損害額の推定**

　金商法21条の2の責任は、同法19条1項により算出した額を限度とされる（金商21条の2第1項）。21条の2第2項は、虚偽記載の事実の公表がある場合を規定するものである。この規定は、虚偽記載等と損害との因果関係および損害額についての推定規定である[60]。21条の2第1項により責任を追及する取得者は、同条2項を用いることができ[61]、この場合、取得者は、因果関係および損害額の証明責任を負わない[62]。ただし、21条の2第2項が用いられる場合であって

56　小出・前掲論文（注44）209頁。
57　小出・前掲論文（注44）201頁。
58　神崎克郎＝志谷匡史＝川口恭弘『金融商品取引法』（青林書院・2012年）564頁。
59　神崎＝志谷＝川口・前掲書（注58）564頁、近藤＝吉原＝黒沼・前掲書（注26）292頁、小出・前掲論文（注44）203頁。
60　松尾・前掲書（注8）188頁、小出・前掲論文（注44）204頁。
61　小出・前掲論文（注44）204頁。
62　小出・前掲論文（注44）204頁、208頁。

も、損害額は同条1項の額を限度とされる。21条の2第2項が援用される場合においては、提出者に立証の責任を課すことにより、一定の額について責任を負わないとする余地を認める（同条4項）。また、21条の2第2項が援用される場合において、取得者が受けた損害の全部または一部が、当該書類の虚偽記載等によって生ずべき当該有価証券の値下り以外の事情により生じたことは認められるが、当該事情により生じた損害の性質上その額を証明することが極めて困難であるという場合については、裁判所は、損害賠償の責任を負わないとする額を認定することができる（同条5項）。これは、金商法は、上記のように提出者側に立証の責任を課すが（同条4項）、提出者側の立証の負担を軽減するものである。

(7) 役員等の有価証券を募集または売出しに応じて取得した者に対する責任

金商法21条は、有価証券届出書の提出会社の役員等の責任を規定する（同条1項）。すなわち、有価証券届出書のうちに重要な事項について虚偽の記載があるときは、①当該有価証券を提出した会社のその提出の時における役員、すなわち、取締役、会計参与、監査役もしくは執行役等、②当該売出しに係る有価証券の所有者等、③監査証明をした公認会計士または監査法人、④元請契約を締結した金融商品取引業者または登録金融機関は、当該有価証券を募集または売出しに応じて取得した者に対し、記載が虚偽であることにより生じた損害を賠償する責任を負う（同条1項）。21条は、虚偽の記載がある場合のほか、記載すべき重要な事項もしくは誤解を生じさせないために必要な重要な事実の記載が欠けている場合にも責任を課す（同法21条1項。22条も同様である）。金商法21条1項の責任は、過失責任である。

上記①から④の者は、当該有価証券の取得者がその取得の申込みの際に記載に虚偽があることを知っていたことを証明したときは、責任を負わない（金商21条1項ただし書）。また、上記①から④の者は、金商法21条2項各号に従って

---

63 近藤＝吉原＝黒沼・前掲書（注26）293頁、小出・前掲論文（注44）205頁。
64 小出・前掲論文（注44）208頁。
65 小出・前掲論文（注44）193頁、近藤＝吉原＝黒沼・前掲書（注26）194〜195頁。
66 近藤＝吉原＝黒沼・前掲書（注26）194頁。

証明に成功すれば、21条1項の責任を免れることができる（同条2項）。このように、金商法21条1項ただし書および同条2項は、責任を免れようとする者に立証の責任を課す。

金商法21条3項は、目論見書のうちに重要な事項について虚偽の記載がある場合について、目論見書の作成会社の役員および上記②の者に金商法21条1項の責任を課す。この責任も過失責任である[67]。責任を免れようとする役員または上記②の者が立証の責任を負う点は、金商法21条1項1号・2号および同条2項と同様である。

(8) **役員等の有価証券を募集または売出しによらないで取得した者に対する責任**

上記(7)①の役員および③の公認会計士または監査法人は、有価証券届出書のうちに重要な事項について虚偽の記載があるときは、有価証券を募集または売出しによらないで取得した者に対し損害賠償の責任を負う（金商22条1項）[68]。金商法22条1項の責任は過失責任である[69]。上記(7)①の役員および③の公認会計士または監査法人側に、責任を免れるための立証の責任が課されている（同法22条2項、21条2項1号・2号）。

(9) **会社法429条および民法709条に基づく責任との比較**

有価証券届出書の虚偽記載等についての会社の役員等への責任追及に関しては、金商法21条および22条のみならず、会社法429条による役員等の第三者に対する責任または民法の不法行為責任（民709条）により、役員等は責任を追及されうる。しかし、金商法21条および22条の責任に関しては、次の3つの点が指摘できる[70]。すなわち、第1に、善意無過失の立証責任が役員側に転換されている（金商21条1項、22条1項）。第2に、取得者が虚偽の記載を知りながら当該有価証券の取得の申込みをしたことの立証責任が役員側にある（同法21条1項ただし書、22条1項）。第3に、金商法21条および22条による賠償責任は、

67　松尾・前掲書（注8）183頁。
68　このほか、金商法24条の4、24条の4の6、24条の4の7第4項、24条の5第5項、24条の6第2項参照。
69　松尾・前掲書（注8）185頁。
70　小出・前掲論文（注44）193～195頁。

虚偽記載等との因果関係のある損害とされている（同法21条1項、22条1項）が、民法の不法行為責任または会社法の役員等の第三者に対する責任は、違法行為または任務懈怠と損害との因果関係を要件としている。すなわち、金商法21条および22条によれば、虚偽記載等と損害との因果関係が認められることで足りる[71]。以上の3つの点からすると、金商法21条および22条は、会社法429条および民法709条と比べて、取得者にとって責任追及をしやすいようにしているといえる[72]。

(10) 小　括

以上では、金商法における民事責任の規定についてみてきた。特徴的な点は、金商法18条および21条の2により、有価証券届出書の届出者および縦覧書類の提出者は、無過失の責任が課されることである（金商18条1項、21条の2第1項参照）。また、提出会社の役員は、過失責任が課される（同法21条1項、22条1項）が、責任を免れるための立証責任を負う（同法21条1項・2項、22条2項）。金商法は、上述のように無過失責任を課すか、あるいは責任を過失責任としつつ、責任を免れようとする側に立証責任を課すことにより、有価証券の取得者側の責任追及のための負担を軽減する。以上のように、金商法における民事責任の規定は、民法の不法行為責任の規定または会社法における役員等の第三者に対する責任の規定と比べて、投資者の保護を高めるものである。

V　おわりに

本稿において、少数派投資者の保護に関連して、日本の金商法について概略を提示した。日本の証券市場における少数派投資者保護の特徴的な点としては、証券取引等監視委員会が市場を監視し、市場における取引の公正性を確保する点がある。金商法は、証券取引等監視委員会に多くの権限を与え、市場における取引の公正性の確保と投資者保護を基本理念とする金商法の規制のエンフォースメントの実現を期待する。

71　小出・前掲論文（注44）195頁。
72　小出・前掲論文（注44）192〜193頁。

金商法は、投資者保護に関連して、金融商品取引所の自主規制についても規定を設ける。東京証券取引所等の証券取引所は、自主規制業務を行い、その範囲において、市場における取引の公正性と投資者の保護は支えられている。

　金商法は、投資者が有価証券の発行者等に対して損害賠償の責任を追及する手段として民事責任の規定を設ける。金商法は、発行者に対して無過失責任を課し、また、発行者の役員等には過失責任とともに立証責任を課す。このように、金商法は、投資者に立証の責任を課さないようにして、投資者の保護を図る。

　以上のように、日本における少数派投資者保護の特徴は、証券取引等監視委員会による市場の監視および証券市場の自主規制の点にある。しかし、問題は、証券取引等監視委員会による市場の監視および証券取引所による自主規制は、日本の社会や企業の文化に詳しくない外国人の投資者にとっては、理解することが難しいことであろう。投資者にとっては、金商法の民事責任の規定により損害賠償の責任を追及することにより、投資者自ら救済を実現することも選択肢として存在する。しかし、これに関しては、投資額の少ない個人投資者等の投資者は、訴訟費用を自ら負担して勝訴したとしても、それにより得られる賠償額が少ないため、訴訟の提起をためらうという問題がある。[73]

　以上からすると、日本においては、証券取引等監視委員会の活動および証券市場の自主規制について、外国人の投資者を対象とした公表または開示を強化すべきであろう。また、金商法による損害賠償の責任追及に関して、個人の投資者等の少数派の投資者が容易に訴訟により損害賠償の救済を得ることができるようにすべきであろう。これらの点を実現することは、金商法のエンフォースメントを高めることになり、日本の証券市場への投資を促すことにつながるであろう。

---

[73]　小出・前掲論文（注44）216頁。

17 独占禁止法の「事業者」としての会社

公正取引委員会審判官　酒井　紀子

I　はじめに

　私的独占の禁止及び公正取引の確保に関する法律（以下、「独占禁止法」という）における行為主体は、多くの場合、「事業者」である。たとえば、独占禁止法3条は、「事業者は、私的独占又は不当な取引制限をしてはならない」と規定している。そして、同法2条1項は、「この法律において『事業者』とは、商業、工業、金融業その他の事業を行う者をいう」と規定している。事業を行う者が事業者であるということで、例があがっている以外は具体的ではない。事業者には、個人が主体となって事業活動を行う場合、つまり、個人事業者もあるが、多くの場合、会社である。その中には、法人成りしたような会社もあるが、巨大な企業もある。

　独占禁止法の規制において、「事業者」としての会社は、行為主体としてどのように解されているかについて、会社と自然人との関係、会社と会社との関係について検討する

II　会社と自然人――「事業者」の行為と自然人の行為

　「事業者」には、個人事業者も含まれるが、その多くは会社である。会社は、役員、従業員といった自然人により構成され、それらの構成員によって事業活動を行う。会社は、独立した法人であるが、自ら行為することはできず、構成員である自然人の行為をもって、会社の行為と評価できることが必要とな

る。つまり、実際に行為する自然人の行為の効果を会社に帰属させることができるかが問題となる。

1　会社法

　会社が法律行為等を行う場合、代表権を有する自然人が、そのことを表示して行為することになる。

　会社法は、取締役は会社を代表すると規定し、代表取締役等の代表する者を定めた場合にはその者が代表すると規定している（会349条1項）。代表取締役は、株式会社の業務に関する一切の裁判上または裁判外の行為をする権限を有し、この権限に加えた制限は、善意の第三者に対抗することができない（同条4項・5項）。

　また、会社法は、株式会社は、代表取締役以外の取締役に社長、副社長その他株式会社を代表する権限を有するものと認められる名称を付した場合には、当該取締役がした行為について、善意の第三者に対してその責任を負うと規定する（同法354条）。

　このように、会社法は、会社の代表者等の自然人の行為の効果を会社に帰属させることができる場合について規定を設けており、会社と自然人の関係は明確である。

　なお、民法の不法行為責任（使用者責任）も適用される（民715条）。

2　独占禁止法

　独占禁止法は、自然人と事業者の関係について刑事罰に関しては規定をおくが、行政処分の対象となる違反行為については規定をおいていない。そこで、各規定についてみた後、検討する。

(1)　刑事罰

　刑事罰については、まず、私人の行為について、犯罪が成立するかどうかを判断し、それを前提に、両罰規定によってその自然人が帰属する事業者にも刑罰を科す。

　そもそも、刑罰は、自然人に対する反規範性を前提に科されるものであるから、まずは、規範の対象となる自然人について、犯罪の成否を判断しなければ

ならない。つまり、具体的な行為を行った自然人（つまり、法人の代表者あるいは従業員等）に対し独占禁止法違反の犯罪が成立するかどうかについて判断されることになる。そして、自然人に犯罪が成立する場合、当該自然人が、法人の業務または財産に関して、違反行為をしたときは法人にも刑罰を科すことになる（独禁95条1項）。両罰規定とよばれるものである。これは、事業者が、その従業員等に対して選任・監督責任を負い、それに対する違反があった場合、責任を負うものである。従業員等が行った違法な行為について、それを未然に防ぐ努力をせず、それにより経済的利得を得たにもかかわらず、従業員のみが処罰されることは、経済的にも、社会的な処罰感情としても、また、道義的にも、認められないと解される。さらに、行為を行っていない代表者が、違反行為の計画を知っていながらそれを防止するに適切な措置を講じなかった場合、あるいは違反行為を行っていることを知っていながら適切な措置を講じなかった場合には、代表者についても処罰される。三罰規定とよばれるものである。その趣旨は、代表者として、未然に防止すること、あるいは、早急にやめさせることは、選任・監督者としての義務であるにもかかわらず、犯罪を発生、継続させたことは、職務懈怠にあたると解される。規定がおかれた頃は、さほど明確に意識されていなかったものの、現在では、会社法が規定するコンプライアンスに関する取締役の責任等（会348条3項4号等）からしても、ごく当然のことと解される。

このように、刑事罰については、法人（会社）と自然人（行為を行った代表者あるいは従業員）の関係、あるいは、法人（会社）と代表者（行為を行っていない代表者）の関係を明確に規定しているが、処罰の対象を明確にするという意味では、いわゆる罪刑法定主義の観点からして当然のことと解される。

(2) 企業結合

企業結合は、まさに会社の組織の変更であり、そこでは、主体は明確に「会社」と規定されている（独禁9条、10条、13条、15条、15条の2、15条の3、16条等）。企業結合の規定が、「事業者」ではなく、「会社」を主体として規定しているのは、企業結合を行うことができるのは会社に限られるからである。したがって、会社法上適法に契約を締結しているか、独占禁止法上の要件を満たしているかについては、「会社」について判断すれば足りることになる。

(3) 行政処分の対象となる違反行為

多くの事件では、会社の構成員である従業員が、価格カルテルの合意、入札談合の合意、受注調整の合意をすることが多いが、代表者、役員ではなく、また、意思決定（たとえば、販売価格の決定）の過程に関与しないことも多い。このような自然人が価格等について他の会社の同レベルの従業員と合意したとしても、会社を代表するどころか、会社の意思決定に全く影響を与えておらず、これらの合意を「事業者」の合意とみることはできないのではないかが問題となることがある。

(1)のとおり、刑事罰においては、会社とそこに帰属する自然人の関係について、明文で定められている。また、企業結合は、その性質上、自然人の行為と事業者の行為という形でとらえられることはなく、むしろ、「会社」の意思表示として、合併等の契約を適法に成立させるものであるか、によって判断されるだけである（上記(2)参照）。

これに対して、行政処分の対象となる違反行為の場合については規定がなく、どのように考えるべきかについて検討する。

㋐ 行為主体

行政処分の前提となる違反行為の規定は、いずれも、その主体を「事業者」[1]としている。違反行為の場合は、会社に限られず、個人事業者であっても違反行為に参加することがある。個人事業者の場合、自然人としての行為は、そのまま「事業者」としての行為になるのでさほど問題とはならない。しかし、会社の場合、実際に行為を行った従業員等について「事業者」が違反行為を行ったといえるかについて、どのように考えるかが問題となる。

大部分の違反行為の場合、法律行為の場合とは違い、会社の代表者が、違反行為をしようとする者に対し明示的に代表権を付与したり、代理権を与えたりするということはほとんどみられない。

---

1 これまで、審決取消請求訴訟や審判手続において争われてきたものとしては、「事業者」に該当するかであった。たとえば、政府、地方公共団体などが行う経済活動について、それを行う範囲で事業者であるといわれた事件である（たとえば、お年玉付年賀葉書の販売業務。最判平成10・12・18審決集45巻467頁）。さらに、医師、弁護士などの自由業について、企業的な性格はなく該当しないかが、問題となったが、現在では、いずれも、事業者に該当すると解されている（たとえば、観音寺市三豊郡医師会事件（東京高判平成13・2・16判時1740号13頁・審決集47巻545頁）。

そこで、自然人がどのような行為を行った場合に、事業者の違反行為と認められるかについて、行為類型ごとに、解釈と事実認定の点から検討する。
　(イ)　不当な取引制限
　(A)　概　　要
　不当な取引制限について、独占禁止法3条は、「事業者は、私的独占又は不当な取引制限をしてはならない」と規定し、あわせて、同法2条6項は、不当な取引制限とは、「事業者が、契約、協定その他何らの名義をもつてするかを問わず、他の事業者と共同して対価を決定し、維持し、若しくは引き上げ、又は数量、技術、製品、設備若しくは取引の相手方を制限する等相互にその事業活動を拘束し、又は遂行することにより、公共の利益に反して、一定の取引分野における競争を実質的に制限することをいう」と規定する。典型的な事例としては、競争関係にある会社がお互いに同種商品の販売価格について合意するといった価格カルテル、同じく同種商品の生産量について合意する生産量カルテル、出荷する数量について合意する出荷量カルテル、あるいは、入札に際し受注する者を決定し、その者が受注できるようにする入札談合などがある。
　これらの行為の主体は、「事業者」であり、事業者が法人（会社）である場合には、実際に合意するのはそこに帰属する自然人であるから、その自然人の行為と事業者（会社）との関係が問題となる。
　(B)　判例・審決
　会社の代表者である代表取締役、あるいはこれに準ずる代表権を有する取締役が競争を制限する合意等の違反行為を行った場合、その行為は会社の行為と評価することができる。代表者が競争を制限する合意をしたとしても、代表者であっても違法な行為を行う権限は有していないことから、その合意は有効に成立することはないとする考え方もありうる。そうすると、会社は、経済的利得を得ているにもかかわらず、常に代表者の違法な行為について責任を負わないことになる。そもそも、行政処分として、排除措置命令が行われるのは、競争秩序が侵害された場合に、これを回復することが必要であるためである。取引の主体であり、その取引において競争を行うのは、事業者（会社）であることからすると、競争を制限することができるとともに、競争を回復させることもできる事業者（会社）に対して、競争回復措置を講じることを命ずることが

必要であり、行政処分の受命者とされるのである。

　では、従業員等が行為を行った場合、事業者（会社）が違反行為を行ったと評価できるのはどのような場合か。行為者ごとに検討する。

　(a)　代表者

　まず、代表者が行為する場合、当該事業者の事業活動に関して行われたとみられる行為については、原則として、事業者（会社）の行為と評価できる。もちろん、ある自然人が複数の会社の代表者である場合等は、その者がどの会社の代表者として、当該事業活動を行ったのかという点が問題となることはありうる。その場合には、いずれの代表であるかを明示的あるいは黙示的に表明していれば、それによる。もっとも、違反行為を行うのに代表であることを明示するということはないので、通常は、どの事業者の計算で、あるいは、どの事業者の利益となるか、といった点を考慮し認定する必要がある。

　たとえば、ある地方（都道府県、あるいは市町村など）の特定の地方自治体が発注する工事に関する入札談合事件では、代表者が受注調整を行っていることが多い。すなわち、いわゆる法人成りしたような会社が多く、個人事業者と同視することができるような場合には、基本となる合意も、その合意に基づく個別の工事の受注調整も、その代表者自身が行うことが多い。そのような場合には、その代表者の行為は、事業者（会社）の行為ということができ、その効果は事業者（会社）に及ぶ。したがって、事業者（会社）を主体として違反行為は成立する。[2]

　(b)　従業員

　　(ⅰ)　権限の付与がない（認定できない）場合

　部長クラス、あるいは課長クラスの従業員が合意等をする場合、それらの従業員には代表権はなく、また、個別に権限の付与があるわけではないことがほとんどである。しかし、過去の多くの審決をみると、部長級の者、課長級の者が行った会合において成立した合意は、いずれも事業者（会社）の合意とされ

---

[2]　たとえば、石川県発注の入札談合事件など。「本件違反行為期間中、石川県発注の特定土木一式工事について、被審人を除く78名の事業者の代表者又は従業員との間で、入札前に受注予定者をあらかじめ決めた上で入札に臨み、現実に入札行為をするなどしていた。」とされている。（公正取引委員会平成25年9月30日審判審決等。公刊物未登載、公正取引委員会ウェブサイト参照）。

ており、事業者（会社）が受命者とされている。勧告審決[3]の場合、排除措置命令を行うに必要な範囲で事実認定はあるが、判断に至った具体的な説明、理由の記載はなく、部長級、あるいは課長級の者が行った行為が事業者の違反行為となる点についての説明等は記載されていない。[4]

　(ii)　権限の付与がある場合

　部長クラス、あるいは課長クラスの従業員が合意等をする場合、それらの従業員には代表権はなく、また、個別に権限の付与があるケースばかりではないことは(i)のとおりであるが、役員クラスの者が基本的な方針を決定し、各会社の部長クラスの者等がその方針に従って具体的に実施するというケースもある。[5]その場合、部下は上司からの命令等（職務命令といえるかは問題である）を受けて、具体的な価格を決定する入札談合の具体的ルールを決定する、あるいは入札談合の個別物件の受注調整等を行う。

　また、基本合意については、本社の役員クラスの者が決定し、具体的な個別物件について、支社等の者が受注調整を行うといった場合もある。

　(iii)　権限の付与はないが、事業者の行為とされた場合

　審判では、合意した自然人には代表権はなく、また、権限の付与もないとして、会社には帰属しないと争われてきた。

　ごみ焼却施設入札談合事件[6]では、「5社の会合の出席者は、いずれも本社の環境装置の営業を担当する部門の課長ないし部長待遇の者であり、ストーカ炉の建設工事の入札にかかる物件や入札金額の決裁権限を有していたとは認められないが、同建設工事の選定の過程や入札価格の決定の過程に関与し得る立場にあり、このような立場において、受注予定者を決めるための会合において、各社の受注希望を表明し、受注希望が重複した場合には話し合うことができた

---

[3]　平成17年改正前の独占禁止法に規定されていた。当時、独占禁止法の違反行為に関する処分の手続は、勧告を行い、それを応諾する場合には、勧告審決が行われた。それは、勧告書に記載された事実を前提とし、排除措置を命ずるものであった。その事実認定の部分は基本的な事実関係が記載されている。

[4]　たとえば、ポリプロピレンカルテル事件（公正取引委員会平成13年6月27日勧告審決・審決集48巻183頁）。

[5]　たとえば、宮城医薬カルテル事件（公正取引委員会平成14年1月21日勧告審決・審決集48巻311頁）。

[6]　公正取引委員会平成18年6月27日審判審決・審決集53巻238頁。

ものと推認することができる」とされた。

ポリプロピレンカルテル事件[7]では、「部長会のメンバーに値上げの実質的権限がないという点については、会合に出席した者が、値上げについて自ら決定する権限を有している者でなければならないとはいえず、そのような会合に出席して、値上げについての情報交換をして共通認識を形成し、その結果を持ち帰ることを任されているならば、その者を通じて『意思の連絡』は行われ得るということができる」とする。そして、実質的決定権限を有する者の指示に基づいて会合に出席し、継続的に情報交換を行い、自らも発言し、値上げを指示するような意見を述べ、その結果を報告していたことをもって事業者（会社）の違反行為の成立を認める。

(iv) 代表者と従業員の行為に齟齬がある場合

独占禁止法違反で調査が開始された後、代表者が、今後、違反行為を行わないことを対外的に宣言することもある。しかし、そのような宣言の後も、従業員は引き続き受注調整を行っているというようなこともある。このような場合、従業員の行為は、業務命令に反するものであり、会社には帰属しないということができるか。確かに、会社としての意思決定に基づいて、代表者は違反行為を行わないことを宣言しており、会社の方針は対外的に明らかにされている。しかし、従業員等が違反行為を続けているということは、その方針を社内に浸透させることができず、会社全体としてみると違反行為は終了していなかったということになる。このように、会社としての意思決定と従業員の行為に齟齬がある場合、その従業員の行為が、会社の事業活動に関連して行われたといえる場合には、会社に帰属しないということはできないと解される。違反行為から離脱する旨の意思を表明したものの、実際には違反行為の効果を消滅させることができなかったということになる。[8]

(ウ) 不公正な取引方法

不公正な取引方法（独禁19条、2条9項）は、公正な競争を阻害する取引に関する行為を規制する。競争を実質的に制限するとまではいえなくても、競争

---

[7] 東京高判平成21・9・25審決集56巻第2分冊326頁。
[8] 橋梁工事入札談合事件（公正取引委員会平成21年9月16日審判審決・審決集56巻第1分冊192頁）。

を阻害するおそれがある場合には、予防的、補完的に規制するのである。
　ここにいう公正な競争は、能率競争、すなわち、良質廉価な商品役務の提供を唯一の手段として、顧客を獲得しようとするものといわれる。
　不公正な取引方法は、取引を前提とするから、事業者（会社）と事業者（会社）の取引行為が前提となる。しかし、その場合、実際に取引を行うのは従業員等である。そうすると、取引の現場の自然人の行為と事業者（会社）との関係が問題となる。
　そこで、拘束条件付取引（独禁2条9項6号、一般指定12項）および優越的地位の濫用（同法2条9項5号）について、自然人と事業者の関係をみる。

(A)　拘束条件付取引

　排他条件付取引には、相手の販売する価格を拘束する場合（再販売価格拘束。独禁2条9項4号）、競争者と取引しないことを条件とする場合（排他条件付取引。同項6号、一般指定11項）があるが、一般指定12項はこれら以外の拘束条件付取引を規制する。
　ところで、ある技術の利用を許諾するライセンス契約を締結するにあたり、非係争条項を入れることがある。非係争条項とは、ライセンスをする者（ライセンサー）が、ライセンスを受ける者（ライセンシー）に対し、ライセンシーが所有・取得することとなる全部または一部の権利をライセンサーまたはライセンサーの指定する事業者に対し行使しない義務を課すものである。これは、ライセンサーの技術市場における地位、製品市場における地位を強化するものであり、ライセンシーの研究開発意欲を損なうとされる。このため、非係争条項が不当な拘束にあたり、拘束条件付取引に該当するとされることがある。
　事業活動を行ううえで、非係争条項を含むライセンス契約を締結することが不可欠である場合には、契約を締結せざるを得ないことになる。その場合、不可欠であるかどうか、あるいは、余儀なく契約を締結したか、について、誰を基準とするかである。契約の締結は事業者と事業者の間で行われることからすると、会社としての事業活動を基礎として判断されることになるが、その場合でも、実際に活動を行う従業員等の認識も判断要素の一つとして考慮されるべきである。また、開発意欲についても、会社の経営方針であるとともに、実際の研究活動を行うのは現場の研究者であることからすると、彼らの認識もまた

考慮されることになる。つまり、実際の取引においては、ライセンス契約の締結が不可欠であるかどうかについて関心を有するのは、その事業の担当者であるし、開発の現場の研究者である（実際に立証する場合には、このような者の供述が多く利用されるといった事情もある）。そうすると、会社全体の意思とは異なることもありうる。一般的には、事業者（会社）の事業活動という観点から判断されるべきであるが、その判断において、客観的な要素とともに、現場の担当者の認識も考慮される要素の一つとなりうると解される。

(B) 優越的地位の濫用

優越的地位の濫用は、自己の取引上の地位が相手方に優越していることを利用して、相手方に不利益となるような行為（不当な商品の購入、経済上の利益供与、商品の受領拒否、返品、支払遅延など）を行うことである。優越的地位は、取引の相手方に対する相対的な優越性である。「相手方」と規定されるが（独禁2条9項5号）、多くの場合、事業者（会社）であるから、優越的地位は、事業者と事業者の間でみることになる。しかし、優越的地位は、単純に会社の規模、会社の市場における地位等で判断されるわけではなく、さまざまな要素を基礎として総合判断される。具体的には、優越する事業者の市場における地位、取引額、取引量、取引依存度（優越する事業者に対する取引額（量）が、優越される事業者の全取引額（量）として、どの程度の割合を占めるか）、他の取引先への変更可能性、その他の事情に鑑み、総合判断する。このうち、他の取引先への変更可能性は、競争を阻害するかどうかを判断する要素でもある。変更可能性の判断についても諸般の事情を考慮して総合判断することになるが、客観的な事情とともに、実際の取引を行う者の主観的な事情も判断の基準となりうる。

実際に、取り上げられることの多い大規模小売店では、本社間で基本的な取引条件等を決定し、各支店・支社と各支店・店舗といった現場で個別的・具体的取引が行われることになる。個別的・具体的な取引が、支店・支社の事業活動、会社全体の事業活動へとつながることがあることからすると、それらの取引の担当者の認識も無視することはできない。実際に、優越する会社との間の取引に係る交渉等を行うのは、会社対会社、支社対支社、部門対部門、担当者対担当者といったさまざまな段階があるから、これらを全く考慮しないという

ことはできない。

　ただ他の取引先への変更可能性については、基本的には事業者（会社）の関係を前提に判断することになる。もっとも、ケースによっては、実際の取引では個々の従業員同士の関係で取引が左右されることもある。また、優越する事業者との取引を専門に取り扱う部門があるような場合であれば、その部門同士の間で取引の維持を確保することが重要となる。さらに、限定された地域で取引される商品は、その地域では、高い依存度が認められるが、その他の地域では、取引はないということもある。

　このため、このような特殊な事情が認められるケースでは、優越する事業者との取引の必要性、取引先変更の可能性は取引の場面によって異なることもあり、実際の取引の状況も考慮して判断することになると解される。

III　会社と会社──「事業者」と企業集団

　会社は一つの独立した法人であり、権利義務の主体である。事業活動の観点からすると、単独で活動する場合もあるが、複数の会社が集団を形成して活動する場合もある。たとえば、製造販売といっても、製造から販売まで一手に行っており、一つの会社ですべての事業活動を行っている会社もあれば、製造部門、販売部門といった事業部門ごとに別会社となっている会社もある。その場合、それらの会社は別個の法人であるが、一つの集団を形成して活動している。

　いずれも、会社という単位でみれば、基本的には、それぞれの会社が意思決定機関を有しており、その決定により事業活動を行うことになる。ただ、複数の会社が集団を形成する場合には、独立した法人格を有しているとしても、株式の保有関係、人事交流等によってコントロールが及ぶことになり、全く独立して事業を行うわけではない。そこでは、共通の目標、方針に基づいて、集団が一つとなって事業活動を行うことになる。

　さらに、合併や会社分割、事業譲渡など組織再編によって新たに関係を形成することも多く、その関係も複雑になっている。

　「事業者」は違反行為の主体であり、独立した会社を前提とするものではあ

るが、上記のとおりであり、実際の法適用においては、相互に関連する会社の存在を念頭において検討されなければならない。

1 企業結合

　企業結合とよばれるものには、合併、会社分割、株式取得、株式交換、事業譲渡といったものがある。会社法の規定（第5編第2章、第3章、第4章）と重なるものもある。

　企業結合自体は、会社と会社が結合関係を生じさせるものであり、個々の独立した法人が前提となる。しかし、独占禁止法は、企業結合の届出が必要な場合、つまり、届出義務に関する規定では、「企業結合集団」というものを前提に、届出が必要な場合を限定している。「企業結合集団」とは、「会社及び当該会社の子会社並びに当該会社の親会社であって他の会社の子会社ではないもの及び当該親会社の子会社（当該会社及び当該会社の子会社を除く。）」（独禁10条2項）とされており、複雑にみえるが、親子会社、兄弟会社を含む企業集団について、もともと結合関係が存在する会社間の企業結合については、届出を要しないとするものである。個々の独立した会社を基準とすれば、届出基準を満たす場合であっても、企業集団全体としてみた場合に、市場への影響がなければ、届出を要しないとしている。

　このように、独立した法人とみることで生じる不都合を解消し、実質的な判断をすることを可能にするために、このような概念が用いられている。

2 違反行為——課徴金減免申請

　課徴金減免制度とは、違反行為者が、公正取引委員会に対し、当該違反行為について報告し、資料を提出した場合には、課徴金を免除、あるいは減額されるという制度である。調査開始前であれば、課徴金が全額免除される（独禁7条の2第10項・17項）。調査開始後も、開始前に申請した事業者の数が5に満たない場合には、申請が認められ、課徴金が減額される（同条12項・17項）。

9　事業者団体についても規定されているが（独禁2条2項）、事業者としての共通の利益を増進することを主たる目的とする2以上の事業者の結合体または連合体とされており、事業を営むことを主たる目的とし、その事業を営むものは含まれない。

減免申請は、事業者（会社）ごとに申請するのが原則であるが、親子会社等の2以上の事業者（会社）が共同して申請することもできる（独禁7条の2第13項）。単独の申請を原則とするのは、不当な取引制限については、証拠が少なく、立証が困難であり、これを解消するため、当事者の報告、資料提出により、違反行為の立証を容易にするものであり、課徴金を免れるために違反行為者が共同申請することはこの趣旨に反することになる。

　単独の申請に限ると、特定の企業グループのみが申請の効果を受けることになり、複数の事業者から報告、資料を受けることによって、違反行為の認定の精度を上げることが期待できなくなるからである。

　このように、違反行為の参加者による共同申請は認めないということで制度の趣旨を維持しつつ、個別の会社を基準とすることによる不都合を解消するために、企業集団による申請を認めるものである。

3　違反行為——排除措置命令

　排除措置命令は、違反行為を排除するために必要な措置を命ずるものである（独禁7条1項）。違反行為の差止めが例示されているが、将来にわたって行わないこと、あるいは、関係者（発注者や取引先）への通知などがあり、既往の違反行為（すでに終了している）の場合は、違反行為を行っていたことの確認などがある。通常は、違反行為を行った事業者（会社）を受命者とし、その事業者（会社）が競争を回復し、維持するための措置を講ずることを内容とする。事業者（会社）は、独立した法人格を有しており、自己責任の観点から、自社のことには責任を負うが、他の事業者のことは原則として責任を負わない。しかし、親会社は子会社を監督する義務があるとして、親会社は違反行為を行った子会社に対し、責任を負うべきとする審決もある。単なる親子関係にあるだけでは、排除措置を命ずることはできないとするが、事業譲渡の場合、譲渡先が子会社であれば、親会社に対し排除措置を命ずることができるとしたケースがある。

　ポンプ入札談合事件[10]は、違反行為を行った事業者が、違反行為の対象となっ

---

[10]　公正取引委員会平成20年4月16日審判審決・審決集55巻3頁。

た事業の全部を他の事業者に譲渡し、または承継させて、自らは当該事業から撤退した場合について、特段の事情がない限り、将来、当該違反行為者が同様の違反行為を再び行うおそれはなく、また、事業撤退により現在の競争秩序には関与しなくなることから、排除措置を命じる必要はないものというべきであるとする。しかし、当該事業を譲渡し、または承継させた相手方事業者が、自らの100％子会社であるなど、当該違反行為者の完全な支配下にあると認められる場合は、当該相手方事業者が同様の違反行為を行うおそれがあって、当該違反行為者に対し、当該相手方事業者の違反行為を抑止するために必要な措置を講じさせることが適当であると認められる限り、措置を命じることが適当であるとされる。

　違反行為を行った事業者がすでにその事業をやめてしまった場合、その事業の取引における競争秩序の回復およびその維持には関与できないことから、措置を命ずることは必要でないことになる。しかし、事業をそのままの状態で引き継いだとすると、違反行為を行っていた従業員等もそのまま引き継がれており、引き続きその事業を行うことになる。他の違反行為者は、措置を講ずることで競争秩序を回復・維持することができるが、譲渡先の事業者は、これまでと同様に事業活動を行い、競争秩序の回復・維持に努めなくてもよいことになる。その事業の譲渡先が100％子会社である場合には、措置を回避するために譲渡するようなケースも想定される。したがって、資本関係、支配関係を前提に、親会社に子会社に対する監督を命ずることもある。[11]

4　違反行為——課徴金納付命令

(1)　違反行為の参加者

　一般的に、不当な取引制限の合意の参加者は、合意の対象となる取引条件を決定することができる事業者である。ところが、合意の参加者と取引条件を決定する事業者とが異なる場合がある。たとえば、ある商品を製造販売する事業者が、顧客向け販売価格について合意したケースにおいて、ある会社が製造部

11　親会社の子会社に対する責任という点は、EUでも取り上げられており、賛否がある。Akzo Nobel NV v. Commission、[2009] ECRI-8237等参照。

門と販売部門を独立した別の会社としているような場合である。他の合意の参加者は、いずれも、製造販売会社であるから、顧客向けに販売する価格を決定し、その価格で販売することができる。しかし、製造部門と販売部門がそれぞれ独立した事業者（会社）である場合、どちらを違反行為の参加者と認定するかで異なる結論となることがある。特に、課徴金に差が生じる場合がある。課徴金の算定は、対象商品等の売上額に業種に応じた算定率を乗じるので、どの業種かによって差が生じる。[12] まず、製造会社が価格カルテルに参加し、決めた価格は、自社が販売会社に対して販売する価格ではなく、販売会社が顧客に販売する価格であるといった状況が生じる。そうすると、そもそも、本来、決定権限のない取引条件を左右できるのか、といったことが問題となる。さらに、合意の対象となった商品の販売はないとも考えられ、売上げがないことになりかねない（販売会社が「顧客」に該当するかは問題となるものの、商品自体の取引はあるので、売上げがあるとみることもできる）。[13] 他方、販売会社が、合意の参加者であるとすると、決めることのできる取引条件を決定しているが、卸売業に該当することから、課徴金の算定率が低くなる。このように、製造して販売するというメーカー本来の事業を行う事業者と製造と販売を分担して行う事業者との間では違いが生じる。このような違いを合理的な取扱いとみてよいかである。具体的なケースではこのような状況を回避するような判断がされている。判例審決に現れたケースには以下のようなものがある。

　(ア)　社会保険庁シール事件[14]

　トッパン・ムーア、大日本印刷、小林記録紙および日立情報システムズ（4社）は、社会保険庁（当時）が指名競争入札の方法により発注する支払通知書等貼付用シールについて、有利な価格で受注することができるようにする等のため、平成元年8月上旬頃、東京都中央区所在の小林記録紙東京支店会議室で開催した各社の営業実務責任者による会合において、①4社間の話合いにより、入札のつど、あらかじめ、受注すべき者（以下、「受注予定者」という）を

12　課徴金の算定率は、平成21年法改正により引き上げられた。改正前は、製造業等6％、小売業2％、卸売業1％であった。改正後は、製造業等10％、小売業3％、卸売業2％である。

13　たとえば、クボタ鋼管杭カルテル事件（東京高判平成24・2・24審決集58巻第2分冊166頁）。

14　公正取引委員会平成5年4月22日勧告審決・審決集40巻89頁。

決定すること、②あらかじめ、入札すべき価格を定め、受注予定者以外の者は、受注予定者が受注できるよう協力すること等を決定した。

4社のうち日立情報システムズは、製造業者であるが、ビーエフを通じて販売しており、ビーエフが入札に参加していた。

また、公正取引委員会は、製造業者が販売会社に売り渡す取引段階と販売会社が発注者に販売する取引段階を合わせて取引分野とし、違反行為を認定した。

なお、日立情報システムズおよびビーエフには課徴金は課されていない。日立情報システムズには社会保険庁に対する売上げがないこと、ビーエフは違反行為の参加者でないこと、をそれぞれ理由とする。[15]

(イ) 大型カラー映像装置事件[16]

松下通信工業は、松下電器産業の通信機器、計測機器および業務用音響機器の製造部門を分離して設立された同社の子会社であり、大型映像表示装置の製造業を営み、大型映像表示装置のすべてを松下電器産業に供給している。松下電器産業は、供給を受けた大型映像表示装置の大部分を直接販売している。大型映像表示装置の販売にあたって、両者は、営業方針の策定、日常の営業活動等について緊密な連絡をとりつつ、相互の協力の下に営業活動を行っている。

また、三菱電機、ソニー、東芝ライテックおよび富士通機電（後に富士通）は、大型映像表示装置の製造販売業を営む者である。

三菱電機、ソニー、東芝ライテック、富士通機電、松下通信工業、松下電器産業は、官公庁等が指名競争入札等の方法により発注する大型カラー映像装置について、受注価格の低落を防止するため、受注予定者を決定し、受注予定者が受注できるように協力していた。松下電器産業と松下通信工業は、松下電器産業が指名を受けたときには、松下通信工業が受注調整を行い、松下電器産業が受注予定者となったときには、その旨松下電器産業に連絡し、あわせて入札する価格も連絡した。他社が受注予定者となったときは、松下通信工業が他社から連絡を受けた価格を松下電器産業に連絡し、その価格で入札参加してい

---

15 公正取引委員会平成8年8月6日課徴金の納付を命ずる審決・審決集43巻110頁。
16 公正取引委員会平成7年3月28日課徴金納付命令・審決集41巻387頁。

た。

　入札に参加した松下電器産業に課徴金が課され、卸売業の算定率によっている。入札に参加していない松下通信工業には課徴金は課されていない。

　(ウ)　航空機用タイヤ入札談合事件[17]

　防衛庁（当時）は、各自衛隊が必要とする航空機用タイヤの調達に関する契約に関する事務の大部分を同庁契約本部において行っており、そのほとんどすべてを一般競争入札にしていた。

　ブリヂストン、横浜ゴムおよびグッドイヤーウィングフィット（メーカー等3社）並びにブリヂストンタイヤ東京販売およびヨコハマタイヤ東京販売（販売業者2社）の5社は、防衛庁発注の特定航空機用タイヤについて、受注機会の均等化および受注価格の維持を図るため、タイヤのモールド（型）の保有状況に応じて、順次、受注予定者を決定し受注できるようにしていた。

　グッドイヤーウィングフットは自ら入札等に出席し、販売業者2社はメーカー2社の入札代行者として、入札等に出席し、それぞれ定められた価格で応札する等して、受注予定者が受注予定価格で受注できるようにしていた。

　入札に参加していたメーカー等3社に課徴金が課されているが、入札代行者であった販売業者2社には課されていない。[18]

　(エ)　VVFケーブルカルテル事件[19]

　富士電線工業は富士電線販賣を通じて、カワイ電線はカワイ電線商事を通じて、それぞれ、特定VVFケーブルを販売業者に対して販売していた。

　VVFケーブルメーカー11社は、遅くとも平成18年6月1日までに、特定VVFケーブルについて、11社の販売価格の引上げまたは維持を図るため、①特定のケーブルの販売価格を定め、これ以外の品目の販売価格は、その販売価格に連動させることにより決定する等、②特殊品の販売価格については、一般品の販売価格に、その加工に要する費用を上乗せすることにより決定することとし、品目別に11社の販売価格を決定していく旨合意した。

　本件では、メーカーに課徴金が課されているが、販売業者には課されていな

17　公正取引委員会平成17年1月31日勧告審決・審決集51巻548頁。
18　公正取引委員会平成18年1月27日課徴金納付命令・審決集52巻634頁。
19　公正取引委員会平成23年7月22日排除措置命令・審決集58巻第1分冊203頁。

い。

(2) 課徴金の対象となる売上げと関連する会社

取引段階を超えて、違反行為が認定できる場合、基本的には個別の法人単位でみることになるが製造部門と販売部門が分かれているようなケースでは、課徴金納付命令の受命者について形式的に別個の会社とみるか、実質的に同一の会社とみるかによって、課徴金の額に違いが生じることがある。

(ア) 加工部門への物資の移動（違反行為者が製造し、販売している場合）

形式的に別個の会社とみた場合、他の事業者に対する売上げがあり、課徴金を課すことができるが、実質的にみると社内における物資の移動にすぎないような場合には、課徴金を課していないケースがある。たとえば、ある製品を製造販売する事業者が価格カルテルを行った場合、製品の一部を子会社等に販売している場合には、形式的には他の会社に対する売上げであり、課徴金の対象となる。しかし、これが社内の他の部門であれば、企業内の製品の移動になるので、売上げとはならず、課徴金の対象とならない。そこで、判例審決では子会社に対する製品の移動について、社内の部門間の移動といえるかが問題とされている。

(A) レンゴー事件[21]

他企業への売上げは、市場への出荷であって、課徴金賦課の対象となる売上げにあたる。このことは、資本参加の関係にある企業に対するものであっても、変わりはない。これに対し、本件の事情を前提とした全額出費の子会社に対する売上げは、経理上売上げとしているものの、同一企業内における加工部門への物資の移動と同視し得るとして、子会社2社に対する販売を課徴金の対象から除外している。

(B) サンアロマー事件[22]

昭和電工プラスチックプロダクツ株式会社（SPP）は、昭和電工の100％子会社である。昭和電工は、エスディーケーサンライズ投資株式会社の株式の65％を保有しており、エスディーケーサンライズ投資株式会社は、被審人の株

---

20 公正取引委員会平成23年7月22日課徴金納付命令・審決集58巻第1分冊318頁。
21 公正取引委員会昭和59年2月2日課徴金の納付を命ずる審決・審決集30巻56頁。
22 公正取引委員会平成21年10月28日課徴金の納付を命ずる審決・審決集56巻第1分冊335頁。

式の50％を保有している。したがって、被審人とSPPとの間には直接的な資本関係はない。

被審人とSPPとのポリプロピレンの取引については、売買基本契約書を作成しており、他の一般需要者と同様に、ナフサ価格、販売諸経費、被審人の利益といった要素に変動があった場合には、価格改定を申し入れていた。他の一般需要者に対して価格改定を申し入れる際には、SPPにも同様の申入れをしており、被審人のSPP向けポリプロピレンの販売単価は、競合他社の同等製品の価格動向による影響を受けることになる。

これらの事情を前提に、両社は、グループ会社の関係ではあるものの、その関係の程度は、両社間の取引をもって同一企業内の物資の移動と同視し得るほどのものとはいえないとしている。

(C) 出光興産事件[23]

出光ユニテックは、出光石化が資本の全額を出資して昭和59年1月11日に設立され、設立以来、ポリプロピレンを原料としたフィルム、シート等の合成樹脂製品の製造を行っている。設立以来、出光ユニテックと出光石化との間の資本関係に変化はなく、平成16年8月、出光石化が出光興産に吸収合併された後は、同社の全額出資子会社となった。出光ユニテックの役員は全員出光石化からの出向または兼任であった。

当初、出光ユニテックは、出光石化からポリプロピレンの提供を受け、それを製品に加工して出光石化に納入し、出光石化が需要者に販売する委託加工取引関係にあり、出光ユニテックは出光石化から委託加工費を得ていたが、平成12年4月、出光石化の加工製品事業を譲り受け、同月から出光ユニテックが出光石化からポリプロピレンを購入してフィルム等の製品を製造し自ら需要者に販売する取引形態となり、出光ユニテックと出光石化との取引関係は売買契約取引関係へと変更された。

これらの事情を前提に、出光ユニテックを出光石化の同一企業内における加工部門と同視し得るような事情は認められないとし、出光ユニテックに対するポリプロピレンの販売単価が大手需要者に対する販売単価の90％に相当する価

---

23 東京高判平成22・11・26審決集57巻第2分冊194頁。

格とする算定方法により決定されていたことも、出光ユニテックが、取引条件において優遇されていたことをうかがわせるものの、そのことから、出光ユニテックが出光石化の同一企業内における加工部門と同視し得るような事情があるとは認められないとしている。

(ｲ) **製造拠点・生産拠点（違反行為者が購入して、販売している場合）**

他の事業者から購入して販売している場合、形式的には卸売業者であり、卸売業の算定率によって課徴金を算定することになる。しかし、実質的にみると、購入先が自社の製造拠点と同視することができるような場合には、卸売業の算定率ではなく製造業等としての算定率で課徴金を課すこととされる。製造販売業者の場合、販売部門が他社から仕入れて販売したものについては、卸売業者として販売したことになるが、売上額に乗じる算定率は、製造業等は10％であるのに対し、卸売業は2％であり（独禁7条の2第1項）、その差は大きい（同項）。そこで、判例・審決では、別の会社であっても、製造拠点、生産拠点といえるか、自社が製造したと同視し、製造業等として販売したといえるかが問題とされている。

(A) **金門製作所事件**[24]

金門製作所は、家庭用マイコンメーター（水道メーター）を自ら製造することはなく、別会社である東京理化および白河精機（2社）に製品を製造させていた。しかし、金門製作所は、①蓄積された高度の研究開発技術に基づき、実際に製品計画・製品開発活動を主体的に行い、②主要部品について自ら調達・支給する等、技術面も含めて関与し、③需要動向に対応する生産計画にとどまらず、製造面での指示、承認等、技術面も含めて製造工程に具体的に関与して、に製品を製造させ、製造業者の立場から継続的・組織的に技術的関与を行ってきた。金門製作所は、実際に製造された水道メーターの全量を東京理化から買い受け、自己の商標（ブランド）を使用する等して自己の製品として一手に販売し、自らを製造業者と位置づけ、取引先からもそのように認識されている。これらの事情を前提に卸売業にはあたらないとしている。

---

24 公正取引委員会平成11年7月8日課徴金の納付を命ずる審決・審決集46巻3頁。

(B) 東燃ゼネラル事件[25]

　南西石油は、石油精製のみを行う精製会社である。昭和60年以降、東燃ゼネラルは、南西石油の株式の87.5％を保有し、残りは住友商事が保有している。4名の取締役のうち、東燃ゼネラル関係者2名（1名出向、1名兼任）、住友商事関係者1名（兼任）、南西石油関係者1名で構成されている。東燃ゼネラルからの出向者と住友商事関係者が代表権を有する。

　南西石油における航空タービン燃料等の製造は、東燃ゼネラルの原油の供給および製品の引取りと一体の過程として予定され、南西石油が製造して東燃ゼネラルに供給する航空タービン燃料について、製品の数量、仕様、生産計画、さらには販売価格の決定という製造事業の主要な意思決定に東燃ゼネラルが主導的立場で関与していたのであり、また、東燃ゼネラルは南西石油の支配的な株主として同社に生じた利益が実質的に帰属する地位にあったのであるから、南西石油が製造して東燃ゼネラルに供給する航空タービン燃料については、南西石油は東燃ゼネラルの一部門と同視できる地位にあったということができる。このような事情を前提に、東燃ゼネラルは、航空タービン燃料に係る事業活動の内容において、自らの一部門において製造事業を行っていたものであるから、卸売業の機能に属しない他業種の事業活動を行っていたと認められる特段の事情が存在するものということができ、卸売業にはあたらないとしている。

(C) JX日鉱日石事件[26]

　日石精製の取締役の半数（平成8年4月以降は全員）が日本石油グループの関係者であり、日本石油は日石精製の株主（平成8年4月1日までは50％、同日以降は100％）として、株式保有を通じて利益の配分を受ける関係にあったこと、合同部である供給部において日本石油グループのための原油の買い付けがなされ、当該原油が日石精製に供給されており、日石精製は当該原油から石油製品を製造して日本石油に販売していること、製造業としての日石精製に重要な生産計画や設備投資計画についても、合同部である製造部および社長室において

25　東京高判平成18・2・24裁判所ウェブサイト・審決集52巻744頁。
26　公正取引委員会平成23年2月16日課徴金の納付を命ずる審決・審決集57巻第1分冊440頁。

日本石油の販売計画等と整合するように策定されていることおよび日石精製から日本石油への販売価格の決定方法をみても両社間において販売価格と原油調達コストの差額を折半して各社の利益とするという関係があることが認められ、以上の事情を総合すれば、日本石油と日石精製は、実質上同一の経済主体として、両社が策定した生産計画に従って両社が原油を調達し、当該原油調達から石油製品の生産までの過程を日石精製が担当し、その後の過程である販売を日本石油が担当していたとの実態が認められる。

そうすると、本件石油製品に関する日本石油の事業活動には、本件石油製品を第三者から購入してこれを販売するという卸売業としての実態はなく、日本石油は、実質的にみて卸売業者または小売業者の機能に属しない他業種の事業活動を行っていたものと認められとしている。

(D) エア・ウォーター事件[27]

①クリオ・エアーは、特定エアセパレートガスを製造する過程において、リキッドガスが供給する液化天然ガスによる冷熱を利用することにより、電力のみを使用する場合よりも低いコストで特定エアセパレートガスを製造しており、②クリオ・エアーの設立自体、もともとリキッドガス側が供給するこの冷熱を有効利用することなどにより競争力のある製造コストを実現するとともに、原告の販売力を活用することなどによって相乗効果が発揮されることが目的とされており、③特定エアセパレートガスの製造を行うクリオ・エアーの工場は、リキッドガスの親会社である大阪ガスの工場内にあり、敷地および建物とも大阪ガスの所有であるというのであり、④クリオ・エアーの従業員のうち、原告がクリオ・エアーに出向させている従業員というのは2人だけであって、その余の大多数の従業員は、リキッドガス側からの出向者であり、⑤製造設備等の提供というのも、原告ではなく、原告の筆頭株主である会社の製造した空気液化分離機器および液化アルゴン貯槽が導入されたにすぎず、また、機械設備の修繕は、原告の子会社に発注されている。

これらを考え合わせると、原告のクリオ・エアーへの関与は、販売面が中心であり、特定エアセパレートガスの製造にも一部関与しているということはで

---

[27] 東京高判平成26・9・26判時2245号14頁・公正取引委員会ウェブサイト参照。

きるが、その関与の程度は、リキッドガスのほうが圧倒的であり、クリオ・エアーにおける特定エアセパレートガス事業は、製造の実態からみても、リキッドガスないしはその親会社である大阪ガスにおける事業活動の一環として行われていると評価する余地はあるものの、原告における事業活動の一環として行われているとか、原告の一部門と同視し得るほどに原告と密接な関係があるとか、原告が自社で特定エアセパレートガスを製造しているのと同様ないしはそれに近い実態があるなどということはできないとしている。

Ⅳ 結 論

　独占禁止法の主体としての「事業者」は、ほとんどの場合、会社であり、独立した法人として事業活動を行うことを前提として規定されている。しかしながら、実際に行為するのは自然人であり、その行為を前提として「事業者」の行為を認定することになる。どのような場合に、「事業者」の行為と評価できるかは解釈と事実認定に委ねられている。

　他方、会社は、基本的には独立した法人として事業活動を行うが、集団として活動することもある。その場合、他の会社との関係、その集団における位置づけなどを考慮し、実態から乖離しないようにすることが必要である。

　「事業者」という要件は、単純な要件のようにみえるが、実際には、さまざまな論点を含んでおり、解釈と柔軟な判断が重要であると考えられる。

おわりに

　今中利昭先生には、弁護士として関西法律特許事務所に採用していただいた頃から、いろいろとご指導いただき、また、多くの事件を通じてさまざまな経験をさせていただき、心より感謝申し上げております。また、今般、傘寿のお祝いの論文集に参加させていただき、重ねてお礼を申し上げます。

　今中利昭先生のますますのご活躍とご健康をお祈りいたします。

　なお、本稿において意見にわたる部分は個人的なものであり、所属先あるいは所属先の地位に関係するものではない。

> 18 特許法98条の「一般承継」には
> 会社分割も含まれるのか
> ——神戸地方裁判所平成26年3月27日判決を契機として
>
> 弁護士 田辺 保雄

はじめに

　会社分割においては、分割会社の権利義務が「一般承継」の形で承継会社・設立会社に移転するが、不動産、指名債権については、権利の移転について対抗要件を具備することが必要であると一般に解されている[1]。

　したがって、分割会社が保有する権利を会社分割により承継会社・設立会社に承継させた後、移転登録がなされないままに分割会社について破産手続が開始された場合、承継された権利が、不動産や指名債権であるときは、前記のとおり、対抗要件を具備していないことから、承継会社・設立会社は破産管財人に対し、自己の権利取得を主張できないこととなる。

　これに対し、本稿で取り上げる神戸地判平成26・3・27判例集未登載（平成25年(ワ)132号）は、商標権を会社分割により取得することとなった承継会社・設立会社が、移転登録を経る前に分割会社について破産手続が開始した事案に係るものである。

　商標権の移転については、商標法35条が特許法98条1項1号カッコ書を準用しており、「相続その他の一般承継」によるものは除いて権利移転には登録することを効力要件としている。

1　江頭憲治郎『株式会社法〔第4版〕』（有斐閣・2011年）838頁ほか。

この場合に承継会社・設立会社と破産管財人とがいかなる関係に立つのかについては、これまで学説上も明示的に検討したものがみあたらず、公刊された裁判例もなかった。

本裁判例は、上記論点を争点とし、条文の趣旨解釈から詳細な検討を加えたものであり、実務上の参考となると考えられるので紹介をする次第である。

I 事実関係

1 事案の概要

原告は、破産した会社（以下、「破産会社」という）の破産管財人である。

破産会社は、商標権4つ（以下、「本件各商標権」という）を取得し事業活動を行っていたが、破産手続開始前に自らの事業の一部を分割することを計画し、被告を新設し、平成20年6月30日、本件各商標権を含む権利義務を承継させた（以下、「本件会社分割」という）。

破産会社は、平成21年8月18日、破産手続開始決定を受け、原告が破産管財人に選任され、同月28日、破産法32条1項の官報公告がなされた。

被告は、平成21年9月16日、本件各商標権について、会社分割を原因とする移転登録を申請し、「一般承継による本件の移転」として、その登録を受けた（以下、「本件移転登録」という）。

2 争点

(1) 争点1

本件会社分割は、商標法35条が準用する特許法98条1項1号カッコ書にいう「相続その他の一般承継」に含まれるか否か。

(2) 争点2

本件会社分割が「相続その他の一般承継」に含まれるとして、これをもって原告に対抗しうるか。なお、本件会社分割が上記「相続その他の一般承継」に含まれないとする立場からは、この論点は生じないこととなる。

II 判 旨

1 争点1

本件争点1についての判示部分は、以下のとおりである。

2 本件会社分割が商標法35条が準用する特許法98条1項1号括弧書所定の「相続その他の一般承継」に含まれるか否かについて検討するに、ここで「一般承継」とは何かにつき特許法（商標法）には何らの定義規定も置かれておらず、ただ、「相続その他の」と例示的な文言が付されているに過ぎない。したがって、同条項括弧書にいう「一般承継」の意味内容は、上記「相続その他の」という例示的文言を参考にしつつ、同条項括弧書の趣旨を踏まえ、解釈により決するほかない。

商標法35条が準用する特許法98条1項1号括弧書において「特許権（商標権）の移転」の中から「相続その他の一般承継によるものを除く」こととした理由は、①相続や合併の場合、元の権利者が死亡ないし消滅することから、「登録」を効力発生要件とすると、相続等の発生時点から登録までの間、権利の帰属主体が存在しないこととなるため、そのような事態の発生を回避する必要があること、②相続等の場合は、他の移転の場合と異なり、その移転が一体的なものと考えられ、登録を待つことなく移転の効力を認めても「別段の弊害」を生じないことにあるものと解される。

以上によれば、上記特許法98条1項1号括弧書が予定する「一般承継」に該当するためには、当該権利移転の方式・態様が相続と同様に包括的なものであることが必要であるが、ただ、上記特許法98条1項1号の括弧書が「相続その他の一般承継」について同条項の適用を排除している趣旨に照らすと、包括的な権利移転行為の全てが上記「相続その他の一般承継」に当たるものとは解されず、そのうち①権利の帰属主体の不在という事態を発生させず、かつ、②登録を待つことなくその効力を認めても「別段の弊害」が生じないとはいえないものについては、上記「相続その他の一般承継」に当たらないものと解するのが相当である。

なお、以下においては、包括的な権利移転につき上記特許法98条1項1号の括弧書の適用を排除するための条件という意味で、上記①を「排除条件①」、

同②を「排除条件②」という。
3 (1) 本件会社分割による権利・義務の移転について、その「分割計画書」は、「乙（被告）は、本件新設分割により、本事業に関する資産・負債、契約上の地位、雇用契約その他権利義務のうち、別紙承継権利義務目録記載のものに限り甲（破産会社）から承継する」と規定し、その別紙承継権利義務目録の「1　承継する資産及び負債　①資産」中の註記において、「承継する商標は、分割期日において甲が登録済み及び出願中のすべての商標であり、別紙「承継する商標一覧表」記載の商標その他一切の商標である。」（以上の傍点付記は当裁判所）と包括的に記載している。

　このように、会社分割による権利の承継は、吸収分割契約ないし新設分割計画（以下これらをまとめて「分割契約等」という。）において、吸収分割承継会社または新設分割設立会社（以下「設立会社等」という。）が分割会社から承継する資産・債務その他の権利義務に関する事項が定められ（会社法758条、759条1項、763条、764条1項）、これに従って、（個別の権利が特定されていなくても）分割の対象となる営業（事業）が特定され、それとの関係で移転対象となる権利義務が決定されることから、その限りで、会社分割による権利移転の態様は、包括的で相続や合併に類似する。

　そこで、以下においては、会社分割による包括的な権利移転が、①それにより権利の帰属主体の不在という事態を発生させず（排除条件①）、かつ②登録を待つことなくその効力を認めても「別段の弊害」が生じないとはいえない場合（排除条件②）に当たるか否かにつき検討する。

(2) ア　会社分割においては、その効力が生じても分割会社は消滅せず存続することから、登録を権利移転の効力発生要件と解しても、分割の時点から登録までの間、権利の帰属者が不在となる事態は発生せず、したがって、会社分割による権利移転は、排除条件①を満たす。

イ　問題は、会社分割による権利移転が排除条件②を満たすかである。

(ｱ)　上記のとおり、相続や合併の場合には、相続や合併と同時に元の権利者が死亡ないし消滅するので、二重譲渡の問題は生じ得ないが、会社分割においては、分割後も分割会社が存続し、その代表者の代表権は喪失しない上、登記による公示も生じないため、その分割会社の代表者が、会社分割後それによる承継の対象となった権利を第三者に二重譲渡するという事態が生じ得る。そして、会社分割による承継の対象となる権利は、分割契約等に定められているものの（会社法758条2号、同法763条5号）、そこには分割会社の個々の財産につきそれが承継の対象となる

か否かまでは必ずしも記載されないため、利害関係人が、備置、開示された分割契約等から、特定の財産についての承継の有無を確認することが出来ない事態が想定されることに加え、会社分割においては、その後も分割会社が存続する関係で、吸収合併のような登記による画一的な処理（会社法750条1、2項）を可能とする規定が置かれていないことから、不動産、指名債権等の移転について第三者に対抗するためには、分割の登記だけでは足りず、個別に対抗要件を具備することが必要であると解するのが一般的である。にもかかわらず、これに抗い、会社分割による特許権・商標権の移転の場合には登録を待つことなく権利移転の効力が生じるものと解すると、会社分割後に商標権ないし特許権の二重譲渡を受けた第三者が先に移転登録をしたとしても、設立会社への商標権ないし特許権が優先することになり、第三者保護の点で、不動産や指名債権等の移転の場合と均衡を欠く事態が生じる。

　以上のような不均衡は、一般承継の典型ともいうべき相続や合併の場合には起き得ないものであるが、これをどう評価するかは、会社分割による特許権・商標権の移転を不動産や指名債権のそれと同列に論じることができるか否かにかかる。この点につき、被告は、特許権・商標権は、不動産や指名債権とは異なり、有機的一体となって機能する組織的財産の重要な構成要素であり、営業と不可分の関係にある場合も少なくないなどとして両者を同列に論じることはできない旨主張する。しかし、店舗を経営する会社における立地の重要な店舗あるいは貸金業を営む会社における貸金債権を例にとると明らかなとおり、不動産や指名債権が会社にとって営業の重要な構成要素である場合は決して少なくないのであって、そうである以上、第三者保護との関係で、特許権・商標権を不動産や指名債権とは異なる特別な権利として位置づけるのは適当でない。また、そもそも設立会社等は速やかに特許権・商標権の移転登録を受けることにより、これを第三者に主張することができるのであるから、仮に特許権・商標権が不動産や指名債権以上に設立会社等の営業にとって不可欠なものであるとしても、そのことは、不動産及び指名債権の移転と特許権・商標権のそれを同列に考えるべきであるとすることの妨げとはならない。そうすると、会社分割による特許権・商標権の移転と不動産及び指名債権のそれとは同列に論じ得るものと解され、したがって、上記不均衡をそのままにすると、会社分割による特許権・商標権の権利移転について、第三者保護との関係で看過しがたい弊害を生

じ、具体的妥当性に欠ける結果を招来するおそれがあるといわざるを得ない。

そうだとすると、会社分割による権利移転については、登録を待つことなくその効力を認めても「別段の弊害」が生じないとはいえない場合に当たるものと解され、従って、排除条件②も満たすものというべきである。

(イ) なお、被告は、「商標権の譲渡については、専門家の関与（デューデリジェンス等）により譲渡契約締結前に価値評価がなされるなど相当の注意が払われるため、会社分割による商標権の移転について、不動産及び指名債権の移転と同列に考えることは相当でない」とも主張し、これに沿う弁理士の意見書を提出している。しかし、これだけでは、そうしたデューデリジェンス等が法的な裏付けを持った制度として確立し、専門家が常に商標権の譲渡に関与するシステムが完備されているとは認められず、他に、かかるシステムの確立を認めるに足る的確な証拠は見当たらない。そうすると、被告の上記主張は、排除条件②に関する当裁判所の判断を左右しない。

ちなみに、本件会社分割における「分割計画書」には承継される権利として本件各商標権が明記されているが、一般に、不動産等については、それが当該分割計画書に承継される権利等として明記されている場合であっても、その譲受けを第三者に対抗するためには登記等の対抗要件の具備が必要と解されており、このこととの均衡を考慮すると、商標権についても同様に解すべきものであって、当該「分割計画書」に承継される権利等として明記されているか否かにより排除条件②の判断に差異は生じないというべきである。

(3) 以上によれば、会社分割による権利移転は、その態様において包括的であるものの、上記各排除条件をいずれも満たしており、したがって、商標法35条が準用する特許法98条1項1号括弧書の「相続その他の一般承継」には該当しないというべきである。

2　争点2

上述のとおり、本件会社分割は、「相続その他の一般承継」に含まれないので、これを原告に対抗しうるかという争点2の問題は生じない。

III 検討

1 会社分割による権利移転

(1) 一般承継と特定承継

　会社分割による権利移転は、分割会社の権利義務を一般承継の形で承継会社・設立会社に移転させる効果を有すると説明される。

　この効果について「包括承継」であると説明されることもあるが[2]、会社分割の場合には「包括承継」という概念は使うべきではないとの指摘もある[3]。

　「一般承継」という用語は、特定承継に対比して使用されることが多い用語であり、法令中にも用いられるが、本判決が指摘するとおり、具体的な定義はない（特許法、商標法のみならず、会社法においても同様である）。

　一般承継は包括承継と同義語として用いられることも多い（前記のとおり、神田教授は会社分割による権利移転について「包括承継」との用語を用いるべきではないと指摘するが、一般承継であることは認めているのか否かは必ずしも明らかでない）。

　そして、一般承継ないし包括承継によって権利が移転する場合、対抗要件としての登記がなくても第三者に権利取得を対抗でき、かつ、効力発生要件としての登録等が必要な権利についても登録等なしに権利取得すると考えられている。

　ただし、会社分割について、論者の多くは、権利の移転が一般的になされるという意味で一般承継であることを認めながら、対抗要件、効力発生要件が不要となる包括承継にはあたらないことを認めているようでもあり、包括承継概念と一般承継概念とは別個のものとしてとらえているようにもみえる。

(2) 会社分割と対抗要件

　会社分割によって不動産および指名債権が譲渡される場合、その対抗要件の

---

[2] たとえば、立法者による説明として商事1566号（2000年）4頁〔原田晃治法務大臣官房参事官〕。
[3] 神田秀樹『会社法〔第14版〕』（弘文堂・2012年）351頁。

具備が必要であることは、立法者も学説も一致して認めるところである。

しかし、特許権・商標権については、移転登録が効力発生要件とされる一方、相続その他の一般承継については、その発生と同時に権利が移転すると法律上定められているところ、会社分割が、この「相続その他の一般承継」に含まれるか否かについて明確に述べる学説はみあたらなかった。

2 特許権・商標権の権利移転

特許権・商標権の特定承継については特許庁に備えられている特許原簿への登録が効力発生要件となっている（特許法98条1項1号）。権利関係を明確にして取引の安全を図るために効力発生要件とされていると説明される。

また、相続や合併などの一般承継の場合に相続や合併の効力発生と同時に移転の効力が生じる理由としては、相続や合併の場合には、「登録を効力発生要件とすることができない」からであると説明されている。[4]

本判決は、包括承継であるか否かという法的性質論を直接に判示するものではないが、特許法98条1項1号カッコ書の「相続その他の一般承継」に会社分割が含まれないことを明らかにしたものである。

従前から対抗要件具備を必要としていた不動産および指名債権との均衡という観点からも、その結論は妥当であると考えられる。

3 実務への影響

会社分割による特許権・商標権の権利移転について、特許庁の扱いとしては、特許法98条1項1号カッコ書による一般承継であるとし、本件移転登録においても、本件各商標権の移転は、「一般承継による本権の移転」として登録されている。

この点についても、本判決は、会社分割が「包括的な承継」であると世上、評価されているからといって、これらすべてが特許法98条1項1号カッコ書にいうところの「相続その他の一般承継」に合致すべきであると解すべき必然性はなく、特許庁の移転登録実務に特段の影響を与えるものではないと判示す

---

4 以上について中山信弘『特許法〔第2版〕』（弘文堂・2012年）448頁。

る。

　ただし、本件において、破産手続開始後に破産管財人の関与なく本件各商標権の移転登録がなされており、そのことが紛争発生の端緒となっている。

　今後、会社分割を原因とする移転登録について「一般承継による本権の移転」として登録するとしても、特定承継の場合と同じく、権利の譲渡しをする分割会社との共同申請とするか否かについては検討されるべきかもしれない。

4 その他

　本判決は被告から控訴されたが、控訴審において、経済的対価を控訴人（1審被告）から被控訴人（1審原告）に支払う内容の和解が成立して終了した。

第2部 倒産法

1 倒産処理と社会正義
──周辺的利害関係人をどう遇するか──

中央大学大学院法務研究科教授　佐藤　鉄男

I　はじめに

　倒産現象の影響は、直接的にまた間接的に、そして濃淡もさまざまにいろいろな所に及ぶものである。それゆえ、影響が及ぶであろう者をその処理過程に巻き込み、また混乱をもたらしがちな現象であるがゆえにこれを防止する意味で中立・公正な立場から専門家が担い手としてこれに関与する形で、秩序ある合理的な処理をめざすことになる。

　事柄の性質上、窮境にある債務者とこれに対して債権を有する債権者、この両者の関係が倒産処理の中心問題となることは間違いないとしても、倒産の処理がこれに尽きるものでないことはいうまでもない。倒産事件の処理に際して、その射程距離をどう想定し何をめざすのか、それは倒産各法の文言にもある程度表現されてはいるが、統一的な答えが導けるものではないからやっかいである。

　たとえば、倒産各法の第1条は目的規定となっているが、そこには「債権者その他の利害関係人及び債務者と債権者との間の権利関係を適切に調整」(破1条)、「債務者とその債権者との間の民事上の権利関係を適切に調整」(民再1条)、「債権者、株主その他の利害関係人の利害を適切に調整」(会更1条) とあり、当該手続が基本的に想定する調整の範囲に違いがあることが容易にわかる。もっとも、ここでわかるのは株主への言及の有無にすぎないが、これらの1条規定だけで破産手続、再生手続が株主を捨象しているとまでは断言できるものではない。実際、倒産各法は、当該手続の影響が債務者と債権者にとどま

るものではないことを前提に、随所で「利害関係人」の語を用い、影響が及びうる者を広く包括する姿勢を示している。これはいってみれば、ケースに応じた個別解釈の余地を残したオープンな文言であるところに妙味があり、一義的に画定すべきものではないと思われる。

しかし、倒産事件が債務者と債権者以外にも影響するものであるとしたら、その者の利害をどのように調整するかは、倒産事件に対する社会的評価に大いに関係してこよう。すなわち、倒産手続は、民事上の権利関係の調整を問題とする限りでは公益の要素は薄く感じられるが、濃淡はあれ影響が区々に広がるとあれば、公益性を帯びるといってよい。倒産事件の公告が官報による掲載を原則としているのも、当該事件がどこの誰にどんな影響がないとも限らず、それに関心を寄せる者が社会に広く存在していることが前提であろう。それゆえ、倒産事件は、債務者の再生の成否であるとか、債権者への配当の多寡であるとか、によってのみ評価されるのではなく、もっと広い視野で社会正義が実現されるかどうかという見方がされる存在でもあろう。[2]

もっとも、倒産事件が影響を及ぼす範囲は、事案によって異なり、そのすべてのものを網羅的に検討することは困難と思われる。その意味で本稿では、倒産の影響が認められそうな典型例で少しは議論の材料があるいくつかを取り上げることで責めを塞ぎたい。

II　利害関係人の射程

倒産法において「利害関係人」なる語は随所で使用されている。[3]そして、これが主体を表すものであるので、多くの場合、その者の手続的権限と結びつけ

1　倒産処理の目的と利害関係人について、佐藤鉄男「倒産手続の目的論と利害関係人」田原睦夫先生古稀・最高裁判事退官記念論文集『現代民事法の実務と理論（下巻）』（金融財政事情研究会・2013年）30頁、中西正「倒産手続における利害関係人と破産管財人の権限」事情再生と債権管理129号（2010年）169頁。

2　倒産処理における社会正義の実現について、伊藤眞「破産管財人の職務再考——破産清算による社会正義の実現を求めて」判タ1183号（2005年）35頁。

3　利害関係人という語自体は、倒産法に特有のものではないし、またわが国に特有のものでもなく、英語の party in interest ないし stakeholder、独語の Beteiligte は類似している。

られている。すなわち、不服申立て、倒産法上の各種保全処分の申立て、記録の閲覧謄写、管財人の解任、そして同意や異議の権限である。また、重要な点として、管財人等に注意義務違反がある際にはこれに損害賠償義務を負うとされていることである（破85条2項、民再60条2項、会更80条2項）。

その意味でこれは名目的な文言などではなく、手続の帰趨にも関係する実質的なものといえる。しかし、一義化を避けた文言とはいえ、かなり曖昧な使われ方がされている。もっとも、この点は、倒産各法がその目的やスキルを異にした形で設計されたことに一因がある。すなわち、各手続で利害の調整のターゲットとして想定されている関係人の射程が違っており、更生手続が担保権者から株主まで広い範囲で集団的な調整を試みるのに対し、再生手続は原則として一般債権者のみ、そして破産手続、特別清算手続はその中間に位置するのであるが、調整が想定されている者がこの利害関係人に含まれることは間違いがなく、利害関係人として各種の手続権限を行使できてしかるべきであろう。しかし逆に、調整が想定されていないことをもって利害関係人から当然にはずれるとしてよいかは問題である。

たとえば、株主である。株主が更生手続の利害関係人であることは条文上も明らかであるが（会更1条、165条、168条1項等）、破産手続や再生手続ではどうであろうか。少なくとも条文からは明らかではなく、破産手続開始決定に対する即時抗告（破33条1項、9条）に関してはこれを否定した裁判例があるが（大阪高決平成6・12・26判時1535号90頁）、賛否の分かれるところである。

「利害関係人」に関するこれまでの理解は、手続段階に応じ個別的にこれを考えるほかないというものである。[4]その一方で、それがオープンで広がりがあることから何らかの線引きを試みる見解も登場している。というのも、これが破産管財人等の手続機関の損害賠償責任と結びつけられていることに照らし、利害関係人といってもこれを手続内のそれと手続外のそれは区別すべきであると説くものである。[5]具体的には、破産財団との関係性の違いから、破産債権者、財団債権者、破産者は手続内の利害関係人、別除権者、取戻権者、手続外

---

[4] 伊藤眞『破産法・民事再生法〔第3版〕』（有斐閣・2014年）224頁。もっとも、伊藤教授は、債務者は破産手続では利害関係人に含まれるが、再生手続、更生手続では含まれなくなるとしている、同書832頁、同『会社更生法』（有斐閣・2012年）153頁。

の第三者は手続外の利害関係人、に分類できるとしている。ただ、この分類では、誰が利害関係人に該当するかの線引きは明らかにされていない。

このように、倒産手続における利害関係人は流動的で不安定なものであり、その詰めは個別的にエンドレスに続く宿命にあるといえる。したがって、本稿もこれに一義的な答えを求めようというものではない。しかし、当然に利害関係人にあたると断定はできない者であっても当該倒産手続とのかかわりがありそうな者は存在する。それらの者をどう遇するかは、現代の倒産手続の奥行き、社会正義の実現を考えることにもつながろう。

以下では、倒産事件において時折登場するものの、その者が間違いなく利害関係人であるとは断定しにくい、しかし無関係と切り捨てることもしにくい、そのような者を仮に「周辺的利害関係人」と位置づけて検討することとする。具体的には、株主、労働者（労働組合）、役員、一般市民、の四者であるが、もとよりこれが明確に倒産債務者に対して債権を有している場合は債権者として倒産手続上の地位があるので問題はない。純粋に株主、労働者、役員、一般市民としてどうかということであるが、一般市民というのは若干説明を要しよう。たとえば、ある人が倒産企業の近所に住んでいて、過去にそこの商品を購入するなどした消費者で個人情報を提供したことがあるとしよう。おそらくそれだけで個々人が利害関係人を名乗ってもただの野次馬と思われるのが関の山であろう。しかし、その存在が多数に及んでくると倒産処理はこれを無視できなくなる場合があるように思われる。[6]

利害関係人の文言を使っている条文のすべてで、その「利害関係人」の意を同一に解せないであろうことは間違いない。だとしたら、この問題は最終的には各条文で個々具体的にその者がそこでいう利害関係人に該当するか判断すべ

---

[5] 伊藤眞＝伊藤尚＝佐長功＝岡伸浩「破産管財人の注意義務──『利害関係人』概念のパラダイム・シフト──」金法1930号（2011年）64頁は、目的規定における利害関係人は手続外の利害関係人を含む一方で、管財人の損害賠償義務規定のそれは手続内の利害関係人を指すものであるとしている。

[6] 社会的影響の大きい倒産事件では社会正義の実現への配慮が必要とされる、東京地裁破産再生実務研究会編著『破産・民事再生の実務〔第3版〕破産編』（金融財政事情研究会・2014年）160頁。アメリカでは、倒産処理に際して諸々の諸要求を調整するには、福祉国家における倒産処理として、正義論に調整原理を求める発想が説かれることもある。水元宏典『倒産法における一般実体法の規制原理』（有斐閣・2002年）90頁。

きものということになろう。したがって、本稿でなしうるのは、上記四者について倒産手続における利害関係を素描し、個別判断の場面での参考に供することである。

III 利害関係人を使用する条文

利害関係人を条文中に用いている条文は以下のとおりである。倒産三法で共通するものが多いが、それぞれの法で特有のものもある。共通する場合は、破産、再生、更生、の順とする。

目的（破1条、会更1条）、不服申立て（破9条、民再9条、会更9条）[7]、事件に関する文書の閲覧・閲覧制限（破11条、12条、民再16条、17条、会更11条、12条）、費用の仮支弁（破23条）、他の手続の中止命令・包括的禁止命令・その他の保全処分（破24条、25条、28条、民再26条、27条、30条、31条、会更24条、25条、28条）[8]、中小企業者への弁済許可（民再85条3項、会更47条3項）、監督命令（民再54条、会更35条）、監督委員への否認権限付与（民再56条）、管理命令（同法64条）、管財人等の解任申立て（破75条2項、民再57条2項、78条、会更68条2項）、調査命令（民再62条、会更39条、125条）、保全管理命令（破91条、民再79条、会更30条）、管財人等の損害賠償義務（破85条2項、民再60条2項、78条、会更80条2項）、財産価額評定人の選任（民再124条3項）、債権者集会における議決権の額の変更（破140条3項、141条2項、民再170条3項、171条2項、会更191条3項、192条2項）、債権者委員会（破144条1項・5項、民再117条1項・5項、会更117条1項・5項）、株主等の参加（会更165条4項）、否認権のための保全処分（破171条、民再134条の2、会更39条の2）、個人再生委員の選任（民再223条）、配当表に対する異議（破200条3項）、特定遺贈の承認または放棄の催告（破244条による民987条）、といったものである。

---

[7] 厳密にいうと、不服申立てに関しては、利害関係人ではなく「利害関係を有する者」であり、手続的性格が強く、補助参加の要件（民訴42条）に係る表現と共通する。
[8] 特別清算では、破産、再生、更生と趣旨を同じくする制度があるが、利害関係人の語は用いず、「債権者、清算人、監査役若しくは株主」という具合に限定列挙する形をとっている（たとえば、会512条、516条など）。

加えて、個々の条文では主体について規定していないが、重要なものがある。すなわち、倒産手続では随所において決定の方式で裁判所が裁判をすることになっており、これについては特別の定めがある場合に限り即時抗告ができる扱いで、倒産三法の各9条はその基本規定ということになるので、即時抗告が可能な裁判との関係では常に「利害関係を有する者」が問題となるしくみとなっていることである。[9]

Ⅳ 利害関係人の範囲と限界

当然のことながら、倒産事件にあっては、事件の個性により利害関係人の存在状況は異なる。そして、これらをどう吸い上げるかにつき、倒産各法はそれぞれ異なった考え方を採用している。したがって、利害関係人の範囲はどの倒産手続のどの場面であるかによって違った答えが導かれる可能性もある。

1 株 主

まず、株主であるが、その基本的な位置づけが破産、再生、更生で異なっているのが特徴である。というのも、更生手続は大企業の利用を想定し、申立株式会社に係る大がかりな再建型倒産手続として、担保権者から株主までを必ず巻き込むこととしている。したがって、会社更生法においては、株主は公認の利害関係人と扱われているので、本稿の問いかけに関してはすでに答えがわかっている。

(1) 破産手続

利用を株式会社に限定せず、自然人であるとどんな法人であるとを問わず、また清算型手続であることもあり、破産法は株主に関しては沈黙している。しかし、ことの成り行きとして考えれば、破産原因があって開始決定が導かれれ

---

[9] 即時抗告を許容する特別の定めは、実はかなり多い。破産法に限ってみても、27種類に上り、12条4項、21条7項、22条2項、24条4項、25条6項、27条4項、28条3項、33条1項、34条6項、37条2項、81条4項、87条2項、91条5項、120条6項、150条5項、156条3項、171条4項、177条4項、185条3項、189条4項、200条3項、216条4項、217条6項、226条4項、252条5項、254条3項、256条5項、とある。

ば、破産会社の管理処分権は破産管財人に専属することになり、通常、破産債権者への配当は極めて少なく、手続終結時に株主に分配すべき残余財産が生ずることは稀である。その意味で、株主は破産手続において特別な出番はなく、その必要もない、と解されているようにも思える。

破産手続の開始決定（当時の破産宣告）について株主が即時抗告したところ、その申立適格が否定された裁判例（大阪高決平成 6・12・26判時1535号90頁）がある。破産手続の開始が直ちに株主権の内容をなす自益権や共益権の変更に結びつくものではないことが理由とされているが、株式会社にとって破産は解散原因であり、法人格の消滅、そして株主権の消滅へとつながる場面で利害関係がないとされることには異論もあり得よう。ただ、破産終結までは株主権は残存しているものの、事実上排斥された状態で手続的なイニシアチブはとらせるべきではない、と解される傾向にある。[10]

(2) 再生手続

再生手続も、破産同様、一般的な倒産手続であるので、民事再生法は株主について多く語っていない。法人が利用する場合も、更生手続がとるような複雑な構成とはせず、再生債務者自身に管理処分権を残し、担保権や優先債権も手続の射程に入れず、もっぱら一般債権者との権利調整にターゲットを絞り込み、株主の権利変更も予定していない。その意味で、株主は再生手続の利害関係人とはいいがたい。

しかし、再生手続を利用する会社の多くは破産原因があり、再生計画にて一般債権者の権利が削減される以上は、株主が無傷のままでいられないのが現実である。また、実効的な事業再生に向け、事業譲渡や会社の資本構成の変更などを試みる関係で、株式会社に特化した若干の規定も存在する。すなわち、民事再生法でも即時抗告が可能な裁判は法定されているが、その中で株主の即時抗告について明示されている場合がある[11]。これらは本来なら株主総会の特別決議が必要なところ、再生手続の申立てをする会社の多くが債務超過に陥っていることに鑑みこれを省く代わりに即時抗告の途は残したものと考えられる。破

---

10 株主の即時抗告権の有無について考察したものとして、松下淳一「破産手続及び再生手続における株主の即時抗告権について」青山善充ほか編『現代社会における民事手続法の展開（下巻）（石川明先生古稀祝賀）』（商事法務・2002年）519頁。

産の場合と同様、株主は権利変更の対象とされている一般債権者よりプライオリティが低いので、ほとんど利害調整の埒外(らち)の存在にすぎず、わずかの場面に限って即時抗告ができるとされたということであろう。

(3) 更生手続

これに対し、株式会社の再建型手続として特化した更生手続においては、株主は独自のカテゴリーで利害関係人とされ不可欠の存在となっている。その意味では、更生手続に関する限り、株主は周辺的利害関係人ではなく公式の利害関係人にほかならない。つまり、本稿では考察を要しない存在であるわけである。

念のため確認しておくと、更生手続では、株主の権利は制限され、そして最下位の権利者として権利変更の対象とされている（会更168条1項）。株主は、所定の要件を満たせば会社更生の開始申立権もあり（同法17条2項2号）、また、株主は保有する株式でもって更生手続に参加し（同法165条1項）、債権調査に関与したり（同法147条1項）、更生計画案を作成したりする権限もあり（同法184条2項）、更生計画案を決議する関係人集会で賛否を表明する機会もある（可決要件は議決権総数の過半数、同法196条5項3号）。[12] もっとも、会社が債務超過となっている場合は、株式は実質的に価値を失っているので、株主には議決権はないとされる（同法166条2項）。実務的にも、更生計画において株式がすべて無償取得され既存の株主の権利が消滅させられる例が多い。[13]

前述のように、更生手続では、株主は公式の利害関係人とされているので、わざわざ株主の即時抗告権について言及する規定は存在しない。その意味で、

11　事業譲渡に関する代替許可決定（民再43条6項）、再生計画案に株式取得等の条項を定めることについての許可決定（同法166条4項、166条の2第4項）、である。民事再生法における即時抗告の特別の定めは、17条4項、24条2項、26条4項、27条5項、29条3項、30条3項、31条4項、36条、43条6項、54条6項、61条4項、62条4項、64条5項、79条5項、91条2項、121条5項、142条5項、148条4項、150条5項、166条4項、166条の2第4項、175条、189条5項、195条2項、213条1項、218条1項、とある。

12　更生手続と株主の関係については、松下淳一「更生手続における株主の権利」神作裕之ほか編『会社裁判にかかる理論の到達点』（商事法務・2014年）558頁。

13　松下淳一＝事業再生研究機構編『新・更生計画の実務と理論』（商事法務・2014年）418頁。いわゆる100％減資といわれるものである、事業再生研究機構編『更生計画の実務と理論』（商事法務・2004年）371頁。

株主だから即時抗告の資格がないとされる心配はないことになる。[14]

2　労働者

次に、労働者について考えてみよう。労働者であっても、未払いの給料や退職金等の債権がある場合は、どの倒産手続においても債権者としての地位を有することになり、しかもその性質上、格別の処遇の対象となる。[15]その限りでの利害関係は明らかであり、本稿で考察すべき問題ではない。

労働債権という点を除くと、倒産に至った使用者とその労働者の関係は、雇用契約に基礎づけられたものであり、期間の定めのないそれで考えれば、双方未履行双務契約の当事者ということになる。その意味で、倒産を機に吟味されその行方が変わってくる双方未履行双務契約の相手方当事者はすべて利害関係人性を検討すべき存在ともいえるが、なかでも労働者は事業の再生には不可欠なので特別といえる。そして、倒産の場面でも雇用関係には諸々の労働法の規律を無視することはできないので、これに伴い、労働法との交錯問題という重要な問題も現れる。その点は別の考察に委ね、[16]ここでは双方未履行双務契約たる雇用契約の帰趨という点から、本稿の主題である利害関係人性を考えてみよう。

まず、破産の場面である。使用者の破産は雇用契約に大きな影響を及ぼす。すなわち、破産は事業の廃止をもたらすものであり、つまりこの先の雇用契約も不要となることを意味する。双方未履行双務契約として解除（解約）の帰結がもたらされることはもちろん（破53条1項）、民法に使用者の破産に特化した

---

[14] 30近くに及ぶ即時抗告が認められる更生手続に関する裁判のうち、即時抗告権者を限定するのはわずかであり（会更75条4項、104条5項、106条5項、111条4項、154条3項）、その他は限定がないので、理論的には株主を含むすべての利害関係人ということになる。会社更生法における即時抗告の特別の定めは、12条4項、21条2項。24条6項、25条6項、27条5項、28条3項、30条4項、35条5項、39条の2第4項、44条1項、75条4項、81条4項、99条3項、104条5項、106条5項、111条4項、124条2項、125条4項、131条5項、132条5項、133条4項、148条の2第6項、154条3項、165条5項、202条1項、233条6項、238条2項、253条4項、とある。

[15] 平時から一般の先取特権による保護が図られ（民308条）、これに加えて倒産法では一部の財団債権・共益債権化による保護の強化がなされ（破149条、会更130条）、さらに労働者健康福祉機構による未払賃金立替払制度という保護もある（賃確9条）。

[16] 近時注目されている問題領域であり、「倒産と労働」実務研究会編『詳説倒産と労働』（商事法務・2013年）といったまとまった研究書も公刊されている。

規定があり（民631条）、管財人のみならず労働者からも解約ができるものとされている。早々に労働者のほうから雇用契約を解約し転職する者が多いと思われるが、破産でも残務処理に事情を知る労働者の力は必要であるし、事業譲渡が予定されているような場合は雇用関係が維持されていることが望ましい。労働者側からすると、残るか辞めるか、辞めるにしてもどのタイミングか、使用者の破産手続について確かな情報が欲しいところであろう。その意味で、すべての利害関係人規定に関してこれに該当すると結論づけられるとまで言えるかは自信はないが、自らの雇用契約に関係する限りでは利害関係人性は肯定されるべきであろう。

　これに対し、再生手続、更生手続の場合はどうであろうか。事業の継続を前提にしているので、労働者から解約できるとする破産法631条に相当する規定は存在しない。しかし、もちろん双方未履行双務契約に関する通則規定は存在しており（民再49条、会更61条）、[17] 原則として管財人等によって履行が選択されるはずであるが、これを機に事業の見直しがされ、その結果として人員整理（いわゆる整理解雇）[18] が避けられないことも事実である。ということは、使用者破産の場合のように、労働者が自らのイニシアチブで解約を決断できるのと比較して、かえって受け身で不安定な地位にあるともいえる（もちろん、確答催告権はある）。したがって、当該手続についての労働者の関心は高いはずであり、労働債権を有しない労働者をして利害関係人に該当しないとしてしまうべきではないと考える。ドイツほどに、わが国では共同決定の発想は定着していないが、事業再生において労働者は重要なパートナーというべきであろう。

　もっとも、あらゆる場面でそしてすべての労働者について利害関係人性を肯定してよいかは躊躇も感じる。即時抗告の濫発で手続の進行に支障が出ないとも限らない。倒産の場面に限ったことではないが、労働者の利益を集約しうるものとして労働組合が存在しており、倒産手続でもこれに着目することが考え

---

[17] なお、労働協約に関しては、双方未履行双務契約としての解除ができないことが明文化されている（民再49条3項、会更61条3項）。再建を前提とした手続で、労働協約が一方的に解除されるのは不当だからである。

[18] 労働法学では、整理解雇の4要件（要素）とよばれる判例法理が確立し、これによって解雇権の濫用が起きないようチェックされる。①人員削減の必要性、②解雇回避努力義務の履行、③被解雇者の選定の妥当性、④解雇手続の妥当性、の4つである。

られる。あらためて倒産法の条文を精査すると、多寡の差はあるが、労働組合について格別の言及をしているものがあることに気づくはずである[19]。こういう規定が存在する周辺の場面では、個々の労働者ではなく、労働組合を利害関係人と解して手続への関与を肯定する運用も一考であろう[20]。

3 役員

倒産手続において、(法人の)理事や(株式会社の)取締役などの役員はどのような存在であろうか。法人の種類により役員の位置づけは異なるし、各倒産手続の趣旨・構造によっても異なる。すなわち、役員は当該債務者法人の機関であるところ、管理処分権を握る倒産手続機関が登場する場合とそうでない場合とではがらりと違ってくることになる。また、倒産手続では役員の責任追及が問題になることが多く責任査定といった共通問題もあるが、責任の可否は各法人根拠法で基礎づけられることになる。

債務者が法人である場合、債務者に最も近い実在といえば役員にほかならない。したがって、利害関係人というよりは、債務者に準じた存在として認識すべきものとも思える。すなわち、破産法で示すと、「破産者に準じて」、居住制限や引致の可能性があり(破39条)、説明義務を課せられている(同法40条1項3号)のはその例である。これが否認権行使の場面になると、破産者の「内部者」として否認要件の一部の推定がなされる(破161条2項1号、162条2項1号)[21]。さらに、法人に損害を与えたとして責任追及がされる場面では(同法177条以下)、賠償義務者として法人とは対峙する「別人格」と位置づけられている[22]。つまり、役員の扱いは場面によって異なり、また法文で役員が問題になる

---

[19] 労働組合への言及は、破産、再生、更生の順に多くなる。破32条3項4号、78条4項、136条3項、民再24条の2、42条3項、115条3項、126条3項、168条、会更22条1項、246条3項、46条3項3号、85条3項・4項、115条3項、188条、199条5項・7項である。申立て関係、事業譲渡、集会の期日、計画案で共通している。

[20] 当該事業所の労働者の過半数で組織される労働組合が存在しないときは、労働者の過半数を代表する者によることになろう。

[21] 債権をもっている場合に劣後化が問題とされるのがこの内部者である。

[22] 役員が法人の破産手続開始の申立てをする場合(破19条)は、役員の全員である場合は債務者に準じた扱いであるが、そうでない場合は債権者に近くなる(同法19条3項)。

場面では明確に言及がされ特有の位置づけがされていることになる。それゆえ、あえて一般的な利害関係人性を問う必要はなさそうにも思えるが、労働者の場合と同様、広く即時抗告の権利が認められる存在たりうるかどうか考察しておく余地はあろう。

なお、役員について、法人の種類を問わない破産法と民事再生法では、理事、取締役、執行役、監事、監査役、清算人があげられているのに対し、会社更生法では、取締役、会計参与、監査役、執行役、会計監査人、清算人があげられている。若干の違い（会計参与、会計監査人への言及の有無）があるようにみえるが、前者には「これらに準ずる者」も含むとの表現があるので、実質的な差はないであろう。

以下、株式会社の例で、手続別に検討しておこう。

(1) **破産手続**

破産は、裁判所が選任する手続機関である破産管財人に管理処分権を専属させ、最終的には当該会社の消滅をもたらすものであり、このことは役員の地位に大きく影響する。すなわち、破産手続開始決定に至り破産管財人が選任されれば、従前の取締役等は管理処分権を喪失し、彼らが破産手続の遂行を担うことはない。そもそも会社と取締役等の役員は委任ないし準委任の関係にあり、委任者たる会社の破産はその関係に影響を与える（会330条、民653条2号）。立法論として、また解釈・運用論としても争いのあるところであるが、委任関係は終了するか、終了しないとしても、破産管財人の権限が及ばない、組織法上の権限が残るにすぎない、とされる[23]。ただ、いずれにしても、破産手続との関係で積極的な関与が想定された存在ではないように思われる。むしろ、破産者に準じて、説明義務を負い破産管財人の調査に協力したり、補助的な役割が残るにとどまったりする。これに対して、独立の別人格として責任追及がされる[24]場合には、役員に配慮した格別な規定が用意されている（破179条、180条3

---

[23] 最高裁判所は後者の立場を打ち出している。最判平成16・6・10民集58巻5号1178頁、最判平成21・4・16判時2044号74頁。もっとも、同時廃止の事案で従前の取締役がその地位を失うとしているものとして、最判昭和43・3・15民集22巻3号625頁。

[24] 法人破産の場合、自然人の場合と異なり、実在としての破産者はいないので、破産者として所定の権限を行使するのは従前の代表取締役しか考えられない。したがって、破産者がする即時抗告や各種の異議権の行使は代表取締役がその資格ですることになろう。

項)。その意味で、抽象的に役員をとらえて破産手続における利害関係人として遇さなければならない必要性は少ないように思われる。

(2) 再生手続

これに対し、再生手続の場合は様相を異にする。すなわち、再建型の倒産手続として、破産と違い事業の再生がめざされることになり、しかも、それが更生と異なり、再生債務者が管理処分権を維持したまま試みる、いわゆるDIP方式によることである（民再38条1項）。これを株式会社でいえば、取締役、執行役等の役員がその地位にとどまること、すなわち管理処分権を奪われることがなく、まさに再生手続の遂行主体（機関）になるということである。したがって、この限りでは、従前の役員が再生債務者としての権限を行使し義務を尽くすことになるので、利害関係人たることに疑いはない。

むしろ、ここでの問題は、会社の受任者として負う信認義務（民644条、会355条）と再生債務者として負う公平誠実義務（民再38条2項）の関係、そして実務処理として純粋のDIP方式はなくほぼ全件で監督委員が選任される監督型方式との関係、である。この点、再生手続を利用する債務者の実態として、債務超過状態にあり、債権者の権利の削減が必然となることを考えれば、会社つまりは株主に対する信認義務より債権者に対する公平誠実義務が優先すべきことになろう。また、再生手続遂行者としての役員は、事業の継続を進める一方で、債権認否書、財産評定書、再生計画案の作成といった特有の義務が付け加わり、裁判所や監督委員の監督に服し、代理人弁護士の協力も得なければならなくなる。このようにかなり特殊な地位にあるので、党派的な意味での利害関係人というよりは、中立の立場からの行動が求められる存在といえる。

なお、実例は少ないものの、再生手続は、例外的に債務者が管理処分権を失う管理型となる場合もある（民再64条1項、79条1項）。すなわち、「再生債務者の財産の管理又は処分が失当であるとき、その他再生債務者の事業の再生のため特に必要」な場合、裁判所が選任する管財人に手続遂行を担わせるという

---

25 この点については、高田賢治「DIPの法的地位──公平誠実義務を負う主体とは誰か」田邊光政編集代表『最新倒産法・会社法をめぐる実務上の諸問題（今中利昭先生古稀記念）』（民事法研究会・2005年）167頁、村田典子「民事再生法上の公平誠実義務と会社役員の義務への影響」神作裕之ほか編『会社裁判にかかる理論の到達点』（商事法務・2014年）635頁。

ものである。特に、管理処分が失当であるとは、要は従前の役員を不適格とみるということであり、役員はその権限を失い、事業の再生も手続の遂行も管財人がこれを行うことになる。自らの地位に関係する管理命令や保全管理命令に対して役員が即時抗告ができてしかるべきなのは当然として、管財人が登場する限り、その他の点では、破産の場合と同様、役員の利害関係人性は薄れるとみてよい。

責任追及に関しては、破産の場合と全く同じであると思われる。

(3) **更生手続**

更生手続は、事業の再生をめざす点で再生手続と共通し、債務者にとって代わり管理処分権を握る管財人が選任される点で破産手続と共通する。それは、再生手続において管財人が選任される場合と同じ状態であり、役員をめぐる状況もそこに述べたことがここでも妥当するはずである。しかし、再生手続と異なり、更生手続では、株主の権利変更が最初から前提とされ、株主総会によって選任されていた従前の役員もその地位を失うのが原則とされている(会更211条4項)。その限りで、役員の利害関係人性は薄れる。

ところが、会社更生法は、管理処分が失当で責任追及が問題となるような役員は更生手続申立て前にすでに退いていて、現在の役員がむしろ事業再生を託された存在であるというような場合を想定し、その役員を管財人に選任する方式をも用意している(会更67条3項)。現に、これをDIP型更生として活用する例が増えている。[26] この場合は、役員を取り巻く状況はDIP方式の再生とほぼ同じ状況になろう。すなわち、現役員体制を是認し、それに手続機関としての管財人の地位が付加され、手続機関として利害関係人に位置づけられるし、会社の財務状況から考えて受任者としての顔は当面は封印してもらわなければならない存在というわけである。

責任追及に関しては、破産、再生と変わるところはないと思われる。

---

26 その実証として、高井章光ほか「DIP型会社更生の実証的検証」松下淳一=事業再生研究機構編『新・更生計画の実務と理論』(商事法務・2014年)585頁。

4 市民

　次に、前三者とかなり異質となるが、市民が倒産手続の利害関係人たりうるか、といういささか奇妙な問題を考えてみたい。もとより、抽象的に一般市民の公共的関心が利害関係人性を満たすかという問題ではなく、むしろ個々の倒産事件と市民の具体的なかかわりから利害関係人性の限界を探ってみるという側面が強い。たとえば、通常、稚内市に住むサラリーマンのAさんは、鹿児島市で起きたB社の破産事件とかかわりがあることは少ないであろう。ところが、AさんがB社製の商品を購入し利用したことがあり、その欠陥により負傷し被害を被っていたとしたらどうか、あるいは、その購入がインターネットを介したものでAさんが購入に際して各種の個人情報をB社に提供しそれは顧客情報として登録されている場合はどうか。また、Cさんという人が、鹿児島市のB社の工場の近くの住民でB社が敷地内に未処理の有害物質を滞留した状態であったとしたらどうだろうか。つまり、B社とAさんとCさん、というように具体的に特有な事情があって初めて意味をもつ問題ということになる。場合を分けて考察を進める。

　(1) 消費者

　B社製の商品を購入しその欠陥で負傷したAさんの場合であるが、これだけをみれば、Aさんは被害の賠償を求める債権者ということになり、利害関係人性は明白で要は被害債権者の保護の可否がその中心問題となる。

　これまで、悪質商法、欠陥商品、大規模事故・事件が関係しその加害者が倒産したケースでは、多くの一般消費者が被害者として巻き込まれるということが少なからずあった。[27] こうしたケースにおいて、被害者の要保護性が叫ばれることはあっても、その実体法的根拠は必ずしも存せず、被害者が多数に及ぶうえに必ずしも一様ではない、という難しさもある。[28] そのうえ、被害者は債権者

27　豊田商事事件、オウム真理教、法の華三法行、茨城カントリークラブ等々、万単位で市民が被害者として現れる事件は繰り返されてきた。

28　不法行為に基づく損害賠償債権については、被害者保護の必要性が叫ばれていても、実体法上の優先権があるわけではなかった。加害者倒産の場面でも、免責の点で扱いが異なるのみである（破253条1項2号・3号、民再229条3項1号・2号）。

であるといわれても倒産手続に対応していく能力を備えていない場合が多い。悪質な不法行為がない場合でも、顧客を多数巻き込んだ倒産事件、たとえば、NOVA社の受講生、消費者金融の過払金返還債権者、等の例もしかりである。このような場合、債権者として倒産手続に関与できるからそれでよい、といってしまうのは現実を無視するものである。意識的に被害者をまとめ格別な手続関与の工夫とその理論化が必要であるように思われる。[29]実務的には被害者の会や弁護団が組まれることも少なくないと思われるが、はたしてそうした存在は倒産手続でどのように位置づけられるだろうか。端から利害関係人性を否定するのではなく、当該事件に即して利害関係人性を柔軟にとらえる発想があってよいように思われる。

(2) 個人情報主体

次に、B社に対しAさんの個人情報が蓄積されており、そこでB社が倒産した場合を考えてみよう。個人情報、プライバシーの保護の重要性は今さらいうまでもないが、日々の生活で、氏名、生年月日、性別、住所、電話番号、メールアドレスといった個人識別情報を提示する機会は多くあり、クレジットカードの種類・番号、取引履歴やエピソード等とともに業者に集積されていっている。もちろん、業者は自らのプライバシー・ポリシーをあらかじめ示しそれが遵守されている限りではさほど問題はない。ところが、その業者が倒産するという事態に至った場合、こうした情報の管理体制にも悪影響が及んでくることは必至であろう。一つひとつの価値は微々たるものであっても、集積された個人情報が相応の価値があることは知られており、倒産の混乱は情報流出の危機を意味していた。[30]しかも今日の情報処理技術、ネットワーク環境の展開は目を見張るものがあり、業者の情報処理はクラウドコンピューティングを利用して外部化・分散化した関係で倒産時には情報の一貫性や所在を確認するのも一苦労ということになり、一歩間違うと情報の流出はどこまでも拡散しかねなく

---

[29] 山本和彦「事業者の倒産における消費者の保護」現代消費者法11号（2011年）11頁、山口貴士「事業者の倒産事案における消費者保護の実務と課題」現代消費者法11号（2011年）19頁。

[30] 佐藤鉄男＝橋本誠志「情報ネットワーク社会における企業倒産と個人情報保護」NBL745号（2002年）20頁、上野保「企業倒産時における個人情報保護――その実情と個人情報保護法施行下の実務」NBL793号（2004年）8頁。

なっている。[31]

　そこで問題としたいのが、Ａさんのように自分が個人情報を提供したＢ社が倒産に至った場合、Ａさんはこの倒産手続でどのような扱いになるかということである。すでに情報が流出し不本意な利用がされていれば、大なり小なり損害が具体的に発生したと構成できるので、前述の消費者とほぼ同じ話になる。[32]問題としたいのは、Ｂ社の倒産手続開始の時点ではまだ情報の流出はないし、関連する商品やサービスに係る契約関係も決済済み、であるという場合である。つまり、当然には倒産債権の存在が確認できないという場合、はたして情報主体であるＡさんは倒産したＢ社との関係でどう位置づけられるか。倒産の混乱に乗じて個人情報が流出し悪用されてはいけないので、情報主体にその防止策があってしかるべきである。情報主体からすれば、自らの情報がどこにどうあるのかを照会できる先は管財人等の手続機関しかなく、彼らに対して自分たち情報主体の不利益が回避されるよう要求できてしかるべきであり、それが果たされなければ社会正義に適った倒産処理とは考えないであろう。しかし、これは管財人等の手続機関からするとどうであろう。手続機関が何をめざして活動するか、すなわち倒産手続の目的論にかかわってくることになるが、情報主体の要求に応えることは手間も費用もかかり、少なくとも通常の事件で目標とされる財産価値の最大化には反する可能性がある。それどころか、集積した個人情報は換価価値のある財産でもある。しかし、手間や費用がかかっても従前のプライバシー・ポリシーに則った個人情報の保護が図られるべきであろう。ただ、この点は、DIP債務者のように主体が同一性を保っている場合はともかく、外部から選任された管財人が登場する場面では問題は簡単ではない。

　管財人等の手続機関にとって個人情報の問題は、通常は重要任務として認識

31　より新しい状況を踏まえてこの問題を考察するのは、橋本誠志「Cloud Computing時代の倒産と個人情報保護」情報ネットワーク・ローレビュー10巻（2011年）107頁、同「クラウドコンピューティング時代の倒産処理における個人情報保護と管財人の責任負担に関する一考察」InfoCom REVIEW 57号（2012年）16頁。

32　これまでの個人情報漏洩のケースでは、業者から情報主体にお詫び状とともに金券（500円程度）が送られることが多いようである。少額・多数（集団）被害の典型であり、この場合には、個々人単位では能動的な動きは不可能であろう。

されることがないのが現実であろう。それは要するに情報主体の要求が倒産手続においてどう反映されるべきか理論構成が明確ではないからである。しかし、個人情報を取り扱っている事業者が情報を流出させた際に法的責任を伴うことの認識は社会的に共有されていると思われる[33]。理論構成は緒に着いたばかりであるが、倒産の混乱期に情報流出を防ぎきれなかった場合には、手続機関が管理する債務者財産からの損害賠償を余儀なくされる以上、個人情報を提供していた主体は、情報流出前であっても倒産手続の利害関係人として手続に参加し、自らの個人情報の保護に関連性のある行動はできてしかるべきであろう。利害関係人に認められた各種申立権、即時抗告が許容される可能性があると考える。個人情報の問題は倒産処理の範疇に入らないとして情報主体の声を無視すれば、社会正義に適った倒産処理とはいえないものになるであろう。

もっとも、これまでの情報流出例における損害賠償の実例においてその額は些少にとどまっており、その意味では、利害関係人性があるといわれても個々の情報主体がその権限行使を積極的にすることは考えにくい。前述の消費者の場合と同様に、情報主体を集団的にとらえる発想が必要であろう。

(3) 地域住民

続いての問題は、鹿児島市にあるB社の工場近辺に住むCさんで、工場敷地に未処理の有害廃棄物があり土壌汚染が進んでいるというような場合である。Cさんは、B社の従業員でもないし債権者でもなく、過去に個人情報を提供したこともない。たまたま近くに住んでいるだけで、有害廃棄物があることはB社の倒産後に新聞報道で初めて知ったとしよう。これは、一部の事件でわが国でも問題となった、倒産処理における環境問題に属するものである。すなわち、管財人等の手続機関が環境汚染源を抱えた不動産を価値がないとして安易に権利放棄などしようものなら、その後の汚染処理・浄化費用は公共（地元自治体）の負担となり、そうかといって、真面目にこれに取り組めばそのために債務者財産は大きく減少することを免れず、まさに手続機関は債権者のために行動すべきか地域住民のために行動すべきか板挟みになるという場面が想像で

---

[33] 不法行為構成、契約構成、財産権構成、著作権構成、パブリシティ権構成とが試みられてきている。橋本・前掲論文（注31）InfoCom REVIEW 57号22頁。

1 倒産処理と社会正義——周辺的利害関係人をどう遇するか——

きる。

　もとより、ここで地域住民もこのような意味で利害関係があるので、利害関係人として倒産手続に積極的に登場させようというのは必ずしも本意ではない。倒産処理が公害闘争の場になるようなことは好ましくないだろう。しかし、管財人等の手続機関が環境問題を抱えた事件であるのに問題意識をもたず通常の倒産事件と同じように処理するようであれば、Cさんや地域住民で構成される団体が、当該事件処理が自分たちに影響するところがあるとして、利害関係人として名乗りをあげることが肯定されてよいと考える。だが、むしろ強調したいのは、かかる事件においては、地域住民へ被害が及ばないよう努力することも倒産処理の一環として求められているということである。

　一方で、資産は乏しく、負債（債権者）は多い、という倒産事件としての本質があり、その担い手として管財人等の手続機関はことにあたっているので、環境問題への対処も倒産法の発想と関連づけられているほうが現実味があろう。

　対処法として次の見解が先行研究で示されている。まず、永石一郎弁護士は、管財人の社会的責任として、汚染除去について住民や行政との協議を尽くすことを要する（プロセス遂行責任）と説いている[34]。これに対し、伊藤眞教授は、管財人が汚染された土地の抵当権者と協力して汚染除去に努め任意売却に持ち込むか、場合によっては、担保権消滅許可請求（破186条以下）を利用するなど、別除権者や破産債権者に譲歩を求めても手続内で汚染除去することが社会的責任であると説いている[35]。両見解は、最も環境責任がないがしろにされがちな破産手続に絞っての記述になっているが、再生手続、更生手続においてもその発想は同じくされてよい。

　結局、地域住民という存在は、特異な事件でしか利害関係が顕在化せず、通常の倒産処理からすると異質なものである。しかし、例外的であっても顕在化する限りでは、その存在を意識した利害調整をしないことには当該倒産処理は社会正義を果たしたことにはならない。このことを忘れさせない意味で、地域

---

[34] 財産放棄が許容されるのは限定的となる。永石一郎「破産管財人とCSR」一橋法学4巻2号（2005年）337頁。
[35] 伊藤・前掲論文（注2）45〜46頁。

住民もまた倒産手続の利害関係人たりうるといっても誤りにはならないだろう。

V 結びに代えて

　以上、倒産処理が単に債務者と債権者の利害調整にとどまらず、いろいろな者を巻き込んだ複雑な利害調整を要するものとなる場合があることを確認し、そうである以上は、必要に応じ、その者が倒産手続に関与する可能性は開かれているべきことを不十分ながら示した。同時に、現代の倒産手続において、管財人等の手続機関は、これらの者の利益に配慮した事件処理がその責任の一環となってきていることを強調することにもなった。大方のご批判を賜れれば幸いである。

　末筆ながら、いつも暖かい励ましをくださった今中利昭先生の傘寿を心からお喜び申し上げます。

〇本稿は、科学研究費・基盤研究(B)「倒産手続の担い手」（課題番号：25285028）の研究成果の一部である。

② 財団債権者・共益債権者の倒産手続開始申立権

一橋大学大学院法学研究科教授　山本　和彦

I　本稿の目的

　本稿は、手続開始後に財団債権となるべき債権を有する者（以下では単に「財団債権者」ということもある）の破産手続開始申立権の有無および共益債権となるべき債権を有する者（以下では単に「共益債権者」ということもある）の更生手続開始申立権の有無について検討するものである。[1]

　破産法および会社更生法は、それぞれの条文において、「債権者」に対して各手続開始の申立権を与えている（破18条1項、会更17条2項1号）。すなわち、（会社更生法では債権者の債権額によって制限を加えているものの）債権者の種類については特に限定はしていない。その意味で、条文上は財団債権者や共益債権者にも申立権が認められるようにもみえる。他方、財団債権・共益債権は、破産債権・更生債権等に優先して手続中も随時弁済を受けることができるとされている（破151条、会更132条）。その意味では、財団債権者や共益債権者は、手続開始によってその地位に影響を受けないことから、手続の開始を申し立てる利益をそもそも有しないようにもみえる。結局、手続開始後財団債権・共益

[1] なお、再生手続の場合は以下での検討の対象とはしない。再生手続では、手続開始前の債権で共益債権となるべき債権は基本的に手続移行時の債権のみであり、破産手続・更生手続における下記の①や②の債権は、一般優先債権として手続外の債権とされている（一般優先債権に関しても、その手続開始申立権の有無については議論があるが（松下・後掲論文（注10）849頁以下参照。なお、松下淳一教授は、財団債権については申立権を肯定するが、一般優先債権については否定説をとられる）、ここでは検討の対象としない）。そして、手続続行の場合には、開始申立権が問題となる事態は通常想定されない。したがって、実際上問題となる場合が再生手続においてはほとんどないと考えられるため、検討対象から除外するものである。

債権となるべき債権を有する者について手続開始申立権が認められるかどうかは、法律の規定上は明確ではなく、解釈に委ねられていることになる。

なお、破産手続開始後財団債権となるべき債権としては、①租税等の請求権（破148条1項3号）、②給料・退職手当の請求権（同法149条）、③牽連破産の場合の先行手続（再生・更生手続）で共益債権とされたもの（民再252条6項前段、会更254条6項前段）があり、更生手続開始後共益債権となるべき債権としては、①源泉徴収所得税等（会更129条）、②給料・退職手当の請求権（同法130条）、③先行手続（破産・再生手続）で財団債権・共益債権とされたもの（同法50条9項1号）がある。

以下では、この問題について、まず学説・裁判例の状況（II）について概観した後、破産手続（III）・更生手続（IV）について順次検討し、最後に本稿の結論を示す（V）こととする。

II　学説・裁判例の状況

1　破産手続開始申立権

(1)　学　説

この問題について、伝統的な見解は、破産手続開始後財団債権となるべき者の申立権を否定してきた。2004年改正前の旧破産法下の見解として、たとえば、林泰民判事は、「破産宣告があれば破産債権となるべき債権を有する者は、債務者に対して破産の申立てをすることができる。（中略）財団債権は、破産手続によらないで随時優先的に弁済を受けることができるから、たとえば、国税徴収法に基づき徴収することができる滞納税金に基づく破産申立ては、許されない」とされるし、谷合克行判事も、「債権者とは、破産宣告があれば破産

2　このほか、手続開始前から存する債権として、双方未履行双務契約について履行が選択された場合の相手方の請求権が財団債権ないし共益債権となる可能性がある（破148条1項7号、会更61条4項）。しかし、これは手続が開始されてから、管財人の対応によって初めて財団債権ないし共益債権としての位置づけが定まるものであり、手続開始前は一律に破産債権ないし更生債権として扱って問題はないと思われるので、そのような債権を有する債権者には当然に申立権が認められることになろう。

405

② 財団債権者・共益債権者の倒産手続開始申立権

債権となるべき債権を有する者であり（中略）、財団債権は、破産手続によらずに随時優先的に弁済が受けられるから、破産申立権を有しない」とされていた。このような見解は、旧法下ではほぼ異論をみない状況であったと評価できる。

そして、以上のような理解は、現行法の下でも基本的に維持されてきたものといえる。たとえば、伊藤眞教授は、「破産手続開始申立権を認められる債権者に該当するかどうかは、開始されるべき破産手続において破産債権者としての地位を認められるかどうかによる」とされるし、世森亮次判事は、「破産手続開始の申立権を認められる債権者とは、開始されるべき破産手続において破産債権者としての地位を認められるべき者をいう（中略）。他方で、開始されるべき破産手続において財団債権（148条等）とされる債権を有する者は申立権を有しない」と明言されている。このような理解は、一般に広く受容されているものといえよう。

(2) 下級審裁判例

この点について、裁判例は多くない。公刊されているものとして、おそらく唯一の裁判例は、東京区決大正15・4・29新聞2545号5頁である。これは、手続開始後財団債権となるべき租税債権に基づく破産手続開始の申立てについて、不適法としたものである。その理由としては、「破産手続は破産債権者に対しその債権を平等に弁済させるために開始すべきものであり、破産債権者ではない財団債権者に対しては特に破産手続により債権の平等弁済をさせる法律上の必要は存在しないからである」とする。上記通説の見解を受け入れたもの

---

3 中野貞一郎＝道下徹編『基本法コンメンタール破産法〔第2版〕』（日本評論社・1997年）204頁〔林泰民〕参照。
4 斎藤秀夫ほか編『注解破産法(下)〔第3版〕』（青林書院・1999年）172〜173頁〔谷合克行〕参照。
5 ほかにも、同旨として、兼子一『新版強制執行・破産法』（弘文堂・1964年）172頁、山木戸克己『破産法』（青林書院・1974年）50頁、谷口安平『倒産処理法〔第2版〕』（筑摩書房・1980年）88頁など参照。
6 伊藤眞『破産法・民事再生法〔第3版〕』（有斐閣・2014年）122頁参照。
7 竹下守夫編集代表『大コンメンタール破産法』（青林書院・2007年）73〜74頁〔世森亮次〕参照。
8 筆者もかつて同様の理解を示している。山本和彦ほか『倒産法概説〔第2版〕』（弘文堂・2010年）343頁〔山本和彦〕参照（「申立権を有する債権者は、開始した破産手続において破産債権者の地位を認められる債権者である」とする）。

といえるが、区裁判所（戦前日本の司法システムにおける最下級の裁判所）の判断であり、その先例的価値は乏しいと思われる。

(3) 近時の見解：松下説

以上のような状況の中で、現行破産法制定後に、この問題について有力な異説が登場した。松下淳一教授の見解である[9][10]。松下説はまず、破産手続開始申立権の根拠として、①破産手続を通じた平等弁済の確保（破産者による偏頗弁済の防止、個別権利行使による偏頗的満足の防止、偏頗否認等）、および、②劣後債権者の満足の防止をあげられる[11]。

そして、このような申立権の根拠に照らしたとき、まず租税等の請求権については、申立権を否定すべきものとされる。なぜなら、租税等の請求権に基づく滞納処分は、破産手続開始後も続行可能とされており（破43条2項）、一般債権に対する優先権（②の点）や他の財団債権との平等確保（①の点）を実現するためにあえて破産手続を利用する必要性は基本的に存しないからである。

他方、労働債権や先行手続の共益債権については、申立権を肯定すべきものとされる。なぜなら、このような財団債権については、手続開始後強制執行等の一律禁止がかかるところ（破42条1項）[12]、その趣旨は財団債権者間の平等確保にあり[13]、そうであれば、破産手続開始申立権の上記趣旨に鑑み、これらの財団債権者にも申立権を付与すべきものと解されるからである。そして、財団債権

---

9 後記松下説の登場の前に、神原千郷「申立権者」破産実務研究会編『Q&A破産法の実務』（新日本法規出版・2005年）159頁は、破産財団が財団債権の弁済にも不足することが客観的に明白である場合に限っては財団債権者の申立権を否定する必要もないと主張していた（これに対しては、宮川勝之「破産手続開始申立権者」山本克己＝山本和彦＝瀬戸英雄編『新破産法の理論と実務』（判例タイムズ社・2008年）76頁が「仮に申立て自体が認められても、同時破産廃止の決定をし（216条）、破産管財人の選任自体がなされない扱いになるので、上記の説によって手続を進めるとすれば現在の運用を変更すべきことになろう」と批判されていた）。松下説は、神原説と比較しても、財団不足の明確性を要求しない形で、より徹底した肯定説を採用したものといえる。

10 松下淳一「優先権を有する債権者の倒産手続についての権利」伊藤眞ほか編『民事手続法学の新たな地平（青山善充先生古稀祝賀）』（有斐閣・2009年）842頁以下参照。

11 ②については、特に優先的破産債権者の申立権の根拠としてあげられるものである。

12 同項によると、「破産手続開始の決定があった場合には、破産財団に属する財産に対する強制執行（中略）で、（中略）財団債権に基づくもの（中略）は、することができない」とされる。

13 その背景にある事情としては、いわゆる少額管財の実務が普及したことによる異時廃止事件の増加があり、そのために財団債権者間の平等確保は破産手続における重要な課題となっているとの認識がある。

に対する按分弁済を求める利益は、法律上も保護に値するものとされる。けだし、財団債権に基づく個別執行が禁止される以上、財団不足の際の平等弁済を規定する破産法152条1項本文に基づく弁済を受ける利益が各財団債権者に認められるからである。以上のような点から、これらの財団債権となるべき債権を有する者の破産手続開始申立権が肯定されると結論づけられる。[14]

なお、手続開始時点で財団不足の場合には、同時廃止で手続を終了すべきであり、財団債権者間の平等弁済は確保されないとの批判[15]に対しては、財団財産が財団債権総額を下回っているとしても、破産法216条1項によれば、手続費用を支弁できる場合には同時廃止にすべきではないことから、財団不足の場合であっても、なお異時廃止含みで破産手続を開始し、財団債権に対して弁済すべきものとされる。

(4) 松下説の影響

以上のような松下説の影響は、いまだその提唱から時日が浅いため、必ずしも明らかではない。しかし、たとえば、『条解破産法』は、財団債権者の申立権について、「学説においては、租税債権を念頭において、申立権を否定する見解が有力である。もっとも（中略）労働債権である財団債権者には申立権を認めるという考え方もありえよう」などとするように、これを有力説とする理解[16]が生じつつあるように見受けられる。[17]

2　更生手続開始申立権

次に、更生手続開始申立権をめぐる議論であるが、この点は、旧会社更生法下以来、自覚的な議論は少なく、共益債権者の申立権の有無を明確に論じる者

14　松下教授は、付随的な理由として、旧法下では労働債権者について優先的破産債権者としての申立権が認められていたこととのバランスも指摘される。
15　これは、前掲論文（注9）の神原説に対する宮川勝之弁護士の批判である。
16　伊藤眞ほか『条解破産法〔第2版〕』（弘文堂・2014年）135頁参照。
17　同様に、伊藤・前掲書（注6）においても第3版において新たに注が付され（122頁注109参照）、「財団債権であるか、破産債権とされるかは、破産手続上の区別であること、同一の債権でも財団債権とされる部分と破産債権とされる部分があること（中略）、破産法18条1項も「債権者」に申立資格を認めていること、実質的にも、財団債権者たる債権者が予納金などの負担を引き受けて申立てをすることを禁じる理由に乏しいことを考えると、財団債権者の申立権を認めることも考えられる」との指摘がされている。

はみあたらない。そこでは、主に資本の10分の1という債権額の制限の要件の趣旨や内容に議論が集中してきた傾向にある。そのような状況になっている理由としては、共益債権とされる租税等の請求権の範囲は限定されていること、労働債権者等が申し立てるについては、債権額10分の1の要件を満たすことは実際にはほとんど想定できず、また予納金の高さも障害になること、破産や再生から更生手続に移行する事件は絶無に近いことなどから、現実にこの論点が問題になることは想定しがたいことによるのではないかと思われる。

　しかるに、近時、2002年制定の新会社更生法の下で、この点を正面から論じられる伊藤眞教授が肯定説を採用されたことには興味深いものがある。伊藤教授は、「ここでいう債権者は、更生計画による価値の分配を求める地位を有する更生債権者になりうべき者が中心になる。（中略）ただし、未払いの賃金債権者等、手続が開始されれば共益債権者となりうべき債権者であっても、開始決定の時点で会社に対する債権者として認められれば、申立権を否定されることはない」と論じられる。その理由は必ずしも明らかではないものの、伊藤教授がこのような見解を示されたことは、破産法における松下説の影響が感じられ[19]、今後の議論の展開が注目されるところである[20]。

III　財団債権者となるべき者の破産手続開始申立権

　以上のような学説や裁判例の展開の中で、まず破産手続における申立権についての筆者の見解を示してみる。検討の前提として、破産手続における申立権の趣旨について、松下説の理解は基本的に相当なものと思われ、申立権を認めるにおいては、手続の開始について当該債権者が正当な法的利益を有することが必要になるものと考えられる。そこで、どのような正当な法的利益が申立権を基礎づけうるかについて考えていくことになる。

18　伊藤眞『会社更生法』（有斐閣・2013年）48頁参照。
19　ただし、松下教授自身は、会社更生法における申立権については論じられていない点に注意を要する。
20　なお、伊藤説は、前述のように（注17参照）、現段階でも破産については財団債権となるべき債権者の申立権を明確には肯定されておらず、そのような見解との整合性についても議論のありうるところである。

② 財団債権者・共益債権者の倒産手続開始申立権

以下では、財団財産が財団債権総額を上回っている場合と下回っている場合とに場合を分けて検討する。[21]

1 財団財産が財団債権総額を上回っている場合

まず、財団財産が財団債権総額を上回っている場合、すなわち財団債権に対して100％弁済が保障されている場合を考えてみる。つまり、このような場合に、財団債権者に破産手続開始の主導権を与えるべきかがここでの問題となる。この場合は、肯定説でも考え方が分かれうるところであろう。ただ、松下説[22]は、申立ての時点では資料不足のためこの点が明らかではないことも多く、その点を審理すると手続開始の判断が遅れるとして、このような場合にも申立権を認められる。

しかし、破産手続の開始の有無は、他の破産債権者に極めて大きな影響を与える判断である。破産手続の開始により、法人は解散することになり、法人格を喪失するし、事業の再生はほぼ不可能になる。たとえば、仮にすべての破産債権者が事業の再生による配当の増大に望みをかけようとしているときに、破産手続によってもよらなくても100％の弁済を得られる地位にある財団債権者が事業再生の可能性を事実上断つような措置、すなわち破産手続開始の申立てをすることを認めるべきであろうか。筆者にはそのような申立てを認めることは相当ではないと思われ、このような場合の申立権の付与については否定的に解する[23]。たとえ資料不足による認定の困難という事情があったとしても、そのような技術的な理由で、手続開始を留保する旨の破産債権者の判断を覆すことは相当でない[24]。そのような判断権限は、破産手続開始による利益も損失も甘受する立場にある破産債権者にのみ与えられるべきであろう[25]。

---

21 申立ての時点では、そのいずれかが不明である場合も少なくない。しかし、仮にいずれの場合であっても申立権が基礎づけられないとすれば、それが不明の場合にも申立権が基礎づけられないことは明らかであろう。

22 肯定説でも、上記神原説はこのような場合には否定説をとられる（注9参照）。

23 その意味で、実質論として、「財団債権者たる債権者が予納金などの負担を引き受けて申立てをすることを禁じる理由に乏しいこと」を申立権の根拠とする『条解破産法』の見解（注16参照）は、破産債権者による手続選択の利益を十分考慮していない印象を受ける。

24 破産債権者の申立てがないということは、少なくとも消極的には破産債権者の全員がそのような判断をしていることを意味する。

なお、このような場合、破産手続開始の申立てが不当な目的その他誠実にされたものではないとして申立てを棄却する可能性（破30条1項2号）があるかもしれない。しかし、この場合の問題は、申立人、すなわち財団債権者の主観的な意図（目的）にあるのではなく、当該申立てが破産債権者の利益（手続開始の判断権）を害するという定型的な性質のものである。その意味で、個別的な事由による申立ての棄却に依拠すべきではなく、定型的に申立権を否定すべき場面であると解される。

2　財団財産が財団債権総額を下回っている場合

次に、財団財産が財団債権総額を下回っている場合、すなわち財団債権に対する100％弁済が保障されていない場合を考えてみる。これが、肯定説において、典型的に財団債権者の申立権を肯定すべきものとされる場面である。この問題の検討に際しては、いくつかの視点に基づき考えてみたい。

(1)　手続の目的の視点

まず、破産手続の目的に係る視点である。すなわち、松下説が強調するように、財団債権者に対する按分弁済、そしてその前提となる強制執行等の禁止を破産手続の一つの目的として位置づけるのか、それともそれを破産債権者に対する平等弁済を目的とする破産手続の付随的機能としてとらえるのか、という問題である。財団債権に基づく強制執行を禁止する現行法を前提にしても、松下説のような手続目的理解が必然的なものではなく、後者のような理解もなお十分に可能であると考えられるからである。

さて、仮に財団債権に対する按分弁済も破産手続の目的として考えられているとすれば、現行破産法の規律に対して直ちに大きな疑問が生じる。すなわち、何ゆえに破産法は財団債権者に対する按分弁済を確実にするような措置を設けていないのか、という点である。破産法は、破産債権者に対する平等弁済を確保するため、破産債権の届出や調査確定の手続、さらに配当の手続など綿密な規定を多数設けている。これは、破産法の目的が破産債権者に対する平等

---

[25]　なお、債務者の申立権は、破産債権者の利益保護をも目的として破産債権者の申立権を補充するものと理解されるところ（このような理解については、山本和彦『倒産法制の現代的課題』（有斐閣・2014年）326頁参照）、財団債権者の申立権にはそのような意義は存しない。

弁済を目的とする点から、当然の規律ということができる。しかるに、財団債権についてはそのような制度的担保は存在せず、財団不足の際に破産管財人の下で按分弁済をすべきことを抽象的に規定するにとどまっている（破152条参照）。これは、財団債権に対する按分弁済が、あくまでも破産手続の本来の目的が達成できない場合の「後始末」として位置づけられていることの証左ではなかろうか。手続開始後の結果として生じる財団不足という事態に対してできるだけ適切に対処することと、財団債権に対する按分弁済を当初から目的にして破産手続を利用させることとの間には大きな違いがあり、前者のための制度が設けられていることから、後者の帰結を導くには論理的な飛躍があることは否めない。[26]

(2)　優先順位の変更の視点

次に、優先順位に関する視点である。破産法152条は、財団債権に対する按分弁済について、「法令に定める優先権にかかわらず」行うものとしている。問題は、何ゆえに破産手続に入ると、手続外の場合に比べて財団債権者間の優先順位が変動するのか、である。たとえば、破産手続外では労働債権は租税債権に対して一般的に劣後する[27]が、破産手続における財団不足の場合には両者が同順位で弁済を受けられる結果になる。その理由はどこにあるのかである。

そのような措置がとられている合理的な根拠を説明することは相当に困難であるが、考えられる理由は、この場合は本来の破産手続の目的（破産債権者に対する配当）を達成できないという例外的な「後始末」の場面であるので、簡易迅速な処理を可能にする措置を例外的に認めたものということである。すなわち、手続の目的を実現できない場合の「後始末」のための簡易迅速性に基づく例外的措置と考えないと、この点は説明できないのではないかと思われる。

---

[26] この点は、財団不足が明らかになった後の偏頗行為否認を認めるかという論点とも関連する。松下説はこの点を肯定するが（松下・前掲（注10）852頁注14参照）、破産法152条では財団不足が明らかになった場合には直ちに財団債権に対して弁済することが想定されており、その後に否認権を行使してまで財団を増殖させることなどは想定されていないように思われる。否認権の要件も「破産債権者を害する」かどうかが問題とされており（破160条1項1号など参照）、仮に財団債権者しか存しないとすれば、その場合の破産者の行為は否認対象としては想定されていないものと解されよう。

[27] 国税徴収法8条は、国税債権が、納税者の総財産について、他の債権に原則として優先して徴収される旨を規定する。この場合の「他の債権」には当然労働債権も含まれる。

たとえば、『条解破産法』は、このような按分弁済とする理由として、①実体法上の優先順位の調査を破産管財人に義務づけるのは負担が重すぎること、②実体法上の優先順位を尊重すると財団債権者による不服申立手続を設ける必要が生じて手続が重くなることをあげ、「財団不足が明らかになったからには、早期に破産手続を終了すべきであって、手続上の理由で終了が遅延することは、財団債権者のみならず一般の破産債権者の利益をも損なう」ことを理由にして、その「後始末」としての迅速性・簡便性を強調されるが、相当な見解であると解される。

しかるに、仮に財団債権者に申立権を認めると、そのような優先順位の変動を正面から目的として、実体法上本来劣後する財団債権者が破産手続を意図的に利用することを認めることになり、優先順位に関する実体法秩序が崩れる結果をもたらす。そもそも優先順位の規律を実体法が設けているのは債務者の財産が債権全部を弁済するのに不足する場合に関してであるにもかかわらず、まさに債務者財産が不足する場合の破産手続においてそれを覆すための申立権を劣後債権者に認めることは制度的矛盾といわざるを得ない。それは、あくまでも破産債権者の申立てによって破産手続が開始したものの、予期に反して財団不足に陥った場面での例外的後始末の措置としてのみ許容される取扱いではなかろうか。したがって、財団債権者となるべき者の破産手続開始申立権を認めることは、優先順位の変動の観点からも相当とはいいがたい。

(3) 同時廃止の基準に関する視点

最後に、同時破産廃止の基準に関する視点がある。前述のように、松下説は、財団不足が見込まれても、財団費用を弁済することができる限り、破産手続を開始することができるものと理解される。この点は、破産法216条の「手

---

28 伊藤ほか・前掲書（注16）1030頁参照。
29 筆者はかつて異時廃止が見込まれる場合の担保権消滅請求の行使可能性との関係で、このような優先順位の変動の視点に鑑み、否定説を提示した（伊藤眞ほか『新破産法の基本構造と実務』（有斐閣・2007年）191頁〔山本和彦発言〕参照）ところ、田原睦夫弁護士（後に最高裁判所判事）からも「私は今回、研究会に出るまでは、積極説でよいではないかと思っていたのですが、伊藤説・山本説に説得されてしまいました。特に山本説のご議論はわかるので、なかなか難しいのかなという気はいたしております」として賛同を得たところであり（同191頁〔田原睦夫発言〕参照）、そこでは実務家の観点からも優先順位の変動に対する慎重な見方がうかがわれる。

続の費用」の意義の解釈によることになり、松下説のような理解も、文言からは素直なものである。

　ただ、この点については、破産法217条の異時廃止においても、廃止の判断の要件として全く同じ文言が用いられていることに注意を要するように思われる。松下説の基準を採用するとすれば、異時廃止の場合にも同様の基準で判断されることになると解されよう。そうだとすれば、ここでの問題は、手続費用が続く限り、破産債権者への配当の見込みがおよそ失われた場合にもなお破産手続を開始し、続行していくべきなのか、という問題と置き換えることができる。しかし、このように問題を設定してみると、そのような考え方はやはり相当ではないように思われる。むしろ配当の見込みがなくなれば、破産手続を終わらせるというのが異時廃止の一般的な考え方ではなかろうか。たとえば、この点について、『条解破産法』も、「財団債権が多額に上り、配当できる財産を形成することができないことが明らかとなった場合に、なおそれ以上に手続を進行させても単に手続費用を増加させて財団を減少させ、結局は財団債権者を害することになり、無益であること」から、配当の見込みがない場合には異時廃止にする旨の実務運用を相当とされている[30]。このような考え方が相当であるとすれば、手続開始の段階、つまり同時廃止の場面でも同様の理解、すなわち手続開始時に破産債権者に対する配当の見込みがない場合には、同時廃止とすべきであるという一般的な考え方および実務の運用が相当なものと解されよう。

　以上から、同時廃止の要件である「手続の費用」に不足するというのは、破産債権に対する配当が見込まれないことを指すものと理解すべきであり、そうだとすれば、ここで想定されているのは、破産手続開始決定をしたとしても同時に手続が廃止されるべき場面であるため、松下説がいわれるような財団債権者に対する弁済がされる結果にはなり得ず、財団債権者に破産手続開始の申立権を認めることは無意味に帰するものと解される。

---

[30] 伊藤ほか・前掲書（注16）1438頁以下参照。そのほか、現行法上、破産手続の終結は破産債権に対する配当が前提となっており、それ以外は破産廃止という扱いになることも根拠とされる。

(4) 小 括

以上のようなさまざまな視点の検討から、筆者は、財団財産が財団債権総額を下回っている場合にもなお、財団債権者の破産手続開始の申立権を認めるべきではないと解する。

Ⅳ 共益債権者になるべき者の更生手続開始申立権

以上のように、筆者は、財団債権となるべき債権を有する者の破産手続開始申立権を一般に否定すべきものと解するが、次に、共益債権となるべき債権を有する者の更生手続開始申立権についても考えてみる。この問題については、財団債権について論じた理由のうち妥当するものと妥当しないものとがあるので、注意して検討する必要がある。

まず、松下説はこの問題について明示的に論じられていないが、仮に松下説によればどうなるかを考えてみよう。松下説は、前述のように、一貫して手続開始後の強制執行等が禁止されているかどうかをメルクマールとして考えられている[31]。そのような考え方によれば、会社更生では、共益債権による強制執行等は一般に禁止されていないのであるから[32]、手続開始申立ての利益は否定されるべきことになるものと解される。その意味では、破産の場合の肯定説は更生の場合の取扱いには直結しないことになる[33]。

筆者も、やはり更生手続開始について、共益債権となるべき債権を有する者の申立権を認める必要はないものと解する。共益債権者としては、更生手続外で権利を実行することと更生手続内で権利を実行することとの間に基本的な差異はないからである。確かに、共益債権者は更生管財人から任意弁済を受ける

---

31 その結果、強制執行等が禁じられている労働債権や共益債権から転化した財団債権については肯定説をとり、租税債権や再生手続における一般優先債権については否定説をとられる。
32 会社更生法50条1項は、更生債権等（更生債権・更生担保権）に基づく強制執行・担保権実行のみを禁止しており、共益債権に基づく強制執行は対象とされていない。なお、同法132条3項は、共益債権に基づく強制執行の可能性を前提に、その中止・取消しを認めているが、極めて例外的な場面における措置にとどまっている。
33 前述のとおり、伊藤説は肯定説をとられるが（Ⅱ2参照）、その根拠は述べられておらず、破産の場合との整合性を含めて、今後の議論の展開を見守る必要があろう。

可能性はあり、手続外の債権回収において必要となる強制執行を回避することができるかもしれないが、それは事実上の利益にすぎず、それによって更生手続を開始する正当な法的利益が基礎づけられるとはいいがたい。

　また、労働債権者が共益債権者である場合を考えてみると、破産手続による清算を避け、事業を再生して雇用を確保するという利益は確かに認められる。しかし、それは共益債権者（未払いの賃金等の債権者）の立場というよりは、労働者としての立場に基づくものである。なぜなら、そのような利益は、賃金債権の遅滞等がなくても（つまり、手続上は債権者の地位がなくても）認められるものであるからである。その意味で、このような利益は、たとえば労働組合等労働者の利益を代表する者に更生手続開始の申立権を認めるかどうかという議論の根拠にはなりうるが、共益債権者である労働債権者の申立権を基礎づける法的な利益にはなり得ないものと解される。

　加えて、共益債権者には、一般に更生計画認可決定に対する即時抗告権は認められないものと解されている。更生計画は、まさに更生手続の最終的な目標であることに鑑みれば、その内容について利害関係を有しない者に対して、更生手続を起動させる権限を認める必要はないと解される。したがって、更生計画認可決定について争う地位にない共益債権者について更生手続開始申立権を認める必要もないと解されよう。

　さらに、そもそも破産の場合に主に問題となっている場面、つまり更生会社財産を共益債権の総額が上回る場合（共益債権の100％弁済が保障されない場合）というのは、更生手続の目的達成が可能であるとは一般に考えにくい場面である。そのような、共益債権の弁済すら危ぶまれる場合は、むしろ直ちに破産手続に移行すべき場合ではないかと思われる。その意味で、そのような場合を念頭において、共益債権となるべき債権を有する者の申立権を肯定することはそ

34　これを根拠に申立権を認めるとすれば、すべての財団債権者、共益債権者、一般優先債権者に申立権が認められることになるが、そのような結論を認める見解は存在しない。
35　現行会社更生法はこのような者の申立権を認めていないが、それはこのような利益が更生手続を起動させるに値するものとは位置づけられていないことの証左とも解される。
36　この点は、必ずしも明確に論じられてはいないが、たとえば、兼子一監修『条解会社更生法(下)』（弘文堂・1974年）673頁は、即時抗告権者は「一般に更生計画の効力を受けるべき地位にあ」る者とするが、共益債権者がその効力を受けないことは自明であろう。

もそも相当ではないと思われる。

　逆に、更生会社財産を共益債権の総額が下回る場合（共益債権の100％弁済が保障される場合）には、破産の場合と同様に、更生債権者や更生担保権者の意向を無視して（いずれにしても100％弁済が保障される）共益債権者に対して、更生手続開始のイニシアティブを付与してよいのかが問題となろう。更生手続の利害を直接に受ける立場にある権利者（更生債権者等）が手続開始の申立てをしていないことには、十分な配慮が必要である。たとえば、更生債権者等が裁判所の法的手続によらずに（いわゆる事業再生ADRなど私的整理の手続等によって）事業の再生を模索していくことを望んでいるとすれば、共益債権者の一存によって法的手続の利用を決定させることは相当ではない。どのような方法で事業価値を維持増殖させていくかは、その手続について直接の利害を有する更生債権者・更生担保権者が決めるべきことであろう。その意味で、やはり共益債権となるべき債権を有する者の申立権を肯定することは相当ではない。[37]

V　結　論

　以上から、本稿の結論としては、財団債権となるべき債権を有する者の破産手続開始申立権および共益債権となるべき債権を有する者の更生手続開始申立権は、いずれも認めるべきではないものと解される。

---

[37] このような場合について、「債権者一般の利益」（会更41条1項2号）に適合しないとして、申立てを棄却することが考えられるかもしれない。しかし、これはあくまでも他の法的手続が裁判所に係属していることを前提とした要件であり、当該手続と更生手続との相対的な比較で決まる概念である。いずれにしても裁判外の事業再生等多様な選択肢との比較を前提とするものではないし、そもそもそのような裁判所の判断を求める権利自体、上記のような場面で共益債権者に認めるべきものとは考えられない。

③ 破産における租税等の請求権をめぐる諸問題

弁護士 今泉 純一

I はじめに

　本稿は、租税等の請求権の優先順位に関する見直しが行われた平成17年1月1日施行の現行破産法が、施行から10年を経過したこともあり、十分な経験をもたない公租公課の徴収職員が行う滞納者の破産手続における実務処理や、租税等の請求権に関する破産管財人の管財業務の参考にでもなれば幸いであると考えて、執筆したものである。

　本稿は、破産における租税等の請求権について、財団債権と破産債権との区分、破産債権となる租税等の請求権の実情、破産債権となる租税等の請求権の届出・調査・確定の手続、手続外権利行使などについて、破産法の概説書・コンメンタール類に触れられず、議論されていない問題を中心に検討してみたものである。

II 租税等の請求権

1 破産における租税等の請求権

　破産では、租税等の請求権は、国税徴収法または国税徴収の例によって徴収できる請求権（破97条4号）と定義されている。いわゆる公租公課とよばれる公債権で、国税・地方税以外に、社会保険料・負担金・課徴金など数多くのものがある。実体法上の債権の優先順位は、国税と地方税は公課その他の債権に

優先し（税徴8条、地方税14条など）、公課は、各法律により、国税と地方税に次ぐ優先権がある旨規定されている。

地方税の徴収の例による旨規定される請求権もある（たとえば、国民健康保険料につき国民健康保険法78条、下水道使用料につき下水道法20条1項、地方自治法附則6条3号、地方自治法231条の3第3項、保育所保育料につき児童福祉法56条10項）が、地方税の徴収は国税徴収の例による（地方税48条1項、68条6項など）から、この請求権も租税等の請求権である。また、児童手当拠出金は、厚生年金保険の保険料その他の徴収金の徴収の例によるとされる（児童手当法22条1項）が、保険料その他の徴収金の徴収は国税徴収の例による（厚生年金保険法89条など）から、児童手当拠出金も租税等の請求権である。

追徴金と過料の中には、国税徴収の例によって徴収できるものがある（労働保険の保険料の徴収等に関する法律30条、砂防法38条1項、地方自治法231条の3第3項など）。追徴金と過料の請求権は、罰金等の請求権の一種で劣後的破産債権である（破99条1項1号、97条6号）が、国税徴収の例によって徴収できる追徴金と過料の請求権は、実体法上の優先権があるから、租税等の請求権で、罰金等の請求権には該当しないと解すべきである。

2　破産手続開始前の原因によって生じた租税等の請求権

旧破産法では、破産手続開始前の原因に基づいて生じた租税等の請求権は、その全額が財団債権とされていた（旧破47条2号）。本来は優先的破産債権であるが、国や公共団体の歳入の確保を目的として、財団債権に格上げしたものである。この取扱いには、破産財団にある程度の財産があっても財団不足で異時廃止になることや、請求権者（国と公共団体）は滞納処分が可能で滞納処分を適切に行使しない場合まで財団債権として優遇する必要はないなどの立法的批判があった。

このようなことから、現行破産法では、破産手続開始前の原因に基づいて生じた租税等の請求権（加算税・加算金は含まない）は、破産手続開始時に、納期限が未到来か納期限から1年（包括的禁止命令で国税滞納処分ができなかった期間は除く）を経過していないものに限って財団債権に格上げしている（破148条1項3号）。

財団債権の要件として、納期限が未到来のもののほかに納期限が破産手続開始決定前1年間以内に限られているのは、納税の猶予が原則1年以内とされている（税通46条1項～3項）ことや、納期限が到来しても納付がないときには、請求権者は滞納処分を行えばよい（破産手続開始後も続行して回収ができる。破43条2項、100条2項1号）のであるから、滞納処分を放置している場合は、財団債権としては処遇しないとされたからである。

　納期限とは、その期限までに納付されない場合は督促状が発せられ滞納処分がされる期限である具体的納期限をいう（税通36条2項など）。具体的納期限は、租税等の請求権の確定方式によって異なるから、法定納期限とは必ずしも一致しない。たとえば、申告納税方式では法定納期限と具体的納期限は一致する（同条1項）が、自動確定や賦課の租税では、具体的納期限は納税告知書や賦課決定通知書を発した日の翌日から1ヵ月経過後である（税通令8条1項）し、国民年金保険料・健康保険料・厚生年金保険料・児童手当拠出金は、月額で徴収され、具体的納付期限は翌月末日（国民年金法91条、健康保険法164条1項本文、厚生年金保険法83条1項）である。

　破産手続開始前の原因に基づいて生じたとは、賦課（課税）要件となる主要な原因が破産手続開始前にあることをいい、発生自体は破産手続開始の前後を問わない。納期限が未到来とは、破産手続開始時点で、租税等の請求権が発生しているが具体的納期限が未到来の場合と、租税等の請求権が破産手続開始後に賦課処分などで発生した場合（その性質は、破産債権としての将来の請求権に相当する）の2種類がある。前者の例としては、固定資産税（毎年1月1日が賦課期日である。地方税359条）の具体的納期限（同法362条1項）が破産手続開始時に未到来の場合などがある。後者の例としては、破産手続開始後に税務調査による課税処分などで発生した破産手続開始前の原因に基づく租税債権（具体的納期限は、更正・決定を発した日の翌日から1ヵ月経過時である。税通35条2項2号）、破産手続開始後の私的独占の禁止及び公正取引の確保に関する法律違反による課徴金納付審決で発生した破産手続開始前の原因に基づく課徴金請求権（同法70条の9第5項、会社更生に関する東京高判平成25・5・17判時2204号8頁参照）、破産手続開始後の補助金等に係る予算の執行の適正化に関する法律による交付取消補助金返還命令で発生した破産手続開始前の原因に基づく交付

金返還請求権（同法21条、名古屋高判平成5・2・23判タ859号260頁）、破産手続開始後の納入の告知で発生した破産手続開始前の保険給付の不正利得による返還金請求権（厚生年金保険法40条の2、89条、健康保険法58条1項、国民年金法23条、95条、会計法6条）などの公課（具体的納期限は、個別の賦課処分や会計法6条の納入の告知で定められる）がある。

本税（公課では本来の徴収金部分である。以下同じ）が、破産法148条1項3号によって財団債権になるときは、この本税の破産手続開始前の延滞税・利子税（国税）と延滞金（地方税と公課）も破産法148条1項3号の要件を満たすから財団債権となり、破産手続開始後の延滞税・利子税・延滞金は、破産管財人の財団債権の不納付という行為（不作為）によって生じたものであるから、破産法148条1項4号、97条柱書カッコ書で財団債権となる。

破産債権となる租税等の請求権は、破産手続開始から1年以前の納期限に係る本税と、この本税の破産手続開始前の延滞税・利子税・延滞金が優先的破産債権（破2条5項、98条1項）となる。

破産手続開始から1年以前の納期限に係る本税（優先的破産債権）の破産手続開始後の延滞税・利子税・延滞金は、破産手続開始後に具体的に発生する請求権であるから、破産手続開始後の利息・損害金と同様の趣旨で、政策的に劣後的破産債権とされている（破99条1項1号、97条3号）。

破産手続開始日の延滞税・利子税・延滞金が、優先的破産債権か劣後的破産債権かが問題となる。利子税（国税のみにある）は利息の性質を有するもので、破産手続開始は決定の時から効力を有する（破30条2項）から、利息の日割計算に準じて、破産手続開始日の前日までの分が優先的破産債権、破産手続開始日以降の分が劣後的破産債権となると解すべきである。延滞税・延滞金は遅延損害金の性質を有するから、破産手続開始日を弁済日と同視して、破産手続開始日までの分が優先的破産債権、破産手続開始日の翌日からの分が劣後的破産債権となると解すべきである。交付要求実務は、延滞税・延滞金に関して破産手続開始日までの分を優先的破産債権として交付要求している。

租税の加算税（税通2条4号）と加算金（地方税1条1項14号）は、破産手続開始前の破産者の不申告などを原因として生じたもので本来的な破産債権である（破2条5項）が、破産者に対する制裁としての性質を有する（最判昭和33・

4・30民集12巻6号938頁参照）ので、破産者の負担を破産債権者に転嫁することは不相当であるから、本税が財団債権（同法148条1項3号）、優先的破産債権（同法2条5項、98条1項）を問わず、劣後的破産債権に格下げされている（同法148条1項3号カッコ書、99条1項1号、97条5号）。なお、医療保険に関して、医療機関などが診療報酬などの不正支払いを受けた場合の加算金（健康保険法58条3項、介護保険法22条3項など）は、制裁としての性質を有するから、破産法97条5号を類推して劣後的破産債権と解すべきである。

3 破産手続開始後の原因に基づいて生じた租税等の請求権

旧破産法では、破産宣告後の原因に基づいて生じた租税等の請求権は、破産財団に関して生じたものは財団債権とされていた（旧破47条2号ただし書）。最判昭和62・4・21民集41巻3号329頁は、破産財団に関して生じたものとは、破産財団に属する財産の所有・換価の事実に基づいて課せられ、あるいは当該財産から生ずる収益そのものに対して課せられる租税その他の破産財団管理上当然にその経費と認められる公租公課を指すものとしていた。それに該当しない租税等の請求権はどう処遇されるのか明文の規定がなく、劣後的破産債権となるかどうかについて争いがあった。

そこで、現行破産法では、前掲最判昭和62・4・21の考え方に基づいて、破産手続開始後の原因に基づいて破産財団に関して生じた租税等の請求権が、破産財団の管理や換価に関する費用の請求権や破産管財人の行為によって生じた請求権に該当する場合は財団債権とする（破148条1項2号・4号）が、それ以外の破産財団に関して生じた租税等の請求権は、破産手続開始後の債権で破産債権としての要件を満たさないが、何の保護もないとすれば、法人に自由財産を肯定しない限り、破産財団に関して生じた租税等の請求権には引当てとなる財産（責任財産）がないことになるので、政策的に劣後的破産債権（同法99条1項1号、97条4号）の限度で保護することとしている。

破産手続開始後の原因に基づいて破産財団に関して生じた租税等の請求権は、そのほとんどが、破産財団の管理や換価に関する費用の請求権に該当する。具体的には、固定資産税、都市計画税、自動車税、破産財団の換価（建物、原材料、機械器具類の任意売却や競売など）によって生じる消費税（名古屋高

金沢支判平成20・6・16判タ1303号141頁)、課税文書を作成した際の印紙税、法人住民税の均等割(前掲最判昭和62・4・21は破産財団の管理費用とする)、事業継続をしたときの従業員の源泉所得税・厚生年金保険料・健康保険料・児童手当拠出金、破産法人の弁護士である破産管財人の報酬の源泉所得税(最判平成23・1・14民集65巻1号1頁)、破産管財人が支払う破産手続開始後の補助者の報酬などの源泉所得税、などである。

本税が破産財団の管理や換価に関する費用の請求権として破産法148条1項2号で財団債権となるときの延滞税・延滞金は、破産財団の管理や換価に関する費用の請求権と考えることも可能であるが、財団債権に順位が設けられている(破152条2項)から、その付帯性に着目して、破産管財人の不納付という行為(不作為)によって生じたものとして、破産法148条1項2号の請求権に劣後する同項4号の財団債権となると解すべきである。

本税が破産財団の管理や換価に関する費用の請求権として破産法148条1項2号で財団債権となる場合の加算税・加算金は、破産管財人の不申告などの行為によって生じたもので、破産者自身に対する制裁としての性質を有せず、破産債権者が共同して負担すべきものであるから、破産法99条1項1号、97条5号の劣後的破産債権ではなく、同法148条1項4号、97条柱書カッコ書の財団債権になると解すべきである。前掲最判平成23・1・14は、財団債権となる破産管財人報酬の源泉所得税の不納付加算税を、本税に付帯して生じるものであることを理由に、旧破産法の下での財団債権としたが、現行破産法では、加算税・加算金の付帯性に着目して、破産法148条1項2号の財団債権ではなく、これに劣後する同項4号の財団債権と解すべきだということである。

前掲最判昭和62・4・21が、現行破産法99条1項1号、97条4号でいう劣後的破産債権に該当するとした予納法人税のうち別除権の目的である土地の別除権者に対する優先的弁済部分を基礎とする土地重課税部分については、平成22年の税制改正で予納法人税が廃止され、土地重課税は平成29年3月末まで適用が停止されている。

破産手続開始後の清算事業年度と清算確定年度の法人税(破産法人は大幅な債務超過であるから、発生することはほとんど考えられない)は、破産手続開始後の原因に基づいて破産財団に関して生じるが、平成22年の税制改正で、通常の

法人の所得に対して課税されるものとなった。法人税は、暦年の各種所得を総合して個人的事由による諸控除を行って算定される所得税（最判昭和43・10・8民集22巻10号2093頁は、財団債権でもなく破産財団に関して発生したものでもないとする）とは異なっている。法人税は、改正前の予納法人税とは異なり、納付済法人税が清算確定年度の確定申告によって還付されるものではない（法税80条参照、改正前の同法110条1項では清算確定申告で納付済予納法人税は還付された）。この法人税は、破産手続開始後の原因によって生じた法人の所得に対して課税されるものであるから、破産財団の管理や換価に関する費用の請求権として破産債権者が共同して負担すべきもので、破産法148条1項2号の財団債権になり、同法99条1項1号、97条4号の劣後的破産債権ではないと解すべきである。復興特別法人税、法人住民税の法人税割、法人事業税、地方特別法人税も、税制改正後は、法人の所得を課税標準とし清算確定によって当然に還付の対象とはならないから、同様に解すべきである。以上によると、実際上は、破産法99条1項1号、97条4号によって劣後的破産債権となる租税等の請求権は、ほとんど考えられないことになる。

　破産手続開始後の原因に基づいて生じた租税等の請求権で、財団債権に該当せず破産財団に関して生じたものでもない租税等の請求権は、上記の劣後的破産債権の要件を満たさないから、破産手続では何の保護も受けられない。この租税等の請求権は、破産者の自由財産（新得財産）を責任財産とする請求権で、破産者自身が支払うべき債務であって破産手続とは無関係である。この例として、破産管財人が破産財団から放棄した後に放棄財産（法人に自由財産を認めない見解でも放棄財産は法人の自由財産となる。最判平成12・4・28金商1587号57頁、破規56条参照）に関して生じた固定資産税（放棄の翌年1月1日以降の分）や、その放棄財産を換価した場合（建物の抵当権の実行など）の消費税など、個人では、破産手続開始後の所得税・国民年金保険料・国民健康保険料（税）・保育所保育料などがある。

　国民年金保険料・国民健康保険料（税）・保育所保育料につき、破産法148条1項3号の財団債権と破産者自身が自由財産で支払うべき債権との区分を検討する。

　国民年金保険料は、被保険者期間の各月について被保険者に対して課され、

被保険者資格を取得した月から被保険者資格を喪失した月の前月までの分を翌月末日までに納付しなければならない（国民年金法11条、87条、91条）。被保険者資格との関係で、月額を日割計算することはできないので、破産手続開始決定で被保険者の資格が喪失するわけではないが、破産手続開始日を資格の喪失日と同視して、破産手続開始日が属する月の前月までの保険料が破産法148条1項3号の財団債権、破産手続開始日が属する月以降の保険料が破産者が自由財産で支払うべき保険料になると解すべきである。徴収実務では、徴収機関である日本年金機構は、破産手続開始日の属する月の前月までの国民年金保険料を財団債権として交付要求している。

　市町村を保険者とする国民健康保険料（税）は、被保険者世帯の世帯主に対して年額として賦課され、賦課期日は当該年度の初日で、徴収については、特別徴収と普通徴収による分割納付となる（国民健康保険法76条、76条の2、76条の3）。破産手続開始時以降に具体的納期限が到来する納付額からが破産者自身が自由財産で支払うべき保険料とする見解があり、保険者の中には破産手続開始時点で具体的納期限が到来している納付額に限って交付要求を行う例もあるが、妥当とは思えない。被保険者の資格喪失は適用除外要件に該当した日の翌日を原則とする（国民健康保険法8条）が、国民健康保険料（税）は、年額で被保険者世帯の賦課期日現在の世帯主に賦課されるもので、納付義務者である世帯主は被保険者かどうかは問わない（山口地判昭和44・3・31行集20巻2・3号323頁）から、特別徴収や普通徴収における具体的納期限にかかわりなく、当該年度の保険料（税）年額から破産手続開始時における納付額を控除した残額が破産法148条1項3号の財団債権（この点は固定資産税などと同様である）、破産手続開始後に到来する次年度分以降の保険料（税）が世帯主である破産者が自由財産で支払うべき保険料（税）になると解すべきである。もっとも、国民健康保険料（税）を滞納すると被保険者世帯の被保険者の保険給付の支払いが差し止められる（国民健康保険法63条の2第1項）から、これを避けるためには、破産財団に直ちに弁済する財源がない場合は、破産者自身が滞納分を自由財産で支払う必要がある。保険料（税）滞納による保険給付の支払差止め（被保険者の治療は10割負担となる）という措置は、公法上の制裁で破産とは無関係である。被保険者世帯の被保険者が、この措置を免れて今後も国民健康保険に

よる治療を受けるために、世帯主である破産者が自由財産で滞納保険料（税）を支払うことは破産者の任意であるから、その弁済は有効である。

保育所保育料（公立保育所と私立の認可保育所の保育料である。児童福祉法56条3項）は、保護者に対して課され、各市町村の保育の実施に関する条例と規則で納付額と納付時期が定められている。月額による徴収が通常であるが、入退所日が月の中途の場合は、日割計算する例、前半と後半に分けて半額とする例、全部月額で徴収する例などさまざまである。保護者の破産手続開始決定で保育の実施解除（退所）がされるわけではないが、破産手続開始日を退所日と同視して、条例や規則に基づき同日までに支払うべき保育料が破産法148条1項3号の財団債権、それ以降の保育料が破産者が自由財産で支払うべき保育料となると解すべきである。

4　外国租税

平成25年7月1日に施行された破産法の改正により、租税条約等の実施に伴う所得税法、法人税法及び地方税法の特例等に関する法律（以下、「実特法」という）による共助実施決定（実特法11条1項）を受けた外国租税も、共助対象外国租税の請求権（破24条1項6号）として、倒産手続に参加できる（同法103条5項）こととなった。外国租税は、わが国において執行することができないと解されている（明文の規定はないが、レベニュー・ルールとよばれる）ところ、倒産処理手続に参加できるのは共助実施決定を得ている共助対象外国租税の請求権のみであり、共助実施決定を得ていない外国租税は手続に参加することができないことを明確にしたものである。共助対象外国租税の請求権は、実特法11条4項、実特法施行令7条1項（税務行政執行共助条約15条参照）により優先権は与えられていない。共助対象外国租税の請求権は、租税等の請求権の実体的な優先性を前提とする規定は適用されず（破24条、25条、42条、43条1項、100条2項、148条1項、163条3項、249条、253条1項1号など）、優先性とは関係しない公債権であることを理由とする規定は適用される（同法97条1項3号・5号、114条、134条2項、142条、202条、214条など）といった立法的な整備が行われている。

破産手続開始前の原因に基づいて生じた共助対象外国租税の請求権は、優先

権は認められないから一般破産債権となり、付帯金は劣後的破産債権となる（破148条1項3号カッコ書、99条1項1号、97条3号・5号）。

破産手続開始後の原因に基づいて生じた共助対象外国租税の請求権の処遇は、前記3と同様である。

III 破産債権となる租税等の請求権の実情

実務上は、破産債権となる租税等の請求権が多い。そのほとんどが、破産手続開始時に本税が具体的納期限を1年以上経過したものである。このような請求権が多い理由は、以下の事情による。

各種の公租公課の長期滞納を含む滞納額自体が多いのである。国税庁の発表によると、滞納国税は平成24年末で1兆2702万円（平成24年度の新規滞納額は5935億円）、総務省の発表によると、平成23年度決算では滞納地方税（累積）は1兆9155億円、日本年金機構の発表によると、同機構が所管する滞納社会保険料（厚生年金保険料・健康保険料・児童手当拠出金・国民年金保険料）の額は不明であるが、厚生年金保険料・健康保険料・児童手当拠出金の収納率は平成24年7月現在で93.7％、滞納事業所は適用事業所総数174万6235カ所のうち18万5048カ所で約10.6％と高率であり、国民年金保険料の平成24年7月現在の現年度の納付率は54.6％と非常に低くなっている。滞納が多いことは、今に始まったことではなく、滞納の累積化、長期化が進行している状況にある。年度を越えて滞納が解消しない繰越滞納の割合も多いから、滞納者に破産手続が開始された時点では、破産手続開始1年以上前からの滞納分で破産債権となる租税等の請求権が多いということになる。

また、滞納が発生した場合は、滞納整理として、滞納者（特に事業主）が事業を継続している限り、滞納処分という強硬な債権回収手段をあまりとらず、滞納者との交渉によって、納付計画などを提出させて分割納付を受けるという納付折衝中心型の運用が長年にわたって行われており、この結果、滞納者に破産手続が開始された時点では、財団債権となる滞納分以外に納期限が破産手続開始時に1年を経過していることから破産債権となる滞納分も多いのである。

滞納額の分割払いは、納税（徴収）の猶予（税通46条以下、地方税15条以下）

や換価の猶予（税徴151条以下、地方税15条の5以下）の適用要件に欠け、徴収機関が行政裁量として認めてきたということにほかならない。このような行政裁量が許されるかどうかが問題となるが、国税の徴収にあたって用いうる強制力も、その運用を極めて慎重にすべきことが了解されており、その用いうる強制力の程度にも、徴税当局の認定と裁量にまかされている幅が相当程度に広いという意見があり、福岡地判平成16・12・20判例集未登載は、国税に関して、国税徴収法47条1項の規定は、同項各号の場合に徴収職員に滞納者の財産を差し押さえる義務まで認めたものと解することはできず、滞納者の事業の内容、所有財産等の納付資力、納税者の経営能力や納税に対する誠意等を総合勘案して、滞納処分に入った場合の国税回収見込額と事業を継続させることによって自主納付が期待できる金額等を比較検討し、滞納国税の回収を図るべきものと解するのが相当で、徴収職員の滞納国税の徴収方法は、滞納者の各事情を考慮して柔軟に対応すべきであり、広範な裁量が認められるべきである、とし、名古屋高判平成18・1・9裁判所ウェブサイトは、地方税に関して、徴税をする地方団体の長は、滞納者に対して滞納処分を行う時期やその対象等について、当該滞納者の税の負担能力（担税力）や誠実な納入意思の有無に応じてその事業の継続や経済生活の維持がむやみに損なわれることのないよう配慮しつつ、他方、徴税行為が区々になり、公平を欠き、偏頗なものとならないようにすべきであり、これらを踏まえて、計画的、能率的かつ実質的にその徴収権の確保を図るに相当な範囲での裁量が与えられているものと解される、としている。本稿は、滞納整理の適正化を検討することを目的とするものではないから、この問題には、これ以上踏み込まないこととする。

　特に、滞納社会保険料については、滞納額の債務承認（税通72条3項、民147条）を受けながら、行政裁量による分割納付を認めるという処理が顕著である。債務承認を受けるのは、保険料の徴収権は租税債権とは異なり、2年で消滅する（厚生年金保険法92条1項、健康保険法193条1項）からである。厚生年金と健康保険は強制加入であり（厚生年金保険法6条、健康保険法3条3項）、保険料は、事業主の経営状態や所得とは無関係で、かなりの高額（標準報酬額の約

1　吉国二郎ほか編『国税徴収法精解』の発刊にあたっての序〔我妻栄〕より。

27％）である。保険料は、原則として被保険者（従業員や役員）と事業主が折半するが、保険料の支払義務者は事業主である（厚生年金保険法82条、健康保険法161条）。事業主は、資金繰りが苦しくなると、被保険者の給料から天引きした部分（預り金）も含めて運転資金に使ってしまい、納付意識の希薄さと相まって、支払原資が不足して保険料の滞納に至るというのが一般である。分割納付を認めることにより、経営が持ち直して滞納保険料の納付が受けられることもある。事業主が事業を継続しながら滞納を続けるときは滞納額が月々積み上がっていく一方では、保険料滞納を理由とする被保険者の資格停止といった方法も法律上認められず、事業主の保険料滞納は、被保険者の厚生年金受給権や健康保険給付請求権に消長を来さない（この点が国民年金や国民健康保険とは異なる）。債務承認によって消滅時効を中断しながら行政裁量による分割納付の方法によっても、厚生年金給付や健康保険給付の原資の一部となる保険料をできる限り回収しようとすることは、請求権者（国であるが、徴収は厚生労働大臣から事務の委託と権限の委任を受けた日本年金機構が行う）に課せられた当然の責務である。滞納処分を強行してみても、滞納国税、滞納地方税と競合することが多く、社会保険料は、公課で、国税と地方税に劣後する（厚生年金保険法88条、健康保険法182条）から、滞納処分は、債権回収の方法としては実効性があるともいえない。

　以上の事情から、事業者が破産した時点では、滞納社会保険料を中心に、財団債権以外に、破産債権となる租税等の請求権が多くなっているのである。

Ⅳ　破産債権となる租税等の請求権の届出・調査・確定手続

　破産債権となる租税等の請求権（共助対象外国租税の請求権を含む）は、手続債権である破産債権の一種であるが、その届出、調査、確定手続については、公債権であることなどを理由に、一般の破産債権とは異なった処理がされる（破114条、134条）。

　一般の破産債権とは異なった処理がされることや、その処理内容は、罰金等の請求権でも同様である。また、会社更生（租税等の請求権・更生手続開始前の罰金等の請求権に関する会更142条、164条）と民事再生（再生手続開始前の罰金

等・共助対象外国租税の請求権に関する民再97条、113条）でも同様である。以下の議論は、破産における租税等の請求権に特有のもの（手続債権の届出が交付要求として行われる、請求権の処遇が異なるなど）以外は、罰金等の請求権や会社更生や民事再生における前記の請求権にもあてはまるものである。

1 破産債権となる租税等の請求権の届出

(1) 届け出るべき租税等の請求権

破産法114条は、届出義務がある請求権は、租税等の請求権（共助対象外国租税の請求権を含む）であって財団債権に該当しないもの、としている。

破産債権となる租税等の請求権以外に、破産債権でない破産手続開始後の原因によって生じた租税等の請求権も、規定の文言上は届出義務があるとする見解があるが[2]、届出義務のある請求権は破産債権となる租税等の請求権に限ると解すべきである[3]。破産債権でない租税等の請求権は、破産者の自由財産を責任財産とする請求権で破産手続とは無関係の請求権であり、破産法114条は破産債権の届出の特則を定めたものであるから[4]、破産債権でない租税等の請求権に届出義務を課すこと自体が無意味だからである。

(2) 届出事項

破産債権となる租税等の請求権（共助対象外国租税の請求権を含む）の届出事項は、請求権の額および原因などである（破114条、111条2項、破規36条）。

破産債権となる租税等の請求権の届出は、交付要求書による交付要求としてなされる（税徴82条1項、地方税68条4項など）が、交付要求は、徴収機関がその名で行うもので、交付要求書の記載事項（税徴令36条1項）は破産債権の届出事項と一致しない。たとえば、破産規則36条1号では、請求権を有する者の名称が届出事項となっており、請求権を有する者の名称とは債権者（国と公共団体）をいうから、徴収機関と請求権者は一致しない。交付要求実務では、交付要求書の書式に従った交付要求を行っている。しかし、公租公課の徴収手続上、破産手続を強制換価手続としている（税徴2条12号）関係で、破産債権の

---

2 伊藤眞ほか『条解破産法〔第2版〕』（弘文堂・2014年）818頁。
3 竹下守夫編集代表『大コンメンタール破産法』（青林書院・2007年）478頁〔林圭介〕。
4 破産法第4章第2節破産債権の届出の項におかれている。

届出は交付要求の方法で行うことを定めただけで、この定めである国税徴収法82条1項、地方税法68条4項などは、破産法114条の特則ではないと解すべきであるから、徴収機関は、交付要求書の記載事項で事足れりとするのではなく、破産法の届出事項に関する規定を遵守して、交付要求をすべきである。交付要求としてなされれば足りると考えると、破産債権となる租税等の請求権の届出は交付要求としてなされるから、租税等の請求権に関しては、破産法114条の意味がなくなってしまうからである。

(3) **届出の時期**

破産債権となる租税等の請求権（共助対象外国租税の請求権を含む）の届出の時期は、一般の破産債権とは異なり、「遅滞なく」とされている（破114条）。租税等の請求権は、公債権であることなどを理由に、一般の破産債権における債権調査の対象にも確定手続の対象にもならない（同法134条1項）から、破産債権の届出も、調査期間や調査期日と関連しないので、「遅滞なく」届け出ることを定めたものである。

「遅滞なく」に関して、裁判所が一切の事情を考慮して判断するとしたり、これを緩やかに解して、破産債権の届出の終期までは届出を可能とする見解（特別の事情がない限り届出の却下をすべきでないという見解もある）や実務運用があるが、裁判所は、破産債権となる租税等の請求権についても、破産法112条に準じて、一般の破産債権と同様の失権時期に遅れた届出は、「遅滞なく」届出がされなかったものとして、届出を却下して失権（配当からの除斥）させるべきである。[5]

破産手続は、滞納処分、強制執行、担保権の実行などと並んで国税徴収法上の強制換価手続の一つとされ（税徴2条12号）、最判平成2・6・28民集44巻4号785頁は、不動産競売手続での交付要求は、配当要求の終期までに行わないと配当を受けられないとし、その理由として、交付要求は他の執行機関による強制換価手続が進行している場合に、その手続に参入して債権の満足を受けようとするのであるから、特段の法令の定めのない限り、当該強制執行手続の制

---

[5] 今中利昭ほか『実務倒産法講義〔第3版〕』（民事法研究会・2009年）775頁〔今泉純一〕、伊藤眞ほか編『新破産法の基本構造と実務（ジュリスト増刊）』（有斐閣・2007年）152頁〔伊藤眞発言〕参照）。

限に服すべきであるとしている。上記の実務運用などは、この最判の趣旨から、破産では配当要求の終期に相当する破産債権の届出の終期が交付要求の終期だと考えているのかもしれない。なお、破産債権の届出の終期は法定されておらず、破産債権届出としての交付要求の終期は、最後配当の除斥期間満了時(破198条)とする見解[6]と、配当表の確定時(同法200条1項、205条)とする見解[7]があるが、最後配当の除斥期間満了時点で最後配当の対象債権が確定するから、前者の見解が妥当である。破産債権届出の終期を経過した場合は、「遅滞なく」かどうかを問わず、破産配当から除斥されるだけで、このことをもって、破産債権の届出としての「遅滞なく」の終期を画そうとするのは、妥当とは思えない。

破産債権となる租税等の請求権の大半は、破産手続開始1年前に具体的納期限があるもので、徴収機関にとって、一般の破産債権に比して届出が困難となるような事情は考えられない。「遅滞なく」につき、破産法112条に準じて解釈するという見解に対しては、その存否および額を請求権者において調査し、相手方の手続権を保障したうえで額を確定する必要がある場合とか、執行力を生じたり額等が確定するまでに時間を要したりする場合等特殊な事情がある場合も多いので、その事情を踏まえて個別的に判断する必要があるとの反論がある[8]が、この反論は、財団債権となる租税等の請求権と破産債権となる租税等の請求権を混同しているのではないかという疑問があり、少なくとも、破産債権となる租税等の請求権については、この反論のような特殊な事情は考えられない。

破産手続開始前の原因に基づいて破産手続開始後の賦課処分などで発生する租税等の請求権は、上記Ⅱ2で述べたように、破産法148条1項3号の財団債権で、破産債権ではない。これらの請求権による交付要求は、財団債権の申出(破規50条1項)であり、破産債権の届出ではないのである。

破産手続開始前の原因に基づいて破産手続開始後に賦課処分(更正・決定など)で生じた租税の加算税・加算金は、劣後的破産債権となる(破99条1項1

---

[6] 伊藤ほか・前掲書(注2)820頁。
[7] 竹下・前掲書(注3)479頁〔林圭介〕。
[8] 伊藤ほか・前掲書(注2)820頁。

号、97条3号）が、その届出は、発生時期により破産法112条1項・3項に準じて考えればよい。破産手続開始前の原因に基づく外国租税の請求権で破産手続開始後に共助実施決定があった場合や、劣後的破産債権となる破産手続開始後の原因に基づいて破産財団に関して生じた租税等の請求権（同法99条1項1号、97条4号）も同様である。

　破産債権となる租税等の請求権も、破産債権である以上、破産債権となる租税等の請求権が公債権であることや、その届出が国税徴収法上の交付要求としてされることは、破産手続の迅速性の見地から失権時期を定めた一般の破産債権より租税等の請求権を優遇する理由にはならない。実務上は、解釈通達である国税徴収法基本通達82条関係3(2)は、「遅滞なく」の解釈を示さないし、破産債権届出である交付要求は、破産債権届出期間の指定の有無（破31条1項1号・2項）を問わず、迅速に行われている。

　「遅滞なく」を破産法112条に準じて解釈しても、租税等の請求権者に特段の不利益は与えないので、影響は考えられないのである。

　実務運用では、破産管財人から知れたる租税等の請求権者に交付要求の催促がされることもあるが、通常は、財団債権（破148条1項2号の管理や換価の費用の請求権）となる租税等の請求権についてであって、破産管財人の催促の有無は、届出についての「遅滞なく」の解釈には影響しない。一般の破産債権の届出と同様の規律に服させるという見解に立つと、破産管財人の催促の有無は失権とは無関係である。

2　租税等の請求権に対する異議主張

　租税等の請求権（共助対象外国租税の請求権を含む）は、一般の破産債権における債権調査の対象にも確定手続の対象にもならない（破134条1項。罰金等の請求権も同じである）。一般の債権調査・確定手続を排除したのは、租税等の請求権が公債権で債権の真実性の一応の推定があり、届出破産債権者の異議にもなじまないからである。

(1)　破産管財人の異議主張の方法

　届出のあった租税等の請求権の原因（共助対象外国租税の請求権にあっては、共助実施決定）が、審査請求、訴訟（刑事訴訟を除く）その他の不服の申立てを

することができる処分である場合は、破産管財人は、当該届出のあった請求権について、当該不服の申立てをする方法で異議主張ができる（破134条2項）。

　この異議主張は、主張の制限があり、確定に関する訴訟の結果が破産債権者表に記載され、判決などは破産債権者全員に対して効力を有する（破134条5項、128条、130条、131条1項）から、破産債権確定防止のために認められたものであることは明らかである。

　異議権を破産管財人にだけ認めたのは、届出破産債権者に異議権を認めても有効な行使が期待できないし、手続が煩瑣になるからである。

　破産管財人が異議主張として行う不服申立方法は、破産者が行える不服申立方法で、破産管財人に独自の不服申立方法を認めたものではない。この点は、条文上は明確ではないが、[9]破産債権の債務者は破産者であり、破産管財人に独自の不服申立方法を認める法律上の根拠はなく、破産法134条3項・4項の受継の規定からみても、異議主張は、破産者が行える不服申立方法のみによることは明らかである。

　不服申立方法は、請求権の原因となる処分によって異なり、各法律に規定されている。租税では、申告を要するものは更正や決定、申告を要しないものは納税の告知（税通36条1項、最判昭和45・12・24民集29巻13号2243頁）や賦課決定である。共助対象外国租税の請求権では、共助実施決定が明文で定められているが、共助実施決定は、請求権の原因となる処分ではない（実体的な課税要件に関する紛争は徴収共助要請国の法令で行われる）が、共助実施決定が破産手続参加の要件になっており（破103条5項）、共助実施決定は滞納処分における督促に相当するから、共助実施決定を特に異議主張の対象として認めたものである。社会保険料などの公課では、保険料その他の徴収金に関する処分で、徴収金の発生に個別の行政処分が必要な場合は当該行政処分である。

　不服申立前置主義がとられていることが多いので、その場合は、異議のある破産管財人は、処分に対して、法定の不変期間内に、各法律に規定されている審査請求などの行政不服申立てを行い、その裁決などに不服があれば、行政処

---

[9] 旧会社更生法158条1項は、「会社のすることができる方法」で不服の申立てができる旨規定していたが、現行会社更生法164条2項は、破産法134条2項と同じ内容になっている。民事再生法113条2項も同じである。

分取消訴訟（行訴3条2項）を提起することになる。請求権の原因となる行政処分（租税等の請求権の成立や発生に関する賦課処分）に対して、破産者から法定の申立期間内に行政不服申立てや訴訟提起がされないで、破産手続開始時に当該行政処分が確定しているときは、破産管財人も確定の効力（行政行為の不可争力・形式的確定力）を受けると解すべきであるから、租税等の請求権の成立や発生に関する異議主張の手段はないことになる。

当該行政処分に重大かつ明白な瑕疵がある場合は、行政処分取消訴訟のほか、無効等確認の訴え（行訴3条4項）を提起することが可能である。無効等確認の訴えには不服申立前置主義の適用はなく出訴期間の制限もないが、異議主張として行うときは不変期間（破134条4項）内に行わなければならない。

届出があった租税等の請求権について、破産手続開始時に、破産者を当事者とする行政不服審査手続または訴訟手続が係属しているときは、破産手続開始で当該手続が中断している（破46条、44条1項）ので、異議のある破産管財人は、交付要求を知ったときは、法定の不変期間内に当該行政不服審査手続や訴訟手続を受継して異議主張をしなければならない（同法134条3項）。

(2) 処分性

租税等の請求権に関する徴収機関の行為の中には抗告訴訟の対象となる処分性が問題となるものがある。抗告訴訟の対象となる行政事件訴訟法3条2項における「行政庁の処分その他公権力の行使に当たる行為」とは、公権力の主体たる国または公共団体が行う行為のうち、その行為によって、直接国民の権利義務を形成しまたはその範囲を確定することが法律上認められているものをいう（最判昭和39・10・29民集18巻8号1809頁）。

(ア) 納入の告知の処分性

公課の徴収処分の一環として行われる会計法6条による納入（納付）の告知については、厚生年金保険料・健康保険料などでは賦課処分ととらえて処分性を認める徴収実務（国民年金保険料については、国民年金法28条の2第7号で納入の告知は行われない）や、厚生年金基金の脱退時特別掛金につき処分性を認める見解があるが、納入の告知は、事実の通知で行政処分に該当しないとする下級審の判例もある。

納入の告知は、歳入徴収官が、歳入を徴収しようとするときに、これを調査

決定し、債務者に通知をするものである（会計法6条）。告知とは一定の意思・事実を知らせるものであるが、納入の告知は歳入の徴収手続の一環として行われる。納入の告知一般について処分性の有無を判断することは妥当ではなく、各法律に定められた歳入の種類や徴収方法などの徴収手続の流れの中で、各種の納入の告知の処分性の有無を判断すべきである。社会保険料の納入の告知についていえば、納入の告知は納付すべき保険料の額と納付期限を告知するものであるが、保険料の額は保険者が届出などに基づいて決定した（厚生年金保険法21条1項など）標準報酬月額などに法律上の保険料率を乗じて算定され（同法81条3項など）、納付期限は法定されている（同法83条1項など）。しかし、納入の告知自体に消滅時効の中断効があり（会計法32条）、納付額の確定が事前の納付者の届出や保険者の処分（標準報酬月額決定処分など）によってなされるわけではなく、納入の告知で具体的納付額が確定され、納付義務者は納入の告知によって納付額を知ることになるから、社会保険料の納入の告知は、納付額（債権額）を確定する処分で徴収金の賦課処分として行政不服申立ての対象となる（厚生年金保険法91条など）ものとして、処分性を有すると解すべきであろう。

(イ) 交付要求の処分性

国税徴収法82条1項や地方税法68条4項などは、破産債権となる租税等の請求権について、徴収機関は裁判所に対し、交付要求書によって交付要求しなければならないと定めているが、これは破産債権の届出（破114条）を意味する。ちなみに、国税徴収法82条1項では、徴収機関は、財団債権となる租税等の請求権については、破産管財人に対し交付要求書による交付要求をすることとされているが、これは破産管財人に対する財団債権の申出（破規50条1項）を意味する。

10　全国倒産処理弁護士ネットワーク編『破産実務Q&A200問』（金融財政事情研究会・2012年）308頁〔石井教文〕。
11　労働者災害補償保険法の休業補償給付の返還請求に係る納入の告知について、民法上の不当利得返還請求権の請求・催告にすぎないとして処分性を否定した東京地判昭和44・5・14判時559号81頁、厚生年金保険料の延滞金の納入の告知について、履行の催告行為であるとして、処分性を否定した東京高判平成19・3・13訟月54巻5号1130頁。

IV　破産債権となる租税等の請求権の届出・調査・確定手続

　租税等の請求権（共助対象外国租税の請求権を含む）の破産債権届出を交付要求の形式で行うのは、国税徴収法が破産手続を強制換価手続と位置づける破産に特有のもので、会社更生や民事再生では通常の手続債権の届出として行う。
　破産債権の届出としての交付要求に、抗告訴訟の対象となる処分性があるかどうかについて、争いがある。なお、交付要求に処分性を認めるとしても、交付要求を含む滞納処分は、租税等の請求権の成立や発生に関する行政処分とは独立の行政処分（後続処分）で、違法性の承継はない（最判昭和50・8・27民集29巻7号1226頁参照、鳥取地判昭和26・2・28行集2巻2号216頁など）から、交付要求に対する不服申立手続等では、請求権の成立や発生に関する行政処分の違法を取消理由とすることはできない。
　判例は、大阪地判平成24・2・17裁判所ウェブサイトは、交付要求は滞納処分の手続として滞納者の意思に基づくことなく強制的に破産財団から優先して配当を受けることを可能とし、他の破産債権者にとっても自己の配当が減少するという利害関係者の実体法上の権利義務に変動をもたらす効果を有するもので差押えと同じく滞納処分であるとして、破産債権の届出である交付要求の処分性を肯定している。これ以外に判例はみあたらない。
　旧破産法時代の財団債権である租税債権の国税徴収法82条1項による交付要求の処分性について、最判昭和59・3・29訟月30巻8号1495頁は、交付要求は単に弁済を催告するものにすぎず、これによって破産者または破産管財人の地位や権利義務に何らの変動を与えるものではないことを理由に処分性を否定した原審（大阪高判昭和57・10・29行集33巻10号2129頁）の判断を是認している。
　民事執行における交付要求の処分性については、相反する下級審の判例があり、交付要求は広義の滞納処分に属しその性質は行政処分に該当するとして、交付要求は滞納処分以外の強制換価手続における換価代金につき優先配当を受ける権利を取得し一方後順位権利者は換価代金から配当を受ける権利を失うから行政処分であるとする原審（松江地判昭和43・10・21訟月14巻11号1288頁）の判断を支持して処分性を肯定した広島高松江支判昭和47・2・25訟月18巻9号1408頁と、交付要求は有効に確定した徴収金債権の存在を前提に執行機関にその債権について弁済を求める申立てにすぎず交付要求によって新たな権利義務は発生しないなどとして処分性を否定した東京地判平成10・1・29判例地方自

治187号20頁がある。

　学説は、破産債権の交付要求は破産手続からの配当という方法で徴収を図るものであり、破産手続は強制換価手続で、交付要求は国税徴収法の交付要求としての効力を有するとして、処分性を肯定する見解[12]と、交付要求は滞納者に新たな納税義務を課しまたはそれを変更するなどの国民の権利義務を変動させる効果をもつものではなく、破産債権の場合は交付要求によって当該租税債権の存否や額が確定するものとしたり、交付要求自体を争わせるしくみはとられていないことや、交付要求が狭義の滞納処分の前提となる督促や納税告知とは異なることを理由に、処分性を否定する見解[13]に分かれている。

　ちなみに、交付要求一般の処分性の有無については、肯定説、否定説[14]、民事執行手続における交付要求は他の債権者には公定力は生じないが債務者には公定力が生じるとする説[15]などがある。[16]

　徴収実務は、租税等の請求権が財団債権・破産債権を問わず、交付要求に公定力を認めてその処分性を肯定している。徴収機関は財団債権・破産債権を問わず、交付要求をした旨を滞納者に通知することが要求されている（税徴82条2項）。この通知は、国税徴収法基本通達82条関係6の定める書式などで行われるが、この書面は交付要求通知書とよばれる。滞納者である破産者に対する通知は、他の強制換価手続と同様の書式で行われていて、交付要求通知書には、行政不服審査法14条1項に定められた不服申立期間に関し、同法57条1項に基づいた教示文が記載されている。また、交付要求を行政不服申立ての対象としている。もっとも、交付要求の処分性を前提としても、破産者に対する通知や教示は、破産者にとっては、あまり意味がない。破産手続上は破産者には異議権が認められていない（破134条1項）。租税等の請求権は、財団債権か破産債権かを問わず、破産手続終了後（破産債権では免責に関する裁判の終了後）

12　中山裕嗣『租税徴収処分と不服申立ての実務』（大蔵財務協会・2008年）50頁。
13　徳岡治「判批」倒産判例百選〔第4版〕（2006年）197頁。
14　金子宏『租税法〔補正版〕』（弘文堂・1981年）427頁、木村弘之亮「判批」判評229号（1984年）8頁。
15　金子宏『租税法〔第18版〕』（弘文堂・2013年）854頁、時岡泰「判批」新倒産判例百選（1990年）240頁など。
16　近藤崇晴「配当要求及び配当を巡る諸問題」鈴木忠一＝三ヶ月章監修『新・実務民事訴訟法講座(12)民事執行』（日本評論社・1984年）235頁など。

は滞納処分が可能であるし、個人の破産者では、破産債権となる租税等の請求権は非免責債権である（同法253条1項1号）から、破産者に破産手続外で租税等の請求権の存否を争わせる意味はあるが、実際には、徴収機関は、国税徴収法153条5項、地方税法15条の7第5項などで納付義務を消滅させることが多いので、通知や教示にあまり意味がない。また、法人の破産者では、破産手続が終了すると法人格は消滅して、破産者に対する債権が消滅する（最判平成15・3・14判時1821号31頁）から、破産法人が行政不服申立てをする意味自体がない。

　筆者は、破産債権の届出である交付要求の処分性はないと考えている。その理由は、次に述べるとおりである。

　交付要求は、強制換価手続に参入して弁済を受けようとするもので、その前提となる強制換価手続が取下げなどの理由により効力を失ったときは、その効力を失う。交付要求自体に、差押えのような処分禁止効もない。交付要求は、国税徴収法上は滞納処分と位置づけられているが、破産では国税滞納処分から除外され（破25条1項）、破産手続開始によって禁止される国税滞納処分や先着手による続行を妨げない国税滞納処分の対象から除外されている（同法43条1項・2項）。交付要求が広義の国税滞納処分に含まれるとしても、滞納処分の前提となる督促や納税告知とは異なるし、破産では交付要求は国税滞納処分とは位置づけられていないから、交付要求が広義の滞納処分であるとか、差押えと同じ滞納処分であるという肯定説の理由は、破産にはあてはまらない。

　交付要求による権利義務の変動に関しては、この交付要求は、破産債権届出として行われるものであるから、交付要求により破産者に対する権利義務が発生するものではないし、破産配当で同順位や劣後する破産債権者の配当額が減少するという破産手続上の効果を生じるが、これは破産債権の届出一般の効果であり、租税等の請求権に限ったものではない。また、交付要求によって直接の不利益を受ける他の届出破産債権者には、確定防止のための異議権自体が認められていない。前掲大阪地判平成24・2・17は、交付要求は利害関係者の実体法上の権利義務に変動をもたらすとするが、権利義務に変動をもたらすのは、破産債権届出の効果で、かつ、破産手続上の効果にすぎないから、このようにはいえない。前掲最判昭和59・3・29で交付要求に処分性がないとされた

財団債権となる租税等の請求権については、財団債権の弁済に交付要求が要件となるものではないが、実際には、交付要求によって破産管財人は財団債権として弁済すべき具体的な額を知るのが通常である。したがって、財団債権の交付要求によって、異時廃止事案では同順位や後順位の財団債権者の弁済額が減り、配当事案では破産債権者の権利が財団債権の弁済額の限度で減少するという効果が生じるところは、破産債権の交付要求と変わらないといえる。

　肯定説の中には、交付要求が国税徴収法82条に規定する効力を有することを根拠とするものがある。交付要求には、①国税徴収法には明文の規定がないが配当要求の効果があり、②時効中断の効果（税通73条1項5号）がある。①については、破産では配当要求自体がなく交付要求には破産手続参加という効果があることになるが、②の時効中断の効果は、民法147条、152条によって届出自体で生じる。また、処分性がないとされる財団債権となる租税等の請求権の交付要求でも、国税徴収法に規定する効力が生じること自体は破産債権の交付要求と同じである。したがって、交付要求が国税徴収法82条に規定する効力を有することは、交付要求が処分性を有することの根拠にはならない。

　破産手続は国税徴収法では強制換価手続とされるが、財団債権となる租税等の請求権の弁済も破産管財人の換価による金銭を原資として行われる。財団債権となる租税等の請求権の交付要求は処分性が否定されているから、破産手続が国税徴収法上の強制換価手続とされることは、交付要求の処分性を肯定する根拠になるとはいえない。

　会社更生手続は、国税徴収法上の強制換価手続ではないが、会社更生でも、公租公課は租税等の請求権とされ（会更2条15項）、その処遇は破産とは異なるが、租税等の請求権の届出や債権調査の手続は、破産と同じ内容になっている（同法142条、164条）。手続債権である更生債権・更生担保権となる租税等の請求権の届出は、会社更生法142条の規定に従って通常の更生債権・更生担保権の届出として裁判所に届け出る（国税徴収法基本通達47条関係49）が、この届出が、行政処分だと考えられたことはない。更生債権・更生担保権となる租税等の請求権の届出の効果は、更生計画による優先的弁済を受けることで、届出の結果、同順位や後順位の更生債権者の更生計画における弁済を受ける権利は弁済率が低下して不利な影響を受ける（会更169条）ことになり、同順位や後順位

権利者が不利な影響を受けるという効果自体は、破産と同様の手続債権届出一般の効果にすぎず、同順位や後順位の届出債権者には確定防止のための異議権も認められてない。民事再生手続も強制換価手続ではないし、再生債権である共助対象外国租税の請求権の届出や債権調査の手続は、破産と同じ内容になっている（民再97条、113条）。届出の結果は、他の再生債権者の再生計画における弁済を受ける権利は弁済率が低下して不利な影響を受けることで、この効果自体は破産と同様の手続債権届出一般の効果にすぎず、他の届出再生債権者には確定防止のための異議権は認められていない。会社更生や民事再生における規律とのバランス上も、破産債権となる租税等の請求権の交付要求に処分性を認める理由は見出しがたい。

(3) 徴収権の事後的消滅に関する異議主張

租税等の請求権（共助対象外国租税の請求権を含む）の成立や発生は争わない（あるいは、行政処分に形式的確定力があって争えない）が、徴収権が納付や時効で消滅した、滞納処分の停止によって納付義務が消滅した（税徴153条4項・5項、地方税15条の7第4項・5項）との主張を、どのように取扱うかが問題となる。

破産法134条2項は、租税等の請求権の「原因となる行政処分」を破産管財人に争わせることとなっており、租税等の請求権の成立や発生が確定した後に、それが消滅した場合の異議主張の方法については規定されていない。しかし、破産法134条は、租税等の請求権が公債権で真実性の一応の推定があることから、有名義債権（破129条1項に規定される破産債権）と同様に、破産債権確定防止の起訴責任を破産管財人に負担させたものであるので、破産債権確定防止のために、租税等の請求権の事後的な消滅を異議事由として認める必要があることは明白である。そこで、事後的消滅を理由とする異議主張を認めるとすると、その解釈方法は、この異議主張も破産法134条2項に該当するとする方法と、同項には該当しないが同項を類推適用するとする方法が考えられる。

平成24年の破産法の改正で、共助対象外国租税の請求権について、請求権の成立や発生の根拠となる処分ではない共助実施決定（督促に相当する）が、異議主張の対象とされたことからみると、督促は、後続処分で事後的消滅を主張して争うことができる処分であるから、後続処分をとらえて行う事後的消滅を

理由とする異議主張も、破産法134条2項の異議主張に該当すると解することが可能となったと考えるべきであろう。

交付要求に処分性を認めると、交付要求は後続処分であるから、事後的消滅という異議主張は、交付要求の取消事由となるが、それ以外には、租税等の請求権者を相手方とする債務（徴収権）不存在確認訴訟の提起による。会社更生と民事再生では交付要求がないから、事後的消滅を理由とする異議主張は、後続処分がない限り、債務（徴収権）不存在確認訴訟以外に方法がない。この確認訴訟の性質は、通常訴訟か行政訴訟かが問題となるが、平成16年の行政事件訴訟法の改正で、確認訴訟の活用という見地から、実質的当事者訴訟について定める同法4条の「公法上の法律関係に関する訴訟」という定義の前に「公法上の法律関係に関する確認の訴えその他の」という文言を付加していることから考えると、行政事件訴訟法4条の実質的当事者訴訟であると解すべきであろう。

債務（徴収権）不存在確認訴訟は、処分に対する不服申立てではないから、破産法134条2項に規定する異議主張に該当するとはいえないが、破産債権確定防止のための事後的消滅を理由とする異議主張を認めるべきであるから、破産法134条2項を類推して、同条4項の不変期間を遵守する限りにおいては、同項の異議主張として認めるべきである。前掲大阪地判平成24・2・17は、破産法134条2項の異議主張は破産債権確定防止のために認められるもので、処分そのものに対する不服申立てに限られず租税等の納付義務の不存在確認訴訟等の実質的に処分を争う不服申立て方法を含むとして、債務（徴収権）不存在確認訴訟での事後的消滅の主張も破産法134条2項の異議主張として認められるとしているが、結論自体は変わらない。

(4) 異議主張に関する不変期間

破産管財人が行う異議主張は、行政処分の無効等確認の訴え（行訴3条4項）や異議の主張方法としての債務（徴収権）不存在確認訴訟も含めて、破産管財人が債権届出を知った日から1カ月の不変期間内に行わなければならない（破134条4項）。また、届出があった租税等の請求権について、破産手続開始時に破産者を当事者とする行政不服審査手続または訴訟手続が係属している場合は、中断している行政不服審査手続や訴訟手続を受継して行う破産管財人の異

議主張も、破産管財人が債権届出を知った日から1カ月の不変期間内に行わなければならない（同条3項）。

不変期間を経過した行政不服申立て・訴訟提起や訴訟手続・行政不服審査手続の受継は不適法で、当該行政不服申立て・訴え・手続の受継の申立ては却下される。この不変期間は、追完が許されることがある（破13条、民訴97条）が、破産管財人が破産法134条4項の規定を知らなかったことは、法の不知で追完事由に該当しない。

この不変期間の規定が設けられているのは、無名義債権（有名義債権以外の破産債権）確定のための査定申立てや中断した訴訟手続の受継申立ての期間制限（破125条2項、127条2項）、有名義債権の確定防止のための異議主張の期間制限（同法129条3項）などと同様に、破産手続の迅速な進行のためである。

この不変期間の定めは、法定の行政不服申立期間（行審14条、19条、45条、47条など）や出訴期間（行訴14条、40条など）の定めではないから、法定の行政不服申立期間や出訴期間内に不服申立てや訴訟提起がされても、それが不変期間を経過してされたときは不適法である。徴収実務では、上記(2)(イ)で説明した教示文が交付要求通知書に記載されているが、これは破産者に対する行政不服申立てに関する教示（行審57条1項）で破産管財人に対する教示ではなく、破産法134条4項の不変期間についての教示でもない。破産管財人がこの教示に従って法定の行政不服申立期間や出訴期間内に不服申立てや訴訟提起を行ったとしても、それが破産法134条4項の不変期間を徒過していた場合は、行政不服審査法上の救済規定（同法19条）が適用されるものではなく、不変期間の追完事由（破13条、民訴97条1項）にも該当しない（前掲大阪地判平成24・2・17）。

行政処分に対する法定の行政不服申立期間や出訴期間が満了していない時点で破産手続開始決定があったときは、破産管財人は、破産債権届出を知った日から1カ月以内であれば、法定の行政不服申立期間や出訴期間が満了していても、当該行政処分に対して行政不服申立てや訴訟提起ができるものと解すべきである。上記(1)で述べたように、行政不服申立期間・出訴期間の経過による行政処分の確定の効果は破産管財人に及ぶと解すべきであるが、確定の基準時は破産手続開始決定時とするのが相当であり、破産管財人が異議主張の方法として行う行政不服審査手続・訴訟手続の受継についても不変期間の制限に服する

(破134条3項) ので、行政不服申立期間・出訴期間中の破産手続開始を行政不服審査手続・訴訟手続の中断と同視して、受継の場合と整合的に考えるのが相当だからである。

　不変期間の起算点は、破産管財人が破産債権届出を知った日である。一般の破産債権の調査手続が排除されているから、不変期間の起算点はこのように定めるしか方法がない。交付要求を受けた裁判所がその旨を破産管財人に通知する方法は定められていない。[17]徴収実務では、徴収機関は、交付要求書の裁判所への送付と同時に破産管財人の住所へ破産者あての交付要求通知書を送付する（税徴82条2項、同法施行令36条2項、破81条1項参照）ので、破産管財人は交付要求書が裁判所に到達した頃に破産債権届出があったことを知ることになる。破産実務では、破産債権の届出としての交付要求書の送付を破産管財人あてに行うことを要請する運用をしている裁判所があり、この運用では、裁判所の破産管財人への交付要求があった旨の通知の手間が省けるという利点はあるが、破産債権の届出としての交付要求書の送付を破産管財人あてに行うという法律上の根拠はない。

3　破産債権となる租税等の請求権の確定

　破産管財人が、行政不服申立てや訴訟提起による異議主張や中断している訴訟・行政手続の受継による異議主張を不変期間内にせず、あるいは不変期間を懈怠した場合の効果については、破産法には、規定が設けられていない。この点は、会社更生・民事再生でも同じである。

　不変期間の経過による届出事項に関する効果についての議論自体をみかけないが、①破産法129条4項、124条1項の趣旨に基づき、これと同視して、租税等の請求権の届出事項の存在が確定し、破産手続では届出事項の存在を争うことができないという効果が生じると解すべきであり、②仮に、届出事項の存在が確定しないとしても、届出事項の存在について破産管財人や破産債権者との間で不可争となり、破産管財人と破産債権者は、破産手続ではあらためて届出

---

[17] 旧破産法255条1項では、罰金等の請求権の届出があった場合は、裁判所はその届出事項を遅滞なく破産管財人に通知する旨規定されていた。

事項の存在を争うことができなくなると解すべきである。前掲大阪地判平成24・2・17は、破産法129条4項、124条1項の趣旨に鑑み、届出のあった租税等の請求権の届出事項の存在が確定し、当該事項を争うことができなくなると解すべきであると判断している。前記①の趣旨である。他に判例はみあたらない。

　学説は、不服申立期間についての規定がなかった旧会社更生法158条に関して、同法147条2項を不服申立期間の起算点を「管財人が届出があったことを知った日」として準用し、1カ月の不服申立期間を経過したときは、租税債権や罰金等の債権は確定するとの見解があっただけである。[18]

　破産債権の確定の目的は、配当受領権の基礎とするために破産債権の存在と額を確定させることと、議決権を付与する（破140条1項1号）ことである。異議等がなかった場合の確定の効力については、既判力説[19]・既判力否定説[20]・手続内拘束説[21]など争いがあるが、既判力という文言を用いるかどうかはともかく、破産手続内の拘束力であると解する手続内拘束力説（民事再生に関する大阪地判平成19・10・12判例集未登載）が妥当である。

　破産管財人の異議主張は、破産債権確定防止のために認められるものであり、起訴責任を異議者である破産管財人に負担させる（破134条2項・3項）のは、租税等の請求権が公債権で債権の真実性の一応の推定があることを尊重したことによるものである。破産法134条2項〜4項は、法定の不変期間内に適法に行われた手続の受継を含む異議主張によってのみ届出事項の存在を否定できるという構造になっている。法定の不変期間を経過したときは、破産管財人は破産債権確定防止のための異議主張の手段を失うから、破産手続では不可争となる。この点は、直ちに強制執行できる優先性（執行力ある債務名義）や高度の推定力（終局判決）があることを尊重した有名義債権と同様である。破産債権確定防止のための起訴責任が破産管財人に転換されていることは有名義債権と同様であるから、破産法129条4項の規定の趣旨から考えて、この規定を

---

[18]　兼子一監修『条解会社更生法（中）』（弘文堂・1973年）827頁。
[19]　中田淳一『破産法・和議法』（有斐閣・1959年）215頁など。
[20]　宗田親彦『破産法概説〔新訂第4版〕』（慶應義塾大学出版会・2008年）293頁。
[21]　谷口安平『倒産処理法〔第2版〕』（筑摩書房・1986年）298頁など

類推もしくはこれと同視して、破産管財人は届出事項を認めたものとし、破産法124条1項を類推もしくはこれと同視して届出事項の存在が確定すると解すべきである。このことは、破産配当からも首肯される。配当に与れるのは、確定した破産債権であるが、租税等の請求権は配当表に配当に参加できる債権として記載され、破産管財人の適法な異議主張がないときは届出事項の存在を前提とする破産配当が行われる。また、適法な異議主張があって最後配当や簡易配当の時点で、その確定手続が終了していないときは、当該租税等の請求権に対する配当額は供託され（破202条2号、205条）、破産手続終了時点でも確定手続が終了していないときは、確定手続は中断せずに引き続き係属するものとされる（同法134条5項、133条3項）が、これは、租税等の請求権の確定が未了のときは、確定手続で決着をつけて配当請求権の存否を確定しなければならないからである。したがって、異議主張が不変期間内に行われなかったとき（不変期間の徒過を含む）は、届出事項に基づいた配当が行われるのであるから、配当の前提としての届出事項の存在が確定すると考えなければならない。確定した破産債権の額、内容、順位は、配当表に対する異議（同法200条1項）の理由にはならない。

　仮に、破産法129条4項の規定を類推あるいはこれと同視できず、破産法124条1項の確定と同じような届出事項の存在は確定されないと考えてみても、法定の不変期間を経過したときは、破産債権確定防止のための異議主張の手段はなくなるから、届出事項の存在について破産手続内では不可争となり、届出破産債権者には異議権がないから破産手続内では最初から不可争となるので、破産管財人と届出破産債権者は、破産手続であらためて届出事項について争うことはできないものと解すべきである。こう考えると、法定の不変期間の経過によって届出事項の存在が確定されるわけではないとしても、届出事項の存在は破産手続では不可争となるから、確定に関する手続内拘束力説に立つ限り、届出事項の存在が確定されたのと同じことになる。

V　国税滞納処分と破産手続

　外国租税滞納処分（共助対象外国租税の請求権による滞納処分をいう。破24条6

項）を除く国税滞納処分（国税滞納処分の例による処分を含み、交付要求は除く。同法25条1項）は、破産手続開始後は行うことができない（同法43条1項）が、破産手続開始時に、すでに着手されている場合は、その続行が認められる（同条2項）。

　国税滞納処分の先着手による続行と回収を破産手続外で認めたのは、租税等の請求権には担保権のような追及力はないが、担保権の被担保債権に優先する場合があり（税徴8条、15条、16条など）、別除権の行使は破産手続開始で影響を受けないこととのバランス上、請求権者に別除権者に準じた地位を認めたものであるからである。禁止や続行の対象から外国租税滞納処分が除かれているのは、共助対象外国租税の請求権には優先権が認められてない（実特法11条4項）ので、外国租税滞納処分は強制執行手続と同様の禁止や失効の対象となる（破42条1項・2項）からである。

　先着手による国税滞納処分の続行は、財団債権となる租税等の請求権以外にも破産債権（劣後的破産債権を含む）となる租税等の請求権でも行うことができ、破産債権となる租税等の請求権は、破産手続開始後に当該滞納処分によって破産手続外で回収することができる（破100条2項1号）。

　先着手による国税滞納処分には、滞納処分としての差押え（税徴47条以下）以外に、参加差押え（同法86条。ただし、債権は対象外である）も差押えに準じた効力がある（同法87条）から、国税滞納処分に含まれるし、債権の二重差押えや、滞納処分と強制執行等との調整に関する法律の二重差押えも同様である。

1　破産手続開始によっても禁止されない国税滞納処分

(1)　交付要求

　交付要求は、破産手続開始により禁止される国税滞納処分から除外されている（破25条1項）から、破産手続開始後も、破産手続はもとより、財団債権・破産債権を問わず、強制換価手続[22]において、交付要求をすることが可能であ

22　強制執行等の手続は破産法42条2項で失効するから、担保権者の別除権の行使手続と破産手続開始前に着手されていた外国租税滞納処分以外の滞納処分に限る。

る。

　ただし、破産財団に属する財産に対する担保権の実行による競売手続に交付要求がされて、配当等の手続で交付要求に対する配当があるときは、当該租税等の請求権に基づいて破産手続開始前に当該財産に滞納処分による差押え（参加差押えを含む）をしていた場合を除いて、その配当金は、交付要求を行った徴収機関ではなく破産管財人に交付され、破産財団に組み入れられる（最判平成9・11・28民集51巻10号4172頁）し、破産財団に属する財産に破産手続開始前に滞納処分手続がされ、この手続に交付要求がされたときも同様である（最判平成9・12・18裁判集民186号685頁）。なお、滞納処分に基づく差押え（参加差押えを含む）が破産手続開始前にされていた場合は、担保権の実行による競売手続（滞納処分と強制執行等との調整に関する法律による続行決定があった場合も含む）や破産手続開始前にされた他の滞納処分（外国租税滞納処分を除く）で、当該租税等の請求権による交付要求に対する配当金があったときは、当該配当金は破産管財人に交付されず、交付要求をした徴収機関に交付される。交付要求が破産手続開始後になされたときは、その交付要求は破産手続開始前にされていた国税滞納処分（差押え等）の続行としての性質を有することになる。

(2) 譲渡担保目的物に対する滞納処分

　破産手続開始により禁止される国税滞納処分に、滞納者の譲渡担保権者を相手方とする譲渡担保目的物に対する滞納処分（税徴24条）が含まれるかどうかが問題となる。

　国税徴収法24条は譲渡担保権者と国税との優劣を前提（同条8項）とし、譲渡担保目的物は実質的に破産財団に属する財産であるから疑問が残るものの、滞納処分の相手方は、第2次納税義務者とみなされる譲渡担保権者（同条3項）で設定者である破産者ではないし、国税徴収法24条は、譲渡担保目的物が譲渡担保権者に属することを前提とした規定であるから、滞納処分との関係では、譲渡担保目的物は破産財団に属する財産とはいえない（破184条4項、185条1項・2項や譲渡担保が否認された場合を除く）ので、譲渡担保目的物に対する滞納処分は、譲渡担保設定者の破産手続開始後も可能だと解すべきである（国税徴収法基本通達24条関係36参照）。したがって、将来の債権を含む集合債権譲渡担保では、譲渡担保設定契約（第三者対抗要件の具備が必要）より納期限が前の租

税等の請求権（最判平成19・2・15民集61巻1号243頁）による譲渡担保権者の有する譲受債権に対する滞納処分は、譲渡担保権設定者の破産手続開始後も可能である。以上は、地方税などでも同様である（地方税14条の18）。

2　続行できる国税滞納処分

　破産手続開始後も続行できる先着手による国税滞納処分は、差押え後の換価や配当等の処分がこれに該当するが、それ以外のものについて検討する。

(1)　取立訴訟等

　徴収機関が破産手続開始前に滞納処分で差し押さえた債権について、破産手続開始後の差押債権の取立訴訟（原告は請求権者である国または公共団体）などの裁判手続の提起（その後の強制執行を含む）が国税滞納処分の続行として可能かどうかについて、議論がほとんどない。

　差し押さえた債権の取立訴訟などの裁判手続については、国税徴収法には規定が設けられていないが、これらの裁判手続は債権差押えによる取立方法の一つ（税徴67条1項、同法基本通達67条関係3）で、金銭の取立ては徴収とみなされ（税徴67条3項）、取立金は直ちに滞納額に充当されるから、取立訴訟などの裁判手続の提起（その後の強制執行を含む）は、国税滞納処分の続行として可能で、金銭の取立てをすることができると解すべきである。

(2)　供託金の還付請求権に対する差押え

　滞納処分による債権差押えの効力は、債権者不確知を理由とする弁済供託が行われた場合の滞納者の供託金の還付請求権に及ぶ。滞納者の破産手続開始前に滞納処分による債権差押えに着手していた徴収機関が行う破産手続開始後の供託金の還付請求権の差押えは、取立権を確認するもので、国税滞納処分の続行として可能である（大分地判平成16・3・26訟月51巻5号1315頁参照）。還付請求権に対する滞納処分による差押えは、実務上も行われている。

(3)　その他

　滞納者の破産手続開始時に係属していた租税等の請求権による債権者代位訴訟と詐害行為取消訴訟手続（税通42条、地方税20条の7）が中断する（破45条）かどうかについては、争いがあるが、国税滞納処分に準じて中断せず（同法43条2項）、請求権者は、当該訴訟手続を続行して回収（判決に基づく強制執行を

含む）を行い、当該回収金を滞納額に充当できると解すべきである（大判昭和5・11・29民集9巻1093頁参照）。

滞納者の破産手続開始時に係属していた滞納処分により差し押さえた債権の取立訴訟手続については、議論をみかけないが、上記(1)で述べたとおり、差し押さえた債権の取立訴訟手続は、国税滞納処分の一環として行われるものであるから、中断も失効もせず、請求権者は当該訴訟手続を続行して、差押債権の債務者から回収（判決に基づく強制執行を含む）によって回収金を滞納額に直ちに充当できると解すべきである。

3　先着手の国税滞納処分による回収と破産配当

徴収機関は、国税滞納処分を続行する一方で、請求権者は破産手続に参加して破産配当を受けることもできる。

破産債権となる租税等の請求権について、破産手続での破産配当額と先着手の国税滞納処分により回収する額をどのように調整するかについては、破産法には規定が設けられていない。この点に関する議論もみあたらない。そこで、別除権に準じて（破108条1項、198条3項）調整するのか、給料等の請求権の手続外弁済や外国で弁済を受けた破産債権者の権利行使に準じて（同法101条、109条、201条4項）調整するのか、といった観点から、この問題を検討してみたい。検討のため、簡単な事例を設定する。滞納者甲に対する租税等の請求権者AとBがあり、優先的破産債権となる租税等の請求権はAが100万円、Bが200万円で、他に同順位の優先的破産債権者はいない。AとBに対する最後配当（簡易配当を含む。以下同じ）における配当原資は150万円である。Aは滞納者甲に破産手続が開始された時点で甲の財産に対する国税滞納処分に着手していて、当該滞納処分で上記の100万円のうち30万円を回収した。以下この事例で検討する。

第1に、別除権に準じて考えるとすると、①最後配当の除斥期間満了時までに国税滞納処分による30万円が回収されたときは、最後配当では配当原資150万円をAの70万円とBの200万円で按分するから、Aの配当額は38万8888円、

23　竹下・前掲書（注3）188頁〔菅家忠行〕、伊藤ほか・前掲書（注2）367頁。

Bの配当額は111万1111円となるので、最終的回収額はAが68万8888円、Bが111万1111円となる。②最後配当の除斥期間満了時までに国税滞納処分による回収ができなかったときは、Aは最後配当から除斥されて150万円全額がBに配当されるから、最終的回収額は、Aが30万円、Bが150万円となる。この考え方の難点は②で、国税滞納処分に先着手したAに酷な結果になるということである。Aは別除権者ではないし、別除権者は破産手続開始後も別除権の行使が可能であるから、不足額責任主義（破198条3項）を、この場合も貫徹することは妥当とは思えない。

　第2に、給料等の手続外弁済と外国で弁済を受けた破産債権者の権利行使に準じて考えるとすると、ⓐ最後配当の配当表確定時までに国税滞納処分による30万円が回収されたときは、最後配当では配当原資150万円にAの回収の30万円を組み戻した180万円を配当原資としてAとBの債権額合計300万円で除した60％が配当率となるから、Aの配当額は、100万円×60％＝60万円から30万円（滞納処分での回収分）を控除した残額30万円で、Bの配当額は200万円×60％＝120万円となって、最終的回収額は、Aが60万円、Bが120万円となる。ⓑ最後配当の配当表確定時までに国税滞納処分による回収ができなかったときは、配当原資150万円はAの債権額100万円とBの債権額200万円で按分されるから、Aの配当額は50万円、Bの配当額は100万円で、最終的回収額はAが80万円、Bが100万円となる。この考え方の難点はⓐで、AはBに先んじて破産手続開始前に国税滞納処分に着手して回収したのに、最終的回収額がBと同率になるのはAに酷な結果となるということである。給料等の請求権の手続外弁済は破産管財人による弁済であり、在外財産からの満足は、これを破産配当と同視するホッチポット・ルールによるものであるが、優先回収権が認められる先着手の国税滞納処分における満足を破産管財人の弁済や破産配当と同視することは、不相当である。

　第3の考え方として、第1・第2の考え方の難点を回避するため、最後配当の配当表確定時を境にして、第1の①と第2のⓑの考え方を組み合わせる方法がある。最後配当の配当表確定時までに国税滞納処分で回収があったときは、先着手による国税滞納処分の続行は別除権の行使と同視して、滞納処分によって回収した額を控除した残額が破産配当の対象になり、最後配当の配当表確定

時までに国税滞納処分による回収がないときは破産法198条3項に準じることなく全額が最後配当の対象となると考えるということである。

　租税等の請求権が破産法148条1項3号・4号の財団債権で、財団不足による異時廃止で当該租税等の請求権が破産法152条1項によって按分弁済されるときも、同様の問題が生じる。前記の事例で、優先的破産債権を財団債権、最後配当における配当原資を按分弁済時の弁済原資と読み替えればよい。財団債権を被担保債権とする担保権の実行による優先的弁済はされる（破152項1項ただし書）が、按分弁済に破産債権における不足額責任主義（同法108条、198条3項）があるわけではない。この点に関し、按分弁済は破産管財人が財団不足を認識した時点（基準日）での現在額によるとする見解があるが[24]、按分弁済日を基準日とするべきである。破産法148条1項1号・2号に劣後する財団債権について按分弁済する場合は、財団不足が判明した後も発生する財団債権となる租税等の請求権の延滞税・延滞金や私債権の遅延損害金（同法148条1項4号）があり、これら含めて破産法152条1項によって同法148条1項1号・2号以外の財団債権（労働債権等）と同順位で按分されるし、延滞金は財団不足を理由として裁量で免除される場合（地方税64条3項、326条3項、369条2項、701条の60第2項など）があり、免除されない場合は財団債権となる私債権の遅延損害金とは率が異なるので、按分弁済日を基準日としなければ未払財団債権の公平な按分弁済ができないからである。各財団債権者に前もって按分弁済日を基準日とする債権現在額の届出をさせて按分弁済を行うのが、従来からの管財実務である。

　国税滞納処分による回収が未了の場合も含めて、按分弁済日を基準日として基準日現在の債権額で按分弁済をすることになるが、按分弁済時までの既弁済額は按分弁済の対象となる債権額から控除されるし、国税滞納処分で回収されているときは回収額を按分弁済の対象となる債権額から控除する。弁済時点は配当とは異なるが、上記の第3の考え方と同様の考え方で按分弁済が行われる。国税滞納処分の先着手による回収は、財団債権、破産債権を問わず認められることをあわせ考えると、破産債権でも、財団債権と同様に考えて、第3の

24　伊藤ほか・前掲書（注2）1030頁。

考え方によるのが相当である。

VI おわりに

　今中利昭先生が傘寿を迎えられて、お元気で職務に励んでおられる姿をみることは欣快に堪えない。先生は、筆者が40年近く前の司法修習生時代から今日に至るまでいろいろとお世話になっている出身事務所の大先輩で、今回の傘寿記念論文集にも論文を書かせていただくこととなった。

　実は、本稿のⅣ2・3で掲記した大阪地判平成24・2・17は、筆者が被告の日本年金機構の訴訟代理人として訴訟追行を行ったもので、これまで議論がなかった事項についての判断も多い。Ⅳ2・3記載の筆者の見解は、かなりの部分がこの事件の主張書面の法律上の主張を修正しただけのもので、交付要求の処分性については、徴収実務に逆らった主張も行ってみた。長年にわたって顧問弁護士として社会保険料の徴収について相談を受けている立場からは、交付要求に公定力を認めて、行政不服申立てで争わせる一方で、行政不服申立期間の経過で処分を確定させて不可争とし紛争を後に残さないという徴収実務の考え方のほうが簡明かもしれない、と考えないわけではない。

　大阪地判平成24・2・17は、原告である破産管財人が、審査請求を経て提起した交付要求取消請求について不変期間を徒過した審査請求であることを理由に訴えを却下し、徴収権消滅を理由として提起した債務（徴収権）不存在確認訴訟も不変期間を徒過した訴え提起であるとして訴えを却下したが、控訴されずに確定している。原告の破産管財人は、破産会社あての交付要求通知書に記載された教示文に従って不変期間経過後行政不服申立期間内に審査請求を行い、審査機関である社会保険審査会は、審査請求を受理し実体判断を行って棄却裁決をしている。双方とも破産法134条4項の知識に欠けていたのである。この判決は、破産管財人は破産法134条4項の規定を把握して遵守するのが当然だとして、不変期間の追完を認めていない。

　不変期間の徒過を理由に訴えを不適法却下するのに不変期間の経過による届出事項の確定という理由は不要だと思うが、裁判所の釈明に応じて、法律上の主張を行った。そして、Ⅳ3に記載した裁判所の判断となった。

大阪地判平成24・2・17の事案の根本的な問題は、破産手続上の問題ではなく、Ⅲの徴収担当職員が行っている納付折衝中心型の運用が行政裁量の範囲内かどうかという点であったが、訴え却下判決で表面化しなかった。また、この事案では、交付要求に処分性を認める場合に交付要求取消訴訟と債務（徴収権）不存在確認訴訟との併存が可能か、請求権者は国であるが徴収機関の日本年金機構を被告にして債務（徴収権）不存在確認訴訟を提起することに確認の利益があるのかといった問題もあるが、倒産法の問題ではないので検討は省略した。

　大阪地判平成24・2・17は、裁判所のウェブサイトや倒産・再生再編六法・概説書などに判例として紹介されているが[25]、事例がほとんどないようで、判例評釈がなく、本稿は訴訟代理人が判例評釈をしている部分もある。

　本稿は、大阪地判平成24・2・17の破産手続上の争点だけでは実務的価値があまりなくⅣ2・3だけでは内容が薄いので、汎用的な実務処理の参考になればと考えて、Ⅱ、Ⅳ1、Ⅴを付け加えて、議論があまりない問題を中心に私見を述べるなどして作成したものであるが、割り当てられた頁数を大幅に超過することとなったことをお詫び申し上げる。

　筆者は公租公課の徴収実務に精通しているわけではないし、考察不足・整理不足や思わぬ誤りを犯している部分があるかもしれないが、その点もあらかじめ、お詫びしておきたい。

25　伊藤眞『破産法・民事再生法〔第3版〕』（有斐閣・2014年）635頁。

④ 内部者債権の劣後化

弁護士 中嶋 勝規

I はじめに

　親会社が倒産した子会社に対して有する債権や倒産会社の役員が倒産会社に対して有する債権などのいわゆる内部者の債権について、民事再生手続や会社更生手続では、明文上同種の債権を別異に取り扱っても衡平を害しない場合には異なる取扱いをすることが認められており、内部者の債権を再生計画や更生計画で劣後的に取り扱うことで債権者間の実質的な平等を図ることが実務上も行われている。

　しかし、破産手続は、実体法に基づいて配当を行うことが原則であり、内部者の債権について、劣後的に取り扱うべきとの価値判断に至ったとしても、明文上は内部者の債権を劣後的に取り扱う規定は存在しない。

　本稿では、形式的な債権者平等を貫けば、他の一般債権者らと同様に扱われることとなる内部者の債権について、実質的衡平の観点から、劣後的に取り扱うことの可否、およびその場合の要件・効果について、現行法の規定を概観したうえで、検討することとする。[1]

　なお、内部者としては、子会社が倒産した場合の親会社、倒産企業の取締役

---

[1] 内部債権の劣後化は、倒産手続における実質的衡平の要請から導かれる等と説明されるのが通常であるが、会社内部者（社員）の債権の順位を劣後させるという一種のペナルティを与えることでプロジェクト失敗時の負担を加重し、過小資本状態でリスクの大きい活動がなされることを抑止しようとするものと理解できる、という内部債権の劣後化の効果の面からの考察もある（藤田友敬「株主の有限責任と債権者保護(2)」法教263号（2002年）130頁）。

が一般的にあげられるが、これに限らずどのような立場の債権者を劣後的に取り扱うべきかについても検討が必要である。

II　現行法の規定

1　会社更生法

　会社更生法では、更生計画の内容は同一の種類の権利を有する者の間では平等でなければならないとされるが、「差を設けても衡平を害しない場合」には異なる取扱いを行うことが許容されている（会更168条1項）。

2　民事再生法

　民事再生法においても会社更生法と同趣旨の規定がある（民再155条1項）。

3　破産法

　破産法では、配当の順位が規定されるとともに、同一順位の破産債権については、それぞれ債権額に応じて配当がなされる（破194条）。

III　諸外国における倒産債権の劣後化の理論

1　アメリカの理論

(1)　判例法理

　アメリカでは、ディープ・ロック事件以降の裁判例において、衡平の原則に基づく倒産債権の劣後化が認められてきた。

　ディープ・ロック事件等によって形成された理論は、ディープ・ロック理論とよばれ、内部者（支配株主や親会社）については、当該会社や他の債権者などの利害関係人に対する信認義務の存在を前提に、過小資本と不当経営（搾取）という二つの行為類型に該当する場合には、当該内部者の信認義務違反を根拠として債権の劣後化が認められた。

その後の裁判例では、権利の劣後化を認める際、①当該債権者が、何らかの不衡平な行為に関与していたこと、②当該行為が倒産者の債権者に損害を与える結果となるか、または当該債権者に不利益な結果をもたらしたこと、③債権の衡平法上の劣後化が、倒産法の規定に反しないこと、という基準を用いるに至った。そして、不衡平な行為の例としては、ⓐ過小資本に関する事例、ⓑ詐欺、不当経営、あるいは信認義務違反に関する事例、ⓒ当該債権者が債務者を単なる道具ないしは分身として利用した事例の 3 種に大別されている[3]。

　さらに、衡平に基づく債権の劣後化が信認義務違反を根拠に認められるものであることから、信認義務違反（不衡平な行為）が認められれば、非内部者にも同理論の適用が認められている[4]。

(2) 連邦倒産法における衡平に基づく劣後化

　上記のような判例法理の形成とともに、アメリカ連邦倒産法では、倒産手続に適用される一般規定として、510条(c)[5]に、裁判所が、衡平法上の劣後化の原則に従って、配当について、債権の全部または一部を他の債権の全部または一部に劣後させることができるとする規定が設けられている。

2　貸手が借手の経営や財務に過度に関与し、事実上「支配」しているとみなされる場合や、②貸手が借手の利益を考えて行動し、利益を増やしてくれると信頼を寄せているなどのような特別の関係がある場合には、信認義務の存在が認められる（畑宏樹「倒産債権の劣後的処遇について(1)」上智法学論集40巻 2 号（1996年）147頁）。柏木教授は、アメリカでは、銀行が取引先に役員等を派遣することは稀であるとされるが、これは、取締役や主要なポストに銀行の従業員を派遣することによって、銀行が債務者を支配し、その結果、銀行と債務者およびその債権者との間に信認義務が発生することを防ぐためと指摘される（柏木昇「債務者を経営支配する株主ではない債権者の債権と衡平法上の劣後化」青山善充ほか『民事訴訟法理論の新たな構築（下巻）（新堂幸司先生古稀祝賀）』（有斐閣・2001年）466頁）。

3　畑・前掲論文（注 2 ）151頁。

4　畑・前掲論文（注 2 ）153頁。畑論文では、ある債権者に不衡平な行為があったかどうかを画する基準として、当該債権者の債務者に対する「支配」の有無の判断が、当該債権者が非内部者である事例についてはより一層問題となると指摘されている。

5　アメリカ連邦倒産法510条(c)。
　　同条(a)項・(b)項にもかかわらず、裁判所は、通知と審問の手続を経て、①衡平の原則に基づき、ある認容された債権あるいは権利の全部または一部を、他の認容された債権または権利の全部または一部に対して、配当の関係において劣後させることができる、②そのように劣後させた債権を担保する担保権を財団に移転するよう命ずることができる（高木新二郎『アメリカ連邦倒産法』（商事法務研究会・1996年）556頁）。

(3) 「Rechustererization」

「Rechustererization」とは、内部者の債権を、不衡平な行為を認定せずに出資（equity）と認定することで、実質上衡平法上の劣後化と同様の結果をもたらす衡平法上の救済とされる。[6]

形式的には、貸金債権であるものについて債権の性質そのものを事実認定で出資と判断するものであり、大別すると①主張されている貸付契約の合意の形式、②債権者が貸付けをした際の会社の経済的な状況、③債権者と債務者の関係、という種々の判断要素を考慮して出資であるか否かの事実認定がなされる。

2 ドイツの理論

(1) 判例法理

資本代替的社員貸付けの法理は、ドイツにおいて展開されてきた過小資本規制の法理であり、出資返還禁止の原則が背景にある。株式会社の支配株主が、会社の自己資本額はわずかとし、会社が実際に必要な資金は、自己から会社への貸付けという形で提供する場合を、名目的過小資本と定義し、資本代替的貸付けの法理は、判例において名目的過小資本を規制する法理として展開されてきた。[7] 同理論は、社員の会社に対する貸付けが資本と同一視された場合、会社資本の払戻しを禁止する一般規定を社員貸付けにも類推適用することで、社員の貸付けを他の債権者より劣後化するもので、資本維持原則との関係から根拠づけられている。

その後、1980年に有限会社法が改正される際、資本代替的社員貸付けの法理が実定法においても承認された。[8]

(2) 新倒産法

1994年に制定された新倒産法では、日本の破産法と同様に劣後的倒産債権という概念を取り入れるとともに、従前資本代替的社員貸付けの判例法理によって劣後的に処遇されてきた債権（社員の資本代替的貸付けの返還債権または同等

---

[6] 倉部真由美「倒産手続における債権の劣後化について」同志社法学58巻6号（2007年）2204頁。
[7] 片木晴彦「過小資本会社とその規制(1)」法学論叢112巻2号（1982年）84頁以下。

の債権)を、劣後的倒産債権とした。[9]

IV 劣後的取扱いに関する判例と学説の状況

1 はじめに

ここでは、債権の劣後化について、まず、典型的な内部関係とされる親子会社や支配株主の場合、あるいは倒産企業の経営者の債権の場合について判例および学説の状況を検討したうえで、上記のような典型的な内部者でないもの(非内部者)についても劣後的取扱いが認められるのかについての判例・学説の状況を概観する。

---

[8] 片木・前掲論文(注7)77頁以下に改正の経緯が詳述されているが、最終的に成立した規定は、みなし・推定規定や、解釈補充規定をすべて取り払い、抽象的な構成要件を述べるにとどめており、その内容の充実は、これからの判例や学説に委ねられており、過小資本規制を客観的基準に従い実行することが、いかに困難かを物語る、と指摘されている。

ドイツ有限会社法32条 a

(1) 社員が、通常の商人としては会社に自己資本を供給したであろうときに、その代わりに会社に貸付けを供与した場合、社員は、貸付金の返還請求権を、会社財産についての破産手続、および破産回避のための和議手続において、行使することができない。強制和議、あるいは和議手続により締結された和議は、社員の請求権に対し不利にも有利にも働く。

(2) 第三者が、社員が通常の商人としては会社に自己資本を供給したであろうときに、その代わりに会社に貸付けを供与し、かつ社員が第三者の会社に対する貸付金返還請求権について、担保を提供しあるいは保証を行った場合、第三者は、担保または保証の実行によっても満足を受けなかった限度でのみ、破産手続または破産回避のための和議手続において、配当を要求しうる。

(3) 前2項の規定は、各項の述べる貸付供与と経済的には同視しうる、社員または第三者の行為に対しても準用される。

[9] 畑宏樹「倒産債権の劣後的処遇について(2・完)」上智法学論集40巻3号(1996年)127頁。畑論文は、資本代替的社員貸付けを劣後的破産債権としている点で新倒産法の規定は前記の改正有限会社法の規定と異なっているが、通常劣後的倒産債権にまで配当がなされることはまずないことから、事実上有限会社法の規定をそのまま継受したものと考えてよい、とされる。

2　親会社・支配株主の場合

(1) 裁判例

(ア)　福岡高決昭和56・12・21判時1046号127頁（裁判例①）

(A) 事案の概要

　A株式会社は、X株式会社の生産研究部門を分離・独立させて設立させた会社である（株主構成割合は、中小企業投資育成株式会社法2条による会社が50％、X株式会社が20.3％、X株式会社代表者一族とX株式会社役員7名で合計12％）。A株式会社の経営は、半数の株式を有する投資育成会社に公的な制約があったことから、X株式会社が事実上の支配株主としてその経営を支配する関係にあった。その後、X株式会社の経営破綻によりA株式会社も連鎖倒産に至り、両会社に共に更生手続が開始された。A株式会社の認可された更生計画は、一般の更生債権は80％の弁済率となっていたが、X株式会社の更生債権は、その40％を弁済するという内容であった。これに対し、X株式会社が抗告した。X株式会社の経営支配の内容は、具体的には、<u>A株式会社の重要人事、営業に関する事項は、X株式会社の指示によって定められ、あるいは製品の販売価格などもX株式会社の指示によって決定されていた</u>（A株式会社の売上げの95％をX株式会社への売上げが占めていた）。そのほか、X株式会社の<u>金融負債をA株式会社が保証する</u>という関係もみられた。さらに、A株式会社が倒産に至ったのは、X株式会社がゴルフ場の経営に失敗して破綻し、A株式会社の売上げの大半を占めるX株式会社への債権が支払われなくなったことによる。なお、X株式会社は、株式の無償消却に関しても抗告理由としているが、この点は省略する。

(B) 決定要旨

　「X抗告会社とA株式会社とは最も支配従属関係の著しい部類の親子会社であり」、「<u>X抗告会社とA株式会社との関係からすると、X抗告会社のA株式会社に対する債権はいわば内部的債権であって</u>、むしろX抗告会社を特別利害関係人として一般の更生債権者より劣位に置くのが公正、衡平の原則に合致するものと考えられ、前記の一般株主の無償償却率、前記調査委員の意見書によって認められる、A株式会社のX抗告会社に対する更生債権の免除率が50％であることを勘案すると、本件更生決定がX抗告会社につき、劣位においた程度も

相当」（下線筆者。以下同じ）と判示した。
　(イ)　東京高決平成22・6・30判タ1372号228頁（裁判例②）
　(A)　事案の概要
　米リーマン社の傘下に属するリーマン・ブラザーズグループ（LBグループ）に属する再生債務者の民事再生手続において、グループ各社の再生債権を他の一般再生債権者と同様に取り扱う再生計画案が認可決定されたことに対し、再生債権者である抗告人が、同計画案には民事再生法174条2項1号所定の不認可事由があるとして、原決定を取り消し、同再生計画案を認可しないことを求めて抗告をした。
　抗告人の主張は、再生債務者は事業規模に比して過小資本の状態であり、グループ会社の貸付金債権は、実質資本として拠出するものを形式上グループ会社からの資金貸付けという外形をとっていたものということができるから、実質上出資と異ならない内部債権というべきであり、本来資本的な性格をもつ内部債権については、その性質に照らして、他の一般債権と同様の弁済条件を設定することは著しく正義に反するというべきであり、上記のような内部債権は他の一般債権より劣後する措置をとることが法律上の要請であるから、劣後的措置をとらない再生計画案は、法に内在する衡平、公平の原則、平等原則（民再155条1項本文）に違反し、権利の濫用（民1条3項）であって違法であるとするものである。
　(B)　決定要旨
　「米リーマン社は、傘下のグループ会社とともに、全世界において金融ビジネスを展開する金融機関グループを形成し、グループ会社の資金は、グループ会社全体として効率的な資金の利用を行うというスキームに基づき、最も効率のよい運用先を求めて全世界的に移動するなどしていた」事実を認定したうえで、「負債に比して資本の割合が少ないとしても、<u>グループ会社から資金を借り入れ、これを他のグループ会社に貸し付けることが、通常の経済活動から外れるものということはできず、したがって、これを出資としなければならない理由はないのであるから、相手方に対する資金の貸付けが実質的に出資と同視するものと評価することはできない</u>ものというべきである。また、抗告人は、相手方が米リーマン社傘下のグループ会社であること、同グループが上記ス

461

キームに基づき資金運用していることを認識した上で、米リーマン社が保証することを条件に、相手方に対し、資金を貸し付けていたのであるから、米リーマン社及び相手方を含むその傘下のグループ会社について倒産手続が開始され、グループ会社に対する貸付債務と相手方に対する貸付債務とが同列に取り扱われても、抗告人について不測の事態が生じたとは考え難いというべきである」、「さらに、米リーマン社及びその傘下のグループ会社について、それぞれ各国において倒産手続が開始されているのであるから、特定のグループ会社に対する債権のみ劣後化すると、当該企業の債権者を他のグループ会社の債権者より不利に扱うこととなり、むしろ、平等原則に反する事態が生じるということもできる」と判示して抗告を棄却した。

(ウ) 東京高決平成23・7・4判タ1372号233頁（裁判例③）

(A) 事案の概要

事実関係は、裁判例②と同様であるが、抗告人は、倒産事件において、親子会社間の債権を劣後的に取り扱うことは公平に反しないばかりか、これらを同列に取り扱うことが、かえって公平に反する場合もあるというべきであり、一定の場合には劣後的取扱いは裁量的ではなく必要的なものとなり、劣後的取扱いをしない再生計画が民事再生法に違反して違法となる、と主張した。

そして、抗告人は、劣後化義務の発生原因事実として、過小資本、不当経営支配、不当搾取、破綻原因と破綻の可能性の認識、の各要素をあげている。

(B) 決定要旨

劣後化の可否、劣後化義務の有無については、「民事再生法155条1項ただし書は、『その他これらの者の間に差を設けても衡平を害しない場合』にも平等原則に抵触する再生計画を定めることを認めているが、……上記のような平等原則の趣旨、平等原則の例外として列挙されている上記①～③の内容から判断して、特定の債権者の不平等取扱いが許されるのは、ア　債権の内容、性質から、他の債権と異なる取扱いをすることに合理性がある場合や、イ　特定の再生債権者について平等原則を維持することが、他の再生債権者に対する関係で不相当であり、再生債権者の多数決（民事再生法172条の3第1項）によって特定の債権者の意に反する不利益な権利変更をすることが正当化される場合、すなわち、特定の債権者について平等原則を維持することが、信義則に反するよ

うな場合(信義則上、債権額に応じない実質的平等を図ることが求められるような場合)に限られ、不平等取扱いの内容も、信義則違反の程度に応じた合理性を有するものでなければならないというべきである」、「しかし、民事再生法155条1項ただし書は、再生計画において特定の債権者の不平等取扱いを定める事を認める(許容する)ものではあるが、これを義務付けるものではない。したがって、仮に、解釈上、特定の債権者の不平等取扱いが義務付けられる場合があることが認められるとしても、それは、これを認めないと著しく正義に反するような例外的場合であるというべきである。また、手続上も、再生債権者は、不平等的取扱いをすべき債権があると認めるときは、再生債権の調査の手続において異議を述べることもできるのであるから、平等原則に従った再生計画案が再生債権者の決議によって可決された場合(民事再生法172条の3第1項)にもなお、再生計画に特定の債権者の不平等取扱いが定められていないことが民事再生法174条2項1号にいう『再生計画が法律の規定に違反』するとして、再生計画を不認可にすること(再生計画案に賛成した過半数の再生債権者の意思に反することになる。)が求められるのは、正義の観点からして誠にやむをえない極めて限られた場合といわなければならない」との一般論を展開したうえで、事実認定を行い、「LBグループ債権者について、不平等取扱いを正当化するような信義則違反があるとは言えず、LBグループ債権者について不平等的取扱いをする再生計画は認められないものというべきである」、「そうすると、本件においては、再生計画においてLBグループ債権者の債権を劣後的に取り扱うことは許されず、ましてやLBグループ債権者の債権の劣後化義務は認められないというべきである」、「本来、実体的な権利の内容の確定は、公開法廷における対立当事者の口頭弁論が保障された訴訟手続で行われるべきものであるが(憲法82条1項)、認可決定に対する抗告審においては、対立当事者による口頭弁論の保障はない(この点、認可決定に至る手続においても同様である。)……再生計画の効力は、認可決定の確定により生ずる(民事再生法176条)から、認可決定に即時抗告がされた場合は、その結論が出るまでは、再生計画の効力は確定せず、再生計画に賛成した過半数の債権者も再生計画の履行(弁済)を受けられないことになるので、特定の債権者の不平等的取扱いに関する紛争が訴訟のような慎重な手続で判断されるのは相当ではないが、不利益な取

扱いを受ける債権者の手続保障も軽視されるべきではない。

このような審理の実情を考慮すると、民事再生法155条1項ただし書で平等原則の例外、すなわち、特定の債権者の不平等取扱いができる場合として想定されているのは、決定手続の審理によっても不利益な取扱いを受ける債権者の手続保障に欠けることがないような場合、つまり、訴訟による慎重な審理をしなくても当該債権者の信義則違反が容易に証明できるような場合でないかとも考えられる。本件は、前記のとおり、過小資本、不当経営支配、不当搾取等が争点となっているが、その争いの広がり、内容からして、訴訟による審理によってはじめて精度の高い事実認定が可能になる事案であることは否定できない」と判示して抗告を棄却した。

(エ) 東京地判平成3・12・16金商903号39頁（裁判例④）
(A) 事案の概要

原告は、破産会社の債権者であったが、原告が破産会社に対する債権29億4922万3437円について債権届出を行ったところ、管財人および他の債権者が債権調査期日において届出債権全額について異議を述べた。

被告らの主張は、支配会社の従属会社に対する債権は、一定の要件を満たした場合には、他の一般債権に劣後するものであるとし、その要件として過小資本の場合および不当経営の場合をあげる。

そして、原告は、破産手続開始の約9カ月前まで破産会社の全株式を所有していたものであり、破産会社は原告の実質的な支店であるといって差し支えなく、形式的にみても原告の100％子会社であること、当初からの原告の出資額は、破産会社の業態においては明らかな過小資本であったことを主張するとともに、原告は破産会社の運営について原告の副社長であったAを派遣するとともに、代表者であるAの監督、営業成績についての詳細な報告書の提出、取引実行についての許諾等の強力な管理支配を行い、破産手続の開始の約9カ月前の時点で破産会社の資本金は2億円であり、巨額の累積赤字を抱えていたにもかかわらず、破産会社の全株式を原告が派遣したAに購入させ、破産会社がAに貸し付けた250万ドルを含む350万ドルをその代価として取得し、さらには、原告が株式譲渡契約締結後、自らが破産会社のために負担している保証債務に関し、破産会社をして保証付借入債務の弁済をせしめ、その保証による危険を

減少させた、として不当経営の事情を主張した。

　(B)　判決要旨

　「本件破産債権は、破産法46条各号（筆者注：現行破産法99条）に規定する劣後的破産債権のいずれにも該当せず、かつ、本件劣後的取扱いについて、破産法その他制定法上明確に規定する条文は存在しない」、「被告らは、制定法上の根拠として、破産法第一遍第三章『破産債権』及び第四章『財団債権』を支配する債権の優先劣後の基準、同法第六章『否認権』を支配する平等原則（特にインサイダーに関する72条3号の特別扱い）並びに会社更生法を掲げる。しかし、前述のとおり、明文の規定もなく、かつ、破産法40条の趣旨からすると、現行制定法上、破産法上規定されている優先破産債権、劣後的破産債権及びその他の一般破産債権の三段階以外の劣後的取扱いを受ける破産債権を創設し、規律しようとしていると解することはできない」、「被告らは、判例上の根拠として東京高等裁判所昭和40年2月11日決定及び福岡高等裁判所昭和56年12月21日決定を掲げる。しかし、そのいずれも会社更生手続に関するものであること、破産法と異なり、会社更生法には同法229条但書という差別的取扱いを許容する明文が存在することなどからすると、右決定事例は、本件と事案を異にすると認められるので、右決定は、本件劣後的取扱いの法的根拠とはなりえない」、「被告らは、倒産法上の一般原則、条理、米国及びドイツ判例法を根拠として掲げる。いずれも本件劣後的取扱いを考える上で参考になるものであるが、未だその要件及び効果が明確になっておらず、我が国における学説上も十分な議論が尽くされているとは言いがたく、発展途上の段階にあるようであるので、現段階の法解釈としては、現行法上本件劣後的取扱いを認めることはできない」として、「その余の点について判断するまでもなく、被告らの本件劣後的取扱いの主張は失当であるというべき」と判示した。

　(オ)　分　析

　会社更生法においては、更生計画を定める際に同一の種類の権利を有する者の間に差を設けても衡平を害しない場合には、実質的平等を実現するために異なった取扱いをすることが許容されており（会更168条1項ただし書）、親会社や取締役の債権を内部者の債権として劣後的に取り扱った例は実務上存在する。

④ 内部者債権の劣後化

　裁判例①は、支配会社が重要人事等を指示したり、製品の販売価格等営業戦略も決定していたりしたことや、支配会社の金融債務を被支配会社が保証していた等という両会社の関係から支配従属関係が認められるとの事実認定（厳密には親子会社ではない）の下に、計画で設けられた差異は衡平を害しないとの判断に至っている。これは、アメリカのディープ・ロック理論にいう不当経営の責任が認められたものといえる。

　民事再生法においても、再生計画を定める際に同一の種類の権利を有する者の間に差を設けても衡平を害しない場合には、異なった取扱いが許容されている（民再155条１項ただし書）。

　裁判例②および③は、いずれもグループ会社の債権を劣後的に取り扱わなかった再生計画について、グループ会社のような内部債権について劣後的取扱いの措置をとらない再生計画案は、衡平、公正の原則、平等原則（民再155条１項本文）に違反し、権利の濫用であるとして（裁判例②）、あるいは劣後化義務に違反している（裁判例③）、との点を争点として、認可決定への抗告がされたものである。

　裁判例②は、過小資本（資本代替的貸付け）を理由に内部債権の劣後化を求めた事例であるが、「負債に比して資本の割合が少ないとしても、グループ会社から資金を借り入れ、これを他のグループ会社に貸し付けることが、通常の経済活動から外れるものということはできず、これを出資としなければならな

10　伊藤眞「判批」判タ505号（1983年）202頁。伊藤教授は、親会社も更生会社である場合に、子会社の更生手続において親会社債権の劣後化をする場合に影響を受けるのは親会社の債権者等の利害関係人であり、権利の劣後化が関係人間の公平を達成するのに役立つためには、以下のような親会社の債権者より子会社の債権者を優遇すべき事情が必要であると指摘する。すなわち、①子会社の利益が親会社のために犠牲にされていること、②親会社が子会社に損害を与えたこと、③忠実義務に違背していること、④過小資本による経営がなされていたこと、である。そして、本件事案では①、②に該当する事情が認められるため、判旨は正当な判断であるとされる。

11　田原睦夫「企業グループの倒産処理」高木新二郎＝伊藤眞編集代表『講座倒産の法システム第３巻再建型倒産処理手続』（日本評論社・2010年）107頁。

12　倒産手続における指導理念として、公平・平等・衡平の理念があり、原則として同質の債権者には手続上平等な扱いを、異質な債権者には差異に応じた公平な扱いをなすのが、公平に合致するが、実体法上は同じ性質の権利であっても、債権の発生原因などの個別・具体的事情を考慮して、取扱いに差を設けることが衡平に合致することもあるとされる（伊藤眞『破産法・民事再生法〔第３版〕』（有斐閣・2014年）21頁）。

い理由はない」から、貸付けを出資と同視することはできないと判断された。

　裁判例③において抗告人が主張した、過小資本、不当経営支配、不当搾取の事情は、いずれもアメリカのディープ・ロック理論で劣後化が認められてきた行為類型である。判旨は、民事再生法155条1項ただし書の規定は劣後化を許容するものの、これを義務づけるものではないとして、仮に解釈上劣後化義務が認められるとしても、正義の観点からして誠にやむを得ない極めて限られた場合であるとした。そのうえで、抗告人が主張する事情についての事実認定を行い、この事案では劣後的取扱いを許容するような信義則違反が認められず、そもそも劣後的取扱いをする再生計画が許容されないと判断している。なお、再生計画において特定の債権者を不平等な取扱いをした場合、手続保障の観点からの問題点が指摘されており、特定の債権者の不平等取扱いができる場合として想定されているのは、当該債権者の信義則違反が容易に証明できるような場合ではないかとの指摘がなされている。[13]

　裁判例④は、形式的な論理によって異議を述べた管財人らが主張していた事実（過小資本および不当経営）について何ら判断をすることなく親会社の破産債権の劣後化（効果としては届出債権を認めないこと）を否定している。このように倒産手続によって債権の劣後化の可否について結論が異なるのは、形式論にすぎるとの批判もある。[14] また、本判決の結論を批判し、一般条項により妥当な解決を図るべきであったとの指摘もある。[15]

(2) 学説の状況

(ア) 過小資本を根拠とする劣後化

　片木晴彦教授は、ドイツ法の議論を参考に、名目的過小資本（親会社あるい

---

[13] 松下淳一「結合企業の倒産法的規律(3)」法学協会雑誌110巻3号（1993年）325頁。松下教授は、劣後的取扱いを行う場合の手続保障の観点、手続の安定性の観点、倒産手続相互の均衡の観点から、権利の劣後的取扱いについては、倒産債権として届出のなされた支配会社の当該権利の優先順位あるいは存否を争うための手続である債権確定手続において争うべきものとし、債権確定期日における異議を経て最終的には債権確定訴訟において決着をつけるものとする、との解釈論をとるべきであるとされる。裁判例③も、再生債権者は、仮に不平等取扱いをすべき債権があると認めるときは、債権調査手続で異議を述べるべきとしており、同様の見解に立つ。

[14] 佐藤鉄男「結合企業の国際倒産」石黒一憲ほか『国際金融倒産』（経済法令研究会・1995年）328頁。

[15] 須藤茂「判批」金商914号（1992年）42頁。

は支配株主が、会社の自己資本額はわずかとし、会社が実際に必要な資金は、自己から会社への貸付けという形で提供する場合）については、支配株主が支配力を利用して貸借対照表上の資本と負債との区別を踏みにじったものであり、株主の債権の主張・行使自体を否定する方法（債権届出を権利濫用として退けること）も可能ではないかとされる。[16]

伊藤眞教授は、アメリカ法の議論を参考に、権利の劣後化が関係人間の公平を達成するのに役立つために（親子会社で親会社債権を劣後化させれば、子会社の債権者を優遇する結果となる）、親会社債権の劣後化（子会社債権者の優遇）を正当化する事情の一つとして、過小資本による経営がなされていたことをあげられる。[17]

松下淳一教授も、株主と会社債権者との間での倒産リスクの分配を配慮するものとして、最低資本金規制は十分ではなく、また個々の会社の適正資本金額をあらかじめ法定するのは困難であることを理由として、解釈論によって過小資本規制を行う必要があることを指摘される。そして、過小資本を理由とする権利の劣後化は、当該権利を出資の優先順位にまで下降させるものであり、債権確定手続において争うべきとされる。[18]

なお、会社法が最低資本金制度自体をなくしてしまったことから、親子会社のゆえをもって、過小資本の責任を問うことは、原則としてできなくなったものといえよう、という指摘もある。[19]

　(イ)　親会社の不当経営を根拠とする劣後化

伊藤眞教授は、前述（注10）の劣後化を正当化する事情として、子会社の利益が親会社のために犠牲にされていること、親会社が子会社に損害を与えたこと、忠実義務に違反していること、をあげておられる。

一方、松下淳一教授は、支配会社の従属会社に対する支配力の不当行使ある

16　片木・前掲論文（注7）94頁注13。
17　伊藤・前掲判批（注10）202頁参照。
18　松下・前掲論文（注13）320頁以下。松下淳一教授の指摘は、アメリカ法における「Recharacterization」のような扱いを念頭においておられると思われる。
19　田原・前掲論文（注11）106頁。ただし、信義則違反や権利濫用の法理を用いての劣後化の可能性はあるとされる。

いは搾取を理由とする権利の劣後的扱いは認めるべきではないとされる[20]。その理由とされるのは、不当経営による従属会社の責任財産の減損を損害と考えた場合、これと支配会社の債権とが一致する必然性がないから、親会社の債権を劣後化するだけでは損害の回復が不足することがあり、支配会社への責任追及を従属会社から支配会社への請求権を観念することを通じて行われるべきだからである。さらに、従属会社から支配会社への責任追及としては、損害賠償請求の実体権を想定され、かかる実体権との相殺により支配会社の債権の消滅を図るべきとされる。

倉部真由美教授は、アメリカ法の研究から、まず、当該債権者が内部者であるか否かによって区別をされ、①内部者であり、かつ、②何らかの不衡平な行為が認定される場合には、その債権は劣後化される。さらに、立証責任は債権者の側が負う。①'内部者でない場合には、債務者に対する何らかの支配関係があり、かつ、②'不衡平な行為が認定される場合に、その債権は劣後化される[21]、との見解に立たれ、親会社の不当経営の場合にも債権の劣後化による責任追及の手段を残しておくことにも意味があるとされる。

畑宏樹教授は、比較法的研究の下、倒産会社への「支配」が認定されれば劣後的処遇を認めるべきとされるので（ただし、劣後的処遇を行うのは衡平に合致する場合とされる）、親会社の不当経営の場合にも「支配」の要件が充足されれば、劣後化が認められることとなる[22]。

3　取締役の不当経営を根拠とする場合[23]

(1)　裁判例

(ア)　東京高決昭和40・2・11下民集16巻2号240頁（裁判例⑤）[24]

(A)　事案の概要

A株式会社は、代表取締役Bおよびその一族が株式の大部分を所有するいわ

20　松下・前掲論文（注13）322頁。アメリカ法においては、支配会社は取締役と同様の忠実義務者として不当経営について責任を負うが、日本法では取締役の会社に対する責任を定める商法266条（現行会社法423条）のような規定が支配会社についてはないが、支配会社への請求権を解釈論あるいは立法論として想定するという見解である。

21　倉部・前掲論文（注6）2219頁。

22　畑・前掲論文（注9）141頁参照。

469

ゆる同族会社であった。A株式会社の更生手続で認可された更生計画における権利変更は、一般更生債権者にはほぼ全額の弁済、一般更生債権者であったBの確定更生債権約2900万円（BがA株式会社のために連帯保証した債務を、自宅を売却して弁済したことにより発生した求償権である）については半額免除、半額を新株割当てとする内容であった。これに対してXが更生計画はBを不当に不利益に扱うものであるとして抗告した。

　(B)　決定要旨

「更生会社であるA会社は、資本金10,056,000円の会社であって、その株式の大部分は代表取締役であるB及びその一族が所有するいわゆる同族会社であり、本件更生手続開始決定のあった昭和37年12月25日現在における繰越損害が金39,608,194円あり、更生手続開始後の財産評定で、さらに当期純損金として金48,332,000円（以上合計金87,940,194円）を計上しており、従って同会社が現有する設備その他の財産は、債権者の危険において維持されているものとみても過言でなく、しかも右のように会社が破局するに至ったのは、専らBの事業経営の拙劣に原因するものであることが十分に認められる。上記のような事情の下において同会社に対するBの個人債権を他の一般債権者と同列に取り扱うことは相当でなく、むしろ上記認定の程度において、劣位に置くことが、合理的であり且つ衡平には反しないものというべき」と判示した。

　(イ)　名古屋高金沢支決昭和59・9・1判時1142号141頁（裁判例⑥）
　(A)　事案の概要

A株式会社（更生会社）の認可された更生計画において、一般更生債権は元本・利息（更生手続開始後のものを除く）の全額について分割弁済を受けるとされているのに対して、X（抗告人）の一般更生債権（856万3053円）のうち貸付金分175万1106円は全額免除と定められた。これに対してXは、全額弁済と全額免除の極端な差は（旧）会社更生法229条（現行法168条1項柱書に相当）の規定に反し、特に更生計画中で、争いの落着しない権利としてA株式会社からX

23　中島弘雅「倒産企業の経営者の責任」ジュリ1111号（1997年）58頁。中島教授は、倒産企業の経営者の責任を通常責任と経営責任（倒産と直接関係する経営者としての責任）に分類されるが、取締役の不当経営の場合の責任は、この経営責任を念頭においている。

24　高橋宏志「判批」倒産判例百選（初版）（1976年）154頁。

への損害賠償請求訴訟が係属中であることが記載されているが、この請求が認められた場合、Ｘの一般更生債権が免除されるとこれと相殺できず、他の一般更生債権者と比べて著しく不平等な取扱いである、と主張した（なお、債権者と株主との権利の取扱いに関しても抗告理由とされているが、この点は省略する）。

(B) 決定要旨

「抗告人Ｘは更生会社をして更生手続開始に至らしめたことにつき経営上の責任を有することは否定できないが、経営上の責任があるというだけでは、抗告人Ｘの前記債権につき前記差別を設ける事由にならない」と判示した。

(ウ) 分析

裁判例⑤は、同族会社のオーナーであった代表取締役の債権であるが、債務超過の状況にある更生会社の資産は、債権者の危険において維持されているものであるとみて過言でないこと、会社が破綻するに至った理由はもっぱら同人の経営の拙劣に起因するものであることが十分認められるとの事実認定の下、不当経営を根拠として劣後的取扱いが肯定されている[25]。ただし、学説では取締役の責任と取締役が有する債権の問題は別個に取り扱うべきとの見解も有力である[26・27・28]。

一方、裁判例⑥においては、経営上の責任があるというだけでは差異を設ける事由にならないとして、計画での取扱いが衡平に反するとされている。実質的な理由としては、取締役の届出債権より多額の損害賠償請求事件が同人に対して別訴で係属していたという事情があり、同人に二重の不利益が及ぶおそれがあったと指摘されるが[29]、取締役の経営責任と取締役債権の劣後化を峻別して

---

25 谷口安平『倒産処理法〔第2版〕』（筑摩書房・1986年）397頁。
26 青山善充「裁判に現れた会社更生法の諸問題」民事訴訟雑誌16号（1970年）326頁。青山教授は、拙劣な事業経営によって会社が破局したというならば、損害賠償の査定という形でとるべきものはとり、与えるべきものは与え、そのうえで相殺すべきとされる。
27 高橋・前掲判批（注24）154頁。高橋教授は、差異を設ける論拠として経営責任をあげるのみでこれを合理化するのは、いささか感情論的であり、論拠として不十分ではないかと指摘されるが、判旨の結論には賛成される。
28 松下淳一「判批」ジュリ888号（1987年）112頁。
29 松下・前掲判批（注28）112頁。なお、田原睦夫元最高裁判事は、取締役の権利を劣後的に取り扱う場合には、管財人が損害賠償請求権の行使を放棄していない限り、二重の不利益の危険は常に伴う、と指摘される。田原・前掲論文（注11）120頁。

考える有力説の立場に親和的と考えられる。

(2) 学説の状況

前記裁判例⑤の論拠に批判的な立場として、松下淳一教授は、経営上の責任に基づく更生債権の劣後化は、文理上は問題がないとされながらも、取締役に経営上の責任がある場合には、査定の請求や訴えで経営責任の原因や額を明らかにし、届出があった場合には異議を述べたうえで債権確定訴訟において損害賠償請求権と相殺するという処理を法は予定しているとされる[30]。青山善充教授や高橋宏志教授も同様の見解に立たれる[31]。

一方で、経営者に会社を窮地に陥れたことについて有責事由がある場合には、計画における不利益取扱いを認めることが公正・衡平に適うとする見解も有力であり[32]、裁判例⑤もかかる見解に立つ。

また、倉部真由美教授は、債権の劣後化を責任追及の手段とするのであれば、経営責任が生じる法的根拠をいかなる点に求めるのか、債権の劣後化による経営責任の追及には、なお検討すべき点が残される[33]、と指摘され取締役の経営責任だけを根拠とした権利の劣後化には消極的と思われる。

畑宏樹教授は、いわゆる経営責任を追及する場合、査定の実効性に疑問を呈する見解もあることからすると、経営責任を査定制度で追及することが困難な場合には、債権の劣後化という手法もありうるとの見解に立たれるが、劣後化することが衡平かは経営責任の中身に応じて事案ごとに検討する必要がある、とされる[34]。

---

[30] 松下・前掲判批（注28）112頁。松下教授は、たまたま当該取締役が更生債権を有しているからといって、他の更生債権者よりも不利益に権利変更するという形で責任追及をもぐり込ませるのは、責任の明確化の観点からも、さらに取締役に口頭弁論で争う機会を与えないままに責任を課すということになってしまうという点からも妥当でないとされる。

[31] 青山・前掲論文（注26）326頁、高橋・前掲判批（注24）155頁。

[32] 谷口・前掲書（注25）392頁。

[33] 倉部・前掲論文（注6）2221頁。

[34] 畑・前掲論文（注9）143頁。

4　非内部者の場合

(1)　裁判例

(ア)　広島地福山支判平成10・3・6判時1660号112頁（裁判例⑦）

(A)　事案の概要

原告が破産会社の借入金債務を代位弁済したことによる求償金債権2億5934万2290円を破産債権として届け出たのに対し、被告らが債権調査期日において、破産会社に対する破産債権者として異議を述べたため、原告が被告らに対して破産債権確定訴訟を提起した（なお、破産管財人は、後の債権調査期日で異議を述べ、被告らに共同訴訟参加した）。

(B)　判決要旨

「被告らは、本件届出債権に対し、会社の倒産手続上支配株主や親会社の権利を一般債権者の権利よりも劣後的に扱うものとする米国の法理論（『ディープロックの法理』『ディープロックの理論』と呼ばれるもの）の適用を主張するが、我が国の破産法上、右法理論と同旨の規範を直接根拠づける条項はなく、むしろ明文上規定されている優先破産債権、劣後的破産債権及びその他の一般破産債権の区別を除くと、各同順位の破産債権は平等に扱うものとされているから（筆者注：旧破産法40条）、本件届出債権に対する右法理論の適用をいう被告らの主張はそれ自体失当というほかない。

もっとも、右法理論の背景にあるとされる（公平（衡平）の原理）は我が国の破産手続においても妥当するものであって、形式的には一般破産債権者とされる者であっても、破産者との関係、破産者の事業経営に対する関与の仕方・程度等によっては、破産手続上他の一般破産債権者と平等の立場で破産財団から配当を受けるべく債権を行使することが信義則に反し許されない場合もあるというべきであり（民法1条2項）、被告らの主張も論旨全体からすると右の信義則違反をいうものと解することができる」、「破産会社は、資本金1000万円、従業員約30名の各種プラントにおけるライン機器の製造・据付等を事業内容とする株式会社であったが、いわゆる同族企業であり、原告との間に資本関係はないが、基本取引契約を交わしてから倒産に至るまで原告が受注したプラント工事等の下請けを主たる業務とし、総売上高の8割以上を原告からの受注でま

かなっていた。また、破産会社は、資金繰りの面でも平成4年1月には行き詰まる気配にあり、平成5年1月には翌月の資金繰りが危ぶまれ、原告に対し貸付金の返済猶予を要請せざるを得ない状況に陥っていた。

　原告は、破産会社に対し、平成4年頃に1億3000万円を貸し付けたほか、平成5年以降も工事前渡金や貸付金として資金提供をしたり、破産会社が金融機関から借入をする際に保証人となるなどして多額の与信を行う一方、遅くとも平成4年頃から継続的に破産会社にその経営状況を報告させ、さらに、平成5年5月には破産会社の債務保証をするにあたって、それ以後は原告福山事務所長Ｙを通じて破産会社の資金繰り等を含めた経営全般を管理する方針を固めた。

　そして、現にＹは、破産会社の事務所に自分の机を置かせ、破産会社の社長や他の従業員に対し直接指示を与えたり、破産会社の経理を決済するなどしていた。

　他方、原告は、遅くとも平成5年9月頃には、破産会社の損失の累積を把握し、受注済の工事の進行予定に沿った破産会社の資金繰り予測を立てることによって、破産会社がその後も慢性的な支払資金の不足状態から脱却できないことを認識しつつ、右工事の完成に支障が出ないよう破産会社の倒産のタイミングを計るとともに、破産会社の倒産による原告への影響を検討していた。

　その一方で、Ｙらは、破産会社の外注先に対し、原告において支払を保証するかのような言辞を用いながら後日不渡になる破産会社振出の約束手形を受け取らせていた」、「原告は、資本関係では破産会社の親会社には該当しないものの、破産会社を自社の専属的下請企業とし、平成5年以降は資金面においてもこれを全面的に支援していたのみならず、同年5月以降はその経営全般を管理支配する一方で、破産会社の経営がすでに危機的状態にあり、倒産が不可避であることを認識しながら、受注工事の継続という自社の都合から破産会社の延命をはかる間、外注先に破産会社振出の約束手形を受け取らせて損害を与える結果となったものと認められる」、「このような事実関係に照らすと、他の一般債権者の届出債権さえ満足させることのできない破産財団から原告が他の一般債権者と同等の立場で配当をうけるべく、本件届出債権を行使することは信義則に反し許されないというべきである」と判示した。

IV 劣後的取扱いに関する判例と学説の状況

(イ) 分　析

裁判例⑦においても、前記の裁判例④と同様に、アメリカの法理論（ディープ・ロック理論）の適用については否定したものの、その背後にある公平（衡平）の原理はわが国の破産手続にも該当するとして、破産会社を専属的下請企業とし、資金面においても支援していたのみならず経営全般を管理支配する一方で、破産会社の経営がすでに危機的状況にあることを認識しながら、受注工事の継続という自社の都合から破産会社を延命させ、その間外注先に破産会社振出の約束手形を受け取らせていた原告の破産債権の行使が信義則上認められないと判示した。

このような信義則を用いて権利行使を否定する方法については、オールオアナッシングの解決法であり、大なたを振るっての粗い解決方法であるという印象との指摘もされている[35]。ただし、権利行使の全面的否定だけではなく、権利濫用の法理の適用の場合に、一定の条件下での行使の許容、既存権利関係に対する一定の譲歩要求の方法をとることも可能との指摘もある[36]。また、田原睦夫元最高裁判事は、裁判例⑦もアメリカの判例法理による支配会社の不当経営の責任に係る劣後化の法理を取り入れたものであると評価される[37]。

(2)　学説の状況

畑宏樹教授は、倒産会社への何らかの「支配」の存在が認定できれば、衡平のために非内部者の債権を劣後化することに問題はないとされ[38]、非内部者債権

35　柏木・前掲論文（注2）465頁。柏木教授は、アメリカにおける衡平法上の劣後化の理論では、衡平に反する債権者の権利行使は全面的に否定されるのではなく、それによって損害を被った他の債権者との関係で相関的に決せられ、ある債権者の衡平に反する行為によって損害を被った他の債権者の特定の債権にのみ、その債権者の債権を劣後させる、というきめの細かい処理ができる利点があると指摘される。

36　須藤・前掲判批（注15）47頁。田中誠二「子会社の債権者保護の法理」金商594号（1980年）28頁。我妻榮『新訂民法総則（民法講義Ｉ）』（岩波書店・1965年）35頁。

37　田原・前掲論文（注11）107頁。

38　倒産会社を「支配」しうる立場にあり、そのような「支配」を通じた倒産会社への経営関与などによって倒産に至ったわけだから、このような「支配」しうる立場のものの債権を同列に扱うことには抵抗があるという問題意識を背景に、劣後的処遇を認めるべきか否かのメルクマールは、当該債権が内部債権であるか否かというよりむしろ、当該債権を有する者が倒産会社に対してどのような「支配」を及ぼしていたかという点に集約されてくる、とされる。畑宏樹「判批」行政社会学論集13巻3号（2001年）69頁。

の劣後化を肯定した裁判例⑦を大きな意義を有するものと評価される。

　倉部真由美教授は、非内部者の場合には、債務者に対する何らかの支配関係のほかに、不衡平な行為が認定される場合には、劣後化を肯定される[39]。そして、不衡平な行為の例として、支配権の不当行使（不当経営）をあげられ、裁判例⑦の場合を不当経営の一例とされる。

　なお、債権の劣後的取扱いを認める明文規定のない破産手続において劣後化が認められるかについては、劣後化を肯定すべき事情は倒産手続の選択とは無関係に存在するものであり、倒産手続間の均衡を考えると肯定すべきであるという見解が有力であるが[40]、実現の方法については現行法上では一般条項（信義則あるいは権利濫用の法理）によるほかないのではないかと考えられる。

V　現行法下での劣後化の方策

1　実務的対応

　民事再生や会社更生という再建型手続では、再生計画や更生計画で内部者債権を衡平の観点から劣後的に取り扱う方法がとられており、現行法上も許容されている。ただし、実務上、親会社や取締役の債権を劣後的に取り扱う再生計画は存在するが、資本代替的社員貸付けの劣後化および支配株主の会社に対する法的責任に関する要件は、理論的に未解明であること、法的な経営責任と道義的な経営責任との区別は難しいこと等の事情に照らし、劣後化を内容とする計画の認可決定に対する即時抗告による手続の進行への支障を避けるため、明示の同意をとりつけておくことが望ましいとされ、裁判所も計画提出の段階で劣後的取扱いを受ける債権者の同意を要求する扱いが多い[41]。

---

[39]　倉部・前掲論文（注6）2218頁。倉部教授は、支配だけでは劣後化を肯定するには不十分だとされるが、畑教授の見解も劣後化を容認するだけの「支配」が必要とされるため、両説の結論には大きな相違はないようにも思える。

[40]　松下・前掲論文（注13）326頁、佐藤・前掲論文（注14）328頁、畑・前掲論文（注9）139頁、倉部・前掲論文（注6）2215頁。

[41]　四宮章夫ほか編『詳解民事再生法〔第2版〕』（民事法研究会・2009年）497頁〔山本弘〕、園尾隆司＝小林秀之編『条解民事再生法〔第3版〕』（弘文堂・2013年）835頁も同旨。

一方、破産手続においては、これを許容する明文の根拠規定がなく、倒産法改正作業の際、破産手続および会社更生手続において、親会社または内部者の債権を劣後的破産債権または劣後的更生債権とする考え方が検討されたが[42]、一般論としては賛成の声が多数であったにもかかわらず、立法化は見送られた経緯がある。立法担当者によれば、劣後化される内部者の範囲、効果について実体法的な根拠規定が必要であるが、これを見出すことが困難であったとのことである[43]。また、そもそも経営者や支配株主等の内部者からは届け出られること自体が少ないが、その実体は、債権届出がされないようにあるいは債権届出がなされても取下げを促すという方法で対処する実務慣行が存在するからである。しかし、このような運用については、恣意に流れる危険もあり法律論としては精密に詰めておく必要が指摘されている[44]。

さらに、親会社の求償権等は届け出ないという対応をとった場合には、親会社の株主から善管注意義務違反を追及されかねず、届出をさせないという対応方法にも限界がある。

2 計画に基づく権利変更による劣後化

(1) 要 件

更生計画や再生計画において、内部者の債権を劣後的に取り扱うことは、一般論としては衡平を害しないと解されているが、事件ごとにその程度等を具体的に判断する必要がある。

この点、裁判例③の事案は、再生債務者が特定の債権者の債権を劣後的に取り扱う義務が存在するかが争われた事案ではあるが、当該事案でグループ会社の債権を劣後的に取り扱う再生計画は平等原則違反として認められないと判示

---

[42] 法務省民事局参事官室編『倒産法制に関する改正検討課題（別冊 NBL46号）』（商事法務研究会・1999年）54頁において、「破産手続及び会社更生手続において、親会社又は内部者（債務者の取締役その他の債務者と密接な関係を有する者）の債権を劣後的破産債権又は劣後的更生債権とするものとする考え方の当否」が問われ、さらに、「この考え方を採る場合には、①劣後的取扱いを認める債権者の範囲を親会社に限定することが相当かどうか、②『内部者』をどのように法文上定義することができるか、③どのような種類の債権について、劣後的取扱いを認める事が相当であるかについて、更に検討する必要がある」とする。
[43] 伊藤眞ほか編『新倒産法の基本構造と実務（ジュリスト増刊）』（有斐閣・2007年）360頁。
[44] 高橋宏志「債権者の平等と衡平」ジュリ1111号（1997年）158頁。

されている。この事案は、親会社も倒産手続に入っており、親会社の債権を劣後化させることは、結果的に子会社の債権者を優遇する結果となるためこのような優遇が衡平とはいえないとの価値判断がある。

また、「特定の債権者の不平等取扱いができる場合として想定されているのは、決定手続の審理によっても不利益な取扱いを受ける債権者の手続保障に欠けることがないような場合、つまり、訴訟による慎重な審理をしなくても当該債権者の信義則違反が容易に証明できるような場合」でないかと考えられると判示し、権利の劣後的取扱いが大きな争点になる場合には債権確定手続によるべきとされており、劣後的取扱いの要件として参考となる。

(2) 手続保障

更生計画や再生計画によって権利の劣後化が行われた場合、劣後化された債権者が当該計画について争う機会としては計画に対する抗告という手段となり、裁判例③で示されているように、決定手続の審理で当該債権者の手続保障に十分であるかが問題となる。

この点、再生手続においては、実務的には不利益を受ける債権者の同意を求めているのが通常である。認可決定の確定が遅れ、計画の効力発生も遅れ、計画の遂行に支障が出ることも予想されるからである。[45]

また、手続保障の観点からは、債権の劣後化は債権確定訴訟において争うべきという見解も有力であり、この立場に立てば、清算型・再建型の手続を問わず、手続内での債権確定手続において劣後化を争うこととなる。[46]

なお、計画で特定の債権者の権利を完全に剥奪するような劣後化を行う場合には、清算価値保障原則との関係も問題になる。[47]

(3) 効 果

計画によって、特定の債権者の債権を劣後的に取り扱った場合、計画の定めに従って、当該債権者の権利は変更される（会更205条、民再155条）。

---

45 園尾＝小林・前掲書（注41）835頁。
46 松下・前掲論文（注13）327頁、畑・前掲論文（注9）143頁。
47 山本和彦「清算価値保障原則について」伊藤眞ほか編『民事手続法学の新たな地平（青山善充先生古稀祝賀論文集）』（有斐閣・2009年）929頁。山本和彦教授は、実質的平等に合致して劣後的取扱いをするとしても破産配当による清算価値が下限となるとされるが、出資と同視して劣後的取扱いをしたり、損害賠償権の充当分として劣後させたりする解釈問題はありうる、とされる。

3 債権確定手続での劣後化

(1) 要　件

裁判例⑦で示されたとおり、債権確定訴訟において特定の債権者の権利行使を信義則違反あるいは権利濫用として排斥する方法がある。裁判例⑦は破産手続であるが、他の倒産手続においても債権確定手続で同様の手法をとることは可能である。ただし、再建型の手続においては、査定・訴訟という手続を経るために債権確定手続が長期化することを敬遠する向きもある。

なお、この方法での劣後化は、信義則違反あるいは権利濫用といった一般条項を用いることから、どのような場合に内部債権者を劣後的に取り扱うかの要件を事前に明確にすることは困難である。

(2) 手続保障

権利の劣後化が債権確定手続で争われるとすれば、実体的な権利の内容の確定が口頭弁論の手続で行われることとなり、当事者の手続保障としては十分である。

ただし、劣後化の根拠が前記のように信義則あるいは権利濫用といった一般条項であることから、柔軟な解決が図れる一方で、事前の予測可能性や要件の明確化については判例の集積を待つ必要がある。

なお、破産手続においては、債権確定手続を経て配当が実施されるのみであるが、会社更生手続や民事再生手続においては、確定後の債権について計画による権利変更が行われる。再建型の手続の場合、債権確定手続において特定の債権者の権利行使が否定された場合、同一の理由で計画において劣後的取扱いができないのは、衡平の観点からも当然と思える。

(3) 効　果

裁判例⑦は、他の一般破産債権者の届出債権さえ満足させることのできない破産財団から、内部債権者が他の一般債権者と同等の立場で配当を受けるべく届出債権を行使することは信義則に反し許されないとして、内部債権者の請求を棄却した。したがって、この場合には、当該債権者は倒産手続での権利行使が認められず、税務上も手続終結時に全額貸倒損失として処理されることになる。

なお、劣後化の範囲については、当該内部債権者の権利行使を全く否定する方法だけではなく、割合的に権利行使を制限する方法もとりうると考える。[48]

Ⅵ　倒産法改正の可能性

1　劣後化の問題点

　再建型の手続において計画による特定の債権者の権利の劣後化が行われた場合、当該債権者の手続保障が十分であるかの問題がある。

　また、劣後化義務が争われたような裁判例②、③のような事案では、抗告の相手方は再生債務者であって、劣後化されるべきとされる債権者ではなく、そもそも争訟の機会が設けられていないという問題もある。ただし、後者については、仮に劣後化義務が認められるとしてもそれは極めて限定的な場合とされており（裁判例③）、そもそも衡平の見地から計画において特定の債権を劣後的に取り扱うかはあくまで計画立案者の裁量の問題であるから、この種の事案が問題になるのは極めて例外的な場合となる。[49]

　やはり問題の本質は、倒産実体法において債権を劣後化する旨の規定がなく、民法の一般条項によれば要件が不明確で恣意的な運用を招く危険もある状況では、実質的平等を確保する手段として手続保障の面で若干の問題があったとしても計画による劣後化を選択せざるを得ない状況にあることである。

　また、計画による劣後化の場合も、特定の債権者の権利を完全に剝奪するような場合には、清算価値保障原則との関係も問題になり得るため、やはり倒産実体法において劣後化の根拠規定が存在することが望ましいといえ、実務家からも立法の提言がなされていた。[50][51]

48　前掲注36参照。
49　田原・前掲論文（注11）109頁。
50　中島弘雅教授は、倒産会社の経営者や倒産会社に対して支配的地位を得る者は、法的に経営責任を問われる場合があることを正面から認めたうえで、具体的にどのような場合に、どのような形で倒産責任を追及することが公正かつ衡平の理念に適うかという点を今少し詰めたうえで、倒産法の中に何らかの規定をおくことが重要であると発言されている（中島弘雅ほか〈シンポジウム〉倒産法制の再構築に向けて」金法1971号（2013年）10頁）。

2 最近の改正提言

　最近の倒産法改正の議論の中では、内部者債権の劣後化に関して種々の見解が発表されている。

　東京弁護士会倒産法部の改正提言では、①内部者または会社を支配する者であること、②これらの者の不衡平な行為があることを要件として劣後的倒産債権とするという立法提言がなされている。[52]

　また、大阪の倒産法改正研究会からも、破産法に裁判所の判断で内部者の債権の劣後化を認める一般的な規定をおくことで、衡平による劣後化を可能とする提言がなされている。また、同提言では、アメリカ法の「Recharacterization」の活用の可能性についても言及されている。[53]

　さらに、内部者等による債権者への関与の程度や、一般債権者による与信への影響等の具体的な事情を考慮して、倒産事件の裁判所が他の債権者の申立によりまたは職権で、利害関係人の意見を聞いたうえで劣後的な取扱いについて決定することを可能とする規定を設けるとの提言もなされている。[54]

3 私　見

(1) 劣後化の対象

　劣後化を検討すべき内部者としては、まず、相当の対価を得てした財産の処分行為を否認する際の内部者の要件（破161条、民再127条の3、会更86条）が参考になると思われる。この趣旨は、内部者が財産処分行為の相手方である場合には、隠匿等処分行為であると認められる蓋然性が高く、また隠匿等処分意思について悪意であることが少なくないことから、立証責任の転換が図られたも

51　増市徹「『内部者』に関する否認の特則および『内部者』債権の劣後化」福永有利ほか『倒産実体法（別冊NBL69号）』（商事法務研究会・2002年）22頁。

52　小島伸夫「倒産債権（内部者債権）の劣後化」東京弁護士会倒産法部編『倒産法改正展望』（商事法務・2012年）492頁。

53　野村剛司「続・破産手続のさらなる合理化」倒産法改正研究会編『続々提言倒産法改正』（金融財政事情研究会・2014年）192頁。

54　柴田義人「内部者や実質支配者が有する倒産債権の劣後化」全国倒産処理弁護士ネットワーク編『倒産法改正150の検討課題』（金融財政事情研究会・2014年）70頁。

のである。

　これは、破産者等と特定の関係のあるものについて、否認権行使の相手方という局面ではあるが一定の不利益な取扱い（立証責任の点で）を容認している規定であるが、その対象となる内部者の要件は十分参考になるからである。

　さらに、会社法では、親会社、子会社の定義について、経営を支配していることを要件としており（会2条3号・4号）、さらに「経営を支配している」とは、「財務および事業の方針の決定を支配している」（会計規3条）場合とされる。

　このような当該会社の<u>財務や事業方針について倒産会社を支配している関係</u>にあるものについても劣後的取扱いを検討する対象とすることが、実質的衡平を達成する手段としては有効であると考える。[55]

(2) 劣後化の要件

　では、上記のような対象者について劣後化を検討するとして、どのような要件に該当すれば劣後化が認められるのか。この点については要件を明確にして予測可能性を高めるべきという要請がある一方で、実質的衡平を図る観点からは、ある程度要件が抽象的にならざるを得ないとも思われる。

　そして、債権の劣後化が実質的衡平を確保する手段であることからすれば、当該債権者の属性が内部者であることが重要なのではなく、衡平を害する何らかの行為が存在することが重要であると考える。なぜなら、当該債権者の属性が内部者であることで実質的衡平を確保する要請が生じるわけではなく、内部者である立場を利用した何らかの衡平を害する行為が存在することが、実質的衡平を確保する要請を生じさせるからである。なお、衡平を害する行為は、会社法上の取締役責任のように特定の行為が責任原因となるだけでなく、複数の行為が積み重なって倒産という結果に至ることが多いと思われる。

　以上のような要素を考慮して、当該債権者の権利行使を認めることが債権者間の衡平に反すると裁判所が判断した場合には、当該債権者の権利を劣後化させる手続を制度化することが望ましい。なお、どのような場合に不衡平といえ

---

[55] 否認権行使の局面でも、これらのものについては証明責任の転換は行われないが事実上の推定が働く可能性がある。伊藤眞ほか『条解破産法〔第2版〕』（弘文堂・2014年）1086頁。

るかは、今後の事例の集積によらざるを得ないが、一例として下記のような場合は、衡平を害する行為が存在して衡平に反する場合と考えられるのではないだろうか。

　(ア)　過小資本の場合

　過小資本の問題については、会社法で資本制限がなくなったことで、資本の過小性だけを根拠に不衡平な行為と考えるのは困難であるとも思われる。

　しかし、名目的過小資本である場合には、支配株主がその事業の倒産リスクを一般債権者に転嫁させたものであって、不衡平な行為の一類型と考えてよいのではないかと考える。ただし、過小資本と評価しうるとしても、債権者はいずれも当該会社の資本金額を把握して取引に応じており、倒産リスクをも引き受けていると考えられる。

　そこで、過小資本のみを問題とするのではなく、支配株主の不当経営の一要素として考慮すべきであると考える。

　過小資本が問題となる場合は、事業規模に比して適正な資本を想定して、当該債権者の資本のうち、不足する資本に対応した債権額について劣後的取扱いをすることとなるが[56]、前記のとおり過小資本だけを問題とするのではなく支配株主の不当経営の一要素として考慮することが妥当である。

　一方、アメリカ法における「Recharactererization」のように、当該債権者の債権を出資であると認定できる場合には、その結果として当該内部者の配当は劣後することになるが、これは債権の存在が認められなかった結果である。なお、東京高判平成12・3・29判時1705号62頁は、共同出資者の融資を出資として認定した事案である[57]。

　(イ)　親会社の不当経営の場合

　親会社の不当経営については、子会社から親会社に対して不当経営を追及する請求権が法定されていない現状では、親会社の不当経営（子会社からの搾取）を是正する手段として、当該債権の劣後化を図ることは認められるべきである。

56　この点で、ドイツ法の資本代替的社員貸付けの法理のような効果を生じる。
57　柏木・前掲論文（注2）478頁。柏木教授は、この事案も過小資本は問題とされておらず、実質的には衡平法上の債権の劣後化の事例とみることができると指摘される。

具体的には、前記の過小資本の状態であるほかに、高利の貸付けや施設の不当な賃料、親会社との取引が市場取引に比して著しく親会社や第三者に有利であるような不公正な内部取引・第三者取引の強要、業績に見合わない配当政策等、親会社の支配力の濫用による子会社財産の搾取が認められ、衡平を害すると判断される場合には劣後化を行うべきである。

(ウ) 取締役の不当経営の場合

取締役の責任については、本来は役員責任を追及し、当該役員が債権を有していた場合にはこれと相殺するというのが、まず第1にとるべき方法である。

しかし、裁判例⑤のように法的な損害賠償責任の追及は困難であるものの、経営の拙劣さが倒産原因となっている事案が存在することは否定できず、実務的には取下げの勧告（あるいは届出をさせない）をして対応している実態があり、このような経営責任を追及する手段として、衡平の観点からの劣後化は認められるべきである。

具体的には、ケースに応じた判断とならざるを得ないが、経営に関与していた取締役が有する債権を劣後的に扱うことが他の一般債権者との関係では衡平であると判断されることが大半ではないかと思われる。

(エ) 親子倒産の場合

この場合には、親会社の債権届出を劣後化した場合、結果的に子会社債権者を親会社債権者より優遇する結果となることはすでに指摘されているところであり、一般論としては親会社債権の劣後的取扱いは衡平に資するものではないと思われる。

ただし、親子会社間で過小資本や不当経営の問題が存在し、親会社債権者を子会社債権者と同列に扱うことが衡平を害するのであれば、親会社債権を劣後的に取り扱うべきである。

(オ) 非内部者の場合

従来は、親会社、支配株主、取締役等を内部者と位置づけていたため、裁判例⑦のような事例は非内部者と位置づけられていた。

しかしながら、裁判例⑦の事案のように経営を支配している関係が存在している場合、内部者の定義はともかくとして、このような経営を支配している地位を利用した不当な行為が存在し、衡平を害すると判断されるのであれば劣後

的取扱いを行うべきである。

(3) 劣後化の手続

　劣後化の手続は、届出債権に対して、利害関係人から劣後化を求める申立てがなされた場合、裁判所は当該債権者の権利行使を認めることが衡平に反すると判断した場合には、当該債権を劣後化する。具体的には、債権確定手続において、当該債権の存否とともに、劣後化の要否も争点となる。

　規定の方法としては、破産法は劣後的破産債権（破99条）に加える方法、会社更生法・民事再生法については、約定劣後債権と同列に裁判所の判断で劣後化した債権を加える方法が妥当ではないかと考える。

　なお、このような規定方法であれば、裁判例⑦で用いられたような一般条項による判断と何ら変わりがなく、倒産法改正の際に劣後化の要件を定めることが困難であったために立法化が見送られたことからすると、このような規定を加える意義は存在しないとも思える。

　しかし、倒産実体法に劣後化の根拠規定が加わることで、一般条項だけでは主張を躊躇しかねず、あるいは和解的処理を優先させてきた管財人・再生債務者の側からの申立てが増加すれば、債権確定手続において、債権者間の実質的な衡平を図るための判断の蓄積が期待できると思われる。

⑤ 倒産法における債権者の一般の利益

大阪市立大学大学院法学研究科教授　髙田　賢治

I　はじめに

1　問題の所在

　倒産法の諸規定において「債権者の一般の利益」という文言が含まれる場合がある。そして、清算価値保障原則は、実定法上は、「債権者の一般の利益」という表現が用いられることが多いという見解や債権者一般の利益とは、一般に、清算価値保障原則として理解されているという見解があることからわかるように、「債権者の一般の利益」という文言を清算価値保障原則と同じ意味であると理解する見解がある。

　確かに、再生手続における不認可事由の一つである民事再生法174条2項4号における債権者の一般の利益は、一般に、清算価値保障原則を意味するものと解されている。それゆえ、前記の理解が全くの誤解であるとまではいえな

1　清算価値保障原則の定義は、必ずしも定まっていないが、さしあたり本稿では、清算価値保障原則とは、計画による権利変更の後の債権者の権利の内容は、倒産債務者が破産したと仮定した場合に債権者が得られる仮定的な破産配当を下回ってはならない、という一般原則をいうものとする。山本克己編著『破産法・民事再生法概論』（商事法務・2012年）7頁〔山本克己〕。

2　山本和彦「清算価値保障原則について」伊藤眞ほか編『民事手続法学の新たな地平（青山善充先生古稀祝賀論文集）』（有斐閣・2009年）911頁（山本和彦『倒産法制の現代的課題』（有斐閣・2014年）所収）。

3　藤本利一「『債権者一般の利益』概念の意義と機能」松嶋英機ほか編『倒産・再生訴訟』（民事法研究会・2014年）304頁。

4　山本・前掲論文（注2）913頁注1参照。

い。しかし、「債権者の一般の利益」という文言は、いくつかの異なる場面においても用いられており、民事再生法174条2項4号以外の規定における「債権者の一般の利益」という文言は、必ずしも清算価値保障原則と同じ意味であるとは限らない。

　また、清算価値保障原則を再生手続における不認可事由に限定することなく、倒産手続一般に妥当する原則ととらえる見解は、会社更生法における不認可事由として清算価値保障原則が妥当するという立場に立つ[5]。しかし、会社更生法には、民事再生法174条2項4号に相当する規定がないことから、清算価値保障原則が倒産手続一般に妥当するという主張と、債権者の一般の利益が清算価値保障原則と同義であるという主張の間には、緊張関係が存在することになる。清算価値保障原則は、債権者の一般の利益という文言がない場合にも妥当しうるという見解は、反対に、債権者の一般の利益があるからといって、清算価値保障原則が妥当する決め手にはならないという解釈を許容することにつながると思われるからである。

　清算価値保障原則の内容は、清算価値が解体清算価値か事業譲渡価値を含むか、基準時は手続開始時か計画認可時かなどの点について、論者によって異なる部分があり、清算価値保障原則をどのように定義するかによって、債権者の一般の利益の解釈における清算価値保障原則の射程について、広狭が生じる可能性がある。

　そこで、「債権者の一般の利益」という文言を含む規定を網羅的に取り上げて、個々の規定の趣旨を確認し、個々の規定の趣旨を踏まえると債権者の一般の利益をどのような意味・内容をもつものと理解することができるのかを検討しておくことが有益であると考えられる。なぜなら、この作業を通じて、倒産法が、どのような場面で「債権者の一般の利益」という概念を用いているかが明らかになり、各倒産手続において、類似の場面で同様に「債権者の一般の利益」という文言が用いられているかどうかを確認することができ、各倒産手続にも同様の規定がある場合に、その内容を同じものと解することができるかどうかという視点から問題をみることが可能になるからである。

5　伊藤眞『会社更生法』（有斐閣・2012年）631〜632頁。

以上の問題意識に基づいて、本稿は、倒産法における債権者の一般の利益の内容を手続横断的に整理・検討するものである。

2　検討の方法

　倒産法における債権者の一般の利益の検討方法としては、まず、「債権者の一般の利益」という文言を含む規定を網羅的に抽出する。そして、各規定を5つに類型化したうえで、5類型ごとの趣旨を紹介して、各類型における債権者の一般の利益の内容を手続横断的に確認する。これは、債権者の一般の利益という概念について、類型ごとに内容的に共通する部分を認識しやすくするとともに、同じ手続であっても類型が異なれば、債権者の一般の利益の意味内容が相当程度、異なりうることを認識しやすくするためである。

　なお、本稿は、債権者の一般の利益の概念を主に検討するものである。清算価値保障原則の内容を検討することを目的とするものではない。したがって、本稿の表題は倒産法における債権者の一般の利益というものであるにもかかわらず、民事再生法174条2項4号における債権者の一般の利益の内容については、重要な議論の蓄積があるにもかかわらず、ごく簡単に扱うにとどまっていることをあらかじめお断りする。[6]

II　債権者の一般の利益の類型化

1　債権者の一般の利益を含む規定

　まず、倒産法において「債権者の一般の利益」という文言が用いられている規定を倒産手続ごとに条文番号の順に列挙して確認しておこう。倒産法には、破産法、民事再生法、会社更生法、会社法における特別清算があるが、破産法が基本法である。しかし、本稿は、債権者の一般の利益の内容の整理が目的であることから、「債権者の一般の利益」という文言が多く含まれる順で民事再

---

[6]　清算価値保障原則に関する近時の議論については、山本・前掲論文（注2）909頁、藤本・前掲論文（注3）304頁以下、および高田賢治「清算価値保障原則の再構成」高橋宏志ほか編『民事手続の現代的使命（伊藤眞先生古稀祝賀論文集）』（有斐閣・2015年）891頁参照。

生法（7ヵ条）、会社更生法（5ヵ条）、特別清算（4ヵ条）、破産法（2ヵ条）の順で紹介する。なお、読者の便宜上、「債権者の一般の利益」には下線を引いている。

(1) **民事再生法**

民事再生法において「債権者の一般の利益」という文言のある条文は、以下の7つである。

① 申立棄却事由（民再25条2号）「裁判所に破産手続又は特別清算手続が係属し、その手続によることが<u>債権者の一般の利益</u>に適合するとき。」

② 担保権実行の中止命令（民再31条1項）「裁判所は、再生手続開始の申立てがあった場合において、<u>再生債権者の一般の利益</u>に適合し、かつ、競売申立人に不当な損害を及ぼすおそれがないものと認めるときは、利害関係人の申立てにより又は職権で、相当の期間を定めて、第53条第1項に規定する再生債務者の財産につき存する担保権の実行手続の中止を命ずることができる。ただし、その担保権によって担保される債権が共益債権又は一般優先債権であるときは、この限りでない。」

③ 再生債務者等による相殺（民再85条の2）「再生債務者等は、再生債務者財産に属する債権をもって再生債権と相殺することが<u>再生債権者の一般の利益</u>に適合するときは、裁判所の許可を得て、その相殺をすることができる。」

④ 不認可事由（民再174条2項4号）「再生計画の決議が<u>再生債権者の一般の利益</u>に反するとき。」

⑤ ハードシップ免責（民再235条1項3号）「免責の決定をすることが<u>再生債権者の一般の利益</u>に反するものでないこと。」

⑥ 給与所得者等再生における不認可事由（民再241条2項2号）「再生計画が<u>再生債権者の一般の利益</u>に反するとき。」

⑦ 破産管財人による再生手続開始の申立て（民再246条2項）「裁判所は、再生手続によることが<u>債権者の一般の利益</u>に適合すると認める場合に限り、前項の許可をすることができる。」

(2) **会社更生法**

会社更生法において「債権者の一般の利益」という文言（更生債権者等の一

般の利益を含めている）のある条文は、以下の5つである。
　① 　更生手続開始の条件（会更41条1項2号）「裁判所に破産手続、再生手続又は特別清算手続が係属し、その手続によることが債権者の一般の利益に適合するとき。」
　② 　管財人による相殺（会更47条の2）「管財人は、更生会社財産に属する債権をもって更生債権等と相殺することが更生債権者等の一般の利益に適合するときは、裁判所の許可を得て、その相殺をすることができる。」
　③ 　事業の全部の廃止を内容とする更生計画案（会更185条1項）「更生会社の事業を当該更生会社が継続し、又は当該事業を事業の譲渡、合併、会社分割若しくは株式会社の設立により他の者が継続することを内容とする更生計画案の作成が困難であることが更生手続開始後に明らかになったときは、裁判所は、前条第1項又は第2項に規定する者の申立てにより、更生会社の事業の全部の廃止を内容とする更生計画案の作成を許可することができる。ただし、債権者の一般の利益を害するときは、この限りでない。」
　④ 　破産管財人による更生手続開始の申立て（会更246条2項）「裁判所は、更生手続によることが債権者の一般の利益に適合すると認める場合に限り、前項の許可をすることができる。」
　⑤ 　再生手続における管財人による更生手続開始の申立て（会更248条2項）「裁判所は、更生手続によることが債権者の一般の利益に適合すると認める場合に限り、前項の許可をすることができる。」

(3)　特別清算

特別清算において「債権者の一般の利益」という文言のある会社法の条文は、以下の4つである。
　① 　特別清算開始の条件（会514条3号）「特別清算によることが債権者の一般の利益に反することが明らかであるとき。」
　② 　担保権の実行の手続等の中止命令（会516条）「裁判所は、特別清算開始の命令があった場合において、債権者の一般の利益に適合し、かつ、担保権の実行の手続等（清算株式会社の財産につき存する担保権の実行の手続、企業担保権の実行の手続又は清算株式会社の財産に対して既にされている一般の先取特権その他一般の優先権がある債権に基づく強制執行の手続をいう。以下

この条において同じ。）の申立人に不当な損害を及ぼすおそれがないものと認めるときは、清算人、監査役、債権者若しくは株主の申立てにより又は職権で、相当の期間を定めて、担保権の実行の手続等の中止を命ずることができる。」

③　協定の不認可事由（会569条2項4号）「協定が債権者の一般の利益に反するとき。」

④　職権による破産手続開始（会574条1項3号）「特別清算によることが債権者の一般の利益に反するとき。」

なお、会社法には、社債権者集会の決議の不認可事由として会社法733条4号に「社債権者の一般の利益」という文言を含む規定があるが、倒産法の規定ではないことから、本稿の検討対象から除外している。

(4) 破産法

破産法において「債権者の一般の利益」という文言のある条文は、以下の2つである。

①　破産管財人による相殺（破102条）「破産管財人は、破産財団に属する債権をもって破産債権と相殺することが破産債権者の一般の利益に適合するときは、裁判所の許可を得て、その相殺をすることができる。」

②　担保権消滅の許可の申立て（破186条1項柱書）「破産手続開始の時において破産財団に属する財産につき担保権（特別の先取特権、質権、抵当権又は商法若しくは会社法の規定による留置権をいう。以下この節において同じ。）が存する場合において、当該財産を任意に売却して当該担保権を消滅させることが破産債権者の一般の利益に適合するときは、破産管財人は、裁判所に対し、当該財産を任意に売却し、次の各号に掲げる区分に応じてそれぞれ当該各号に定める額に相当する金銭が裁判所に納付されることにより当該財産につき存するすべての担保権を消滅させることについての許可の申立てをすることができる。ただし、当該担保権を有する者の利益を不当に害することとなると認められるときは、この限りでない。」

2　債権者の一般の利益の類型

上記に列挙した条文から明らかなように、複数の倒産手続に同趣旨の規定が

存在するものと、単一の手続においてのみ規定が存在するものがある。類型化の方法にはいくつかのものがありうるが、本稿では手続横断的考察を行うため、複数の手続において定められているものを趣旨の類似性から類型化し、一つの手続にのみ定められているものについては、その他として一つにまとめることにする。

上記方針に沿って考えると、債権者の一般の利益は、①倒産手続の競合・移行、②管財人等による相殺、③担保権実行の中止命令、④不認可事由、⑤その他（ハードシップ免責、事業の全部の廃止を内容とする更生計画案、および担保権消滅許可）に類型化される。下記Ⅲにおいて、この類型に基づいて、債権者の一般の利益を整理する。なお、類型を一覧表にすると下記〈表〉のようになる。

〈表〉 債権者の一般の利益を含む規定の一覧

類型	民事再生	会社更生	特別清算	破産
①倒産手続の競合・移行	25条2号 246条2項	41条1項2号 246条2項 248条2項	514条3号 574条1項3号	
②管財人等による相殺	85条の2	47条の2		102条
③担保権実行の中止命令	31条1項		516条	
④不認可事由	174条2項4号 241条2項2号		569条2項4号	
⑤その他	235条1項3号（ハードシップ免責）	185条1項（事業全部廃止の更生計画案）		186条1項柱書（担保権消滅許可）

III 各類型の考察

1 倒産手続の競合・移行に関する規定

(1) 倒産手続の競合

　倒産手続の競合・移行に関する規定は、民事再生法25条2号、会社更生法41条1項2号、会社法514条、民事再生法246条2項、会社更生法246条2項、同法248条2項、会社法514条3号、同法574条1項3号である。

　更生手続開始の申立てと他の倒産手続が競合する場合は、裁判所に破産手続、再生手続または特別清算手続が係属し、その手続によることが債権者の一般の利益に適合するとき（会更41条1項2号）には、更生手続が開始されない。

　有力説は、この一つの規定を、破産手続（および特別清算）と更生手続との競合の場合は、清算価値保障原則の規定であると解しつつ、他方、再生手続と更生手続との競合の場合は、再生手続へ参加を強制される利害関係人の範囲が一般債権者に限定され、手続の構造も更生手続より簡易であるから、再生手続による事業再生が可能で、それによって債権者の一般の利益が保全されるのであれば、あえて更生手続を開始する必要がないという根拠をあげる。[7]

　しかし、再生手続と更生手続との競合において有力説のあげる根拠のうち、利害関係人の範囲の限定による手続の簡易性は、破産手続および特別清算にも妥当すると考えられる。また、例外的であろうが、破産手続や特別清算において事業譲渡による事業再生も可能である。

　再生手続と更生手続との競合について、東京地決平成20・5・15判タ1272号301頁および東京地決平成20・6・10判時2007号96頁は、スポンサー選定過程の不当性がなく、再生計画が認可確定していること、否認対象行為がないことに加えて、（ゴルフ場預託金会員）債権者の多数の意向を特に重視している。この裁判例を、利害関係人の多数の意向を尊重して判断したものと理解するなら

---

[7] 伊藤・前掲書（注5）42～43頁。会社法514条3号における債権者の一般の利益を清算価値保障原則と解する見解として、松下淳一＝山本和彦編『会社法コンメンタール⒀清算［2］』（商事法務・2014年）31頁〔松下淳一〕がある。

ば、協定という手続がある特別清算との競合においても妥当する裁判例であるといえる。さらに、破産手続においても破産管財人が実際上（あるいは債権者集会において）債権者の多数の意向を把握しつつ事業継続・事業再生する場合もあると思われる。したがって、上記裁判例の射程を再生手続と更生手続の競合の場合に限定する必要はないと思われる。

　同じく再生手続と更生手続との競合に関して、大阪高決平成18・4・26金法1789号24頁および大阪高決平成18・4・26金法1789号35頁は、更生手続と再生手続の制度の相違や双方の手続の進捗状況等を踏まえたうえで、債権者に対する弁済の時期や額のみならず、事業継続による債権者の利益の有無、資本構成の変化等による債権者の企業経営参加の要否と可能性等を総合的に判断する必要があるとする。また、一般的には、経営者の交代、株式の減資等の組織変更や担保権の行使の制約の必要性、あるいは優先債権の権利変更の必要性がある場合に更生手続によることが望ましいとする。つまり、前記裁判例は、弁済額を唯一の基準としておらず、むしろ、競合する手続の制度の相違・進捗状況を重視していると考えられる。

　そもそも、弁済率等の条件は、再生計画案が提出されるなど手続がかなり進行しないと判断ができないが、再生計画案が提出された段階においては、その再生手続を中止させて更生手続を最初から開始させることのメリットは認められにくくなることからすれば、弁済率や弁済期間等ではなく、他の事情から判断しないと実効性がない場合が多いとの指摘がある[8]。弁済率等の条件は、手続がかなり進行しないと判断できないというこの指摘は、再生手続と更生手続との競合の場面に限らず、他の倒産手続の競合においても妥当する指摘であろう。

　上記の下級審裁判例等を参考にすると、破産手続と他の倒産手続との競合の場面における債権者の一般の利益は、少なくとも予想破産配当額と計画弁済額との比較という弁済額を基準とする意味における清算価値保障原則を定めたものと解するべきではなく、両手続の予想弁済額も考慮要素としつつ、手続の相

8　髙井章光「判批」中島弘雅ほか編『民事再生法判例の分析と展開（金商1361号）』（2011年）32〜33頁。

違や手続の進捗状況を踏まえて総合的に考慮して債権者の一般の利益に適合するか否かを判断すべきであると考えられる。

　したがって、再生手続と更生手続の競合という場面における債権者の一般の利益の有力説による解釈や裁判例の示す判断基準は、破産手続と他の倒産手続との競合の場面においても妥当する部分が多いという観点から検討されるべきである。破産手続と再建型手続との競合の場面であるという理由のみで清算価値保障原則を唯一の基準と解することは妥当ではない。

(2) 倒産手続の移行

　以上(1)で述べたことは、手続開始後の管財人の申立てによる他の倒産手続への移行の場面における債権者の一般の利益の解釈においても基本的に妥当すると考えられる。

　すなわち、破産管財人が裁判所の許可を得て再生手続または更生手続の開始の申立てをする場合に裁判所が申立てを許可する要件として、債権者の一般の利益に適合すると認める場合が定められている（民再246条2項、会更246条2項）。これらは、再建型手続によって実現を期待される継続事業価値が破産手続による清算価値を上回ると判断されることを意味すると解されている（有力説）。[9] この解釈は、清算価値保障原則を定めたものと解しているもののように思われる。

　これに対して、再生手続における管財人の更生手続開始の申立てをする場合に、裁判所の許可の要件として、債権者の一般の利益に適合すると認められる場合が規定されており（会更248条）、その解釈としては、更生手続によって実現を期待される継続事業価値が再生手続によるそれを上回ると判断されることを意味すると解している（有力説）。[10] これは、清算価値保障原則とは異なる内容であると考えられる。このように破産管財人による再生・更生手続開始の申立ての場合と、再生手続における管財人による更生手続開始の申立ての場合とで解釈を分ける必要はないと思われる。

　管財人による再生手続または更生手続開始の申立てにおける許可要件として

9　伊藤眞『破産法・民事再生法〔第3版〕』（有斐閣・2014年）1137頁、伊藤・前掲書（注5）719頁。
10　伊藤・前掲書（注5）720頁。

の債権者の一般の利益は、いずれも手続開始の条件についての判断を実質的に先取りするものであると解されている。[11]したがって、倒産手続の競合について前述したように、予想弁済率を唯一の基準とすべきではなく、手続の制度の相違、手続の進捗状況、債権者の意向等を踏まえて総合的に考慮して、債権者の一般の利益の適合性を判断すべきであると考えられる。

2 管財人等による相殺

　管財人等（再生債務者等、更生管財人および破産管財人をいう）による相殺は、民事再生法85条の2、会社更生法47条の2、破産法102条という3つの手続において共通の趣旨で定められている。

　管財人等が相殺権を行使することは、特定の債権者に対する弁済と同じ効果をもつことから、原則として管財人等が相殺することは禁止されると解されている。しかし、債権者も倒産している場合など、管財人等が相殺しても債権者の一般の利益に適合する場合があることから、管財人等による相殺が認められている。

　債権者の一般の利益に適合するか否かは、管財人等が相殺を行うことが相殺をしない場合と比較して、破産財団等の減少を防止する効果があるか否かで決まると解されている。典型的には、双方が破産して、配当率が高いと予想される側の管財人が、配当率が低いと予想される側の管財人に対して相殺するような場合である。[12]要するに、管財人等の相殺における債権者の一般の利益とは、管財人等の相殺権行使が破産財団等の維持につながることを意味する。[13]

　以上のように、管財人等による相殺の場合、債権者の一般の利益は、清算価値保障原則とは無関係であり、自己の債権の実質的価値と相手方の債権の実質的価値（予想破産配当額）との比較である。同一の手続内において、管財人等が相殺するほうが相殺しないよりも破産財団等の維持につながることを意味する概念と解される。

　なお、特別清算には、これと同趣旨の規定が存在しないものの、相殺禁止の

11　伊藤・前掲書（注9）1137頁、伊藤・前掲書（注5）720頁。
12　伊藤眞ほか『条解破産法〔第2版〕』（弘文堂・2014年）752頁。
13　伊藤・前掲書（注9）463頁。

規定がある（会517条、518条）。そこで、清算株式会社からの相殺の効力が問題となるが、特別清算が一般的に債権者に対する弁済を禁止していないことからすると、清算株式会社による相殺が有効であることを前提として清算株式会社からの相殺の規定がおかれていないものと思われる。

3 担保権実行の中止命令

民事再生法31条1項は、担保権実行の中止命令を定める。裁判所は、再生手続開始の申立て後、再生債権者の一般の利益に適合し、かつ、競売申立人に不当な損害を及ぼすおそれがないときに、相当の期間を定めて担保権実行の中止命令をすることができる。

担保権実行の中止命令において債権者の一般の利益に適合するとは、再生債務者の事業または経済生活の再生のために必要な財産について担保権が実行されることにより、再生債務者の再生が困難となることが再生債権者の一般の利益に反すると評価されることに担保権実行の中止命令の基礎があるという観点から判断されるべきであり、担保権の実行を中止することによって、再生債務者と担保権者との間に合意が成立して、担保目的物を再生のために有効に利用することにより、企業継続余剰の有効利用の可能性が存在すること、その結果として、一般債権者への弁済額の増加が見込まれることである。また、換価の時期または方法を変えることによって高価に換価することができるため、弁済率の上昇が見込まれる場合を含むと解されている。[15]

特別清算においても担保権実行手続等の中止命令が規定されている（会516条）。特別清算における担保権実行手続等の中止命令の場合も、債権者の一般の利益は、民事再生法における担保権実行の中止命令と同様に、目的物が事業の重要な一部をなしており、事業全体を譲渡することで担保目的物とその他の財産を分離して処分するよりも有利に換価処分できる場合や、任意に高価に売却できる見込みがある場合があげられている。[16]

---

14 園尾隆司＝小林秀之編『条解民事再生法〔第3版〕』（弘文堂・2013年）149頁〔髙田裕成〕。
15 四宮章夫ほか編『詳解民事再生法〔第2版〕』（民事法研究会・2009年）212頁〔三木浩一〕。
16 今中利昭ほか『実務倒産法講義〔第3版〕』（民事法研究会・2009年）1001～1002頁〔中井康之〕、松下＝山本・前掲書（注7）40頁〔松下淳一〕。

担保権実行の中止命令は、同一手続において、個別的権利行使が認められている担保権者との合意をめざして交渉することを期待して時間的な猶予を与える制度であるから、担保権実行の中止命令における債権者の一般の利益は、清算価値保障原則と無関係である。担保権の実行手続を中止して、その間に担保権者との合意等によって、債務者の事業再生が継続されるか、事業譲渡や資産価値の高価な換価がされることで、債権者への弁済額の増加の可能性が生じることが、債権者の一般の利益に適合するときである。したがって、債権者の一般の利益に適合するか否かの判断は、中止命令が発令されない場合の事業価値（または資産価値）と中止命令が発令されて担保権者と合意に至った場合の事業価値（または資産価値）とを比較して判断されると考えられる。

いずれも同一の手続内における予想価値の比較にすぎず、担保権の実行によって破産手続に移行する場合に限定していない。担保権実行の中止命令は、担保権者との交渉・合意を通じて債務者財産の有効利用や価値の上昇のための交渉の機会を債務者に付与するものといえる。同一の倒産手続内において、ある制度を用いない場合と比べて用いたほうが弁済原資となる財産の維持・増殖を図ることができるという意味では、管財人等による相殺における債権者の一般の利益に近いといえるが、その実現には担保権実行の中止命令発令後の担保権者との合意を要するため、あくまでその機会の付与にとどまるという相違がある。[17]

4 不認可事由

(1) 手続横断的比較

民事再生法174条2項4号は、不認可事由の一つとして再生計画の決議が再生債権者の一般の利益に反するときを定める。同号における債権者の一般の利益とは、債権者全体の利益と解されており、その典型が清算価値保障原則であると解されているが、上記Ⅰで述べたとおり、ここでの債権者の一般の利益とは清算価値保障原則と同義であるという見解が有力である（後述(2)）。

---

[17] 松下淳一『民事再生法入門〔第2版〕』（有斐閣・2014年）99頁注17、松下＝山本・前掲書（注7）39～40頁〔松下淳一〕参照。

民事再生法241条2項2号は、給与所得者等再生における不認可事由の一つとして、再生計画が再生債権者の一般の利益に反するときをあげる。両者を比較すると、「再生計画の決議」(同法174条2項4号) と「再生計画」(同法241条2項2号) という相違がある。しかし、両規定の実質的な内容は共通であると解されており[18]、ただ、給与所得者等再生には再生計画案についての決議が存在しないことから、特別に規定されていると解されている[19]。

　特別清算においては、会社法569条2項4号が協定の不認可事由の一つとして、協定が債権者の一般の利益に反するときを定めている。同号における債権者の一般の利益は、民事再生法174条2項4号と同様に、典型例は清算価値保障原則であると解されている[20]。もっとも、特別清算は、協定の決議の手続(会567条)が存在することから、決議の不存在という給与所得者等再生と同じ理由があてはまらないのではないかという疑問がある。

　つまり、特別清算において「協定の決議」とせずに「協定」と定めた点を重視するならば、給与所得者等再生と特別清算における不認可事由としての債権者の一般の利益は、清算価値保障原則を定めたものと解しつつ、通常再生における不認可事由としての債権者の一般の利益は、破産配当を下回ってはならないという意味(清算価値保障原則)ではないと解する余地がある[21]。ただし、小規模個人再生については、民事再生法231条が174条2項を準用するが、236条の規定があることから、清算価値保障原則が妥当していると解することになろう。

(2) 総弁済基準説と個別弁済基準説

　清算価値保障原則の論点は、多岐にわたるが、以下では、総弁済基準説と個別弁済基準説の対立について紹介するにとどめる。

　山本和彦教授の見解によると、清算価値保障原則の定義は、総弁済基準説と個別弁済基準説に分かれているという。すなわち、債権者に与えられる計画弁

18　園尾＝小林・前掲書(注14) 1233頁〔田頭章一〕。
19　伊藤・前掲書(注9) 1124頁注70参照。
20　今中ほか・前掲書(注16) 1075頁〔中井康之〕。松下＝山本・前掲書(注7) 244頁以下〔中西正〕は、有力説の立場からであるが、再生手続・更生手続における清算価値保障原則と特別清算における清算価値保障原則とを区別して論じる。
21　通常再生と個人再生における清算価値保障原則について、高田・前掲論文(注6) 907頁、911頁。

〔図〕 総弁済基準説と個別弁済基準説

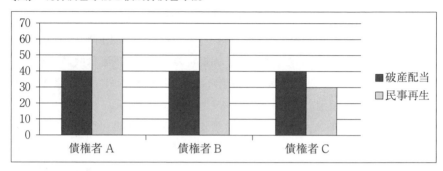

済として、債権者全体に対する総弁済額を基準とするのか（総弁済基準説）、それとも、各債権者に対する個別の弁済額を基準に考えるのか（個別弁済基準説）について見解が対立するという。これは、債務者の破産配当原資と計画弁済原資の比較で足りるか、その財産の分配結果の比較をしなければならないかという問題におきかえられる。

山本和彦教授があげる具体例として、債権者A、B、Cの3名がいる。破産では、120万円の配当（ABC各40万円）がされるべきところ、再生では、150万円の総弁済がされるが、ABに60万円、Cに30万円の弁済をする計画が可決された場合（それが実質的平等を満たすという前提である）、清算価値保障原則に違反するか否かが異なるという（〔図〕参照）。

すなわち、総弁済基準説によると、計画弁済総額150万円は、破産配当総額120万円よりも大きいことから、清算価値保障原則に違反せず、計画は認可されることになるが、個別弁済基準説によると、Cとの関係で清算価値保障が図られておらず、計画は不認可になることになる。

山本和彦論文によって総弁済基準説と位置づけられている三木浩一説は、「『再生計画の決議が再生債権者の一般の利益に反する』とは、特定の債権者の利益ではなく、再生債権者全体としての利益が、実質的に害されることを意味する」と述べるにとどまる[22]。そのため、三木浩一説が上記の帰結になるのかは不明である。

---

22 園尾＝小林・前掲書（注14）922頁〔三木浩一〕。

III 各類型の考察

　山本和彦論文は、個別弁済基準説を多数説であり、個別弁済基準説は、会社更生の局面で伊藤眞教授が明確に論じており、中西正説も各債権者を基準とするといい、総弁済基準説（三木浩一説）を少数説と位置づける。しかし、債権者一般の利益の解釈としては、債権者全体の利益をいうとする文献も以前から存在し、清算価値保障原則に関する記述として三木説の記述をあげる文献も増えている。

　山本和彦論文によると、個別弁済基準説が妥当である理由は、こうである。
　清算価値保障原則の意義を個別債権者の財産権保障から演繹すると、個々の債権者の弁済額が保護対象となり、手続上の理由による不利益を与えられて清算価値保障がされないことも認められるが、実体法上の理由に基づき異なる扱いがされる場合は、破産における清算価値が下限を構成すると解される。実定法上の根拠として、民事再生法236条があり、個人再生における計画取消しの要件として、「計画弁済総額が、再生計画認可の決定があった時点で再生債務者につき破産手続が行われた場合における基準債権に対する配当の総額を下回ることが明らかになったとき」としており、計画弁済総額は、その定義上（民再231条2項3号）、各債権者に対する弁済額を指すと考えられるところ、清算価値が各債権者に保障される必要があるとの理解を前提にした規定のように見受けられるものであるという。

　しかし、山本和彦論文において、個別弁済基準説の実定法上の根拠として民事再生法236条および231条2項3号をあげる点には疑問がある。これらは、個人再生手続に関する規定であり、債権者が破産と同じく形式的に平等に扱われて衡平による差が認められないことからすれば（民再229条1項、155条1項ただし書）、総弁済基準説と個別弁済基準説が基本的に一致する手続に関する規定を根拠にしていると考えられるからである。

23　会社更生について、須藤英章「更生計画による権利変更の基準」判タ1132号（2003年）222頁、民事再生について、松下・前掲書（注17）151頁、藤本・前掲論文（注3）338頁がある。
24　伊藤眞「会社更生手続における更生担保権者の地位と組分け基準」判タ670号（1988年）23頁。
25　四宮ほか・前掲書（注15）234頁〔中西正〕。
26　深山卓也ほか『一問一答民事再生法』（商事法務研究会・2000年）235頁。
27　伊藤・前掲書（注9）1015頁注82など。
28　山本・前掲論文（注2）919頁。

501

なお、清算価値保障原則について個別弁済基準説によるとすると、手続の競合の場面では、申立て時に再生計画案が提出されている場合を除いて、個別弁済額が明らかでないことから、債権者の一般の利益を清算価値保障原則と解することは困難になると思われる。もっとも、開始決定の場面では、総弁済基準説を採用しつつ、付議決定、認可決定の場面において、個別弁済基準説を採用するという理解も可能である。しかし、そうすると各場面で清算価値保障原則の内容が変化することになり、債権者の一般の利益を多義的に解することで足りるであろう。

5　その他

　次の3つは、一つの手続のみに規定があるものである。

(1)　ハードシップ免責

　民事再生法235条1項3号、同法244条は、個人再生におけるハードシップ免責の要件の一つとして、免責の決定をすることが再生債権者の一般の利益に反するものでないことをあげる。これは、清算価値保障原則を定めたものと解されている[29]。

　再生債務者に免責を付与することは、債権者の一般の利益に反することになるのが当然のようにみえる。しかし、ここでの債権者の一般の利益とは、免責時における清算価値を意味するのではなく、計画認可時における清算価値を基準として、免責時までに弁済した価値が清算価値を下回る場合に債権者の一般の利益に反すると判断されることになる。その意味では、ハードシップ免責の要件としての債権者の一般の利益の内容は、不認可事由における債権者の一般の利益の内容と原則として同一と考えられる。

　注目すべき点は、計画が履行できずに再生計画が取り消されて破産した時点に債権者が得るであろう利益が大きい場合であっても、ハードシップ免責がされる点である。

(2)　事業の全部廃止の更生計画案

　会社更生法185条1項は、事業の全部の廃止を内容とする更生計画案（清算

29　園尾＝小林・前掲書（注14）1208頁〔佐藤鉄男〕。

的更生計画案）の作成許可を妨げる要件として、債権者の一般の利益を害するときというものがある。更生手続は、事業再生を図る手続であるから、事業を全部廃止する場合は破産手続によることになる。しかし、手続の移行に伴う費用や混乱を避けるために清算的更生計画案の作成が許可される。

　清算的更生計画案の作成許可の場面における債権者の一般の利益は、清算的更生計画案による配分が予想破産配当額を下回ってはならないこと（清算価値保障原則）を定めたものと解されている[30]。もっとも、破産（または特別清算）による解体清算価値と更生計画による解体清算価値との比較の場面であるから、継続事業価値の予想困難といった問題はない。そうすると、手続の競合・移行の類型において検討したような総合的考慮が妥当すると考えることもできる。それゆえ、清算的更生計画案の作成許可における債権者の一般の利益の内容は、手続の競合・移行における債権者の一般の利益に近いと考えられる。

(3) 担保権消滅許可

　破産法186条1項柱書は、担保権消滅許可の要件として、債権者の一般の利益に適合するときを定める。これは、担保権消滅を許可した場合と許可しなかった場合とを比較して、いずれが破産財団を維持・増殖するかという基準としての意味がある。もっとも、担保権者は、対抗手段としての担保権の実行としての競売や買受申出をすることができる。そのため、ここでの債権者の一般の利益は、仮に担保権者がそれらの対抗手段を用いないと仮定した場合に担保権を消滅させて財産を任意売却することによって実現されると予想される破産財団の価値と、担保権消滅許可がない場合に予想される破産財団の価値との比較となる。

　担保権者の対応によっては、想定どおりの価値が実現しない可能性があるという点で、特別清算における担保権実行手続等の中止命令または再生手続における担保権実行の中止命令における債権者の一般の利益と近い考慮がされると思われる。

30　伊藤・前掲書（注5）608頁。

IV　おわりに

　本稿では、倒産法における債権者の一般の利益の意味内容を手続横断的に整理・類型化したうえで、ごく簡単に検討を加えた。債権者の一般の利益には、不認可事由における債権者の一般の利益のように、清算価値と継続事業価値の比較という方法がとられる清算価値保障原則の意味内容をもつ場合があるが、それに限定されるものではないことが明らかになった。手続の制度の相違、手続の進捗状況、債権者の意向等を踏まえて総合的に考慮して判断する基準および同一の倒産手続内において、ある特定の制度を利用した場合と利用しなかった場合とを比較して、債務者財産の維持・増殖の見込みがあるか否かを判断する基準としても用いられる多義的な概念であることがわかった。[31]

　今後は、本稿の類型化によって明らかになった点を踏まえて、それぞれの類型についてより詳細に手続横断的検討を進めていきたい。今後の課題とする。

＊本稿は、科研費（課題番号24530096）による研究成果の一部である。
＊倒産実務交流会（2014年7月26日・大阪市中央公会堂）および日本民事訴訟法学会関西支部研究会（2015年2月7日・島根ビル）において本稿の内容を報告する機会を得た。本稿には、それぞれの研究会の参加者からいただいた貴重なご指摘を反映させている。
＊脱稿後、佐藤鉄男「倒産法における債権者の一般の利益」高橋宏志ほか編『民事手続の現代的使命（伊藤眞先生古稀祝賀論文集）』（有斐閣・2015年）861頁に接した。債権者の一般の利益について手続横断的に検討し、場面ごとに分類する手法が採用されており、本稿と問題意識を共通するものではないかと思われる。

31　松下・前提書（注17）100頁参照。

⑥ 申立て直後の取引の継続

大阪大学大学院高等司法研究科教授　藤本　利一

はじめに

　20世紀末の金融危機を契機に制定された民事再生法（以下、「再生法」という）[1]は、この間多くの企業の再生に活用され、わが国の社会経済に多大な恩恵をもたらしたことは言をまたない[2]。従前の企業再建の実務や理論を踏まえ、有力な実務家や研究者の叡智が結集されたこの法律は、その後の充実した実務運用の展開とともに、法的整理手続の中で確固たる地位を確立したといえよう。

　このように完成度の高い立法であるとはいえ、制定時に問題点が認識されつつも、既存の制度とのバランスなどから、実現されなかった事項も存在する。近時、民事再生事件の件数は減少する傾向にあることから[3]、景気等の外在的要因はおくとしても、再生法それ自体について、内在的な点検を進めることにも意義はあろう。

　かかる観点から、本稿では、再生法が申立て＝開始決定という公式を採用したことにより生じるタイムラグの処理、換言すれば、保全措置のあり方について検討を行いたい。現状、申立てからおよそ1週間程度で手続の開始決定がな

1　立法の経緯については、深山卓也ほか『一問一答民事再生法』（商事法務研究会・2000年）3頁以下、伊藤眞『破産法・民事再生法〔第3版〕』（有斐閣・2014年）64頁以下。

2　民事再生法の施行10年を契機にまとめられた研究書として、事業再生研究機構編『民事再生の実務と理論』（商事法務・2010年）がある。また、裁判所の事件記録を基に実証的分析を加えたものとして、山本和彦＝山本研編『民事再生法の実証的研究』（商事法務・2014年）参照。

3　事件数の減少をもたらす問題点について、拙稿「倒産法の世界のこれから」法学セミナー717号（2014年）26頁以下。

されるといわれ、また実務運用上の工夫から、特段の問題はないようにも思われる。しかし、「事業の継続」という視角から考えてみた場合、再生手続の申立てが債務者にとって、あるいは債権者にとっても、魅力的な手段といえるかは、今後も継続的に考察されるべきであるようにも思われる。

I 問題の整理

1 和議法における問題点[6]

　和議手続における保全措置について、いわゆる「保全処分の濫用」が問題とされたが、何をもって「濫用」というのかは簡単ではない。当時、濫用とされたのは、弁済禁止を中心とする保全処分を得ながら、その後、和議手続の申立てを取り下げることであった。民事再生手続では、こうした取下げ制限の規定(民再32条)が導入された。たとえば、弁済禁止の保全処分がなされた場合には、申立債務者は、裁判所の許可を得なければ、再生手続の申立てを取り下げることができない。その結果、もはや「保全処分の濫用」が問題になることは

4　鹿子木康編・東京地裁民事再生実務研究会著『民事再生の手引〔裁判実務シリーズ4〕』(商事法務・2012年) 8〜9頁、117〜118頁。

5　山本和彦=山本研・前掲書(注2) 66頁以下〔近藤隆司=金春〕。

6　拙稿「民事再生手続における保全処分の機能と構造(1)」阪大法学63巻6号(2014年) 35頁、38〜39頁参照。

7　青山善充編『和議法の実証的研究』(商事法務研究会・1998年) 238頁〔伊藤眞=三谷忠之=山本和彦〕。

8　青山・前掲書(注7) 179頁〔松下淳一〕参照。それは、たとえば、保全処分による弁済禁止を利用しながら、財産を譲渡・隠匿したり、債権者に債務免除・猶予を迫ったり、または一部債権者に偏頗弁済をしたりした後に、和議申立てを取り下げるようなことであった(青山・前掲書(注7) 238頁〔伊藤眞=三谷忠之=山本和彦〕、松下淳一『民事再生法入門〔第2版〕』(有斐閣・2014年) 31頁。

9　もっとも、和議手続を私的整理と連続的にとらえ、そこでの交渉を側面から援助するものと理解するならば、倒産危機時期において保全処分を取得し、債権者と対等に交渉を行い、目的を達して債務者が和議手続を取り下げた場合、こうした保全処分の利用は、必ずしも「濫用」とは評価できないともいわれた。このように、和議手続と私的整理の関係について、和議手続の位置づけ(和議観)が問題になるとされた(青山・前掲書(注7) 178頁〔松下淳一〕、238頁〔伊藤眞=三谷忠之=山本和彦〕)。

なくなったとも評価しうる[10]。

しかし、一方で、迅速な保全処分の発令が混乱時の倒産処理にとって必要不可欠であることはいうまでもなく、倒産時には一般的に「かすみ網をかけるような」保全処分がとりあえず発せられるべきであるとの主張があった[11]。こうした観点から、アメリカ法の自動的停止制度（automatic stay）の導入が検討事項としてあげられていたけれども[12]、立法論の域を超えるものではなかった。

2 再生法の現状[13]

再生手続は、裁判所による手続開始決定によって開始され（民再33条）、開始後は再生債権者の個別的な権利行使は制限される（同法85条2項、39条1項、40条1項）。また、再生債務者も、営業等の譲渡を行う場合には裁判所の許可を必要とし（同法42条1項）、裁判所が指定する行為を行うにはその許可を要する（同法41条）などの行為の制限を受けることになる。これに対して、手続開始前は、こうした制限は本来なく、再生債権者も再生債務者も、自由にそれぞれの権利行使をすることができる。

しかし、この状態を放置したのでは、再生債権者は早急に権利行使をして抜け駆けを図ろうとするであろうし、再生債務者も、不当な財産処分や放漫な事業経営を行わないとは限らない。そこで、主として、再生手続開始決定までの間、債務者の財産が散逸することを防ぎ、または、事業の継続を図ることによって、将来行われるであろう再生手続を実のあるものとするために、再生債務者の財産を保全するための手段が用意されている。

保全措置によって、手続開始決定によってもたらされる状態と類似した状態がつくられることになるため、保全措置は、いわば開始決定の先取り、あるい

---

10 岡正晶ほか「〈座談会〉『民事再生法の実証的研究』を踏まえて(下)——実務の視点、理論からの疑問」NBL1017号（2014年）44頁以下参照。
11 東西倒産実務研究会編『和議（東京方式・大阪方式　倒産実務研究シリーズ1）』79頁〔家近正直発言〕（商事法務研究会・1988年）。
12 青山・前掲書（注7）238頁〔伊藤眞＝三谷忠之＝山本和彦〕、また、同書182頁〔松下淳一〕参照。
13 山本和彦＝山本研・前掲書（注2）66頁以下〔近藤隆司＝金春〕。また、拙稿・前掲論文（注6）39〜41頁。

は仮開始決定と考えることもできる。現在の実務では、多くの場合、申立て後1、2週間以内に開始決定が行われているようである。こうした運用を前提とする限り、手続開始自体が極めて早期になされるため、保全措置の仮開始決定としての存在意義は希薄化していくことになる。

3　検討するべき課題

たとえば、再生債務者の在庫商品、原材料や仕掛品等が差押えを受けている場合、こうした差押えからの解放が不可欠になるはずである。[14]差押えの対象が売掛金のような金銭債権である場合も同様であろう。現行再生法では、強制執行に対してまず中止命令（民再26条1項2号）を得て、その後、当該強制執行に対する取消命令（同条3項）を裁判所から獲得する必要がある。中止という効果を得ても、当該金銭債権について、いわば棚上げの状態になり、その後の再生債務者の資金繰りに利用できなくなる。取消命令については、裁判所において「特に」必要があると認められなければならず、また、「立担保」も要件[15]とされている。[16]

再生債務者が多数の金銭債権を有しており、債権者がそれに対する強制執行の方法として、転付命令を選択する場合、個別の中止命令による対処では事務負担の観点から事実上困難となり、包括的禁止命令（民再27条）に依拠する必要が生じるが、この命令についても発令要件が厳格なものとなっている。[17]また、この場合、当該禁止命令の趣旨を最も効果的に発揮させるためには、これに反する執行行為がすべて当然無効であって、取消しは必要でないという考え方が指摘されていた。[18]現行法のスキームが再生債務者の事業の継続にとって、十分な効用を発揮しているのか、なお考えてみる余地はあるかもしれない。

以上のように、再生法は、事業を継続したい債務者の利益と、それによって

14　園尾隆司＝小林秀之編『条解民事再生法〔第3版〕』（弘文堂・2013年）128頁〔瀬戸英雄＝上野尚文〕。

15　伊藤眞編集代表『民事再生法逐条研究』（有斐閣・2002年）45頁〔田原睦夫発言〕、山本和彦ほか編『Q&A民事再生法〔第2版〕』（有斐閣・2006年）95頁〔福森亮二〕。

16　園尾＝小林・前掲書（注14）128頁〔瀬戸英雄＝上野尚文〕。

17　伊藤・前掲（注15）46頁〔山本克己発言〕。

18　伊藤・前掲（注15）46頁〔山本克己発言〕。

債権者の被る不利益のバランスを図っており、この間の実務運用の成果はその成功を意味するともいえる。しかし、利用事件数の減少が一過性のものでないとするならば、あらためてこうした利害調整のリバランスを検討してみる必要があろう。

この点について、民事再生法の立案段階では、アメリカ合衆国（以下、「アメリカ」という）の連邦倒産法（以下、「アメリカ法」と呼称することがある）で採用されるオートマティック・ステイ（Automatic Stay）の導入が真剣に論じられたようである。[19] 10年余りの蓄積をもつに至った再生法のスキームについて、今一度、かかる制度との対比を行い、若干の考察を試みることで、問題点の所在を明らかにし、わが法の今後の方向性の手がかりとなるものを探ってみたい。

II　アメリカ法の対応──オートマティック・ステイ

債権者による債権回収行動を掣肘する「オートマティック・ステイ（automatic stay）」は、連邦倒産法において、倒産手続の不可欠の構成要素とされる（362条(a)）。[20] これは、制定法上のインジャンクションに類似するものであり、倒産手続の申立てに基づきその効力を生じ、しかし裁判所の審判を経る必要はない（automatically）点で、画期的な制度であるといえる。[21]

本項では、前項の問題意識を踏まえ、オートマティック・ステイの概要を整理し紹介する。[22]

1　問題となる事例

オートマティック・ステイという日本法にはない制度について、その機能と目的に対する具体的かつできる限り正確なイメージをつかむために、Michael Gerber 教授が示す一つの事例を紹介することから始めたい。[23]

アメリカで長く有力な地位を占めてきた電機メーカーの Amphydynamics

19　園尾＝小林・前掲書（注14）124頁〔瀬戸英雄＝上野尚文〕。
20　Charles J. Tabb, THE LAW OF BANKRUPTCY, at 237 (3rd, 2013).
21　*Id.*

社（以下、「A社」という）は、倒産の危機に瀕している。その代表者であるHeadley Charisma は、その危機を回避するため、主要な債権者を集めて、債権者会議を開催することとなった。この主要な債権者とは、金融債権者であるBigBank（以下、「B銀行」という）、重要な取引債権者であるサプライヤー4社のうち3社（を代理する弁護士）、およびA社の製造したテレビゲームでHystereo という奇病に罹患したと主張する不法行為債権者たち（とその代理人弁護士）が含まれている。Headley は、この会議において、以下のような計画案を提示した。

・A社は現在資金繰りに行き詰まっていること
・新製品が市場に投入されるまでに90日が必要であること
・それを実現するために既存債務の繰り延べが必要となること
・B銀行には50万ドルの追加融資をお願いしたいこと
・取引債権者には現金取引で今後も取引を継続してほしいこと
・不法行為債権者には、A社に対する提訴を90日間待ってほしいこと

債権者会議は順調に進行した。B銀行は、Gene Expressions 社の株式を担保とし、代表者 Headley の個人保証を得ることを条件に、40万ドルの新規融資に同意した。また、A社が取引債権者に対し既存債務を一切弁済しないこと、A社に対して給付判決がなされないこと、A社の資産に対する差押えがなされないこと、これらを条件にしてB銀行は弁済の猶予を承認した。

安堵する Headley と対照的に、その代理人弁護士は不安に駆られていた。重要な取引債権者の一つである CitiCircuits 社（以下、「C社」という）が債権

---

[22] オートマティック・ステイの概要については、有力な倒産実務家による紹介が存在する。高木新二郎『アメリカ連邦倒産法』（商事法務研究会・1996年）、福岡真之介『アメリカ連邦倒産法概説』（商事法務・2008年）、堀内秀晃ほか『アメリカ事業再生の実務——連邦倒産法 Chapter11 とワークアウトを中心に』（金融財政事情研究会・2011年）が有益である。また、阿部信一郎ほか『わかりやすいアメリカ連邦倒産法』（商事法務・2014年）等を参照。理論研究の分野では、担保権実行の制限の視点からオートマティック・ステイの史的展開を詳述するものとして、倉部真由美教授の一連の労作が存在する。倉部真由美「アメリカ連邦倒産法における担保権実行の制限——自動的停止をめぐる議論の変遷——(1)(2・完)」民商123巻3号（2000年）352〜384頁、732〜759頁、同「アメリカ倒産法における自動的停止の生成と展開(1)(2・完)」東京都立大学法学会雑誌41巻2号（2001年）423〜465頁、42巻1号（2001年）289〜330頁。

[23] Michael Gerber, George W. Kuney, BUSINESS REORGANIZATION, at 187-188 (3rd, 2013).

者会議をボイコットしていたからである。その不安は的中し、C社は、A社に対し、いきなり訴えを提起し、A社の在庫商品について仮差押えを行った。これを知ったB銀行は、担保目的物の占有を回復し、A社の預金債権と自己の融資金債権を相殺する準備に入った。残りの取引債権者らも一斉にA社を提訴し、同時に、Headleyに対して、直ちに第11章手続を申し立てるように強く促した。さもなければ、自分たちが債権者申立てを行う、と。

　この事例から看取できることはこうである。利害関係人すべてが協調的な行動をとれば、A社の新製品投入により得られるであろう収益を皆で分配することができる。しかし、執行手続において優先主義を採用する場合、抜け駆けの誘惑は強烈なものになるようである。債務者の裁判所に対する申立てを不要とし、申立てから手続開始決定までのギャップ期間を省略するオートマティック・ステイという制度の存立意義が、上記事例によって、よく実感できるように思われる。

2　オートマティック・ステイの機能と目的

　前記のストーリーを前提に、Gerber教授は、オートマティック・ステイ（連邦倒産法362条）がどのような目的を有し、どのように作用するかについて、連邦議会の立法資料を示される。[24]

　「オートマティック・ステイは、債務者に対し、倒産法により提供される基礎的な保護の一つである。それは、債務者に、債権者による回収行動からの、束の間の休息を与える。同時に、それは、債権者の保護にも役立つ。もしオートマティック・ステイがなければ、債務者の財産から救済を求めることができるのは、特定の債権者に限定されるであろう。最初に行動した債権者のみが、他の債権者に優先し、かつその犠牲の下で、弁済を受けることができる」。[25]

　Gerber教授によれば、オートマティック・ステイは、債務者の救済を図るためだけではなく、債権者の利益にも配慮された制度であるという。[26] 先の例のC社のように、自己の債権回収に貪欲で、他の利害関係人と協力的な行動をし

24　*Id.* at 188.
25　H. R. Rep. No. 95-595, at 340 (1977).
26　Gerber=Kuney, *supra* note 23, at 188.

ない者が存在する場合、債務者企業の資産に対する早い者勝ちの競争が始まり、債務者企業は清算解体され、それは場合によっては、全体的な価値を毀損することにもなり、また、公平かつ公正な分配の建前を蔑ろにしてしまう[27]。

一方、Charles J. Tabb 教授は、オートマティック・ステイには中核的な機能が二つあるという。第1に、倒産手続の実施に際し、複数の債権者の債権を衡平に取り扱うことであり、第2に、誠実な債務者に対して、債務を帳消しにして生活を立て直す機会（financial fresh start）を提供することである[28]。これらのことは、オートマティック・ステイの効力に基づき、債権者が他の債権者に対する抜け駆けを禁止され、債務者は債権者の回収行動から一時的に解放されることで実現される。連邦倒産法は、あるいはその中核と評されるオートマティック・ステイの制度は、債務者の資産に対する自力救済による争奪戦を放置するのではなく、債権者は、倒産裁判所の監督と支配の下、秩序ある方法で[29・30]処遇されなければならない、という理念を有しているとされ、この点は、上述の立法資料にも現れている[31]、という。

3　オートマティック・ステイの効力

ここで、Gerber 教授の設例に戻る。A社の代表者である Headley は、その代理人弁護士に対して、次のような問いを発している。「オートマティック・ステイで債権者の差押えが制限されることはわかるが、それでどんなメリットがこちらにあるのか。われわれは資産をどのように利用することができるのか」[32]、と。確かに、再建型手続において、債務者が事業の継続のためその財産を利用できなければ、オートマティック・ステイは絵に描いた餅になる。

Gerber 教授は、続けて、B銀行がA社に融資をし、その在庫と売却代金に

27　Id.
28　Tabb, *supra* note 20, at 237.
29　アメリカにおける債権者による債権回収行動の苛烈さについて、免責との関係ではあるが、拙稿「判批」倒産法判例百選〔第5版〕（有斐閣・2013年）176頁、177頁参照。日本とは異なり、執行手続における優先主義の影響があることはいうまでもない。
30　Tabb, *supra* note 20, at 237.
31　Id.
32　Gerber＝Kuney, *supra* note 23, at 238.

II　アメリカ法の対応──オートマティック・ステイ

担保権を設定しているとする。このとき、A社がその顧客に対し在庫商品を売却できなければ、B銀行に対してオートマティック・ステイの効力を及ぼしても無意味であるという。[33] さらに、B銀行が在庫商品の売却代金に対する担保権の実行を禁止したとしても、A社がその代金を事業資金として利用できなければ無価値である、とされる。[34] こうした回答に対して、Headleyが、「私が債権者なら激怒するだろうね」と述べていることは印象的である。[35]

Headleyの質問は続く。「債権者に対するオートマティック・ステイの効力は永久に続くものか」、と。[36] これに対する代理人弁護士の回答はこうである。「一般に、倒産手続が終結し、棄却され、または免責が認められるか、棄却されるまで、オートマティック・ステイはその効力を維持します（362条(c)(2)）。また、対象となる財産が財団から逸出した場合も、その効力は失われます（362条(c)(1)）」。[37]

オートマティック・ステイの効力はいつまで継続するのか、という問いに対するTabb教授の解説を付言する。それによれば、オートマティック・ステイは、倒産裁判所が関与できるようになるまで、倒産手続が開始された日の現状を維持しようとする性質をもつ。[38] こうした性質から、オートマティック・ステイは、倒産事件が裁判所に係属している間に限り、債権者と債務者に対する暫定的な保護を提供するものとされる。[39] その終期として、たとえば、免責が認められたとき、免責の対象となった債権を回収する行動に対して、制定法上のインジャンクションが有効となるため（連邦倒産法524条(a)）、この時に、暫定的なオートマティック・ステイの必要性が消滅し、当該オートマティック・ステイは当然に終了する（同法362条(c)(2)）。[40] 同様に、オートマティック・ステイの対象とされる財産が倒産財団から逸出した場合も、暫定的な保護の必要性は消

33　*Id.* at 239.
34　*Id.*
35　*Id.*
36　*Id.*
37　*Id.*
38　Tabb, *supra* note 20, at 237.
39　*Id.*
40　*Id.*

513

滅する。なぜなら、債権者による競争は、もはや、集団的手続の運用を侵害しないからである。[41]

このように、オートマティック・ステイによる暫定的な効力を及ぼす基礎となる理由が失われたとき、オートマティック・ステイは自動的に終了する。[42]一方、オートマティック・ステイにより重大な影響が及ぶ利害関係人が存在する場合には、倒産裁判所は、その者の救済申立てを待って、オートマティック・ステイからの救済を許可することができる（連邦倒産法362条(d)）。[43]なお、オートマティック・ステイに違反してなされた行為の効力については、後述する。

ここでまたHeadleyの質問に戻ろう。「担保権者や他の利害関係人は、オートマティック・ステイの効力が存続する間、債務者が目的財産をうまく取り扱うことを祈り続けないといけないのだろうか」、と。Gerber教授の回答はこうである。[44]ある判例によれば、担保権者には種々の権利が認められる。[45]これらの権利は、連邦倒産法の三つの条項によって保護されている。まず、363条である。この条項は、オートマティック・ステイの効力が存続する間、債務者等が財団に帰属する財産を処理することを認めるものである。また、この条項は、当該財産に利害関係を有する者の利益を適切に保護することを条件として、債務者等が当該財産を利用することを許可する権限を裁判所に認めている。次に、361条があげられる。この条項は、「適切な保護」の必要性を記す包括的な規定である。最後に、債務者等が適切な保護を提供できないときに、裁判所がオートマティック・ステイの効力から債権者らを解放することを定める362条(d)(1)がある。同じく、同条項(2)によれば、債務者に担保余剰がなく、かつその再建のために必要でない財産については、オートマティック・ステイの効力が失われるとされる。

41　*Id.*
42　*Id.*
43　*Id.*
44　Gerber＝Kuney, *supra* note 23, at 239.
45　In re Groundhog Mountain Corp., 1975 U.S. Dist. LEXIS 16792, at 14 (Bankr. S.D.N.Y. May 6, 1975).

4 オートマティック・ステイに違反する行為の効力 —— void-voidable 論争

　オートマティック・ステイは、債権者の行動に対する頑強な障壁となる。債権者がそれを回避したければ、裁判所からの救済を得なければならない[46]。しかし、もし債権者が自力救済の挙に出て、裁判所の許可なくオートマティック・ステイに違反する行為をした場合はどうなるか[47]。たとえば、債務者が倒産手続を申し立て、オートマティック・ステイの効力が生じた後、債権者は担保権を実行したり、債務者の占有する財産を自己の占有下においたり、給付判決を得たりしたらどうなるか。

　オートマティック・ステイに違反する行為はすべてはじめから無効となり、法的な効力をもたない、というのが、支配的な見解である[48]。たとえば、担保権実行による競売は無効となり、債権者に回収された財産は債務者の下に戻り、判決は無効（nugatory）となる[49]。その結果、それぞれの場合に、債権者は、その行為に対し異議が述べられないかもしれないという希望をもつこともなくなり、オートマティック・ステイを無視しようというインセンティブをもたなくなると思われる。

　これに対し、少数説として、オートマティック・ステイ違反の行為は、無効ではなく、取り消しうるにすぎない、という見解がある[50]。連邦倒産法362条(d)は、オートマティック・ステイからの救済を付与する権限を裁判所に認めるが、この条文の意味するところは、裁判所は、オートマティック・ステイを「取り消す」ことができ、その結果、オートマティック・ステイに違反した行為に事後的な有効性を与えることができる、と。取消説を支持する裁判所は次のように説明する。「無効な」行為は、事後的に有効とすることはできず、取り消しうる行為のみが事後的に有効とされうる、と[51]。

46　Tabb, *supra* note 20, at 238.
47　*Id.* at 239.
48　*Id.*
49　*Id.*
50　*Id.*
51　*Id.*

6 申立て直後の取引の継続

　取消説の根拠として興味深いのは、以下の事柄であろう。連邦倒産法549条は、管財人に、申立て後権限なく行われた財産処分行為について、取消しをする権限を認めている。これによれば、かかる管財人の権限は、手続開始後の処分行為すべてが連邦倒産法362条の下で無効であるなら、不要なものであろう、という[52]。しかし、ほとんどの裁判所は、この見解を支持していない。なぜなら、549条は、362条を補完するものであり、第三者への資産売却のような、連邦倒産法において明示的に禁止されていない取引行為に適用されるものであるから[53]、である[54]。

　void-voidable論争において争われていることが法令用語の意味をめぐる争いであるなら、さして重要ではないであろう。もっとも、void-voidableの区別は、利害関係人のうち、誰が異議申立てをする責任を負担するか、という違いを反映する[55]。このことについて、第1巡回区連邦控訴裁判所の判断が有益と思われる。

　「この用語の意味の違いは、実際の結論に違いをもたらす。なぜなら、オートマティック・ステイに違反する行為を無効な行為とするか、取り消しうる行為とするかによって、異議申立ての責任を負担する者が変わってくる。無効とすれば、債権者が当該行為を有効とする責任を負担する。反対に、取り消しうる行為とすれば、債務者が当該行為を取消し無効とする責任を負担する。当裁判所は、前者の考え方がオートマティック・ステイの性質と調和し、その重要な諸目的に合致すると解する」[56]。

　Tabb教授によっても、債権者ではなく、債務者に負担を課すことは誤りであり、「オートマティック・ステイ」の目的を侵害するものであるとされる。取消説を前提にすれば、債権者はオートマティック・ステイに違反するインセンティブを有してしまうことが問題であるというのである[57]。

　以上のように、連邦倒産法では、債務者の事業継続のため、債権者等の利害

---

[52] Id.
[53] Id.
[54] Id.
[55] Id., at 240.
[56] In re Soares, 107 F. 3d 969, 976 (1st Cir. 1997).
[57] Tabb, supra note 20, at 240.

関係人に対し、個別に通知することなく、いったん包括的な差押えの効力を倒産手続の申立てに認めている。それによって、不利益を被ると考える利害関係人は、自ら行動し、裁判所に救済を求めるという形式がとられている。いったん網をかけ、その後、必要に応じて、個別に lift していく、という形式である。債務者の事業継続を重視する場合、極めて魅力的なスキームであろう。しかし、裁判所の審判（adjudication）を必要とせず、申立て（のみ）で包括的差押えの効力を認める理由について、十分な紹介や分析がなされてきたとはいえないようにも思われる。以下では、この点について、若干の検討を行いたい。

III　アメリカ法の核心——a *caveat* to all the world

1　問題の所在

　Gerber 教授の設例をあらためて想起してほしい。債務者企業である A 社が倒産手続の申立てにより止めようとしたもの、あるいは、取引債権者が債権者申立てにより止めようとしたものは何であったか。それは取引債権者の一人である C 社が州裁判所に提起した訴訟と仮差押えである。後述するように、アメリカの倒産手続が19世紀初頭から腐心してきたのは、まさにこの事例への対処であった。アメリカ法では、訴訟提起と仮差押えは、勝訴判決と差押えの対象となった財産の競売へと移行していく。しかも、勝訴判決を得た債権者は、判決先取特権者（judgement lien）として、すなわち担保権者として処遇され、仮差押えの目的財産から優先的な回収が可能となる。なお、こうした一連の手続は、一般に、債権者の「地元」の州裁判所において、民主政の性質を帯びた裁判官の下で進められることにも注意が必要であろう。
　Tabb 教授によれば、オートマティック・ステイは、実質上、「インジャンクションに類似したもの」であるとされる[58]。典型的なインジャンクションとは、以下の2点において異なるといわれる。
　第1に、債務者は、倒産手続の申立て以外、何もする必要はない。すなわ

---

[58] *Id.*

[6] 申立て直後の取引の継続

ち、債務者は、インジャンクションの救済を裁判所に求める必要がない、ということである。オートマティック・ステイの強制は、当事者による裁判所への申立てや審判といった裁判所の関与は必要ではなく（automatically──自動的）、このことが、制度の名称の由来となっている。第 2 に、オートマティック・ステイは、利害関係人への通知がなくとも、その効力を生じる。これらすべての重要な点において、オートマティック・ステイは、自動的に効力を生じるものである。

このような自動的停止効の起源として、著名なフレーズがある。それは、1898年倒産法が施行された直後になされた *Mueller v. Nugent* において、連邦最高裁判所が用いた表現である。すなわち、連邦最高裁判所は、倒産手続の申立ては、「包括的差止命令（a *caveat* to all the world）であり、実質的に、仮差押えおよび差押えの効力をもつ」ものであると判示した。なぜこのような法理が登場したのか、またそれが現行の連邦倒産法においてどのようにして制定法上の根拠をもって具体化したのか、史的経緯を踏まえつつこれらのことを検討してみたい。もっとも、オートマティック・ステイの史的展開の全体像については、すでに倉部真由美教授の一連の業績があり、屋上屋を重ねることは避けたい。また、紙幅の関係上、資料を渉猟し、網羅的な検討を行うことは困難である。これらの問いについて、有益と思われる事項を最小限ながら取り上げ、その解への方向性を示すことができればと考える。

2 エクイティとしての倒産法──Jeseph Story 判事と排他的対物管轄権

裁判所の審判なく、申立てのみにより直ちに効力が生じるオートマティック・ステイの起源を、19世紀における Jeseph Story 判事の見解を起点として論争の中に模索してみたい。そのために、イリノイ大学において Tabb 教授の

---

59 *Id*.
60 *Id*.
61 *Id*.
62 184 U.S. 1, 14 (1901).
63 倉部・前掲（注22）の各論文参照。

同僚である Ralph Brubaker 教授の一連の研究のごく一部を以下に紹介する。

(1) **倒産手続の特質と裁判管轄権**

まず、Brubaker 教授は、倒産法のもつべき特質を明示する。第1に、集団的手続であること、包括的手続であること、および、強制的手続であることは、すべての債権者を拘束する倒産法の基本的な特質であるという[64]。第2に、「世界に存在する倒産制度はすべて、司法による審判の性質を帯びなければならない」という命題である[65]。倒産財団に帰属する財産をめぐる紛争について審判する権限を連邦地方裁判所に付与することは、論理的に当然である、という。このことは、連邦倒産法に関する憲法上の規定の前提となっており、それゆえ、倒産事項を立法する権限をもつ連邦議会は、立法を通じて、包括的な債務整理計画にすべての債権者を拘束する権限を連邦地方裁判所に付与している[66]。

債権者が債務者に対しその財産を仮差押えして、訴えを提起する場合、債権者の行動を制限することは、アメリカ法の文脈では、倒産事件の係属する連邦地方裁判所が、州裁判所に係属する訴訟手続を禁止する、ということを意味する。このことは、憲法に由来する倒産事項に基づく、連邦法の最も基本的な機能の問題になる[67]。もし倒産手続がなければ、債務者に対する債権者の権利は、州裁判所によって実行されてしまうのであり、倒産事件を管轄する連邦地方裁判所が州裁判所の手続を禁止する規定が、連邦法（倒産法）の不可欠の要素となる[68]。すなわち、差止命令による救済が倒産法による救済の不可欠の構成要素であるというのである[69]。

---

[64] Ralph Brubaker, *Response : Justice Story, Bankruptcy Injunctions, and the Anti-Injunction Act of 1793*, 92 Tex. L. Rev. See Also 67, at 68 (2013). このことについて、Max Radin, *The Nature of Bankruptcy*, 89 U. PA. L. Rev. 1, 3-4, 9 (1940) が引用されている。

[65] *Id*. および Ogden v. Saunders, 25 U.S. (12 Wheat.) 213, 366 (1827). またこの命題については、Ralph Brubaker, *On the Nature of Federal Bankruptcy Jurisdiction : A General Statutory and Constitutional Theory*, 41 WM. & MARY L. Rev. 743, 808 (2000).

[66] 25 U.S. (12 Wheat.) 213, 366 (1827).

[67] U.S. CONST. art. I, § 8, cl. 4.

[68] Brubaker, *supra* note 64, at 69.

[69] *Id*.

(2) 州裁判所の訴訟手続の自動的停止

アメリカにおいて、そもそも、破産者の財産は、裁判所の選任する破産財団の代表者たる管財人に帰属し、その効果として、州裁判所の財団帰属財産への介入は自動的に禁止される、ということは、広く認められていたようである。[70]

排他的対物管轄権に認められるインジャンクションの特質について、19世紀のある倒産裁判官（ただし、当時は「register」）の見解が示唆に富む。

「財団が、倒産事件の係属する連邦裁判所の監督下におかれ、その財産を管理するため選任されたオフィサー（管理官（assignee）や管財人（trustee））は、選任した裁判所に対してのみ、説明責任を負う。州裁判所は、当該財産に対して管轄権をもたず、その財産を持ち出したり、その処分方法を決定することもできない。倒産手続の申立てにより、破産者の財産は、直ちに、倒産裁判所の管轄に服し、その監督と保護の下におかれることになる。このことは、当該財産が現実に裁判所の下におかれた場合と全く変わらない。倒産裁判所の監督に服することで、それ以外の裁判所は、倒産裁判所の許可なく、その監督に介入することはできない。それゆえ、そうした介入は、倒産裁判所に対する法廷侮辱を構成する」[71]。

これに続いて示されたのが、Mueller v. Nugent[72]である。連邦最高裁判所は、「倒産手続の申立ては、包括的差止命令（a *caveat* to all the world）であり、実質的には、仮差押えと差止命令である。これによれば、破産者の財産に対する権限は、管財人に移行し、管財人がその財産を現実に占有していると否とにかかわらない。そして、当該財産は、倒産裁判所の監督下におかれる」[73]と判示した。この判例において初めて登場した「倒産手続の申立ては、包括的差止命令（a *caveat* to all the world）である」という表現は、その後も繰り返し用いられることになるが、イングランド法から続く、従前のエクイティの実務を踏襲

---

[70] *Id*. at 72.
[71] In re Brinkman, 4 F. Cas. 145, 147–48 (S.D.N.Y.) (No. 1884) Ex parte Foster, 9 F. Cas. 508, 513 (C.C.D. Mass. 1842) (No. 4960) (Story, J.) この判決は、ある者に破産手続開始決定を行う命令および判決（commission and decree）は、すべての債権者に対する強制執行である、という命題の権威づけに際し、イングランド法を引用している。
[72] 184 U.S. 1 (1902).
[73] 184 U.S. 1, 14 (1902). なお、Bank v. Sherman, 101 U.S. 403, 406 (1879) も参照。

したものであるということがわかる。債務者の財産について、倒産手続の申立てにより管財人を代表者とする「財団」が構成され、この財団に排他的な対物管轄権（Exclusive Federal In Rem Jurisdiction）、すなわち、州裁判所の介入を禁ずる対世効を備えた管轄権が発生するというのである。管轄権を発生させるには、申立てで十分、ということになろうか。エクイティおよび対物管轄権をもたない日本法からは理解の難しい点であると思われる。

(3) 判決前の仮差押え（prejudgment attachment）をめぐる論争

倒産手続開始時にすでに州裁判所が占有する財産については問題が生じる。Gerber 教授の設例を想起してほしい。取引債権者である C 社は、債務者企業である A 社に対し、訴えを提起し、判決前の仮差押え（prejudgment attachment）を行っていた。このような場合、イングランド倒産法[74]、1800年倒産法[75]、そして1867年倒産法[76]では、倒産手続の開始によって、そのような係属中の訴訟における判決前の仮差押えの効力を取り消すことを明らかにしていたけれども、1841年倒産法にはそのような明文規定は存在しなかった。

それゆえ、仮差押債権者は、仮差押えの対象となった財産に対し、担保権者として優先権をもち、この権利は、1841年倒産法における担保権保護規定[77]によって明文上存続が認められている[78]、と強く主張した。そして、その結果、仮差押えの対象となった財産に対し、判決後の差押えにより、その優先権を確定するため、債務者の倒産手続開始にもかかわらず、当該訴訟は停止されず、その結果、判決がなされるのだ、とも[79]。

このことが問題とされた Ex parte Foster 事件[80]において、Story 判事は、連邦控訴裁判所判事として、この主張を退けた。Story 判事の意見はこうであ

---

[74] See THOMAS COOPER, THE BANKRUPT LAW OF AMERICA, COMPARED WITH THE BANKRUPT LAW OF ENGLAND 185-86 (1801); Downer v. Brackett, 7 F. Cas. 1001, 1003-04 (D. Vt. 1842) (No. 4043).
[75] Act of Apr. 4, 1800, ch. 19, 2 Stat. 19 (repealed 1803). Section 31 of the 1800 Act. see also Harrison v. Sterry, 9 U.S. (5 Cranch) 289, 301 (1809) (Marshall, C.J.).
[76] Act of Mar. 2, 1867, ch. 176, 14 Stat. 517 (repealed 1878). Section 14 of the 1867 Act.
[77] See Act of Aug. 19, 1841, ch. 9, §2, 5 Stat. 440, 442 (repealed 1843).
[78] Brubaker, *supra* note 64, at 73.
[79] *Id.*
[80] 9 F. Cas. 508, 519 (C.C.D. Mass. 1842) (No. 4960).

6 申立て直後の取引の継続

る。1841年法が無効化規定をもたないのは単に立法の過誤にすぎず、仮差押債権者は、担保権者ではなく、一般債権者であるべきであり、かつ、差止命令がなされなければ、仮差押債権者は、早い者勝ちで優先的な満足を得てしまい、それは、一般債権者間の平等な分配という倒産法の目的を害する、というものであった。[82]

Ex parte Foster 事件における、Story 判事の見解は、エクイティ上、地方裁判所が有する裁判管轄権の範囲に関する論議を踏まえたものであった。1841年倒産法は次のように規定する。すなわち、「[連邦]地裁は、連邦巡回裁判所におけるエクイティ訴訟の場合と同じく、倒産事件、裁判所侮辱およびその他の救済手続において当該裁判所のした判決や命令を強制する権限と裁判管轄権をもつものとする」、と。Story 判事は、この規定により、「(イングランドの)大法官が倒産事件において行使できる権限よりも広く、かつ十分な裁判管轄権がアメリカ合衆国の連邦地方裁判所に認められた」とする。1841年倒産法には、二つの管轄権規定がある。その6条によれば、連邦地方裁判所は、倒産事件に関するあらゆる事項と手続について、裁判管轄権を有する。そして、かかる裁判管轄権は、申立てにより開始されるエクイティ上の簡素化手続の形式により行使される。[84] これに対し、8条は、倒産財団の管理官（assignee）と倒産手続開始に異議申立てをした者との間でなされる本案訴訟について、債務者が当初救済を申し立てた連邦地方裁判所と、その地方裁判所を管轄する連邦巡回裁判所の双方に裁判管轄権を認めるものであるが、この訴訟は、訴状（a formal bill or complaint）の提出により開始される、倒産手続とは独立した、正式な手続で行われる。[85]

要するに、イングランド法は、大法官の倒産事件に対する管轄権に基づく簡素化された倒産手続と、上級審裁判所での異議者を相手方とする「本案（plenary）」訴訟とを分けていたが、Story 判事は、6条を根拠に、連邦地方裁判

---

81 Story 判事は、実は、この1841年倒産法の起草者の一人であり、中心的な存在であったことは興味深い。
82 9 F. Cas. 508, at 517.
83 Act of Aug. 19, 1841, ch. 9, §6, 5 Stat. 440, 445 (repealed 1843).
84 Ch. 9, §6, 5 Stat. at 445.
85 Ch. 9, §8, 5 Stat. at 446.

所の管轄権限を拡大し、異議者との紛争を連邦地方裁判所における簡素化手続で処理できるとしたのであった。これが後に支配的見解となるのである。Story 判事は、この管轄権理論を前提に、1841年倒産法の下で、執行債権者は、仮差押えの対象となった財産に対し担保権を有しないと主張した。判決執行債権者は、執行官の差押えによる占有の確保を通して、当該財産への強制執行を行うものであり、そうした者でさえ、倒産法上、倒産手続開始申立て前の債務者財産に対し担保権を有してはいない、と論じた。

かかる裁判管轄権をめぐる Story 判事の意見は、本人の意図とは別に、仮差押えから生じる担保権について、激しい論争を巻き起こした。たとえば、Dudley's Case における Baldwin 判事の意見が有名である[86]。Baldwin 判事は、執行債権者が倒産手続開始前に差し押さえた財産を手続開始後に売却することを禁じる、倒産債務者による、インジャンクションの申立てを否定した。彼の立論の中心は、州裁判所の手続を停止させる連邦地方裁判所の裁判管轄権について述べられた Story 判事の意見を真っ向から批判するものであったけれども、本稿ではこれ以上立ち入らない。

(4) Story 判事と Ex parte Christy 事件

続いて、Story 判事が連邦最高裁判所判事として関与した重要な事件に、Ex parte Christy 事件がある[87]。以下では、Brubaker 教授のまとめに従う[88]。債務者 Walden は、City Bank of New Orleans から20万ドルを借り入れ、一つの農場と複数の土地を抵当に入れた。およそ1年後、Walden は、Bank を州裁判所に提訴し、法外な利息をとっているとして、譲渡抵当の無効を争った。トライアルの後、州裁判所は当該譲渡抵当が有効であるとの判決をなしたため、Walden は上訴した。ルイジアナ州最高裁判所は、上訴を棄却した。その後、Bank は、州裁判所に、当該譲渡抵当の実行を開始し、譲渡抵当実行の判決、換言すれば、担保目的物の差押えと売却の命令をなし、執行官が当該土地に対する差押えをした。およそ1カ月後、Walden は倒産手続開始の申立てをルイジアナ州にある連邦地方裁判所に行い、手続が開始された。

86　7 F. Cas. 1150 (C.C.E.D. Pa. 1842) (No. 4114).
87　44 U.S. (3 How.) 292 (1845).
88　Brubaker, *supra* note 64, at 85-86.

6 申立て直後の取引の継続

　Waldenの倒産手続開始前に、担保目的物は州裁判所の管理下にあったため、前述した排他的対物管轄権の法理に基づく、オートマティック・ステイの効力は認められなかった。こうして、Waldenが倒産手続開始の申立てをしてから、裁判所が開始を認めるまでの1カ月の間に、担保目的物は譲渡抵当の実行手続において売却されてしまった。Bankはかかる競売手続において自ら買受人となったようである。

　Waldenについて倒産手続が開始された後、その管理官（assignee）が、倒産裁判所に認められた資格者として、当該競売と譲渡抵当の無効を主張し、連邦地方裁判所に提訴をした。その根拠は、競売手続に詐欺および違法があり、かつ譲渡抵当の利息が高すぎるということにあった。この申立てに対し、Bankは、連邦地方裁判所は当該申立てを審理する裁判管轄権を欠くと反論した。

　この点について、連邦地方裁判所は、当該争点を連邦控訴裁判所に送付し、連邦控訴裁判所は、次のように回答した。

　「連邦地方裁判所は、倒産法の下で、Waldenの倒産事件における管理官（assignee）であるWilliam Christyの申立てにより生じたすべての争点について審判する、完全な裁判管轄権を有する。かつ、連邦地方裁判所は、譲渡抵当を審判する完全な権限を有し、ルイジアナ州法に照らし、トライアルでその無効が証明されれば、それに基づいて無効と判決することができる」[89]。

　その後、Bankは、倒産事件を処理している連邦地方裁判所が裁判管轄権を欠いているにもかかわらず、簡素化手続による審理を進めたとして、直接連邦最高裁判所に異議の申出を行った。しかし、連邦最高裁判所は、連邦地方裁判所はその倒産管轄権を超えていないという理由で、Bankの申立てを棄却した。この連邦最高裁判所の見解が、Story判事の意見である。

　Ex parte Christy事件の多数意見は、Bankの譲渡抵当を有効とするルイジアナ州法に基づく先行判決があるにもかかわらず、管理官（assignee）の提起した訴訟において、Bankの譲渡抵当の有効性をあらためて争うための裁判管轄権を、連邦地方裁判所がもつと判示した。なお、先行した訴訟では、債務者

---

[89] 44 U.S. 292, at 295.

III アメリカ法の核心——a *caveat* to all the world

である Walden のみが訴訟当事者となっていたのであるが、その倒産財団は訴訟当事者とはなっていなかった。[90]

Bank の反論は、管理官（assignee）が1841年倒産法6条に基づいて提起した「エクイティ上の簡素化手続」訴訟は適切でなく、その8条に基づき正式訴訟を提起するべきであるというものであった。これに対し、Story 判事は、その主張を退け、倒産に関連するあらゆる事項と手続に対する裁判管轄権を連邦地方裁判所に認める6条の規定は、管理官（assignee）により代表される倒産財団に対する訴訟および倒産財団からの訴訟すべてに適用される、とした。さらに、この条項は、すでになされていた本案訴訟にも適用されると述べた。[91]

この Story 判事の一連の見解については、有力な反論がなされているが、[92]紙幅の関係上、ここでは取り上げない。いずれにせよ、稀代のエクイティ研究者でもあった Story 判事の活躍により、19世紀における連邦地方裁判所（倒産裁判所）の排他的対物管轄権が確立するのである。こうして、倒産手続の機能は高められ、倒産手続申立て後、直ちに、包括的な差止命令が生じ、州裁判所においてすでに開始された訴訟手続や仮差押えを制限することができるようになった。このことが、20世紀に入って、どのように現行の連邦倒産法に結びつけられたか、次に現行法の制定の中心的な存在であった Frank R. Kennedy 教授による要約を紹介する。

---

90 Brubaker, *supra* note 64, at 86.
91 44 U.S. 292, at 308-314.
92 Ex parte Christy 判決は、Ex parte Foster 事件を端緒とする仮差押え論争に対し火に油を注ぐ結果となった。特に注目をあびたのは、Joel Parker 首席判事（ニューハンプシャー州最高裁判所）の一連の判決理由であろう。たとえば、Kittredge v. Warren, 14 N.H. 509 (1844) がその嚆矢である。同州裁判所、その選任した管財人等および訴訟当事者らは、連邦地方裁判所の管轄権を認めず、激しく争った。こうした州裁判所と連邦地方裁判所の対立への危惧から、ニューハンプシャー州最高裁判所が Peck v. Jenness, 16 N.H. 516 (1845) を判示した後、連邦最高裁判所は、Peck v. Jenness, 48 U.S. (7 How.) 612 (1849) を示し、両者の対立を解消しようとした。以上につき、Brubaker, *supra* note 64, at 92. Parker 判事が、その後、1847年11月、Story 判事の死後（1845年）、そのいわば後任として、ハーバード大学の教授に就任したことは興味深い出来事であろう (*Id.*, at 92, n87, GEORGE SILSBEE HALE, JOEL PARKER: SOMETIME CHIEF-JUSTICE OF THE STATE OF NEW HAMPSHIRE AND ROYALL PROFESSOR OF LAW IN THE LAW SCHOOL OF HARVARD UNIVERSITY, at 22, 23 (1876))。

3 現代へ至る道――Frank R. Kennedy 教授による分析

　連邦最高裁判所、特に Story 判事により確立されたエクイティ上の倒産実務が、現行連邦倒産法にどのように連なっていくのかについて、故 Frank R. Kennedy 教授の論考に基づきごく簡単に紹介する。[93][94]

(1) ニューディール期の改革[95]

　連邦議会は、窮境にある債務者を再建するべく、1930年代の10年間、1989年法の改正にあたり、倒産事項に関して立法権限を行使した。その際に、連邦議会は、倒産裁判所による債務者の保護を拡充し、債務者およびその財産に対する排他的管轄権を倒産裁判所に認め、かつ、差止めの権限を倒産裁判所に補充[96]した。裁判所は、二種類の再建型倒産手続において、オートマティック・ステイを規定した[97]。連邦議会は、債務者企業の再建について現実的な期待をもつためには、倒産手続の係属中、債務者企業の事業を継続することが不可欠である、と認識していた[98]。二つの倒産手続の実務において、申立代理人は、手続開始時に、債権者等の回収行動や担保権者の担保権実行等に対する包括的差止めを常に求め、かつ獲得していた。

(2) 倒産手続規則 (the Rules of Bankruptcy Procedures)[99]

　1973年から1976年にかけて公布された倒産手続規則 (the Rules of Bankruptcy Procedures) によって、倒産手続の申立て後、債権者の回収行動や担

93　Kennedy 教授（ミシガン大学）は、アメリカ倒産法学の起点となる James McLaughlin 教授（ハーバード大学）の有力な後継者の一人である (Cf. David Skeel, Jr., DEBT'S DOMINION, at 135.)。なお、Kennedy 教授の業績等について、Hon. George Brody, *FRANK R. KENNEDY*, 82 Mich. L. Rev. 189 (1983-1984). また、ミシガン大学ロースクールのホームページに詳しい紹介がある (〈http://www.law.umich.edu/historyandtraditions/faculty/Faculty_Lists/Alpha_Faculty/Pages/FrankRKennedy.aspx〉, at 15thMarch, 2015)。

94　Kennedy 教授は、倒産規則や1973年法におけるオートマティック・ステイの立案に多大な貢献をされた。Frank R. Kennedy, *The Automatic Stay In Bankruptcy*, 11 U. Mich. J.L. Reform 175 (1977-1978) [hereinafter cited as Automatic Stay 1]、Frank R. Kennedy, *Automatic Stays Under The New Bankruptcy Law*, 12 U. Mich. J.L. Reform 1 (1978-1979) [hereinafter cited as Automatic Stay 2]。

95　Kennedy, Automatic Stay 2, *supra* note 94, at 3-4.

96　1898年倒産法77条(a)、111条、311条、411条、および611条参照。*Id.*, at 189 n. 65.

97　1898年倒産法77条(j)、113条、116条(4)、314条、414条、614条参照。*Id.*, at 189 n. 66.

98　1898年倒産法148条、428条参照。*Id.*, at 192-94.

III アメリカ法の核心——a *caveat* to all the world

保権実行を停止させるという、再建型倒産手続における支配的な実務が確立した。[100] 連邦議会は、オートマティック・ステイの目的について理解を示しつつも、現行法が制定されるまでその適用範囲を再建型手続に限定していた。[101] しかし、裁判所は清算手続においても必要性を認め、倒産手続規則に基づくオートマティック・ステイが適用されるようになった。[102]

1960年代に、連邦議会による法改正によって、債務者のフレッシュ・スタートの促進が図られ、また、債権者の平等の実現というポリシーも、否認権規定の充実という形で促進された。[103] しかし、これに反発する動きもあり、その一例が、統一商事法典（the Uniform Commercial Code）の改正であった。在庫や売掛債権に対する浮動担保の権限が強化されたのである。ここで、求められることは、担保権実行の制限、その実行の先送りであろう。この問いに対して、倒産手続規則は次のような措置をとった。すなわち、規則によって、オートマティック・ステイからの救済を求めるため、異議を申し立てる責任の所在を変更したのである。これは重大な手続スキームの変更といえよう。もっとも、担保権実行を停止するオートマティック・ステイに対し異議が申し立てられた後、停止効の継続を正当化する責任は、その継続を求める当事者、たとえば、倒産債務者に残されたままであった。その結果、停止効の是非をめぐり訴訟が頻発した。しかし、こうした規則の対応により、間違いなく、債務者は、「一息」つくことができたのであった。

1960年代は、裁判所と弁護士会、つまり現場に立つ倒産実務家の創意と工夫が、倒産手続規則を媒介として、種々の問題を改善していた時期といえる。こうした動きの中心人物でもあったKennedy教授のかかる規則に対する評価は高い。しかし、1970年代に根本的な改革が連邦議会による制定法（現行法）によってもたらされることになる。連邦議会は、裁判所による改革では不十分と考えたということになろうか。[105]

99　Kennedy, Automatic Stay 2, *supra* note 94, at 4.
100　Kennedy, Automatic Stay 1, *supra* note 94, at 190 n. 78.
101　Kennedy, Automatic Stay 2, *supra* note 94, at 62.
102　*Id.*
103　*Id.*
104　*Id.*, at 63.

527

(3) 倒産手続規則と連邦民事訴訟規則

倒産手続規則との関係で、興味深いのは、連邦民事訴訟規則の存在である。1930年代初頭、連邦議会は、連邦地方裁判所における民事訴訟手続に関する規則の制定権限を連邦最高裁判所に付与することについに同意した[106]。こうした権限の付与が認められた前提には、連邦最高裁判所が制定法（連邦議会）による束縛から自由にならない限り、重要な手続改革は実現できないであろうという考えがあったとされる[107]。それゆえ、連邦民事訴訟規則に係る授権法には、当該規則と抵触するあらゆる制定法を無効とする諸規定が含まれていた[108]。連邦議会が、1964年倒産法の下で、手続事項に関する規則制定権限を連邦最高裁判所に付与することに同意したとき、当該権限を限定していた30条は、第28編2075条に置き換えられた。これには、連邦民事訴訟規則に付与された「抵触法」に関するルールと同様の効力を倒産手続規則に付与する規定が含まれていた[109]。

民事訴訟手続では、フィールドによる法典論争から規則による規律へと移行し、それが定着している。なぜ倒産手続では規則による規律だけでは不十分とされたのか、その原因を考えていく視点も重要かもしれない。

(4) 現行法[110]

新法に定められるオートマティック・ステイの諸規定は、アメリカ合衆国倒産法委員会（the Commission on the Bankruptcy Laws of the United States）の提案に基づくものである。倒産法委員会による1973年7月の報告書では、オートマティック・ステイに関する5つのルールが提案された[111]。その報告書によれば、包括的なオートマティック・ステイの採用に関する提案は、明らかに、裁判所や弁護士会による調査研究によって公表、提案されてきた諸ルールに由来していた[112]。現行法である1978年倒産法の362条と922条には、それに先立つ6年

---

105 連邦議会は、債務者のフレッシュ・スタートの実現が進まないことにいらだっていたという指摘もある（Cf. Kennedy, Automatic Stay 1, *supra* note 94, at 186）。
106 Pub. L. No. 73-415, 48 Stat. 1064 (1934).
107 Kennedy, Automatic Stay 2, *supra* note 94, at 7.
108 See 2 MOORE'S FEDERAL PRACTICE 1.02[5] (2d ed. 1978).
109 Kennedy, Automatic Stay 2, *supra* note 94, at 7.
110 *Id.*, at 5-6.
111 The Commission on the Bankruptcy Laws of the United States, created by Act of July 24, 1970, Pub. L. No. 91-354, 84 Stat. 468 (1970).

の間に公布され、適用されてきたオートマティック・ステイに関する倒産手続規則の痕跡（imprint）が認められるともいわれた。

　倒産法委員会は、1898年法の実務に配慮し、連邦最高裁判所に認められていた規則制定権を否定しなかった。オートマティック・ステイに関する倒産法委員会の改正提案は、種々の倒産法に基づく事件におけるオートマティック・ステイを保護する、新規かつ異なった規則を規定することに、連邦最高裁判所の権限を制限しようとはしなかった。

　Kennedy 教授は、現行法におけるオートマティック・ステイの規律を評価しつつも、たとえば、その効力を lift する要件について、連邦議会が示したものに不満を述べられる。今後の法改正や規則改正の際に注視するべき点であると思われる。

Ⅳ　日本法の省察——結びに代えて

1　アメリカ法の足跡

　1898年倒産法が施行された直後になされた *Mueller v. Nugent* [113] において、連邦最高裁判所は、倒産手続の申立ては、「包括的差止請求（a *caveat* to all the world）であり、実質的に、仮差押えおよび差押えの効力をもつ」ものであると判示した。この法的な注釈は、それ以来、何度も用いられてきたけれども、初期の頃、次のように理解されていた。すなわち、倒産手続の申立て以後、債権者の回収行動を停止させることは、倒産手続において、必須のことである、と。債権者に対し停止の効力が生じなければ、債務者の財産はばらばらになり、平等な分配の目的も害される。破産者が倒産手続に求めるフレッシュ・スタートのポリシーも、債権者の回収行動を放置することで侵害されるからである。

　こうしたスキームは、連邦最高裁判所の Story 判事の業績によるところが

112　H.R. Doc. No. 137, pts. II, 93d Cong., 1st Sess.（1973）, at 118.
113　184 U.S. 1, 14（1901）.

大きい。彼のバックボーンといえる、エクイティ研究と、財産権（property）保護の一貫した姿勢が、連邦地方裁判所（倒産裁判所）に排他的対物管轄権の理論を確立した。その後、大恐慌期の法改正により、オートマティック・ステイはその機能を高め、1960年代には、倒産手続規則によって、実質的な改善が施された。その成果は、現行法に息づいている。

2　動産・債権差押えと中止命令・取消命令

　先に示したように、再生債務者の在庫商品、原材料や仕掛品等が差押えや仮差押えを受けている場合、申立て後であれば、再生法26条1項2号はその手続を中止することができる。しかし、在庫商品等を事業の一環として売却したい場合、取消命令を得なければならず（民再26条3項）、債務者の事業の継続にとっては、好ましい形になっているとはいいがたい。また、破産手続開始決定の効果（破42条2項本文）とは異なり、再生手続開始決定の効果は、差押え等を失効させられず（民再39条1項）、別途、取消命令が必要となる（同条2項）。

　もっとも、実証研究においても、これら中止命令や取消命令が問題となった事件はあまり多くないようである。[114]申立てから開始決定までの期間を短縮化する実務の努力が反映されているようにも思われるが、個別の和解により債務の一定額が弁済されているということはないであろうか。オートマティック・ステイの目的を想起してほしい。債務者の財産を裁判所の監督下におくことで、その散逸を防止し、債権者の平等を実現するということにある。アメリカ法では、勝訴判決を有する者は判決先取特権を行使することになり、これは倒産手続との関係では、担保権者として処遇される。勝訴債権者による差押えにそのような強い効果を認めていることは重要である。また、アメリカ法の歴史は、裁判所による「網掛け」の負担を債務者から債権者に転換するものであった。取引の継続を考える場合に、個々の強制執行等を中止する負担を債務者に課すことは望ましくないであろう。現行法の枠組みでは、「職権」による中止を活用することが考えられるが、裁判所の負担からは難しいかもしれない。

114　山本和彦＝山本研・前掲書（注2）66頁以下〔近藤隆司＝金春〕。

3　包括的禁止命令の拡充

　再生債務者が多数の金銭債権を有しており、債権者がそれに対する強制執行の方法として、転付命令を選択する場合、個別の中止命令による対処では事務負担の観点から事実上困難となり、包括的禁止命令（民再27条）に依拠する必要が生じるが、この命令についても発令要件が厳格なものとなっているとの問題点の指摘があった。[115]

　アメリカ法において、オートマティック・ステイを利用する際に、債務者は申立てのみで足りる。それにより、包括的な停止効・禁止効が生じ、たとえば、仮差押えを受けた在庫を売却し、その代金を資金繰りに流用するという指摘もあった。債務者の事業継続には極めて有用な制度であることがわかる。

　しかし、日本法では、かかる停止効、禁止効は、裁判所の審判を経た倒産手続の開始決定の効果として理解されている。申立てと開始決定のギャップ期間については、保全措置が設定され、開始決定の効果の前倒しが行われているが、はたしてそれが十分に機能しているかが継続的に検証され、問われなければならない。債務者の取引の継続に配慮することは、再生法の目的に資するものであり、再生手続利用のインセンティブを高めると思われる。

　そのための究極の方法が、申立てのみによる包括的禁止命令の発動であろう。このことを実現するのは、日本法の文脈では極めて困難であるかもしれない。しかし、その可能性を探究し続けることにも意義はあり、そのためにはアメリカ法の制度の基礎を知る必要がある。オートマティック・ステイの歴史を俯瞰したところ、アメリカ法でかかる措置が可能となっている一つの要因は、いわゆる財産隔離の効果を、裁判管轄権（排他的対物管轄権）の発生に結びつけているからであるというのが暫定的な私見である。今後は、彼の地における対物管轄権、およびエクイティ上の差止命令の構造について、より深い探求が必要となると考える。[116]

115　伊藤・前掲書（注15）46頁〔山本克己発言〕。

4　包括的禁止命令に違反する行為の効力

　山本克己教授は、かつて、包括的禁止命令の趣旨を最も効果的に発揮させるためには、これに反する執行行為がすべて当然無効であって、取消しは必要でないという考え方を示された。[117] この見解は今後も引き続き検討されるべき重要な提言であると考える。

　オートマティック・ステイに違反する行為はすべてはじめから無効となり、法的な効力をもたない、というのが、支配的な見解であった。たとえば、担保権実行による競売は無効となり、債権者に回収された財産は債務者の下に戻り、判決は無効（nugatory）となる。このことの意味について、連邦控訴裁判所は、「オートマティック・ステイに違反する行為を無効な行為とするか、取り消しうる行為とするかによって、異議申立ての責任を負担する者が変わってくる。無効とすれば、債権者が当該行為を有効とする責任を負担する。反対に、取り消しうる行為とすれば、債務者が当該行為を取消し無効とする責任を負担する」とした。そして、オートマティック・ステイの目的に調和するのは、前者の見解であるという。ここからもうかがえるように、債務者が取引を継続して事業の存続を図り、債権者に平等・公正な分配を行うには、個々の債権者に、いわば起訴責任と挙証責任を負担させるべきではなかろうか。

5　展　　望

　アメリカ法のオートマティック・ステイと日本の開始決定の効果、保全措置をごく簡単に比較してみたところ、基礎となる手続構造に違いがあることがよくわかった。アメリカ法において、オートマティック・ステイが機能する典型例は、一般債権者による提訴と債務者財産に対する仮差押えの停止であった。このことは、勝訴判決債権者が、倒産手続上、担保権者として処遇されること

116　エクイティ上の差止命令に関して、吉垣実教授の一連の研究が注目される。吉垣実「アメリカ会社訴訟における中間的差止命令手続の機能と展開(1)〜(7)――予備的差止命令と仮制止命令の紛争解決機能――」大阪経大論集62巻4号（2011年）45〜69頁、同巻5号（2012年）49〜64頁、法経論集193号（愛知大学）（2012年）63〜137頁、同194号（2013年）31〜48頁、同195号（2013年）43〜54頁、同196号（2013年）1〜16頁、同197号（2013年）67〜128頁。
117　伊藤・前掲書（注15）46頁〔山本克己発言〕。

と相まって、アメリカ法の歴史の通奏低音となっている。日本法では、勝訴確定判決＝債務名義を有する者の強制執行も、倒産手続との関係では、停止される。ごく当たり前のことのように理解されているが、比較法の視点から、あらためて考え直す契機となるようにも思われる。すなわち、裁判所の判決を介した「法定」担保権のあり方である。日本法で、別除権構成が採用できるのは、勝訴判決者を「担保権者」とせず、債務名義に基づく強制執行手続をも停止させる規律があったからとはいえないか。もしこの者（特に取引債権者）を担保権者としていれば、清算型手続においても、アメリカ法のように、別除権構成は採用できなかったはずである。勝訴判決債権者の処遇について、さらにその沿革を調べてみる必要があろう。[118]

オートマティック・ステイないしそれに類する制度を日本法に採用する場合、アメリカ法における対物管轄権の構造やインジャンクションのあり方について、より深い研究がなされるべきと思われる。これらは日本法にない制度や概念であるが、その際に、倒産財団の独立性について検証を行うことが有益ではないか。この点について、兼子一博士のいわゆる財団代表説や池田辰夫教授らの信託説の再考が重要であろう。破産管財人の法的地位という視点とともに、財団隔離の構造論として再評価してみることにも価値がありそうである。[119]

再生手続の利用を促進するためには、その機能の高度化について絶えず検証を続けるべきであろう。かかる観点からは、倒産手続の申立てに際し、債務者の負担をなくすことが一つの鍵となる。個別の債権回収行動を特定し、中止命令を得たり、資金繰りの観点からそれらを取り消す負担の排除である。倒産手続の申立て、ないしその利用が、債務者にとって、「一息つく」有用な手段であることを示す方向での改革がなされるべきであるように思われる。再生手続をはじめとして、現在の倒産手続は新しく、精密な構造をもっているけれど

---

118 かかる問題意識からは、園尾隆司「優先主義・平等主義法制の歴史と展望――ローマ法を起源とする優先主義と対比した我が国平等主義の位置づけ――」金法1996号（2014年）26頁、特に44頁以下が重要である。

119 近時、破産管財人の地位を再検討するものとして、河崎祐子「『破産管財人論』再考」高橋宏志ほか編『民事手続の現代的使命（伊藤眞先生古稀祝賀論文集）』（有斐閣・2015年）801頁、工藤敏隆「アメリカ倒産法における管財機関の生成と信託理論(1)・(2・完)」慶應法学28号（2014年）135頁、同29号（2014年）325頁参照。

も、より良い手続や法を求めて、あがいてみることにも意味はある。Gerber教授は、アメリカにおいて再建型の立法ができて200年になるが、いまだ完璧なものはできていない、だから、われわれは絶えず検証し、必要があれば、法改正も辞さないのだ、と筆者に語った。何か正解ないし真実があるのではなく、そこに向かってにじり寄る努力こそが正しい、というプラグマティズムの発想が現れている。こうした姿勢は今後のわが国の法制を考えるうえでも、貴重なのではないか。

　また、19世紀にエクイティとしての倒産手続の確立に貢献したStory判事の研究業績や法思想については、より深い探求が必要であると思われる。彼は、倒産法・実務のエキスパートでありつつ、多数の著作と論文を公表し、大学でのポストも有していた。こうした経歴は、20世紀において、チャンドラー法の制定に大きな貢献をし、その後連邦最高裁判所において、第X章手続と第XI章手続の手続選択について重要な判断を下したDouglas判事と類似する。これら高名な連邦最高裁判所判事の足跡をたどることで、わが国の倒産法理論にも一定の成果が得られるように思われる。

　Kennedy教授は、Vern Countryman教授と並ぶアメリカ倒産法理論の巨人である。彼の研究業績をフォローすることには、アメリカ法の文脈でも意義があるとともに、日本法においても高い価値をもつ。また、それは、再生法をはじめとして、現行倒産法の立法に深く関与された伊藤眞教授が師事された方であるという事実も興味深いものがある。

　伊藤眞教授は、園尾隆司『民事訴訟・執行・破産の近現代史』（弘文堂・2009年）の書評において、「既存制度の整合的説明を競い合い、また、法概念の微視的分析に関心が集中している」ことを危惧され、「制度のより合理的な運用のあり方を探り、またその改革を試みる努力」の重要さを説かれる。[120] かかる言明に対し、本稿は極めて未熟なものであるけれども、今中利昭先生の傘寿のお祝いとさせていただければ幸いである。

〔本稿は、2010年度全国銀行協会研究助成金による研究成果の一部である〕

---

[120] 伊藤眞「書評」判タ1314号（2010年）79〜80頁。

7 私的整理における一時停止の制度についての一考察

同志社大学法学部准教授 　金　　春

はじめに

　日本における私的整理は、近時において、私的整理ガイドライン、産業再生機構・企業再生支援機構、中小企業再生支援協議会、事業再生 ADR の段階的発展を経て、事業再生のための有効かつ不可欠な枠組みとなっている。これらの私的整理の枠組みについては、専門性・中立性を公的に承認された機関が手続実施主体として加わっており、かつ、手続の準則ないしその効果等について一定の法的根拠が与えられている点で、従来の純粋な私的整理と区別して制度化された私的整理とよばれている。[1] 制度化された私的整理が成立するためには、さまざまな前提条件が必要であるが、その中でも特に重要なのが、対象債権者の権利行使等に対する停止要請たる一時停止の制度である。本稿は、とりわけ事業再生 ADR に焦点をあてて、一時停止（経済産業省関係産業競争力強化法施行規則20条）のいくつかの法的効果をめぐる問題について考察を加えるものである。

1　全国倒産処理弁護士ネットワーク編『私的整理の実務 Q&A100問』（金融財政事情研究会・2011年）7頁以下、伊藤眞「『私的整理の法理』再考──事業再生の透明性と信頼性の確保を目指して」金法1982号（2013年）34頁以下（同『破産法・民事再生法〔第3版〕』（有斐閣・2014年）45頁以下に要約されている）。

I 制度化された私的整理における一時停止の制度の概要

まず、考察の前提として、各種の制度化された私的整理において、一時停止がどのような制度として位置づけられているかについて概観する。

1 私的整理ガイドライン

私的整理ガイドラインは、金融機関の不良債権処理と企業の過剰債務問題との一体的解決を図るために、2001年9月に「私的整理に関するガイドライン」を正式名称として、策定・公表されたものである。同ガイドラインは、イギリスのロンドン・アプローチと2000年10月にINSOLが整理した「INSOL 8原則」をモデルにしたものであり、その策定によって日本で初めて私的整理の準則化が実現された。具体的に、同ガイドラインにおいては、債務者が主要債権者に同ガイドラインによる私的整理を申し立てた後、主要債権者が相当であると認めるときは、主要債権者と債務者が連名にて、第1回債権者会議の招集通知を兼ねて、商取引債権を除く金融機関債権者たる対象債権者（ただし、相当と認められるときは、その他の大口債権者等を含めることができる）全員に対して、書面による一時停止の通知を発し（私的整理ガイドライン4項）、これにより私的整理が開始される（同ガイドラインQ&A15）。その後、事業再生計画案の概要説明、専門家アドバイザーの選任の有無および一時停止の期間決定等のための第1回債権者会議が開催される（同ガイドライン5項）。さらに、再建計画案の決議のための第2回債権者会議が開催され、計画案について対象債権者全員の同意が得られれば、再建計画が成立する（同ガイドライン8項）。

ここでの一時停止は、一時停止の通知を発した日から、第1回債権者会議（一時停止の通知を発した日から原則として2週間以内の日を開催日とする）終了時

---

2 詳しくは、田中亀雄ほか『私的整理ガイドラインの実務』（金融財政事情研究会・2007年）2頁以下。

3 高木新二郎「世界的私的整理ガイドラインの必要性」NBL981号（2012年）35頁、藤原敬三「中小企業における私的整理手続の現状と課題」伊藤眞ほか編『時代をリードする再生論（松嶋英機弁護士古稀記念論文集）』（商事法務・2013年）315頁以下。

まで、第1回債権者会議においてその開催日から3カ月を超えない範囲で延長を定めたときはその日までにおいて、対象債権者全員と債務者は、次の行為等を差し控えることとするものである（私的整理ガイドライン5項(1)・6項(1)）。

すなわち、①債務者は、通常の営業過程によるもののほか、特に債権者会議またはその付託を受けた債権者委員会が許可したものを除き、その資産を処分してはならず、新債務を負担してはならない、②債務者は、一部の対象債権者に対する弁済（代物弁済を含む。以下同じ）や相殺等債務消滅に関する行為のほか、物的人的担保の供与等を行ってはならない、③対象債権者は、一時停止の通知を発した日における「与信残高」（手形貸付・証書貸付・当座貸越等の残高）を維持し、他の対象債権者との関係における債務者に対する相対的地位を改善してはならず、弁済を受け、相殺権を行使するなどの債務消滅に関する行為をなし、追加の物的人的担保の供与を求め、担保権を実行し、強制執行や仮差押え・仮処分や法的倒産処理手続の申立てをしてはならない。

このような一時停止の趣旨については、ガイドラインによる私的整理が始まると、債務者が経営困難な状況にあることが対象債権者である金融機関等に広く知られることになる結果、金融機関等がそれぞれの立場で債権回収策や債権保全策をとることになるため、債務者企業を再建することが困難になるからであると説明されている（私的整理ガイドラインQ&A25）。

2 産業再生機構法・企業再生支援機構法

私的整理ガイドラインが公表された以降、さまざまな私的整理準則が策定・公表されるが、その一つが、2003年4月2日に成立した株式会社産業再生機構法（株式会社産業再生機構設立のための法律。以下、「再生機構法」という）である。同法の下での私的整理のスキームは、債務者企業および主要金融機関が事業再生計画案を添付のうえ、連名にて産業再生機構に再生支援の申込みを行い、その後同機構が支援決定を行ったときは、関係金融機関等に対して一時停止の要請をするとともに、債権買取りの申込みをするか再生計画案に同意するかの回答を求め、同申込みまたは同意が一定額を超えれば機構が債権買取りを決定し、これにより私的整理が成立するものである（再生機構法22条以下）。

一時停止については、具体的に、関係金融機関等が債務者企業に対し債権の

回収その他主務省令で定める債権者としての権利の行使をすることにより、対象事業者の事業の再生が困難となるおそれがあると認められるときに、産業再生機構が、すべての関係金融機関等に対し、買取申込み等の求めにあわせて、買取申込み等期間が満了するまでの間、回収等をしないことを要請しなければならないものとされている（再生機構法24条）。再生機構法の性格上、公的機関たる機構が一時停止を要請するとした点で、私的整理ガイドラインと若干異なる。

再生機構法は5年間の時限立法であったところ、2007年4月に予定の期間を1年前倒しで解散し、その実績を承継しつつ、地域経済の再建を主たる目的として、2009年6月に株式会社企業再生支援機構法（以下、「支援機構法」という）が成立した。そこでは、一時停止は公的機関である企業再生支援機構が要請するものとされており、再生機構法と同様の規定がおかれている（支援機構法27条）。なお、企業再生支援機構については、2013年3月に事業再生支援に係る決定期限がさらに5年間延長される等の改正が行われたことに伴い、従前からの事業再生支援に加えて地域経済活性化事業活動に対する支援に係る業務を担う支援機関へと改組され、商号が「株式会社地域経済活性化支援機構」に変更された[4]。

3　中小企業再生支援協議会

中小企業再生支援協議会は、産業活力再生特別措置法41条（後に産業活力の再生及び産業活動の革新に関する特別措置法）・現産業競争力強化法127以下に基づき[5]、中小企業再生支援業務を行う者として認定を受けた商工会議所等の認定支援機関内に設置された組織であり、2003年2月から順次全国47都道府県に1カ所ずつ設置されている。中小企業再生支援協議会による私的整理のスキームは、2008年4月に公表された「中小企業再生支援協議会事業実施基本要領」によるが、主として、事業再生に関する知識と経験とを有する専門家（金融機関

---

[4] 2014年10月には、出資機能の強化、貸付債権等の信託引受け等事業再生や地域活性化の支援が一層効果的に進められることを目的とする一部法改正も行われている。

[5] 産業活力再生特別措置法は、2014年1月20日付けで、現産業競争力強化法の施行に伴って廃止された。

関係者、公認会計士、弁護士等）が統括責任者・その補佐として常駐し、中小企業の経済的窮境の解決に向けた助言や弁護士の紹介等を行い（第1次対応）、必要があれば再生計画の策定支援（第2次対応）を開始するものである。同スキームは、基本的には私的整理ガイドラインをベースとしたものであるが、中小企業や地域の特性を考慮して策定したものであるため（「中小企業再生支援協議会事業実施基本要領」および同「Q&A」参照）、対象債権者に一時停止の通知はされない（同Q&A21）とした点で私的整理ガイドラインと異なる。もっとも、協議会スキームによる私的整理手続の遂行に際し、債務者企業の資金繰り等の事情から必要性が認められる場合には、統括責任者と債務者の連名で書面等により対象債権者の全部または一部に対して、元本または元利金の返済の停止・猶予を求める「返済猶予の要請」や対象債権者の個別的権利行使や債権保全措置等の差控えの要請を行うことはあるようである（同Q&A21）。

4　事業再生ADR

　事業再生ADRは、ADR法（裁判外紛争解決手続の利用の促進に関する法律）に基づく認証紛争解決手続（同法2条）に立脚し、2007年5月の産業活力再生特別措置法の改正によって発足した（現産業競争力強化法（51条〜60条）により引き継がれている）認証紛争解決手続である。事業再生ADRのスキームは、基本的に私的整理ガイドラインに沿ったものであるが、私的整理ガイドラインと大きく異なるのは、主要債権者たるメインバンクでなく、中立公正の第三者である事業再生の専門家が関与することである。

　具体的に、法務大臣により認証紛争解決事業者としての認証を受け、さらに経済産業大臣より事業再生ADRの認定を受けたものが事業再生ADR手続を行うとされているが、同認証・認定は厳格になされており、2008年11月26日から事業再生実務家協会が唯一の認証紛争解決事業者となっている。手続の流れとしては、まず、債務者が事業再生実務家協会に利用の事前相談を行い、事業

6　なお、産業活力再生特別措置法の同改正は2007年8月6日に施行されたが、同日に具体的な認定要件を定めた「産業活力再生特別措置法第48条1項の規定に基づく認証紛争解決事業者の認定等に関する省令」が公布・施行されており、現在ではその内容は「経済産業省関係産業競争力強化法施行規則」の中に規定されている。以下では、同規則の条文を引用する。

価値が認められ、債権者からの支援を受けることにより事業再生の可能性があると判断される企業について、同協会が手続の利用を認める。事前相談から後の正式申請に至るまでの段階では、協会が選定した手続実施者（予定者）の関与を受けて、債務者は再生計画案の概要を作成する。次に、正式申請が受理されると、協会は債務者と連名にて一時停止の通知を発する。その後、事業再生計画案の概要説明や一時停止の内容と一時停止の期間決定等のための第1回債権者会議、計画案協議のための第2回債権者会議、決議のための第3回債権者会議が開催され、対象債権者全員の同意をもって決議されると再建計画は成立する。

　事業再生ADRにおける一時停止の通知は、対象債権者全員に対して、「債権者全員の同意によって決定される期間中に債権の回収、担保権の設定又は破産手続開始、再生手続開始、会社更生法若しくは金融機関等の更生手続の特例等に関する法律の規定による更生手続開始若しくは特別清算開始の申立てをしないこと」（経済産業省関係産業競争力強化法施行規則20条前段カッコ書）を要請するものである（同条前段）。ここでいう「債権者全員の同意によって決定される期間」とは通知発出日から原則として2週間以内に開催される第1回債権者会議（同条後段）で決定されており、「事業再生ADRの決議会議（事業再生計画案の決議のための第3回債権者会議）の終了時まで（延期・続行された場合には、延期・続行された期日を含む）」とされることが多く、実務では一般的に3カ月以内とされている。[8]このようにみると、事業再生ADRにおける一時停止の通知の内容は私的整理ガイドラインにおおむね類似するが、私的整理ガイドラインにおいては手続に対する信頼の基礎を主要債権者たるメインバンクにおいている関係で、債務者と主要債権者が連名にて一時停止の通知を発するのに対して、事業再生ADRでは中立公正な認証紛争解決事業者が主導する手続であることの特質上、一時停止の通知は、同事業者が債務者と連名にてするものとされている（同条前段）。

---

[7] 手続実施者が弁護士でない場合においては法的助言のための措置が必要である（ADR法6条5号）。
[8] 須藤英章「事業再生実務家協会における事業再生ADR手続」事業再生と債権管理123号（2009年）43頁以下。

5　個人版私的整理ガイドライン

最後に、東日本大震災を契機に、私的整理ガイドラインや事業再生 ADR の個人版・簡略版として策定された個人版私的整理ガイドラインにおける一時停止の制度についてもみると、そこでは、債務者による債権者全員に対する同ガイドラインの利用申出（個人版私的整理ガイドライン運営委員会を経由して行うことも可能）と同時に、一時停止が開始されるとされている（個人版私的整理ガイドライン5項）。この一時停止は、債務整理の申出の時点より対象債権者のいずれかから（債務者が一時停止による禁止に違反したことが判明した場合等において）書面による異議が述べられることを解除条件として開始されるものであり（同項(3)）、債務者およびすべての対象債権者は、私的整理ガイドラインで定めているものと同様の行為を差し控えることとしたのである（同ガイドライン6項）。一時停止の期間は、原則として、一時停止の開始日から6カ月を経過した日または弁済計画が成立した日もしくは不成立によりガイドラインによる債務整理が終了した日のいずれか早い日までである（同項(2)）。

II　一時停止の通知と支払停止該当性

以上、各種の制度化された私的整理における一時停止の制度の概要についてみてきたが、理論的に大いに議論がある問題の一つは、一時停止の通知が支払停止に該当するかどうかである。

この点、私的整理ガイドライン Q&A によれば、一時停止は、債務者と対象債権者についてのみ適用されるものであり、それ以外の債権者に対するものでないため、一時停止の通知を発したからといって一般的に支払いを停止したことに該当しない（私的整理ガイドライン Q&A26）。したがって、対象債権者はもとよりその他の債権者も、一時停止の通知があったことのみをもって、銀行取引約定書等において定める期限の利益喪失事由として扱われないとされる（同ガイドライン Q&A26）。また、一時停止期間中に追加融資を受けるために、債務者が担保を設定したり追加融資に対する優先弁済をしたりする行為や成立した再建計画の定めにより債務者が資産処分や債務の弁済を行った行為は、私的

整理が途中で挫折し法的整理が始まっても、否認されることはないとされる。一時停止が支払停止に該当しないことに加えて、こうした行為は、債権者を害する行為ではなく社会的に正当な行為であるからである（同ガイドラインQ&A27）。

しかし、この問題については立ち入った考察をする必要があり、近時の学説および判例は、見解が分かれている状況にある。以下では、事業再生ADRにおける一時停止の通知（経済産業省関係産業競争力強化法施行規則20条前段）を中心に議論を進める。

1　否定説

(1)　学説

学説においては、一時停止の通知は支払停止に該当しないとする考え方が有力である。伊藤眞教授は、かねてより、債務免除や期限猶予等要請行為は主要債権者に対してなされており、債権者に受け入れられる合理的な蓋然性が存在するときには支払停止に該当しないと主張されている。[9]すなわち、支払停止は評価概念としての側面をもち、債務者が債権者一般に対して単純な債務免除等を要請すれば、同行為は支払停止とみなされることになるが、事業再生ADRにおける一時停止の通知にみられるように、同要請行為が合理的な内容の事業再生計画案を基礎とし、主要債権者がそれを受け入れる合理的な見込みを伴うものであれば、支払停止に該当するとの評価を妨げることになる。ただし、主要債権者が事業再生計画案を受け入れない意思を明らかにすれば、上記見込みが消滅し、債務免除要請行為が支払停止とみなされるため、その後の債務者の債務消滅行為や担保供与行為は偏頗行為の対象となりうるし、また、事業再生ADR等の私的整理の申請後の債務負担を理由とする相殺禁止も働くことになる。[10]

9　伊藤眞「債務免除等要請行為と支払停止概念」NBL670号（1999年）15頁以下。
10　伊藤・前掲書（注1）110頁注78、同・前掲論文（注1）34頁、同「第3極としての事業再生ADR――事業価値の再構築と利害関係人の権利保全の調和を求めて」事業再生実務家協会＝事業再生ADR委員会編『事業再生ADRの実践』（商事法務・2009年）21頁（初出・金法1874号（2009年）144頁以下。

以上のような伊藤説に対しては、外形的な行為について規範的な判断を持ち込むことは避けられるべきであるとしつつも、支払停止は客観的に外形的な行為といっても債務者の主観の現れとしての行為であるところ、債権者による受入れ可能性からみて相当であり、資力回復の合理的な見込みを伴うものである限り、自己の資力回復を信じてこれを外部に表示する債務者の主観的行為である等として、債務免除・猶予要請行為は支払停止に該当しないという部分の伊藤説の考え方に賛同する学説が少なくない[11]。なお、これらの学説の趣旨によると、事業再生 ADR における一時停止の通知も支払停止に該当しないという帰結となる[12]。

(2) 判　例

　近時においては、上記の伊藤説の考え方の影響を受けたと見受けられる判例が現れている。

---

[11] 清水祐介「支払不能と支払停止をめぐる考察」岡正晶＝林道晴＝松下淳一監修『倒産法の最新論点ソリューション』(弘文堂・2013年) 182頁以下。

[12] 清水・前掲論文(注11)のほか、笠井正俊「判批(東京地決平成23・11・24)」事業再生と債権管理138号(2012年) 15頁は、事業再生 ADR による再建を前提にした支払猶予の申出等が直ちに支払停止にあたるとすると、支払不能が推定され、債務者が事業再生 ADR を利用する機会を著しく狭めることになるから、事業再生 ADR の活用の促進といった政策的考慮に基づいて支払停止該当否定説ないし否定説に立つ裁判例を妥当とすべきであるとされる。井上聡「金融機関から見た事業再生 ADR──一時停止要請通知を題材として」倒産と金融実務研究会編『倒産と金融』(商事法務・2013年) 300頁以下も、ADR を利用した場合の事業価値の維持を実現可能とし、私的整理の長所を活かすためにも支払停止該当否定説が妥当であると述べている。田頭章一「事業再生 ADR と法的整理の関係について──最近の裁判例を手掛かりとして」法の支配170号(2013年) 50頁以下は、一時停止の通知は、合理的な再建計画や債権者の協力の蓋然性を前提としたものであり、支払能力欠如の意識はないため、支払停止該当否定説に立つ前記有力説の立場は正当であると指摘される(ただし、利用申請仮受理前の支払猶予等の申出および利用申請仮受理から正式申込みまでの支払猶予等の申出については、支払停止の可能性を否定できないとされる。杉本和士「『支払不能』・『支払停止』概念の意義と機能」松嶋英機＝伊藤眞＝園尾隆司編『倒産・再生訴訟』(民事法研究会・2014年) 301頁以下は、おおむね伊藤説に賛同する見解を示している。岡伸浩「支払停止概念の再構成と判断構造」高橋宏志ほか編『民事手続の現代的使命(伊藤眞先生古稀祝賀論文集)』(有斐閣・2015年) 773頁以下は、支払停止に過度に規範性を盛り込むべきではないので再建計画案の合理性等を盛り込む解釈は妥当でないとしながらも、事業再生 ADR における一時停止の通知は、事業再生の見込みがあるとの認識を事業再生実務家協会が示すものであり、支払停止には該当しないとする。なお、佐藤鉄男「望まれる新しい事業再生と ADR」事業再編実務研究会編『あるべき私的整理手続の実務』(民事法研究会・2014年) 142頁以下も参照。

⑺　私的整理における一時停止の制度についての一考察

　　(ア)　東京地決平成23・8・15判タ1382号349頁（①事件）
　事案の概要は、次のとおりである。平成22年11月中旬頃に不適切な会計処理を行っていたこと等がメイン行および準メイン行に発覚した更生会社とその子会社ら（林原グループ）の代理人は、平成22年12月16日にメイン行である相手方を、翌日に準メイン行を訪問し、①平成22年12月30日および平成23年1月4日に弁済期が到来するメイン行、準メイン行の借入金債務を支払うことができないこと、②平成23年1月上旬頃には、事業再生ADRの正式申込みを行いたいと考えていることを明らかにしたうえ、③事業再生ADRの期間中における借入金の支払猶予等についての協力の要請（以下、「支払猶予等の申出」という）等を行った。平成22年12月20日に、更生会社らは、事業再生実務家協会に対して事業再生ADRの利用を申請し、同日受理されたので、平成23年1月24日に同協会に対して事業再生ADRの正式申込みを行い、更生会社らの金融債権者である各金融機関に対して書面で一時停止の通知を行い、同日相手方に到達した。しかし、債権者間の意見調整が難航したため、更生会社らは、平成23年2月2日、事業再生ADRを取り下げ、会社更生手続開始の申立てをした。本件で争点になったのは、メイン行が平成22年12月27日に、平成17年11月30日付け根抵当権設定契約に基づき対抗要件具備行為を行ったことが否認対象行為であるか否か（会更88条1項（対抗要件否認）または同法86条1項1号（詐害行為否認））、それとの関係で上記平成22年12月16日の説明が支払停止に該当するかどうかである。

　本件決定は、「支払の免除又は猶予を求める行為であっても、合理性のある再建方針や再建計画が主要な債権者に示され、これが債権者に受け入れられる蓋然性があると認められる場合には、一般的かつ継続的に債務を弁済できない旨を外部に表示する行為とはいえないから、『支払の停止』ということはできないと解するのが相当である」と判示したうえ、「本件においては、……更生会社らは、事業再生ADRにおける事業再建を図ることを前提として専門家に事業再生計画の策定を依頼し、近く事業再生ADRの利用申請をすることを予定した上で、相手方にその内容等を説明したものであるから、上記説明をもって『支払の停止』には該当しないというべきである」とし、本件対抗要件具備行為は「支払の停止」後の行為にはあたらないので、会社更生法88条1項に基

づく否認請求は理由がないとした。本件は、「支払いの免除又は猶予を求める行為」や「事業再生 ADR の利用申請のための説明」が問題となった事案であるが、決定要旨からすると一時停止の通知はなおさら支払停止にあたらないとの趣旨が含まれたものと理解することができる。

なお、このほかにも同種の二つの事案について、本件における東京地裁倒産部と同一の裁判体が、本件と同旨の決定を下している。[14]

　(イ)　**最判平成24・10・19判時2169号 9 頁**

本件は、直接には、公務員であるＡの破産における否認権行使請求事件において、債務者の代理人弁護士が債権者一般に対して債務整理開始通知を送付した行為が支払停止にあたるかが争われた事案である。下級審の判断は分かれていたが、本件判決は、後掲最判昭和60・2・14を参照しつつ、本件通知においては、弁護士に対して債務整理を委任した旨および同弁護士が債権者一般に対して債務者等への連絡および取立行為の中止を求める等債務者の債務につき統一的かつ公平な弁済を図ろうとしている旨をうかがわせる記載がされており、加えて債務者が単なる給与所得者であり広く事業を営むものでないという本件事情を考慮すると、本件通知には債務者が自己破産を予定している旨が明示されていなくても、「一般的かつ継続的に債務の支払いをすることができないことが、少なくとも黙示的に外部に表示されているとみるのが相当である」と判断した。

本稿との関係で注目されるのは、須藤正彦裁判官の補足意見が付されている点である。須藤裁判官は、「法廷意見は、消費者金融業者等に対して多額の債

13　ただし、詐害行為否認（会更86条 1 項 1 号）にはあたると判断した。
14　東京地決平成23・8・15判タ1382号349頁（②事件）は、前提となる事実は上記①事件と同じであるが、同事件では、上記①事件における更生会社の子会社たるＴ社所有の不動産につき平成22年12月24日および同月27日に根抵当権設定仮登記を経由した相手方たる銀行（上記①事件における準メイン行）の行為等が、会社更生法88条 1 項（対抗要件否認）または86条 1 項 1 号（詐害行為否認）に基づき否認されるかどうか、それとの関係で上記①事件と同じく、平成22年12月16日の（Ｔ社の）説明が支払停止に該当するかどうかが争われた事案である。また、東京地決平成23・11・24金法1940号148頁は、上記②事件と同一の事件であるが、否認請求・異議訴訟の形ではなく、更生会社の管財人たる相手方から、本件仮登記具備行為が会社更生法88条 1 項または86条 1 項 1 号により否認されるべきであるとしてＴ社が届け出た更生担保権の全額を認めない旨の認否をされたため、Ｔ社が、同法151条 1 項に基づく更生担保権査定の申立てをした形で争われた事案である。

務を負担している個人や極めて小規模な企業についてはよく当てはまると思われる。……これに対して、一定規模以上の企業、特に、多額の債務を負い経営難に陥ったが、有用な経営資源があるなどの理由により、再建計画が策定され窮境の解消が図られるような債務整理の場合において、金融機関等に『一時停止』の通知等がされたりするときは、『支払の停止』の肯定には慎重さが要求されよう。このようなときは、合理的で実現可能性が高く、金融機関等との間で合意に達する蓋然性が高い再建計画が策定、提示されて、これに基づく弁済が予定され、したがって、一般的かつ継続的に債務の支払をすることができないとはいえないことも少なくないからである。たやすく『支払の停止』が認められると、運転資金等の追加融資をした後に随時弁済を受けたことが否定されるおそれがあることになり、追加融資も差し控えられ、結局再建の途が閉ざされることにもなりかねない。反面、再建計画が、合理性あるいは実現可能性が到底認められないような場合には、むしろ、倒産必至であることを表示したものといえ、後日の否認や相殺禁止による公平な処理という見地からしても、一般的かつ継続的に債務の支払をすることができない旨を表示したものとみる余地もあるのではないかと思われる」と述べられている。この須藤補足意見は、基本的には前記伊藤説の延長線上にあるものと考えられており、また、「『一時停止』の通知等」というカッコ書から、私的整理ガイドラインや事業再生ADR等の制度化された私的整理におけるものを念頭においていることがうかがわれる。[15]

2 肯定説

(1) 学　説

以上の否定説に対して、近時においては、支払停止該当肯定説が現れている。

松下淳一教授は、支払停止は債務者の行為であり本来は外形的に判断可能な事柄について、実質的あるいは規範的な判断を持ち込むことは適切でないので、一部免除・猶予の申出（再建計画案）があれば支払停止に該当すると考え

15　山本研「『支払停止』概念の形成と具体化」法教390号（2013年）32頁以下。

るべきであるとされる。さらに、支払停止後に再建計画が成立すればその時点で支払不能を脱することになるから、その後に二次破綻して法的倒産手続に入ったとしても、当該一部免除・猶予の申出と二次破綻後の法的倒産手続との因果関係は切断されているため支払停止前後の偏頗行為否認や相殺禁止等は適用されないとして、問題はないと述べられている[16]。さらに、最近の論考では、事業再生ADRにおける一時停止通知に焦点をあてて支払停止の該当性の有無を検討し、その肯定の論拠として、学説上支払停止は緩やかに解釈されていること、現行法では支払停止は、偏頗行為否認や相殺禁止基準との関係では支払不能を推定する前提事実として位置づけられているにすぎないため、外形的に判断すべきであること、取引安全の要請や相手方の予見可能性を確保すべきであることを加えている[17]。

増田勝久弁護士は[18]、①再建の優先性が一般法理として妥当であるとはいえないこと、②提示された再建計画案の実現性、合理性の判断は示された時点では何ら検証されていないこと、③否認が問題となるのは任意整理が頓挫し倒産手続が開始した場合であること、④新規融資・追加融資の問題については、同時交換的行為として新たな担保をとることにより、否認リスクを回避できる方法等があることを理由として、再建計画案と支払停止は無関係であると主張される[19]。同見解は事業再生ADRにおける一時停止の通知に関連しては明言していないものの、上記の趣旨を推し進めると同一時停止の通知に関連しても支払停止に該当し得るとの帰結ができる。

---

16 松下淳一「偏頗行為否認の諸問題」田原睦夫先生古稀・最高裁判事退官記念論文集『現代民事法の実務と理論（下巻）』（金融財政事情研究会・2013年）253頁以下。これについて賛同を示すものとして、岡正晶「対抗要件否認」ジュリ1458号（2013年）67頁以下。

17 松下淳一「一時停止通知と『支払停止』」高橋宏志ほか編『民事手続の現代的使命（伊藤眞先生古稀祝賀論文集）』（有斐閣・2015年）1059頁以下。

18 増田勝久「偏頗行為否認に関する近時の問題点」田原睦夫先生古稀・最高裁判事退官記念論文集『現代民事法の実務と理論（下巻）』（金融財政事情研究会・2013年）288頁以下。

19 このほか、再建計画案の合理性やそれが債権者に受け入れられる蓋然性といった将来の可能性にかからしめる支払停止該当否定説の考え方は、支払不能とともに支払停止概念を未来志向で再構築する試みであり、予測可能性や債権者平等の観点から問題であると指摘するものとして、河崎祐子「破産手続開始原因概念の再検討——『支払不能』と『支払停止』概念の関係を中心に」慶應法学28号（2014年）96頁以下。また、高橋洋行＝木村寛則＝岩田準平「林原グループ案件における否認請求等」金法1952号（2012年）31頁以下も参照。

(2) 判例──大阪高決平成23・12・27金法1942号97頁

　X建設株式会社は、平成23年9月21日、事業再生実務家協会に対し、事業再生ADRの利用申請をするとともに、金融機関に対し約定弁済の一時停止を要請し、同年10月7日および11月9日に金融機関向けの説明会を開催した。Xの事業再生ADRの申立ては、平成23年11月17日に仮受理され、Xは再生計画案を策定中であった。

　こうした状況の下で、Xの株主兼元代表取締役であるAは、Xに対し、Xの金融機関に対する債務を連帯保証したことに基づく事前求償金債権（主債務の一部が相殺により消滅したが、なお10億円以上存在する）を有する債権者であるとして、Xにつき更生手続開始の申立てをするとともに保全管理命令の発令を求めた。原審がこれを認めたので、Xが即時抗告をした。

　本決定は、「Xは、金融機関に対する債務の弁済を停止し、事業再生ADRの申立てをしており、破産原因たる支払不能を推定させる支払停止の事実があり、かつ、弁済期にある債務を弁済すれば、事業継続に著しい支障を来すおそれがあるというべきであるから、会社更生法17条1項1号及び2号に該当する各事実が認められる。

　Xは、取引先金融機関は、事実上Xの期限の利益を付与した状態にあるとも主張するが、事業再生ADRの手続が進められることを前提として、暫定的に債権回収に及んでいない状況にあるにすぎず、これをもって、更生手続開始の原因となる事実が存在しないということはできない。……

　事業再生ADRは、会社更生法41条1項2号の手続には該当しないし、現時点において、多くの取引先金融機関の同意が得られるような再生計画が示されているような状況にはなく、事業再生ADRによって再建が可能かどうかは不明であるといわざるを得ないこと、Xは、すでに一度私的整理をしたが奏功しておらず、法的整理ではない事業再生ADR等では、取引先金融機関の理解を得ることが容易ではない可能性も否定できないこと、取引先金融機関において、法的手続を希望していないとまでは認め難いこと等に照らせば、現時点において、事業再生ADRにより、早期かつ弁済率の高い再生計画案の策定と確実な再建ができ、債権者一般の利益に適合することになるとの評価をするには足りず、更生手続開始の阻害事由となるものとはいえない」と判旨した。

本決定は、直接には、申請者が金融機関に対する債務の弁済を停止し、事業再生 ADR の申立てをしていることが支払停止に該当するとしたものであるが、「債務の弁済を停止」したことや「確実な再建」等の点が強調されたことから、一時停止の通知も支払停止に該当するとの趣旨が読み取れなくもない。[20]

3 検討

支払停止は、破産手続開始原因たる支払不能を推定する前提事実であり（破15条2項等）、危機時期を画する基準（同法160条1項2号・3項、164条1項等）や危機時期を画する基準たる支払不能を推定する前提事実（同法162条3項、71条1項3号、72条1項3号等）として、否認権や相殺禁止との関係でも重要な意味が与えられている。この支払停止の定義規定について、現行法は明文の規定を設けていないが、最高裁判所として初めて支払停止の定義について判断を示した最判昭和60・2・14判時1149号159頁によれば、支払停止とは、「債務者が資力欠乏のため債務の支払をすることができないと考えてその旨を明示的又は黙示的に外部に表示する行為をいう」。また、通説も、支払停止とは、支払不能、すなわち弁済能力を欠くために弁済期の到来した債務を、一般的かつ継続的に弁済することができない状態である旨を明示的または黙示的に外部に表示する債務者の行為を指すとされる。[21]明示的なものとしては、債権者に対する口頭や書面による通知、店頭への張り紙、広告等があげられており、黙示的なものとしては閉店、夜逃げ、手形の不渡り（銀行取引停止処分）等が例としてあげられている。

すなわち、支払不能は外部に表示されたところと関係なく存在する客観的な状態であるからその立証は厳密には非常に困難である。したがって、法は債権者が手続開始の申立てをする場合の便宜を考えて、外部に表示され立証も容易な支払停止が証明されたときには、それによって法律上支払不能が推定されるとしているのである。[22]

---

20 判例については、このほか、東京地判平成22・11・12判時2109号70頁以下も参照。
21 谷口安平『倒産処理法〔第2版〕』（筑摩書房・1986年）75頁、伊藤・前掲書（注1）109頁以下。
22 伊藤・前掲書（注1）109頁、徳田和幸『プレップ破産法〔第6版〕』（弘文堂・2015年）29頁以下。

[7] 私的整理における一時停止の制度についての一考察

　以上の支払停止の定義からすると、私見は、対象債権者全員に対して個別的な権利行使や債権保全措置をとるのを差し控えることを要請する一時停止の通知は、債権者が権利行使をすれば支払不能になるからそれを控えてほしいと要請するものであるため、債務者が一般的かつ継続的に債務の支払いをすることができない（または「できないと考えてその」）旨を債権者の多数を占めている対象債権者全員に少なくとも黙示的に表示したことと変わらず、支払停止に該当すると解すべきではないかと考える[23]。確かに一時停止の通知は合理的な再建計画や債権者の協力の蓋然性を前提とする等の特徴は有しているものの、いまだ対象債権者全員の同意によって再建計画案が成立したことによって債務の減免等が認められたわけではなく、一時停止の通知の性質からして通知の時点で債務者が一般的に継続的に債務の支払いをできない旨を黙示的に示したものと理解したほうが素直であると考える[24]。

　以上に加えて、債権者の手続開始申立ての便宜を考慮した支払停止の制度趣旨からすると、支払停止については証明が比較的に容易であることが想定されているはずであり、評価概念としての側面をもつとして実質的あるいは規範的な判断を持ち込む否定説の立場は、同制度趣旨に反するのではないかと考える。債権者による法的手続開始の申立事件は少ないとしても、前掲大阪高決平成23・12・27のような事案がすでに現れており、このような場合に事業再生ADRの遂行のために、一律に債権者の法的手続開始申立てをする途を狭めることは適切でないであろう（なお、後述のように、事業再生ADRの進行状況に応じて、債権者による法的手続開始の申立ては、申立ての目的の不当性や誠実性の欠如（破30条1項2号、民再25条4号、会更41条1項4号）との関係で問題となる可能性がある）。なお、否認権や相殺権との関係でも危機時期を画する基準やその基準たる支払不能を推定する前提事実となる支払停止の概念が明確であるこ

---

[23] なお、支払停止の「外部に表示する」ことの具体的な意味については、私見は、一定数以上の者が知りうる状態になることが必要である説（松下・前掲論文（注16）253頁以下）に賛成しているため、商取引債権者が一時停止の通知の対象から除外されていることは、同通知を支払停止とみなす結論に影響を与えないと考えている。

[24] なお、大決明治37・11・19民録10輯1487頁は、再建の存否もしくは金額を争う等法律上の理由により支払いを拒絶している場合は、支払拒絶をもって直ちに支払停止にはあたらないとしているが、一時停止の通知はこのような場合とも事情を異にするものである。

とが望ましいところ、主要債権者が事業再生計画案を受け入れない意思を明らかにする等の事後的要素がある場合に支払停止と評価し否認や相殺が認められるとすることでは、金融機関債権者の予測可能性を害するおそれがあるのではないかと考える。[25]

以上のように、一時停止の通知が支払停止にあたると解されると、通知後の個別の対象債権者に対する弁済等の偏頗行為については、事業再生ADRが頓挫して法的倒産手続に入ったときに否認することができ、またそのため同行為を事前に防ぐことができると考える。

他方、否定説からは、一時停止の通知が支払停止に該当すると解されることになると、救済融資をした金融機関において、融資債権を自働債権とする相殺が禁止されたり（破72条1項3号等）、救済融資に対する弁済が否認の対象となる等のリスクを負わざるを得ない（同法162条3項・1項1号等）ことが懸念されている。[26]しかし、この点については、同時交換的行為としての否認回避（同法162条1項1号ただし書等）[27]や借入による弁済の否認を認めない判例法理によって対処できるので、直ちに事業再生ADRの有用性が損なわれることにはならないと考える。[28]また、一時停止の通知が支払停止に該当するとしたことにより、銀行取引約定書に従い、債務者は銀行取引における期限の利益を当然に喪失することになるため、事業の再生が困難になることが問題として指摘されているが、対象金融機関が事業再生ADRによる再生を望む場合はそもそも期限の利益喪失条項に基づく請求を見合わせるのではないかと考える。

ところで、伊藤教授は、近時の肯定説に対する反論として、肯定説では私的整理における合意の成立が困難と判断されるために法的整理に進もうとしたときに、商取引債権等が一律に支払停止後の行為とみなされることになるので、疑問であるとされている。[29]この点、実務上は、商取引債権者が一時停止の通知を知らないことが多いため主観的要件との関係で否認されないことが多いこ

---

25 同旨、松下・前掲論文（注17）1060頁、河崎・前掲論文（注19）102頁以下。
26 前掲最判平成24・10・19の須藤裁判官の補足意見では、特にこの点が強調されていた。
27 田頭・前掲論文（注12）54頁以下。同旨、増田・前掲論文（注18）289頁以下。
28 松下・前掲論文（注16）256頁以下。
29 伊藤・前掲書（注1）111頁以下。

と、さらに、理論上は、この問題は大きくは私的整理から法的整理への移行の際の商取引債権の保護の問題にかかわっているところ、後者については立法論も含めてさまざまな検討がなされているので、その動向もあわせて検討する必要があるように思われる。[30][31]

III 一時停止の拘束力

1 第1回債権者会議における同意があった以降

事業再生ADRはADRの一種でもあるところ、ADRは当事者の合意を基礎とするものであるため、事業再生ADRにおける一時停止については、その根拠は当事者の合意にあると考えられている。事業再生ADRの一時停止の定義規定において、「債権者全員の同意によって決定される期間中に債権の回収、担保権の設定又は破産手続開始……の申立てをしないことをいう」(経済産業省関係産業競争力強化法施行規則20条前段)とされていることも、この性質を表したものと考えられる。

このような一時停止が実際に発動されるのは、当事者の合意が形成される段階である第1回債権者会議におけるすべての対象債権者の同意があった以降である。[32]

第1回債権者会議における当該同意があったということは、当該同意日から

---

[30] 松嶋英機「事業再生ADRから法的整理への移行に伴う諸問題」東京弁護士会倒産法部編『倒産法改正展望』(商事法務・2012年)83頁、多比羅誠＝髙榎優「倒産手続間の手続の移行」園尾隆司＝多比羅誠編『倒産法の判例・実務・改正提言』(弘文堂・2014年)45頁、山本和彦「事業再生ADRと法的倒産手続との連続性の確保について」伊藤眞ほか編『時代をリードする再生論(松嶋英機弁護士古稀記念論文集)』(商事法務・2013年)265頁、富永浩明「私的整理から法的整理への移行の際の商取引債権の扱い」「倒産と金融」実務研究会編『倒産と金融』(商事法務・2013年)369頁、山本弘「私的整理と法的再建手続との連携」ジュリ1401号(2010年)6頁以下。

[31] 松下・前掲論文(注17)においては、私的整理の対象債権者が商取引債権への弁済を承諾した場合、商取引債権への弁済の原資が救済融資である場合、民事再生法85条5項後段、会社更生法47条5項後段による個別弁済許可が認められる場合の三つの場面に分けて、商取引債権への弁済の否認可能性を否定する方向性が探られている。

[32] 山本和彦「事業再生ADRについて」同『倒産法制の現代的課題』(有斐閣・2014年)381頁、382頁以下。

再生計画案決議のための債権者会議までの期間において、対象債権者は債権の回収、担保権の設定または法的倒産手続の申立てをしないとともに、債務者も特定の対象債権者に対する個別弁済、担保の設定または法的倒産手続の申立てをしないことの合意が、債務者とすべての対象債権者との間にあったということを意味するといえる。

その結果、対象債権者が債権の回収等をした場合、または債務者が個別弁済等をした場合は、前記義務違反による債務不履行を構成するかまたは矛盾挙動の禁止という意味での信義則上の義務違反の問題を生じさせることになる[33]。そして、本稿では一時停止が支払停止に該当する立場を採用しているところ、一時停止についての当事者間の合意があった場合でも支払いが再開されていないため当該支払停止が続いているとみられる限り、後に事業再生 ADR が頓挫して法的倒産手続に入ったときには、前述の個別的な債権回収行為等は否認され得る。また、対象債権者や債務者が正当な事由がないにもかかわらず法的倒産手続の申立てをしたときには、前記合意または信義則に反するので、目的の不当性や誠実性の欠如（破30条1項2号、民再25条4号、会更41条1項4号）等において問題となり得る[34]。

2　一時停止の通知から債権者会議における同意があるまでの間

前述のように、一時停止が実際に発動されるのは当事者の合意が形成される段階である第1回債権者会議における同意があった以降である。となると、それまでの間における一時停止の要請については、合意の効力からの説明が困難であり、あくまでも事実上の回収停止の要請通知という位置づけになるはずである[35]。

しかし、この間についても、何らかの法的拘束力を導くことは理論的に可能か等について検討がなされている。

この点、前述のように、事業再生 ADR においては、事業再生実務家協会により債務者の事業再生の見込みが存在すると判断されて初めて、債務者の手続

33　詳しくは、井上・前掲論文（注12）301頁以下。
34　同旨、山本・前掲論文（注32）381頁以下。
35　山本・前掲論文（注32）381頁以下。

利用の申込みが受理されるとともに、同協会と債務者との連名で一時停止の通知が発せられる。したがって、事業再生 ADR における一時停止の通知については、中立公正の第三者である事業再生実務家協会が事業再生と債権者全体の利益保護に必要であるとの判断に基づいて同要請の合理性を公証し、対象債権者に対して権利行使や権利保全行為の自制を要請するという意義を有するとの理解が可能である。[36]

以上を踏まえて、一時停止の通知は支払停止に該当しないのみならず、債権者が一時停止の通知に従わず、法的倒産手続の申立てをなした場合には、申立ての目的の不当性や誠実性の欠如（破30条1項2号、民再25条4号、会更41条1項4号）において問題となり得るとの指摘がある。また、ある債権者が個別的な権利行使や債権保全措置をとったことにより、債務者が再生手続等の申立てを余儀なくされた場合には、当該債権者の行為が事業価値の毀損を生じる原因となったという観点から、再生計画等において劣後的取扱いを主張される可能性があるとされる。[37]

上記のような見解には、一時停止の通知と裁判所による保全処分や中止命令との間の同質性を可能な限りで認めようとする考え方が見受けられる。[38]

この点、比較法的に興味深いのは、事業再生 ADR と類似した構図をもつオーストラリアにおける任意管理手続・会社整理計画においては、会社が自ら特定の資格を有する倒産実務家から管理人を選任したことにより手続が開始され、当然に強制的な一時停止の効力が生ずるとされている（2001年会社法440D、440F、440G、440A、440A）点である。立案段階ではこのような制度の当否について賛否両論があったが、最終的には、任意管理手続・会社整理計画で

---

[36] 伊藤・前掲論文（注1）37頁（同・前掲書（注1）48頁）、同「民事再生・会社更生との協働を〜一時停止の機能再考」事業再生と債権管理128号（2010年）11頁、同・前掲論文（注10）20頁以下。

[37] 以上、伊藤・前掲論文（注10）22頁、同・前掲論文（注36）11頁以下。このほか、同文献では、一時停止の通知は産業活力の再生及び産業活動の革新に関する特別措置法および省令にその根拠を有するものであることから、対象債権者のこれに反する行為は、金融機関の法令順守という点からも問題になりうることも指摘されている。

[38] 伊藤・前掲論文（注10）21頁以下。無論、裁判所による保全処分等と異なって、一時停止の通知自体、債権者による権利行使等を直接に阻止する効力を有するものでないとされる。

は取締役が管理人を選任する前提条件として会社が倒産状態に陥ったかそれに陥るおそれがあることが必要とされており、かつ、綿密な法規制の下で中立性・独立性が保証された専門家が管理人として採用されていること等から、裁判所への申立てや司法審査等を不要にしても強制的な一時停止の効力を生じさせることについて正当化できると結論づけた[39]。

しかし、このようなオーストラリア法における一時停止の制度は、前記のように、あくまでも会社法における明文の規定にその根拠をもつものである。立法論的には、事業再生 ADR における一時停止の通知に、裁判所による保全処分や中止命令に準ずる効力を認めたり、あるいは法的倒産手続の申立てに準ずる一定の効力を認めようとしたりすることは十分に検討に値すると考えられている[40]。しかし、司法権の行使という契機が介在しないにしてもこれらの効力を認める何らかの根拠規定がない現状[41]（現在の規定では、あくまでも一時停止の「要請」にとどまっている）では、一時停止の通知について第1回債権者会議における同意があるまでの期間において、特に債権者に対して紳士協定以上の何らかの法的拘束力を認めることは困難ではないかと考える。

すなわち、前記の期間においては、これまで事業再生 ADR の手続に積極的であった対象債権者も含めて、再生手続や更生手続が有利であると判断した場合はその申立てをすることが可能であり、この場合申立ての目的の不当性や誠実性の欠如等は問題とならないと思われる。また、この間において、対象債権者は、個別的な権利行使や債権保全措置をとることも当然には禁止されないはずである。もっとも、本稿では一時停止の通知が支払停止に該当するとの立場が採用されているので、債権者がこれら個別的な権利行使を行った場合は、後に事業再生 ADR が頓挫して法的倒産手続に入ったときに否認されることとなる。

---

[39] 詳しくは、拙稿「オーストラリアの企業再生手続における裁判所の関与のあり方について——私的整理と法的整理の中間型モデルへのアプローチ」NBL1037号（2014年）65頁以下。
[40] 田頭・前掲論文（注12）53頁以下は、事業再生 ADR の正式申込みを法的整理の開始申立てに準ずる行為として解することによって、否認権の問題の解決や法的倒産手続の申立ての排除を図ろうとしている。
[41] 現行法において、ADR 手続の開始に伴う法的手続の中止について明文の規定を設けた例外として、調停開始に伴う民事執行の手続の停止を定めた民事調停規則5条がある。

これに対して、債務者の行為についてはなお検討を要する。債務者が対象債権者に対して一時停止の通知を発したということは、相手方に対する一時停止の要請とともに、自らも特定の対象債権者に対して個別弁済等をしないとの意思があったと解することができ、それにもかかわらず債務者は対象債権者に対して個別弁済等をした場合は、矛盾挙動の禁止という意味での信義則上の義務を負うということもできよう。また、対象債権者から個別的権利行使等がされていない限り、法的倒産手続の開始申立てをすることは、目的の不当性や誠実性の欠如等との関係で問題となり得る。なお、債務者による個別弁済等の行為は、支払停止である一時停止の通知後の行為として後に否認される可能性があることについては、前記債権者の場合と同じである。

おわりに

　本稿では、制度化された私的整理、とりわけ事業再生ADRにおける一時停止の制度に焦点をあてて、一時停止の通知と支払停止該当性、一時停止の法的拘束力の問題について不十分ではあるが考察を試みた。事業再生ADRとの関係では、同手続の枠内で多数決によって権利変更を図ることの可能性の有無が近時大いに議論されている。同議論が一時停止の制度にどのような影響を与えるのかについては、今後の課題として注目したい。

42　井上・前掲論文（注12）302頁以下。
43　なお、債務者が私的整理を続行する意思を失ったとみられるときは、法的整理の開始を認めざるを得ない。伊藤・前掲論文（注1）43頁以下。
44　髙木新二郎「英米独仏の早期迅速事業再生スキームの最近の展開」NBL957号(2011年)10頁以下、山本和彦「私的整理と多数決」NBL1022号（2014年）1頁以下。

8 双方未履行双務契約

弁護士　赫　高規

I　本稿の目的

　筆者は、別稿において、仮に破産法53条、54条の規律が存在しなければ、双方未履行双務契約はどのように取り扱われるか、という点の分析を通じて、同規律の存在意義を再確認し、これを前提に主に立法論的見地から破産法53条、54条に関する提言を行ったが[1]、本稿では、同様の趣旨に基づき、もっぱら現行破産法の解釈論として、同条に関する提言を行う（下記II〜IV）。
　また当該考察を前提として、賃貸借契約と請負契約の破産手続における取扱いについての基本的な考え方を検討したうえで、いくつかの個別論点について解釈論を述べる（下記V、VI）。

II　破産法53条、54条に関する解釈論の提言

　まず、筆者が本稿において提言する解釈論の骨子を示すと次のとおりである。

提言1　双方未履行双務契約において、相手方が、同時履行の抗弁権を放棄して破産者に対する債務を履行するときは、破産管財人は、破産法53

1　拙稿「破産法上の双務契約の規律についての改正提案及び解釈論の提案」倒産法改正研究会編『続々提言倒産法』（金融財政事情研究会・2014年）201頁。

> 条1項に基づく解除権を行使し得ず、このとき相手方は、破産債権者として破産者の債務の履行請求権、損害賠償請求権を行使できる。
> 提言2　破産管財人が相手方に対する履行請求権を放棄したときは、破産法53条の規律は適用されず、このとき相手方は、破産債権者として破産者の債務の履行請求権、損害賠償請求権を行使でき、あるいは債務不履行解除ができるにすぎない。

　以上の解釈提言は、要するに、破産手続開始時に双方未履行関係にあった契約について、相手方による履行義務の履行、ないし、破産管財人による履行請求権の放棄によって、開始後に一方未履行状態になった場合には、一方未履行の法律関係として規律すべきものとし、破産法53条の規律を適用しないこととするものである。

　破産法53条の規律の理解について見解は分かれているが、手続開始時に双方未履行状態にある契約について、平時実体法において相手方が、破産者の債務の履行があるまでは自己の債務の履行を拒絶できる権利（同時履行の抗弁権ないし不安の抗弁権）を有することを踏まえて、破産手続における契約の取扱いを定めるものである点に、争いはないであろう。

　とすると、手続開始後であるとはいえ、相手方の履行拒絶権が機能する余地がなくなる場合には、この規律を適用する基礎はなくなるというべきであろう。以上の説明の限度でもすでに上記の解釈論は十分にその合理性が論証されているものと考えるが、以下では、破産法53条の規律の理解についての私見を明らかにしながら、より詳細に上記の解釈論を基礎づけることとする。

　なお、上記の提言2は、規律の実質的内容としては、次の提言2′と同様のものであり、この点についても以下に説明する。

> 提言2′　破産法54条2項は、破産管財人が相手方に対して原状回復請求をする場合にのみ適用され、原状回復請求をしない場合（解除後に破産管財人が原状回復請求権を有さないときのほか同請求権を放棄するときを含む）は、相手方は、解除前に破産者に帰属していた反対給付が破産財団中に現存するときでもその返還を請求することができず、その価額につ

いて破産債権者として償還請求権を行使することができるにすぎない。

III 破産法53条が存在しないと仮定した場合の双方未履行双務契約の法律関係

1 具体的な考え方

　破産法53条の規定の趣旨を探求するには、仮に同条の規定が存在しない場合に、双方未履行双務契約がどのように取り扱われるかの理解を確定させることが先決問題である。なお、この仮定の場面における議論は、別の実際の場面における解釈論としても実益のある議論である。すなわち、双務契約が債務不履行解除された後、原状回復義務が双方未履行である状況（両義務は同時履行関係にある。民546条）で、当事者の一方に破産手続が開始された場合の法律関係をどのように解するのか、という破産法の解釈論や、破産法53条のような規定のない特別清算手続において双方未履行双務契約の法律関係をどのように解するのかという特別清算法（会社法）の解釈論は、仮に破産法53条が存在しない場合の双方未履行双務契約の取扱いの理解いかんに直結するものである。

　そして、代表的な双務契約である売買契約を念頭において、この点に関する私見を示すならば、次のとおりである。

① 相手方の破産者に対する履行請求権は破産債権である。

　相手方の債権が破産債権であることは破産債権の定義上明白である。相手方の反対債務が全部既履行のときは相手方の債権の破産債権性を疑う者はいない

2 　協定債権と破産債権の違いはあるが、そのことが契約の取扱いの差異を生じさせるものではないであろう。拙稿・前掲（注1）225頁。
3 　念頭におく事例は、売主が目的物の一部を引渡し、買主が代金の一部を支払った後に、当事者の一方に破産手続が開始された場合である。目的物の一部引渡とは、たとえば、機能上一体となっている母屋と離れの不動産の売買においてそれらの占有と母屋（ないし離れ）のみの登記が引き渡された場合や、二つの構成部分を接続して初めて機能する機械の売買において一つの構成部分のみ搬入がなされた場合等が考えられる。

のであり、同時履行関係にある反対債務が存在するからといって、その破産債権性が失われると解すべき理由はみあたらない。

これに対し、相手方の債権は同時履行の抗弁権によって担保されており、相手方による債務履行により破産債権者全体が利益を受けるから本来的に財団債権であるとする有力説がある[4]。しかし、ある債権が別除権によって担保されており、その別除権の目的財産の受戻しにより破産債権者全体が利益を受けるときであっても、その債権は、破産債権の要件に該当する限り破産債権であることに変わりはない。同時履行の抗弁権によって担保されると何ゆえ本来的に財団債権になるのか不明であり、有力説の論拠は疑問である。

> ② 相手方は、破産管財人からの履行請求に対して同時履行の抗弁権(または不安の抗弁権)を主張できる。

この点について従来の通説は、相手方の債権を破産債権ととらえることを前提に、当該債権の履行確保のためのものである同時履行の抗弁権の行使を認めることは、破産債権の手続外行使の禁止(破100条1項)の趣旨に反すること等を理由に、同時履行の抗弁権を主張できないものと解している。しかし、同時履行の抗弁権は、相手方の債務についての履行拒絶権であり、その行使は、相手方の債権の行使に、直接には該当しない。また、担保権にせよ、相殺権にせよ、平時実体法において債権の履行確保の機能を有する制度は、むしろ破産法において尊重され、破産債権の履行確保に向けられた効力が与えられているところであり、破産法上の別除権や相殺権の規定が創設的規定であるとはとうてい思われないところである。

したがって、相手方は、破産手続開始によって同時履行の抗弁権を失わないものと解される。

また、契約の一方当事者は、自己の債務について先履行の特約があるときであっても、他方当事者から反対給付を受けられないおそれが生じたときには、不安の抗弁権によって履行拒絶ができるものと解されている。そして、同時履

---

[4] 伊藤眞『破産法・民事再生法〔第3版〕』(有斐閣・2014年) 353頁。

行の抗弁権と同様、他方当事者の破産手続開始によって、その相手方は、不安の抗弁権を失わないものと解される。

> ③ 破産管財人が互いに契約上の未履行債務を履行することが破産財団の形成に資すると考える場合は、破産債権である相手方の債権につきその全部の履行の提供をすることにより相手方の抗弁権を奪い、相手方に対する履行請求をすることができる。

この点につき、本稿の上記①②の考え方と同様、仮に破産法53条が存在しない場合に、相手方の履行請求権を破産債権ととらえつつ、相手方による同時履行の抗弁権の行使が認められるとする有力説は、このとき破産管財人は、破産債権につき本旨弁済をなし得ず、他方、破産管財人の履行請求は同時履行の抗弁権に阻まれ、両未履行債務は両すくみの状態になるものと解している[5]。

しかし、相手方の同時履行の抗弁権を消滅させるために破産債権たる相手方の債権を本旨弁済することが破産債権者全体の利益に資する場合には、破産管財人は、かかる弁済をなし得るものと解されるところであり、このことは、別除権の目的財産の受戻しが可能であることとの均衡上、当然のことであるものと解される。

したがって、仮に破産法53条が存在しないとしても、破産管財人は、破産者の債務の履行を提供して相手方に対して契約の履行請求をなしうる地位にあるのであり、破産管財人の未履行契約の履行選択権は、破産法53条によってもたらされたものとはいえないのである。

> ④ 破産管財人が破産者の債務を履行しないときは、相手方は、債務不履行解除をすることが可能である。

相手方が、少なくとも破産手続開始前の破産者の不履行を理由に、破産手続開始後に契約を債務不履行解除できることは、争いがないものと思われる。私

---

5 福永有利『倒産法研究』(信山社・2004年) 72頁。

見においては、さらに、破産手続開始後に初めて遅滞に陥った場合であっても、相手方は、債務不履行解除が可能であるものと解する[6]。

> ⑤ 債務不履行解除後の、相手方の破産管財人に対する原状回復請求権は破産債権である。

上記①と同様の根拠に基づく。

> ⑥ 相手方は、債務不履行解除前に破産者に帰属していた反対給付が破産財団に現存する場合であっても、当該給付について、取戻権に基づく返還を請求することができない。

民法545条1項ただし書の「第三者」に差押債権者、ひいては破産管財人が該当するからである。

> ⑦ 債務不履行解除後に、相手方が、破産管財人に対する原状回復請求権を有するときは、破産管財人からの原状回復請求に対して同時履行の抗弁権を主張できる。

民法546条によれば、解除後の原状回復請求権相互間に同時履行関係が認められている。この同時履行関係は、法定解除のみならず、約定解除や合意解除

---

[6] 岡正晶「倒産手続開始後の相手方契約当事者の契約解除権と相殺権」高橋宏志ほか編『民事手続の現代的使命（伊藤眞先生古稀祝賀論文集）』（有斐閣・2015年）781頁、同旨。また、最判平成20・12・16民集62巻10号2561頁における田原補足意見も、「民事再生手続が開始された場合、その開始決定の効果として、再生債権の弁済は原則として禁止され……、再生債務者は、リース料金について債務不履行状態に陥ることとなる。……リース業者は、……リース契約の解除手続等をとることができることとなる」としており同旨である。兼子一ほか『条解会社更生法(中)』（弘文堂・1973年）308頁は反対。破産手続開始後に破産債権の弁済がなされない状態は、破産法上適法な状態といえるところであるが、破産債権の履行期が適法に延期されたものではなく、債務不履行状態にあることは明らかであって、遅延損害金も発生する（破97条2号）。解除要件に欠けるところはないというべきである。この点につき、拙稿・前掲（注1）211頁参照。

にも認められるものとされ、履行請求権相互間の同時履行関係の趣旨を、解除時の原状回復関係の規律にも及ぼすものである。したがって、上記②と同様の根拠に基づき、相手方は、破産管財人からの原状回復請求に対して同時履行の抗弁権を主張できることになる。

> ⑧　債務不履行解除後に、破産管財人が互いに原状回復義務を履行することが破産財団の形成に資すると考える場合は、破産債権である相手方の原状回復請求権につき履行の提供をすることにより相手方の抗弁権を奪い、相手方に対する原状回復請求をすることができる。

上記③と同様の根拠に基づく。

2　双方未履行双務契約について破産管財人のとりうる選択肢

以上によれば、破産法53条がなくても相応に合理的な契約の処理が可能であると思われるし、現に、特別清算手続では基本的に上記と類似の解釈論によって双方未履行双務契約の法律関係が規律されるべきものと解される。すなわち、破産法53条がなくても、破産管財人は、次の三つの選択肢を有している。
①　破産者の未履行債務の履行を提供して相手方の未履行債務の履行請求を

7　谷口知平ほか編『新版注釈民法⒀〔補訂版〕』（有斐閣・2006年）902頁〔山下末人〕。

8　原状回復の内容としては、給付された現物についてはそのまま返還すべきであり（民545条1項本文）、利用利益については、金銭は利息を付して（同条2項）、果実が生じたときはそれを、生じないときも利用利益（賃料相当額）を（最判昭和34・9・22民集13巻11号1451頁）、それぞれ返還すべきものと解されている。また、原状回復請求とともに損害賠償請求も可能である（同条3項）。民法546条はこれらすべてについて同時履行関係を認める文言となっている。

9　また、債務不履行解除後、原状回復義務が双方未履行の状態で一方当事者に破産手続が開始された場合の解釈論は、⑤〜⑧が適用されるであろう。ただし、⑥の根拠は、相手方が破産手続開始前に解除による復帰的物権変動について対抗要件を具備していなかったことに求められる（最判昭和35・11・29民集14巻13号2869頁。なお、相手方が対抗要件を具備している場合は、破産者の原状回復義務は履行済みであるといえ、このとき相手方は破産法62条に基づく取戻権を行使できる。後掲（注14）参照）。また、⑦⑧の適用に際し、損害賠償請求権を破産債権とする破産法54条1項の趣旨に鑑みて、給付物そのもの（またはその価額）の返還（償還）関係についてのみ同時履行関係を認めるべきであろう。後掲（注11）参照。なお、本稿の立場（下記Ⅳ4参照）からは、⑧により破産管財人が相手方に原状回復請求をするときは、相手方の請求権につき破産法54条2項が類推適用されるものと解する。

して、契約履行を実現させる選択肢（上記1③）
② 相手方の履行請求権ないし原状回復請求権につき破産債権の処遇にとどめ、相手方から受けた給付も返還せずに開始時の各当事者の給付の進捗状態で固定する選択肢（上記1①⑤⑥）[10]
③ 相手方が債務不履行解除した場合に、双方の原状回復義務を履行させて原状回復を実現する選択肢（上記1⑧）

ここで留意すべきは、破産管財人の判断により、契約履行を実現する関係に導くことも、開始時の給付の進捗状態で固定する関係に導くことも可能であるが、破産管財人の判断のみでは、解除および原状回復の実現に持ち込むことはできず、相手方が解除権を行使した場合に限って、開始時状態の固定か原状回復の実現かを選択しうるにすぎないことである。

IV 破産法53条および54条の趣旨と解釈

1 前 説

これに対し、破産法53条によると双方未履行双務契約はどのように規律されるか。

破産法53条および54条の文言を形式的に解釈して導かれる規律によると、破産管財人は、次の二つの選択肢を有していることとなる。
① 契約履行を実現させる選択肢
　破産管財人は破産法53条1項に基づき相手方に対して契約の履行を請求できる。相手方は、財団債権者として破産者の債務の履行を請求できる（破148条1項7号）。なお、両履行請求権は同時履行の関係ある（民533条）。
② 解除および原状回復を実現する選択肢
　破産管財人は、破産法53条1項に基づき契約を解除し、相手方に原状回復を請求できる（民545条1項本文）。相手方は、破産管財人に対し、取戻

---

[10] なお、破産配当にあたり破産管財人が同時履行の抗弁権を主張できるかという問題がありうる（拙稿・前掲（注1）212頁以下）。

権者ないし財団債権者として原状回復義務の履行を請求でき、破産債権者として損害賠償を請求できる（破54条）。なお、両原状回復請求権は同時履行の関係にある（民546条）。[11]

本稿の立場によれば、破産法53条が存在しなくても破産管財人は上記①の選択肢を有していたものといえる（Ⅲ2①）。相手方の破産者に対する履行請求権は、上記Ⅲ1①のとおり、本来は破産債権であるが、相手方の同時履行の抗弁権（民法533条）ないし不安の抗弁権を消滅させるために破産債権たる相手方の債権を本旨弁済する法律関係を政策的に制度化する趣旨で、相手方の債権を財団債権にしたものととらえられる。

また本稿の立場によれば、破産法53条が存在しなくても、相手方が債務不履行解除をした場合には、破産管財人は、双方の原状回復義務を履行させて原状回復を実現する選択肢を有していたものといえる（Ⅲ2③）。すなわち、上記②の選択肢の内容のうち、破産法53条の存在によってもたらされる部分は、破産管財人が自らのイニシアチブにより解除・原状回復の法律関係に持ち込める点であるということになる。

他方、破産法53条および54条の文言解釈によると、これらの規定の存在によって、破産管財人は、開始時状態を固定する選択肢（上記Ⅲ2②の選択肢）を失っていることになる。

以上によれば、破産法53条の規定によってもたらされているものは、破産管財人が自らのイニシアチブで解除・原状回復の法律関係に持ち込む選択肢が与えられる点と、開始時状態を固定する選択肢が失われる点の2点であり、これらの2点に合理性があるのか否か、仮に合理性がない場合には、解釈によって是正する可能性が存するかが問題となるのである。

---

[11] 仮に破産法54条が存在しなければ、破産管財人の相手方に対する原状回復請求に対して、相手方は、利息請求や損害賠償請求の関係でも同時履行の抗弁権を主張できたであろう（民546条。前掲（注8）参照）。しかし、相手方の損害賠償請求権を破産債権とし、給付物の価額償還請求権に限って財団債権とする54条の趣旨からは、破産法53条1項に基づく解除後の原状回復関係において、同時履行関係を認められる範囲は、給付物そのもの、ないしその価額の返還・償還関係に限定されているものといえる。なお、この趣旨は、相手方による債務不履行解除後の原状回復関係にも及ぶものと考える。

2 解除および原状回復を実現する選択肢の合理性と例外

(1) 合理性

　まず、破産管財人に、自らのイニシアチブで解除および原状回復の実現にもっていく選択肢を与えるという破産法53条および54条の趣旨の合理性については、次のように基礎づけられるものと考える。すなわち、破産法53条がない場合には、破産管財人が契約を履行せず、しかし、相手方が債務不履行解除もせずに、破産手続開始時における給付の進捗状態が固定される場面が生じうるところ、そのような破産手続開始時の状態が固定されることが妥当とはいえない場合があり得る。具体的にはたとえば、破産者は自己の債務の大半を履行したが、相手方は全く履行していないという場面である。このとき破産管財人は、破産者の債務の残りの部分の履行の提供をして、相手方に対して、債務の全部の履行請求をする対応をとることが考えられるが、すでに事業を廃止し事業活動をする人的物的インフラを失っていることを通常の前提とする破産手続において、開始後に破産管財人が、相対的に分量の少ない破産者の債務であっても、その履行をしようとすると、かえってコストがかかったり許容しがたいリスクを生じたりすることから、履行請求をなし得ないことも多い。[12] この場合に相手方は、解除をしてすでに受けた給付を返還するよりも、解除せずに残債務の履行請求をし続けて自らの債務の履行を拒絶しつつ、破産者から受けた給付を保持するほうが得策であるとして、進んで解除をしないことがありうる。このとき相手方は、同時履行の抗弁権を武器に、自らの債務の履行の全部を免れながら、破産者から受けた給付は保持しうることとなる。平時の場面においては、破産者の残債務が履行される機会が将来訪れる可能性があり、さらには、相手方の債務不履行解除権は権利であって義務ではないことも考えると、相手方が解除をしない結果、両当事者の各債務の履行状況が不均衡のまま当面の間固定されることになっても直ちに不当とはいえないであろう。むしろそのような状況が固定されることを通じて、破産者に対して残債務の履行が促され

---

[12] 再生手続や更生手続における管財人等は、倒産者の債務を履行する人的物的インフラを欠いているとはいえない。管財人等に認められる解除権は、取引からの撤退をしやすくして事業再建を促進するという政策的理由に基づくものといえよう。

ることは、同時履行の抗弁権の本来の機能であるともいうべきところである。しかし、破産手続のように、相手方の債権が破産債権とされ、当該債権が破産手続後に満足を得られることはなく、その手続中に契約関係の清算を図ることが基本的前提となっている場面では、各債務の履行状況の不均衡の是正手段が履行の請求に限定され、結果として当該不均衡が固定されるのは妥当ではないものと思われる。

　破産法53条の解除権は、このように、各当事者の給付の進捗状況が不均衡であり破産者の給付の進捗が先行している場合に、相手方が、同時履行の抗弁権を行使して自己の債務の履行を拒みながら破産者から受けた給付を保持して事実上利得するときに、破産管財人に解除権を与えて原状回復を実現させる手段を与える点において、合理性を有しているといえる。

　　(2)　例　外

　もっとも、相手方が、破産管財人に対して、同時履行の抗弁権を放棄して、自らの債務の全部を履行するときには、相手方は、破産者から受けた給付を保持することに何ら不当なところはみあたらず、かえって、破産管財人が、相手方に、当該給付の返還を強制することの正当性が存しないというべきである。

　すなわち、相手方が履行拒絶権を放棄して自己の債務の全部を履行するときには、破産者の給付の進捗が先行している状況は是正され、むしろ未履行債務は破産者の債務の残部のみとなる。かかる場合に、平時には認められていない、破産管財人のイニシアチブによる契約の解消を認め、相手方に対し、破産者がした給付の返還を強制すべき合理性は存せず、相手方が平時において有している、債務不履行解除をせずに破産者からの給付を保持しうる地位が尊重されるべきである。このように解することは、破産手続開始時に破産者の債務の一部と相手方の債務の全部が履行済みであるときに、破産管財人が、解除のうえ破産者がした給付の返還を請求することができないこととも整合的である。

　したがって、たとえば、破産者が破産手続開始前に相手方に対してした給付の価額が、手続開始時までに上昇していて、相手方が、当該給付を保持したいと考え、同時履行の抗弁権を放棄して自己の債務の全部を履行するときは、破産管財人は、解除をなし得ないものと解されることとなる。

　以上が、解釈提言1である。

3 開始時の状態を固定する選択肢を奪うことの不合理性と解釈論の展開

(1) 不合理性

次に、破産管財人において、相手方の債権を破産債権の処遇にとどめつつ、相手方から受けた給付を返還しないという、破産手続開始時における各債務の履行の進捗状態の固定の選択肢が失われる点についてはどうか。たとえば、相手方は自己の債務の大半を履行したが、破産者は全く履行していないという場面において、仮に破産法53条がなければ、たとえ相手方が契約を債務不履行解除した場合であっても、破産管財人は、開始時の状況を固定する選択をするであろう（上記Ⅲ1⑤⑥）。破産管財人が履行を選択したり、原状回復の実現を選択したりすることが、破産財団の利益になるとは考えられないからである。相手方の立場からも、履行請求権や原状回復請求権は破産債権であるし、破産者に給付した物が破産管財人による包括的差押えの対象になることからすれば、契約が履行されず、かつ、解除による原状回復も図られない状況で固定されることはやむを得ないというべきであり、破産手続開始時に相手方の債務がすべて履行されている一方未履行双務契約の取扱いとの比較からしても何ら違和感のないところである。しかし、破産法53条および54条の文言解釈によれば、当該双務契約は完全に履行されるか、解除のうえ原状回復が図られるかのいずれかの結論に導かれ、結果として上記のような場合には、破産財団が不利益を被り、相手方が利得する。この破産財団の不利益、相手方の利得を正当なものとして合理的に説明できる根拠は存在しないというべきである。

これに対し通説は、破産法53条および54条の文言解釈を支持し、その理由として、破産管財人が、破産法53条1項に基づく特別の解除権を行使しうるという優越的地位が与えられたことの代償として、解除後の相手方の原状回復請求権は財団債権とするのが正当であると説明している。

確かに、破産管財人のイニシアチブで、契約を解除して原状回復請求をすることは、破産法53条1項があって初めてなしうるものであり、これをもって破産管財人に優越的地位が与えられていると評することは可能であろう。もっとも、このときに相手方の原状回復請求権を財団債権とすべきことは、優越的地

位付与の代償という理由づけを持ち出す必要はなく、当該原状回復関係において相手方に認められる同時履行の抗弁権（民546条）を尊重すべきことから導かれるものといえる。すなわち、破産管財人が優越的地位に基づいて解除した場合に限らず、相手方が債務不履行解除した場合であっても、相手方は、破産管財人による原状回復請求に対して、同時履行の抗弁権（民546条）に基づき履行を拒絶することが可能であり、破産管財人が当該抗弁権を消滅させるためには破産者の債務の本旨弁済をせざるを得ないのである（上記Ⅲ1⑦⑧）。破産法54条2項における原状回復請求権の取戻権性・財団債権性は、民法546条の同時履行の抗弁権を基礎にしたものととらえられるべきである。[13]

しかし、破産管財人が単に契約の履行をしたくないと考えているにすぎず、契約の解除や原状回復の法律関係になることを意図していない場合には、仮に破産法53条がなければ、破産管財人は、履行も解除もせずに、相手方からの給付を保持し、相手方の債権を破産債権として扱いうる地位を有していたのである。すなわち、破産管財人は、破産法53条1項・2項が存在することによって、むしろ、契約履行か、解除・原状回復か、のいずれかの法律関係とすることを強制され、契約の履行も解除もしなくてもよい自由が奪われているのであって、この場面で、破産管財人に優越的地位が与えられているものとは評し得ない。この場面での破産管財人の解除権を優越的地位の付与と評したうえで相手方の原状回復請求権の財団債権性を基礎づけることはできないというべきである。また上記のように、破産法54条2項の規律の基礎を、解除の原状回復関係における同時履行関係性（民546条）ととらえる立場からは、解除後に破産管財人が原状回復請求をしない場合には、相手方の原状回復請求権を特別扱いする根拠に欠けることになる。

以上によれば、破産管財人における、契約の履行も、解除による原状回復もしなくてよい自由を実質的に保障すべく、破産法53条2項のみなし解除の適用範囲を制限的に解釈するか、あるいは、解除時の相手方の原状回復請求権を一律に財団債権とするかのごとく破産法54条2項の適用範囲を制限的に解釈する

---

[13] 破産管財人が破産法53条1項に基づき契約の履行を請求する場合に、相手方の履行請求権の財団債権性（破148条1項7号）が同時履行の抗弁権（民533条）によって基礎づけられるのと同様の論理である。

か、そのいずれかが探られるべきことになる。

(2) 破産法53条1項のみなし解除の適用範囲の制限解釈の可能性

契約の履行も解除もしなくてよい自由を確保するためのシンプルな解釈として、破産管財人が双方未履行双務契約における履行請求権を放棄したときには、破産法53条は適用されないものとの考え方が成り立ちうるように思われる。上記Ⅱの提言2の解釈である。この解釈によれば、契約を履行すべきではなく、かつ、破産者が相手方からすでに受けている給付を保持し、相手方の債権を破産債権として扱うことが破産財団にとって利益であると破産管財人が考えるときは、破産管財人は破産者の履行請求権を放棄することにより、破産法53条2項後段のみなし解除の規律の適用も免れ、破産手続開始時に破産者の債務のみが未履行である場合と同じ法律状態になる。相手方は、破産債権者として履行請求権および損害賠償請求権を行使するか、債務不履行解除のうえ破産債権者として原状回復請求権および損害賠償請求権を行使するかのいずれかの方法をとるべきこととなる（解除後の法律関係は、上記Ⅲ1⑤〜⑦のとおりである。このとき、反対給付が破産財団中にあっても取戻権の行使はできない。上記Ⅲ1⑥）。

(3) 破産法54条2項の適用範囲の制限解釈の可能性

同様の結論を、破産法54条2項の適用範囲を制限する解釈論により、達成することも可能である。すなわち、53条2項後段のみなし解除の規律を制限せずに維持したうえで、相手方からの給付を保持し、相手方の債権を破産債権として扱いうる破産管財人の地位を確保しようとするならば、破産法54条2項は、破産管財人が相手方に対して原状回復請求をする場合にのみ適用され、原状回復請求をしない場合は、相手方は、解除により復帰した所有権を根拠としては[14]、破産財団中に反対給付が現存するときでもその返還を請求できず、その価額について破産債権者として償還請求権を行使することができるにすぎないも

---

[14] 破産管財人による解除の前後を通じて、相手方が目的物につき破産管財人に対抗できる所有権を有しているときは、上記Ⅲ1⑥の趣旨から、相手方は取戻権（破62条）に基づき目的物の返還を請求できるのは当然である。たとえば、機能上一体となっている母屋と離れの売買で、それらの占有と離れのみの登記が引き渡された段階で買主に破産手続が開始された場合に、売主は母屋部分につき取戻権に基づき明渡請求が可能である（さらにこのとき、離れが母屋と機能上一体となっているがゆえに結果として破産財団は離れの占有も失うことはあり得る）。

のと解する考え方である（上記IIの提言2′）。破産管財人が原状回復請求をしない場合とは、破産者が開始前に相手方に対して給付をしておらず、原状回復請求権を有さない場合のほか、破産管財人が原状回復請求権を放棄した場合を含むものと解すべきである。

(4) 提言2と提言2′の解釈論の実質的同一性

提言2の解釈論による場合には、破産管財人が履行請求権を放棄したときの相手方としては、次のいずれかの権利行使が可能である。

① 破産債権者として、履行請求権および損害賠償請求権を行使する。
② 債務不履行解除のうえ破産債権者として、原状回復請求権および損害賠償請求権を行使する。

また、提言2′の解釈論による場合には、破産管財人が原状回復請求権を有さないときあるいは放棄したときの相手方としては、次の権利行使が可能である。

③ 破産債権者として、原状回復請求権および損害賠償請求権を行使する。

以上のうち②と③は同じ内容であるし、また、①と②③では、第1次的に行使される権利の内容や損害賠償請求権における損害項目は異なるものの、認められる損害賠償額で調整されるから、結局、権利行使可能な破産債権の総額は異ならないように思われる。

以上によれば、上記(2)（提言2）と上記(3)（提言2′）の解釈論は、実質的に同様の結論を導くものであり、説明の仕方が異なるにすぎないというべきである。

4 上記解釈論を踏まえた双方未履行双務契約の規律の体系

上記2・3の解釈を踏まえた破産法53条、54条の規律の体系は、次のようになる。

破産管財人は、双方未履行双務契約について、契約を解除して原状回復請求をするか、破産者の債務を履行して相手方の債務の履行請求をするか、あるいは、相手方の取戻権を制限して破産者が受けた給付を保持しつつ、相手方の請求権を破産債権と取扱うかの三つの選択肢を有することになる。なお、三つ目の選択肢は、提言2の解釈論によれば破産者の履行請求権を放棄することによ

り、提言2′の解釈論によれば契約を解除しつつ原状回復請求権を放棄することにより（解除後に破産管財人の原状回復請求権がない場合には解除により当然に）選択されることとなる。また、破産法54条2項は、一つ目の選択肢が選択されたときのみ適用されることとなる。

　もっとも、破産管財人が解除をして原状回復請求をするのが得策であると考える場合であっても、相手方が、同時履行の抗弁権を放棄して、進んで自己の債務の履行を提供するときには、破産管財人は解除をなし得ない（提言1の解釈論）。このとき相手方は、破産手続開始前に破産者から受けた給付を保持しつつ、破産債権者として破産者の残債務の履行と損害賠償を請求することとなる。

V　賃借人が破産した場合の賃貸借契約の取扱い

1　検討対象

　ここからは賃借人が破産した場合の賃貸借契約の取扱いにつき検討する。

　まず、仮に破産法53条、54条の規律がないとした場合に破産管財人が賃貸借契約を中途解約したときの取扱いがどうなるかという点の分析を行い、それを前提に、破産法53条に基づく賃貸借契約の解除権の規律の理解の仕方を検討する。そのうえで、破産管財人が解除を選択したときの賃貸人の原状回復請求権の性質および違約金条項等の効力の論点、破産管財人が賃貸借契約の履行を選択したときの開始前の未払賃料の性質の論点を検討する。

2　破産法53条が存在しないと仮定した場合の破産管財人による賃貸借契約の中途解約の法律関係と賃貸借契約における破産法53条の解除権の意義

　賃借人が破産し、破産管財人が当該賃貸借契約を継続不要と判断した場合には、破産管財人は、通常、破産法53条1項の解除権に基づく解約申入れを行う（破148条1項8号カッコ書参照）。しかし、仮に破産法53条が存在しないとした場合には、破産管財人が継続不要と考えている賃貸借契約についての法律関係

はどのようになるか。

　たとえば、契約期間満了日である平成30年5月末日まで解約できない旨の条項のある不動産賃貸借契約の賃借人が、賃料の不払いなく平成27年4月30日に破産したとする。当該賃貸借契約を継続することが破産財団の形成に資するところがないと考えた破産管財人は、破産開始後直ちに、平成27年5月末日をもって当該契約を解約する旨を申し入れ、同日までの賃料を支払ったうえで、同日までに賃貸目的物を明け渡し、事後、賃料の支払いを止めたとする。仮に破産法53条が存在しないとすると、中途解約禁止条項により、原則として、契約期間である平成30年5月末日までの向こう3年分の賃料を支払わなければ中途解約は有効なものと認められず、賃貸借契約は継続することとなろう。このとき、破産管財人が明渡しを完了した後の賃料も財団債権となるのであろうか。

　契約期間満了まで賃借人から契約を解除されず、期間満了までの賃料を受領しうるという賃貸人の利益は、賃貸借契約に基づいて生じたものにすぎないのに、そういった賃貸借契約が破産手続開始時に継続していたことの一事をもって、期間満了まで財団債権として賃料債権が発生し続けるものとはとうてい解されないところである。

　そもそも、賃料債権は、賃借物の使用収益の対価として発生するものであることからすれば、賃借人が観念的にも事実的にも使用収益をしておらず、使用収益権を放棄した場合には、賃貸人に、厳密な意味における賃料債権が発生するものではなく、中途解約禁止条項違反に基づく賃料相当の損害金が生じているものとみるべきものと考える。

　したがって、仮に破産法53条が存在しないとして、破産管財人は、自ら賃借物を使用収益したときには、破産法148条1項4号に基づき財団債権として賃料債務を負うが、賃借物を明け渡して使用収益権を放棄することにより、使用収益の対価たる、厳密な意味における賃料債務を免れ、実質的には、中途解約禁止条項違反に基づく損害金の性質を有するにすぎない賃料債務を負うこととなり、当該賃料債務は、破産債権に係る債務であるものと解される。

　以上によれば、破産法53条が存在しないと仮定しても、破産管財人は、賃借物を明け渡すことによって財団債権としての賃料債権の発生を止めることがで

きるものというべきである。そうすると、このことは、破産管財人に賃貸借契約の中途解約権を認め、代わりに賃貸人に、破産債権者として残契約期間分の賃料相当額の違約金請求権の行使を認めるに等しい結果となっている。すなわち、破産法53条が賃貸借契約における破産管財人の中途解約権を創設したものととらえるべきではなく、仮に破産法53条が存在しなくても、賃借人の破産管財人は、実質的な賃貸借契約の中途解約権を有しているとみるべきなのである。したがって、破産法53条1項の解除権は、賃貸借契約との関係では、賃借人の破産管財人が本来的に有している実質的な中途解約権を制度化したものにすぎないものとみるべきである。

以上を前提に、賃借人の破産管財人が破産法53条1項に基づく解除をしたときに関する個別論点を以下で検討する。

3 破産管財人による解除と賃貸人の原状回復請求権の性質

(1) 破産法54条2項の適用範囲

賃借人は、賃貸借契約終了時に賃貸人に対して賃借物の返還義務を負うが、その前提として、賃借物に附属させた物の収去義務、賃借物を受領した後に生じた損傷（通常損耗や経年劣化を除く）を原状回復する義務を負うものと解されている（平成27年3月31日閣議決定に係る民法改正法案における改正民法（以下、単に「改正民法」という）621条、622条、599条1項、参照）。[15]

賃借人の破産管財人が破産法53条1項に基づいて賃貸借契約を解除した場合に、賃借人のこれらの義務に係る賃貸人の請求権、ないし、賃貸人が代わって附属物収去・原状回復を行ったときの費用請求権を破産債権と解するか、取戻権ないし財団債権と解するかについて、議論がある。

検討の前提として、破産法53条1項に基づく賃貸借契約解除後の賃借物の返還請求権ないし附属物収去・原状回復請求権について、取戻権性ないし財団債権性が認められる場合の適用条文が、破産法54条2項なのか、破産法62条ないし148条1項4号または8号なのかを明確にしておくことが便宜である。

---

[15] 従前は、附属物の収去義務と、通常損耗・経年劣化を超える損傷の修補義務を合わせて原状回復義務と呼称することも多かったように思われる。本稿では、基本的に改正民法の用語を使う。

この点につき、破産法54条2項の規律が、民法546条の同時履行の抗弁権を基礎にしたものであるととらえる本稿の立場（上記IV 3(1)）からは、賃貸借契約解除後の原状回復等の関係に同規律は適用されないものと解すべきことになる。すなわち、民法546条は、双務契約における相互の債務が対価的均衡を有していること、および、本来の履行関係とその原状回復関係に強い牽連性が存することを根拠に、本来の履行関係と同様に、その原状回復関係にも同時履行関係を認めるものであり、同条は、契約が遡及的に消滅し、契約がなかったのと同じ状態に戻すための給付返還（いわば履行の巻戻し）の法律関係に適用されることを前提としている。賃貸借契約の解除については、契約消滅の効果は遡及せず（民620条）、解除時の目的物の返還・原状回復等の法律関係は、契約終了時に共通の賃借物返還の法律関係にほかならず、貸主から借主に対する受領済み対価（賃料）の返還等は予定されていない。したがって賃貸借契約解除後の原状回復関係は、546条の適用場面ではないので、破産法53条1項に基づく解約の場面でも、破産法54条2項の適用はないものと解される。当該場面における、賃貸人の賃借物返還・原状回復等の請求権の取戻権性ないし財団債権性は、より一般的な規律である、破産法62条ないし148条1項4号または8号との関係で問題にすべきものである。

(2) 破産管財人による解除と賃貸人の原状回復請求権の性質

以上を前提に、賃借人の破産管財人が破産法53条1項により賃貸借契約を解除した場合の、賃貸人の、目的物返還ないし附属物収去・原状回復の請求権の性質をどのように解するかであるが、まず、目的物そのものの返還請求権が、賃貸人の取戻権（破62条）の対象となることは明らかであろう。賃借物は、破産による包括的差押えの対象とならず、破産財団を構成しないからである。[17]

そして、附属物収去請求権および原状回復請求権の性質が問題となるが、この点については水元教授の見解が注目される。[18]すなわち水元教授は、附属物収

16　賃借人の帰責事由により賃借目的物の一部が滅失（修補不能なほどに損壊）した後に賃借人が破産し、破産管財人が破産法53条1項に基づき解約した場合に、形式的に破産法54条2項を適用すると、賃貸人は滅失部分の価額償還請求権を財団債権者として行使できることになりかねない。しかし、当該価額償還請求権の実質は、破産手続開始前に賃借目的物を滅失させたことによる損害賠償請求権であり、これが財団債権であるとの結論は受け入れがたいように思われる。

去請求権について、賃借人所有の独立物の収去請求権と、賃借物に付合して賃貸人所有となった附属物（付合物）の収去請求権に分類すべきものとされ、賃借人所有の独立物の収去請求権は、賃貸借契約に基づく原状回復請求権のほか、賃借物の所有権に基づく妨害排除請求権からも基礎づけられるものであり、その性質としては取戻権（破62条）であるとされる。他方、賃貸人所有の付合物の収去請求権は、原状回復請求権（損傷の修補請求権）と同様に、賃貸借契約に基づいてのみ基礎づけられるものであるが、「破産法53条が破産管財人に一方的な解除権を付与した以上、その代償として、相手方の一方的な原状回復請求権も保護されるべきである」として、これらを財団債権（同法148条1項4号または8号）と性質決定される。そして、破産管財人が、取戻権や財団債権の履行を怠ったことによって相手方が取得する損害賠償請求権は財団債権（同4号）であるから、破産管財人がこれらの原状回復義務を履行せずに賃借物を返還し、賃貸人の側が附属物の収去、損傷部分の補修を行ったときの費用は、財団債権であるとされる。

　水元教授の説明のうち、賃借人所有の独立物の収去請求権が取戻権となり、これを賃貸人が代わって行った場合の費用請求権（損害賠償請求権）を財団債権とされる点については、私見もこれに従うものである。しかし、賃貸借契約の中途解約権は、破産法53条によって創設されたものではなく、仮に破産法53条が存在しないとしても、破産管財人は、賃借物を明け渡すことによって財団債権としての賃料債権の発生を止めることができ、実質的に中途解約権を有するのと同様の法律関係になるとの本稿の立場（上記2）からは、水元教授が、破産管財人に破産法53条の解除権が付与された代償として、賃貸人所有の付合物の収去請求権や原状回復請求権（損傷の修補請求権）を財団債権として取り扱うべきものとする点について、賛同することができない。[19]取戻権の性質を有

17　これに対し、売買契約の目的物の一部が買主に給付された後に、買主が破産したときには、当該給付物は包括差押えの対象となり、破産財団を構成する。破産法53条1項による解除後に、売主が取戻権を行使できるかは、本稿の立場からは、民法546条の同時履行関係が認められて破産法54条2項の特別の取戻権の適用対象となるか否かによることとなる（上記IV 3(1)）。

18　水元宏典「賃借人破産と破産法53条1項に基づく破産管財人の解除選択——賃貸人の原状回復請求権・原状回復費用請求権を中心に」岡正晶ほか監修『倒産法の最新論点ソリューション』（2013年・弘文堂）22頁。

さず、賃貸借契約に基づいてのみ基礎づけられる請求権については、収去・原状回復の対象たる付合や損傷が生じた時期が破産手続開始前であれば、破産債権にすぎないものというべきである。

なお、付合物収去・原状回復請求権の発生と、破産管財人による解除権の行使との間には、条件的因果関係は存在するといえるが、かといってこれらの請求権が直ちに破産法148条1項4号の財団債権であるものと解すべきではない。ある債権が、破産債権か、148条1項4号の財団債権かは、その債権の発生原因の主要部分が破産手続開始前のものと評しうるか、あるいは、その債権の主たる発生原因が破産管財人の行為であると評しうるかによって、判断されるべきである。そして、付合物収去請求権や原状回復請求権の主たる発生原因は、収去対象たる付合や修補対象たる損傷が生じた事実であるというべきである。したがって、付合や損傷が破産手続前に生じた場合は当該収去・原状回復請求権は破産債権であり、破産手続開始後に生じた場合には、破産法148条1項4号の財団債権であると解される。

また、付合物収去・原状回復請求権は、その発生時期が、解約申入れ後の契約終了時であることからすれば、むしろ破産法148条1項8号の「破産手続開始後その契約の終了に至るまでの間に生じた請求権」に該当し、財団債権であるとの見解も存在しうるところである。しかし、破産法148条1項8号の規律の趣旨は、継続的な契約につき破産手続開始後の解約の申入れによって終了する場合でも、手続開始後当該契約終了時までの間に、使用収益や、相手方からの給付、役務提供によって破産財団が利益を受けることから、それらと対価性のある相手方の請求権、言い換えれば、破産手続開始後終了までの間の原因により生じた請求権を、財団債権とすることとしたものといえる。付合物収去・原状回復請求権は、上記のとおり、付合や損傷が破産手続開始前に生じたものである限り、破産手続開始後の原因に基づき生じたものとはいえないから、破産法148条1項8号との関係でも財団債権にはあたらないものと解される。[20]

以上のとおり、破産法53条1項に基づく賃貸借契約の解除後の、賃貸人の附

---

19 この見解が、破産管財人の解除による契約終了時の損傷の修補請求権を財団債権とし、修補不能な場合の損害賠償請求権を破産債権と解するのであれば（前掲（注16）参照）、そういった結論がバランスを欠いているという批判も妥当するように思われる。

属物収去請求権は、賃借物から破産者所有の独立物を収去して賃借物の明渡しを求める限度で、賃借物の所有権に基づく妨害排除請求権によって基礎づけることが可能であり、取戻権の性質を有するものといえ、これを賃貸人が代わって行ったときの費用請求権は財団債権となる。しかし、賃貸人所有の付合物の収去請求や損傷の補修請求権など、賃貸借契約に基づく請求権として基礎づけることができるにすぎない請求権は、原則として破産債権にすぎないものと解すべきである。

4 破産管財人による解除と違約金条項等の効力

賃借人が中途解約した場合に、違約金の発生や、敷金・建設協力金の没収を定める条項のある賃貸借契約が存するところである。このような違約金条項、敷金等の没収条項が、破産法53条1項による解除時にも適用されるかが問題となる。

この点につき、破産管財人が破産法53条1項による解除権を行使する場合には、破産者にとって不利な契約条項には拘束されないとの見解も存するところである[21]。しかし、破産法53条1項は、損害の賠償を要せずに契約から離脱できる権利を破産管財人に付与するものではない（破54条1項参照）。そして、損害賠償請求は認めるがその額の予定の効力は認めない、といった趣旨を破産法53条1項に読み込むことはできないというべきである。したがって、賠償額の予定は破産法53条1項による解除時にも効力を有し、類似の趣旨の合意である、違約金の合意や敷金等の没収の合意についても同様であるものと解する。

なお、この損害賠償請求権ないし違約金請求権が、破産債権であることは明らかであろう。その発生原因の主要部分は、中途解約を禁ずる賃貸借期間の定めないし違約金の定めを有する賃貸借契約が締結されたことにあるといえるからである[22]。

---

20 大阪地方裁判所・大阪弁護士会破産管財運用検討プロジェクトチーム編『新版破産管財手続の運用と書式』（新日本法規出版・2009年）115頁。
21 大阪地方裁判所ほかプロジェクトチーム編・前掲書（注20）116頁。
22 財団債権とする見解として、伊藤・前掲書（注4）363頁。

5 賃借人の破産管財人が破産法53条1項に基づき履行請求したときの破産手続開始前の未払賃料の取扱い

次に賃借人の破産管財人が賃貸借契約の履行を選択したときの論点として、破産手続開始前の未払賃料の取扱いの論点を検討する。

通説はこれを破産債権と解し、その根拠として、未払賃料が破産手続開始前の使用収益の対価である点を指摘する。しかし、破産手続における双方未履行双務契約の規律は、同時履行の抗弁権を有する相手方の債務を履行させることが破産財団の形成に資することを理由に、本来的には破産債権にすぎない破産者の債務が本旨弁済されることを許す趣旨のものととらえる本稿の立場（上記Ⅲ1③）からは、破産管財人が履行を選択したときに、本来破産債権の性質である債権が財団債権と扱われるのは当然のことである。したがって、かかる通説の説明は、十分な根拠づけとはいいがたい。

そこで次のように解すべきである。すなわち、賃貸借契約は、賃貸人の使用収益させる義務と賃借人の賃料債務が対価関係にあり、破産手続開始時に契約期間中であるときは各債務が未履行の状態にあるから、破産法53条1項の双方未履行双務契約に該当するものの、賃借人に賃借物がすでに引き渡されている状態において、賃貸人の使用収益させる義務は、基本的には、賃借人による使用収益を受忍すること（不作為）のみによって履行されてしまう。したがって、賃貸人は、基本的に、賃借人の賃料不払いに対する対抗手段として、自己の債務の履行を、不作為の態様で簡便に拒絶する手段を有しておらず、その意味での同時履行の抗弁権を行使できる状況にない。かかる点に鑑みると、破産手続において、賃借人の破産管財人が、賃貸人に対して賃貸借契約の履行を請求しつつも、破産手続開始前の未払賃料を破産債権と取り扱うものとすることは許されるものと解される。ただし、破産管財人によるかかる履行請求に対しては、賃貸人は、要件を満たす限り、当該賃貸借契約につき債務不履行解除をすることができるものと解される。賃借人の債務不履行が解消されない以上、賃貸人が契約から離脱する機会を奪われるのは妥当ではないからである。[23] また、賃借人の破産手続開始時に賃貸人が賃借物につき修繕義務を負っている場合において、賃借人の破産管財人が当該修繕義務の履行を請求するときは、破

産管財人は、破産手続開始前の未払賃料を破産債権と取り扱うことは許されないというべきである。賃貸人は、未払賃料の弁済を受けない限り修繕義務の履行を留保することができる地位を有しているといえ、破産手続開始時にも賃貸人のかかる地位が尊重されるべきだからである。

VI 請負契約

1 検討対象

ここからは請負契約の破産手続における取扱いを検討する。

請負契約については、そもそも平時において、その解除の効果の理解の仕方について議論があり、改正民法においても新たな規律が示されている。

そこでまず、平時における請負契約の解除の効果について、売買の場合と比較しながら検討、確認する。

そのうえで、買主破産時における双方未履行の売買の規律との比較において、注文者破産時における双方未履行の請負契約のあるべき規律を検討し、民法642条の解釈論を論じる。また個別論点として、破産手続において請負契約が履行される場合の財団債権とされる報酬請求権の範囲について検討する。

さらに、請負人破産時について、破産管財人が請負契約を解除した場合の効果について検討する。

なお、本稿では、紙幅の制限から、請負人が目的物の引渡義務を負う請負契約において、仕事完成後かつ引渡し前の時点や、仕事完成前に目的物の一部の

---

23 破産管財人が、賃貸人の債務不履行解除権を奪いたいときは、履行請求に際して、破産手続開始前の未払賃料を財団債権と取り扱うべきこととなる。なお、破産管財人が履行請求をしつつ手続開始前の未払賃料を破産債権と取り扱うときは、当然に、賃貸人に対し、相当期間内に債務不履行解除するかどうかの確答を請求しているものとみるべきであり、賃貸人が相当期間内に解除をしなければその解除権が消滅するものと解すべきである（民547条）。

24 賃借人の帰責事由なく賃借物の瑕疵により使用収益に支障が生じた場合には、当該支障を生じた割合に応じて、賃料は当然減額されるものと考えられる（民611条、改正民法同条参照）。しかし、かかる支障を生じる前の時点の賃料に係る未払いや、当該支障が生じた割合を超えた部分の賃料の未払いがあるときは、賃貸人は、賃借人の破産管財人に対し、これらの未払賃料の弁済があるまで修繕義務を履行しないものとする同時履行の抗弁権を有しているといえるものと解される。

引渡しをした時点に、当事者の一方が破産したケースは、取り扱わない。もっぱら、引渡し未了で、かつ仕事完成前の時点での当事者の一方の破産のケースを検討対象とする。

2 平時における請負契約の解除の効果

(1) 原状回復構成による請負契約の解除の効果

解除の一般原則に関する通説的理解によれば、契約が解除されると契約は遡及的に消滅し、不当利得関係の一種としての原状回復の法律関係を生じるものとされる（民545条1項）。契約により物権変動を生じていると、解除により、はじめから物権変動はなかったものとされるが、物権変動を信頼した譲受人や差押債権者などの第三者の権利は保護されるので、その限りで契約消滅の遡及効は制限されることになる（同項ただし書）。

請負契約が仕事の途中で解除された場合の効果についても、かかる解除の効果の一般原則（契約の遡及的消滅に伴う原状回復構成）による処理をすることが考えられる。

売買との比較において留意すべきは、次の点であろう。すなわち、請負契約においては、契約締結後、請負人の仕事により目的物に対して変更が加えられていき、これによって当該目的物の所有権の帰属先が移転する（基本的に注文者から請負人に移転することとなろう）こともある。しかし、仕事の途中で契約が解除された場合に、出来形（仕事完成前の目的物）を解除時の現状のままにして契約関係を精算するのであり、したがってまた、解除時の出来形所有権の帰属者がその後も所有者となる。そして、出来形の所有権の帰属は物権法理に従う。したがって、解除後の法律関係としては、原状回復のニュアンスとは若干異なり、注文者の占有下にある出来形の所有権が請負人に認められるときは、請負人に引渡請求権が認められ、請負人の占有下にある出来形の所有権が

---

25 請負の目的物の所有権が請負人に帰属していたが、引渡しによって注文者の帰属となった後に、解除がなされたときは、契約が遡及的に消滅するとの構成によると、当該目的物は解除後、請負人の所有に復帰するものと思われ、売買で述べた処理と同様となる。しかし、上記1のとおり、本稿では、もっぱら引渡しがなされていないケースを取り扱うので、売買の処理とは異なり、出来形につき、解除直前の所有権者に、解除後も引き続き所有権が認められることとなる。

注文者に認められるときは、注文者に引渡請求権が認められることとなる。請負人所有の出来形の材料の一部を注文者が提供していた場合や、注文者所有の出来形における請負人の加工による価値増加分などについては、償金請求（民248条）ないし価額償還請求の関係が生じるものと考えられる。さらに解除原因に応じて損害賠償請求権が認められることとなる。

(2) 一部解除構成による請負契約の解除の効果

ところで、仕事によって変更を加えられた出来形の存在を前提に契約関係を精算するのであれば、解除の効果を、契約の遡及的消滅による原状回復の関係と構成するよりも、解除時における出来形の状態を前提に、当該中途段階まで契約を履行するものとし、仕事未完成の部分に係る契約のみ解除の対象として契約関係を精算する一部解除構成によるほうが、むしろ自然であるともいえる。

判例は、注文者が請負人の債務不履行を理由に請負契約を解除した事案[27]や注文者が任意解除権（民641条）を行使した事案[28]において、工事内容が可分であり、かつ当事者が既施工部分の給付について利益を有するときは、特段の事情のない限り、既施工部分について契約を解除できないとしている。また、改正民法634条は、「次に掲げる場合において、請負人が既にした仕事の結果のうち可分な部分の給付によって注文者が利益を受けるときは、その部分を仕事の完成とみなす。この場合において、請負人は、注文者が受ける利益の割合に応じて報酬を請求することができる」とし、「注文者の責めに帰することができない事由によって仕事を完成することができなくなったとき」[29]（同条1号）のほ

---

[26] 判例・通説的な理解は次のようなものであろう。目的物が動産であるときは、請負人が材料を供給したときは出来形は請負人所有となり、注文者が材料を供給したときは、当事者の合意、それがないときは民法の加工の規定（同法246条）により決まる。目的物が建物である場合、増築工事であれば付合の有無により出来形所有権の帰属が決まり（同法242条）、新築工事であれば、材料の主要部分の提供者が出来形所有者となるが、特約がある場合や注文者が代金の大部分を支払っているときは注文者所有となる（大判昭和7・5・9民集11巻824頁、大判大正3・12・26民録20輯1208頁、大判大正5・12・13民録22輯2417頁、最判昭和44・9・12裁判集民96号579頁等）。

[27] 最判昭和56・2・17裁判集民132号129頁。

[28] 大判昭和7・4・30民集11巻780頁。

[29] 注文者の帰責事由により履行不能となったときは、請負人に、割合報酬ではなく全額の報酬が認められることとなる。

か、「請負が仕事の完成前に解除されたとき」(同条2号)を掲げている。

このような一部解除構成の解除の効果としては、まず、請負人は、注文者が受ける利益の限度における報酬(出来高報酬)を注文者に請求できることとなる(改正民法634条後段)。他方で、出来形所有権は注文者に帰属することとなり、引渡しを要する請負契約においては、請負人は、解除時点の出来形を注文者に引き渡すべき義務を負うことになる。注文者による出来高報酬の支払いと、請負人による出来形の引渡しは、同時履行関係にあるものと解される(民633条、533条)[30]。

(3) **一部解除構成と請負人による債務不履行解除時の留意点**

一部解除構成については、請負人による債務不履行解除時にこれを適用するときの請負人保護の観点が、留意されるべきであるように思われる。

すなわち、請負人が注文者の債務不履行に基づいて解除する場合については、一部解除構成によるべき旨の判示をする判例はみあたらず、学説上も明確な議論はなかったものと思われる[31]。上記のとおり、一部解除構成によると、解除時に出来形所有権が請負人に帰属している場合であっても、出来形を注文者に帰属させる方向での処理がなされることとなるが、注文者の信用不安が顕在[32]

---

30 原状回復の法律関係ではなく、解除時点までの仕事を完成とみなして、双方の債務を履行する法律関係なので、その根拠条文は民法546条に求められるべきではない。

31 請負人が仕事の途中に債務不履行解除をする場面はどのような場面か。注文者が約定どおりに材料を供給しなかったことにより請負人が仕事を完成させることができなくなったときの取扱いについては、前掲(注29)参照。このとき、請負人による債務不履行解除は想定されていないであろう。典型的場面は、仕事の途中段階で報酬の一部(中間金)を支払うべきことが特約されていたにもかかわらず、注文者がこれを支払わなかった場面であろう。

32 村田一広「請負工事の中途終了と報酬請求の可否」判タ1176号(2005年)101頁は、注文者の債務不履行時も学説の多数説は一部解除構成をとるとされるが、二つの文献があげられているにすぎない。仕事の途中段階での注文者の債務不履行は、報酬の前払特約が存在することによって観念できるのであり(前掲注31)、かかる場面を想定した議論が少なかったのが実情ではないかと思われる。同論文では、下級審判例が2件紹介されているが、うち1件(名古屋地判昭53・12・26判タ388号112頁)は、注文者の債務不履行を認定し、請負人による解除を認めたうえで、損害賠償請求を認める判示をしているのみであり、出来高報酬の請求を認めたものではないから、むしろ一部解除構成によっていないのではないかと思われる。また、もう1件(東京地判平成8・6・21判タ938号147頁)は、解除のうえ出来高報酬の請求を認容しているが、報酬請求を認める根拠は判示されておらず、匿名解説では「注文者と請負人との間に出来高により支払う旨の合意があったことを前提としているものと思われる」とされている。

化している注文者の債務不履行時の処理としては、むしろ、解除後も引き続き請負人所有を認める方向の処理が適切であるようにも思われ、原状回復構成による処理も相応の合理性を有していたように思われる[33]。

しかし、改正民法634条2号は、請負人が債務不履行解除する場合を排除せずに一部解除構成を採用する文言となっていることから、今後は、これを前提にすることとなろう[34]。

そこで、請負人保護の観点から、一部解除構成によるとき、解除後に、経済的価値のある出来形の所有権が請負人から注文者に移転する時期については、引渡しを要する請負契約にあっては引渡し時、引渡しを要しない請負契約にあっては出来高報酬の全額の支払時であるものと解すべきである[35]。

(4) 出来形に経済的価値がない場合

他方で、改正民法の規律によるとしても、仕事の結果が不可分であり出来形につき注文者が利益を有さない場合、すなわち出来形に経済的価値がない場合

---

[33] たとえば、注文者の事業所内で、請負人が材料を提供して機械を製作（ないし大修理）する請負契約が、注文者の中間金の不払いにより解除された場合に、原状回復構成によれば、請負人は、出来形の引渡しを請求して占有を確保し、これを換価する、あるいはさらに加工して完成品として換価するなどの対応が可能になる。

[34] 法制審議会民法（債権関係）部会における部会資料には、請負人による債務不履行解除時にも一部解除構成をとることについての説明が示されたことはなく、議事録にもこの点に関する議論はない。要綱の文言が、結果として請負人による債務不履行解除時も一部解除構成をとる体裁になったにすぎないようにも見受けられる。

もっとも、破産手続における双方未履行双務契約の規律に基づく解除の効果について、破産手続中に破産者の相手方が債務不履行解除をした場合の解除の効果と整合させて解釈するのを妥当とする本稿の立場（上記IIの提言2′参照）からは、注文者の破産管財人による解除の効果の解釈に際し、請負人による債務不履行解除があった場合の効果と整合させるべきことになる。後述するように、民法642条1項後段（改正民法642条2項）の規律は、注文者の破産時の解除の効果について一部解除構成をとる前提に立っているから、本稿の立場からは、請負人による債務不履行解除の効果を一部解除構成でとらえる改正民法634条2号は、民法642条1項後段（改正民法642条2項）の規律との整合を図りやすくするものと評することができる。

[35] このように解することによって、前掲（注33）の事例についても、出来高報酬が支払われるまでは請負人に出来形所有権が存することとなり、請負人の注文者に対する出来形引渡請求が可能になる。なお、請負人は、かかる請求に基づき引渡しを受け、あるいは解除前から占有していた出来形につき、出来高報酬の支払いを受けるまでは、これを第三者に処分することも許されるものと解する。当該処分によって注文者への出来形引渡義務は履行不能となり、代わりに出来形の価額償還義務を負うが、これと、注文者に対する出来高報酬請求権を相殺することにより、出来高報酬を回収できるものと解する。

は、解除の効果は、上記(1)で考察した原状回復構成となる。

このうち、請負人が債務不履行解除権を行使した場合や注文者が任意解除権を行使した場合については、請負人は、注文者に対する損害賠償請求として、得べかりし報酬（解除により免れた費用が控除される）等のほか、出来形所有権が請負人に認められるときは当該無価値な出来形の廃棄費用の請求が可能であるものと解される。当該出来形を注文者が占有するときは、請負人は注文者に対して、廃棄費用の賠償請求に代えて、出来形所有権を放棄することも可能であろう。他方、出来形を注文者が占有していないときは、かかる所有権放棄はなし得ないものと解する。注文者が廃棄費用を負担すべき場合であっても、自己の占有下にない物について請負人の一方的意思表示により、無価物の所有者責任を課されるのは過剰な負担というべきだからである。

また、注文者が債務不履行解除権を行使した場合については、注文者は、請負人に対する損害賠償請求として、提供した材料費等のほか、出来形所有権が注文者に認められるときは出来形の廃棄費用につき請求可能であり、上記と同様に、当該出来形を請負人が占有するときに限り廃棄費用の請求に代わる所有権放棄も可能であるものと解する。

以上のとおり、出来形に経済的価値がない場合には出来形所有権の帰属者はかえって廃棄の負担を負うこととなるが、当該所有者が、解除原因に照らして廃棄費用を負担すべき占有者に対して、所有権放棄をすることが可能であるものと解することにより、結局、出来形所有権の所在についての重要性は相当程度後退し、結果として、原状回復構成をとるか、一部解除構成をとるかで、決定的な差は生じないこととなる。

3　注文者破産時に関する民法642条の解除権の趣旨および効果

(1)　請負人の解除権

以上のいささか複雑な平時における請負の解除の効果を前提に、注文者が破産した場合の請負契約の規律について検討する。

注文者破産時について民法642条は、破産管財人および請負人に解除権を付与している。[36] 同条の趣旨については、注文者による支払いが危殆化した後も請負人に仕事完成の義務を負わせ役務提供を強いることは請負人に酷であること

から、破産管財人のほか、請負人にも解除権を付与するためのものと説明される。結果として、破産手続において双方未履行の請負契約が履行されるのは、破産管財人が履行を請求し、かつ、請負人が解除権を行使しない場合となる。契約が履行されるときは、請負人の報酬請求権は財団債権となる（破148条1項7号）。以上によれば、民法642条は、注文者破産時には、報酬請求権を財団債権とする取扱いをもってしても、請負人に仕事完成義務を負わせるのが酷であるとの考え方から、請負人に解除権を与えたものと理解せざるを得ない。[37]

(2) 破産手続時における請負契約についてのあるべき規律

問題は、民法642条に基づく解除の効果をどのように解すべきかである。破産管財人が解除した場合と請負人が解除した場合で、請負人の破産債権者としての損害賠償請求の可否の点で差異があるものの（民642条2項（改正民法642条3項））、それ以外の点で効果に差異を設けるべき理由はないであろう。

ここではまず、民法642条の文言にとらわれず、主として売買契約を念頭においた破産法53条、54条の解釈論に関する本稿の立場を大前提としつつ、上記2で考察した平時における請負契約の解除の効果の特質と、民法642条において請負人にも解除権が付与されていることを考慮して、あるべき請負契約についての破産手続における規律を検討してみたい。

すなわち上記Ⅳ4のとおり、本稿においては、売買契約を念頭に、双方未履行双務契約の一般的規律として、次のように解するのを妥当と考えた。

36　なお、仕事完成後は、請負人の解除権は認められない（東京地判平成12・2・24金商1092号22頁。改正民法642条1項ただし書はこれを明文化している）。

37　しかし、注文者に再生手続、更生手続が開始されたときには、請負人に解除権は認められず、双方未履行双務契約の一般の規律に基づき、再生債務者等が履行の請求をしたときは、請負人は仕事完成義務を負う。
　　破産手続時の請負人の解除権は財団不足に備えたものといえるが、再生手続等における共益債権が全額弁済されるとは限らないことや、破産手続時における他の双務契約の取扱いとの均衡も考慮すると、この場面での請負人への解除権の付与は、請負人保護に突出している感を否めない。破産管財人は、財団不足が見込まれるにもかかわらず履行を選択して請負人に迷惑をかけたならば、善管注意義務違反になり得るものであり、履行請求については裁判所の監督権も及んでいることからすれば（破78条2項9号）、財団不足のリスクが標準的な信用リスクに比較して高いとは思えない。万が一、破産管財人が不合理な履行請求をするときは、請負人はなおも不安の抗弁権を主張でき、報酬の一部ないし全部の前払いないし担保提供があるまで仕事の完成を拒めるといった解釈も可能である。立法論としては、請負人の解除権は廃止すべきものであるように思われる。

> ①　破産管財人は、破産者の債務を財団債権と取り扱いつつ相手方に債務の履行を請求することができる（破53条1項に基づく履行請求）。
> ②　破産管財人は、契約を解除し、相手方が取戻権ないし財団債権として原状回復請求をすることを認めつつ、相手方に対して原状回復請求をすることができる（破53条1項に基づく解除の選択および54条2項による原状回復の実現の法律関係）。
> ③　相手方が同時履行の抗弁権を放棄して自らの債務を履行するときは、破産管財人は②の解除権を行使することができない（上記IIの提言1）。
> ④　破産管財人が契約を解除した場合において、破産管財人が相手方に対して原状回復請求をしない場合（解除後に破産管財人が原状回復請求権を有さないときのほか同請求権を放棄するときを含む）は、相手方は、解除前に破産者に帰属していた反対給付が破産財団中に現存するときでもその返還を請求できず、その価額について破産債権者として償還請求権を行使することができるにすぎない（上記IIの提言2′。なお同提言2の内容と実質的に同一である）。

　以上の双方未履行双務契約の一般的な規律に対し、上記2の請負契約の解除の効果の特質および請負人にも解除権があることを踏まえて、請負契約における注文者破産時の規律を検討すると、次のようになるであろう。

> ⓐ　破産管財人は、請負人の報酬債権を財団債権と扱いつつ請負人に仕事の完成（および引渡し）を請求することができる。ただし、請負人が解除権を行使したときはこの限りではない。

　上記の一般的規律の①に対応する規律である。財団債権となる報酬債権の範囲について議論があるので、後述する（下記4）。
　請負契約においては請負人にも解除権が認められることに鑑みると、一般的規律①とは異なり、請負人が解除権を行使するときは破産管財人は履行請求をなし得ないことになる。

> ⓑ　破産管財人または請負人は、請負契約を解除することができる。この場合に、破産管財人は、請負人に対し、解除時の出来高割合に応じた報酬等を財団債権として支払いつつ出来形の引渡請求をすることができ、また、報酬の一部の前払いがあり、当該前払金から解除時の出来高割合に応じた報酬等を控除した残額があるときは、その返還を請求することができる。

　一般的規律の②は、破産管財人が契約を解除したうえで、解除後の法律関係を前提に相手方に対して請求を行う場面に関する規律であり、上記ⓑは、これに対応した請負の規律である。一般的規律と異なり、請負人も解除権を有する。解除がなされた後に、注文者の破産管財人が請負人に何らかの請求をする場面としては、解除した請負契約が仕事の目的物の引渡しを要する場合に解除時の出来形の引渡しを請求するときや、報酬の一部前払いがある場合で当該前払金から解除時の出来高報酬等を控除した残額の返還を請求するときが考えられる。

　一般的規律では、解除後の法律関係は民法546条が適用される原状回復の法律関係であることを前提に、破産法54条2項が適用された。これに対し、請負においては、仕事の結果が可分で注文者に利益があるときに解除がなされた場合は、平時の規律に従い、解除時の出来形をもって仕事の完成とみなし、出来高報酬等を精算しつつ、将来に向かって契約を消滅させる、一部解除構成でとらえられる。このときの解除後の法律関係については、上記2(2)のとおり、破産管財人の出来形引渡請求権と請負人の出来高報酬債権が同時履行関係にあるものと解される（民533条）。[38]　そして、この解除後の相互請求の場面は、契約全体のうち解除時点まで仕事の部分を切り出して、破産管財人が双方未履行双務契約の履行を請求する場面にほかならず、破産法54条2項の適用はないが、破産法53条1項、148条1項7号が類推適用され、出来高報酬の請求権は財団債

---

[38]　前掲（注30）も参照。なお、請負人は、通常は、出来形につき商事留置権を行使することも可能であろう。前述の破産法54条の趣旨に鑑みれば、破産手続において、相手方の損害賠償請求権については同時履行の抗弁権や商事留置権が認められるべきではない。前掲（注11）参照。

権と取り扱われるべきこととなる。

> ⓒ　請負人が同時履行の抗弁権ないし不安の抗弁権を放棄して、仕事の完成・引渡しを約束するときは、破産管財人はⓑの解除権を行使できない。

　上記ⓒは、一般的規律の③に対応するものである。請負人が特約に基づき報酬の一部について前払いを受けている場合であって、当該前払金が破産手続開始時の出来高割合を大幅に上回っているときなどは、請負人は、超過部分を破産管財人に返還するよりも、仕事完成債務を履行したいと考えることがあり得るところであり、請負人が仕事を完成させる意向を有するときに、破産管財人の解除を認めるべき根拠がないのは、一般的規律の③の趣旨と同様である。[39] なおこのとき、請負人の報酬残金の請求権が破産債権であることは当然である。

> ⓓ　破産管財人または請負人が請負契約を解除した場合において、破産管財人が出来形の引渡請求をしない場合（破産管財人が出来形の引渡請求権を有さないときのほか、同引渡請求権を放棄するときを含む）は、請負人は、破産債権者として、出来高報酬や損害賠償の請求をなしうるにすぎない（損害賠償請求は破産管財人が解除した場合のみ可能である。民642条2項（改正民法642条3項））。この場合において、請負人が、出来形につき所有権を有しているときは、請負人は、当該解除後も、破産管財人に対し、取戻権に基づき出来形の引渡しを請求できる。

　ⓓの前段は、一般的規律の④に対応するものである。
　請負契約の解除は、原則として一部解除構成でとらえるべきことは、ⓑの規律に関して述べたとおりである。そして、ⓑの規律においては、破産管財人が解除時の出来形の引渡しを請求するに際し、請負人が出来高報酬の支払いとの

39　この場合であっても、完成した目的物に換価の見込みがなく、前払済み報酬額が、出来高報酬と請負人に賠償すべき損害額の合計額を上回るときは、破産管財人は、任意解除権（民641条）を行使する検討の余地はあろう。破産者（注文者）が報酬の全額前払いをしている場合も同様である。

同時履行を主張できることを踏まえて、出来高報酬等の請求権を財団債権ととらえるべきものとされたのである。したがって、請負人が同時履行の抗弁権を主張する場合ではないとき（すなわち破産管財人が請負人に対し解除に基づき出来形の引渡請求を行わないとき）には、出来高報酬等の請求権を財団債権と取り扱うべき理由はなく、本来の性質である破産債権として取り扱われるべきことになる。これが⓭の前段の規律である。

　⓭の前段の規律が適用される、破産管財人が出来形の引渡請求をしない場合とは、具体的には、請負人占有下の出来形について破産管財人が引渡請求権を放棄する場合、出来形が破産財団の占有下にあり引渡請求権を観念し得ない場合、仕事の進捗状況や性質に照らして出来形が存在しないものと認められる場合の三つの場合が考えられるであろう。このうち前二者の場合については、解除後の出来形の帰属が問題となる。

　まず、請負人占有下の出来形の引渡請求権が放棄された場合である。上記ⓑの規律によれば、破産管財人が請負人占有下の出来形の引渡請求をするときは、本来破産債権である請負人の出来高報酬債権につき本旨弁済をしなければならないことから、出来形を出来高報酬金額よりも高額で換価できる見込みがないときには、破産管財人は原則として出来形引渡請求権を放棄することとなろう。このうち、当該出来形の所有権が解除の時点で請負人の所有であったときについては、破産管財人が解除に基づく出来形引渡請求権を放棄したことにより、当該出来形の所有権が引き続き請負人に帰属することが確定したものと扱われることとなろう。また、破産者所有であった出来形については、破産管財人による引渡請求権の放棄により、原則として、請負人に対する所有権放棄もあったものと解すべきであり、事後、請負人所有と取り扱われるべきこととなる。[41]

40　後掲（注45）も参照。
41　ただし、出来形に経済的価値がなく廃棄費用の負担が生じる場合で、破産管財人が解除権を行使したときには、上記2(4)および後掲（注44）の考え方によると、廃棄費用を負担すべき破産管財人が所有権放棄をすることはできない。このとき請負人は、別途、破産管財人に対して、出来形の所在場所の所有権等に基づき、出来形の収去引取りを請求しうることとなろう。破産管財人が出来形の引取りをせず、所在場所の所有権等を侵害するときは、財団債権として損害賠償義務を負うことになる（破148条1項4号）。

次に、出来形が破産財団の占有下にある場合についてであるが、当該出来形が、解除前から破産者所有であるものと認められるときは、解除後も破産財団帰属財産と扱われることは当然である。問題は、当該出来形が解除前に請負人所有であるものと認められる（破産管財人にも対抗可能であることを前提とする）ときの取扱いである[42]。解除につき一部解除構成をとる場合は、解除時点までの契約は互いに履行する建前となるが、出来形所有権が請負人から注文者へ移転する時期については、上記2(3)のとおり、請負人に対して出来高報酬の全額が支払われたときと解すべきであり、出来高報酬の請求権が破産債権と扱われて全額の履行がなされないⓓの規律の場面では、解除前に有していた請負人の所有権は、解除後も失われないものと解される。ⓓの後段の規律は、かかる場面における当然の取扱いを述べるものである。

ところで、民法642条1項後段（改正民法642条2項）は、仕事の結果の可分性や注文者の利益になるか否かを問わずに、解除後の請負人の出来高報酬債権を認めており、一部解除構成による解除を前提とする効果の規律となっている。この点を考慮すると、平時の規律と異なり、破産手続時における解除は、出来形に経済的価値がなく出来形所有者に廃棄費用の負担が生じるときであっても、一部解除構成の解除ととらえるべきこととなる[43]。

もっとも、上記2(4)のとおり、所有者が、解除原因に照らして廃棄費用を負担すべき占有者に対して、所有権放棄をすることが可能であると解する本稿の立場からは、出来形が無価値であるときに、解除の構成の違いによる、出来形帰属者についての最終的結論の差異はほとんど生じない[45]。また、一部解除構成

---

42 たとえば、破産者（注文者）の事業所内で、請負人が材料を提供して動産を製作していくような契約において、仕事の途中で注文者が破産しても、請負人は破産管財人に対して当該出来形の所有権を対抗できるであろう（前掲（注33）参照）。
43 平時において一部解除構成による解除時に請負人に認められる出来高報酬は「注文者が受ける利益」の割合に応じたものであり（改正民法634条）、経済的に無価値の出来形につき当該規律を適用すると、出来高報酬はゼロ（むしろ廃棄費用を考慮するとマイナス）になりかねない。別途、請負人の注文者に対する、履行に代わる損害賠償請求権で調整することにより特段問題が生じないようにもみえるが、請負契約解除時に損害賠償請求を認めない制度（民642条2項（改正民法同条3項））となっていることを踏まえると、かかる場合に出来高報酬をゼロとするのは衡平上妥当でない。そこで、破産手続時の一部解除構成による解除後の出来高報酬は、請負人が「既にした仕事」の割合に応じて算定すべきことになる（同条1項後段（改正民法同条2項））。
44 民法642条1項に基づき解除権を行使した者は、廃棄費用を負担すべきものと考える。

による解除後の法律関係に破産法54条2項が適用されないのは、上記ⓑの規律の箇所で述べたとおりであるが、原状回復構成による解除後の法律関係に破産法54条2項が適用されうるとしても出来形の価額がゼロである以上、いずれにしても財団債権とされる価額償還請求権は生じない。さらに、一部解除構成による解除時に出来高報酬債権とされる部分は、原状回復構成による解除時には、履行に代わる損害賠償債権として認められ、認められる破産債権の額の点でも有意味な差異は生じない。したがって、請負人が解除したときの損害賠償請求の制限の点（民法642条2項（改正民法同条3項））を別とすると、出来形が無価値であるときの解除構成による結論の差異は、存在しないものと考えてよいものと思われる。

(3) 民法642条の解釈論

以上の請負契約解除時の効果に関するあるべき規律を、民法642条の解釈論として展開すると、次のようになるであろう。

まず、上記ⓐの規律は、民法642条1項前段および破産法53条1項、148条1項7号の文言から自然に導かれるものと解される。[46]

次に、民法642条1項後段（改正民法同条2項）は、同項前段の解除後に、請負人が出来高報酬等の請求権を有するものとしており、同項前段の解除権につ

---

[45] 解除前に出来形の所有権が注文者に帰属している場合は、解除の構成によって、解除後の所有権帰属者の結論に差異は生じ得ない（いずれの構成によっても解除後も注文者が所有権者となる）。そこで解除前に出来形所有権が請負人に帰属しているときが問題となる。このうち、出来形が請負人の所有・占有下にあるときに破産管財人が解除した場合については、一部解除構成を前提に、出来形が解除に基づきいったん破産財団帰属財産となる。このとき、前掲（注44）のルールによれば、請負人は廃棄費用負担者ではないので破産管財人による所有権放棄は認められないはずであるが、同ルールの例外として認められるものと解する。かかる場合は、仮に平時と同様の原状回復構成によれば出来形は請負人所有となるものであり、このとき請負人は注文者への所有権放棄もなし得ないから、当該規律とのバランスをとる必要がある。また、破産手続開始時ないし契約解除時に、破産財団に帰属せずかつ占有下にもない無価物について解除により引取り・廃棄の負担を破産財団が負うこととなるのは妥当でないからである。他方、請負人所有の出来形が破産財団の占有下にあるときに請負人が解除した場合については、前掲（注44）のルールによれば廃棄費用負担者は請負人であるが、一部解除構成によれば出来形は解除に基づき破産財団帰属財産となり、非占有者に対する所有権放棄を認めない本稿の立場によれば、破産管財人が所有者として無価物を廃棄すべきこととなる。そのうえで破産管財人が廃棄費用につき請負人に対して損害賠償請求（民641条類推）をなし得るか否かは議論の余地があるであろう。損害賠償請求をなし得ないとすれば、唯一、原状回復構成をとらないことによる差異を生じる場面といえよう。

いて、一部解除構成に立っていることが明らかである。したがってこの点において、上記ⓑおよびⓓの規律は、民法642条と考え方を同じくするものである。[47]

　もっとも、民法642条1項後段（改正民法642条2項）の規定は、請負人の出来高報酬等の請求権を一律に破産債権ととらえているかのような文言となっていることから、上記ⓑおよびⓓ前段の規律と適合せず、当該民法規定の適用範囲が制限されるべきことになる。すなわち、上記ⓑの規律に関して述べたとおり、請負契約の解除後に、破産管財人が出来形の引渡しを請求し、請負人が出来高報酬等を請求する場面は、契約の一部を相互に履行する関係にほかならないから、破産法53条1項、148条1項7号が類推適用されるべきであり、出来高報酬の請求権は財団債権と取り扱うべきである。したがって、民法642条1項後段（改正民法642条2項）の規定は、破産管財人が請負人に対して出来形の引渡請求をしない場合にのみ適用されるものと解する。以上により、上記ⓑおよびⓓ前段の規律が導かれる。

46　双方未履行の請負契約については、もっぱら民法642条が適用され、破産法53条1項は適用されないと説かれることもあるが、正確ではない。破産管財人および請負人が解除権を有すること並びに当該解除権が行使された場合の効果について民法642条が適用されるが、破産管財人が履行請求をなし得ることおよび当該履行請求がなされた場合の効果は、破産法53条1項によるものというべきである。

47　注文者に再生手続や更生手続が開始された場合については、民法642条1項の適用はなく、双方未履行双務契約の一般的規律に基づく解除（民再49条1項、会更61条1項）の対象となる（解除の効果として、破産法54条2項が準用されている。民再49条5項、会更61条5項）。もっとも、請負契約については、平時の取扱いに鑑み、再生・更生手続時の解除の効果についても、原則として一部解除構成によりとらえられるべきであるから、結局、再生・更生手続時の請負契約の規律は、原則として、請負人の解除権の有無の点以外は、破産手続時の上記(2)ⓐ～ⓓの規律が妥当することとなる（このとき、破産法54条2項の適用（準用）がないのも同様である。上記(2)ⓑ、ⓓの各規律の説明、参照）。

　ところで、平時において、出来形に経済的価値がない場合には、解除の効果は原状回復構成でとらえられることからすれば（改正民法634条前段）、民法642条1項が適用されない再生・更生手続時においては、破産手続時と異なり、出来形に経済的価値がない場合には、原状回復構成により解除の効果をとらえるのが妥当であろう。ただし、所有権放棄がなされることを踏まえると、出来形の帰属につき、解除の構成による差異はなく（前掲（注45）。再生手続等においては請負人に解除権はないから差異は全くないこととなる）、また、原状回復構成によっても財団債権とされる出来形の価額償還請求権は生じず、請負人に認められる破産債権の額の面でも有意な差異は生じない（上記(2)ⓓの規律の説明、参照）。すなわち、再生・更生手続時の解除につき、出来形に経済的価値がないときは、上記(2)ⓓの規律中「出来高報酬や損害賠償の請求」とあるのは「出来高報酬に代わる損害その他の損害の賠償請求」に読み替えることになるが、結論は変わらないこととなる。

上記ⓒの規律については、一般的規律の③が破産法53条1項の解除権行使を制限する解釈論ととらえられるのと同様、民法642条1項前段の破産管財人の解除権を制限する解釈論ととらえれば足りる。
　さらに上記ⓓ後段の規律については、出来形所有権が解除後にも請負人に帰属している場合における破産法62条の取戻権の当然の解釈論を述べるものにすぎない。
　以上のとおりであり、本稿の立場の特徴的なところをまとめると、請負契約が民法642条によって解除された場合に、破産管財人が請負人に対して出来形の引渡請求をするときは、破産法53条1項、148条1項7号を類推適用して、出来高報酬等の請求権を財団債権と取り扱うべきものと解すること（上記規律ⓑ）、請負人が、同時履行の抗弁権ないし不安の抗弁権を放棄して仕事の完成を約するときは、破産管財人は、民法642条の解除権を行使できないものと解すべきこと（上記規律ⓒ）、請負契約が民法642条によって解除された場合に、破産財団の占有下にある出来形につき解除時にその所有権が請負人に帰属するときは、請負人は、取戻権に基づき出来形の引渡しを請求でき、または破産管財人に対して出来形所有権を放棄することができること（上記規律ⓓ後段）の3点をあげることができるであろう。

(4) 最判昭和53・6・23裁判集民124号141頁

　以上の本稿の立場によるとき、最判昭和53・6・23裁判集民124号141頁をどのように理解すべきかが問題となる。
　同最判は、注文者の破産管財人が、建物工事中に民法642条1項に基づき請負契約を解除し、請負人名義の当該建物の所有権保存登記につき、その抹消登記手続を請求した事案において、当該解除により、請負人が、すでにした仕事の報酬等につき、破産財団の配当に加入できる反面として、すでにされた仕事の結果は破産財団に帰属するものと解する旨判示して、破産管財人の請求を認めた。同最判の事案の詳細は不明であるが、出来形所有権の帰属に関する物権法理によれば、解除直前の時点で請負人に出来形所有権の帰属が認められて良い事案であったものとうかがわれる。
　本稿の立場からは、民法642条1項に基づく解除に基づき、破産管財人が出来形の引渡請求をするときは、解除時点までの契約を履行する関係にほかなら

ないから、破産法53条1項、148条1項7号が類推適用され、請負人の出来高報酬等の請求権は財団債権と解すべきことになる。また、一部解除構成によれば、解除前に出来形所有権が請負人に帰属していても、解除後、注文者にこれが帰属すべきこととなるが、上記2(3)のとおり、注文者への所有権移転時期は、請負人の出来高報酬等の全額が支払われたときであるものと解される。したがって、民法642条1項に基づく解除後に直ちには出来形所有権は破産財団の帰属とはならず、破産管財人は、請負人に対して、出来形所有権に基づく請求もなし得ないことになる。したがって、同最判は、判示で述べる一般論としても、その結論としても、本稿の立場と相容れないこととなる。

　もっとも、同最判の事案において、請負人が所有する出来形（建物）についてその敷地の利用権限を有していないものと解されるときは、破産管財人は、出来形所有者である請負人に対し建物収去土地明渡しを請求することができるであろう。本稿の立場によれば、これに対抗して請負人は、破産管財人に対し出来形所有権の放棄をすることができる。このように事実が推移すれば、本稿の立場でも最判の結論と同じ状況となるのであり、請負人が敷地の利用権限を有していないものと解される限り、事案の解決としては妥当であったというところであろう。

4　注文者の破産手続において請負契約が履行される場合の財団債権とされる報酬請求権の範囲

　注文者が破産した場合に、破産管財人が請負人に対して請負契約の履行を請求し、請負人も自らの解除権を行使しないときには、請負人の報酬請求権は財団債権となるものと解される（破148条1項7号）。

　この点については、請負契約が履行される場合に、破産手続開始後に請負人がする仕事に対する報酬部分に限り財団債権性が認められるべきであり、破産手続開始前の出来高に対応する報酬部分は、破産債権と取扱うべきものとする解釈論や立法論が、倒産処理に携わる実務家を中心に主張されているが、合理的な解釈ないし規律であるとは思われない。請負人は、平時において、注文者の信用不安時に、報酬全額が支払われることが見込まれるまでの間、かつ、中間金等の報酬の支払遅延があるときはこれが支払われるまでの間、不安の抗弁

権ないし同時履行の抗弁権に基づいて役務提供を拒絶する権利を有しているのであり、かかる履行拒絶権の趣旨が破産手続上も尊重されるべきことからすれば、報酬の一部を破産債権と取り扱われながらも、残部の仕事の完成を義務づけられる理由はない。賃借人の破産時に、不作為によって義務履行がなされてしまう賃貸人の場合とは、状況が異なるというべきである。[48]

5　請負人破産時に破産管財人が請負契約を解除した場合の効果

　請負人の破産管財人が破産法53条1項に基づき解除権を行使した場合の効果については、本稿の立場からは、仮に破産法53条1項が存在しないとした場合に、注文者が破産手続中に請負人の債務不履行を理由に請負契約を解除した場合の効果と整合させて解釈すべきことになる。注文者による債務不履行解除時の効果が平時において一部解除構成によってとらえられるべきことは前述のとおりである。

　したがって、請負人破産時の双方未履行の請負契約の規律は、注文者破産時の規律と同様に、一部解除構成によりとらえられるべきであり、解除後の規律として、原状回復構成を前提とする破産法54条2項の適用はないというべきである。具体的には、次のとおりとなる。

　すなわち、破産管財人は、破産法53条1項に基づき、契約の履行を選択し、

---

[48] ゼネコンに再生手続が開始された場合に、再生債務者は、いったん工事現場を封鎖して占有を確保し下請先の商事留置権の行使を排除したうえで、各下請先との請負契約を基本的に維持するものの、再生手続開始時までの仕事に係る未払報酬債権を再生債権、再生手続開始後の仕事に係る報酬債権を共益債権と取り扱う旨の和解を順次締結したうえで現場を再開する処理を行うことが多い。この和解処理は、請負契約をいったん解除したうえで、仕事未完成部分につき従前の条件であらためて契約を締結するのに等しい。このうち、請負契約の解除は、双方未履行双務契約の規律に基づく解除権により請負人の意思にかかわらず再生債務者が行うことができるが、仕事未完成部分についてあらためて請負人に履行義務を負わせることは、請負人との合意がなければできないのは当然である。下請先は、事前に、材料や人夫を確保して将来の履行の準備をしているのが一般的であり、未完成部分の仕事をさせてもらえずに報酬を受けられない場合には損害が拡大することから、通常は、一部報酬が倒産債権とされるとしても、再契約に応じることとなる。スムーズな和解処理を行い、工事現場を早期に再開させるのが倒産処理弁護士の腕の見せ所である。再契約に応じない一部の強硬な下請先に対して、解除プラス再契約の処理ではなく、履行を選択して報酬全額を共益債権として支払う処理をせざるを得なかったからといって、単に双方未履行双務契約についての履行・解除の選択を違えただけであり、債権者平等に反するものではない。

報酬全額の請求が可能である。このとき、注文者の仕事完成（および引渡し）についての請求権は財団債権となる（破148条1項7号）。

また、破産管財人は、破産法53条1項に基づき、請負契約を解除することができる。この場合に、一部解除構成によると、破産管財人は、注文者に対して出来高報酬の請求権を有するが、注文者は、破産財団の占有下にある出来形の引渡請求権を有する。破産管財人が出来高報酬を請求する場面は、契約全体のうち解除時点までの部分を切り出して、破産管財人が双方未履行双務契約の履行を請求する場面にほかならないことからすれば、解除後といえども、その法律関係について破産法53条1項、148条1項7号が類推適用されるべきであり、出来形の引渡請求権は財団債権と取り扱うべきである。[49]

他方で、破産管財人が契約を解除しつつ、注文者に対して出来高報酬等の請求をしないときは、注文者は、破産債権者として、出来形の引渡請求権ないし前払報酬金から出来高報酬を控除した残額の返還請求権を行使しうるにすぎないものと解される。注文者は同時履行の抗弁権を行使しうる立場にないから、注文者の請求権を財団債権と取り扱うべき根拠が存しない一方で、注文者の請求権が破産手続開始前の原因に基づいて生じた請求権であることは明らかだからである。もっとも、破産管財人による解除の前（破産手続開始前）の時点において、注文者が出来形につき所有権を有しているときは、注文者は、破産管財人に対し、取戻権に基づき出来形の引渡しを請求できるのは当然である。また、破産管財人による解除の前（破産手続開始前）の時点において、出来形の所有権が破産財団（破産者）に帰属しており、破産管財人が解除後に注文者に対して出来高報酬等の請求をしない場合であっても、注文者は、報酬全額を支払うことによって出来形の所有権を取得し、取戻権に基づく出来形の引渡請求が可能であるものと解される。

なお、仕事の進捗状況によっては、解除時にいまだ出来形が存在しないことがあり得るところであり、かかる場合には、一部解除構成によっても解除が制限される部分が存せず、結果的に全部解除がなされるのに等しいこととなろ

---

[49] 破産管財人による出来高報酬請求に対し、注文者は、損害賠償請求権を自働債権として相殺することが可能であるものと解するが、本稿では立ち入らない。

う。仮にかかる場合に破産法54条2項が適用されるものとしても、請負人の破産管財人が注文者に対して何らかの原状回復請求をすることが想定できない以上、本稿の立場によれば、提言2ないし提言2′の解釈により、報酬前払金の返還請求権等の注文者の原状回復請求権は、破産債権と取り扱われることとなる。

⑨ 事業再編と事業譲渡と会社分割、減増資
―――民事再生手続を中心に

弁護士　相澤　光江

I　はじめに

　倒産した企業ないし、財政的危機に瀕した企業の再生手法として、他企業の資本的支配を受けずに、債務免除を得て自力で事業収益を頼りに再建する方法もある。卓抜した技術力や商品開発力を有する中規模以下の規模の製造業などであれば、このような自力再建も比較的成功の機会があるといえよう。
　しかし、喪失した信用を取り戻すことは容易ではなく、また資金調達も自力では困難なことが多い。競争の激しい分野であれば倒産企業に収益力があればあるほど、競争相手による商権の簒奪やブランドの毀損、従業員の離散なども急速に生じる。
　そこで、多くの企業の再建特に一定以上の規模の企業再建において、他企業によるM&Aが行われその過程で資本のリストラクチャリングが行われている。倒産企業のM&Aにより、債務者は早期に再生でき、取引先も従業員も顧客や職場が維持され、社会的損失も軽減される。
　一方債権者にとっては、M&Aにより、自力再建の場合または事業清算の場合より有利かつ早期に弁済を受けられる可能性が高まる。
　また、買収企業にとっては、倒産企業のM&Aは通常では買収できないような企業を比較的有利な価格と条件で買収できる絶好のビジネスチャンスとなる。
　倒産企業のM&Aの手法として最も典型的なものとして単純な株式譲渡の方式によるほか、事業譲渡と会社分割並びに株式取得・株式消却・募集株式の

割当てによる株主交替と減資を組み合わせた方式(以下、「減増資」という)があげられる。これらはいずれも、買収企業(いわゆるスポンサー)による倒産企業の事業支配を可能とするものである。

本稿では、民事再生手続において、再生債務者を対象とするM&Aにより事業再生を図る場合、事業譲渡、会社分割および減増資の三つの方式のメリットおよびデメリットを実務的観点から検討することによって、それぞれの方式をどのように使い分けるべきかを検討するとともに、現行法上の問題点、民事再生法の運用および立法的課題についても検討することを主題とする。

II 事業譲渡

1 事業譲渡とは

事業譲渡は株式会社が事業を取引行為(特定承継)として他に譲渡する行為であり[1]M&Aの最も一般的な手法の一つである。事業譲渡のメリットとしては、特定承継であるがゆえに株式譲渡や合併、会社分割といった他の手法に比べて、簿外債務承継の危険が少ないことがあげられる。

なお、事業譲渡の対象となる「事業」とは何かという点に関し、判例では、株主総会の特別決議が必要とされる事業譲渡(旧商法下における「営業譲渡」と同義)について、「一定の営業目的のための組織化され、有機的一体として機能する財産を譲渡し、これによって、譲渡会社のこれまでの営業活動を譲受会社に承継させ、譲渡会社がその譲渡の限度で競業避止義務を負うものをいう」であると定義している。[2]

2 会社法における基本原則

(1) 株主総会の特別決議による承認

事業譲渡を行うためには、譲渡会社において譲渡の対象が事業の全部または

---

1 江頭憲治郎『株式会社法〔第5版〕』(有斐閣・2014年)943頁。
2 最判昭和40・9・22判時421号31頁〔富士林産工業対木曾官材市場協同組合事件〕。

重要な一部である場合には、譲渡会社は株主総会の特別決議（会309条2項）による承認を得ること、譲受会社において譲り受ける事業が他の会社の事業の全部である場合には、原則として譲受会社は株主総会の特別決議（同項）による承認（同法467条1項3号）を得ることが必要とされている。

以上の例外として、事業譲受人が譲渡会社の総株主の10分の9以上の株式を有する特別支配会社であるときは、略式事業譲渡として譲渡会社における株主総会の承認が不要となる（会468条1項）。事業譲渡人が譲受人の総株式の10分の9以上を有する特別支配会社であるときは略式事業譲受（同項）として譲受会社の総会承認が不要となる。それぞれ、特別支配を受けている会社における株主総会の結果は自明であるので、手続の簡素化の観点から例外が設けられたのである。

また、事業譲受人が受け取る譲渡対価が事業譲受人の資産額の5分の1を超えない場合には簡易事業譲受（会468条1項）として株主総会の決議が不要とされている（例外として同条3項）。事業譲受人の株主に及ぼす影響が軽微であると考えられるためである。

(2) 反対株主の株式買取請求権

事業譲渡を行う場合、事業譲渡に反対する株主には株式買取請求権を行使することが認められている（会469条1項）。

事業譲渡が行われた場合、会社の財産状態は大きく変動し、株主の地位に重大な影響を及ぼし得るので、投下資本の回収の観点から反対する株主の保護を図る必要があるためである。

そして反対株主に対し、株式買取請求権の行使機会を与えるために、株式会社は効力発生日の20日前までに株主に対して、通知または通知に代わる公告（公開会社の場合あるいは特別決議による承認を得た場合には公告で可）をしなければならない（会469条3項・4項）。

(3) 会社が債務超過状態にある場合と株主保護

以上のように事業譲渡に関しては、その株主に及ぼす影響が大きいことから、株主の権利保護が手厚く図られている。しかし、株式会社が債務超過状態に陥った場合にまで株主の保護を図ることについては、その合理性に疑義もある。

すなわち、企業が明らかな債務超過状態にある場合においては、会社財産の処分に関してはもっぱら債権者の利益の保護に重点が移らなければならない一方、株主の財産的利益はすでに失われ、株主の利益保護を趣旨とする会社法467条を適用することは必ずしも適切とはいえない。特に倒産手続が開始した場合においては、株主は自らの利害と関係がなくなった会社の運命について関心を失い、株主総会の特別決議に必要な定足数を充足することが困難となり、ひいては債務者の再生が困難となりかねない。

　この点、会社更生手続においては、株主の権利行使も制約を受け、組織法上の行為も手続の中に取り込まれることから、同様の規律を受ける事業譲渡についても株主総会の特別決議は必要とされていない。

　一方、簡易迅速を旨とする民事再生手続においては、株主は原則として手続の制約を受けないことから、会社法の原則どおりとすれば、株主総会の特別決議が必要となる。しかし、それでは再生の目的を十分達成できない事態が生じることから、民事再生法は、次項で詳述するとおり、特則（民再43条1項）により、債務超過の場合には、株主総会決議に代わる裁判所の許可（代替許可）により事業譲渡を行うことを可能としているのである。

3　民事再生手続における事業譲渡

　民事再生手続では、再生債務者は申立てにより、弁済禁止の保全処分を得ることにより、また開始決定により、原則として申立て前のいわゆる旧債務の支払いは再生計画の履行まで免れることができる。このため、借入金の弁済等についての資金手当ては当面不要となり、この点では資金繰りが楽になる。

　一方、信用喪失により仕入れ等の取引について、現金払いあるいはそれに準じた支払いを求められ、売上げの回収サイトをこれに準じて短縮することは困難なため、そのギャップに応じて資金繰りが厳しくなることが多い。

　また、信用喪失により、顧客や従業員の競合企業への流出等事業毀損や事業劣化も生じやすい。このため、早期に事業譲渡を実行し、スポンサーによる信用補完、資金供給等を行うことが望ましい。そこで、民事再生法は、以下のとおり、債権者や労働者等の利害関係人の利益にも配慮しつつ、迅速な事業譲渡を可能とする定めを設けている。

(1) 再生計画によらない事業譲渡（計画外事業譲渡）

民事再生法は、再生手続開始後においては、再生債務者を譲渡会社とする事業譲渡（事業の全部または重要な一部の譲渡）について、裁判所の許可を得て行うことができることを定める（民再42条1項）。これにより、再生債務者は、再生計画の認可・確定を待つことなく早期に事業譲渡を実行することが可能となる。

この場合、裁判所は「当該再生債務者等の事業の再生のために必要であると認める場合に限り」許可をすることができるとされている（民再42条1項）。これは、立法過程で、労働者の解雇のために濫用される危険が議論されたため、事業譲渡が民事再生法本来の目的に資する場合にのみ行われるべきことが明確にされたものである。[3] 当該要件の充足は特に、労働者の解雇等のためにだけ行うような濫用的事業譲渡を別として、あまり厳格に解すべきではない。具体的には、事業譲渡を行わず再生債務者による自力再建が一応可能な場合であっても、早期の事業譲渡により、より確実にかつ早期に弁済が行われるような場合においては、当該事業譲渡は事業の再生のために必要であると認められるべきであろう。なお、この点後述する株主総会の特別決議に代わる裁判所の許可（代替許可）についても、事業の継続に必要であるとの要件が課されておりその解釈については論議がある。

裁判所は、事業譲渡の許可をするに際して、知れている債権者または債権者委員会、および労働組合等の意見を聴かなければならない（民再42条2項・3項）。

債権者からの意見聴取の方法は、裁判所の裁量に委ねられており、東京地方裁判所破産再生部（民事20部）の運用では、事業譲渡許可申立ての2週間程度後に意見聴取期日を開催して、全債権者の意見を直接聴く方法が原則とされている。また、意見聴取期日に先立ち、再生債務者において監督委員が同席する債権者説明会（民再規61条1項）を任意に開催し、事業譲渡の内容、経緯等に関する説明を行うことが求められている。[4]

---

[3] 深山卓也ほか『一問一答民事再生法』（商事法務研究会・2000年）22頁。
[4] 鹿子木康編『民事再生の手引（裁判実務シリーズ4）』（商事法務・2012年）206頁。

労働組合等からの意見聴取の方法も適宜の方法で行われ、東京地方裁判所破産再生部では、監督委員を通じて意見を求める運用とされている。[5]

　また、東京地方裁判所破産再生部の運用では、監督命令において「事業維持再生の支援に関する契約及び当該支援をする者の選定業務に関する契約の締結」を監督委員の同意事項（民再54条2項）に指定している。これにより、事業譲渡契約の締結にあたっては事前に監督委員の同意を得ることが必要であり、実務では、再生債務者は、監督委員の同意を得て裁判所の許可を停止条件とする事業譲渡契約を締結したうえで、裁判所に対する事業譲渡の許可申立てを行っている。[6]

　実務上は、スポンサーを決定してから民事再生手続を申し立てるケースもある（いわゆる「プレパッケージ型民事再生」）。プレパッケージ型民事再生は、申立てと同時に起きる信用喪失、事業毀損を防止するについて、効果的である。特に、商社や金融関連事業者の場合、取引先との関係で信用が失われると、急速に事業劣化が進み、あっという間に競合企業に顧客や有能な従業員が流出することがあり、これにより、事業価値が大きく低下し、再生が困難となる危険がある。

　このような場合、申立てと同時に信用力のあるスポンサーないし、スポンサー候補が後ろ盾となっていることを表明できれば、取引先や顧客、従業員は一定の安心感を得ることができ、その流出を防ぐのに大いに役立つことになる。

　一方、プレパッケージであれ、申立て後のスポンサー決定であれ、入札手続を経ていない場合には、スポンサー選定過程および事業譲渡価格決定のプロセスの公正性について、疑義が生じることがある。再生債務者としては、監督委員、裁判所にプレパッケージによることのメリット並びに価格の正当性の裏付けをもって十分に説明して、その納得を得る必要がある。

(2)　裁判所による代替許可

　上述の民事再生法42条の許可は、本来再生計画案で行うべき事業譲渡を裁判

---

[5]　東京地裁破産再生実務研究会編『破産・民事再生の実務〔第3版〕民事再生・個人再生編』（金融財政事情研究会・2013年）135頁。

[6]　鹿子木・前掲書（注4）204頁。

所の許可でできることを定めたものであり、会社法で必要とされる株主総会の特別決議に代わるものではない。

しかし、再生債務者の事業譲渡については、前述のとおり早期に実行すべき要請があるほか、株主の協力を得ることが困難な場合も多い。

そこで、民事再生法は、債務超過の会社であり、かつ当該事業譲渡が事業の継続のために必要である場合には、株主総会の特別決議を経ることなく、これに代替する裁判所の許可（代替許可）により事業譲渡を実行することを可能とした（民再43条1項）。株主は代替許可に対して即時抗告をすることができる（同条6項）が、即時抗告は執行停止の効力をもたない（同条7項）。

債務超過であるか否かの判断の前提となる資産の価値は、原則として財産評定に基づき判断される[7]。したがって、代替許可を必要とする事業譲渡は、財産評定が終了するまでは、これを行うことができず、事業譲渡の迅速性に一定の制限が課されることとなる。

事業継続のための必要性については、「原則として、営業譲渡をしないと、当該事業が遅かれ早かれ廃業に追い込まれるような事情がある場合や、当該営業の資産的価値が著しく減少する可能性がある場合に限る」と判示した裁判例がある（東京高決平成16・6・17金商1195号10頁）。思うに、現在の企業再建実務において事業譲渡は、再生債務者の再生手段の有力な一つとして利用されており、有用性が高い。したがって、他の手段が一応可能であっても、再生のために事業譲渡が望ましい場合には、事業譲渡を迅速に行うことが認められるべきであろう。債務超過の場合には、株主の有する財産的価値がゼロとなり、その利益は失われているのであるから代替許可の要件としての必要性は厳格に解すべきではない。

(3) **再生計画による事業譲渡**

民事再生法は、上記のように計画外の事業譲渡の途を開いているが、これは再生計画による事業譲渡を妨げるものではない。事業譲渡は、再生計画の基本にかかわるものであり、その対価によって弁済率も異なってくるから、本来は再生債権者の多数意思によりその是非を決定すべきといえよう。

7　鹿子木・前掲書（注4）212頁。

しかし、実際のところは事業譲渡を主たる再生の手段とする民事再生手続において、再生計画の認可・確定まで事業譲渡がずれ込むことはむしろ例外的であろう。

　上述のとおり一般的に民事再生手続申立て後事業の劣化が急速に進むことが多く、申立てから債権者集会まで数カ月はかかることからすると、計画外の迅速な事業譲渡が債権者の利益に適うと思われる。

　平成23年までの調査によれば、東京地方裁判所破産再生部に係属した民事再生手続のうち、許可を得た計画外事業譲渡は378件、認可を得た計画による事業譲渡は74件と報告されているが[8]、このような統計結果も実務の動向を示唆するものといえよう。

　なお、再生計画による事業譲渡には、事業譲渡の許可（民再42条1項）は不要と解されている[9]。ただし、再生債務者が株式会社である場合には、株主総会の特別決議または裁判所の代替許可（同法43条1項）を得る必要はある[10]。

　　（4）　事業譲渡と否認権行使

　民事再生手続で計画外または計画による事業譲渡がなされた後、手続が廃止となり、破産手続に移行することがある。

　この場合、民事再生手続でなされた事業譲渡について破産管財人から否認権行使を受けることがあるかどうかが問題となるが、裁判所の許可その他の要件を経て行われた事業譲渡は、相当の対価を得てした処分行為（破161条1項）として、特段の事情がない限り、破産管財人による否認権行使の対象とならないと解すべきである。なお、民事再生手続中の監査委員が破産管財人となる場合が多いので自らが関与した事業譲渡を否認するということは通例はないと考えられる。

4　その他事業譲渡に必要な手続等

　以上に加え、一般的に事業譲渡に必要とされる主な手続としては、以下のようなものがあり、基本的に民事再生手続における事業譲渡についても対応が必

8　鹿子木・前掲書（注4）197頁。
9　伊藤眞『破産法・民事再生法〔第3版〕』（有斐閣・2014年）962頁。
10　鹿子木・前掲書（注4）198頁。

要となる。

(1) 公正取引委員会への届出

 私的独占の禁止及び公正取引の確保に関する法律(以下、「独占禁止法」という)は、企業結合規制の一環として会社が他の会社に事業の全部譲渡または、重要な一部を譲渡する場合において、一定の分野における競争を実質的に制限することとなる事業譲受けおよび不公正な方法での事業譲受けを禁じている(独禁16条1項)。

 これを受けて、一定規模以上の事業譲受けについては、譲受会社に公正取引委員会への事前届出義務を課し、それに伴う禁止期間(原則として30日)が定められている(独禁16条2項)。

 独占禁止法違反の事業譲渡については、排除措置命令がなされる(独禁17条の2)こととなるが、実際には届出前相談を利用したり、審査において問題が明らかとなった場合でも他の供給者の牽制力増強等の問題解消措置をとることを条件として結合を容認するという手法により、違反の懸念が除去されることが大部分であり、排除措置がとられることは実際には稀である[11][12]。

(2) 許認可等

 銀行、保険会社、証券会社、電気事業者等、主として公益に影響する一定の事業の譲渡には主務官庁の許認可が必要である。

 また、許認可を必要とする事業については、譲受会社において新たにこれを取得する必要があり、許認可には一定の要件充足が必要であるうえ、行政の裁量権もあるので、必ずしも譲受会社が譲渡会社の有していた許認可を円滑に取得できるとは限らない。また、取得までにある程度時間を要することも多いので、せっかく迅速な事業譲渡を行っても肝心の事業遂行にブランクを生じてしまう危険がある。

 許認可が重要な事業の事業譲渡にあたっては、事前に関係官庁の担当者に相談するなどして、実情を調査しておく必要がある。

---

[11] 村上政博「平成23年の企業結合審査手続の見直し」判タ1357号(2011年)41頁。
[12] 白石忠志『独占禁止法〔第2版〕』(有斐閣・2009年)330頁。

(3) 個別の権利義務移転

事業譲渡固有に必要な手続として、譲渡の対象となる個々の権利義務について個別に権利移転、債務引受けまたは契約上の地位の移転の手続が必要である。

また、契約上の地位の移転手続には相手方の同意が必要であり、場合によっては主要得意先や仕入先との契約、重要な不動産についての賃貸借契約、特許や商標、著作権等の知的財産権に関するライセンス契約等の事業上極めて重要な契約が相手方の不同意によって承継されないこともありうる。

そこで、譲受会社(買収企業ないしスポンサー)としては、事業譲渡のスキームを利用する場合には、この点を事前に調査しておく必要があると同時に、相手方の不同意により重要な契約が承継されない場合の措置(事業譲渡契約の解除、代金の減額請求等)を事業譲渡契約において明文化しておくことが必要である。

(4) 事業譲渡と従業員の承継

(ア) 事業譲渡における従業員の承継に係る原則

事業譲渡は特定承継であるところから、譲渡される事業に従事してきた従業員の雇用が譲受会社に承継されるか否かは、原則として譲渡会社、譲受会社、従業員の三者間の合意により決定される。

したがって、譲受会社が受入れを拒否した場合には従業員が譲受会社への転籍を希望した場合でも、当該従業員の雇用契約は譲渡会社との間で存続することが原則であり(東京高判平成17・7・13労判899号19頁〔東京日新学園事件〕)、一方で従業員が拒絶した場合には譲受会社が従業員の受入れを希望していても、譲受会社と当該従業員との間には雇用契約は成立しないこととなる。

(イ) 譲渡会社による事業譲渡解散に伴う解雇に係る留意点

民事再生手続においては、事業譲渡の後に譲渡会社(再生債務者)は解散し、譲受会社に雇用されていない残存従業員を解雇する場合が少なくない。

このような場合、解雇の有効性、譲受会社による雇用の承継が問題となりうる。

まず、民事再生手続における解雇の有効性についてであるが、一般的に企業の解散に伴う解雇は、雇用継続の基盤が存在しなくなることから客観的に合理

的な理由を有するとして、原則として有効とされている。そして民事再生手続における事業譲渡は、計画外の場合には裁判所が事業の再生のために必要である旨認めて許可したものであり（民再42条１項）、計画による場合にも裁判所が計画案を認可した場合に限り実行されるものであるから、当該事業譲渡の必要性が推認され、事業譲渡に伴って行われる解雇は手続的配慮がなされれば有効と認められる場合が多いと解される。

次に、譲受会社による雇用の承継に関し、裁判例では、譲渡会社と譲受会社との実質的同一性[13]、法人格否認の法理に基づき法人格の同一性[14]、譲受会社と譲渡会社との間で雇用契約の承継が黙示的に存在したこと[15]を根拠として承継を認めたものがある。しかし、いずれも例外的な事情がある場合であって、事業譲渡の法的性格からしても、通常のスポンサー型事業譲渡において、譲受会社の同意なしに雇用が承継されることはないと解すべきであろう。

III　会社分割

1　会社分割とは

会社分割とは、株式会社または合同会社が、その事業に関して有する権利義務の全部または一部を、他の会社に承継させることを目的とする会社の行為である（会２条29号・30号）。

会社法上、会社分割は「吸収分割」（すでに存在する他の会社（吸収分割承継会社）に権利義務を承継させる）と「新設分割」（分割により新しく設立される会社（新設分割設立会社）に権利義務を承継させる）の二つの類型に分けられる（会757条、762条。なお、以下、「吸収分割承継会社」と「新設分割設立会社」を総称して承継会社等というものとする）。

---

[13]　奈良地決平成11・１・11労判753号15頁〔日進工機事件〕。
[14]　大阪地決平成６・８・５労判668号48頁〔新関西システムズ事件〕、大阪高判平成19・10・26労判975号50頁〔第一交通産業ほか（佐野第一交通）事件〕、東京地判平成21・12・10労判1000号35頁〔日本言語研究所ほか事件〕。
[15]　大阪地決平成11・12・８労判777号25頁〔タジマヤ事件〕。

⑨ 事業再編と事業譲渡と会社分割、減増資——民事再生手続を中心に

　会社分割と事業譲渡とは、いずれも事業を単位として権利義務が承継されるという点で共通であるが、事業譲渡が特定承継であるのに対し、会社分割は組織法上の行為であり、包括承継である点が異なる（会759条1項、764条1項）。また、権利義務の移転時期についても、事業譲渡では個々の権利移転行為により定まるが、会社分割においては、吸収分割では分割契約で定められた効力発生日（同法759条1項）に、新設分割では、新設分割設立会社の成立の日（同法764条1項）にそれぞれ生ずる。

2　会社法等における基本原則

(1)　株主の保護

(ア)　株主保護の方法

　株主は、会社分割によりその利益を損なわれる危険性があるところから、会社法の下では①会社分割に関する基本情報の開示、②株主総会の特別決議による承認、③株主総会における反対にもかかわらず会社分割が承認された場合における反対株主の株式買取請求権の保障等により、その保護が図られるしくみとなっている。

(イ)　会社分割に関する基本情報の開示（事前開示書類の備置等）

　会社分割の各当事会社は、それぞれ法定の備置閲覧開始日を起点として、承継会社または新設分割設立株式会社（以下、「設立会社」という）成立よりそれぞれ6カ月を経過するまでの間、吸収分割契約あるいは新設分割計画その他法務省令で定められた法定の必要書類を本店に備置し、株主、債権者の閲覧等に供する義務がある（会782条、794条、803条）。[16]

　なお、一定の場合には事後開示も要求される（会782条、811条1項）。

(ウ)　株主総会の特別決議による承認

　吸収分割における分割会社、承継会社、新設分割における分割会社はそれぞれ、原則として分割の効力発生の前日までに株主総会の特別決議により、吸収分割契約あるいは新設分割計画の承認を受ける必要がある（会783条1項、795条1項、804条1項、309条2項12号）。

16　江頭・前掲（注1）897頁。

例外的に、簡易分割（分割会社につき会784条3項、805条、承継会社につき同法796条3項、会施規196条）と略式分割（会784条1項、796条1項）の場合には、その会社の株主総会における特別決議が不要とされている点は、事業譲渡の場合と同様である。

　(エ)　反対株主の株式買取請求

　分割会社、承継会社を問わず、会社分割に反対の株主は、株主総会前に通知し、株主総会において承認に反対し、かつ株主総会から20日以内に株式の買取りを請求する書面を会社に提出することにより、自己の有する株式を公正な価格で買い取ることを会社に請求することが認められている（会785条1項・2項、806条1項・2項）。

　例外として、簡易分割の分割会社の株主には、株式買取請求権は行使が認められていない（会785条1項2号、806条1項2号）。

　(2)　債権者の保護

　会社分割により、分割会社から承継会社に対し不良資産が承継されると承継会社の債権者は債権回収が困難となる危険がある点で合併と共通する不利益が生じるほか、会社分割により、分割会社の債務であったものが分割会社と承継会社等へと振り分けられることになるが、その振分け方によりそれぞれの債権者に不利益を与える可能性がある。

　特に、会社分割は合併と異なり、不採算部門を分離して他の部門を生き残らせる手段として、前者に振り分けられる債権者に大きな不利益を与えるという特有の危険がある。[17]

　すなわち、会社分割後に分割会社に対し債務の履行を請求できなくなる債権者（会789条1項2号、810条1項2号）、分割会社が分割対価である株式等を株主に分配する場合における分割会社の債権者（同法789条1項2号カッコ書、810条1項2号カッコ書）、承継会社の債権者（同法799条1項2号）は、会社分割により不利益を受ける可能性があることから、会社分割に際し異議を申し述べることができることとされている。

　異議を述べた債権者に対しては、会社は分割をしても当該債権者を害するお

17　江頭・前掲（注1）902頁。

それがないことを立証しない限り、弁済ないし相当の担保提供等をする必要がある（会789条5項、810条5項）。

(3) 労働者の保護

会社分割は包括承継であるところ、承継の対象となる事業に主として従事している従業員の雇用契約は分割計画書等の記載に従い当然に承継され、個別同意は必要ない反面、労働条件等も従前どおりのものが維持される。

特に、会社分割における従業員の権利義務の移転については、特別法（会社分割に伴う労働契約の承継等に関する法律。以下、「労働契約承継法」という）が定められ、①労働者および労働組合への通知（労働契約の承継が分割計画書等にあるか否かおよび異議申立締切日を書面により通知する。労働契約承継法2条1項・2項)、②労働契約の承継等についての労働者の異議申立権（同法4条1項、5条1項)、③異議を申し出た労働者については、承継される事業に主として従事している労働者は労働契約が承継会社等に承継され（同法4条4項)、それ以外の労働者は労働契約が承継されないこと（同法5条3項）等がその内容となっている。

また、労働契約承継法では労働契約の承継に関しては、労働者および労働組合との協議等も要求されている（同法7条、同法施行規則4条）。

3　民事再生手続における会社分割

(1) 再生計画によらない会社分割

民事再生手続においては、会社更生手続と異なり、会社分割に関する明文規定はないが、株主は原則として手続に参加せず、その権利行使も手続の制約を受けないことから、手続開始後も、再生債務者は会社法や労働契約承継法に従って会社分割を行うことが可能とされている。[18]

なお、東京地方裁判所破産再生部では、「会社分割（再生計画による場合を除く)」を裁判所の許可を要する行為として指定する（民再41条1項10号）運用であり、事業譲渡と同様の扱いとしており、計画外の会社分割も実際に認められている。その理由は、上述のとおり（再生計画によらない）事業譲渡は裁判所

---

[18] 東京地裁破産再生実務研究会・前掲書（注5）136頁。

の許可を得て行う必要があるところ（同法42条）、会社分割によって再生債務者の事業をスポンサーに承継させるという手法は、実質において事業譲渡と変わらないからとされている。[19]

許可手続の運用も、基本的には事業譲渡と同様であり、再生債務者は、監督委員の同意を得て裁判所の許可を停止条件とする分割計画を策定（新設分割の場合）または分割契約を締結（吸収分割の場合）したうえで、裁判所に対する会社分割の許可申立てを行っている。[20]

債権者等からの意見聴取についても、裁判所による意見聴取期日の指定は行われないが、監督委員が同席する債権者説明会（民再規61条1項）を任意に開催して、会社分割について債権者への情報提供を行うことが求められている。[21]

民事再生手続上の会社分割は、上述の株主保護手続、債権者保護手続、労働者保護手続を経る必要があり、事業譲渡と比較すると手続上の負担が重い。

特に株主総会による特別決議が必要である点に関しては、事業譲渡と異なって代替許可の制度がなく、株主の協力を得ることが困難である場合には、たとえ事業再生の手法として会社分割が有用と考えられる場合でも、会社分割を利用できないことが問題として指摘され、事業譲渡と同様の許可制度等の整備を求める改正提言がある。[22] 会社分割が民事再生手続において、事業譲渡と同様に活用されている実情からして、実務的にこのような改正は有用性が高いものと解される。

なお、債権者保護手続については、承継会社に承継される分割会社の債権者の債務につき、分割会社が重畳的に債務引受けをするか、連帯保証をすることにより、これを回避できる（会810条1項2号カッコ書）。なお、承継会社の債権者については、このような方策はないが、新設分割ないし、これに準じた吸収分割においては承継会社に分割前の固有の債権者が存在しないことから、実際上負担はほとんどない。

19　鹿子木・前掲書（注4）215頁。
20　鹿子木・前掲書（注4）215頁。
21　鹿子木・前掲書（注4）215頁。
22　園尾隆司＝多比羅誠編『倒産法の判例・実務・改正提言』（弘文堂・2014年）504頁〔綾克己＝浅沼雅人〕。

(2) 再生計画による会社分割

再生計画による会社分割も可能であるが、同様に、会社法等に従った手続が必要となる。

この点、再生計画による会社分割の場合は、株主の協力が得られないときでも、債務超過であれば、再生計画により発行済み株式の全部を取得し（民再154条3項、166条）かつ募集株式を発行することにより、株主総会の特別決議を得ることができる。[23]

(3) 詐害的会社分割

近時、いわゆる詐害的会社分割（濫用的会社分割）が問題となった。たとえば、債務超過状態の会社（分割会社）が不良資産とその余の多くの債務（金融債務、租税債務等であることが多い）を分割会社に残存させたまま、承継会社等の事業に必要な優良資産と恣意的に選別した一部の債務（取引債務であることが多い）を承継させ、その結果承継されない残存債権者が十分な債務の弁済を受けることができなくなるケースが典型例である。

その対応策としては、詐害行為取消権の行使（民424条）や民事再生手続等の法的倒産手続においては否認権の行使（民再160条、161条等）などが議論され、最高裁判所（最二小判平成24・10・12民集66巻10号3311頁）[24]も、詐害行為取消権を認めて債権者保護を図った。

もっとも、詐害行為取消権が行使された場合には承継会社等が分割会社等に対し、承継した事業を構成する資産を返還しなければならず、当該事業に係る従業員や、承継会社等の取引先等の利益を害することとなる。また債権者側ですでに内容が変動している承継した資産につき、特定して返還させることは困難であることから、現実的には価格賠償で対応することとなった。

このような問題を受け、平成26年施行改正会社法（以下、「改正会社法」という）では、分割会社が承継されない債権者を害することを知って会社分割をした場合には、承継会社等に対し、債務の履行を請求することができる旨の規定が新設された（改正会社法759条4項等）が、分割会社について民事再生手続が

---

23 園尾＝多比羅．・前掲書（注22）505頁〔綾克己＝浅沼雅人〕。
24 難波孝一「会社分割の濫用を巡る諸問題」判タ1337号（2011年）20頁。

開始されたときは、残存債務者はかかる履行請求権を行使できないとされている（同条7項）。これは、民事再生手続等が開始された以上は、債権者による個別の権利行使を認めず、否認と競合を生じさせないようにすることが適切と考えられたためであるが、倒産法に関しても、新たな否認類型の設計など何らかの立法措置が必要であるとする指摘があり[25]、今後の議論の展開が注目される[26]。

4　その他会社分割に必要な手続等

以上に加え、一般的に会社分割に必要とされる主な手続としては、以下のようなものがあり、基本的に民事再生手続における会社分割についても対応が必要となる。

(1)　公正取引委員会への届出

独占禁止法は、企業結合規制の一環として、事業譲渡の場合と同様、会社が共同新設分割ないし吸収分割を行う場合において、一定の分野における競争を実質的に制限することとなる共同新設分割および吸収分割あるいは不公正な方法での共同新設分割および吸収分割を禁じている（独禁15条の2）。

これを受けて、一定規模以上の共同新設分割および吸収分割については、分割会社による公正取引委員会への事前届出が定められ（独禁15条の2第2項）、これに伴い、分割実施の禁止期間（原則として30日間）が定められている。

(2)　許認可等の承継

会社分割は事業譲渡と異なり、包括承継であるから、分割会社の権利義務は承継会社等に包括的に移転する。したがって、分割会社の許認可等についても、特別な手続を要せずそのまま承継会社等に承継されるとも考えられる。しかし、会社分割は同じ包括承継であっても、合併と異なり特定包括承継であり、承継させる事業、資産、負債、権利、義務を選択できることから、分割後の会社が分割前の許認可の要件を具備しているとは限らない。

そこで、許認可の承継を認めるかどうかは、公益性の高さなどにより異な

25　坂本三郎編著『一問一答平成26年改正会社法』（商事法務・2014年）322頁。
26　才口千晴ほか「〈シンポジウム〉倒産実務の諸課題と倒産法改正」金法1995号（2014年）39頁〔岡伸浩発言〕。

り、事業の承継について別個承認や届出が必要とされていることも多いので、会社分割にあたって注意する必要がある。

Ⅳ 減増資

　事業譲渡や会社分割を行わないケースにおいて、再生会社の既存株主の責任を明確にし、また、スポンサー等が再生会社の100％ないし支配株主となって支配権を取得する手段として、株式の強制取得、自己株式の消却、スポンサーに対する募集株式の割当てによる株主の交替がある。この際、資本金の減少、発行できる株式総数の変更も同時に行うことがある（このような方法による株主の交替を便宜的に「減増資」とよぶ）。具体的には、再生債務者が既存株主から、全株式を強制的に取得し、これを消却するとともに、他方でスポンサー等に対し、募集株式の割当て等により、新たに支配株式を保有させて支配権の交替を行うのである。

　これらの一連の手続は、会社法の手続を履行することによっても行うことができるが、再生手続上は、裁判所の許可を得て再生計画により同時に行われるのが一般的である。以下それぞれの手続について分説する。

1　株式の強制取得、自己株式の消却

(1)　会社法上の原則
　既存株主から株式全部を強制的に取得するためには、原則として定款変更により全部取得条項付種類株式（会171条1項、108条1項7号）を導入し、株主総会の特別決議（同法309条1項）でその取得を行うことになる。なお、取得した自己株式の消却は取締役会決議により行う（同法178条1項・2項）。

(2)　民事再生手続上の特則
　民事再生手続においては、会社更生手続と同様に株式の取得は再生計画の定めによってこれを行うことができる（民再161条1項）。このような再生計画による自己株式の取得は会社法の規定に基づくものではなく、民事再生法により創設された独自の強制取得事由であるとされる。[27]

2　募集株式の割当て

(1)　会社法上の原則

　スポンサーに支配権を移転するためには、募集株式の募集を行うこととなるが、非公開会社の場合には、募集株式の募集のつど、株主総会の特別決議が必要となる（会199条1項・2項、309条2項5号）。

　一方、公開会社の場合、特に有利な価格で募集する場合や、定款で株主総会決議を必要と定めた場合、譲渡制限株式を発行する種類株式発行会社であって、譲渡制限株式の発行、自己株式の処分を第三者割当ての方法により行う場合以外は、取締役会の決議によりこれを行うことができる（会201条1項、199条4項、324条2項2号）。

(2)　民事再生手続上の特則

　民事再生手続においては、再生債務者が債務超過でありかつ募集株式の募集が事業の継続に欠くことができない場合には、譲渡制限会社が、第三者割当てにより募集株式の発行等を行う場合に、株主総会の特別決議を経ることなく、裁判所の許可により再生計画でこれを実行することが可能とされている（民再154条4項、162条、166条の2第2項・3項）。

　平成16年の民事再生法改正前には、この特則はなかったが、再生の円滑化のために改正法により導入されたものである。

　なお、減資の場合と異なり、再生債務者の債務超過に加え、事業の継続に欠くことができないことが許可要件とされている点に注意を要する。

　また、募集株式の引受けに関する再生計画案を提出できるのは、再生債務者に限られている（民再166条の2第1項）。これは、募集株式の引受けによる資本構成の変更について、債務者の自主的判断権を尊重するためであるとされている[28]。

　この点、管財人が選任された場合においても管財人に計画案提出権がない点については、立法的課題であろう。

27　才口千晴＝伊藤眞監修『新注釈民事再生法(下)〔第2版〕』（金融財政事情研究会・2010年）36頁。
28　伊藤・前掲書（注9）994頁。

3 資本金の減少

(1) 会社法上の原則

　会社法の下では、資本金の額と株式との関係は完全に切り離されており、支配権の交代それ自体は、既存株主からの自己株式の取得およびスポンサー等への募集株式の割当てによって可能であり、資本金の額の減少は必ずしも必要ではない。

　しかし、外形標準課税（資本金1億円超の企業に課税）や会計監査人の監査対象（資本金5億円以上の大会社）となることに伴う負担増を避けるためや、配当可能額を増加させるために減資を行う必要がある場合もある。

　通常、減資の手続は株主総会の特別決議により決定されることになる（会447条1項、309条2項9号）が、欠損の填補目的の場合、株式の発行により減少額以上の資本金の額の増加がある場合には、普通決議で足りる（同法309条2項9号イ・ロ）。

(2) 民事再生手続上の特則

　民事再生手続は簡易かつ迅速な再建手続として制度設計がなされているため、前述のとおり、株主は原則として手続に参加せず、その権利行使も手続の制約を受けない。

　しかし、この原則を貫くと再生に支障を来す面もあり、一定の場合には会社法の原則に変更を加えることにより再生の円滑化が図られている。

　減資についても、原則に従えば株主総会の決議が必要となるところ、既存株主にとってのメリットがなく、必ずしも賛成を得られないうえ、会社が債務超過であれば、既存株主の持分的地位は実質的に失われているのであるから、そのような場合においてまで株主総会の決議を必要とすることは合理的とはいえない。

　そこで、民事再生手続においては、再生債務者が債務超過の場合に限って、裁判所の許可を得たうえで、再生計画案において、資本金の額の減少等に関する事項を定めることができるとされている（民再161条）。この場合、会社法上の原則と異なり、債権者保護手続も不要であり、資本金の額の減少無効の訴えの適用もない。

こうして、現在では民事再生手続上、株式の強制取得等と取得した株式の消却、募集株式の割当てにより円滑に支配株主の交替を行うことが可能となっており、これに伴い資本金の減少を行う場合も再生計画により容易に行うことができるようになっている。

(3) 公正取引委員会への届出

独占禁止法は、企業結合規制の一環として、事業譲渡や会社分割の場合と同様、会社が株式取得を行う場合において、一定の分野における競争を実質的に制限することとなる株式取得および不公正な方法での株式取得を禁じている（独禁10条1項）。

これを受けて、一定規模以上の株式取得については、株式取得を企図している会社において、公正取引委員会への事前届出が定められ（独禁10条2項）、これに伴い、分割実施の禁止期間（原則として30日）が定められている。

V 民事再生手続におけるM&Aスキーム選択

民事再生手続におけるM&Aにおいて、事業譲渡、会社分割、減増資の三つのスキームをどのように使い分けるのかは、それぞれのスキームのメリット、デメリットに依存する。それぞれのメリット、デメリットは以下のように要約される。

1 事業譲渡のメリット

まず第1に、事業譲渡は、民事再生手続開始決定後早期に、裁判所の許可によりこれを計画外で実行できる（民再42条1項）。

第2に、事業譲渡は、裁判所の代替許可を得ることにより、株主総会の特別決議を経ずに実行できる（民再43条1項）。この点は、このような特則のない会社分割と比較して優位である。

倒産企業における事業は、急速に劣化が進むことが多い。競争相手による顧客や従業員の簒奪や、信用喪失による商権の崩壊は猛烈なスピードで一気に進行することがある。民事再生手続においてもこの点例外ではない。事業譲渡は上記の2点から、他のスキームと比較して迅速な実行が可能であり、できるだ

け早期に信用力のあるスポンサーに事業を承継させて事業価値の温存を図る必要がある場合には、大きな優位性を有しているといえよう。ただし、民事再生手続においては会社更生手続と異なり、株主総会の特別決議（会467条1項2号、309条2項11号）あるいはこれに代わる裁判所の代替許可が必要である（民再43条1項）。株主総会の特別決議が株主の分散により期待できない場合には、後者によらざるを得ないが、代替許可を得るには、再生債務者が債務超過であることを要し、その判定には財産評定を経なければならないから、東京地方裁判所の標準スケジュールに従えば、最速でも2カ月余を要することになり、申立て後の迅速な事業譲渡には限界がある点、留意する必要がある。

　次に、偶発債務の承継に関しては、通常のM&Aと比較して、民事再生手続においては、手続開始前の原因に基づく債権（再生債権）は再生計画の認可・確定により原則として失権する（民再178条本文）か、例外的に失権しなかった再生債権（自認債権、再生債務者が認識しながら自認しなかった債権等）も再生計画により権利変更の対象となるから、偶発債務の危険は大幅に減殺される。

　ただし、共益債権、優先債権および、別除権付債権のうち担保物の価値相当額の債権については権利変更の対象とならないから、減増資や会社分割においては、スポンサーにそのまま承継される可能性があり、偶発債務の危険はなお存する。この点、事業譲渡では、かかる危険を回避することが可能である。

　さらに、事業譲渡においては、会社分割、減増資の場合と異なり、スポンサーは事業を譲渡する会社の従業員の雇用をそのまま承継する必要は原則としてない。したがって、スポンサーとしては、自らの戦略に従って雇用する人数や必要とする資質、賃金体系その他の労働条件を設計することが可能であり、労働効率を上げることが容易となる（前記II 4(4)(ｱ)参照）。

　この点、会社分割、減増資は、ともに労働契約を承継することが原則となり、雇用戦略の柔軟性はその分失われることになる（前記III 2(3)参照）。

2　事業譲渡のデメリット

　他方、事業譲渡では、個別の契約について当然承継の効果は生じないから、それぞれ相手方の同意を得て、譲受会社に承継させる必要がある。その結果、

重要な契約について相手方の同意を得られない場合も当然生じる（前記II 4(3)参照）。

また、許認可の必要な事業については、譲受会社においてすでに許認可を得ていない限り、新規の取得が必要となり、そのために譲受会社において要件を具備する必要があるうえ、通常ある程度の時間が必要となってくる（前記II 4(2)参照）。その結果、事業の承継に空白が生じる危険もある。また、政府、地方公共団体等の入札資格については、一定程度の実績がないと認められない場合もあるが、この点、以前は事業譲渡では実績ゼロからのスタートとなって入札資格を取得するまで、数年にわたるブランクが生じる危険があった。しかし現在では従来の実績が承継されるなど、改善が図られている。

また、不動産の承継にあたり、その所有権移転に伴う、不動産取得税、登録免許税の額が多額に上ることもある。この結果、事業譲渡に必要なコストが異常に高くなるというケースが生じる。

3　会社分割のメリット

会社分割は、計画外で再生計画の認可・確定を待たずに実行できる点は事業譲渡と同様である（前記III 3(1)参照）が、事業譲渡と異なり、分割契約書に記載された分割会社の契約上の地位および債権債務については、契約の相手方の同意を得る必要はなく、法律上当然に承継会社に承継される。このため、事業譲渡のように、個別に契約の相手方等の同意を得る煩雑さも、それに伴い重要な契約が承継されなくなる危険も回避することができる。

また、免許業種や公共団体の入札資格などで、一定の実績が必要とされる場合にも、会社分割では事業が包括承継されるから許認可や入札資格に必要な実績も原則として維持される（前記III 4(2)参照）。しかし、合併と異なり、特定包括承継であることから、承継会社に分割会社の有していた許認可がそのまま認められるかどうかは、事業の種類によって異なる。

また、税務面では、事業譲渡と異なり、会社分割については登録免許税等の軽減措置がとられており（税特措81条）、税負担が軽くなるというメリットがある。

4　会社分割のデメリット

　会社分割は、事業譲渡や減増資と異なり、民事再生手続上何の特例も設けられていないから、原則として株主総会の特別決議、債権者保護手続、労働者保護手続の履践が必要であり、手続が煩雑となる。

　また、公開会社のように株式が広く分散している場合には、株主総会の特別決議の承認は実際上困難な場合が多く、大きな障害になる。

　特別決議の承認を期待できない場合には、計画案による会社分割とし、計画案において減増資を行うことにより、特別決議の承認を得ることとせざるを得ない。その場合、計画案の可決、認可、認可決定確定までには通常申立てから5カ月以上を要し、迅速性においては事業譲渡に劣後することになる。

5　減増資方式のメリット

　減増資方式は、株主の交替により支配権の移動を行って、スポンサーが再生債務者の事業を承継する方式であるから、事業譲渡のように個別承継に伴うリスクやコストはもとより、会社分割のように包括承継に伴うリスクやコストも原則として生じない。

　特に、許認可については、そもそも法人格が同一性を維持しているのであるから、他の要素に変更がない限り、そのまま継続されるのが原則である。

　ただし、契約の承継については、法人格に変更がない場合でも、契約の相手方の支配株主に変更があった場合には、契約を解除できる旨の支配権変更条項が定められていることがあり、この場合においては契約が承継されないリスクがあり、この点留意が必要である。

6　減増資方式のデメリット

　減増資方式は、事業譲渡と異なり、会社法上の規定を履践しない限り再生計画で行うしかないから、同族会社で株主が少数の親族等に限られていない場合には、速やかに行うことは通常困難である。

　この点、信用力が決定的な金融関連業、卸売業等の業種では製造業などに比べ一般的にいって早期の事業価値温存が重要であり、事業譲渡と比較してス

ピードの遅い減増資方式は会社分割と同様難点があるといえよう。本方式でM&Aを実行する場合には、再生手続申立て後早い段階で、信用力あるスポンサーが支援することを決定した旨表明するとともに、スポンサーが資金・人材等を投入し再生企業の支援を実行することにより事業の劣化を防止することが重要となってこよう。

　また、不採算部門を切り離すなど事業を選別する場合には別途手続が必要となるので望ましいとはいえない。

〈参考文献〉

- 江頭憲治郎『株式会社法〔第5版〕』（有斐閣・2014年）
- 伊藤眞『破産法・民事再生法〔第3版〕』（有斐閣・2014年）
- 才口千晴ほか「〈シンポジウム〉倒産実務の諸課題と倒産法改正」金法1995号（2014年）
- 伊藤眞＝須藤英章監修・著『新倒産法制10年を検証する——事業再生実務の進化と課題』（金融財政事業研究会・2011年）
- 宇田一明『営業譲渡法の研究』（中央経済社・1993年）
- 鹿子木康編『民事再生の手引（裁判実務シリーズ4）』（商事法務・2012年）
- 坂本三郎編著『一問一答平成26年改正会社法』（商事法務・2014年）
- 白石忠志『独占禁止法〔第2版〕』（有斐閣・2009年）
- 園尾隆司＝小林秀之編『条解民事再生法』（弘文堂・2003年）
- 園尾隆司＝多比羅誠編『倒産法の判例・実務・改正提言』（弘文堂・2014年）
- 東京地裁破産再生実務研究会編『破産・民事再生の実務〔第3版〕民事再生・個人再生編』（金融財政事情研究会・2013年）
- 藤本利一「倒産法の世界のこれから」法学セミナー717号（2014年）
- 藤原総一郎『DIP型民事再生手続の実務とM&A戦略』（商事法務・2009年）
- 村上政博「平成23年の企業結合審査手続の見直し」判タ1357号（2011年）
- 山本和彦「日本コーリン再生事件の諸問題」銀法639号（2004年）
- 山本和彦＝山本研編『民事再生法の実証的研究』（商事法務・2014年）

10 スポンサーの保護

弁護士 柴野 高之

I はじめに

　民事再生・会社更生等の再建型倒産手続が申し立てられると、一般に、仕入先や得意先が離反する等により債務者の事業価値が毀損するケースが多い。そこで、これらを回避するため、再建型倒産手続の申立て前に、あらかじめスポンサーを選定しておく場合がある（いわゆる「プレパッケージ型」）。スポンサーがどのような過程を経て、誰に決定し、どのような支援内容であるかは、その提示内容により、債権者の弁済額がほぼ決定される関係にあることから、債権者にとって極めて重大な影響がある。

　しかし、申立て前のため、裁判所や監督委員の監督下にはなく、一般的には秘密裏に行われるため、スポンサーの選定経緯やその支援内容の相当性に疑義が生じるケースもある。そこで、申立て後、どのような場合であれば、再度スポンサー募集をやり直さなくてもよいのかが問題となる。

　また、倒産手続開始後に、より好条件を示すスポンサーが現れた場合には、①債務者の公平誠実義務との関係で、スポンサー選定を入札等によりやり直す必要があるのか、②選定をやり直すとすれば、具体的にどのような場合か、③再入札を行う場合、どのような基準でスポンサー選定を行うのか、④入札の結果、当初スポンサーが選定されなかった場合、当初スポンサーを保護する必要はないのか、が問題となる。

　本稿では、これらスポンサー選定に関する従来の議論を整理するとともに、アメリカ連邦倒産法（チャプター11）におけるストーキングホースの事例を紹

介したうえで、早期事業再生を促す観点から、スポンサー保護のあり方についての私見を若干述べることとする。

II　再建型倒産手続におけるスポンサー

1　スポンサーの必要性

　再建型倒産手続の一つである民事再生手続においては、従前の経営陣が手続開始後も事業を継続し、収益から返済する自主再建型が主流とされている。2006年以前の再生手続では、それらが80％を占めており、第三者（スポンサー）への事業譲渡等を含む、いわゆるスポンサー型といわれる事例は、20％程度であったが、それ以後、全国的に自主再建型が大幅に減少し、事業譲渡型が増加している。また、事業譲渡型のうちの大半は、再生計画提出前の裁判所の事業譲渡許可による譲渡であるとされている。

　経営者は、まず、事業の再構築や経費削減等の自助努力により再生を図ろうとする。それだけでは困難な場合は、通常の商取引は従前どおり継続しつつ、金融機関のみに対して、債務弁済の猶予・緩和あるいは免除を含む金融支援の要請を行い、事業の立て直しをめざす（私的整理）。しかし、すべての金融機関から同意をもらうことは困難であり、その場合は、法的倒産手続を検討せざるを得ない。

　しかし、法的倒産手続を申し立てた場合、仕入先等の債権者は、自らの債権回収ができなくなるとともに、その後の取引についても債権回収リスクがあることから、取引を打ち切る可能性がある。また、得意先等も、事業の継続に不安のある債務者から今後安定的に供給を受けられない、あるいは従前と同様の品質保証が受けられない可能性があるため、取引を打ち切る可能性がある。そのため、事業価値を大きく毀損する可能性があり、再建は極めて困難となる。

　かかる弊害を回避するべく、再建型倒産手続を申し立てる前にスポンサーを

1　山本和彦＝山本研編『民事再生法の実証的研究』（商事法務・2014年）164頁。
2　山本和彦＝山本研・前掲書（注1）164頁、全国倒産処理弁護士ネットワーク編『通常再生の実務Q&A120問』（金融財政事情研究会・2010年）252頁。

選定することが考えられる。たとえば、当該スポンサーが取引先への買掛債務について保証したり、債務者が従前と同様の品質を保持した生産・供給が可能であることを対外的に説明したりすることが考えられる。これにより顧客離れを回避し、事業価値の毀損・劣化を最小限に食い止め、再建を容易にすることが可能となる。

以上のような理由により、プレパッケージ型再生手続が活用されている。

2　申立て前の一般的なスポンサーの選定方法

法的倒産手続申立て前に、経営陣、申立代理人、主要金融機関等の人脈や情報に基づき、あるいはM&Aの支援業務を専門としているファイナンシャルアドバイザー（FA）等において、スポンサー候補者となり得る者を複数ピックアップする。次に、当該候補者と秘密保持契約を締結したうえで、債務者の情報を開示し、債務者のデューディリジェンスを実施する。その中で最も有利な条件を提案した者を候補者に選定する。これら一連の動きは、一般の取引先や金融機関にはわからないよう水面下で行われ、一般的に公開入札によりスポンサーが募集されることはほとんどない。

その背景には、以下のような事情があると考えられる。

すなわち、これまでの再建型倒産手続を選択した圧倒的多数の債務者は、比較的小規模な会社であったり、業種や業界の情勢に照らしてスポンサーが一部の同業他社もしくは取引先等に限定されたりする等、そもそも、複数のスポンサーが競争的に名乗りをあげるような投資価値（事業価値）のある会社ではなかったと思われる。

また、経営者から弁護士等が相談を受けた時点では、すでに事業が相当程度毀損しているため、スポンサーが名乗りをあげる可能性が極めて低かったり、資金繰りが逼迫したりしており、スポンサーを募集するための入札手続を実施するような時間的余裕すらない（入札手続中に資金繰りが破綻するおそれがある）場合も多い。

さらに、仮に、入札手続によりスポンサーを募集するとした場合、債務者の詳細な経営情報や企業秘密・ノウハウに関する情報が、同業他社を含むスポンサー候補者に広く開示されることにより、事業価値の毀損が生じる可能性があ

る。また、スポンサーを募集するという行為自体が同業他社や取引先等に明らかになることにより、当該会社は、スポンサーを募集しなければならないほど窮境状態にあるとの疑念を招き、取引先からの取引条件の見直しや解消、同業他社からの風評営業等により、信用毀損が生じるおそれがある。

　加えて、仮に、公開入札を実施するとすれば、FA等を起用するのが一般的であるが、時間的かつ相当のコストがかかるうえ、当該手続を経たからといって、必ず理想的なスポンサーがみつかる保証もない。

　したがって、通常は、債務者が自ら行うかFAを起用するかは別として、債務者が選別した少数の候補先のみに限定して、スポンサーの就任を打診し、選定されるのが一般的であり、入札が実施されることのほうが例外的であった。また、上記の事情により、複数の候補者をピックアップしたが、実際に具体的な提案があったのは1社だけであるという場合も多い。

Ⅲ　スポンサー選定に関する問題提起と従来の議論

1　問題の背景

　昨今、大手金融機関や航空会社が破綻するなど、投資対象として魅力的な対象が増え、いわゆる外資系あるいは国内の事業再生ファンドの台頭等と相まって、特定の窮境にある会社（事業）に対して、複数のスポンサーが名乗りをあげ、争奪戦となる事例も起こるようになってきた。具体的には、申立て後に、申立て前に選定されたスポンサーとは別の第三者が、より有利な条件を提示し、スポンサー選定手続を再度実施するよう求め、実際に、再入札が実施され、別のスポンサーが選定されたり、当初のスポンサーが事前に提示した支援額よりも大幅に増額した額で再度選定されたりした例もみられるようになった。[3]相当の規模、事業価値のある会社であれば、後日、申立て後の事業価値毀損の程度を見極めたうえで、購入に意欲を示す第三者が登場する可能性は十分

---

[3]　佐山展生「東ハトのケースにみる～プレパッケージ型再建手続」事業再生と債権管理106号（2004年）120頁。

に想定できる。

　再建型倒産手続が開始された後、あらためて公開入札を実施することは、一定のコストや時間がかかるというデメリットがある。しかし、スポンサー選定手続の透明性が確保され、競争による価格の相当性確保の観点からは理想的といえる。債権者にとっては、申立て前にスポンサーが選定されていれば、法的倒産手続開始直後の事業価値の毀損を防止しつつ、手続開始後に再度公開入札を実施し、競争の結果、最高価をつけた者をスポンサーに選定することができ、回収の最大化と手続の透明性を同時に確保できる可能性がある。

　また、上記Ⅱ2で述べたとおり、申立て前のスポンサー募集は、裁判所等の監督下になく、非公開で実施されるのが一般的であるため、提示価格の多寡ではなく、債務者の経営陣にとって都合の良いスポンサー（経営陣の再就職を約束している等）が選定されるおそれがあるなど、その選定が公正に行われたのか疑問があるケースもありうる。そのような不公正な方法で選定された場合には、申立て後にあらためて広くスポンサーを募集する必要がある。また、そのような極端な場合でなくても、債権者にとって最適なスポンサーであるとはいいがたい場合もありうる。

　しかし、法的倒産手続の申立て前に、リスクをとって支援を決断したスポンサーにとっては、手続開始後に再度入札が実行され、最終的なスポンサーに選定されないリスクがあるのであれば、わざわざ早期にスポンサーに名乗りをあげ、人的・物的・金銭的支援を行うようなことは控え、法的倒産手続開始後に、スポンサーを募集する入札に参加すればよい、という判断になりかねない。申立て前の時点では、手続開始後に事業価値の毀損がどの程度生じるかについての正確な予測は困難であるから、そのリスクを勘案したうえ、支援の内容や金額を決定する必要がある。しかし、手続開始後であれば、ある程度、法的手続による事業価値の毀損の程度が顕在化しており、それを前提に判断できるため、スポンサー候補者にとってもリスクは小さいといえるからである。

　申立て前のスポンサーが何ら保護されず、最も重要な手続開始直後の信用補完をするスポンサーが今後登場しないこととなれば、事業価値の毀損が生じるほか、そもそも債務者が法的倒産手続に踏み切れず、いたずらに事業を劣化させることにより、かえって、早期再生の機会を失わせるおそれがある。そのよ

うな事態は、債権者にとってもデメリットである。

したがって、申立て前に選定されたスポンサーをどのような場合に保護するかについて一定のルールが存在することが望ましいといえる。

2 法的倒産手続申立て前に選定されたスポンサーの保護に関する従来の議論

(1) 法的倒産手続申立て前に選定されたスポンサーを、あらためて入札等を経ることなく決定してよいか、その場合の基準は具体的に何か

スポンサーへの事業譲渡による再建を想定した場合、法的倒産手続申立て直後の時点では、通常、事業譲渡は未履行であり、スポンサーによる事業譲渡代金の支払債務も未履行である。したがって、申立て後に、より有利なスポンサーが登場し、従前のスポンサー契約を解除する必要が生じた場合は、双方未履行債務として解除することができる（民再49条1項、会更61条1項）。[4]

この点、須藤英章弁護士は、以下①から⑦の要件を満たす場合は、たとえ申立て後により良い条件を示す者が登場したとしても、債務者が従前のスポンサー契約を解除せず、履行（＝入札等によりあらためてスポンサー募集をしないこと）を選択することが許され、そのことにより債務者の公平誠実義務（民再38条2項）に反せず、また、監督委員も善管注意義務（同法60条）に違反しないという提案をしている（お台場アプローチ）。[5]

① あらかじめスポンサー等を選定しなければ事業が劣化してしまう状況にあること

② 実質的な競争が成立するように、スポンサー等の候補者を募っていること（または、価額がフリーキャッシュフローに照らして公正であること）

③ 入札条件に、価額を下落させるような不当な条件が付されていないこと（経営者を更迭しない、経営者や支配株主の関係会社と取引する等の条件が付さ

---

[4] 会社更生の事案であるが、権利濫用もしくは信義則違反として解除の効力を制限する見解もある（四宮章夫「会社更生とスポンサー」髙木新二郎＝伊藤眞編『講座倒産の法システム第3巻再建型倒産処理手続』（日本評論社・2010年）271頁）。

[5] 須藤英章「プレパッケージ型事業再生に関する提言」事業再生研究機構編『プレパッケージ型事業再生』（商事法務・2004年）101頁。

④　応募者の中からスポンサー等を選定する手続において、不当な処理がなされていないこと（最高価額入札者を合理的理由なしに排除する場合等）
⑤　スポンサー契約等の内容が、会社側に著しく不当に不利な内容となっていないこと（スポンサー側からのみ解約できる等）
⑥　スポンサー等の選定手続について、公正である旨の第三者の意見が付されていること（候補者が1社しかない場合、一番札以外から選定するときは必要不可欠）
⑦　スポンサー等が、誠実に契約を履行し、期待どおりに役割を果たしていること

　これらの要件がすべて満たされる場合、申立て後にあらためて入札を行うことは不要であるという結論について、おおむね異論を述べる者はいない。
　しかし、実際にこの要件をすべて満たすケースは、前記Ⅱ2の事情により、極めて限定されるため、これらを満たさない場合に、必ず入札を行う必要があるか否かという点については、さまざまな見解がある。申立て前と申立て後では企業価値が異なるから、当初スポンサーの功績により事業価値の毀損が防止できた後にあらためてスポンサーを再選定すること自体が許されないとする見解や、より有利な申出があるにもかかわらず、既存の契約を解除しないのは、DIP型か否かにかかわらず、公平誠実義務違反あるいは善管注意義務違反になるとの見解[7]等が主張されている。
　また、松嶋英機弁護士からは、中小企業等、事前選定にあたり入札が不適当な事案を念頭において、以下の5つの要件を満たす場合には、申立て前に選定したスポンサーを申立て後そのまま選定することが許されるという提案がなされている。[8]
　ⓐ　メインバンク（または主力取引債権者）がスポンサー交渉に関与し、少

6　佐山展生「プレパッケージで忘れてはならない『2つの重要なポイント』」事業再生研究機構編『プレパッケージ型事業再生』（商事法務・2004年）197頁。
7　松下淳一「スポンサー契約の解除およびいわゆるブレイクアップ・フィーについてのメモ」事業再生研究機構編『プレパッケージ型事業再生』（商事法務・2004年）255頁。
8　松嶋英機＝濱田芳貴「日本におけるプレパッケージ型申立ての問題点」銀法631号（2004年）6頁。

なくとも結果について承諾していること（FAが関与していればベター）
ⓑ　複数の候補者と交渉し、少なくとも打診はしたこと
ⓒ　当時の事業価値の評価として一応妥当であること
ⓓ　スポンサー契約が民事再生手続申立ての決断または早期申立てに寄与したこと
ⓔ　スポンサー契約に至る過程において、スポンサー候補者が資金繰りや営業継続上の協力（仕入・販売、人材派遣、技術提供、不良資産の買い取り、その他）をしたこと

　すなわち、スポンサーを事前に選定する必要性があることを前提に、ⓐ～ⓒは、入札が不可能であることを前提にした代替措置として、企業規模や緊急性により左右されるが、少なくとも会社の財務資料に照らし、事業価値評価が一応妥当と考えられることが必要であり、ⓓⓔについては、事前選定の必要性を補強するものとされている。

(2)　入札手続を実施する場合、どのような基準でスポンサーを選定すべきか

　スポンサーを選定するに際して、債権者への弁済額に直結するスポンサー提示金額と候補者の支払能力（信用力）がまず第1に考慮すべきであることは争いがないと思われる。しかし、事業譲渡を想定した場合、単なる資産の売却とは異なり、多数の取引先や従業員等にとっては、当該スポンサーの経営手法（取引関係や雇用関係が維持されるのかを含む）、将来の事業構想やその実現可能性によって大きな影響を受けるため、従業員の雇用や労働条件の維持、取引先との取引継続や取引条件の維持、場合によっては、地元等との友好関係、当該事業資産や名称が具有する歴史的意義への配慮といった事項までも総合考慮するべきであろう。「当該債務者の事業……の再生を図ることを目的とする」（民再1条）、「……当該株式会社の事業の維持更生を図ることを目的とする」（会更1条）という再建型法的倒産手続の目的からも、単なる債権者に対する弁済額の極大化にとどまるものではなく、これに加えて、事業を再建して、もって債

9　松嶋＝濱田・前掲論文（注8）6頁、森恵一＝小谷隆幸「再生手続から更生手続に移行する事例におけるスポンサー選定の問題」銀法753号（2013年）29頁。

務者を取り巻くすべての利害関係人について「最大多数の最大幸福」を図ることが相当である[10]。

　会社更生の事案であるが、スポンサー選定に際して、活動拠点をすでに本店のある地方都市以外に移転せず、地域密着型の経営を行うこと、債務者の特色である研究開発活動等を維持すること、当面の間従業員の雇用を維持すること、債務者ブランドや商号を維持すること等をスポンサー選定の際の前提条件とされた例が報告されている[11]。

　また、学校や病院等の公共性のある事業の場合、債権者への弁済の最大化もさることながら、事業の継続・永続性が重視されるべきであるから、スポンサーの実績や信用がより重視されてよいと考えられる（スポンサーが高い対価を支払えば、債権者は一時的に多くの回収を得られるが、スポンサーの初期投資が高くなれば、将来の事業継続の観点からはかえって負担となり、万一、二次破綻するようなことがあれば、関係者への影響は多大である）。

　とりわけ、提示価格以外の要素も極めて重要な選定要素になる場合は、スポンサー選定手続の公平性を確保する意味でも、具体的な選定基準を入札条件の中に明記するとともに、選定後は、選定にあたってどのような要素をどの程度重視したのかという点を含めて選定理由およびスポンサー契約の内容を詳しく説明する必要がある[12]。後日、スポンサー選定に漏れた者や債権者からのクレーム等を防止することにもつながる。

　そして、最終的には、選定されたスポンサー提案を前提にして策定された再生計画案について債権者の判断を仰ぐことにより、スポンサー選定の相当性も確保される。

10　事業再生迅速化研究会第2 PT「会社更生手続における手続迅速化に関する運用上・立法上の提言㊤──スポンサー選定、情報開示、基準時、上場維持、会社分割などを中心に」NBL987号（2012年）79頁。
11　郡谷大輔ほか「林原グループの更生計画案策定とその前提としてのスポンサー選定その他の諸問題」金法1952号（2012年）37頁。
12　事業再生迅速化研究会第2 PT・前掲論文（注10）82頁。

(3) 仮に入札の結果、当初スポンサーが選定されなかった場合の当初スポンサーをどのように保護するべきか、その法的根拠はどのように解するべきか

　この点、須藤弁護士は、上記(1)①から⑦の要件を満たさず、当初のスポンサー契約を解除して再入札を行う場合は、当初スポンサーの尽力によって事業価値の毀損を防止できたことの対価として、当初スポンサーを保護するため、以下のような措置を提案している。

　すなわち、後記3で述べるアメリカの連邦倒産法363条のオークション手続におけるストーキングホースの事例を参考にして、①当初スポンサーに対して、ブレイクアップフィーとして、再入札価格の5％相当額を共益債権として支払うこと、②後述のファースト・レフューザル・ライト条項を設定するというものである。

　松嶋弁護士も、(1)ⓐからⓔの要件を前提にして、以下のとおり、仮に入札を実施する場合の当初スポンサーの保護については、同様の提案を行っている。

　すなわち、緊急を要する計画によらない事業譲渡については、原則当初スポンサーに決定し、当該譲渡を前提とする再生計画への債権者の同意、裁判所の認可に委ねる。その判断を仰ぐ前提としては、債務者が、債権者に対して、スポンサー選定に至る手続、選定の基準・考慮要素、金額についての合理性などについて、十分な情報開示をすることが必須である。そのような緊急性のない事案については、他の候補者の申入れを受け入れ、最初のスポンサーも含めて競争入札を行い、もし、当初スポンサーを選定しない場合は、ブレイクアップフィー等、一定の補償を行う。[13]

　次に、ブレイクアップフィーを支払う法的根拠は何かが問題となる。

　まず、倒産法上の解除権行使に伴う相手方の損害賠償請求権（会更61条5項、民再49条5項）と構成することが考えられる。しかし、スポンサー契約を維持できた場合に得られたであろう利益相当額を損害賠償請求できるが、その算定

---

[13] なお、実際に、ブレイクアップフィーによる補償により当初スポンサーが納得したケースも報告されている（山本和彦ほか「新法下における破産・再生手続の実務上の諸問題〜全国倒産処理弁護士ネットワーク第4回全国大会シンポジウム報告〜」事業再生と債権管理111号（2006年）17頁〔林圭介発言〕）。

は難しいことに加え、再生債権、更生債権としてしか扱われず、スポンサーの保護が十分ではないという問題がある。次に、事務処理費用の償還または報償金として、共益債権として支払う（民再119条4項、91条1項、会更127条4項）という構成が考えられる。しかし、当初スポンサーは、「再生債権者もしくは代理委員又はこれらの者の代理人」、「更生債権者等、株主等もしくは代理委員又はこれらの者の代理人」ではないので、直接この規定の適用は困難である。

そこで、①再生債務者が再入札の実施を決意した時点で、旧スポンサーと再生債務者との間で新たなスポンサー契約が決まるまでの期間について、旧スポンサーによる支援継続の契約を締結し、その中で、ブレイクアップフィーの合意をすることにより、民事再生法119条5項に基づく共益債権とする方法（須藤弁護士）、あるいは、②（旧スポンサー以外のスポンサーと契約する際）旧スポンサー契約を合意解除によって行い、その際にブレイクアップフィーの額についても、裁判所の許可を得つつ定める方法が提案されている。[14]

さらに、立法論としては、「会社更生法61条5項、民事再生法49条5項、破産法54条1項の特別規定を設け、（ブレイクアップフィーを）共益債権として支払う」という提案もなされている。[15]

3　アメリカにおけるスポンサー保護の事例

(1)　363セールにおけるストーキングホース・ビッド

アメリカの連邦倒産法（チャプター11）の申立て前に、債務者が、主要債権者との間で仮のスポンサーや事業計画について交渉し、それらについて大筋での同意をとりつけたうえで、チャプター11を申し立てることがある。[16] その際、事業価値の毀損を極力防止するため、申立て直後の時期（再建計画の提出前）に、裁判所の許可を得て、事業用資産等の全部または一部を売却する手続がとられることも多い（連邦倒産法363条に基づく「363セール」とよばれている）。[17] 363

---

[14]　松下・前掲論文（注7）255頁。

[15]　軸丸欣哉ほか「私的整理から法的整理に移行する場合の問題点と私的整理からみた倒産法の準則のあり方」倒産法改正研究会編『提言倒産法改正』（金融財政事情研究会・2012年）99頁。

[16]　プレアレンジドもしくはプレネゴーシエイティド型手続。日本では「プレパッケージ型」とよばれている。

セールにおいて、スポンサー（事業譲渡先）を選定する際には、公正を担保するべく、通常は競売（入札）手続が実行されるが、その際、以下のようなストーキングホース・ビッドが実施されることが多い。

すなわち、申立て前に主要債権者と交渉し、債務者の事業の全部もしくは一部の譲渡先としてストーキングホース（当て馬）とよばれるスポンサー候補者をあらかじめ選定したうえで申立てを行う。申立て直後に、当該候補者が提示した価格に、後述のブレイクアップフィー等の違約金や実費補償額を上乗せした価格以上での入札を条件として、他の候補者を広く募る。その結果、他にこの価格を上回る提示をした者がいなければ、ストーキングホースがそのまま資産の譲受人（スポンサー）に選定され、これを上回る者が譲受人となった場合は、ストーキングホースにブレイクアップフィー等が支払われる。

債務者にとっては、ストーキングホースの存在により、最低売却価格を確保して、より高額の入札が期待できることや、倒産手続開始後の信用毀損を防止し、事業継続が可能となるというメリットがある。

ストーキングホースにとっても、①ブレイクアップフィー・実費弁償の価格分だけ有利な条件で資産を購入できる可能性があること、②債務者との事前の交渉を通じて、競売手続において後日入札する場合よりも詳細なデューディリジェンスが可能であること、③仮に、スポンサーに選定されなくても、最低限の実費補填に加えて、価格を維持もしくは増加させた分の一定額をブレイクアップフィーとして受け取れるメリットがある。

(2) ブレイクアップフィー

ブレイクアップフィーは、ストーキングホースが、入札手続までに要した時間・労力、他の投資機会を失ったことなどを補償する趣旨で支払われる解約料である。

ブレイクアップフィーの額が高すぎれば、他の参加者の提示額のほうが高くても、当該フィーの額を考慮して、ストーキングホースを選定せざるを得なくなり、債務者にとって不利益になる。かといって、その額が低すぎれば、ストーキングホースのなり手がなくなる可能性もある。

---

17 GM、クライスラー、リーマン・ブラザーズ等のケースでも利用されている。

そのため、ブレイクアップフィーの相場は、競争を阻害しない一方で、ストーキングホースの動機も阻害しない水準として、ストーキングホースの提示額の1〜3.5%程度（買収金額が高くなれば、割合は低くなる）とされている[18]。

ブレイクアップフィーとは別に支払われる実費弁償（入札に際して要した人件費、デューディリジェンス費用等）も、提示額の1.6%程度（同様に、買収金額が高くなれば割合は下がり、上限が設定されることもある）が一般的とされており、ブレイクアップフィーと合わせた平均額は、ストーキングホースの提示した買収価格の約3.85%という調査結果がある[19]。

(3) その他の保護条項

ストーキングホースを選定する際の契約においては、スポンサー候補者を保護する条項として、上述のブレイクアップフィーのほか、以下のような定めがなされる場合があり、当該条項の有効性についても、(4)で述べる裁判所の審査の対象となる。

① ノー・トーク条項

他の候補者の積極的な勧誘を禁止し、売主である債務者に対していかなる申込みであっても検討を禁止する条項であり、かかる条項が契約に盛り込まれた場合、債務者は、ストーキングホース以外の候補者と一切の交渉ができず、また、情報提供もできない。

② ノー・ショップ条項

売主である債務者は、自ら他の候補者を勧誘することはできないが、他の候補者から申込みを受けた場合、その内容がストーキングホースの提示内容より有利なものである場合に限って、情報を提供し、申込みを受諾できる。

③ ゴー・ショップ条項

譲渡契約締結後も、契約で定められた一定期間は売主である債務者が積

---

[18] なお、新スポンサーと当初スポンサーの入札額の差額の数%という定め方もありうるが、その場合、事前選定されたストーキングホースの金額条件が不当に安い場合には、その差額が大きくなってしまうため、一般的なブレイクアップフィーは、当初スポンサーの提示額の数%という定めをすることが多い。

[19] 株式会社野村資本市場研究所「各国の事業再生関連手続について——米英仏独の比較分析——」〈www.meti.go.jp/meti_lib/report/2011fy/E001739.pdf〉31頁。

極的に他の候補者を勧誘することができる（他の候補者との交渉期間を一定期間に限定する趣旨である）。

④　ファースト・レフューザル・ライト条項

　入札等において、後に、当該条項を付与された者より有利な条件を提示する候補者が現れた場合、当該権利者が、他の候補者と同条件の再入札をすることができ、再入札した場合は、当該権利者が落札できるという内容である。

いずれも、ストーキングホースを保護する規定であるが、①②については、原則として、ストーキングホース以外の候補者を選定する余地は極めて限定されてしまう。また、③については、一応、他の候補者を募集することが可能であるから、他の候補者を募集できる期間が、（極めて短期間である等ではなく）交渉に通常必要な期間が確保されていれば、保護する手法の一つになる。さらに、④については、他の候補者を募集すること自体については何らの制約を課すものではない。しかし、この条項がストーキングホースに付与された場合、他の入札者の入札額に競り負けないよう、自らの事業価値評価額より、高めに札を入れる必要がないという意味で有利である。この点、公正な入札手続を著しく害するという見解もある。しかし、ストーキングホースの選定経緯やその提示額が相当といえる場合には保護する手法として十分ありうる[20]。また、かかる権利がストーキングホースに付与されていることがあらかじめ他の候補者にも開示されている場合には、より高い入札が期待できる場合もあるから、一律に否定する必要はないと考えられる[21]。

(4)　363セールにおける裁判所の関与

　363セールにおいては、裁判所の審査が入札実施前と事業譲渡契約締結時の2回にわたって行われる。

　まず、申立て後、入札を実施する前に、当該手続が適正か否かについて、裁判所の許可を得る必要がある。すなわち、債務者は、ストーキングホースと協

20　事業再生迅速化研究会第2PT「プレパッケージ型民事再生をめぐる問題点とその解決のための方策」NBL922号（2010年）62頁。
21　棚橋洋平「再建型倒産処理手続におけるスポンサー保護条項の処遇(2)――アメリカにおけるストーキング・ホース保護条項からの示唆――」早稲田大学大学院法研論集150号（2014年）296頁。

議のうえ、入札手続におけるストーキングホース以外のスポンサー候補者のデューディリジェンスの期間、他の候補者が提示しなければならない最低入札価格（通常は、ストーキングホースの提示額にブレイクアップフィー等の額を加算した額を上回る金額が設定される）、ストーキングホースがスポンサーとならない場合のブレイクアップフィーの金額、(3)で述べたようなスポンサー保護条項を付与するか否か、その内容等の詳細を定め、その内容の相当性について、裁判所の許可を得る必要がある。たとえば、ブレイクアップフィーが高すぎたり、デューディリジェンスの期間が著しく短いなどの場合、他のスポンサーが現れる可能性が低く、公正な入札が期待できないため、裁判所が許可しない場合がある。

そして、競売手続により落札者（スポンサー）が選定された場合も、債務者は、落札者との事業譲渡契約について、裁判所の許可を得る必要がある。[22]

裁判所が、主としてブレイクアップフィーの有効性について判断するに際しては、以下のような点が考慮されている。

まず、経営判断の原則（経営者が誠実、合理的に判断したか）を前提にしつつも、これを修正し、①ブレイクアップフィーが自己取引に該当するような債務者と利害関係のある当事者によって決定されていないこと、②ブレイクアップフィーがその後の入札を排斥するものではなく奨励するものであること、③金額が提示された買収額との関係で合理的な額であることを要求し、これらの要件を満たさないブレイクアップフィーの定めは無効と判断される。

いずれにせよ、ブレイクアップフィーの定めは、結果として、ストーキングホースの提案があったことにより、入札を促進し、財団の価値を高めるのに役立ったと認められる場合にのみ有効とされている。[23・24・25]

(5) 検 討

アメリカでは、相応の規模の会社の場合、ワークアウト（私的整理）が先行し、全金融債権者の同意が得られない場合に、チャプター11（DIP型）に移行

---

[22] 事業用資産の大部分を譲渡する場合には、当該譲渡の条件により債権者の決議に付されるべき再建計画に定める返済条件を事実上決定してしまうことになるから、当該譲渡が、債権者への再建計画の詳細な情報開示や再建計画への決議等の手続を潜脱（回避）するようなものである場合、違法とされることがある。

することが多く、その連続性を前提にした規定もある。そのため、アメリカのチャプター11のプレアレンジド型においては、金融機関との間で私的整理（ワークアウト）が先行しており、その協議の中で、FA を選定し、スポンサーを非公開で選定しているので、そこで選定されたスポンサー（ストーキングホース）について、少なくとも主要債権者の同意もしくは積極的な反対がないことが前提となっている。

　この点、日本においても、近時は、準則型私的整理手続のメニュー（事業再生 ADR、中小企業再生支援協議会、地域活性化支援機構等）が格段に充実したこともあり、法的倒産手続より私的整理がまずは試みられる傾向にある。これに伴い、私的整理手続中にスポンサーが選定され、大多数の金融機関が同意したが、一部の少数債権者が反対したため、法的倒産手続に移行した場合、当該スポンサーを新たな入札等によらず選定することの可否が問題になるが、スポンサー保護の方法として、ストーキングホースの事例が参考になりうる。[26]

IV　今後のスポンサー保護の方法

1　お台場アプローチの射程

　お台場アプローチ等の議論は、債務者に相応の事業価値があり、申立て前にスポンサーを選定していたものの、申立て後により有利な提案をした者が登場したため、入札が実施された事案を契機として、同様の事案を想定して、申立て前に選定したスポンサーの保護をどのようにすべきかを論じるものであっ

23　井出ゆり「米国連邦倒産法363条セールの概要と事業譲渡における債権者保護」事業再編実務研究会編『あるべき私的整理手続の実務』（民事法研究会・2014年）240頁。
24　堀内秀晃ほか『アメリカ事業再生の実務——連邦倒産法 chapter11とワークアウトを中心に』（金融財政事情研究会・2011年）182頁。
25　棚橋洋平「再建型倒産処理手続におけるスポンサー保護条項の処遇(3)——アメリカにおけるストーキング・ホース保護条項からの示唆」早稲田大学大学院法研論集151号（2014年）284頁。
26　むろん、法的倒産手続の場合は、商取引債権者も含まれることや、通常、私的整理手続中に選定されたスポンサーは、法的倒産手続への移行を想定せず、私的整理の成立をスポンサー契約の停止条件としているのが通常であるから、法的倒産手続後も、引き続きスポンサーとなるのか、そうだとしても同条件の提示となるのかについての保証はない。

た。

　しかし、Ⅱ2で述べたように、わが国の民事再生手続において圧倒的多数の債務者は、小規模な会社であり、業種や現経営陣の能力に大きく依拠していることが多く、スポンサー候補が相当限定され、スポンサーが複数競合的に出現する見込みが極めて低いのが実情である。

　また、上記の実情に加え、後述のような民事再生手続の目的や趣旨に照らせば、プレパッケージ型再生においては、再生債務者の経営判断を尊重する方向での一定の基準が想定でき、お台場アプローチが適用されるのは、相当の事業価値があり、スポンサーが複数登場することが想定されるような事例に限定されるのではないだろうか。

2　スポンサー保護の視点

(1)　法的倒産手続（民事再生法）の目的

　再生債務者は、再生手続が開始された後も、その業務を遂行し、またはその財産を管理し、もしくは処分する権利を有する（民再38条1項）という、いわゆるDIP型を基本としている。再生債務者は、債権者に対して、公平誠実義務を負っている（同条2項）ものの、その財産の管理または処分が失当であるときその他事業の再生のために特に必要と認められる場合でない限り、管財人による管理も予定されていない（同法64条1項）。また、再生手続においては、その円滑な進行に努める再生債務者の活動は、できる限り、尊重されなければならない（民再規1条3項）。

　また、どのような再生計画を提出するかは再生債務者の判断に委ねられており、債権者に対して清算価値を保証していれば、その他の例外事由に該当しない限り、再生計画は付議され、出席した議決権者の過半数の同意および議決権総額の2分の1以上の同意が得られれば可決され、また、裁判所の認可を得られるという意味で、民事再生手続は自ら早期かつ比較的容易に事業再生に着手

---

[27]　公平義務とは、原則として、同等の地位にある債権者を公平に扱う義務をいい、誠実義務とは、一般に、自己または第三者の利益と債権者の利益が相反する場合に、自己または第三者の利益を図って債権者の利益を害することは許されないという意味に解されている（全国倒産処理弁護士ネットワーク編『新注釈民事再生法(上)〔第2版〕』（金融財政事情研究会・2010年）188頁）。

できるしくみといえる。

　民事再生手続は、本来、小規模・中規模の企業（個人）の再生を念頭に制定されており、「当該債務者とその債権者との間の民事上の権利関係を適切に調節し、もって当該債務者の事業又は経済生活の再生を図ることを目的」（民再1条）としている。この点、再生の目的については、①債権者への利益（弁済）の最大化がまず求められるべきとの考え方と、②再生債権者の利益は、再生にかかわる多様な利害（労働者、取引先、地域社会等）の実現に伴う制約を受けて、その限度で保護されるにすぎないという考え方がある。

　前者の考え方は、たとえ申立て前にスポンサーが選定されていても、申立て後により良い条件を示す者がいれば、あるいはその可能性があれば、あらためて入札等によりスポンサーを募集し、最高価を提示した者をスポンサーとすべきという考え方になじむ。しかし、これまでのスポンサーを選定する際の基準としては、Ⅲ2(2)でみたように、スポンサーの提示価格のみならず、それ以外の関係者の利益も配慮したうえで選定することがおおむね共通の理解となっていることからすれば、実務の運用は後者によっていると考えられる。

(2)　事前に選定されたスポンサーの尊重

　再生債務者が、自主再建は断念するものの、申立て後の事業価値の毀損を防止するため、自ら適切と考えるスポンサーを申立て前に選定して早期再生を図ろうとした場合、（自主再建かスポンサーを選定するかについての債務者の経営判断が尊重されるのと同様）原則として、その経営判断を尊重してよいと考える。[28] 同様に、経営者が、事前に、事業譲渡先（スポンサー）の選定をするに際しては、価格以外の点でも、たとえば、当該スポンサーの経営手法が債務者と適合するか否か、労働者や取引先が当該スポンサーについていくか等あらゆる要素を考慮して判断しているので、スポンサーの提示価格が、清算価値を超えているのであれば、企業価値を基準として著しく不相当である場合でない限り、当該経営判断は尊重されてよいと考える。[29・30]

　むろん債務者としては、清算価値を保証するのみならず、債権者に対して配分される価値が最大化されるよう努めなければならない。債務者としては、申

28　中井康之「『入札』の功罪」NBL843号（2006年）1頁。

立て前の経営状況下において、スポンサー候補者を選定した理由、入札を実施できず限られた範囲で候補者を募った経緯、選定したスポンサーの提案が当該債務者の事業価値に照らし不当に低いものではないこと等を、債権者に対して合理的に説明しその理解を得る努力をする必要がある。しかし、そもそも債権者に配分される価値が適正か否かを客観的に把握することは困難であるから、最終的には債権者の判断に委ねざるを得ない。

申立て前のスポンサー選定後、あらためて入札等を実施せず、仮に債権者の利益を最大化しないこととなったとしても、そのこと自体をもって、再生債務者の公平誠実義務違反になるとするのは妥当ではない。

当該義務が問題になるのは、①特定の有力な候補者をあえてはずすなど、スポンサー候補者の選定が明らかに恣意的であるとか、②より有利な提案をしている候補先があるにもかかわらず、経営権を引き続き掌握できるスポンサーをあえて選定した等の例外的なケースであり、それ以外は債務者の選択を尊重し、最終的には債権者の判断に委ねるべきである。[31,32,33,34]

債権者としては、弁済額を含む計画案が十分に満足のいくものでなかったとしても、もし反対したときは破産手続に至り、より回収ができなくなるリスクを勘案する必要があり、事実上二者択一を迫られることになる。しかし、債務者のスポンサー選定を不当と考え、かつ、議決権の行使のみでは不十分と考える場合、債権者自らが再生計画を提出したり、会社更生手続を申し立てたりする選択肢も認められているのであるから、不当とはいえないであろう。

29　松下淳一ほか「〈座談会〉倒産法全面改正後の実情と問題点」ジュリ1349号（2008年）15頁〔服部敬発言〕。

30　三村藤明「プレパッケージ型再生手続ではなく、まだスポンサーが存在しないが、これから再生債務者がスポンサーを選定しようとしている場合、監督委員はスポンサー選定に関しどのように関与したらよいか」民事再生実務合同研究会編『民事再生手続と監督委員』（商事法務・2008年）184頁。

31　中村清「倒産手続におけるスポンサー募集上の留意点」田邊光政編集代表『最新倒産法・会社法をめぐる実務上の諸問題（今中利昭先生古稀記念）』（民事法研究会・2005年）250頁。

32　木村圭二郎＝溝渕雅男「中小オーナー企業のスポンサー選定に関する考察(上)(下)」銀法769号（2014年）27頁、771号（2014年）26頁。

33　事業再生迅速化研究会第2PT・前掲論文（注20）57頁。

34　深山雅也「プレパッケージ型民事再生における支援企業の保護をめぐる考察」事業再生研究機構編『民事再生の実務と理論』（商事法務・2010年）181頁以下。

3　スポンサーの競合が想定されない事案の場合

　スポンサーの競合が想定されない多くの案件においては、以下のような条件を満たしていれば、原則として、手続開始後にあらためて入札等によりスポンサー募集する必要はない（むろん、債務者の公平誠実義務にも違反しない）と考える。

①　申立て前にスポンサーを選定しておく必要性があったこと
②　資金繰りが逼迫しているなど、入札手続による時間的余裕がないこと、業種や規模から他にスポンサー候補者が存在しないこと、あるいは極めて限定されること、等広くスポンサーを募集することが困難であった事情があること
③　経営陣の再任を条件とする等、不当な条件がついていないこと
④　清算価値保障原則を満たしていることを前提として、事業価値に照らして条件が不当に低くないこと

　①の事前にスポンサーを選定しておかなければ、事業価値が毀損するおそれがあることは必須の条件である。業種や規模によっては、日々の現金収入がある場合や、または比較的潤沢な資金を有している等のため、当面の資金繰りの心配が不要であり、あえて申立て前のスポンサーを選定する必要性が乏しい場合もありうる。そのような場合は、手続開始後に入札等によりスポンサーを募集すればよく、仮に申立て前のスポンサーが選定されている場合であっても、当該スポンサーを保護する必要性は乏しいといえる。

　また、債務者（代理人）より、そもそも事業の特殊性（経営者の個人的能力・資質に依拠している）、業界の事情（ニッチな分野等）等から、複数の競争的なスポンサーが登場する可能性が低く入札手続自体がそぐわないことや、どのような範囲の候補者をピックアップして、どのような交渉を行い、最終的に現在のスポンサーに決定した経緯について、合理的かつ詳細な説明が必要である。スポンサーとの守秘義務契約があったとしても、監督委員に対しては十分な説明が必要であろう。また、公認会計士等に算定させた事業価値と比較して、スポンサーの提示額が著しく低いものでなければ、基本的にその経営判断を尊重すべきであろう。[35]

最終的に、スポンサー選定の過程や合理性については、計画外の事業譲渡が行われる場合には、主要な債権者や労働組合への意見聴取を通じて、計画による譲渡の場合であれば、債権者の投票による債権者の判断に委ねざるを得ないと考える。

　監督委員としても、再生債務者に対して、債権者がその当否を判断するに足りる情報を開示して、債権者に説明するよう促すとともに、スポンサー選定の過程およびその内容に著しく不合理な点がある場合を除き、反対する必要はないと思われる。

　もし、スポンサーの選定過程が、上記基準に照らして、不当もしくは支援内容が相当ではないと判断された場合、当初スポンサーを保護する必要はない。

　そのような場合監督委員としては、①再生債務者の財産の管理または処分が失当であるとして管理命令を発令する、②再生債務者に対して①もしくは計画の不認可事由（民再174条2項2号）に該当することを理由にスポンサー契約の解除を促す、③監督委員としてスポンサー選定に関する事情を説明し最終的には債権者の判断に委ねる等が考えられる。[36]

4　スポンサーの競合が想定される事案の場合

　これに対して、債務者に相応の事業価値があり、申立て後に複数のスポンサーが登場することが想定されるような事案においてはどうか。

　債務者が、債権者の利益を最大化するよう努力し、そのことを債権者に合理的に説明する必要がある点、また、申立て前の段階では、機密保持を最優先せざるを得ず、公開入札を実施することが現実的に困難な場合が多いことも、上記3と同様であろう。

　しかし、複数のスポンサー候補者が登場する可能性がある債務者の場合、上

---

[35] 債務者が、スポンサーと誠実に交渉したことが前提となるから、あらかじめ、スポンサーが債務者の株式を取得したうえ、再生手続の申立てを行い、スポンサーの関連会社に事業譲渡するような場合等、利益相反の問題が生じる場合は、別途の考慮が必要になる（木村＝溝渕・前掲論文（注32）27頁）。

[36] 三村藤明「プレパッケージ型再生手続で、すでにスポンサーが存在するがスポンサー選定のやり直しが必要ではないかと思われる場合、監督委員は、スポンサー選定に関しどのように関与したらよいか」民事再生実務合同研究会編『民事再生手続と監督委員』（商事法務・2008年）188頁。

IV　今後のスポンサー保護の方法

記3②の要件を満たさず、また、上記3④の事業価値の評価（判断）も、複数のスポンサーの競争的状況を前提としない限り極めて困難である。その意味で、選定手続の公平性・透明性やその結果の妥当性について合理的に説明するためのハードルは、上記3の場合に比較して高くなることは否定できないと思われる。

したがって、上記Ⅲ2(1)で述べたお台場アプローチの基準を満たすことが、申立て後に再度入札を実施しないことの説明の際に必要となろう。

もっともたとえ、申立て前に公開入札手続を経ていなくても、FA等を選定のうえ、実質的な競争が成立するように複数のスポンサー等の候補者を募集していれば、その手続過程が相当であることの説明は、申立代理人らにおいて十分可能であろう。また、スポンサーの提示内容が、公認会計士等により算定された事業価値と比較して相当であるとの説明も可能な場合が多いと思われる。

したがって、他に不相当な理由がなければ、再度のスポンサー募集は不要と判断しても問題になることは少ないと思われる。

むろん、上記2(2)で述べたように、明らかに不当な選定がなされている場合にはスポンサーの再募集をすべきであり、その際、当初スポンサーを保護する必要はない。

したがって、スポンサーの再募集を検討すべき場面としては、実際に他の候補者がより有利な提案をして名乗りをあげており、かつ、主要かつ大口の債権者も、当該スポンサーを支持して、再入札の実施を希望しているような場合等に限定されるのではないか[37]（そのような場合、再入札をしなくても債務者の公平誠実義務の問題は生じないものの、当初スポンサーの提示に基づく再生計画について債権者の同意が得られない可能性があるから、債務者としては、事実上スポンサーの再選定について再考せざるを得ない）。

そのような場合、申立て前のスポンサーをストーキングホースとして、入札を実施することが考えられる[38]。すなわち、

---

[37] 債権者の意向と関係なく、他のスポンサー候補者が自ら支援表明した場合については、スポンサーの再募集を検討する必要はないと思われる（深山・前掲論文（注34）190頁）。

[38] 相澤光江「再生支援スポンサーの保護」事業再編実務研究会編『あるべき私的整理手続の実務』（民事法研究会・2014年）503頁。

① 事前のスポンサー契約に、入札を想定した定めがない場合は、債務者とスポンサー候補者との間で、入札決定までの継続支援に関する契約を締結する。その中で、入札条件（ブレイクアップフィーの水準、実費賠償の上限額、他の候補者が選定されるためには、ストーキングホースの提示額をどの程度上回る必要があるか（通常は、ブレイクアップフィーと実費賠償額を考慮して決定する）、その他スポンサー保護条件の有無、入札の方式、期間、スポンサーの選定基準等）を定め、監督委員の同意を得て決定することにより、ブレイクアップフィーについても共益債権化する（民再119条5号）。

② ブレイクアップフィーは当初スポンサー提示額の5％を上限とするが、当初スポンサーをどの程度保護するか（ブレイクアップフィーの水準を具体的にどの程度にするのか、他の候補者との交渉期間、デューディリジェンス期間、上記Ⅲ3(3)のスポンサー保護条項をどの程度認めるのか）等は、当初スポンサーの選定経緯、債務者の経営状況（資金繰り）、債権者の意向等も踏まえて決定せざるを得ないと思われる。

③ 入札を実施し、当初スポンサーが落札すれば、そのまま決定し、別の候補者が落札した場合、原則として、②で定めたブレイクアップフィーを当初スポンサーに支払う。

スポンサーの競合が想定される事案においては、事前にスポンサーを選定する際、債務者としては、将来、再入札の余地があることを留保しておきたい一方、スポンサー候補者としては、独占交渉権の付与を強く求めるか、あるいは、将来再入札がありうるのであれば、そもそも事前に応募しないというケースも想定される。

そのような場合、あらかじめ、スポンサー契約において、原則として、独占交渉権を付与するものの、入札になった場合のブレイクアップフィー、実費弁償その他入札条件等の保護要件をあらかじめ契約に盛り込み、それらの内容が原則として尊重されることで、スポンサーの理解を得ることは検討されてよい。

5 会社更生の場合

以上は、民事再生手続を念頭においているが、会社更生手続においても、と

りわけ DIP 型会社更生の場面では同様の議論があてはまると思われる。確かに、経営陣は交替し、保全管理人ないし管財人は、従前のスポンサー契約に拘束されることはない。しかし、会社更生手続においても、企業価値毀損を防止する観点からは、申立て前のスポンサーは極めて重要であり、再生手続と同様の考え方に基づき、従前のスポンサーが尊重されてもよいと考える[39]。

たとえば、私的整理に関するガイドライン等の先行手続からの会社更生手続への移行事案で、商取引債権の全額弁済がなされ、更生手続に参加する債権者（金融債権者）の大多数が先行手続によるスポンサー選定を支持しているような場合、裁判所として当該スポンサーの選定を否定する理由はないとされている[40]。

---

[39] 須藤・前掲論文（注5）108頁。
[40] 難波孝一ほか「会社更生事件の最近の実情と今後の新たな展開——債務者会社が会社更生手続を利用しやすくするための方策：DIP 型会社更生手続の運用の導入を中心に」NBL895号（2008年）21頁。

⑪ 事業再生ADRの法的位置づけ

信州大学大学院法曹法務研究科教授　河崎　祐子

I　問題の所在

　「裁判外紛争解決手続の利用の促進に関する法律」(以下、「ADR法」という)の施行から7年、2014年は裁判外での紛争解決手続をめぐる立法成果を振り返る一つの節目であった。まずADR法について、同法施行後の実施状況とこれを踏まえた所要の措置の検討が行われ(同附則2条参照)、その成果が3月に「ADRに関する検討会報告書」として公表された。次いで、同法で導入された民間ADR機関の認証制度に基礎をおきつつ、特に事業再生に係る紛争につき重ねて経済産業大臣の認定を受けた認定認証紛争解決事業者(産業競争力強化法51条1項、同法以前には産業活力再生特別措置法(以下、「産活法」という)48条1項)(以下、「事業再生ADR」という)として現在唯一のものである事業再生実務家協会(以下、「JATP」という)が、活動開始からちょうど5年を迎えた。認証制度の発展型であるこの事業再生ADRは、裁判外での倒産処理について準則化を試みてきたここ10年の到達点でもある。

　では、事業再生ADRの法的位置づけをめぐってはこれまでどのように議論されてきたのだろうか。考え方は大きく二つに分かれている。

　まず一つは、事業再生ADRがもともと産活法および経済産業省省令という「法令の根拠に基づくもの」であることを主な根拠として、これを私的整理と

1　同報告書については法務省ウェブサイト〈http://www.moj.go.jp/housei/adr/housei09_00036.html〉参照。その概要については、鈴木昭洋「認証ADRの現状とADR法に関する検討会報告書の概要」法律のひろば67号(2014年)14頁以下参照。

明確に区別し、「我が国の社会経済の活性化を図る上で不可避の課題を解決するための公の制度」と位置づける考え方である。この立場によれば、「公平かつ公正な手続によって当該債務者の事業再生という目的を実現する責務を負っている」JATP は、「事業再生のための裁判上の手続としての民事再生手続及び会社更生」において「手続が公平かつ公正に行われるよう監督すべき責務を負っている裁判所に相当」し、また、「高度の専門性を備えた第三者機関」である JATP が「自らの判断として」債権者に対して行う一時停止要請通知には、その「実体面に着目すれば」、「裁判所による保全処分や中止命令との間に同質性が認められる」と理解されている[2]。ただし、この「公の制度」である事業再生 ADR を法制度上どのように位置づけるかをめぐっては考え方はさらに分かれ、一方では「第 1 極としての再生手続や更生手続」とも「第 2 極としての私的整理」とも区別される「第 3 極として位置づけ」る見解があるのに対して、他方では「もともと法的整理への移行に関する仕組みが組み込まれた手続」である事業再生 ADR の「法的整理との連続性」を重視し、「事業再生 ADR と法的整理は、双方の手続を融合した性格を有」しているとして両者の「性格の類似性」を強調する論者もある[3]。

これに対して、事業再生 ADR は「法的な根拠を有するとしても、法的手続ではなく、私的整理の一種である」とするもう一つの立場がある。ここでは、事業再生 ADR が原則として金融債権者のみを対象とする手続であることと並んで、民間 ADR の一つであることが重視され、民間 ADR 事業者には「どのような付加価値をつけて事業再生サービスを提供するか」をめぐって「他の事業再生サービスと競争して利用者のニーズに応じた多様な選択肢を提供できる」ようになることが期待されるとともに、「民間 ADR と公的機関との間に真の競争と協調の可能性が認められる」と論じられている。もっとも、事業再生 ADR の手続開始が法的手続の「発動要件と近似している」ことや、「手続の客観性・専門性」を「担保」する「中立的専門家の関与」、「債権額からみれば重要性を占める債権者団」の「同意を得て行われた行為は法的手続の中でも

---

2 伊藤眞「第 3 極としての事業再生 ADR」金法1874号（2009年）145〜147頁。
3 前者として伊藤・前掲論文（注 2 ）145頁、後者として田頭章一「事業再生 ADR と法的整理の関係について」法の支配170号（2013年）51〜52頁、56頁参照。

一定の重みをもったものとして受け止める可能性があること」等の「一般的な私的整理とは相当に異な」る事業再生ADRの「特色」は、「事業再生ADRと法的手続との同質性を担保する要素であり、両者の連続性を認める取扱いを支える根拠となりえ」るとして、「事業再生ADRも法的手続も債務者の事業の再生を目的とする点では全く同じである」ことが強調されている。

そこで以上の学説を対照してみると、興味深い類似に気づかされる。というのは、事業再生ADRが「準法的事業再生手続」なのか「私的整理の一種」なのかという基本的性格づけをめぐっては対立があるものの、事業再生ADRの「実体面」に着目して事業再生ADRと法的倒産手続との「同質性」を認める点ではいずれも共通しているからである。しかも、この「同質性」はいわば機能的な意味での「同質性」であり、どの議論においてもその根拠は「事業再生ADRも法的手続も債務者の事業の再生を目的とする」という手続目的の理解に起因しているのである。このような考え方は、近年、裁判例の中にも見受けられる。

ただ、ここでいくつかの疑問が生じる。たとえば、「公的」なものと「私的」なものが機能的に「同質」であるならば、そのことは法理論的にどのような意味をもつのだろうか。また、事業再生ADRと法的倒産手続が「同質」であるならば、事業再生ADRに有用な機能や効果だけでなく義務や制約も「同質」であるはずだが、この「同質」ではない異質な部分はどう考えられているのか。そして何より、民事再生法や会社更生法などの倒産法の目的は「事業再生」だと断定することができるのだろうか。

会社更生法1条は、同法の目的を「債権者、株主その他の利害関係人の利害を適切に調整し、もって当該株式会社の事業の維持更生を図ること」としてお

4　山本和彦「事業再生ADRの意義と課題」MARR188号（2010年）31〜32頁、同「事業再生ADRと法的倒産手続との連続性の確保について」伊藤眞ほか編『時代をリードする再生論（松嶋英機弁護士古稀記念論文集）』（2013年）259〜260頁。

5　田頭・前掲論文（注3）54頁。

6　たとえば、最二小判平成24・10・19裁判集民241号199頁（須藤正彦裁判長の補足意見）、東京地決平成23・11・24金法1940号148頁は、「支払停止」の認定にあたり、金融機関等との間での再建計画の合理性や実現可能性、合意に達する蓋然性といった要素を重視し、機能的観点から判断を下している。

り、事業の「再生」とは規定していない。また民事再生法は、確かに企業再生の目的を「当該債務者の事業（中略）の再生を図ること」としているが、しかしそれは「当該債務者との間の民事上の権利関係を適切に調整」することを「もって」行われるものであり、「我が国の社会経済の活性化を図る上で不可避の課題を解決する」ための事業再生とは次元を異にする。さらに、これら手続が終局的に帰着する可能性のある企業破産の手続は、「債権者その他の利害関係人の利害及び債権者との間の権利関係を適切に調整し、もって債務者の財産等の適正かつ公平な清算を図る」ことをめざしている。したがって、倒産法の全体に共通しているのは、「利害」ないし「権利関係」を「適切に調整」するという目的であることがわかる。[7]

では、なぜ今日では、倒産法が利害関係人の「利害」や「権利関係」を「調整」するためのものではなく、事業再生を目的とするものとして理解されるようになったのだろうか。この答えを得るためには、事業再生ADR制度の創設に至った議論の変遷をたどってみる必要がある。なぜなら、以下で論じるように、倒産手続を特定の政策目的と結びつけ、「私的整理と法的整理との間隙を埋める仕組み」が探究された結果もたらされたのが事業再生ADR制度だったのであり、そのように「私的整理」と「法的整理」との「連続性の確保」が図られる中で、民事再生法や会社更生法のような倒産法の目的および法的意義についての理解が変容していったからである。

II　事業再生ADRの成立過程

1　不良債権と過剰債務に対する対処

私的整理は、従来、内整理や任意整理ともよばれ、整理屋の跳梁に象徴され

---

[7] この点について、河崎祐子「倒産手続における裁判所の役割についての序論的考察」法学74巻6号（2011年）137頁参照。同様に、「利害関係人の利害を調整しつつ事業再生を実現する（民再1条、会更1条参照）場としての法的整理の意義を問い直すべきではないだろうか」として、「事前調整型事業再生手続」は「倒産裁判所が関与して行う法的整理と全く同質ではありえない」と指摘する論者もある（田頭章一「事前調整型事業再生手続の意義と限界」ジュリ401号（2010年）26頁、28頁）。

る不公正な印象が強かったが、1970年代半ば以降次第にその法的手続にはない柔軟性、迅速性、経済性といった利点が見直されるようになった。ただ、私的整理では債権者全員一致が原則であり、全員一致を得るために事実上の強制力が働くなど、債権者間に不公平が生じることが多いことも指摘されていた[8]。そこで近年では、私的整理と法的手続との間の「機能分担」の観点から倒産手続全体をとらえるのが一般的である[9]。ところが2000年前後から、いわゆる不良債権処理が日本の政策課題として重視されるにつれて、倒産手続を取り巻く状況は変化を余儀なくされていった。

(1) 私的整理ガイドライン

小泉純一郎政権は2001年4月6日に発表した「緊急経済対策」の中で、「金融機関の不良債権問題と企業の過剰債務問題の一体的解決」すなわち「金融再生と産業再生」を掲げ、「会社更生法の改正及び民事再生法の改善」とともに、「不良債権の抜本的オフバランス化」と「企業再建の円滑化」に役立ちうる、私的整理における「調整手続等についてのガイドライン」の取りまとめを指示した。これを受けて、私的整理を「金融再生と産業再生」という特定の政策目的と結びつけるために、「金融界・産業界を代表する者」が「中立公平な学識経験者」らと「私的整理に関するガイドライン研究会」を組織し、同年9月、日本「経済の構造改革の一助となることを期待して」、「公正かつ迅速に私的整理を行うための準則」として公表したのが、「私的整理に関するガイドライン」（以下、「私的整理ガイドライン」という）である。同ガイドラインが、事業再生ADRに収斂した一連の動きの端緒であることには、今日異論はないであろう[10]。

ここで「金融再生と産業再生」に資することを期待された「私的整理」とは、「会社更生法や民事再生法などの手続によるのが本来であるが、これらの

---

[8] 関西法律特許事務所編『法理論と実務の交錯（今中利昭著作集）上巻』（民事法研究会・1995年）32頁参照。

[9] 羽田忠義『私的整理法』（商事法務研究会・1976年）22頁、棚瀬孝雄＝伊藤眞『企業倒産の法理と運用』（有斐閣・1979年）295頁以下、宮川知法『債務者更生法構想・総論』（信山社・1994年）121頁以下等参照。また、佐藤鉄男「裁判外倒産処理と法的倒産処理の関係」田邊光政編集代表『最新倒産法・会社法をめぐる実務上の諸問題（今中利昭先生古稀記念）』（民事法研究会・2005年）525頁以下参照。

[10] たとえば、山本和彦「事業再生ADRについて」名古屋大学法政論集223号（2008年）387頁参照。

手続によったのでは事業価値が著しく毀損されて再建に支障が生じるおそれがあり、私的整理によった方が債権者と債務者双方にとって経済的に合理性がある場合」にのみ行われ、「多数の金融機関等が（中略）主要債権者又は対象債権者として関わることを前提」として、「債権者と債務者の合意に基づき、債務（主として金融債務）について猶予・減免などをすることにより、経営困難な状況にある企業を再建するため」のものであった。これに対応して、対象となり得る債務者も、「過剰債務を主因として経営困難な状況に陥って」いるが「事業価値があり」、経済的な合理性に基づく「債権者の支援により再建の可能性がある」とともに、「法的整理を申し立てること」で「信用力が低下し、事業価値が著しく毀損されるなど、事業再建に支障が生じる恐れがある」企業でなければならないとされた。この「私的整理」は、上記要件を備える債務者からの申出を受けた主要債権者が、相当と認めた一時停止の通知を対象債権者（通常は金融機関債権者）に対して発することで開始し、その後、主要債権者の調査・検討を経た再建計画案につき対象債権者全員が同意する旨の書面を提出すると同計画は成立となって、その定めに従った処理をすることになる。ただ、所定の期限までに全員同意の獲得に至らないときには、私的整理ガイドラインによる手続は終了し、債務者には「法的倒産処理手続開始の申立てなど適宜な措置」をとることが義務づけられる。

　このように、私的整理ガイドラインによれば、一定範囲の「私的整理」に限り、原則として金融機関債権者だけを対象とした再建計画の協議によって、一般の商取引債権者に負担を強いることなく不良債権・過剰債務の問題解決を図ることができるのだが、それにもかかわらず利用実績は伸び悩んだ。その要因として、あくまで「金融界・産業界の経営者間の一般的コンセンサス」にすぎない同ガイドラインの法的強制力を欠いた枠組みの中で、主要債権者（主にメイン行）に割合的に大きな負担を求める「メイン寄せ」の問題があったといわれている。

(2)　産業再生機構・早期事業再生研究会

　こうしてメイン行など主要債権者の負担軽減が課題となる中、2002年12月の「企業・産業再生に関する基本指針」（以下、「基本指針」という）は過剰債務問題への対応として、早期事業再生ガイドラインの策定を経済産業省に指示する

とともに、株式会社産業再生機構の創設を表明した。

　(ア)　**早期事業再生研究会**

　早期事業再生ガイドラインの策定をめぐってはすでに2002年11月より早期事業再生研究会が招集されており、その5回にわたる検討の成果は「早期事業再生研究会報告書」[11]として公表されている。ここでのキーワードは、「事業再生の基本」である「早期着手」と、「債務超過の状態にな」った段階での「基本」である「不採算部門をコアとなる事業から切り離し、抜本的な事業再生を速やかに実行する」「迅速再生」の二つである。というのは、「早期着手や迅速再生が実現していない」ことが「不良債権の増加や過剰債務の累増」の一因と考えられたからである。「事業再生の着手が遅れて事業価値が毀損している傾向にある」中で、「メインバンク主導の私的整理については銀行間で負担割合に関する合意がなかなか得られ」ず、「やむなく倒産法制を活用する段階では、事業の劣化が進み既に手遅れになっている」のが「現状」なのであった。それゆえ、同報告書によれば、「事実上メインバンク主導の事業再生メカニズム不在」という事態を改善するために2000年代には「倒産法制の改革」や「私的整理に関するガイドライン」の「制定」が行われたのだが、「新たな事業再生のメカニズム」を実現するには「倒産法制の整備のみでは不十分であ」り、「早期着手を促す仕組みを確立する」とともに、事業再生という観点から「倒産法制」を再解釈する必要があった。すなわち、「倒産法制の活用に関しては会社の破綻という側面と事業再生という2つの側面があるが」、「これからは、むしろ、事業の再生という側面に着目して、倒産法制を積極的に活用する土壌を築くことが必要となる」のだと主張されたのである。

　このように、ここでいう「倒産法制」とは、過剰債務問題の解決という特定の政策目的と結びつけるにあたり再解釈されたものであり、やがて「法的整理」ともよばれるようになった。このことは、事業再生のために「倒産法制」を「活用」しようとする同報告書の態度によく表れている。すなわち「私的整理の活用可能性を念頭に置きつつ、必要な場合には、倒産法制の活用も回避し

11　早期事業再生研究会「早期事業再生研究会報告書」(2003年)。同報告書ほか、以下本稿で取り上げる報告書や議事録等については、経済産業省ウェブサイト〈http://www.meti.go.jp/policy/jigyou_saisei/〉参照。

てはならない」という立場に立つ同報告書においては、過剰債務に陥った段階での対応として、「倒産法制」を「事業再生スキーム」としていかに「活用」するかという観点から「私的再生と法的再生の連続性」のあり方が議論され、その結果、プレパッケージ型事業再生が「迅速再生」のための具体的な方策として推奨されたのであった。というのも、「プレパッケージ型事業再生とは、私的整理と法的整理を案件の性格に応じてうまく使いこなすことに他ならない」からである。「事業の再生を実現する上で不可欠」なのは「不採算部門」を「極力迅速に切り離すこと」であるが、「近年の私的整理のプロセスでは、過度に事業価値が毀損してしまうまで着手が遅れている」ため「銀行間での合意が容易に形成されない状況になっている」。それゆえ、再建計画につき「主要債権者との間で合意形成を目指し」たが「一部債権者の反対により合意が得られない場合には、法的整理によって最終決着を行う、というプレパッケージ型の再生手続を促進することが有効」だと考えられたのである。

　以上の同報告書の内容は、基本指針で経済産業省に策定を指示された早期事業再生ガイドライン（2003年2月）にもほぼそのまま引き継がれている。

　(イ)　産業再生機構

　また、過剰債務問題に加えて不良債権問題の解決をも視野に入れたのが、株式会社産業再生機構法に基づいて設立された産業再生機構であった[12]。産業再生機構は、日本の「産業の再生を図るとともに、金融機関等の不良債権の処理の促進による信用秩序の維持を図るため」に、「有用な経営資源を有しながら過大な債務を負っている事業者に対し」、「金融機関等が有する債権の買取り等を通じてその事業の再生を支援することを目的とする株式会社」として、主務大臣の認可により設立されるものである（株式会社産業再生機構法1条、7条、8条）。ただ、株式会社とはいうものの、その株式の半数は預金保険機構による保有が義務づけられているほか、再生支援申込みに対する支援決定には主務大臣の意見聴取が義務づけられ、産業再生機構による資金の借入れ等には政府保証が可能とされる（同法4条、22条6項、40条）など、その活動は国家の関与に基づいた公的な性格を色濃く帯びたものであった。こうした特殊性のゆえに、

12　亀沢宏徳「産業再生機構の実績と事業再生の課題」経済のプリズム64号（2009年）32頁参照。

産業再生機構は 5 年での解散が予定されていた。

　この産業再生機構に期待されたのは、「債権者間の利害調整が困難である等の事由で民間だけでは解決が困難な再生可能性のある案件に関し、債権の集約化を促し、中立的な調整者として企業の再生を加速する」[13]役割であった。それゆえその主要な業務は、「メインバンクと非メインの金融機関との間を中立的な立場から調整し」、準メイン行と中下位行に対して「事業再生計画を勘案した適正な時価」（株式会社産業再生機構法26条）による債権買取りの申込みまたは事業再生計画に対する同意を要請することであった（同法19条1項、23条1項）。[14]ただ、この申込みや同意が所定の期間内になかった場合や、それらに係る債権額が事業の再生に必要と認められる額としてあらかじめ同機構が定めた額に満たないため買取決定が行われなかった場合などには、支援決定は撤回されることになる（同法28条1項1号・2号）。また、支援対象の事業者に係るすべての債権や持分の処分が決定されるときまでに民事再生や会社更生の手続が開始された場合について、再建決定から買取決定までの間になされた対象事業者への貸付けにつき、一定の条件に適合することの確認の制度を設けることで民事再生や会社更生の手続での特例措置が認められている（同法31条～33条）。

　その活動に対する評価はさまざまであるが、2007年3月、産業再生機構は41件の支援案件の処理を終え、期限まで1年を残して解散した。[15]

2 「民間」による「事業再生メカニズム」の模索

　産業再生機構による過剰債務問題の解決とメイン行の不良債権問題が一段落

---

[13] 基本指針II(1)①。

[14] 亀沢・前掲論文（注12）19～20頁参照。なお、事業再生計画の実施状況の検証は株式会社産業再生機構法上規定されていないため、計画と実績の乖離については正確に把握されていない（同23頁）という。

[15] 産業再生機構に対しては、不良債権処理の促進や最終的な収支が黒字となった点を評価する声がある（亀沢・前掲論文（注12）35～36頁）。一方で、実業界・産業界からは、「『M&Aのお手伝いをしている存在』に過ぎない」（「〈企業研究〉産業再生機構・本当に事業を再生したのか──事業を切り売り投下資金を回収──『産業再生』とは名ばかり」Verdad130号（2006年）53頁）、「金融再生のための組織でしかなく、一体再生の看板のもとに従業員が最大の被害者になった」（鈴木治「金融再生のため支援企業を犠牲にした産業再生機構の欺瞞」国際商業463号（2006年）25頁）、「バランスシート調整だけに傾注し、事業再生の方は疎かにしてしまった」（新妻忠彦「解散した産業再生機構は再生責任を全うしたか」国際商業468号（2007年）24頁）などの辛辣な批判もあった。

した2004年12月、経済産業省は、産業再生機構解散後の事業再生のあり方を検討するために、経済産業政策局長の私的研究会として企業活力再生研究会を設置した。総勢18名の委員で構成された同研究会は、法務省や金融庁などの関連機関をオブザーバーに迎えて計7回開催され、2005年5月に公表された中間取りまとめで提示された制度的課題は、翌年、事業再生制度研究会においてさらに専門的な検討に付されることとなる。これら研究会の問題意識は、産業再生機構のような緊急避難的な措置に代わる、「民間」主体の「事業再生メカニズム」の構築にあった。すなわち、産業再生機構が取り扱うような「債権者間の利害調整が困難である」ために「民間だけでは解決が困難な再生可能性のある案件」を、「民間ベース」で処理するための「事業再生メカニズム」の模索が始まるのである。

(1) 企業活力再生研究会

企業活力再生研究会では、「民間ベース」による事業の「早期再生」がめざされ、「『私的整理と法的整理の間隙』を埋める」努力がなされたが、そこでの目的は、産業再生機構の解散後をにらんで、過剰債務問題を解決するための「事業再生メカニズム」を構築することにあった。というのも、「公的関与の強」い「緊急避難的な措置」である産業再生機構のなき後、「事業の束」で構成される「産業」の再生を進めるには、事業の再生すなわち「事業価値を向上させること」が不可欠だったからである。

ただ、ここで注目すべきは、この「民間ベース」による事業の「早期再生」の必要性を説明するにあたり、「民事再生手続又は会社更生手続という法的整理に移行する」と「事業価値が毀損してしまう場合が多い」と述べていながら、そこでめざされたのが「私的整理」と「法的整理」を「繋げる」努力だった、ということである。このことが示唆しているのは、「法的整理」に移行することで「事業価値を毀損」させてまでも実現したい一定の価値ないし目的

---

16 小泉政権が2002年10月に発表した「金融再生プログラム」で金融庁が掲げた「主要行の不良債権比率を現状の半分程度に低下させる」などの目標数値は、この頃にはおおむね達成されたといわれている。

17 企業活力再生研究会「今後の事業再生メカニズムの在り方について」(2005年) 1頁、事業再生制度研究会「事業再生制度研究会報告書」(2006年) 1頁参照。

18 企業活力再生研究会・前掲報告書 (注17) 1頁、38頁。

が、「事業再生メカニズム」の構築において想定されていたということである。それはすなわち、「迅速」な「解決」が「事業価値の著しい毀損を最小限にとどめる」との表現にも示されているように、何らかの形で「迅速」になされる事業再生の「解決」だったといえる。つまり、過剰債務問題の解決という特定の政策目的のために事業再生を推進する同報告書の立場からすれば、"未解決"の状態こそが最も回避すべきものだったのであり、それを避けるためならば、事業価値を毀損させる「法的整理」に移行することもやむを得ないと考えられていたのである。[19]

　こうして企業活力再生研究会では、事業再生を推進するために「私的整理の最大の問題点」である「債権者調整の円滑化を図るための何らかのメカニズム」を検討するなど「私的整理の円滑化」のための見直しを行いつつ、「関係債権者の全員一致」が「迅速かつ円滑に達成できない」場合について、「法的整理への移行時に事業価値の著しい毀損を最小限にとどめるため」の「私的整理と法的整理との間隙を埋める仕組み」が検討された。その方向性としては、①「制度上の落差を小さくすることにより私的整理と法的整理の連続性を確保するメカニズム」と、②「私的整理の枠組みで可能な限り完結するようなメカニズムを作」って「現在の法的整理に移行しない」ことという、二つのアプローチが考えられた。これは事実上、「法的整理」同様、「私的整理」をも事業再生のための手続として再解釈しようとする試みであったといえよう。

　この二つのアプローチはさらにそれぞれ二つに分かれ、最終的に四つの提言として整理されることとなる。一方で上記①のアプローチについては、ⓐ中立・公正な第三者を関与させつつ、私的整理に「法的整理段階でも保護・尊重されるようなルール」を導入することにより、私的整理段階でなされた行為につき、「法的整理において裁判所が事実上尊重しやすくなるようにする」、あるいは、ⓑ「より制度的に予測可能性を高める」ために「中立・公正な第三者」として「何らかの公的位置づけを与えられた者」を活用するなどして、「その後の法的整理において私的整理における合意に一定の法的効果を付与する」こ

---

[19] 企業活力再生研究会・前掲報告書（注17）3頁、12頁、20〜21頁。たとえば、「法的整理には、その運用が『権利の衡平』という観点を重視するあまり、『将来の事業価値の増大』という観点が必ずしも十分でないため、事業価値を毀損させている面がある」との指摘もあった（同16頁）という。

とが言明された。他方上記②のアプローチについては、ⓒ非訟事件手続における「当事者の承諾に代わる許可」の制度に倣って、「反対した少数債権者について『同意に代わる決定』をすること」で、「私的整理手続において多数決で可決された再建計画」を裁判所が「実質的に（中略）オーソライズする」というしくみ、あるいは、ⓓ「特定調停制度に似」た、「多数決原理を導入しつつも、実体的な権利を制約しない仕組み」として、「裁判所が『調停に代わる決定』に類する決定を出し」、これに対する反対債権者の異議申立てを認めることとして、「当該決定に対して合理的な理由なく反対をすること」が「事実上相当程度抑制されること」を期待する方法が考えられたのであった。[20]

以上の四つの提言について、経済産業省としては、どれも「一長一短」であり、特にⓒは憲法問題をはらむ「金融債権を対象とするいわばミニ法的整理手続」の創設を意味するものであって、実現は難しいと考えていた。[21] そこで、これら提言については、翌2006年、事業再生制度研究会においてさらなる制度的検討が進められることとなったのであった。

(2) **事業再生制度研究会**

事業再生制度研究会は、法務省が経済産業省と共同事務局を務める中、6名の専門家を委員に招いて開催された。同研究会は、企業活力再生研究会の問題意識を引き継ぎ、「産業再生機構のような緊急避難的な措置」が終了した後は「民間主体の自律的な事業再生メカニズムをいち早く構築する」ことが日本の「産業活力の再生にとって急務である」と指摘する。すなわち、「事業再生のメカニズムの中心的役割を果たすべき制度」はあくまで「再建型の法的整理として創設された民事再生法、改正された会社更生法などの法的整理の早期活用である」との基本的立場に立ちつつも、「金融債権者だけの負担により事業価値

---

20 企業活力再生研究会・前掲報告書（注17）18〜24頁。もっとも同報告書では、機能のうえでの範とした産業再生機構について一方で「中立・公正な立場」にあるとしながら、他方では「公的機関が自らプレイヤーとなって（中略）再生を直接的に支援する」（1頁）という側面も重視されており、同機構の性格づけは必ずしも一貫していない。なお、ⓓの枠組みにおいて異議申立てが権利濫用として無効と解されうる場合を検討したものとして、多比羅誠「私的整理と特定調停との連続性」NBL825号（2006年）1頁参照。

21 企業活力再生研究会第7回議事要旨、「霞が関特派員『ポスト産業再生機構』企業活力再生研究会の四つの提言」公研502号（2005年）87頁参照。

の毀損を最小限に抑え、迅速に事業再生を図りたいというニーズ」が依然として高いのが事業再生の現状だとして、「私的整理の円滑化」、「私的整理と法的整理の連続性の確保」などの制度的課題につき「早期事業再生を円滑化するための仕組みとして短期的な対応策に留まらず」、さらに「民事再生法、会社更生法及び特定調停法の評価を踏まえた長期的な事業再生を円滑化するための対応策」を検討することがめざされたのであった。

そのため事業再生制度研究会では、企業活力再生研究会による四つの提言のうち、ⓐとⓓを結びつけた命題に議論が集中した。というのも、ⓒについてはすでに憲法問題という困難な限界が指摘されていたし、またⓑも、2004年12月に成立したADR法制定をめぐる議論の中で導入が見送られた構想に類していたからであろう。そこで、「特定調停法の改正」は無理だが、私的整理における「多数決原理は難しいので、せめて導入するのであれば、異議権のある裁判所の決定に落ち着いてくる」のではないかというのが全体の趨勢であって、ましてや手続の最初の段階でその後の手続についての同意を調達する仲裁型のしくみをよしとする意見は皆無であった。これらの議論からも推察できるように、企業活力再生研究会に引き続き事業再生制度研究会においても議論の焦点となったのは、「債権者間の利害調整が困難である」ために「民間だけでは解決が困難な再生可能性のある案件」を「民間ベース」で処理するための、産業再生機構解散後の「事業再生メカニズム」のあり方であった。

こうして6回にわたり検討を重ねた結果は、2006年9月、報告書として公表され、そこでは、「一定の要件を満たす私的整理手続を経た事業再生計画案について、特定調停手続において、従前の私的整理手続の成果を活用して迅速に調停を行う」方法が提言された。すなわち、約半年後に施行を控えたADR法27条の考え方に倣って、同法の認証を受けた認証紛争解決事業者（認証ADR）が「特定調停手続における調停委員等に代替するような仲介機能を果たしうることを根拠に」、一定の専門家が「認証ADRの手続実施者として紛争解決手続を行」った後に申し立てられた特定調停手続で「債務者の迅速な再生を図るスキーム」である。というのは、「専門及び能力等を有する専門家」が関与した「認証ADRによる裁判外紛争解決手続」が先行していた場合には「調停委員会と同等のプロセスを経ている」と考えられたためであり、一定の

要件を満たすならば「調停裁判官は迅速に手続を進めて事業価値の毀損を防ぐ」形で調停を行うこととするのが「相当」だとされたからである。また、このように認証 ADR が「特定調停という司法型 ADR との間で連携を取ること」は、「すべてを裁判手続に委ねるのではなく、裁判手続と裁判外の紛争手続との連携強化」を志向する「司法制度全般の制度改正の流れを踏んだもので」もあるという。[22]

したがって本提言は、認証 ADR の手続に、調停委員会の代替機能のみならず調停裁判官による実質的判断の代替機能を認めようとするものであり、その意味で、「裁判所における調停の機能を代替すること」[23]を企図したものだということができる。そして、これを「事業の再生という側面に着目して、倒産法制を積極的に活用する土壌を築く」という早期事業再生研究会以来の問題設定とあわせて考えるならば、過剰債務問題の解決のために必要とされた「金融債権者だけの負担により事業価値の毀損を最小限に抑え」て迅速に行われるべき「事業再生の手続」は、「事業再生」の機能を有する認証 ADR の手続を疑似法的手続として媒介させ「私的整理と法的整理」を一体化することで、「私的整理と法的整理との間隙を埋める仕組み」あるいは「私的整理と法的整理の連続性を確保するメカニズム」を構成するに至ったといえるだろう。

3　事業再生 ADR 制度の創設

こうして、事業再生制度研究会の提言の下、1999年に制定された産活法の2007年改正で、同法第4章「事業再生の円滑化」に事業再生 ADR の制度が導入された。そして現在、時限立法であった同法は、安倍晋三政権で閣議決定された「日本再興戦略」に基づいて制定された産業競争力強化法に吸収され、事業再生 ADR に関する規定もその第4章第3節として、従前の内容がほぼそのまま継承されている。

22　事業再生制度研究会・前掲報告書（注17）1～8頁、27頁および同研究会議事概要参照。なお提言⑤をめぐっては、同報告書を受けて創設された「特定認証紛争解決手続」を、将来的に「執行力を付与する ADR を創設する」際の参考になる制度枠組みだとする評価がある（山本和彦「ADR 和解の執行力について(下)」NBL868号（2007年）27～29頁）。
23　事業再生制度研究会・前掲報告書（注17）5頁。

産業競争力強化法によれば、ADR 法に基づく認証紛争解決事業者は、その手続実施者および認証紛争解決手続の実施方法につき別に定める経済産業省令の基準を充足する場合には、経済産業大臣の認定を受けて事業再生に係る紛争解決手続を行う特定認証紛争解決事業者となることができ（51条）、事業再生 ADR 事業者が関与する事業再生案件には、52条ないし60条で規定される各種の特例的措置が適用される。このうち先述の事業再生制度研究会の提言にかかわるのは52条であり、事業再生 ADR 手続が先行していた場合の特定調停手続では、当該 ADR 手続が実施されていることを「考慮した上で」、裁判官による単独調停（民事調停法5条1項ただし書）を行うことが「相当であるかどうかの判断をするものとする」と規定している。この趣旨は、「公平中立な認定認証紛争解決事業者によって、事業再生に関する専門的知見を活用した」事業再生 ADR 手続がすでに実施されている場合には、「それまでの私的整理手続を尊重した上で迅速な解決が図られることが経済合理性の面からも望ましいと考えられる」ことにあるという[24]。また同様の趣旨から、つなぎ融資については株式会社産業再生機構法31条のしくみに倣い、事業再生 ADR 事業者から所定の確認（産業競争力強化法58条1項）を得た者がその後の民事再生計画や会社更生計画において平等原則の例外としての扱いを認められるかどうかは、同確認にあたり所定の条件への適合が「確認されていることを考慮した上で」「判断するものとする」と規定されている。なお、同法において「事業再生」とは、「再生手続、更生手続その他政令で定める法律に定める手続により事業の再生を図る場合」を除き、「過大な債務を負っている事業者が、その全部又は一部の債権者の協力を得ながらその事業の再生を図ること」をいう（2条14項）[25]。

　では、このような事業再生 ADR 制度はどのような目的の下にあるのか。これについては、複数の法律に定めがある。

---

[24] 経済産業省経済産業政策局産業再生課編『逐条解説産活法』（商事法務・2011年）281頁。なお、経済産業省編『産業競争力強化法逐条解説』（経済産業調査会・2014年）219～220頁では、同趣旨の産業競争力強化法52条について、単独調停実施に係る判断は「裁判官の裁量に任せられているが」事業再生 ADR 手続で「事実関係の調査・整理」が行われたことの「考慮を義務付け」たものと説明している。ただ、この点について事業再生制度研究会では、その他事情を含めて「総合考慮して判断されるべきではないか」と指摘されている（事業再生制度研究会・前掲報告書（注17）6頁）。

まず、事業再生ADR制度の直接の根拠法となった産活法1条は、日本「経済の持続的な発展を図るためにはその生産性の向上が重要であることにかんがみ、特別の措置として」2章ないし5章に規定する措置を講じる等により、日本の「産業活力の再生を図るとともに、(中略)産業活動の革新に寄与することを目的とする」と規定している。同様に、産活法を発展・拡充した産業競争力強化法1条もまた、日本「経済を再興すべく」、「産業競争力を強化することが重要であることに鑑み」、同法が規定する各種の「措置を講じ、もって国民生活の向上及び国民経済の健全な発展に寄与すること」が同法の目的であると定めている。このように、日本経済の発展に資するような産業競争力の強化の手段として事業再生ADRが位置づけられていることは、同法の基本理念をみても明らかである。すなわち「産業競争力の強化は、事業者が、(中略)生産性の向上及び需要の拡大を目指し(中略)事業再生、設備投資その他の事業活動を積極的に行うことを基本とし、国が、これらの取組を促進するために(中略)事業環境の整備を行うとともに、事業者に対する支援措置を講ずることを旨として、行わなければならない」(3条)ものなのである。

　しかしこれに対して、紛争解決事業者の認証制度を定めるADR法は、その目的として「裁判外紛争解決手続(中略)が、第三者の専門的な知見を反映して紛争の実情に即した迅速な解決を図る手続として重要なものとなっていることにかんがみ、(中略)紛争の当事者がその解決を図るのにふさわしい手続を選択することを容易にし、もって国民の権利利益の適切な実現に資すること」(1条)を掲げる。そしてそのためには、紛争解決手続は「法による紛争の解決のための手続として、紛争の当事者の自主的な紛争解決の努力を尊重しつつ、公正かつ適正に実施され、かつ、専門的な知見を反映して紛争の実情に即した迅速な解決を図らなければならない」(3条)とその基本理念を謳っている。いわば、ADR法が認証する紛争解決事業者は、産業競争力の強化による

25　なお、2014年の経済産業省省令の改正を受けて、産業競争力強化法では手続実施者資格要件の緩和や社債権者の処遇に関する定めがおかれ、事業再生ADRの促進が図られている。また特定調停をめぐっては、中小企業金融円滑化法の終了(2013年3月末)による中小企業の経営危機の深刻化への対応として、日本弁護士連合会が最高裁判所および経済産業省中小企業庁の協力の下に策定した「事業再生スキーム」が、同年12月から運用を開始している。詳しくは、高井章光「特定調停を活用した新しい中小企業再生手続の運用」事業再生と債権管理143号(2014年)145頁以下参照。

日本経済の発展をめざした産活法とは対照的に、「法による」「自主的な」紛争解決をもって「国民の権利利益の適切な実現」をめざすべきだとされているのである。

また、現在唯一の事業再生ADR事業者であるJATPが2014年に公表した同協会策定の手続準則「特定認証ADR手続に基づく事業再生手続規則」[26]では、JATPが行う事業再生ADR手続の目的を定めた第1条において、「事業価値の著しい毀損によって再建に支障が生じないよう、会社更生法や民事再生法等の法的手続によらずに、債権者と債務者の合意に基づき、債務（主として金融債務）を猶予・減免などする裁判外紛争解決手続（ADR手続）」を関係法令に準拠して運用するための準則を定めることにより、「同手続の利用を促進し、もって経営困難な状況にある企業を再建することを目的とする」と定めている。ここでは、産活法やADR法とも異なる、債権者と債務者の合意による企業の再建が掲げられており、したがって、事業再生ADRは、これら相異なる三つの目的を同時に実現するものとして法律上位置づけられていることになるのである。

III 事業再生ADRの法的性質

私的整理ガイドラインの策定に始まる一連の試みは、産業再生機構という「緊急避難的な措置」を経て、事業再生ADRに収斂した。では、事業再生ADRの創設は私的整理や法的倒産手続の理解のあり方にどのような影響を及ぼしたのだろうか。この問いを探究するために、これまでの議論を振り返りながら事業再生ADRの法的位置づけについて考察してみたい。

1 「私的整理」の変質

嚆矢である私的整理ガイドラインは、小泉政権の「金融機関の不良債権問題と企業の過剰債務問題の一体的解決」という政策課題を受けて策定されたことからも明らかなように、私的整理を特定の政策目的と結びつけるためのもので

---

26 富永浩明「『特定認証ADR手続に基づく事業再生手続規則』の解説」事業再生と債権管理145号（2014年）16頁以下参照。

あった。すなわち、不良債権と過剰債務の解決という、政府の打ち出した「対策の一つとして」同ガイドラインを「予め定めておくことは有益である」との問題意識から、「企業の私的整理に資する」ことを通じて日本「経済の構造改革の一助となること」を期待しつつ、「本来」の会社更生や民事再生の「手続によったのでは事業価値が著しく毀損されて再建に支障が生じるおそれがあ」る「私的整理」についてのみ、「金融機関債権者」だけを「対象債権者」として「企業を再建するための」ガイドラインを定めたのである。

　ところで、もともと私的整理とは「倒産が表面化した後に多数債権者との間で集団的に債務の処理を図る」ことをいい、再建型だけでなく清算型もあるうえに、特に金融債権者を対象とするものでも、メイン行が主導すると決まったものでもなかった。そのうえ、再建をめざすならば、むしろ債務者自身が意欲的でなければ遂行は困難であるといわれていた。これに対して、「いまだ倒産状態が公表されていない段階で」「主要な大口債権者又は金融機関相互間において協議して、債務の弁済期限の延期や手形のジャンプなどに応ずることにより、倒産を回避して再建を試みる」ものは、別に「内整理」とよばれていたから[27]、「金融機関債権者」だけを「対象債権者」として「債務の処理」を図る私的整理ガイドラインは、むしろこの「内整理」のガイドラインとしての実質を有していたことになる。

　したがって、私的整理ガイドラインは特定の政策目的すなわち「金融再生と産業再生」と結びつくことによって、私的整理の「私的」な性質とともに、その「整理」の内容をも変質させたということができる。もっとも、私的整理ガイドラインにおいてはなお、企業の再建は「本来」民事再生や会社更生によって図るべきと認識されており、変質はあくまで限定的な範囲にとどまっていた。ところがその後の早期事業再生研究会報告書では、「私的整理においては、手続の対象となる債権者は金融債権者等に限定するのが通常である」ととらえつつ「事業再生メカニズム不在の事態を改善するため」に「制定された」のが「私的整理に関するガイドライン」であると認識され[28]、さらに企業活力再生研

---

[27] 高木新二郎＝中村清『私的整理の実務』（金融財政事情研究会・1998年）62頁、134頁、当時の私的整理手続について71〜136頁参照。
[28] 早期事業再生研究会・前掲報告書（注11）5頁、45頁。

究会に至って、「私的整理」は明確にその性質を変えた。というのも、同研究会においてはもはや、「私的整理」は「事業再生」のための手続と再解釈され、「私的整理」における「債権者調整の難しさ」を克服するために、「私的整理」段階での成果にお墨付きを与えてくれるような「法的整理」との「連続性」を確保するしくみがめざされたからである。ただ、不正が介入しやすい私的整理についての評価は従来さまざまであり、ましてや「内整理」については、しばしば再建が行き詰まるため「私的整理あるいは法的倒産処理手続に移行」することで「あらためて全債権者を巻き込んで」の「抜本的な解決」が必要となることが多いと指摘されていた。つまり、「内整理」の実質をもつ変質した「私的整理」が望まれたのは、たとえ後に「抜本的な解決」が必要となることが多いとしても、「事業再生を通じて産業再生が進」むことにより日本の「経済社会の発展につながる」ことを目的としていたからだったということがわかる。

2 「法的整理」の構築

このように私的整理が変質する一方で、事業再生の観点から再解釈された「倒産法制」、すなわち「法的整理」の構築も次のように2段階で進められた。

まず第1段階として、早期事業再生研究会報告書では、2000年以降の民事再生法の施行や会社更生法の改正が私的整理ガイドラインの策定と同じく「事業再生メカニズム不在の事態を改善するため」のものであったと歴史的に意義づけられた。というのも、「迅速再生を実現するためには（中略）倒産法制の活用も回避してはならない」のであって、「これからは、むしろ、事業の再生という側面に注目して、倒産法制を積極的に活用する土壌を築くことが必要となる」からである。そしてそのうえで、この「倒産法制」を「活用」する一つの方法として、「一部債権者の反対により合意が得られない場合に」「法的整理によって最終決着を行う」ことと定義される「プレパッケージ型事業再生」の促

---

29 高木＝中村・前掲書（注27）63〜64頁。
30 この目的設定の特異性は、ほぼ同時期に倒産法の現代化を行ったドイツが「市場適合的」な倒産法をめざし、その基礎に〝倒産企業の再建は債権者の投資（判断）である″との理解をおいた（河崎祐子『企業再建手続運営プロセスの法理』（信山社・2004年）92頁以下参照）ことと対照すると、とりわけ顕著に浮き彫りとなろう。

進を提起し、これを、「私的整理と法的整理を案件の性格に応じてうまく使いこなすことに他ならない」と断じたのだった。以上を踏まえれば、ここで「法的整理」とは、「事業の再生」という側面から法的倒産手続をとらえ直した「倒産法制」であり、事業の「迅速再生」という機能のうえでは「私的整理」と同質であると評価されているということができる。

ただ、「倒産法制」を「活用」するために事業再生の観点から法的倒産手続を再解釈したとしても、「法的整理」は事業再生の手続としてはいまだ不十分だと考えられていた。そこで次に第2段階として、「私的整理」の観点からの「法的整理」のとらえ直しが行われた。これは、「法的整理に移行」すると「手続に時間がかかり、事業価値が大きく毀損してしまうという現状がある」とする企業活力再生研究会報告書の表現に示されている。こうして、「債権者の多数の同意を得」た再生計画案をもって「当該債務者とその債権者との間の民事上の権利関係を適切に調整」すること（民再1条）や「事業の維持更生を図ること」（会更1条）は、「法的整理」の目的からはずされる一方、「私的整理」すなわち集団的な「債務の処理」が重視され、これら研究会での課題は「主要債権者との間で合意形成」することに集約されるようになったのである。

3　「私的整理と法的整理」を「繋げる」

ここで注目すべきは、「法的整理」が「事業価値を毀損させる」との理解にもかかわらず、「事業価値の向上」を目的とした「事業再生メカニズム」の構築のために「『私的整理と法的整理の間隙』を埋めるもの」が模索され、「私的整理と法的整理の連続性を確保するメカニズム」として、機能のうえで疑似法的な手続としての事業再生ADRが生み出されたことである。

ではなぜ、「私的整理」と「法的整理」を「繋ぐ」手続がめざされたのだろうか。それは、産業再生機構の後継として、「債権者間の利害調整が困難である」がゆえに「民間だけでは解決が困難な再生可能性のある案件」を処理する「民間」主体の「事業再生メカニズム」を構築するためであった。すなわち、「民間だけでは解決が困難」な案件を「民間ベース」で処理するには、変質した「私的整理」においても残された課題である「債権者調整の難しさ」を、「主要債権者との間で合意形成」するために再解釈された「倒産法制」である

「法的整理」に「繋ぐ」ことで「解決」する必要があったのであり、そこで必要とされたのが事業再生 ADR だったのである。こうして、「事業再生メカニズム」の中で「私的整理」と「法的整理」を「繋ぐ」ものとして創設された事業再生 ADR は、擬似法的な手続として機能的に位置づけられ、「債権者間の利害調整が困難である」案件において「合意形成」を促進することが期待されたのである。

ただ、事業再生 ADR がもっぱら機能的な観点から意義づけられてきたことは、その法的な位置づけを曖昧にすることとなった。なぜならば、確かに「繋ぐ」ものである事業再生 ADR は、機能的には、根拠法により認証・認定された「民間ベース」の手続として「公的」な面と「私的」な面をあわせもつが、法的には、「利害」や「権利関係」の「調整」を目的とする"法体系"上にどこにも置き場がない「合意形成」のための疑似法的な手続として位置づけられるからである。このことは、別の言い方をすれば、事業再生 ADR がその創設過程において機能的な効果を追い求めるあまり、"法体系"につきまとう義務や制約について十分議論が深められてこなかったことの結果でもあった。[31] それゆえ、機能的な効果だけでなく法的な効果をも獲得し、「私的整理と法的整理の連続性を確保するメカニズム」の完成をめざすには、「私的整理」と事業再生 ADR、事業再生 ADR と「法的整理」をそれぞれさらに「繋ぐ」方法を新たに考えなければならなくなってしまったのである。[32]

IV　おわりに

本稿では、私的整理ガイドラインから事業再生 ADR に至るまでの検討の過程をたどることを通して、倒産手続が特定の政策目的と結びつけられたために、民事再生や会社更生のような法的倒産手続が事業再生のための手続を意味

---

[31] この点を ADR 法制定時の議論を踏まえて考察したものとして、河崎祐子「民事手続法としての ADR 法」一橋法学13巻 3 号（2014年）50頁以下参照。

[32] 利用者の観点からこの一連の試みを振り返ると、近年問題となっている企業休廃業の増加が気がかりではある。法務省は2014年度、全国の法務局で休眠会社・休眠一般法人の整理作業を行っている〈http://www.moj.go.jp/MINJI/minji06_00082.html〉。

する「法的整理」概念によって置き換えられるとともに、従来の私的整理の概念もまた変容し、この両者を「繋ぐ」疑似法的手続として事業再生 ADR が創設されたのだということを明らかにした。この「私的整理と法的整理の間隙を埋める」試みは、私的整理とともに法的倒産手続をも事業再生のための手続として読み替えることによって、事業再生 ADR を「法による紛争の解決」を求めている ADR 法と整合的に解釈することを可能にした点で、一定の成果をあげたといえるかもしれない。[33]

ただその反面、事業再生 ADR の根拠法である産業競争力強化法に基づく特定調停や再生手続・更生手続に関する特例は、あくまで裁判官の考慮要素の一つとして先行する事業再生 ADR 手続への事実上の配慮を求めるにすぎないから、事業再生 ADR とこれら法的倒産手続との間には機能的「同質性」以上のものはないといえる。さらに、産業競争力強化法自体もまた、その目的とする「国民生活の向上及び国民経済の健全な発展に寄与すること」の方法として多様な措置を想定しており、事業再生 ADR は「産業再生」措置の一つにすぎない。このことは逆に、事業再生 ADR の直接の根拠法が「特別の措置」(産活法1条) であったこととも相まって、法的倒産手続の果たすべき、「利害」ないし「権利関係」を「適切に調整」するというより普遍的な役割を浮き彫りにしているといえるだろう。

そして最後に、「法的整理」をめぐっては、法的倒産手続のうち特に民事再生・会社更生だけを取り出して議論がなされていたが、「事業再生」や企業の「再建」は常に達成されるものではない。「内整理」について指摘されていたように、金融債権者との交渉による過剰債務問題への対処だけでは収まらず、結局抜本的な再生が必要とされることもありうるし、再生・再建が難しい場合には最終的には破産手続で処理されることになる。[34]「法的整理」の概念は、この視点を欠いている。そしてこのことは、翻って、法的倒産手続の根幹にあるのは破産手続なのだということを、あらためて教えてくれるのである。

---

33 ADR 法にこの「法による」縛りが入れられた経緯については、河崎・前掲論文 (注31) 49〜50頁参照。
34 なお、再生手続において清算を最終目標とすることに慎重さを求める指摘として、伊藤眞ほか編集代表『民事再生法逐条研究 (ジュリスト増刊)』(有斐閣・2002年) 19頁〔竹下守夫発言〕参照。

12 純粋私的整理手続の実務

弁護士 軸丸 欣哉

はじめに

　近時、企業の事業再生を目的とする負債整理について、会社更生手続や民事再生手続といった法的整理手続のほかに、裁判所外で手続が進められる私的整理手続のメニューが拡充されてきている。これら私的整理手続のメニューの中には、地域経済活性化支援機構や中小企業再生支援協議会のような公的第三者機関あるいは政府機関から認証および認定を受けた民間の第三者機関である事業再生実務家協会の関与の下で所定の手続準則に従って進められる手続と、第三者機関の関与や遵守すべき所定の手続準則なしに債権者と債務者の相対ないし集団的な交渉によって進められる手続がある。一般的に、前者は準則型私的整理手続、後者は純粋私的整理手続などとよばれている。

　本稿では、純粋私的整理手続に的を絞って、債務者企業の事業再生を目的とする負債整理の相談の段階から再生計画が成立して実行される段階まで一連の手続に関する手順・流れの実際について論じたうえで、純粋私的整理手続が頓挫して法的整理手続に移行する場合に生じ得る問題のいくつかについても検討を試みることとするが、特に、手続に関する手順・流れの実際については、手続自体の性質ゆえに、また、筆者の見識不足もあり、必ずしも理論化できているものではなく、筆者個人の経験や方法論に基づく臨床的内容である。

　なお、本稿は、銀行法務21（経済法令研究会）の779号および780号（いずれも2014年）に掲載された筆者の論考「純粋私的整理の実務(上)(下)」を基に、その後、多少の考察を加えたものであることをご了解願いたい。

I　手続の手順・流れ──負債整理案件の相談

　負債整理案件について、筆者の場合、債務者企業から相談を受けている会計士、税理士あるいは事業再生コンサルタントといった「専門家」を介して相談を受けるケースが多いのであるが、いずれにしても、負債整理案件の相談を受けるにあたっては、できる限り、事前に、会社案内、過去3期分程度の決算書、直近月の試算表、足元の資金繰り表、金融債権者一覧表および主要資産担保設定一覧表等といった資料を準備・提供してもらい、あらかじめ、目を通しておくようにしている。

　相談当日には、あらかじめ準備・提供を受けた資料に基づきながらヒアリングを行い、債務者企業の足元の資金繰り、収支および資産・負債の状況等の現状を把握して、窮境原因の分析・把握に努める。ここでは、単に経営者等から事情を聴取するのではなく、客観的な財務資料における「数字」に基づき状況を把握・分析することを重視している。また、会計士等の「専門家」が関与している場合には、基本的に、相談に同席してもらうようにしている。

II　手続の手順・流れ──手続選択

1　事業の継続性の検討

　事業再生を目的とする負債整理案件を受任するにあたっては、債務者企業が営む事業（の全部または一部）そのものについて、継続性があるか否かの判断を要する（事業に継続性が認められないとなれば、事業の清算を検討せざるを得ない）。

　事業の継続性の有無に関しては、①事業の収益性の有無すなわち営業収支がプラスであるか否か、また、②当面の資金繰りに問題がないかといった点を中心に検討することになる。この点、たとえ営業収支が一時的にマイナスであっても、これをプラスにする手立て・スケジュールが見通せている場合には収益性ありとみてよいであろうし、そうでなくても、当該事業を引き受けるスポン

サー候補がいるような場合には、再生型を選択することになろう。

2　法的整理手続と私的整理手続の選択

　再生型で進めるとして、次に、法的整理手続と私的整理手続のいずれを選択するかが問題となる。ここでは、法的整理手続と私的整理手続それぞれの長所と短所の観点から、いずれの手続によるべきかを検討・判断することになる。

　この点、私的整理手続の最大の長所は、手続の対象とする債権者（手続債権者）の範囲を絞ることができる結果、信用ひいては事業価値の毀損を最小限に食い止めることにより、全体利益を最大化し得る点にある。また、手続に柔軟性がある点も私的整理手続の長所である。逆に、法的整理手続は、すべての債権者を手続に巻き込むことになる結果、信用ひいては事業価値の毀損が大きくならざるを得ず、その結果、全体利益の毀損を抑制・回避しがたい点が最大の短所である。また、手続が厳格に法定されていて柔軟性を欠く面がある点も、法的整理手続の短所である。

　他方、私的整理手続の最大の短所は、負債整理について手続債権者全員の同意が必要な点にある。また、私的整理手続とりわけ純粋私的整理手続については、裁判所の関与や法定された手続がないため、手続の公平性や透明性が制度的に担保されているわけではない点も短所である。逆に、法的整理手続は、負債整理について、債権者の同意は不要、あるいは、法定多数の同意で足りるとされており、これが最大の長所である。また、裁判所関与の下、法が定めるところに従って手続が進められるので、手続としての公平性・透明性が制度的に担保されている点も法的整理手続の長所である。

　以上のとおり、法的整理手続と私的整理手続は、それぞれの長所と短所が基本的に表裏の関係にあって一長一短なのであるが、少なくとも、いったん法的整理手続を申し立ててしまうと、すべての債権者を手続に巻き込んでしまうこととなり、債務者の信用ひいては事業価値が大きく毀損することは間違いない。そこで、法的整理手続と私的整理手続のいずれを選択すべきかの判断にあたっては、まずは、私的整理手続で進めることの可否を検討し、たとえば、手続債権者の中にどうしても協力を得られない大口の債権者がいるなど、私的整理手続では見通しが立たない場合に、次善の策として法的整理手続で進めるこ

とを考えるという順序で検討するようにしている。

3　準則型私的整理手続と純粋私的整理手続の選択

　以上の検討を経て、私的整理手続を選択するとして、次に、準則型私的整理手続と純粋私的整理手続のいずれを選択すべきかを検討する。ここでも、法的整理手続と私的整理手続の選択の場面と同様に、準則型私的整理手続と純粋私的整理手続の長所と短所の観点から、いずれの手続によるべきかを検討・判断することになる。

　この点、純粋私的整理手続の長所は、中小企業再生支援協議会のような第三者機関の手続関与が必要でなく、また、手続の要件や手順についても決まったものがあるわけではないので、手続の敷居が低くて柔軟な点にある。加えて、一般的には、準則型私的整理手続と比べても、手続費用がより低廉である点も純粋私的整理手続の長所である。逆に、準則型私的整理手続は、第三者機関の関与が必要で、準則化された手続の要件や手順に適合しなければならないことから純粋私的整理手続に比べて手続の敷居が高く、手続の柔軟性に欠ける面があることが短所である。また、純粋私的整理手続と比べて手続費用が高くなりがちであることも難点であろう。

　他方、純粋私的整理手続は、第三者機関が関与することがなく、また、一般的に承認された手続ルールも存在しないという手続の性質上、手続としての公平性・透明性の制度的担保に欠けるという短所がある。また、純粋私的整理手続については、手続債権者が一部債務免除に応じた場合に手続債権者の側で税務処理が難しくなるおそれがあることもあって、事実上、手続債権者から一部債務免除の了承を得ることは極めて困難であるという問題も大きい。逆に、準則型私的整理手続については、第三者機関の手続関与や手続が準則化されているという手続の性質上、法的整理手続ほどではないにしても、手続としての公平性や透明性が制度的にも一定程度担保されているという長所がある。また、準則型私的整理手続に基づき債務免除が行われた場合の手続債権者における税務処理がある程度明確化されていることもあり、準則型私的整理手続では、純粋私的整理手続に比べて、一部債務免除を含む負債整理も進めやすいという長所がある。

以上のとおり、準則型私的整理手続と純粋私的整理手続も、それぞれの長所と短所が表裏の関係にあって一長一短なのであるが、債務免除を受けることが必須である等、純粋私的整理手続で進めることが困難と思われる事案でない限り、まずは、手続的に敷居が低くて柔軟な純粋私的整理手続で進めることを検討するようにしている。

III　手続の手順・流れ——専門家チームの組成

　以上のようにして、手続選択の検討・判断を行ったうえで、実際に事業再生を目的とする純粋私的整理手続を進めるにあたっては、案件の規模や複雑性にもよるが、できる限り、事業再生に精通した会計士、税理士あるいは事業再生コンサルタントといった専門家とチームを組成することにしている。事業再生に精通した専門家チームが積極的に関与することで、手続に対する手続債権者の信頼を醸成する一助になると思われる。

IV　手続の手順・流れ——手続債権者との交渉開始

　手続債権者に対して純粋私的整理手続への参加および協力を申し入れるにあたり、少なくともメインバンクその他の主要行については、手続全体に対する信頼感・安心感の醸成という観点から、まずは債務者企業を通じてアポイントをとるなりしたうえで手続債権者を訪問して面談を行い、手続の趣旨等について説明するとともに手続への参加と協力を要請するようにしている。
　また、細かい点ではあるが、金融機関に対する訪問の順序は、基本的に、メインバンクその他の主要行から借入残高の少ない下位行の順に行うようにしている。下位行は、メインバンク等の動向に関心が強く、また、メインバンク等に足並みを揃える意向を示すところも少なくないことから、まずはメインバンク等と面談・協議してその結果を下位行に説明・報告することで、手続債権者の足並みがある程度揃いやすくなるなど、手続債権者に対する対応を円滑化し得るからである。
　手続債権者との協議・交渉にあたり、手続債務者代理人たる弁護士として

は、①手続債務者の事業には収益性が認められること、しかし、②事業継続のためには金融支援が必要であること、という手続債務者側の事情を十二分に説明・説得すべきことはいうまでもない。加えて、雇用の維持・確保の必要性や取引先に及ぼす影響、さらに、地域経済に及ぼす影響に言及すべき場合もある（特に、地元金融機関が主要債権者である場合）。

　以上のとおり、手続債務者代理人として、手続債務者側の主張・説明を尽くすべきことは当然であるが、他方、手続債権者側の立場・論理に配慮することも重要である。純粋私的整理手続は手続債権者全員の同意が得られない限り成立し得ない手続なのであるから、結局のところ、手続の成否は、いかにして手続債権者の合理的な信頼・理解・納得を得るかにかかっている。

　では、手続債権者の合理的な信頼・理解・納得を得るために、具体的にポイントとなる点は何であろうか。この点、負債整理は、手続債権者にとってみれば、債権という財産の管理・処分の問題であるから、まずは、経済合理性の観点が重要である。この経済合理性の判断にあたっては、債権の最低限の経済的価値を画するものとしての清算価値保障の観点と、再建型法的整理手続の基本手続である民事再生手続による場合の回収可能性との比較の観点から検討をなすことが一般的であると思われる（もっとも、民事再生手続の場合の回収可能性の検討については、不確定な要素が多く相当程度の「幅」があることを、手続債務者と手続債権者の双方が念頭においておくべきであろう）。

　次に、手続の公平性、透明性の観点も重要である。経済合理性の観点が、「結果」の適正さを保障するものだとするならば、手続の公平性や透明性は、結果に至る「プロセス」の適正さを保障するものである。特に、純粋私的整理手続の重大な短所の一つが、手続の公平性や透明性が制度的に担保されておらず、その結果、手続債権者の信頼を容易には得がたい点にあることに鑑みれば、手続債務者代理人としては、そのことを十分に認識・理解したうえで、手続債権者全体に対して、均質・均等かつ十分な情報開示や説明を行うことで手続の公平性・透明性を確保し、手続に対する手続債権者の信頼を醸成することが重要であろう。

　さらに、特に手続債権者たる金融機関に対しては、金融庁による「監督指針」や「金融検査マニュアル」のような金融機関にとっての一種の行動規範に

対する十分な理解とそれを踏まえた対応も重要である。手続債権者たる金融機関としては、自らの財産たる貸金債権の取扱いについて「監督指針」や「金融検査マニュアル」による縛りを受けているのであるから、それらを無視した処理・対応を求めたところで、金融機関としては処理・対応のしようがないということになってしまうからである。

　以上のほか、一口に金融機関といっても、メガバンクと中小金融機関とでは、負債整理案件に関するノウハウの蓄積量、組織的・人的な対応力、金融機関自身の資金調達コスト、あるいは、地域経済に対する利害関係の強弱その他の条件が異なっていることから、負債整理案件への対応ぶりには相当に違いがあることにも留意する必要がある。

V　手続の手順・流れ——第1回バンクミーティング

1　招集の方法

　メインバンク等との個別の訪問・面談に続いて、基本的には、バンクミーティングを開催する。バンクミーティング開催の通知は、書面をもって行うが、個別の訪問・面談の際にも出席を依頼するようにしている。また、手続債権者側のスケジュール調整の観点から、上記通知と開催日はできれば2週間程度の間隔をおくことが望ましいであろう。

　ところで、純粋私的整理手続については、準則型私的整理手続と異なり、バンクミーティング方式を採用することが必須とされているわけではない。しかし、手続の公平性および透明性に対する制度的担保がなく、それゆえに、手続に対する信頼性を確保することが容易でないという弱点を抱えた純粋私的整理手続こそ、バンクミーティング方式を採用することで、手続の公平性および透明性を実現し、手続債権者の信頼を獲得するメリットが大きいのではないだろうか。また、手続債権者が相当数以上になる事案では、バンクミーティング方式を採用したほうが、結局のところ、手続債務者側の手続負担も軽くなるものと思われる。

2　手続の式次第

　第1回バンクミーティングの式次第は、おおむね、①代表者挨拶、②バンクミーティング開催の趣旨説明、③財務内容および資金繰りの報告、④一時停止の申入れ、⑤手続の進め方およびスケジュールについての説明、⑥質疑・応答といったところである。

　バンクミーティングの司会・進行は、基本的に、手続債務者代理人たる弁護士が行うようにしている。①代表者挨拶では、代表者が、一時支払猶予の申入れをなすこと等について簡潔に謝罪をしたうえで、純粋私的整理手続による負債整理と事業再生への協力を要請する。②バンクミーティング開催の趣旨説明の具体的な内容は、手続債務者の業況や足元資金繰りの状況に鑑み、いったん元金（場合により利息も）の支払いについて猶予を受けたうえで、再生計画を立案して金融支援を要請すること、そのために、手続債務者の財務内容や資金繰りの状況を説明・報告すること、そして、手続への協力を依頼すること等である。③財務内容および資金繰りの報告は、専門家チームとして会計士または税理士等が関与しているのであれば、それら専門家に任せる。④一時停止の申入れの具体的な内容は、残高維持つまり回収、強制執行、追加担保設定等をしないことの要請である。猶予期間は、3カ月程度であることが多い。一時停止の申入れに対しては、金融機関から、直後に訪れる支払い・引落日との関係で手続が間に合わない（その結果、法律上の履行遅滞となる）との主張がなされることがあるが、いわゆる事務延滞扱いの対応を求めることで、法律上の履行遅滞を回避することが考えられる。⑤手続の進め方およびバンクミーティングの開催予定について、具体的には、第2回以降のバンクミーティング開催の予定、デューディリジェンス（以下、「DD」という）の結果報告、再生計画案の提示、並びに、再生計画案の承認に関する段取り・スケジュール等を説明する。⑥質疑・応答も、基本的には弁護士が対応するが、財務内容に関する質問等については会計士等の専門家が参加していれば、対応を任せている。

3　準備すべき資料

　第1回バンクミーティングでは、資料として、基本的に、①3期分決算書、

②直近月の試算表（貸借対照表、損益計算書）、③手続債権者ごとの残高一覧（借入れ明細）、④主要資産に係る担保設定状況の一覧、⑤一時停止の要請書および承諾書を準備・提出するようにしている。

4　情報管理

　純粋私的整理手続に関する事実について、手続債務者はもとより、手続債権者も、厳秘とすべきことはいうまでもないが、筆者自身、手続債権者たる金融機関が、自身の取引先（資金貸出先等）であり手続債務者の商取引先でもある業者に対して、手続債務者の信用不安情報を流出させてしまったケースを一度ならず経験したことがある。手続債務者代理人たる弁護士としては、手続債権者に対して、上記のような実例があることにも言及するなどして、秘密厳守を念押ししておくべきであろう。

VI　手続の手順・流れ
　　　——第2回以降バンクミーティング

1　手続の開催頻度等

　バンクミーティング開催の頻度・スケジュールについて、基本的には、1カ月に1回程度の頻度で開催している。手続債権者たる金融機関が四半期開示義務を負っていることからしても、少なくとも、3カ月に1回は開催すべきであろう。

2　手続の目的・内容

　前述のとおり、筆者自身は、1カ月に1回程度の頻度でバンクミーティングを開催することを基本にしているが、その場合の第2回以降のバンクミーティングの主な目的・内容は以下のとおりである。
　まず、毎回の定例報告として、試算表に基づく財務内容と資金繰り表に基づく資金繰りの説明・報告を行う。また、特に自力再生をめざすケースでは、収益性の改善状況に関する報告も行う。他方、スポンサー支援による再生をめざ

すケースでは、スポンサー選定状況に関する報告を行う。

財務DD、事業DDが完了した時点で、その結果を報告する。このようなDD結果の報告は、第2回ないし第3回のバンクミーティングで実施するケースが多い。

再生計画の立案から承認に至る手続の流れの詳細は後述のとおりであるが、基本的には、第3回ないし第4回のバンクミーティングに再生計画の素案を提出した後、第5回バンクミーティングに最終案を提出して、第6回バンクミーティングで再生計画を成立させることをめざしている。

もちろん、実際の事案は以上のようにスムーズに進むものばかりではなく、バンクミーティングがかなり多数回にわたったり、手続期間が長期に及ぶことも少なくないが（筆者自身の経験では、再生計画の成立までに3年近くの期間を要したケースもある）、この点は、純粋私的整理手続の長所である手続の柔軟性を活かして、臨機応変に対応するしかないであろう。

3　準備すべき資料

第2回以降のバンクミーティングにおいては、各回の目的・内容に応じて、①定例報告のための資料として、毎月の試算表（貸借対照表、損益計算書）と資金繰り表、②財務DDおよび事業DDの報告書（ないしそのサマリー）、③再生計画の素案、④再生計画の最終案を準備・提供している。もちろん、特段の懸案事項等があれば、それに関する資料を、適宜、準備・提供している。

Ⅶ　手続の手順・流れ——再生計画の立案

1　再生計画の立案手順

再生計画については、まず、その素案を作成する。その際、主要債権者に対する説明と意見聴取を行う。そうして作成した素案を第3回または第4回のバンクミーティングに提出して、すべての手続債権者に対して説明を行うとともに意見を聴取する。このように再生計画の素案について手続債権者と意見交換したうえで、再生計画の最終案の作成を進める。その際も、特に主要債権者に

対する説明と意見聴取を行うことが重要である。そうして作成した再生計画の最終案を第5回のバンクミーティングに提出して、すべての手続債権者に対して説明を行うとともに意見を聴取する。

再生計画の素案および最終案のいずれについても、各回のバンクミーティングの期日の間に主要債権者等と十分な意見交換を行って理解を得るように努めている。

2　再生計画の内容

再生計画は、①事業の収益性改善計画と②金融支援の要請、並びに、それらを前提としたうえでの③手続債権者に対する弁済計画を主たる内容とするが、再生計画の立案について、特に留意している点は、おおむね以下のとおりである。

(1)　金融支援の内容――債務免除の有無

再生計画の内容については、まず、金融支援として債務免除の要請を含むか否かが重要である。そもそも私的整理手続全般について、債務免除を伴う再生計画を成立させることは容易でなく、特に純粋私的整理手続について、そのハードルは非常に高いといわざるを得ない。したがって、債務免除を要請する必要の有無は、最初の手続選択の時点から検討しておかなければならない（大幅な債務免除が必須と見込まれるケースでは、手続選択の段階で、純粋私的整理手続以外の選択肢を優先的に検討せざるを得ない）。

純粋私的整理手続で債務免除を伴う再生計画が認められ得るケース（稀であるとは思われるが）は、いわゆる第二会社方式による場合であろう。どの程度の債務免除が認められるかは、最終的には、手続債権者との協議・合意によらざるを得ないことはいうまでもないが、手続の対象となっている有利子負債たる債務について、正常債務額を超える部分について債務免除を要請するというのが、基本的な考え方である。正常債務額の考え方は、事業の規模、種類、内容等によって一様でないが、一般的な中小企業の場合、再生計画終了時（10年以内での経常黒字化および実質債務超過の解消時）における残債務額がフリーキャッシュフロー（FCF＝営業利益＋減価償却費－法人税等）の金額の10年分程度（最大で20年分程度）となる範囲を一応の目安にしている（たとえば、大規模

ホテルのような装置産業の場合、上記期間は長めにみることになろう）。また、実態貸借対照表に基づく実態債務超過額を超える債務免除やいわゆる清算価値保障を害するような過大な債務免除は、過剰支援の疑義が生じるため、金融債権者の了承を得ることは困難であろう。

　他方、債務免除を伴わない再生計画は、弁済期間の延長すなわちリスケジュールによる金融支援が主な内容になる。場合により、リスケジュールとあわせて、金利の引下げが行われるケースもある。手続債権全体に対する年間の総弁済額は、FCFの8割程度を基準にして金額を決めている（FCFの残り2割程度は資本的支出その他事業投資の枠および計画全体のバッファーとみる）。上記総弁済額の各手続債権者に対する割り振りは、債権残高に比例して割り振りを決定する債権残高プロラタ方式によることが一般的かつ適切である。金利引下げを行う場合、全手続債権者について同一金利にまで引き下げるケースと引下げ率ないし引下げ幅を同一とするケースがあり得る。金利引下げについては、たとえばメガバンクと地方の中小金融機関とでは、金融機関自身における資金の調達コスト等に差異があることに配慮すべきケースもあろう。

　　(2)　スポンサー型の再生計画

　純粋私的整理手続による事業再生の場合、自主再生をめざすケースが多いが、①金融債務の弁済を一時停止するだけでは近い将来の手形決済資金を捻出できないなど、資金繰りがひっ迫していて、外部から資金支援を早急に受ける必要があるケース、②相当程度の債務免除を受ける必要があるため、オーナー経営者を交替すべきケース、③悪質な粉飾決算があるため、オーナー経営者の続投が許されないケースなどについては、スポンサー支援を内容とする再生計画を検討・作成する。

　　(3)　実抜計画・合実計画

　再生計画の立案にあたり、手続債務者の収益力に見合った事業計画と弁済計画を立案すべきことはいうまでもないが、主たる手続債権者である金融機関に及ぼす影響にも十分に意を配るべきである。なかでも特に重要となるのは、金融庁による「監督指針」および「金融検査マニュアル」が規定する「実現可能性の高い抜本的な経営再建計画」（いわゆる実抜計画）と「合理的かつ実現可能性の高い経営改善計画」（いわゆる合実計画）の要件に対する適否の問題であ

る。

　紙幅の関係上、実抜計画および合実計画の詳細には言及できないが、要するに、金融機関にとっては、上記条件に適合する再生計画に基づく金融支援の実施により経営再建が行われている債務者に対する貸出債権については貸出条件緩和債権（いわゆる不良債権）に該当しないものとして取り扱うことができ、債務者区分のランクアップも可能となる。その結果、金融機関は、貸倒引当金の戻り益が得られ、また、銀行法および金融再生法に基づき開示対象とされる不良債権の比率が改善されるというメリットを享受し得ることとなる。金融機関として、このような利益を享受し得るか否かは、再生計画を承認するか否かを判断するにあたり重要なポイントになることから、手続債務者代理人たる弁護士としてもそのことを十分に理解したうえで、できるだけ、実抜計画・合実計画の要件に適合する再生計画の立案に努めることが重要である。

(4) 経営責任・株主責任

　純粋私的整理手続に基づき金融支援を受ける場合、手続債権者には一定の経済的負担が生じることから、手続債務者側の経営責任等が問題となる。この点、債務免除まで要請する場合には、一般的に、経営責任と株主責任を明確にすることが求められる。具体的には、経営責任については経営者の交代であり、株主責任は株式の譲渡や無償消却といった対応が考えられるが、中小企業の場合には、経営者や株主が交代することで企業の収益性や信用が維持できなくなり、事業の再生が却って困難となることも考えられる。そのような場合には、役員報酬の返上・減額や私財提供等により経営責任および株主責任を果たしたものとして、手続債権者の理解を求めるべきケースもあろう。

　他方、債務免除を要請しない場合には、基本的に、株主責任は問題にならない（ただし、オーナー経営者が悪質・重大な粉飾などしていた場合には、経営責任に加えて、株主責任を問われることもある）。この場合、経営責任については、まずは事業再生を計画どおりに成功させることが第一義であり、加えて、ある程度の役員報酬の減額や私財提供を行うことも考えられる（もっとも、経営者が悪質・重大な粉飾を行っているような場合には、経営者の交代まで必要となることがある）。

(5) 連帯保証人の責任

中小企業の場合、当該企業の金融負債については経営者が連帯保証していることが一般的であり、金融債権者としても、企業と経営者個人の信用を一体的に評価しているために、主債務者たる企業の負債整理と並行して、連帯保証債務の処理についても検討を要することが多い。特に、債務免除を要請する場合には、保証債務が顕在化することから、連帯保証債務の処理は、不可避的となる。

この場合の処理として、連帯保証人について法的整理手続を行う方法も考えられるが、主債務者たる企業について純粋私的整理手続が行われるケースでは、連帯保証人たる経営者等についても純粋私的整理手続で対処することが多いものと思われる。具体的には、連帯保証人の個人資産を開示したうえで（上記開示の前提として、弁護士その他しかるべき専門家が資産・負債の状況を調査・報告する）、破産手続における自由財産の範囲を超える個人資産を手続債権者に配分する方法によることが一般的である（もっとも、個人資産や収入の程度、その他生活状況等により、連帯保証人に残す個人資産は、必ずしも厳格に自由財産の範囲に限られるわけではない）。

なお、平成25年12月に公表された「経営者保証に関するガイドライン」は、主債務者について純粋私的整理手続が行われる場合は、基本的に、適用対象外とされていることに注意が必要である。

(6) 税　　務

再生計画の立案にあたっては、税務上の問題に関する検討も欠かせない。まず、滞納している公租公課がある場合には、財務DD等でその内訳・金額を明らかにしたうえで、その返済方法について当局と協議・合意のうえ、具体的な返済計画を再生計画の中に織り込まなければならない。

次に、純粋私的整理手続の場合、（実務的には極めて稀であると思われるが）第二会社方式によることなく債務免除を受けるケースでは、債務免除益に対する課税が発生することがないかについて、税理士等の専門家による十分な確認・検討を行うことが必要である。

一方、債務免除を受けるのでない場合には、債務免除益に対する課税の問題は生じないのであるが、繰越欠損金が存在していたり、資産売却による実現損

が発生したりする結果、再生計画開始後の一定期間にわたって事業所得に対する課税が生じなければ、その分だけ、手続債権に対する弁済原資が捻出できることになるし、他方、上記一定期間が経過して事業所得に対する課税が生じるようになればその分だけ手続債権に対する弁済原資は減ることになるから、これらの点に関するタックスプランを十分に検討したうえで、再生計画・弁済計画を立案することが必要である。

Ⅷ 手続の手順・流れ
―― 再生計画の成立とモニタリング

前述のとおり、筆者の場合、再生計画については、第3回ないし第4回バンクミーティングで素案の提示・説明を行い、第5回バンクミーティングで最終案を提示・説明し、第6回で計画の成立をめざすケースが多い（あくまで、手続が順調に進行するケースにおいてであるが）。

これら再生計画の素案の提示・説明から計画の成立までの間は、バンクミーティングの場における協議だけではなく、各回のバンクミーティングの期日間にも主要債権者との協議や意見交換を行い、必要であれば計画案を修正して、手続債権者の理解を得るように調整を繰り返す。

再生計画に対する手続債権者の承認については、「承諾書」ないし「同意書」といった書面による方法が一般的である。複数年にわたる再生計画に対する承認の有効期限は、短いもので半年、長いものは3年超、さらに無期限のものなどケースバイケースであるが、初回の承諾・同意は、1年間（1年での更新）としているケースが多い。

再生計画に基づいて分割弁済を行うケースでは、再生計画が承認されて成立した後、弁済が計画どおりに行われているか否か、事業が計画どおりに推移しているか否か等について、3〜5年程度のモニタリング期間を設けるのが一般的である。モニタリングの具体的な方法としては、①毎月の試算表を各手続債権者に提出すること、②半期または通期に1度の頻度で、再生計画の進捗状況に関する報告会を開催することが一般的である。②の報告会では、半期決算書あるいは通期決算書に基づく営業実績および財務実績と再生計画上の営業計画

および財務計画を比較しながら（場合により、貸借対照表および損益計算書について、実績数値と再生計画上の数値を比較した資料を提出するなどして）、再生計画の進捗状況を確認している。

IX 法的整理手続への移行にまつわる法的問題

以上では、純粋私的整理手続がつつがなく進行して再生計画が成立するケースに関する手続の流れについて述べてきたが、以下では、純粋私的整理手続が途中で頓挫して法的整理手続に移行した場合に生じ得る法的な問題について若干の検討を行う（なお、この問題に関する最近の文献として、松嶋英機ほか編『倒産・再生訴訟』（民事法研究会・2014年）260～303頁を参照）。

この点、法的整理手続に先行する純粋私的整理手続の期間中に手続債務者と後に倒産債権者となる者との間でなされた法律行為等が後行の法的整理手続においていかに評価されるのか、その効力は維持されるのか、というのが基本的な問題の枠組みであり、具体的には、①先行する純粋私的整理手続の期間中に手続債務者に対して債務を負担した倒産債権者が、法的整理手続移行後に、自らの倒産債権を自働債権、上記債務を受働債権として行う相殺が、倒産法上の相殺禁止規定により禁止されるか否かという問題、②法的整理手続に先行する純粋私的整理手続の期間中に手続債務者が債権者に対してなした弁済や担保提供が、後の法的整理手続において偏頗行為として否認の対象となるか否かという問題、③先行する純粋私的整理手続期間中になされた資産処分が、法的整理手続移行後に債権者を害する財産減少行為として否認の対象となるか否かという問題、④純粋私的整理手続の中で行われたスポンサー選定手続の結果を法的整理手続にそのまま流用できるか否かという問題（いわゆるプレパッケージ型民事再生等の可否の問題）、⑤純粋私的整理手続期間中に生じた商取引債権を法的整理手続において優先的に支払うことが可能か否かという問題（商取引債権の保護の問題）、⑥先行する純粋私的整理手続中になされたいわゆるDIPファイナンスの法的整理手続における処遇の問題、さらには、⑦先行する純粋私的整理手続期間中に手続債務者と担保権者との間で合意されたいわゆる担保協定は後行の法的整理手続においてその効力を維持されるか否かといった問題などが

ある。

本稿では、①の相殺禁止の問題と②および③の否認の問題について検討する。

1 法的整理手続における相殺禁止と否認の規律

法的整理手続では、危機時期以降に取得・負担した債権・債務による相殺を禁止している（破71条、72条、民再93条、93条の2、会更49条、49条の2、会517条、518条）。また、法的整理手続では、危機時期以降になされた債務者の債権者に対する弁済ないし担保提供は、偏頗行為として否認の対象になる（破162条1項1号、民再127条の3第1項1号、会更86条の3第1項1号）。いわゆる偏頗行為の否認である。法的整理手続では、これら相殺禁止と偏頗行為の否認について、基本的に、危機時期以降になされた行為を対象としてパラレルな規律がなされている。

他方、財産減少行為に関する否認については、故意否認（破160条1項1号、民再127条1項1号、会更86条1項1号）、危機否認（破160条1項2号、民再127条1項2号、会更86条1項2号）、そして、無償行為否認（破160条1項3号、民再127条1項3号、会更86条1項3号）という3種の類型に分けた規律がなされている。

これら三つの類型の中で、危機否認は、危機時期以降になされた行為を対象とする点で相殺禁止や偏頗行為の否認と共通しているが、相殺禁止や偏頗行為の否認が「支払不能」（破2条11項、民再93条1項2号カッコ書、会更49条1項2号カッコ書）を始点とした規律であるのに対して、危機否認の規律は「支払停止」を始点とする点で異なっている。

2 純粋私的整理手続の開始と危機時期

以上のとおり、法的整理手続においては、相殺禁止および偏頗行為の否認について「支払不能」を始点とする危機時期以降の行為が規律の対象とされ、また、財産減少行為に関する危機否認については「支払停止」を始点とする危機時期以降の行為が規律の対象とされている。

仮に、債務者が債権者に対して、純粋私的整理手続に基づく負債整理を求め

て一時停止の申入れをなすことが「支払不能」あるいは「支払停止」に該当するのだとすると、純粋私的整理手続期間中になされた取引関係は後行の法的整理手続において広く相殺禁止や否認の対象となり得ることとなる。しかし、そうすると、純粋私的整理手続が行われている手続債務者と取引関係に入ろうとする者に対して萎縮効果を生じ、ひいては、純粋私的整理手続に基づく事業再生の重大な障害となることが懸念されるところである。

この点、一時停止の申入れが「支払不能」あるいは「支払停止」にあたるか否かについては、近時、活発な議論がなされているが、実際にこの問題が顕在化するのは、純粋私的整理手続が頓挫して法的整理手続に移行した後に倒産債権者が相殺権を行使するケースや管財人等が否認権を行使するケースにおいて、先行の純粋私的整理手続で一時停止の申入れがなされた時点を振り返ってみて、「支払不能」あるいは「支払停止」であったか否かを事後的に判断する場面が典型的である。

かかる場面を想定すると、手続債務者が手続債権者に対して一時停止の申入れをなし、これを手続債権者の全員が受け入れ、もって、純粋私的整理手続が進行しているという期間・状態については、「支払不能」あるいは「支払停止」のいずれにもあたらない（過去を振り返っての判断という意味では、「あたっていなかった」）というべきであろう。

逆に、以上のような観点で、純粋私的整理手続の手続債務者が「支払不能」あるいは「支払停止」の状態であったと解すべきケースとしては、一時停止の申入れが手続債権者の大半に受け入れられなかった場合や、いったんは一時停止の申入れが手続債権者の全員に受け入れられて手続が進行したもののその後に一時停止の猶予期間を経過して再び一時停止の承諾を得ることができない状態になった場合あるいは猶予期間中であっても手続債務者に一時停止の前提条件に違反する事情が生じて一時停止の承諾が効力を喪失したような場合が考えられるであろう。

3　純粋私的整理手続期間中の行為と相殺禁止および否認

一時停止の申入れと「支払不能」あるいは「支払停止」の関係について以上のように考えると、一時停止の申入れがすべての手続債権者に受け入れられて

純粋私的整理手続がつつがなく進行している期間中に、後行の法的整理手続において倒産債権者となる債権者が手続債務者に対して負担した債務と倒産債権とを相殺することは相殺禁止には該当しないものと考えられる。

また、上記期間中に手続債務者がなした債権者に対する弁済や担保提供は後行の法的整理手続において偏頗行為の否認の対象となるものではないと解される。

同じく、上記期間中に手続債務者がなした財産処分は、後行の法的整理手続において危機否認の対象となるものではないと解される（なお、別途、故意否認や無償否認の問題は残る）。

4　預金の集中管理と相殺禁止

純粋私的整理手続から法的整理手続への移行と相殺禁止について、実務上しばしば議論に上るのが、預金集中管理の問題である。預金集中管理とは、純粋私的整理手続の期間中、手続債務者の運転資金・流動性資金をメインバンク等の特定の預金口座に集中させて保管・管理する取扱いのことである。純粋私的整理手続の期間中、手続債務者の資金繰りを手続債権者が正確に把握できるようにすること、手続債務者の資金が手続債権者の認識・了解しない目的に使用・流用されないようにすることを目的として行われる措置である。

問題は、預金集中管理がなされたままの状態で純粋私的整理手続から法的整理手続に移行した場合に、預金を集中管理している手続債権者たる金融機関が、集中管理している預金（の返還債務）の全額をもって、自らが有する倒産債権と相殺することが許されるか否かである。

この点、前述のとおり、純粋私的整理手続においてなされる一時停止の申入れは、純粋私的整理手続がつつがなく進行している限り、「支払不能」・「支払停止」にあたるものではなく、したがって、同申入れの後に手続債権者が負担した債務をもって後の法的整理手続において行う相殺は、倒産法上の相殺禁止に該当しないものと解される。この理は、預金集中管理がなされている場合も同じである。

そうすると、預金集中管理を行っていた手続債権者たるメインバンク等は、法的整理手続移行後に集中管理していた預金の残額をもって行う相殺によって

他の金融機関よりも有利に倒産債権を回収できる結果となる。

　しかし、かような相殺を認めるとなると、預金集中管理の趣旨・目的や一部手続債権者による保全強化を禁止する一時停止手続の意義に照らして不公平・不平等・不当な結果を惹起することになるし、他の手続債権者から強硬に異議・異論が唱えられて混乱が生じるおそれも高い。

　そこで、かかる事態を未然に防ぐため、預金集中管理を行う場合には、これを行うメインバンク等と他の手続債権者並びに手続債務者の間において、預金集中管理を開始する時点でメインバンク等が保管・管理していた預金額の確認と仮に法的整理手続に移行した場合には上記時点の預金額を超えて相殺を主張しないこと（最終的に上記預金額を超過する預金が残る場合には、メインバンク等は再生債務者等に対して超過額を払い戻すこと）を内容とする合意（相殺権放棄の合意）を書面でなしておくか、あるいは、上記のような趣旨で集中管理を実施することとなった旨を議事録で残しておくといった対応をとることが望ましい。仮にかような書面等が作成されていないとしても、預金集中管理の趣旨・目的に鑑みれば、特段の事情がない限りは、純粋私的整理手続の当事者間において、相殺権放棄の合意が黙示的に成立しているものと解することが相当ではなかろうか。

13 私的整理における商取引債権の保護

弁護士　四宮　章夫

I　はじめに

　私的整理の実際上の最大のメリットは、倒産処理のストレスを小さくできることにあるといっても過言ではなく、それは、通常は、商取引債権の優先的弁済ないし配当手続上の優遇を通じて実現される。

　しかし、商取引債権の優先的弁済ないし配当手続上の優遇が、適法かつ適正であるというためには、①倒産処理における債権者間の平等問題、②債務超過会社の破産手続開始申立義務の問題、③詐欺破産問題等について考察を加えておく必要がある。

　本稿は①の問題について検討を加えるものである。

　ところで、民事再生法155条1項本文は、ⓐ「再生計画による権利の変更の内容は、再生債権者の間で平等でなければならない」と定めながら、ⓑただし書で、「差を設けても衡平を害しない場合は、この限りではない」とする。会社更生法168条1項にも同様の規定が設けられている。これらの規定は、旧会社更生法229条に変更を加えることなく、これを踏襲したものである。これらの規定については、後に再説するが、ここでは、ⓐは、同じ性質の権利は平等に扱われることを原則とすることを宣言し、ⓑは、差を設けることが合理的であり、衡平を害しないと認められる場合には、差等を設けることを許すもので

1　四宮章夫「私的整理手続の経済合理性」事業再編実務研究会編『あるべき私的整理手続の実務』（民事法研究会・2014年）380頁以下参照。

あると考え、この原則と例外とを含めた言葉として、以下、本稿では、単に、「衡平の原則」ということにする。

私的整理における「衡平の原則」を考察するにあたって、まず、Ⅱにおいて、法的倒産手続における商取引債権の弁済につき検討し、Ⅲにおいて、商取引債権を念頭においたうえで、倒産法上の再建計画における衡平の原則につき検討し、次に、Ⅳにおいて、準則型の私的整理における商取引債権の取扱いについて言及し、最後に、Ⅴにおいて、準則によらない私的整理における商取引債権の処理のあり方についての考察を試みたい。

Ⅱ 法的倒産手続における商取引債権の弁済

1 弁済禁止の保全処分

(1) 法的倒産手続開始前の弁済

わが国の倒産法制は、後述のとおり、破産会社あるいは再生会社や更生会社等（以下、それらを総称して単に「債務者会社」という）の法的倒産手続が開始された者に対して、破産債権あるいは再生債権や更生債権等の倒産手続に服する債権（以下、総称して「倒産債権」という）の弁済を禁止しているが、倒産手続開始申立て後手続開始までの間においても、個別権利行使を野放しにすることは、倒産債権者間の衡平の原則に照らし望ましいことではないので、各倒産法制が、手続開始申立て後の財産や業務を保全するために設けている保全処分の各種規定（破28条1項、民再30条1項、会更28条1項、会540条2項）を利用して、弁済禁止が命ぜられることがある。

そして、再建型法的倒産手続では、倒産手続開始の申立てがなされる際に、これらの規定に基づき、弁済禁止の保全処分が発令されるのが通例である。

---

2 兼子一監修『条解会社更生法(下)』（弘文堂・1974年）563頁以下参照。
3 なお、旧和議法20条参照。
4 これらと同旨の規定は、平成8年から始まる倒産法改正作業に伴い順次改正される以前の旧破産法155条1項、旧会社更生法39条1項、旧商法432条、454条1項1号、386条2項、1項1号にもおかれていた。

ところで、再建型の法的倒産手続の開始が申し立てられた時点で、通常は支払停止となり、支払不能にも陥っていると考えられるので、本来は、一部の債権者への弁済は、偏頗行為として、後日否認（民再127条の3第1項1号、会更86条の3第1項1号、破162条1項1号）や債権者からの詐害行為取消し（民424条）の対象となるほか、法的倒産手続開始の障害事由となる場合もある（民再25条4号、会更41条1項4号）。

　しかし、再建型の法的倒産手続の場合には、円滑な事業の継続の維持のためには、倒産の混乱を最小限にとどめる必要があり、商取引債権の弁済は、そのために有用であることから、少額にとどまり、衡平の原則を充足すると認める範囲内で、弁済禁止の保全処分が回避されるか、保全処分がなされても解除できるものとする運用が広く行われてきた。

　その具体的な方法としては、弁済禁止の保全処分の利用に際し、①少額債権を除いて弁済を禁止する命令を発令したり、②裁判所の許可を得た場合を除いて弁済を禁止する命令を発令したり、③さらには、それらの混合型であるところの、裁判所の許可を得た場合を除き、少額債権を除く弁済を禁止する命令を発令する方法がある。[7]

　倒産実務の上では、弁済禁止の保全処分自体は、金融債権者等からの弁済圧力を防止するためにも利用され、弁済禁止の保全処分における少額債権の弁済の許容は、商取引債権者に対しては、少額債権についての弁済を許容する裁判所の意思を対外的に告知し、再建型法的倒産手続開始の申立てによる事業価値の毀損を最小限にとどめる手段、および、倒産手続開始後に手続に関与する倒産債権者数を整理することを通じて、手続の円滑を期する手段としても有用である。

---

[5] 整理屋が跋扈しており、債権者からの取付け騒ぎも稀ではなかった時代には、清算型倒産手続においても、弁済禁止の保全処分が利用されることもあった。倒産法便覧編集委員会編『倒産法便覧〔三訂版〕』（大阪弁護士協同組合・1986年）75頁参照。

[6] もっとも、旧和議法による和議については、東京地方裁判所の場合には、保全処分濫用防止のためとして、極めて厳しい発令のルールを定めていたために、和議の利用が著しく制限されていたことについて、東西倒産実務研究会編『和議（東京方式・大阪方式）』（商事法務研究会・1988年）68頁以下参照。

[7] 谷口安平ほか編『解説実務書式大系(30)倒産編』（三省堂・1994年）428頁、698頁、611頁参照。

ところで、以上のように弁済禁止の保全処分から除外される少額債権の金額は、再建型法的倒産手続開始後に裁判所の許可による弁済の基準となることが多く、それらは、民事再生の場合には、10万円から30万円程度の範囲で定められることが多いといわれるほか[8]、会社更生の場合でも通常の場合には10万円から50万円程度のようである[9]。なお、マイカルの民事再生事件については資金等の裏付けもないのに、500万円を基準にしたことから、それが再建の支障となりかねなかったといわれているほか[10]、その後会社更生事件に移行した後の更生計画の中で30万円以上の更生債権者が債権の一部免除を受けたことの間にも不均衡を生じており[11]、更生手続開始前に弁済を受けた債権者との間で、あまりにも大きな不平等が生じている。

(2) 倒産手続開始前の駆け込み弁済

ところで、再建型法的倒産手続開始の申立て後倒産手続開始までの間の商取引は、経済活動の当事者の意思としては、それにより発生した債権が必ず弁済されることに対する信頼を前提とするものでありながら、倒産法制上は、倒産手続開始までに弁済されていなければ、開始後は個別権利行使が禁止される倒産債権となってしまうから、債権額の大小を問うことなく、手続開始までの間に弁済してしまうのが、実務上の知恵であった。

(3) 倒産手続開始後の救済措置

しかし、手続開始までの間に弁済できない場合もあり、平成8年に開始される倒産法改正作業前の倒産法制下においては、そのようなときには、倒産手続開始後に、裁判所の許可や裁判所が選んだ機関の同意（和32条1項、旧会更54条6号）等に基づく和解を理由として、弁済されることも少なくなかったようである[12]。なお、会社整理については、少額債権等の弁済を認める弁済禁止の保全処分の効力が整理手続開始後も存続する（商386条1項1号参照）関係で、格

8　木内道祥監修『民事再生実践マニュアル』（青林書院・2010年）153頁。
9　上野正彦「更生債権等の弁済許可」山本克己ほか編『新会社更生法の理論と実務（判タ1132号）』（判例タイムズ社・2003年）180頁。
10　事業再生機構編『更生計画の実務と理論』（商事法務・2004年）473頁〔瀬戸英雄〕参照。
11　事業再生機構・前掲書（注10）488頁〔瀬戸英雄〕参照。
12　宮川勝之＝須藤英章編『新会社更生法解説』（三省堂・2003年）104頁〔本間伸也〕参照。

別の工夫は必要ではなかった。

　もっとも、今日では、民事再生法120条、会社更生法128条が、倒産手続開始前に裁判所の許可を得て行った取引によって生じた請求権は共益債権とする旨定めるに至っている。

2　法的倒産手続の開始後の倒産債権の弁済許可制度の変遷

(1)　はじめに

　わが国の倒産法制は、法的倒産手続が開始された債務者会社に対して、倒産債権の弁済を直接禁止し（民再85条1項、会更47条1項）、あるいは、倒産債権者に対して手続外の個別権利行使の禁止を規定する（破100条1項）。[13]

(2)　昭和42年法律36号による改正前の旧会社更生法112条

　昭和42年法律36号による改正前の会社更生法112条は更生債権の弁済禁止を定め、その例外規定はおかれていなかった。同法229条は、少額の債権を特に優遇することを認めていたが、それは更生計画においてであって、少額債権を早期弁済することにより、手続から離脱させる規定はなかった。

(3)　昭和42年法律36号による改正後の旧会社更生法112条の2第1項ないし4項

　しかし、その後山陽特殊鋼の会社更生事件等が契機となって、更生会社の商取引先の連鎖倒産が社会問題としてクローズアップされることになった結果、会社を主要な取引先とする中小企業者の連鎖倒産を防止する必要がある場合に備えて、昭和42年法律36号による改正によって、旧会社更生法に112条の2の1項ないし3項（現47条2項ないし4項）が設けられ、裁判所の許可を得て、

---

[13]　なお、特別清算に関しては、原則として、債権届出催告期間内の弁済と、按分弁済の方法以外の方法による弁済とが禁止されている（会500条1項、537条1項）が、少額の債権その他これを弁済しても他の債権者を害するおそれがない債権については、裁判所の許可を得て弁済することができる（同法500条2項、537条2項）。なお、和議法の場合には、同法32条1項に、「通常ノ範囲ニ属セザル行為ハ管財人ノ同意ヲ得ルニ非サレハ之ヲ為スコトヲ得ス」と定められ、33条には、「前条1項ノ規定ニ反スル行為ハ和議債権者ニ於イテコレヲ否認スルコトヲ得」と定められていたところ、債務者に破産原因がある場合、とりわけ支払停止後には、和議債権の本旨弁済も通常の範囲に属せざる行為に該当するとするのが、当時の通説であったから（麻上正信＝谷口安平編『注解和議法』（青林書院・1985年）225頁以下参照）、管財人の同意がない場合には否認に服するという形で、弁済が禁止されていたことにもなる。

更生債権の弁済をすることができることになった。

そして、その際に、少額の更生債権を早期に弁済することにより、更生手続を円滑に進行することができる場合の少額債権の弁済規定もまた旧会社更生法112条の2第4項（現47条5項前段）として設けられた。[14]

なお、これらの規定は、旧会社更生法123条3項により、更生担保権にも準用されていた。また、平成12年法律128号により制定された民事再生法85条1項ないし5項は、旧会社更生法を踏襲して、現会社更生法47条1項ないし4項と5項前段の規定の部分のみが定められていた。

(4) **新会社更生法47条5項後段および民事再生法85条5項後段**

平成15年法律8号により制定された会社更生法は、47条5項後段を設けて、新しく、再生債務者の事業の継続に著しい支障を生じることを避けるための少額債権の弁済の規定を定めた。

これは、債務者の事業の継続という観点から、少額債権であることを前提として、再生計画や更生計画認可決定前に弁済する必要性が特に高いと認められる場合について、「早期に弁済しなければ債務者の事業の継続に著しい支障を来す場合」に限定して、例外的な弁済を許容することにしたものである。

したがって、会社更生法47条5項の前段と後段とは、同じ「少額債権」の概念を用いているが、条文の成り立ちに照らせば、おのずと異なる概念として解することになる。[15]

なお、この立法が行われるまでは、実務上は事業継続の上で不可欠な個別債権の弁済については、旧会社更生法54条6号（現72条2項6号）による裁判所の許可を得て、個別的な和解により支払いが行われていたようである。

そして、会社更生法の整備に伴い、民事再生法85条にも5項後段として、現会社更生法47条5項後段と同様の規定が設けられた。

---

14 兼子一監修『条解会社更生法(中)』（弘文堂・1973年）380頁以下。
15 西岡清一郎ほか編『会社更生の実務(上)』（金融財政事情研究会・2005年）176頁。

3 連鎖倒産防止のための弁済許可

(1) 中小企業者

　民事再生法85条2項および会社更生法47条2項により裁判所の許可に基づく弁済の対象となるのは、まず、中小企業者である。

　この場合の「中小企業者」とは、制度の趣旨に照らし、中小企業基本法2条の定めとは無関係であり、当該個別の再生会社や更生会社より規模が小さいことを前提として、相対的に決せられることになる。

　取引の範囲も限定されないし、下請企業に限られるものでもない

(2) 会社を主要な取引先としていること

　その中小企業者は、債務者会社を主要な取引先としていなければならないが、その場合に、債務者会社が主要な取引先といえるためには、その間の取引への依存度が、相当程度に達していることを意味する。

　具体的には、論者によって説明が異なるが、おおむね20％から40％ないし50％の依存度を要する等とする説が多いようである。[16]

　しかし、依存度をみる場合でも、単に売上高に限らず、利益の源泉や当該取引に投入されている資金量等も勘案すべき場合もあると思われるし、単に数だけに縛られるのではなく、「債務者会社からの弁済が禁止されることで、当該中小企業者の資金繰りに決定的な悪影響を生じるような場合であれば、主要な取引先である」といってよいとする考えもある。[17] これは、次に述べる「事業の継続に著しい支障を来すおそれ」と「会社を主要な取引先としていること」との二つの要件を一体的に判断しようとする考え方である。

(3) 事業の継続に著しい支障を来すおそれ

　一般的には、いわゆる連鎖倒産のおそれである。法的倒産手続の開始による弁済禁止との間には、後者が前者の主要な原因であるという因果関係が必要であるとされている。

　仮に、すでに操業を停止していても、弁済を受けることによって事業を再

---

[16] 園尾隆司＝小林秀之編『条解民事再生法〔第3版〕』（弘文堂・2013年）427頁〔杉本和士〕、兼子・前掲書（注14）383頁および引用の文献。

[17] 伊藤眞『会社更生法』（有斐閣・2012年）183頁参照。

開、継続できる場合も含まれる。

(4) **一切の事情**

裁判所は、連鎖倒産防止のための弁済を許可するにあたっては、会社と中小企業者との取引の状況、債務者会社の資産状態、利害関係人の利害その他一切の事情を考慮すべきものとされている。中小企業者側の事情、債務者会社側の事情、法的倒産手続の利害関係人の事情等があるが、そもそも債務者会社の運転資金も十分ではない場合には、いかに連鎖倒産のおそれが濃厚であったとしても弁済を許可することはできない。

連鎖倒産防止のための弁済許可制度は社会政策的な制度として導入されたものであるが、倒産法制が、債務者会社またはその事業の再建を目的としている以上、関連中小企業の救済は、債務者会社の事業の再建が可能であることを前提とする、二次的な目的であると考えられているからである。[18]

(5) **債権弁済の効果**

弁済された債権は、絶対的に消滅する（会更47条1項、民再85条1項参照）。

しかし、再生計画または更生計画において、残存債権額を基準として債権の減免を定められても支障はないとする説もあるが、異論もある。[19] すなわち、それらの計画において、弁済前の債権額を基準として計画弁済額を定め、すでに弁済を受けた金額がそれを超える場合には、「弁済しない」と定め、すでに弁済を受けた金額が計画弁済額に不足する場合には、その差額のみを弁済すると定めても、一向に差し支えないばかりか、むしろ、衡平の原則に適うと思われるからである。

のみならず、連鎖倒産防止のための弁済許可は、倒産債権者の多数決によって行われるものではなく、裁判所の許可によって行われるにすぎないのであるから、後日倒産債権者が再生計画や更生計画に従って受けられる弁済より有利であってはならないとして、この弁済許可は、計画に先立って早期に弁済され

---

18 実務上、中小企業債権に関する弁済許可がなされるケースは、極めて少ないとされている（四宮章夫ほか編『書式民事再生の実務〔全訂四版〕』（民事法研究会・2014年）340頁および同書に引用された文献参照）。なお、福永有利監修『詳解民事再生法〔第2版〕』（民事法研究会・2009年）240頁〔中西正〕は、制度導入時のわが国の経済環境と異なり、信用保証協会の枠の拡大も、この制度の必要性を減少させている旨指摘している。

19 兼子・前掲書（注14）391頁。

るにすぎないことが、正当化される最大限の保護であるとする説もある。[20]

4 少額債権の弁済許可

(1) 再生手続や更生手続の円滑な進行に役立つ弁済

　少額の倒産債権を弁済することで、法的倒産手続の円滑な進行に資するときは、民事再生法85条5項前段および会社更生法47条5項前段により、裁判所の許可を得て、弁済することができる。

(ア) 少額の債権

　弁済の対象は少額債権でなければならない。

　少額の債権も倒産法制に服する以上、他の債権と平等に扱われるべきところであるが、少額債権を弁済することによって、法的倒産手続に関係する債権者数を減少させる結果、債権調査その他の手続も簡略化できる等、手続の円滑な進行に資するときは、裁判所の許可を得て弁済することができる。

　弁済対象が少額債権であることによって、弁済総額が些少であり、法的倒産手続に服する債権者への配当原資に実質的に影響するところはなく、また、他の債権者との間で、とがめるべき不均衡を生じさせないであろうから、衡平の原則に反するものではないと考えることもできるといえる。

　少額債権の基準は、債務者会社の事業規模によって異なる。

　大規模な倒産事件に利用されがちな会社更生の場合には、数十万円から数百万円を基準とするとの指摘もあり[21]、通常は、10万円ないし50万円、大型事件で100万円も考えられる程度ではないかともいわれているが[22]、中小企業による利用の多い再生事件の場合には、一般的には、10万円から30万円程度の範囲で決められることが多いとの指摘もある[23]。

　少額債権の弁済は、再生手続や更生手続の円滑な進行に役立つものとして行うのであるから、額のみが基準となり、債権の発生原因や債権者の困窮度等の別の基準で、対象を画することはできないが[24]、当初は、少額債権の弁済対象を

20　福永・前掲書（注18）240頁〔中西正〕。
21　西岡ほか・前掲書（注15）178頁参照。
22　上野・前掲論文（注9）180頁。
23　木内・前掲書（注8）153頁参照。
24　兼子・前掲書（注14）395頁参照。

698

30万円以下で画しておき、後に、債務者会社の財務状況の好転に伴い、50万円以下にこれを拡大することも差し支えはない。

　倒産手続の円滑な進行に資するとは、手続的煩瑣を避けることを意味するから、対象債権者をして手続から離脱させることを目的とする必要があるので、その者の有する債権の一部のみを弁済するが、残余の債権が残るような弁済は許可されない。[25]

　なお、弁済許可がなされた債権額を超える債権を有する者も、当該超過額を放棄することによって、少額債権の弁済を受けることができるのが通例であるが、[26] 当該超過額の放棄を認めないのは好ましくなく、超過額を放棄しても少額債権の弁済を希望する債権者を考慮して、弁済許可に及ぶべきであると考えるのが、一般的であるが、管財人の合理的判断に委ねられているとの説もある。[27]

　(イ)　少額債権弁済の効果

　少額債権の弁済は、それが債権者間の衡平を害することがあってはならないという意味において、将来の再生計画や更生計画の内容に影響を与えると考えられている。

　すなわち、少額債権の弁済が実施されている場合には、再生計画や更生計画が認可要件を満たすためには、少額弁済を受けなかった債権者に対しても少額弁済相当額までの弁済率を100%とする等の債権者平等を確保するための工夫が必要であると考えられている。[28]

　以上、「少額」につき述べてきたところは、すべて金銭債権についてであるが、破産と異なり、再建型倒産法制では開始決定による倒産債権の金銭化、現在化の制度はないから、非金銭債権も少額債権の対象となり得ることは当然であり、その場合評価額で「少額」を画することになる。[29]

25　兼子・前掲書（注14）395頁以下参照。
26　木内・前掲書（注8）153頁、四宮ほか・前掲書（注18）346頁参照。
27　西岡ほか・前掲書（注15）169頁。
28　木内・前掲書（注8）154頁、259頁。
29　伊藤眞『破産法・民事再生法〔第3版〕』（有斐閣・2014年）847頁参照。

(2) 債務者会社の事業の継続に著しい支障を来すことを避けるための少額債権の弁済

(ア) はじめに

再生債権や更生債権の弁済禁止が、債務者会社の事業の継続に著しい支障を来すことを避けるために、少額債権の枠内に含まれることを歯止めとして弁済を認めるものである。[30]

少額が要件とされるのは、弁済による不平等の程度を一定の範囲内に収めるためであり、負債総額との相対的関係で少額であることが要件となっている旨指摘されている。[31]

(イ) 事業の継続に著しい支障を来す場合

取引債権者が、自身の債権が回収できない場合には、強硬に取引の中止を申し出ることがある。

このような場合には、当該取引先の代替性がないこと、債務者会社の事業規模、弁済対象となる債権額、債務者会社の資産総額、倒産債権の総額等を判断要素として、「事業の継続に著しい支障を来すか否か」が判断されることになる。

原材料の供給業者が限られており、当該業者が上記のような申入れをしているような場合が該当するとされている。[32]

(ウ) 少 額

この場合の少額の弁済は、手続の円滑な進行のための弁済とは異なる制度であるから、その金額については別途の判断がなされることになり、債務者会社の事業規模や総債権額等を考慮して、100万円以上の債権であっても、少額債権の弁済が許可される場合があるとされる。[33]

この場合の、「少額」とは、一般的に金額で画されるべき概念ではなく、当該「事業の継続に著しい支障を来す」具体的事例ごとに、弁済許可によって事

---

30 伊藤・前掲書（注29）861頁および引用の文献参照。
31 伊藤眞ほか「〈研究会〉新会社更生法（第2回）」ジュリ1254号（2003年）162頁〔深山卓也発言〕。
32 園尾＝小林・前掲書（注16）434頁〔杉本和士〕は、安易な弁済許可は、不合理な申出を助長し、結果としてモラル低下の招来、同種の他の事案への悪影響も懸念されるとする。
33 四宮ほか・前掲書（注18）344頁。

業の継続を図ることができた場合の利益を前提として、他の債権者との間の衡平原則が、実質的には損なわれることがなかったといえるか否かという、評価的判断の基準が「少額」であると考えてよい。

　仮に、それが1000万円であったとしても、その弁済により、債務者会社の事業が継続されて、それを超える利益が確保でき、他の債権者への弁済額の増大にも資するような場合には、他の債権者に優先した弁済を受けていても、債権者間の衡平を実質的に害することがないと考えるのである。

　確かに、形式的には平等ではないが、債務者会社の事業の維持・再生を図るという倒産法制の目的に照らして、あえて、そのような差別的扱いを許容するに至ったのが、本規定の意義である。

　(エ)　運用例

　債務者会社の事業の継続に著しい支障を来すことを避けるための少額債権の弁済についての許可は、本来、個別取引先ごとに検討される制度設計となっているが、個別取引先の商取引債権の処理については、制度新設以前から利用されている取引先との個別和解許可の手法を用いることもできるから、現会社更生法施行間もない時期の東京地方裁判所の会社更生事件の実務について、この制度により商取引債権一般についての弁済の許可がなされた事例はないとの報告がなされたことがある。[34]

　しかし、近時は、債務者会社の事業の継続に著しい支障を来すことを避けるための少額債権の弁済許可の事例が増えているだけではなく、平成23年の東京地方裁判所裁判官の報告では、商取引債権一般について弁済が会社更生法47条5項後段により許可された事例が12件あり、そのうちすでに更生計画が認可された9件（6グループ）の更生計画決議のための関係人集会においては、更生債権者、更生担保権者の各組の平均同意率は、99.56％、95.46％であった。[35・36]

　確かに、商取引債権全部の弁済を許可することができれば、再建型倒産手続

---

[34] 西岡ほか・前掲書（注15）181頁。
[35] 東京地裁会社更生実務研究会編『最新実務会社更生』（金融財政事情研究会・2011年）32頁参照。
[36] なお、これらの弁済許可は、会社更生申立直後の弁済禁止の保全処分に際しても、商取引債権一般が禁止対象から除外されていた事例であると考えられる。日本航空（JAL）の再建の経過については、伊藤隆宏「日本航空の会社更生手続に至る経緯とその後の経過」事業再編実務研究会編『あるべき私的整理手続の実務』（民事法研究会・2014年）342頁参照。

開始による事業価値の毀損を最小限度にとどめることができるであろうが、実際には、商取引債権者の全部について代替性がないという事由が認められるような事態は考えられない。その結果、取引債権者一般を画一的に金融債権者に優先させることは、再建型倒産法制が課した弁済許可の要件を潜脱し、衡平に反した違法の疑いがある。[37]

倒産債権者の不平等扱いが、衡平なものと認められる場合を除いて許容されないのは、衡平の原則が、多数決原理によって不同意債権者の権利についても変更を強制することを目的とする法的倒産手続に正当性を付与する根拠だからである。[38]

しかし、学説上の異論がある中で、東京地方裁判所で会社更生事件を担当する商事部が、債務者会社の財務状況に関する更生管財人の財産評定に先立って、商取引債権一般の継続的弁済を許可していることは、少なくとも、商取引債権一般の弁済を継続しようとする私的整理については、その合理性を裏付ける証の一つにもなるように思われる。

5　小　括

倒産法制が定めた倒産債権の弁済の許可に関する規定は、商取引債権に即していえば、おおむね次のような整理が可能ではないかと考えられる。

① 連鎖倒産のおそれのある商取引債権者に対しては、連鎖倒産防止という社会的目的と、当該債務者会社の再建の目的とが調和する範囲内で、連鎖倒産を防止するための弁済が許容されている。

② 権利のプライオリティーが同一であっても、商取引債権を含む少額債権や、債務者会社の再建にとって不可欠な少額の商取引債権については、早期弁済が認められている。

37　福永・前掲書（注18）242頁〔中西正〕は、全取引債権者と金融債権者との間に差を設けることを衡平なものと認める根拠に乏しいとする。
38　最大判昭和45・12・16判タ257号149頁参照。

III 倒産法制上の再建計画における衡平の原則

1 再建計画と平等原則

(1) 会社更生法

　前述のとおり、再建型倒産法制における衡平の原則は、再建計画に関する規律として条文化されているのであるが、その内容について、ここであらためて考察を加えておきたい。

　会社更生法168条1項は、「更生計画の内容は、同一の種類の権利を有する者の間では、それぞれ平等でなければならない」と定めて平等原則を規定する一方で、「ただし、少額の更生債権について別段の定めをしても衡平を害しない場合その他同一の種類の権利を有する者の間に差を設けても衡平を害しない場合は、この限りではない」と定めるが、これは、アメリカ連邦破産法10章手続において用いられている概念を受継した旧会社更生法229条の規定を承継している。

　ここにいう「衡平」の概念については、優先する権利者が他に先立って十分かつ完全な補償を得られた後に、他の権利者にも補償が与えられるが、債務者の企業継続価値の額からはみ出た劣後的順位者には権利を与えることができないという絶対優先説と、各権利者について従来の相対的な優先権が維持されればよいとする相対優先説等があるといわれている[39]。

　わが国の今日の会社更生実務にあっては、絶対優先説的な立場がとられることは稀であり、一般的には、異なる順位の権利者に与えられる権利の間に、その順位に従った差が設けられていれば適法であると解されている。そして、同一順位者の間においても、少額債権その他の理由により条件に差を設けることが、広く肯認されているが、すべての順位の債権者について清算価値保障原則が保障されている必要がある[40]。

---

[39] 兼子・前掲書（注2）534頁以下参照。

(2) 民事再生法

　民事再生法155条1項は、「再生計画による権利の変更の内容は、再生債権者の間では平等でなければならない」と定めて平等原則を規定する一方で、「ただし、少額の再生債権について別段の定めをしても衡平を害しない場合、その他これらの者の間に差を設けても衡平を害しない場合は、この限りではない」と定め、会社更生法の規定を踏襲しており、実務的にも会社更生のそれに準拠している。

　債務の免除率を債権額の区分ごとに漸増させる条項を通じて、中小企業の取引上の債権を優遇し、金融機関等の大口債権者等の金融債権を劣後的に扱う実務例も紹介され、それは、中小企業保護の観点から衡平を害しないと説明されている。[41]

2　権利保護条項

　会社更生法200条1項は、旧会社更生法234条1項の規定を踏襲したものであり、更生計画案の決議に際し、会社更生法196条1項により分けられた組の中に、同条5項に定める可決要件を満たす同意がなく可決されなかった場合に関し、裁判所は、同項各号に定める権利保護条項を定めさせて、更生計画認可決定をすることができる旨を定めている。[42]

　そして、会社更生法200条1項4号には、権利保護の要件の一つとして、「その他前3号に準じて公正かつ衡平に当該権利を有する者を保護すること」と定められている。

　更生計画の作成にあたっては、権利の変更の限度を画する会社財産の評価を、継続企業価値を基準として、衡平の原則の適合性の判断がなされるのに対し、会社更生法200条1項4号による権利の保護に際しての衡平の原則の適合

---

[40] 中西正「更生計画の条項」山本克己ほか編『新会社更生法の理論と実務（判タ1132号）』（判例タイムズ社・2003年）219頁は、清算価値を超える部分の分配に関してのみ破産法的債権者平等からの乖離が認められるとする。

[41] 園尾＝小林・前掲書（注16）836頁〔松嶋英機〕。なお、特別清算における協定書に関しては、会社法565条に会社更生法168条1項や民事再生法155条1項と同旨の規定が設けられている。

[42] 実務的には、当初の更生計画そのものの中に権利保護条項が含まれていると認めて、更生計画の変更を経由せずに認可する運用が一般的である。

性を判断する際には、会社財産の評価は、清算価値を基準として評価すれば足りると解するのが通説である。

それには、会社更生法200条1項1号・2号が清算価額を前提とする規定であり、4号がそれらに準ずるとされているという形式的な理由のほかに、可決しなかった組は企業を存続させるべき計画案に反対した者に対し、企業の存続を前提とする評価に基づく分け前を与える必要はないという理由があげられている。[43]

また、更生計画案が権利のプライオリティーに比例したものである以上、下位組には不満が残りがちであるが、下位組が更生計画案を否決すると、旧会社更生法234条により計画案よりも不利な権利保護条項を定めることができるから、同条は下位組の不満を最小限度化するしたたかな措置でもあるとする説もある。[44]

しかし、可決しなかった組の債権者に対しても権利変更の効力を及ぼす以上、その同意に替わる保障措置として設計された制度が、更生計画で配分されるべき利益を下回った利益の保護で足りるとする結論と整合性があるのか、疑問なしとしない。

このため、こうした通説的見解を紹介しながら、会社更生法200条1項が定める権利保護条項について、清算価値の「固有権」を超えた利益の配分についての更生計画を、管財人が強要できる地位を有することについて、立法論的疑義を唱えている説があるほか、[45]更生計画は清算価値保障原則を満たしているはずであるから、権利保護条項はそれとは別の機能を果たさなければならないとする鋭い指摘もある。[46]

3 小 括

以上検討してきた法制度と実務、学説の状況に基づいて、おおむね次のよう

---

43 兼子・前掲書（注2）645頁および引用の判例・文献を参照。
44 青山善充ほか編『会社更生・会社整理・特別清算の実務と理論（判タ866号）』（判例タイムズ社・1995年）340頁〔林田学〕。
45 松下淳一「一部の組の不同意と権利保護条項」山本克己ほか編『新会社更生法の理論と実務（判タ1132号）』（判例タイムズ社・2003年）241頁。
46 伊藤・前掲書（注17）638頁。

705

な整理が可能ではないかと考えられる。

① 再建計画すなわち配当計画において、プライオリティーが同一の権利であっても、衡平の原則に適う場合には一部の性質の債権を有利に扱うも許容される。

② そして、商取引債権を有利に扱うことは、一般的には衡平に合致すると考えられている。

③ 個別具体的な不平等扱いが衡平に適うか否かを判断する基準の一つが、不利益に扱われる倒産債権者のための清算価値保障原則とされている。

IV 準則型の私的整理手続における商取引債権の取扱い

1 はじめに

平成8年に開始された倒産法改正作業と並行して、私的整理に関しても、私的整理に関するガイドラインが制定されたほか、私的整理を援助するための各種ADRが設立されている。

そして、それらの手続には多くの共通点があり、そこに私的整理の準則を見出すことが可能である。

以下、それらの手続を総称して準則型の私的整理ということとし、そうした準則を探究することは本稿の目的ではないが、それらのうち代表的な手続において、商取引債権がどのように取り扱われているかについて、以下、検討する。

2 主要な準則型の私的整理

(1) 私的整理に関するガイドライン

準則型の私的整理の主要なものを紹介するに、沿革的にも最初に成立したものが、私的整理に関するガイドラインに基づく私的整理である。これは、全国銀行協会その他の金融業界の各協会、経済団体連合会、および各種専門家により構成され、財務省、金融庁、経済産業省等の関連官庁がオブザーバーとして参加した研究会において、平成13年9月に制定・公表されたものである。[47]

これは、過剰債務を主因として経営困難な状況に陥っており、自力による再建が困難である場合に利用される手続であるが、対象債権者は原則として金融機関のみであり[48]、商取引債権者は手続中、従来と同様債権の弁済を受けることができる。

(2) 株式会社産業再生機構

株式会社産業再生機構は、平成3年頃のバブル崩壊に伴うデフレと景気低迷の打開のために導入された金融再生プログラムの中核をなす組織として、平成15年4月に制定された法律に基づいて設立された会社であり、ADR機関として再生案件に取り組んだ。

株式会社産業再生機構を利用する私的整理の手法は、同機構が厳格な査定に基づいて金融債権を買い取り、これを株式に転換して、会社を再建させた後に売却し、資金を回収するというものであった[49]。時限立法であり、平成19年6月5日に清算結了して消滅しているが、大規模な会社を中心として、企業の過剰債務の処理について、一定の成果をあげたと評価されている。

この場合にも、商取引債権者は、手続の影響を受けることなく、従来と同様債権の弁済を受けることができたのである。

(3) 中小企業再生支援協議会

中小企業再生支援協議会は、平成15年に産業活力再生特別措置法に基づき、全国47都道府県に設立された、私的整理を支援するADR機関である[50]。

中小企業再生支援協議会による支援の手続とは、債務者と対象となる金融債権者との間の利害を調整するプロセスであるから、この場合にも、商取引債権者は、手続の影響を受けることなく、従来と同様の弁済を受けることができる。

---

47 内村宏史「私的整理ガイドライン」事業再編実務研究会編『最新事業再編の理論・実務と論点』(民事法研究会・2009年) 330頁。

48 例外的に金融機関に準ずる大口債権者も対象となし得るとされる。

49 中野瑞彦「株式会社産業再生機構の役割」事業再編実務研究会編『最新事業再編の理論・実務と論点』(民事法研究会・2009年) 235頁。

50 秋松郎「中小企業再生支援協議会の現状」事業再編実務研究会編『あるべき私的整理手続の実務』(民事法研究会・2014年) 90頁以下。

3 準則による私的整理と商取引債権の弁済

(1) 支払不能要件

以上、紹介したもののほかに、準則型の私的整理のためのADR機関としては、事業再生実務家協会や地域経済活性化支援機構があり、それらも商取引債権を手続外債権としており、したがって、準則型私的整理手続にあっては、商取引債権は、私的整理手続の開始後も継続して随時弁済されている。

こうした私的整理手続の経済的・社会的意義に照らせば、後日、仮に債務者が破産宣告を受け、あるいはその他の法的倒産手続の申立てを受けた場合でも、すでに進行した私的整理手続内での商取取引債権が、倒産法制上の否認権の行使に服さないことが要請される。

商取引債権の弁済は、偏頗弁済の問題を伴うが、否認権成立の要件は支払不能であり（破162条1項1号、民再127条の3第1項1号、会更86条の3第1項1号）、支払停止によって支払不能が推定される（破162条3項、民再127条の3第3項、会更86条の3第3項）。

このため、準則による私的整理手続の開始は、必ずしも、債務者の支払停止を意味するものではなく、仮に、約定弁済期の到来した金融債務の支払いが継続できない状況に陥っていても、準則による私的整理手続の進行中は、支払不能にも該当しないと解するのが、一般的である。

しかし、準則による私的整理手続は、商取引債権の弁済を継続しながら債務者の再建を図る手続であるが、通常は、開始時点で債務超過に陥っている場合も少なくはなく、後日法的倒産手続に移行した場合には、本来は偏頗否認の対象行為となり得る。しかし、私的整理手続の開始が支払停止を画するものではないとされるのは、偏頗弁済による否認の成立を制限するためのもののように思われる[51]。

(2) 衡平の原則からのアプローチ

準則型の私的整理手続において、商取引債権が継続的に弁済されても、後日

---

51 詐害否認についての議論は省略するが、多くの場合、主観的要件が否定されることになると思われる。

法的倒産手続に移行しても、否認権に服しないという結論は、準則型私的整理手続の開始後それが挫折するまでの間は、商取引債権の継続的弁済は衡平を害しないと解することによってももたらすことができる。

翻って考えるに、法的整理手続において、商取引債権一般を金融機関債権に優遇させる行為が衡平ではないとする意見の根拠は、多数決によって手続に反対する債権者も権利変更を強制されることにあった。これに対して、私的整理手続の場合には、債権者の同意なくして権利の変更がもたらされることはないし、私的整理の中での不平等扱いに対して異議のある債権者は、債権者自らの個別権利行使や、破産手続開始の申立て等により、私的整理を挫折させることもできる[52]。

したがって、私的整理手続の過程での弁済や契約その他の行為は、広く私的自治に委ねてもよいと解すべきであり、商取引債権一般の継続的な弁済その他の優遇も、衡平の原則を緩やかに解することによって、少なくとも、衡平に反するものとまでは認められないというべきである。

ところで、行為自身が破産債権者にとって有害なものであるとみなされる場合であっても、その行為がなされた動機や目的を考慮して、破産債権者の利益を不当に侵害するものでないと認められるときには、否認権を行使することはできない[53]。

したがって、衡平の原則に反するとはいえない商取引債権の弁済は、原則として、倒産法制が定める否認の一般的要件である不当性を満たすことはないことになる。

4 小 括

以上のとおりであり、準則型の私的整理手続にあっては、商取引債権を手続外債権として、弁済を継続することは、衡平の原則に反しないというべきであ

---

[52] 私的整理手続の逸脱現象によって、私的整理手続中の行為が矯正されたり、効果が無効とされたりする場合については、霜島甲一『倒産法体系』（勁草書房・1990年）22頁、山本克己ほか編『新破産法の理論と実務』（判例タイムズ社・2008年）152頁、153頁〔四宮章夫〕およびそれらに引用された判例参照。
[53] 伊藤・前掲書（注29）506頁。

る。

V 準則によらない私的整理手続における商取引債権の取扱い

1 倒産法制による不平等扱いとの共通性

　倒産法制は、倒産債権者相互間の衡平の原則に適うものとして、連鎖倒産防止や少額債権の弁済の規定を設けるほか、衡平の原則に適った再建計画や清算計画についての不平等扱いを許容する。

　これらの規定は、準則型ではないが準則型の手続に準ずるべく工夫して遂行される私的整理（以下、「準則によらない私的整理」という）[54]においても応用することができ、倒産法制に定める衡平の原則に関する諸規定の要件を満たす場合には、後日詐害行為取消権や法的倒産手続に移行した場合の否認権の行使を受けることによって、効果を覆滅されることはないと考えられる。[55]

2 準則による私的整理手続の不平等扱いとの共通性

(1) 準則によらない再建型の私的整理手続

　準則によらない私的整理であっても、債務者の再建を目的とする場合には、商取引債権を継続的に弁済しても、後日詐害行為取消権や法的倒産手続に移行した場合の否認権の行使を受けることによって、効果を覆滅されることはないと考えられる。

　準則型の私的整理手続において継続されている商取引債権の弁済を、準則によらない私的整理の場合にだけ制限する理由は認められないからである。

　そもそも、倒産債権者が、自ら私的整理手続の進行を見守っていた間の出来事を、後になって覆すことは、いささか信義則に反する面もあるといえよう。[56]

54　四宮・前掲論文（注1）387頁参照。なお、再建型の私的整理手続に関しては、井上愛朗「適正な再建手続」事業再編実務研究会編『あるべき私的整理手続の実務』（民事法研究会・2014年）437頁以下参照。

55　本稿の目的は、準則型と同様に社会的・経済的意義を肯定できる私的整理の手続がどのようなものであるかを説明することが目的ではないので、以下、そのような手続であることを前提として議論を展開する。

V 準則によらない私的整理手続における商取引債権の取扱い

(2) 否認問題

ところで、準則によらない私的整理は、準則型の私的整理手続のように、手続の枠組みがはっきりと決められている手続ではないので、否認問題についてもあらためて検討しておきたい。

最判平成24・10・19判時2169号9頁は、債務者の代理人である弁護士が債権者一般に対して債務整理開始通知を送付した行為が破産法162条1項1号イおよび3項にいう「支払の停止」にあたると判断した[57]。しかし、これは、単なる給与所得者についての私的整理手続において、債権者に対して取立ての中止をあわせて求め私的整理手続開始の通知がなされた場合の判例である。そして、須藤正彦裁判官は、補足意見の中で、「再建計画が策定され、窮境の解消が図られるような債務整理の場合には、支払の停止の判断には慎重さが要求される」との見解を示している。

また、東京高判平成24・8・30金商1442号26頁は、第二会社方式をとる私的整理手続（債務者に即していえば清算手続になる）について、私的整理開始通知の直前に行われた事業譲渡の効果を肯定し、上告も不受理となっている。この案件については、営業譲渡が実施されるまでは、整理によって支払停止の前提となる財務状況が改善される余地があるから、支払不能にも該当しないと判断したものであるが、第二会社方式による事業の再建を決意した時点で支払不能に陥ったと認定するほうが、本来はより自然なように思われる。しかし、東京高等裁判所や最高裁判所がそのように認めなかったのは、須藤裁判官の補足意見からさらに一歩踏み出し、そのような私的整理手続による事業再建の社会的意義を肯認するものであるように思われる。

---

[56] 東京地判昭和63・8・30金商816号3頁は、倒産会社の債権者会議で決定した配当金を受領した債権者が倒産会社の債権譲渡について詐害行為取消権を行使したことは信義則違反になるとした裁判例である。なお、同様に私的整理手続を支持し、一定の手続参加をもって、私権の行使が制約されるとするものには次のようなものがある。東京地判昭和49・5・31判タ312号233頁は、数次にわたる債権者集会に出席し、整理案に同意した債権者はこれに拘束されるとした裁判例であり、岐阜地判昭和57・10・17判時1065号185頁は、私的整理手続の配当が他の債権者との間で公平を害することがない特段の事情があるとして、本旨弁済の否認を認めなかった裁判例であり、名古屋地判昭和58・7・25金商689号27頁は、債権者会議で私的整理手続の同意書を提出した債権者と債務者との間に不起訴の合意が成立するとした裁判例である。

[57] 同旨・東京地判平成22・2・24判例集未登載（ウエストロー・ジャパン）。

711

そして、その理解は、仮に、準則によらない私的整理の開始や、それに先立つ私的整理手続の開始通知が支払停止にあたる場合でも、私的整理手続中の商取引債権の継続的弁済等が衡平に反しないと認めることを肯定する考え方でもある。

3 準則によらない清算型の私的整理手続

(1) はじめに

以上に述べた私的整理手続とは別に、純粋な清算を目的とする私的整理手続においては、整理開始通知が支払停止を画することになることは、前掲最判平成24・10・19の須藤正彦裁判官の補足意見を待つまでもない。

しかし、その場合でも、少なくとも中小企業者の商取引債権を、金融機関債権者に比べて優遇する扱いは、衡平の原則には反しないとする説がある。多くの場合、これにより事業価値の毀損を防ぐことができる結果、倒産債権者にとっては却って有利な場合が少なくないからである。[58]

したがって、準則によらない清算型の私的整理手続において、商取引債権の弁済が継続される等しても、それは、直ちに衡平の原則に反するとまでは認められないので、破産債権者の利益を必ずしも不当に侵害するものとはいえないと考える。

しかし、清算型の私的整理手続である以上、商取引債権を優遇する扱いが、不平等扱いを受ける倒産債権者のための清算価値保障原則に反する場合には、もはや衡平の原則に反するというほかなく、否認の一般的要件である不当性をも満たすことになると、今のところ筆者は考えている。

(2) 清算価値保障原則

私的整理手続においても清算価値保障原則が適用されるとしても、私的整理手続の場合には、商取引債権を弁済等することによって、整理の開始による事業価値の毀損をある程度防止することができる結果として、金融機関債権者等その他の倒産債権者の利益を却って増加させることが多い。

そもそも、破産的清算については、価値破壊的側面があり、破産的換価は最

---

58 同旨・西岡ほか・前掲書（注15）180頁以下。

悪の方法だともいわれてきた。その理由について、①資産の有機的な結合によって生じる価値（のれん等）が活かされないこと、②動産の破産的換価は買い手市場であり、半製品等の製品化も容易ではない、③売掛債権についても取引継続の停止に伴う品質保証その他のアフターサービスの不安により完全な回収が困難である、④倒産者の財産関係をめぐる紛争により、破産財団に帰属する財産の換価を困難とすることがあると指摘したうえで、この弱点の是正のためには、清算の場合であっても再建型の倒産処理の長所を部分的に取り込むことが考えられるとして、事業自体を実質的に他に承継させることを示唆し、このような工夫は、私的整理手続では通常行われているところであるとする意見がある。[59]

債務者の清算に先立って、私的整理手続によって、事業を他に譲渡し、その際、商取引債権をそっくり引き継ぐ方法もその工夫の一つであるが、商取引債権を継続的に弁済しながら、私的整理の方法で清算するという方法も優良な工夫の一つなのである。

(3) モデルの検証

たとえば、ここに、次のような中小企業が存在したと仮定する。

資産	預金	1000万円	
	売掛金	4000万円	
	在庫商品	2000万円	
	機械備品	1000万円	
	不動産	2000万円	金融機関借入金の担保
負債	金融機関	1億円	（内5000万円は信用保証協会保証付）
	買掛金	4000万円	

そして、清算価値は次のようになると考えることができたとする。この場合の破産配当率は約22.7％となる。

---

[59] 霜島・前掲書（注52）467頁、468頁。

資産	預金	0円	相殺予定
	売掛金	2600万円	回収率65%とする
	在庫商品	200万円	10%で見切処分した場合
	機械備品	0円	スクラップ処分
	不動産	0円	担保実行（2000万円で競落）
	管財費用	▲300万円	
負債	金融機関	2000万円	
	保証協会	5000万円	
	買掛金	4000万円	

　しかし、仮に、私的整理の手法を用いた清算手続を開始し、商取引債権である買掛金を順次弁済していった場合には、事業価値の毀損を防止できた結果として、売掛金の100％回収や、在庫商品の処分も可能となるし（動産売買の先取特権の行使を受けるようなこともなく任意売却することができる）、機械・備品等についても、商圏を引き継ぐ先に有償で譲渡することもできるし、不動産の任意売却による有利換価も可能となることが多いから、次のような試算も可能である。

　そして、この場合の清算配当率は29.2％となる。

資産	預金	0円	相殺予定
	売掛金	4000万円	100％回収できた場合
	在庫商品	1600万円	80％換価できた場合
	機械備品	300万円	関連業者に売却できた場合
	不動産	0円	担保実行（2500万円で任意売却）
	買掛弁済	▲4000万円	
負債	金融機関	1500万円	
	保証協会	5000万円	

　もちろん、以上は、商取引債権の弁済の有用性を説明するためのモデルにす

ぎないが、筆者の実務経験に照らせば、多くの場合に、同様の結論が導き得るのではなかろうかというのが、正直な実感である。

(4) 清算価値保障原則の判断の構造

以上、準則によらない清算型の私的整理手続において、①商取引債権一般の継続的弁済が必ずしも衡平の原則に反しないこと、②衡平の原則に適う場合には、否認成立の一般的要件である不当性を満たさないこと、③衡平の原則に適うためには、清算価値保障原則が確保されなければならないこと、④商取引債権一般の継続的弁済は、必ずしも他の倒産債権者の清算価値保障原則を侵害するものではないことについて、順次検討してきた。

それでは、否認訴訟においては、ⓐ行使者のほうから、清算価値保障原則違反があり、衡平の原則に反するので、不当性が認められることを主張すべきであろうか、ⓑ債務者やその行為の相手方のほうから、問題とされる行為は、清算価値保障原則に反しないので、衡平の原則にも違反せず、不当性が阻却されることを主張すべきであろうか。

今日の有力説はⓑの立場に立ち、債務者が主張すべき抗弁事実とし、それに沿う裁判例もあるが（東京地判平成22・10・27判例集未登載（ウエストロー・ジャパン））、ⓐの立場を支持して、不当性を否認権行使のための積極的要件と理解し、これを請求原因事実とし、なお、権利濫用や信義則違反を抗弁事実としてとらえる裁判例もある（東京地判平成20・2・29判例集未登載（ウエストロー・ジャパン））。

ⓑは、否認権の一般的要件とされる有害性と不当性とについて、両要件の主張・立証責任を転換するもののように思われるが、この両者を区別する格別の理由があるとも思われないので、筆者は、請求原因説に立ちたいと考えている。

(5) 清算価値保障原則違反の場合の検討事項

上記(4)のまとめをもって、本稿の目的はひとまず、達成したと考えるが、さらに一歩進めて、清算価値保障原則に違反する場合でも、不当性を阻却する場合があり得るのではないかという問題提起を最後に試みておきたい。

60　伊藤・前掲書（注29）507頁。

すなわち、私的整理の遂行主体等によって、倒産債権者に対して、清算価値が保障されているか否かについて判断をするために必要な債務者に関する情報が、私的整理手続の遂行中適時適切に、正確かつ適正に開示されている場合には、債務者会社の代表者や、その代理人たる弁護士が、事業価値の毀損の程度が低い私的整理手続のほうが、整理開始時に破産手続開始決定を得たときよりも多くの配当を実施できると信じていたのである限り、私的整理手続の行為の不当性が、阻却されると考える余地はないであろうか。[61]

債務者が経済合理性があると考えて、私的整理手続による清算を選択し、倒産債権者は、開示された情報に基づき、私的整理手続を挫折させたほうが自らには有利であると判断したときや、開示された情報が適切ではないと判断したときは、直ちに、清算価値を正しく確保するために、私的整理を挫折させるべく、個別権利の行使に踏み切り、あるいは、債権者として破産手続の開始を申し立てることができるのに、倒産債権者らが自らの経済的判断に基づき、私的整理手続の進行につき合ったにもかかわらず、後日私的整理手続中の債務者の行為が、倒産法制上の否認権に服するということは、私的整理手続の社会的、経済的有用性を著しく損なうものと考えられるからである。[62]

ただし、本項で述べたところは、いまだ十分に議論されているところではないので、一つの試論として提示するにとどめたい。

---

61 倒産債権者の個々の求めに応じて開示される場合を含む。
62 それは、当然に清算価値保障原則の適合性を承認する場合であるとは限らないが、少なくとも、私的整理手続の進行を待つことが、自らの権利の確保の上では、最適であると判断したことになる。

14 相殺をめぐる民法改正
――差押えと相殺・債権譲渡と相殺

弁護士　中井　康之

　平成27年2月24日、法務省法制審議会において「民法改正要綱」が決定され、同要綱に基づく「民法の一部を改正する法律案」（以下、「改正法案」という）が、同年3月31日第189回通常国会に提出された。そこでは、「差押えと相殺」と「債権譲渡と相殺」に関して重要な改正提案がなされている。本稿では、かかる論点について、改正法案の内容を紹介したうえで、改正法案の課題や実務への影響などを検討しようとするものである。[1]

I　差押えと相殺

1　改正法案

改正法案511条は、次のとおりである。

> 1　差押えを受けた債権の第三債務者は、差押え後に取得した債権による相殺をもって差押債権者に対抗することはできないが、差押え前に取得した債権による相殺をもって対抗することができる。
> 2　前項の規定にかかわらず、差押え後に取得した債権が差押え前の原因に基づいて生じたものであるときは、その第三債務者は、その債権による相殺をもって差押債権者に対抗することができる。ただし、第三債務者が差押え後に他人の債権を取得したときは、この限りでない。

---

[1] 本稿において引用する法制審議会民法（債権関係）部会における資料は、すべて法務省のホームページに掲載されている。引用に際しては、「部会資料〇」「第〇回議事録」等と略して引用する。

2 審議の経緯と改正法案の趣旨

(1) 審議の経緯

(ア) 従来の考え方

「差押えと相殺」に関しては、判例と実務は無制限説で、弁済期の前後を問わず相殺を認めているが、これに対して批判は強い。法制審議会民法（債権関係）部会（以下、単に「部会」という）の審議においても、第1読会の段階では、[A案] 受働債権の差押え前に自働債権を取得している限り、自働債権と受働債権の弁済期の先後を問わず、第三債務者は相殺できるという考え方（無制限説）と、[B案] 差押えの時点で両債権の弁済期が未到来の場合は、受働債権の差押え前に自働債権を取得し、かつ自働債権の弁済期が受働債権の弁済期よりも先に到来する場合に限り、第三債務者は相殺できるという考え方（制限説）の両案が提示されていた。

(イ) 中間論点整理

しかし、「民法（債権関係）の改正に関する中間的な論点整理」（以下、「中間論点整理」という）では、「判例法理（無制限説）を前提としてきた実務運用を尊重する観点から、無制限説を明文化することの当否について、無制限説により生じ得る不合理な相殺を制限するために無制限説を修正する必要があるとの意見があることに留意しつつ、更に検討してはどうか」と取りまとめられ（第18の4）、一定の留保をしながらも無制限説を明文化する方向が示唆された。

(ウ) 中間試案

第2読会の審議を経たのちの「民法（債権関係）の改正に関する中間試案」（以下、「中間試案」という）では、「(1)債権の差押えがあった場合であっても、

---

2 中田裕康『債権総論〔第3版〕』（岩波書店・2013年）407頁以下参照。なお、「差押えと相殺」「債権譲渡と相殺」に関する文献は非常に多い。本稿では、文献の引用は原則としてしないこととし、関連文献は、同書の引用を参照していただきたい。なお、最判平成24・5・28民集66巻7号3123頁の示した倒産と相殺の法理が、差押えと相殺に関連する民法法理へ波及する諸問題を論じたものとして、潮見佳男「相殺の担保的機能をめぐる倒産法と民法の法理——民法の視点からの最高裁平成24年5月28日判決の検証」田原睦夫先生古稀・最高裁判事退官記念論文集『現代民事法の実務と理論(上)』（金融財政事情研究会・2013年）267頁がある。

3 部会資料10・第2の5(1)。

第三債務者は、差押えの前に生じた原因に基づいて取得した債権による相殺をもって差押債権者に対抗することができるものとする。(2)第三債務者が取得した上記(1)の債権が差押え後に他人から取得したものである場合には、これによる相殺は、差押債権者に対抗することができないものとする」（第23の4）として、無制限説を超えて、差押え前に生じた原因に基づいて、差押え後に取得した債権であってもこれを自働債権とする相殺を認める方向で取りまとめられた。

この中間試案の考え方が、基本的に、要綱そして改正法案に引き継がれた。

　(エ)　改正法案

改正法案511条に基づき相殺を差押債権者に対抗できる自働債権の範囲は次のとおりである。

① 差押え前に取得した債権
② 差押え後に取得した債権が差押え前の原因に基づいて生じたもの
③ ②から、差押え後に他人の債権を取得した場合を除く

　(2)　改正法案の趣旨
　(ア)　倒産法の規律

このように無制限説を超えて自働債権の範囲が拡張したのは、倒産実体法と平仄を合わせたことによる。「差押えと相殺」の場面では、債務者財産である被差押債権（受働債権）に対する、差押債権者と第三債務者との間の当該財産の奪い合いの問題である。これに対し、「倒産と相殺」の場面では、債務者が倒産に至った場合における倒産債務者（倒産財団）に帰属する受働債権に対する、第三債務者（倒産債務者に対して債権を有する第三債務者）と倒産財団（倒産債務者の一般債権者）との間の当該財産の奪い合いの問題である。本来、平時における個別執行と倒産時における包括執行の場面では、平時より倒産時のほうが債権者平等がより強く要請されるから、同じ債務者（倒産財団）に帰属する財産（受働債権）に対しては、平時より倒産時のほうが、相殺の制限される場面が広くなるはずである、との考え方に基づく。

この点、破産法では、破産者に債務を負担する第三債務者は、破産手続開始時点で取得している破産債権と相殺できるだけでなく、停止条件付債権や将来の請求権も相殺適状に至れば相殺が可能であり（破67条1項）、条件成就が未了

の間に受働債権の弁済をするときは、将来、条件が成就した場合にも相殺できるように寄託制度まで準備している（同法70条）。民事再生法でも、再生債務者に債務を負担する第三債務者は、再生手続開始時に取得している再生債権との相殺が可能であり、その再生債権には停止条件付債権や将来の請求権も含まれると解されている。ただし、債権届出期間内に相殺適状に至る必要があるが、受働債権との弁済期の前後は問われないし、停止条件付債権であっても所定の期間内に条件が成就し相殺適状に至れば相殺が許容される（民再92条1項）。更生手続でも同様である（会更48条1項）。

(イ)　倒産法との平仄

これに対して、個別執行場面である債権差押えがあったときは、無制限説に立つとしても、倒産時と比べて相殺できる自働債権の範囲が限定され、倒産時より第三債務者の相殺期待が保護されていないことから、少なくとも倒産時と平仄を合わせるべきであるとして、自働債権の範囲を拡張することとした。これは、倒産手続開始時にすでに取得している債権や開始前の原因に基づいて開始後に取得する債権（いずれも倒産債権となる）については、倒産債務者の有する受働債権をその弁済の引当てとする期待を有しているのと同様に、第三債務者が、差押え時にすでに取得している債権（上記(1)(エ)①）や差押え前の原因に基づいて差押え後に取得する債権（上記(1)(エ)②）についても、第三債務者は受働債権をその弁済の引当てとする期待を有していることを、相殺を許容する実質的な根拠とする。第三債務者の相殺の担保的機能に対する期待を重視したものである。

それゆえ、自働債権の範囲の規定ぶりについても、破産債権の定義である「破産者に対し破産手続開始前の原因に基づいて生じた」請求権に倣い、差押債務者に対し「差押え前の原因に基づいて生じた」債権としている。

(ウ)　他人の債権を取得した場合

また、倒産法では、「倒産手続開始後に取得した他人の倒産債権」との相殺を禁止している（破72条1項1号、民再93条の2第1項1号、会更49条の2第1項1号）。これは、倒産手続開始時に倒産債務者に債務（受働債権）を負担している第三債務者が、何らの倒産債権を有していないときは、そもそも相殺期待を観念できないうえに、手続開始後に、価値の下落した他人の倒産債権を取得し

て受働債権をもってその弁済にあてることは、倒産財団を毀損させ、しかも、他の倒産債権者との平等を害するからである。この点も平仄を合わせて、「差押え後に他人の債権を取得した」場合には、その債権を自働債権とする相殺ができないものとした（上記(1)(エ)③）。価値の下落した債権を取得して受働債権と相殺することは、差押債権者の利益を奪うだけではなく、債権者間の平等を害するからである。

3 改正法案の評価と課題

(1) 個別執行と包括執行との平仄

改正法案は、現行の倒産実体法を平時実体法である民法に持ち込んだものといえる。

倒産手続開始は、倒産債務者の財産に対する包括的な差押えであるから、個別執行との平仄を合わせる考え方も理解できないではない。しかし、債権に対する個別差押えの場面と倒産の場面の利益状況が同様であるとは、にわかにはいいがたい。平時における債権差押えの場面の利益状況はさまざまであり、債務者が事実上倒産状態に至っている場合もあれば、特定の債権者と債務者の間で個別の紛争が惹起したために債権差押えに至ったにすぎないような場合もある。個別執行がなされたとき、債務者は、常に、倒産手続開始の要件を充足しているわけでもなければ、債務超過または支払不能状態にあるわけでもない。単に差押債権者の有する債権に対して債務者が意図的支払い拒否をしているだけの場合もあろう。

また、第三債務者としても、受働債権を自らの債権の弁済の引当てとして期待しているとは限らない。債務者の受働債権以外の財産については、倒産手続が開始した場合と異なり、財産拘束も生じていないから、第三債務者は、受働債権以外の債務者財産から強制的回収をすることも可能である。債務者も受働債権以外の財産から任意の弁済ができる。倒産財団から回収も弁済もできない倒産の場面とは異なる。これに対して、差押債権者も、同様に、受働債権以外の債務者財産からの回収も可能であるから、第三債務者との立場は異ならないとの反論もあり得る。しかし、執行手続を経た汗を流した差押債権者と、自働債権を将来取得する地位にあるにすぎない第三債務者を比較すれば、後者の保

護に偏りすぎていないか。

　実務的にも、受働債権の差押えがあったときに、その時点で取得している自働債権との相殺について、無制限説に従い、弁済期の到来を待って相殺を主張することはあっても、差押え時点でいまだ取得していない停止条件付債権や将来の請求権について、相殺を主張する例はこれまでほとんど存在しない。むしろ、これら債権との相殺はできないことが当然と理解されていたように思われる。確かに、東京地判昭和58・9・26判時1105号63頁は、委託のある保証に基づく代位弁済によって取得した事後求償権（正確には、その保証履行請求権）と被差押債権との相殺の可否が問題となった事例であるが、その後、同種の案件の紹介はないし、事後求償権との相殺を否定した当該裁判例に対する批判的見解もみあたらない。

　しかし、部会審議においては、判例実務における無制限説を採用することに特段の異論はなく、次に、倒産法における相殺のできる範囲についてもこれを変更すべきとする積極意見はなく、そして、それを前提に、平時実体法の規律する個別執行の場面のほうが、債権者平等の原則がより強く求められる倒産場面より相殺できる範囲が狭いのは相当ではないという考え方から、相殺を否定する前記裁判例があったものの、相殺できる自働債権の範囲を倒産法が認めている範囲（「前の原因に基づいて生じた債権」）まで拡張する方向性が、それほどの異論もなく承認された。ただし、さすがに破産法70条の寄託制度のように、第三債務者が受働債権を履行した後に条件成就等した場合にまで相殺期待を保護する制度は設けられていない。その限りで、差押えの場面より破産の場面は、なお相殺保護が図られている。

　(2)　債権執行手続への影響

　このように、改正法案は、倒産実体法と平仄を合わせる方向を採用した。相殺できる自働債権の範囲を拡張したことにより、債権執行の実効性が、現行法より弱まったことは否めない。実務的には、無制限説で処理しているから、弁済期の前後にかかわりなく相殺できる。実際、差押債権者が、差押え後に取立

4　部会資料39について第47回議事録、部会資料50について第61回議事録と第3分科会第6回議事録、部会資料69Aについて第79回議事録を参照。

て訴訟を提起しても、判決そして執行までに自働債権の弁済期が到来すれば、第三債務者の相殺が認められる（最判昭和40・4・2民集19巻3号539頁参照）。

　改正法案によれば、停止条件付債権や将来の請求権についても、その後、条件成就等をすれば相殺できるので、第三債務者は、差押えがあっても、これら条件成就等を待つことになろう。それは、事実上、差押不能債権の範囲を広めることになり、債権差押えの実行性がそれだけ弱まることになる。

　しかも、被差押債権である受働債権と自働債権の牽連関係は不要とされているから、偶然に取得していた債権との相殺も認められる。確かに、差押え時に自働債権を取得済みであれば、当該自働債権に対して受働債権との相殺を期待することに合理性はあるが、差押え時にいまだ取得していない債権についても、それと牽連関係のない受働債権との相殺を認める合理性があるのか疑問なしとしない。差押え前に原因があるとはいえ、差押えを受けた後に、第三債務者が、第三者に対する弁済や修補等の資金を出して、債務者に対する債権を取得して、それを自働債権とする相殺まで認めることには違和感が残る。

　他方、受働債権と牽連関係のある自働債権であれば、たとえ、差押え時に取得していなくても、なお、受働債権を将来発生する債権の弁済の引当てとして予定することは十分にありうるから相殺を認める考え方も理解できるが、改正法案はその点については直接触れていない。

　改正法案は、受働債権との関係性について、一般の差押債権者より、受働債権の第三債務者のほうがより強い利害関係を有しているとして、第三債務者の保護を差押債権者より優先したものと理解できるが、その程度は、今後の「差押え前の原因に基づいて生じた債権」の成立範囲の解釈によることになろう。

　そこで、続いて「差押え前の原因に基づいて生じた債権」について検討したい。

(3)　差押え前の原因

　「差押え前の原因に基づいて生じた債権」は、倒産債権の定義を借用したものであり、自働債権の拡張は、平時実体法を倒産実体法に合わせたものであるから、倒産法の解釈（主たる発生原因が備わっていれば足りるとする一部具備説が通説である）が参考となる。しかし、倒産の場面では、開始前の原因に基づいて生じた債権は破産債権として相殺でき、倒産債務者との間で開始後の原因に

基づいて生じた債権は、通常財団債権（共益債権）となり、倒産債務者に属する財産である受働債権との相殺は許されるから、開始前の原因か、開始後の原因かは、相殺の範囲を決する場面では重要な基準とならないことに留意する必要がある。むしろ、倒産の場面で、相殺できないのは、開始後に取得した「他人の債権」であり、その範囲が問題となる。

これに対して、個別執行の場面では、差押債権者と第三債務者が債務者財産である受働債権を奪い合う関係にあるから、倒産の場面とは異なり、差押え後の原因に基づいて生じた債権にたとえ実価があっても受働債権との相殺は許されない。第三債務者に、差押債権者に優先して受働債権からの回収を認めることになるからである。そこでは、差押え後に取得した債権の原因が、差押え前か後かによって相殺の可否が決まることになる。しかし、原因が差押えの前にあるといえるかどうかは、それほど明確ではなく倒産債権の範囲と同じように解釈してよいのか、また、倒産債権の定義に即して解すれば、「前の原因」があるとはいいがたい場面でも、相殺を認めるのが相当と評価できる場合もあるように思われる。

以下では、いくつかの問題となりうる事例を参考に、その範囲について検討したい。[5]

　　(ア)　契約不適合に基づく損害賠償請求権
　　(A)　牽連関係のない場合

債務者の第三債務者に対する「貸金債権」が差し押さえられた場合、第三債務者が債務者から差押え前に引渡しを受けた請負契約の目的物に瑕疵（以下、「契約不適合」という）があるために、差押え後に修補したことに基づき取得した損害賠償請求権は、差押え前に原因があるから被差押債権である貸金債権と相殺できることとなろう。差押え前に引渡しを受けた売買の目的物に契約不適合がある場合の損害賠償請求権も同様である。被差押債権との牽連関係は問われない。無制限説を拡張した意義は、まずこの点にある。

差押え前に締結された請負契約に基づいて、差押え後に引渡しを受けた目的物に契約不適合があるために、差押え後に修補したことに基づき取得した損害

5　第3分科会第6回議事録16頁以下参照。

賠償請求権を自働債権とする相殺はどうか。その原因が請負契約であるとすれば相殺できる。しかし、その原因を請負契約の締結では足りず目的物の引渡しであるとすれば、相殺はできない。倒産手続の場合は、開始後に目的物を引き渡しているから、履行の選択があり、損害賠償請求権は財団債権（共益債権）となり相殺できるが、そのことは参考とならない。

結局、契約不適合による損害賠償請求権の原因をどのようにとらえるかによって相殺の可否が決まることとなる。最判平成24・5・28民集66巻7号3123頁は、破産手続開始前に保証契約が締結されている場合に、破産手続開始後に代位弁済したことにより取得した事後求償権は破産債権であると判示しているが、これは、保証契約によって弁済することが義務づけられ弁済すれば法律の規定に従って当然に事後求償権が生じるからである。これに対して、契約不適合に基づく損害賠償請求権は、契約に適合しない目的物の引渡しがあって初めて発生する債権であり、請負契約があることから当然に発生するものではないから、請負契約の締結のみをもって「主たる発生原因が備わっている」と解することは困難であり、したがって、差押えと相殺の場面でも、「前の原因」があると解することはできないであろう。

(B) 牽連関係のある場合
　(a) 差押え後の補修

これに対して、被差押債権が「請負報酬請求権」で、当該債権の発生原因である請負契約に基づいて差押え前に引渡しを受けた目的物に契約不適合がある場合に差押え後に補修して取得した損害賠償請求権を自働債権とする場合はどうか。請負契約の締結も目的物の引渡しも差押え前にあるから、牽連関係がない場合と同様に、差押え前に原因があるとして相殺ができることになろう。

他方、注文者は、請負人からの報酬請求に対して、契約不適合に基づく損害賠償請求権に基づく同時履行の抗弁を主張でき（民634条、533条、改正法案533条カッコ書）、相殺もできる。実体的にも、両債権は、同一の請負契約に基づき発生した債権で客観的な牽連関係がある。しかも、報酬請求権の実質的価値は、約定の報酬額から損害額を控除した金額であり、差押債権者はその価値しか把握していないと評価することもできるから、両債権の相殺を認めても当事者間の衡平を害しない。現行法の下でもありうる見解である。

(b) 差押え後の引渡し

請負報酬請求権の差押えを受けた第三債務者が、差押え後に引渡しを受けた目的物に契約不適合があるために、差押え後に取得した損害賠償請求権を自働債権とする相殺はどうか。

原因を請負契約と考えると、「前の原因」があるといえるが、引渡しも修補も差押え後であるから、直ちに「前の原因」があるとはいいがたい。しかし、目的物の引渡しによって報酬請求権が発生し、その目的物に契約不適合があったのであるから、実質論からすれば相殺を許容するのが衡平であり、被差押債権と自働債権の発生原因である同じ請負契約の存在をもって「前の原因」があるとの解釈論もありうるように思われる。

(c) 差押え後の契約

さらに、将来継続的に発生する売買代金請求権の差押えを受けた場合において、差押え後に成立した売買契約に基づき引渡しを受けた目的物に契約不適合があるために、差押え後に取得した損害賠償請求権を自働債権とする相殺はできるか。

契約も引渡しも修補も差押え後であるとすれば、差押え前の原因に基づく債権とはいいがたい。

しかし、差押えを受けた売買代金請求権の実質的価値は、契約不適合による損害賠償額を控除した金額であり、上記の事例と異ならない。そして、将来債権の差押えができるのは、差押え時において権利の特定ができ、近い将来における債権の発生が相当程度確実に期待できるからであり、すでにその発生の基礎となる法律関係（たとえば、基本契約となる継続的売買契約）は存在するはずである。したがって、その基礎となる法律関係（基本契約）をもって「前の原因」とする解釈論もありうるように思われる。

倒産の場面では、手続開始後の売買であるから相殺できるが、参考とならない。

(d) 一体的決済を予定した二つの契約

もう一歩進めると、原料の売りとその原料を用いて完成させた製品の買いが同じ当事者間で継続し、原料の売買代金と製品の売買代金が一体的に決済され、お互いの売買代金が担保視する関係にある場合において、将来の原料の売

買代金請求権の差押えを受けた第三債務者は、将来の製品の売買代金請求権を自働債権とする相殺ができるか。

　一体的決済を予定していた原料と製品の継続的売買契約が基本契約で定められていたとしても、これまでの事例と異なり、同一の契約に基づいて発生する対立する請求権ではない。あくまで製品の売買代金請求権と原料の売買代金請求権は別個の契約に基づくものであり、一方の存在により他方の請求権の実質的価値が減額されるものではない。

　当事者間で一体的決済が予定されていた事実など当事者の意思（主観的な牽連関係）を前提に「前の原因」と認めることができるか、という解釈問題となるように思われる。しかし、被差押債権（受働債権）と自働債権の客観的な牽連関係だけではなくて、契約当事者間の意思等も考慮するとすれば、当事者間の合意で、相殺できる自働債権の範囲を自由に拡大できることになり、しかも、差押え後も第三債務者の意思で自働債権を発生させることができるとすれば、当事者による執行不能財産の創出を許すことになる。そのように考えると、このような基本契約を「前の原因」と解することはできないであろう。

　　(イ)　**必要費償還請求権**
　(A)　牽連関係のない場合

　賃貸人の賃借人に対する「貸金債権」が差し押さえられた場合に、差押え前に賃貸目的物に損傷が発生しているとき、賃借人がその損傷を差押え後に修復したことによる必要費償還請求権を自働債権とする相殺はできるであろう。原因となる損傷が差押え前にあるからである。被差押債権（貸金債権）との牽連関係も不要である。

　賃貸目的物の損傷が差押え後に発生し、賃借人がその損傷を修復したことによる必要費償還請求権の場合はどうか。その原因が賃貸借契約であるとすれば相殺でき、その原因が損傷であるとすれば相殺できないことになる。倒産手続の場合は、開始後に修復しているから必要費償還請求権は財団債権（共益債権）となり相殺できるが、そのことは参考とならない。

　やはり、必要費償還請求権の原因をどのようにとらえるかによって相殺の可否が決まるが、必要費償還請求権は、損傷があってこそ生じるから、賃貸借契約の存在のみをもって「前の原因」があるとはいいがたい。

(B) 牽連関係のある場合

これに対し、被差押債権が「賃料債権」の場合はどうか。牽連関係のない場合と同様に「前の原因」を判断する考え方もあろう。しかし、賃料債権と賃貸目的物の損傷に基づく必要費償還請求権は同一の賃貸借契約から生じた債権で、その客観的牽連関係を考慮すれば、必要費は賃料から回収することを認めるのが実質的に衡平であり、相殺を認めてもよいように思える。損傷が激しいために賃貸目的物の一部の使用収益ができなくなった場合には、差押えを受けた賃料債権は当然減額されること（改正法案611条1項）との平仄からも、相殺を認めるのが衡平であろう。

そうすると、将来の賃料債権が差し押さえられた場合にも、差押え後に発生した損傷に基づく必要費償還請求権を自働債権とする相殺についても、両債権の牽連関係や差押えを受けた賃料債権の実質的価値を考慮すれば相殺できると解する余地があろう。このように実質論から相殺を認めようとする場合、賃貸借契約の存在をもって「前の原因」があるとする解釈論もあり得るように思われる。

(ウ) 賃料債権

(A) 牽連関係のない場合

賃借人である債務者が賃貸人である第三債務者に対して有する「貸金債権」を差し押さえられた場合において、賃貸人である第三債務者の賃借人である債務者に対して取得する差押え後の賃料債権を自働債権とする相殺はできるか。

差押え時点の未払賃料債権との相殺ができることはいうまでもない。差押え後に発生する賃料債権は、原因が賃貸借契約であると解すれば相殺できるが、原因が賃貸目的物を現に使用収益させたことであるとすれば、原因は差押え後にあるから相殺できないことになる。

倒産手続の場合には、一般に、開始後の賃料債権は、財団債権（共益債権）と解されるから、その原因が前か後かに関心はなく、倒産財団所属債権との相殺ができ、相殺を認めても弊害はない。しかし、差押えの場面では参考とならない。

ここでも、将来の賃料債権の原因をどのようにとらえるかによって相殺の可否が決まるが、賃料債権は、賃貸目的物の使用収益の対価であるから、賃貸借

契約の存在のみをもって、「前の原因」があるとはいいがたい。

　(B)　牽連関係のある場合

　これに対して、被差押債権である賃借人の賃貸人に対する貸金債権が、賃貸目的物を建設するための建設協力金であり、当事者間では、その弁済原資として将来発生する賃料が予定されている場合は、貸金債権と将来賃料債権の間に合意による牽連関係が認められ、債務者、第三債務者の双方は、もともと貸金債権と将来賃料債権との相殺期待を有しているといえる。

　このような相殺期待を保護するために、賃貸借契約と貸金契約締結の経緯や当事者の意思をもって「前の原因」があるとして、相殺できるとする考え方もあり得るかもしれない。しかし、両当事者の合意など（主観的な牽連関係）を根拠に相殺を認めるとすれば、契約当事者間で差押不能財産を創出することを認めることになり、相当ではないように思われる。

　㈡　「債権譲渡と相殺」との均衡

　「債権譲渡と相殺」においては、後述のとおり、将来の請負報酬請求権や売買代金請求権を譲渡した場合において、その目的物に契約不適合があるために債務者が損害賠償請求権を取得したとき、譲渡債権の発生原因と同じ契約に基づく反対債権として相殺できることが明文化された。将来の賃料債権を譲渡した場合も、対抗要件具備後に、賃貸目的物に損傷が生じて必要費償還請求権を取得した場合については、同じ契約に基づく反対債権であるから相殺できる。

　部会審議においては、債権譲渡との比較から、将来債権の差押えが許容される場合においても相殺できるように拡張規定をおくべきであるとの意見もあった。しかし、売買代金請求権が差し押さえられた後に、なお継続的に債務者が第三債務者に目的物を売り渡すような事態は、平時における将来債権譲渡の場合と異なり想定しがたいとして、拡張規定を設けるまでもないとされた経緯がある[6]。しかし、実例が少ないとしても、差押えがあっても将来の売買取引を継続することは可能であるし、そのような場合もないとはいえない。また、将来の賃料債権の差押えの場合には、差押え後も賃料債権は継続して発生するので、差押えの場合には、同じ契約に基づいて将来発生する反対債権との相殺を

6　第47回議事録51頁以下、部会資料50・第4の2、部会資料56・第1の5ほか。

認める規定をおく必要性がないとまではいえないように思われる。

　むしろ、将来の売買代金請求権と契約不適合に基づく損害賠償請求権や、将来の賃料債権と必要費償還請求権は、同一の契約に基づくもので、客観的な牽連関係を認めることができ、相殺を許容することが当事者間の等価関係を実現することにもなるから、実質論からすれば、明文の規定の有無にかかわらず、将来債権の差押えの場合も、将来債権譲渡の場合と同様に相殺できると解することができ、また、そのように解するのが衡平であるようにも思われる。

　　(オ)　小　括

　以上にみたいくつかの事例からも明らかなように、「差押え前の原因に基づいて生じた債権」の範囲は、それほど明確ではない。

　被差押債権と自働債権の間に牽連関係がない場合には、自働債権の「前の原因」が何かは、当該自働債権の具体的な発生原因に基づいて判断されることになろう。賃貸借契約に基づく必要費償還請求権であれば、「前の原因」が、賃貸借契約の存在か、損傷の発生か、補修の事実か、という問題であるが、損傷がなければ生じないので、「前の原因」といえるには、賃貸借契約の存在では足りず、損傷の存在が必要であろう。「差押え前に契約がある」という理由で相殺を認めると、相殺できる自働債権の範囲が広がりすぎて、差押債権者の利益を害しかねない。

　これに対して、被差押債権と自働債権の間に牽連関係のある場合については、「前の原因」を、牽連関係のない場合と同様に判断する考え方のほか、被差押債権と自働債権が同一の契約に基づく債権であるという客観的な牽連関係（請負報酬請求権と契約不適合に基づく損害賠償請求権や賃料債権と必要費償還請求権など）を基準に判断する考え方（客観的な牽連関係基準）、被差押債権と自働債権が一体的に決済されることが予定されていることなど当事者の意思を重視して判断する考え方（主観的な牽連関係基準）などがあるように思われる。

　今後、「前の原因」の意義やその判断基準を明らかにする作業が必要となるが、被差押債権と自働債権との牽連関係が認められる場面では、客観的な牽連関係基準で相殺の可否を判断するのが相当であろう。主観的な牽連関係基準は、当事者間の合意で差押不能財産の創出を認めることになり、第三債務者の保護に傾きすぎ、差押債権者の利益を害する程度が大きい。これに対して、客

観的な牽連関係基準は、被差押債権の実質的価値の把握を差押債権者に認めるもので、第三債務者との衡平も害しないし、同一の契約に基づいて発生する債権であるから、後述する「債権譲渡と相殺」において相殺できる範囲とも整合的に説明できる。

被差押債権と自働債権との牽連関係が認められる場面で、客観的な牽連関係基準を採用した場合に、牽連関係がない場面で、同じ原因に基づく自働債権の範囲について、それと異なる基準を採用できるのか、仮に、異なる基準を採用するとすれば、それを正当化できるのか、たとえば、将来債権の差押えとそうでない差押えの違いとして説明できるのか、また条文解釈としても許容できるのかなどが問題となりうる。

(4) 物上代位への影響

抵当権の物上代位に基づいて賃料債権を差し押さえた場合、第三債務者である賃借人は、抵当権設定登記前に取得した賃貸人に対する債権と相殺ができ、登記後に取得した債権との相殺はできない（最判平成13・3・13民集55巻2号363頁）。改正法案によると、抵当権設定登記は差押えと同視できるから、登記後に取得した債権であっても、登記前の原因に基づいて生じた債権であれば、相殺できることになろう。

その自働債権の範囲については、上記の賃料債権の差押えに関する議論が同様にあてはまるであろう。

(5) 差押えの申立てを知って取得した債権

中間論点整理においては、相殺できる自働債権について無制限説を採用する考え方を示すとともに、差押えの申立てがあった後、申立ての事実を知って取得した債権を自働債権とする相殺を禁止することを検討する必要性の指摘があった。[7] 倒産法における倒産手続開始の申立てがあった後、申立ての事実を知って取得した倒産債権の相殺禁止（破72条1項各号、民再93条の2第1項各号、会更49条の2第1項各号）と平仄を合わせる考え方である。

差押えの申立て後に、価値の劣化した債権を悪意で取得する場合に受働債権との相殺を認めると債権者間の平等を害するから、かかる規律の合理性は認め

---

[7] 中間論点整理第18の4(3)。

うるが、差押えの申立てから差押命令が送達されるまでの間隙を縫って自働債権を取得するのは稀有な事例であろうから、明文化しなかった。仮に、これを明文化するとすれば、倒産法と同様に、申立てがあったことを第三債務者が知る前の原因に基づく場合には例外として相殺ができる旨の規定や、さらには、支払不能や支払停止の場合にも、悪意で取得した自働債権との相殺を禁止するなど、さらなる類型化、精密化が必要となろう（破72条参照）。しかし、そこまで精緻化した規律を民法に盛り込むことは適切とは思えない。その限りで、倒産の場面より相殺できる範囲が制限されないことになる。しかし、改正法案がこのような相殺を積極的に許容する趣旨ではないから、かかる時期に悪意で取得した債権（もっぱら他人の債権の取得が問題となる）による相殺は、相殺権の濫用等の法理で対応すべきことになろう。

(6) 相殺予約

相殺できる自働債権の範囲について無制限説を採用したうえで、相殺予約（差押え等を理由とする期限の利益の当然喪失条項）についてもその効力を認めるのが判例実務である。破産手続が開始した場合には、自働債権の期限が到来するから相殺予約が機能する場面は少ないが、差押えの場合には、相殺予約によって期限の利益を喪失させ、相殺適状を創出して直ちに相殺する事例は多い。部会で審議されたものの、改正法案に相殺予約に関する規律は設けられなかったので、その有効性は従来と同様、解釈に委ねられることになる。

かかる相殺予約がない場合、無制限説によると相殺適状に至れば相殺できるが、受働債権の弁済期が先に到来したときは、相殺するために意図的な遅延が必要となり、それは債務者に対する明白な債務不履行となる。差押債権者は、第三債務者の意図的な債務不履行によって受働債権の取立てができないまま、自働債権の弁済期の到来または停止条件の成就により相殺適状に至り、第三債務者の相殺により受働債権が消滅し、債権執行手続による回収が奏功しない結果となりうる。しかし、かかる結果を何らの留保なく容認することは疑問である。

8　部会資料39・第2の5(1)。
9　中田・前掲書（注2）412頁以下参照。
10　中間論点整理第18の4(4)。

そのような場合、かかる相殺が権利の濫用となる場合や、第三債務者の意図的な遅滞が、差押債権者に対する不法行為を構成する場合もあるように思われる。第三債務者がそのような事態を回避するには、相殺予約により期限の利益を喪失させるだけでなく、停止条件付債権等の場合には、差押え（もしくはその申立て）等を理由に停止条件の成就とみなすなどの定めが必要となる。しかし、そのような定め自体が差押不能財産を創出するに等しいと評価することもできるから、引き続き特約の有効性が問われることになろう。

(7) 他人の債権

債務者に対して債権差押えがあった場合、前述のとおり、債務者の財産状況は倒産債務者の財産状況と同じとはいえないが、それでも悪化しているのが通常で、財産状況の悪化した債務者に対する債権の価値は減価しているから、第三債務者が価値の減じた他人の債権を譲り受けて相殺に供することは他の債権者との平等を害する可能性がある。のみならず、たとえ他人の債権の価値がいまだ減価していない場合でも、第三債務者がこれを譲り受けてする相殺は、差押債権者による執行手続を徒労に終わらせ債権回収を妨げることになる。したがって、そのような相殺を禁止する必要があり、倒産手続と平仄を合わせたことは正当であろう。

このとき、倒産手続開始後に他人の債権を現に取得するだけでなく、他人の債権を取得したのと同じ評価を受ける債権を取得した場合も、当該債権との相殺は禁止される。たとえば、委託なき保証に基づく代位弁済によって取得した事後求償権は、債務者の意思とは無関係に優先的に取り扱われる債権を作出するもので、それは他人の破産債権の取得に類似する、と説明される（最判平成24・5・28民集66巻7号3123頁）。この最判は、相殺の担保的機能に対する合理的期待は、自働債権について倒産債務者側の意思的関与のない場合には認められないとして、相殺を否定したものであるが、「差押えと相殺」の場面でも、改正法案における差押え前の原因に基づく、差押え後の自働債権の取得に関して、債務者側の意思的関与を必要とするかが問われることになろう。その結果、差押え前に原因はある、しかし、債務者側の意思的関与がないから相殺の担保的機能に対する合理的期待はないとして、相殺できる自働債権の範囲を制限する法理として機能することになろう。前述のとおり、債務者と第三債務者

の意思的関与の存在（主観的な牽連関係）によって「前の原因」を拡張することは相当ではないが、その不存在は、「他人の債権」というフィルターを通して「前の原因」を限定することになるといえよう。

II　債権譲渡と相殺

1　改正法案

改正法案469条は、次のとおりである。

1　債務者は、対抗要件具備時より前に取得した譲渡人に対する債権による相殺をもって譲受人に対抗することができる。
2　債務者が対抗要件具備時より後に取得した譲渡人に対する債権であっても、その債権が次に掲げるものであるときは、前項と同様とする。ただし、債務者が対抗要件具備時より後に他人の債権を取得したときは、この限りでない。
　一　対抗要件具備時より前の原因に基づいて生じた債権
　二　前号に掲げるもののほか、譲受人の取得する債権の発生原因である契約に基づいて生じた債権
3　第466条第4項の場合における前2項の規定の適用については、これらの規定中「対抗要件具備時」とあるのは、「第466条第4項の相当の期間を経過した時」とし、第466条の3の場合におけるこれらの規定の適用については、これらの規定中「対抗要件具備時」とあるのは、「第466条の3の規定により同条の譲受人から供託の請求を受けた時」とする。

2　審議の経緯と改正法案の趣旨

(1)　審議の経緯

(ア)　従来の考え方

「債権譲渡と相殺」に関しては、従来から、相殺適状説、制限説、無制限説（最判昭和50・12・8民集29巻11号1864頁参照）と見解が分かれ、「差押えと相殺」と比較しても、譲受人が譲渡債権に対して優先的・独占的地位を有すること、

債権譲渡という取引の安全を確保する必要のあること、さらに、債務者は譲渡禁止特約を締結することにより自らの利益を保護することができること等を考慮して、相殺できる反対債権の範囲を制限的に解する傾向にあった。[11]

(イ) 中間論点整理

中間論点整理では、「債権の譲受人に対して債務者が相殺の抗弁を主張するための要件について、法定相殺と差押えに関する規律に従うことを条文上明確にするかどうかについては、法定相殺と差押え、譲渡禁止特約の効力及び転付命令と相殺との関係に関する検討結果を踏まえて、債権譲渡取引に与える影響にも留意しつつ、更に検討してはどうか」とされていた（第18の4(2)）。

(ウ) 中間試案

その後、第2読会の審議を経て、[12]「差押えと相殺」に関して債務者の相殺できる範囲を拡張する方向になったことに伴い、中間試案では、次のとおり提案された（第18の3(2)）。

> ア　債権の譲渡があった場合に、譲渡人に対して有する反対債権が次に掲げるいずれかに該当するものであるときは、債務者は、当該債権による相殺をもって譲受人に対抗することができるものとする。
> 　(ｱ)　権利行使要件の具備前に生じた原因に基づいて債務者が取得した債権
> 　(ｲ)　将来発生する債権が譲渡された場合において、権利行使要件の具備後に生じた原因に基づいて債務者が取得した債権であって、その原因が譲受人の取得する債権を発生させる契約と同一の契約であるもの
> イ　上記アにかかわらず、債務者は、権利行使要件の具備後に他人から取得した債権による相殺をもって譲受人に対抗することはできないものとする。

(エ) 改正法案

このように中間試案では、「差押えと相殺」において相殺できる自働債権と同じ範囲の債権、つまり、権利行使要件具備前に取得した債権と権利行使要件具備前に生じた原因に基づいて権利行使要件具備後に取得した債権に加えて、

11　部会資料10－2・54頁以下、中田・前掲書（注2）415頁以下。
12　部会資料37・50頁以下、部会資料55・24頁以下。

将来発生する債権が譲渡された場合に、譲渡債権と同じ原因である契約に基づいて権利行使要件具備後に取得した債権との相殺を認める旨の提案がなされた。

要綱と改正法案における反対債権の範囲は、基本的に、中間試案と変わらない。

改正法案469条に基づき相殺を譲受人に対抗できる反対債権の範囲は次のとおりである。

① 対抗要件具備時より前に取得した譲渡人に対する債権
② 対抗要件具備時より後に取得した譲渡人に対する債権であって、対抗要件具備時より前の原因に基づいて生じた債権
③ 対抗要件具備時より後に取得した譲渡人に対する債権であって、譲受人の取得する債権の発生原因である契約に基づいて生じた債権
④ ②③から、対抗要件具備時より後に他人の債権を取得した場合を除く

(2) 改正法案の趣旨

(ア) 「差押えと相殺」との平仄

改正法案は、まず、「差押えと相殺」において相殺できる範囲の債権については、債権が譲渡された場合にも相殺できるものとした。差押えの場合の被差押債権（受働債権）に対して第三債務者は相対する直接の利害関係をもつものであるが、差押債権者は一般債権者の一人にすぎない。これに対して、債権譲渡の場合には、債務者は譲渡債権について相対する直接の利害関係をもつ点で差押えの第三債務者と変わらないが、譲受人は、譲渡債権に対して優先的独占的地位を有するから、差押債権者とは受働債権（譲渡債権）に対する利害関係の強さが異なる。しかも、債権譲渡という取引行為に譲受人は参加しているから、債務者からの相殺を広く認めると譲受人の地位は不安定となり、債権譲渡取引の安全を害することになる。それゆえ、従来からも、「債権譲渡と相殺」の場面のほうが、「差押えと相殺」の場面より、相殺できる反対債権の範囲を狭く解する傾向にあった。

しかし、改正法案では、譲渡時点（対抗要件具備時）における無制限説を採用した（上記(1)(エ)①）うえで、「差押えと相殺」における自働債権の範囲と同様に、債務者が、対抗要件具備前の原因に基づいて具備後に譲渡人に対して取得

した反対債権との相殺を認めることとした（上記(1)(エ)②）。それは、譲受人の保護よりも、債務者の保護を優先する立場を明らかにしたもので、債務者は、自らコントロールできない債権譲渡取引によって不利益を受忍すべき立場にないことを重視したからである。

(イ)　**将来債権の譲渡**

改正法案は、将来債権の譲渡性を明文で承認したうえ（要綱第19の2、改正法案466条の6）、将来債権を譲渡した場合の債務者からの相殺について、反対債権の範囲を拡張している（上記(1)(エ)③）。これは、将来債権の譲渡の促進を考慮してのことである。将来債権の譲渡が中小企業の資金調達手段として活用されるためには、その譲渡性が正面から承認され、譲受人は債権発生とともに確実に譲渡債権を取得できることが必要である。他方で、将来債権が継続的に発生しなければ、その価値は生じないから、そのためには債務者が継続的に債権発生原因となる契約を締結し債務を負担する必要がある。そのとき、債務者としては、将来債権の発生を継続させるのであるから、その将来債権を弁済の引当てとする反対債権を取得すれば、それとの相殺が許容される必要がある。

ところで、債権譲渡に対して債務者は、対抗要件が具備されるまでに譲渡人に対して主張できる事由（抗弁）は、譲受人に対しても主張できる（民468条2項）が、対抗要件具備後の事由は主張できない。そこで、将来債権譲渡の場合に、債権譲渡段階で対抗要件が具備されると、その後に発生する譲渡債権に対しては、何らの抗弁も主張できなくなるから、それに対する手当てとして、将来債権の発生原因となる契約と同じ契約に基づいて発生する反対債権との相殺を認めることとした。将来債権譲渡による資金調達が円滑となるように債務者の相殺できる反対債権の範囲を拡張したものである。

なお、動産及び債権の譲渡の対抗要件に関する民法の特例等に関する法律（債権譲渡特例法）に基づいて登記を経ている場合には、債務者に対する権利行使要件を具備するまでに生じた抗弁を対抗でき（同法4条2項・3項、整備法29条3項による改正後の債権譲渡特例法4条2項・3項）、権利行使要件を具備するのは譲渡人に債務不履行等があった場合であろうから、権利行使要件具備後になお継続して将来債権が発生する可能性は低い。したがって、将来債権譲渡担保が、債権譲渡特例法に基づく登記によって行われている場合には、この拡張

規定が実務的に機能する場面はあまり多くないであろう。

また、後述㈢のとおり、譲渡人と債務者が譲渡制限特約を締結している場合も、対抗要件具備後も、譲渡制限特約を譲受人に主張できなくなる時点（特約対抗不可時点）までは、譲渡人に対する抗弁を主張できるので、同様であろう。

㈣　他人の債権

将来債権が譲渡された場合に、反対債権が、対抗要件具備後に取得した他人の債権であるときは、債務者の相殺期待を保護する理由はないから、相殺できないこととした（上記(1)㈢④）。改正法案469条2項ただし書は、「差押えと相殺」の場合と同じ規律である。

㈢　譲渡債権に譲渡制限特約がある場合

改正法案の債権譲渡制限特約を締結した場合（改正法案466条～466条の5）、債務者は、対抗要件具備後であっても、譲渡人に対して取得した反対債権との相殺を、悪意または善意重過失の譲受人に対抗することができ、債務者は対象債権が譲渡されても弁済先を譲渡人に固定する利益を確保することができる。

改正法案469条3項は、将来の譲渡債権について譲渡制限特約がある場合に、債務者が譲渡債権の支払いを遅滞し、譲受人から債務者に対し譲渡人への履行の催告があったのに相当期間経過しても履行しないとき（改正法案466条4項）、または、譲渡人に破産手続が開始した場合に譲受人が債務者に供託の請求をしたとき（改正法案466条の3）、いずれの場合も、債務者は譲渡制限特約を譲受人に対抗できなくなるが、その時点（特約対抗不可時点）が債務者が譲渡人に対する反対債権との相殺を主張できる基準時となることを明らかにするものである。

その結果、特約対抗不可時点までに取得した反対債権（(1)㈢①に対応）、特約対抗不可時点前の原因に基づいてその時点以後に取得した反対債権（(1)㈢②に対応）、その時点以後に発生した将来債権の発生原因と同じ契約に基づく反対債権（(1)㈢③に対応）との相殺が可能となる。しかし、売買代金債権等の将来債権譲渡の場合、特約対抗不可時点以降になお将来債権の発生が継続することはそれほど多くないから、上記(1)㈢③による相殺が機能する場面も多くないであろう。

3 改正法案の評価と課題

(1) 譲受人の保護か債務者の保護か

「債権譲渡と相殺」について、従来から見解が分かれていた問題について、相殺できる債権の範囲を明確化することの意義は大きい。債権譲渡取引の安全性を強調すれば、債務者からの相殺を制限すべきであり、他方、債務者には、債権譲渡による不利益を甘受させるべきでないことを強調すれば、相殺できる範囲を限定するのは相当ではないこととなる。他方、債務者の利益は、債権譲渡制限特約によって保護を図ることができるとすれば、債務者は、特約を締結して自らの利益を守るべきともいえる。しかし、常に特約を締結できるとは限らないし、継続的取引でなければいちいち特約を締結することはしないであろうから、自らの利益は自ら守れと債務者に求めるのは酷ともいえる。

したがって、「債権譲渡と相殺」についてもまずは無制限説を採用したうえ、対抗要件具備前に原因があり、具備後に生じた債権についても、譲渡債権を弁済の引当てとする債務者の信頼を保護する理由があるから、「差押えと相殺」と相殺できる債権の範囲の平仄を合わせたことは相当であろう。また、同じ規律を採用することは、規律の単純化に資するし、わかりやすい民法にも通じる。

(2) 「発生原因である契約」とは

将来債権を譲渡した場合に、将来債権の発生原因である契約に基づいて生じた反対債権との相殺を認めることとした点については、将来債権の発生を継続させるために一定の合理性が認められる。ただし、「発生原因である契約」という要件について、いくつかの事例を参考に簡単に検討しておきたい。

(ア) 将来の売買代金請求権と契約不適合に基づく損害賠償請求権

将来の売買に基づく売買代金請求権を譲渡した場合に、対抗要件具備後に納品した商品に契約不適合があるために生じた損害賠償請求権と相殺できるとすることは合理的であろう。まさに、そのための規定であり、これにより当該商品の買主は、安心して取引を継続できるからである。請負契約に基づく将来の請負報酬請求権を譲渡した場合においても、対抗要件具備後にした仕事に契約不適合があるときは、それに基づく損害賠償請求権をもって将来の請負報酬請

求権と相殺ができる。いずれも拡張した前述2(1)(エ)③の典型例とされる。

なお、その説明の仕方として、将来の売買代金請求権の発生を基礎づける基本契約たる継続的売買契約などが存在する場合には、その継続的売買契約の存在をもって対抗要件具備前の原因とみて、2(1)(エ)②の反対債権に該当すると解する余地もある。そのような説明が可能であれば、差押えと相殺の場面でも、前述（Ⅰ3(3)(ア)(B)(c)）のとおり、将来の売買代金請求権が差し押さえられた場合に、差押え後の契約に基づいて引き渡された目的物の契約不適合に基づく損害賠償請求権も、「前の原因」を継続的売買契約と解して、売買代金請求権との相殺ができるとの解釈論に結びつくこととなる。

また、「発生原因である契約」の範囲について、次のような問題がある。たとえば、三つの個別売買契約があり、各売買代金債権がそれぞれ100の場合に、そのうちの一つの売買目的物に契約不適合があり、その損害が300のとき、この300の損害賠償請求権を自働債権として相殺できる売買代金債権の範囲はどこまでか。契約不適合のある当該目的物の売買代金100だけに限定されるのか、他の売買契約に基づく売買代金債権合計300との相殺も可能か。

文字どおりに理解すれば、譲渡債権の発生原因となる当該売買契約に基づくものに限られることになる。しかし、一連の売買取引を一体として三つの個別契約を同じ発生原因と評価することもできるように思われる。

　(イ)　将来の賃料債権と必要費償還請求権

将来の賃料債権を譲渡した場合、対抗要件具備後に生じた損傷に基づく必要費償還請求権との相殺が可能となる。

ただし、その説明の仕方としては、対抗要件具備前の原因を賃貸借契約ととらえて、それに基づいて生じた債権であるとする説明（2(1)(エ)②に該当）と、対抗要件具備後の賃料債権の発生原因である賃貸借契約に基づいて生じた債権であるとする説明（2(1)(エ)③に該当）がありうる。

前者の説明が可能であれば、「差押えと相殺」の場面でも、賃料債権と必要費償還請求権との客観的牽連関係の存在を実質的根拠として、「前の原因」を賃貸借契約と解して相殺を認める解釈論に結びつく。

　(ウ)　原料の売買代金請求権と製品の売買代金請求権

原料の売りとその原料を加工した製品の買いという双方向の継続的取引にお

いて、将来発生する原料の売買代金請求権を譲渡した場合に、将来取得する製品の売買代金請求権との相殺が認められるか。

　部会審議の過程で、「譲渡された債権と関連して一体的に決済されることが予定された取引があり、取得した反対債権がその取引から生じるものであった場合」に相殺できるとの提案があった[13]。しかし、最終的には、譲渡債権の「発生原因である契約に基づいて生じた債権」とされた経緯に照らすと、「発生原因である契約」は、客観的に把握することになるように思われる。したがって、同じ契約から発生する債権同士の相殺を認めたにすぎないから、原料の売買契約と製品の売買契約が同一の契約でない以上、相殺はできないと解することになろう。

　仮に、一体的に決済されることを予定していた場合などに、債務者が相殺の利益を確保したいのであれば、譲渡制限特約の締結によるべきであろう。また、このような帰結は、「差押えと相殺」の場面で、主観的な牽連関係を基準とした相殺を認めない考え方とも整合的であるように思われる。

　　(エ)　小　括

　対抗要件具備後に債務者が取得した債権で、「前の原因に基づいて生じた債権」については、「差押えと相殺」における「前の原因」と同じ解釈問題となる。牽連関係のある場合には、「前の原因に基づいて生じた債権」（2(1)(エ)②の債権）であり、同時に「発生原因である契約に基づいて生じた債権」（2(1)(エ)③の債権）にも該当して相殺ができる場合もある。それは「前の原因」の解釈問題であるが、その解釈のあり方は、「差押えと相殺」における自働債権の範囲に影響することになろう。

　そして、「債権譲渡と相殺」の場面では、譲渡債権の発生原因である契約に基づく反対債権との相殺を認めているが、これを「差押えと相殺」の場面より拡張していると評価すべきかどうか。「差押えと相殺」の場面では、明文の規定はないものの、被差押債権と同じ発生原因である契約に基づく自働債権は、客観的な牽連関係があるから「前の原因」があるとして相殺を認めることができるとすれば、「債権譲渡と相殺」の場面でも、2(1)(エ)②の債権として相殺を

---

[13]　部会資料37・50頁の甲案参照。

譲受人に対抗できるはずである。にもかかわらず、「債権譲渡と相殺」において、これを2(1)(エ)③の債権として相殺を譲受人に対抗できることを明示したのは、譲渡された将来債権は、発生と同時に譲受人が当然に取得する（改正法案466条の6第2項）が、反対債権は債務者が譲渡人に対して取得し、両債権に対立関係が生じる余地がないので、相殺できることを明らかにするために明文規定をおいたものと整理することになろうか。

「債権譲渡と相殺」の場面で、「発生原因である契約」について、客観的な牽連関係のある場合を超えて、当事者間の意思（主観的な牽連関係）を理由に、たとえば一体的決済を予定した基本契約にまで拡張する必要性に乏しい。この点は、「差押えと相殺」の場面とは異なり、もともと当事者間の合意である譲渡制限特約によって相殺可能な領域を創出することができるからである。

[追記]

本稿脱稿後、「民法の一部を改正する法律案」が国会に提出された後の最終の校正段階で、中西正「民事手続法における相殺期待の保護(上)(中)(下)」NBL1046号35頁、1047号37頁、1048号50頁以下に接した。同論文は、差押債権と自働債権の「競争」で差押債権者と第三債務者の優劣を決めるべきで、そのための制限説的な規律を導入すべきこと、他方、信用供与型取引における相殺期待は、当事者の合意により無制限説的保護を受けることができること、さらに、互いに担保視し合う債権債務の相殺期待を保護すべきことなどを指摘する。条件の成就等を待ってする相殺にも一定の制約があるのか、当事者の合意、つまり、主観的牽連関係に基づく相殺を保護すべきか、また、お互いに担保視し合う債権債務が認められる場面として、客観的な牽連関係基準で相殺を認めるべきかなど本稿と関心が重なるように思われるので、参照されたい。

今中利昭先生には、『実務倒産法講義』の特別清算の執筆陣に加えていただくなど、かねてより大阪弁護士会における倒産法の大先輩として親しくお教えをいただいた。あらためて感謝申し上げるとともに、傘寿を過ぎて引き続きご指導をいただくことができ、望外の幸せである。

15 動産売買先取特権に基づく物上代位
――判例法理の検証――

南山大学大学院法務研究科教授　清原　泰司

I　本稿の目的

　動産の信用売買が行われると、売買代金債権を被担保債権とする先取特権が当該動産上に成立し、売主（動産売買先取特権者）は、売買代金債権につき、買主（債務者）所有の当該動産について優先弁済権を有する（民311条5号、321条）。この動産売買先取特権は、動産売買の売主・買主間の公平の原理に基づいて認められた法定担保物権であるため、公示方法なしに第三者に対抗することができる。したがって、第三者は、公示されていない動産売買先取特権の優先を甘受しなければならない。

　しかし、買主が動産売買先取特権の目的動産を転売し第三取得者に引き渡した場合、売主は、当該動産上の動産売買先取特権を行使することができない（民333条）（「行使できない」前提として、当該動産上に先取特権は「成立していない」）。動産売買先取特権が公示されていないので、動産取引安全の観点から、当該動産の第三取得者に完全な所有権取得を認めるためである。それゆえ、第三取得者が登場した時点で、当該動産上の先取特権も消滅するので、もはや当該動産上の先取特権自体の公示について語る必要はない。

　しかし、当該動産上の先取特権が消滅したままでは、先取特権を失った売主は、不測の損害を被る。そこで、民法304条1項本文は、「先取特権は、その目的物の売却、賃貸、滅失又は損傷によって債務者が受けるべき金銭その他の物に対しても、行使することができる」と定め、動産上に存在（成立）していた先取特権は、当該動産の価値変形物である「転売代金債権」について行使する

ことができる、とする（「行使することができる」前提として、当該転売代金債権上に先取特権は「成立している」）。すなわち、動産が第三取得者に転売されると、当該動産上の先取特権は、その価値変形物である「転売代金債権」上に移行して存続するから、売主は、同転売代金債権に対して動産売買先取特権を行使することができるわけである。これが、動産売買先取特権に基づく物上代位権である。

このように、動産売買先取特権に基づく物上代位権とは、動産売買先取特権自体の目的物が、「動産」から「転売代金債権」に転化しただけであり、動産上に存在した動産売買先取特権と同様、本来、公示方法なしに第三者に対抗できるものである。したがって、動産の転売により、当該動産上の先取特権（原担保権）の公示の問題は消失するけれども、「転売代金債権」上の動産売買先取特権＝物上代位権の公示の問題が新たに発生する。しかし、物上代位権は、原担保権である動産売買先取特権それ自体の効力であり、その対象が「動産」から「転売代金債権」に転化しただけのものであるから、公示の問題も、原担保権の公示と同様に考えればよい（抵当権に基づく物上代位権の公示が、原担保権である抵当権の設定登記で十分であると考えるのと同様である）。

このように「転売代金債権」上に物上代位権が成立し付着しているため、転売代金債権の債務者（第三取得者・第三債務者）は、優先権者である物上代位権者に転売代金を弁済する義務がある。しかし、動産売買先取特権に基づく物上代位権が公示されていないため、転売代金債権の債務者は、従来からの債権者に弁済する危険性がある（物上代位権が登記により公示されている抵当権以上にその危険性が高い）。そこで、転売代金債権の債務者、つまり、第三債務者を二重弁済の危険から解放するため、民法304条1項ただし書は、「先取特権者は、その払渡し又は引渡しの前に差押えをしなければならない」と定め、先取特権者（物上代位権者）自身がその転売代金債権を差し押さえることを求めたのである。

以上から、民法304条1項ただし書の「差押え」の趣旨は、主として（第一次的には）、「第三債務者」の二重弁済の危険防止を目的とする、「第三債務者」の利益保護にある。最二判平成10［1998］・1・30民集52巻1号1頁（以下、「最判平成10年」という）および最三判平成10・2・10判時1628号3頁（最判平

成10年と全く同旨）は、私見と同様、この点を明言した。これに対し、「第三債務者以外の第三者」は、公示方法のない先取特権および物上代位権の対抗を受け、その優先を甘受しなければならないから、主たる（第一次的）保護対象から除かなければならない。それが、最判平成10年の法理でもある。

ところが、最三判平成17［2005］・2・22民集59巻2号314頁（以下、「最判平成17年」という）は、「差押え」の趣旨に関し、「物上代位の目的債権の譲受人等の第三者の利益を保護する趣旨を含む」と判示した。この解釈は、動産売買先取特権とその物上代位権が法定担保物権であることを否定するものである。私は、かつて最判平成17年を厳しく批判したが、同最判に迎合する見解が後を絶たない。そこで、あらためて同最判の法理を検証する。

II 最判平成17年

1 事実関係

① 平成14年1月～2月、A会社（第一審・第二審独立当事者参加人）［以下、Aという］は、B会社［以下、Bという］に対し、エスカロン等の商品を売り渡し、Bは、Y_1会社（被告・被控訴人）、Y_2会社（被告・被控訴人・上告人）およびY_3会社（被告・被控訴人）［以下、Y_1、Y_2、Y_3とそれぞれ略称する］に対し、上記商品を転売した。

② 平成14年3月1日、Bは、東京地方裁判所において破産宣告を受け、C弁護士が（原審脱退原告）が破産管財人に選任された。

③ 平成14年4月5日、Aは、Cに対し、BのY$_1$、Y$_2$およびY$_3$に対する転売代金債権に対し動産売買先取特権の物上代位権を有すること、これらの実行によって不足する見込みの破産債権が2695万8789円であることを内容とする債権届出書を提出した。

---

1 清原泰司『物上代位の法理――金融担保法の一断面――』（民事法研究会・1997年）27頁以下、同「判批」判時1606号（1997年）178頁以下、同「判批」判時1643号（1998年）218頁以下参照。
2 清原泰司「動産売買先取特権の物上代位権行使と代位目的債権譲渡の優劣」南山法学29巻2号（2006年）1頁以下。

④　平成14年10月31日、Cは、Y₁およびY₂に対し、同年11月1日、Y₃に対し、Bとの間の売買契約に基づく各転売代金の支払いを求めて訴えを提起した。
⑤　平成15年1月20日、Aは、動産売買先取特権の物上代位権行使として、BのY₁に対する転売代金債権について差押命令を得、同命令は、同月22日、Y₁に送達された。
⑥　平成15年1月28日、Cは、破産裁判所の許可を得て、X（Bの経理部長。原告引受参加人・控訴人・被上告人）に対し、BのYらに対する上記の各転売代金債権を譲渡し、同年2月4日、Yらに内容証明郵便によりその旨の通知を行った。
⑦　平成15年4月30日、Aは、BのY₂に対する転売代金債権について差押命令を得、同命令は、同年5月1日、Y₂に送達された。さらに、Aは、BのY₃に対する転売代金債権について債権差押命令を申し立てたが、同申立ては却下された。

第一審（東京地判平成15［2003］・10・2金法1708号53頁・金商1204号38頁）は、Yらの主張を認容し、Xの請求を棄却した。Xが控訴。

原審（東京高判平成16［2004］・4・14金商1204号33頁）［以下、「東京高判平成16年」という］において、Xは、BのYらに対する転売代金債権をCから譲り受け対抗要件を具備しているから、Aの物上代位権に対抗することができるという主張を追加した。

2　東京高判平成16年の判旨

Xの請求を一部認容。

「債権者の破産者（債務者）に対する動産先取特権に基づく物上代位権（優先弁済権）は、破産宣告によって影響を受けないから、参加人は、破産会社の破産宣告後においても、破産会社の第三債務者に対する売買代金債権について差押命令を得、第三債務者からその支払を受けることができる（最高裁第一小法廷昭和59年2月2日判決・民集38巻3号431頁）。

次に、民法304条1項ただし書の趣旨・目的等の本件に関連する問題について検討するに、同項ただし書において、先取特権者が物上代位権を行使するた

めには物上代位の対象となる金銭その他の物の払渡し又は引渡し前に差押えをしなければならないと規定されている趣旨・目的は、先取特権者のする差押えによって、第三債務者が金銭その他の目的物を債務者に払い渡し又は引き渡すことが禁止され、他方、債務者が第三債務者から債権を取りたて又はこれを第三者に譲渡することを禁止される結果、物上代位の目的となる債権（目的債権）の特定性が保持され、これにより物上代位権の効力を保全せしめるとともに、他面二重弁済を強いられる危険から第三債務者を保護し、又は目的債権を譲り受けた第三者等が不測の損害を被ることを防止しようとすることにあると解される（最高裁第二小法廷昭和60年7月19日判決・民集39巻5号13頁、平成10年1月30日判決・民集52巻1号1頁）。

　そして、抵当権設定登記によりその存在及びその効力が物上代位の目的債権に及ぶことが公示される抵当権と異なり、動産売買先取特権は、権利が存在すること及びその効力が目的債権に及ぶことが対外的に明らかにされているわけではないから、債権譲渡の対抗要件を具備した目的債権の譲渡よりも動産売買先取特権に基づく物上代位権の行使による差押えが優先するとすれば、債権譲渡により確定的に債権譲受人に目的債権が帰属したとの第三債務者の信頼を害することになることは明らかである。

　また、動産売買先取特権者は、目的物が売却された場合に当該売買代金債権等に対して物上代位に基づく差押えをすることができるという点で、当該売買代金債権等の譲受人とは、債権が二重に譲渡された場合の第一譲受人と第二譲受人と類似する関係に立つから、動産先取特権に基づく物上代位権の行使と目的債権の譲渡とは、物上代位に基づく差押命令の第三債務者に対する送達と債権譲渡の対抗要件の具備との前後関係によってその優劣を決すべき関係に立つと解するのが相当である。

　以上の民法304条1項の趣旨・目的及び動産売買先取特権の性質並びに関係者の利益状況を総合すれば、先取特権者が差押えを得ないまま、第三債務者から物上代位権の行使として債権の支払を受けることはできず、第三債務者は、目的債権消滅を債務者（目的債権の債権者）又は目的債権を譲り受けた第三者に主張することができず、先取特権者も物上代位権の優先権を主張することができないものと解される」（下線・傍点、筆者）と述べたうえ、Xの債権譲渡対

抗要件具備は平成15年2月4日、Aの物上代位権に基づく差押命令のY₁への送達が同年1月22日、Y₂への送達が同年5月1日であるから、Xは、Y₁に対する債権についてAに劣後するが、Y₂に対する債権についてはAに優先するとした。

これに対し、Y₂（第三債務者）のみが上告受理の申立てを行った。

3　最判平成17年の判旨

　Y₂の上告棄却。

「民法304条1項ただし書は、先取特権者が物上代位権を行使するには払渡し又は引渡しの前に差押えをすることを要する旨を規定しているところ、この規定は、抵当権とは異なり公示方法が存在しない動産売買の先取特権については、物上代位の目的債権の譲受人等の第三者の利益を保護する趣旨を含むものというべきである。そうすると、動産売買の先取特権者は、目的債権が譲渡され、第三者に対する対抗要件が備えられた後においては、目的債権を差し押さえて物上代位権を行使することはできないものと解するのが相当である。

　前記事実関係によれば、Aは、Xが本件転売代金債権を譲り受けて第三者に対する対抗要件を備えた後に、動産売買の先取特権に基づく物上代位権の行使として、本件転売代金債権を差し押さえたというのであるから、Y₂は、Xに対し、本件転売代金債権について支払義務を負うものというべきである。以上と同旨の原審の判断は正当として是認することができる。所論引用の判例（最高裁平成9年(オ)第419号同10年1月30日第二小法廷・民集52巻1号1頁、最高裁平成8年(オ)第673号同10年2月10日第三小法廷判決・裁判集民事187号47頁）は、事案を異にし、本件に適切ではない。論旨は、採用することができない」。

4　小　括

　以上のように、本件事案は、原審・東京高判平成16年から、動産売買先取特権の物上代位権行使とその目的債権譲渡との優劣が争われ、最判平成17年は、原審の判断を是認した。それゆえ、この原審の法理を検証する必要がある。その前提作業として、原審で引用された、動産売買先取特権に基づく物上代位に関する二つの最高裁判決、①最一判昭和59［1984］・2・2民集38巻3号431頁

（以下、「最判昭和59年」という）と②最二判昭和60［1985］・7・19民集39巻5号13頁（以下、「最判昭和60年」という）の法理を検証する必要がある。

III　動産売買先取特権の物上代位をめぐる従来の判例法理の検証

1　最判昭和59年・同60年以前の判例の状況

　最判昭和59年および同60年の第一審および原審はすべて、動産売買先取特権者（物上代位権者）の請求を棄却した。これは、当時の下級審裁判例の大勢でもあった。実際、最判昭和59年が出るまでの10年間で、動産買主が破産宣告後における物上代位権行使の可否が争われた下級審の公表裁判例15件のうち、物上代位権行使を否定したものが12件である。[3]これらの物上代位権行使を否定する裁判例の理論的根拠となったのが、民法304条1項ただし書の「差押え」の趣旨に関する優先権保全説（競合債権者保護説・差押公示説・第三者保護説）である。優先権保全説とは、大連判大正12［1923］・4・7民集2巻5号209頁が、大正4［1915］年の二つの大審院判例（特定性維持説をとった）を変更して採用した見解であり、同大連判は、その後の裁判例の先例となった。

　しかし、このような確定した上級審先例の存在にもかかわらず、戦後、動産買主の破産事案において物上代位権行使の可否が争われたのは、その行使を否定することが、常識的な法感覚に反したからであろう。なぜなら、売主は動産売買先取特権を有し、買主破産の場合に破産財団に対し別除権（平成16年改正前の破産法92条、現行破産法2条9号、65条）を有しているにもかかわらず、それが物上代位権となるや、破産宣告前にその目的債権の「差押え」をしておかないと、もはや別除権でなくなるというのは、法定担保物権という実体法上の優先権を有名無実化するものであり、どう考えても不合理だからである。[4]

　では、物上代位権行使を肯定するには、「差押え」の趣旨に関し、どのよう

3　清原・前掲書（注1）8頁注4参照。
4　今中利昭先生は、最判昭和59年および同60年の前から、この不合理を指摘されていた（今中利昭「動産売買先取特権と物上代位(上)(下)」NBL197号（1979年）13頁以下・199号（1979年）22頁以下、同「破産宣告の動産売買先取特権に基づく物上代位に及ぼす影響」判タ427号（1981年）37頁以下。

な説に立脚すればよいか。一つは、当時、優先権保全説と対立していた特定性維持説をとることである。しかし、物上代位権行使を肯定した上記の三つの下級審裁判例のうち、明白な特定性維持説をとったのは名古屋高決昭和55［1980］・6・30ジュリ737号6頁・判例カード136だけであり、残る二つの下級審裁判例（大阪高決昭和54［1979］・7・27判タ398号110頁および名古屋高決昭和56［1981］・8・4判タ459号70頁）は、特定性維持説をとっていない。そして、この二つの下級審裁判例が説示している内容は、最判昭和59年とほぼ同旨である。

では、最判昭和59年と前掲二つの下級審裁判例は、「差押え」の趣旨に関し、いかなる説に基づいて破産宣告後の物上代位権行使を肯定したのであろうか。以下、最判昭和59年の法理を検証する。

2 最判昭和59年の事実と判旨

(1) 事　実

Y会社は、昭和51年5月31日、A会社に工作機械3台を1億3300万円で売り渡し、同年6月10日、A会社はこれをB会社に転売した。同52年10月3日、A会社は破産宣告の決定を受け、Xが破産管財人に選任された。Y会社は、上記転売代金債権のうち665万円につき、動産売買先取特権の物上代位権を行使し、Xを債務者、B会社を第三債務者とする差押・転付命令を取得し、同54年4月11日、同命令はXおよびB会社に送達された。B会社は、同年8月8日、債権者不確知を理由に665万円を供託したので、Xは、Y会社に対し供託金還付請求権存在の確認の訴えを提起し、Y会社も同趣旨の反訴を提起した。第一審、原審ともにXの請求を認容した。

原審は、先取特権者は、物上代位権の対象となる債権が他から差押えを受けたり、または他に譲渡もしくは転付される前にこれを差し押さえない限り、右差押債権者等の第三者に対し物上代位権に基づく優先権を対抗することができないと解すべきであるとしたうえ、破産宣告は、破産者の財産につき破産財団を成立させ、右財団に対する破産者の管理処分権を剥奪し、これを第三者たる破産財団の代表機関の破産管財人に帰属させるものであるから、物上代位の対象となる債権についての他からの差押え、または譲渡もしくは転付と同様、民

法304条の「払渡」に該当すると判示した。Y会社が上告。

(2) 判旨：破棄自判

「民法304条1項但書において、先取特権者が物上代位権を行使するためには金銭その他の払渡又は引渡前に差押をしなければならないものと規定されている趣旨は、先取特権者のする右差押によって、第三債務者が金銭その他の目的物を債務者に払渡し又は引渡すことが禁止され、他方、債務者が第三債務者から債権を取立て又はこれを第三者に譲渡することを禁止される結果、物上代位の対象である債権の特定性が保持され、これにより物上代位権の効力を保全せしめるとともに、他面第三者が不測の損害を被ることを防止しようとすることにあるから、第三債務者による弁済又は債務者による債権の第三者への譲渡の場合とは異なり、単に一般債権者が債務者に対する債務名義をもって目的債権につき差押命令を取得したにとどまる場合には、これによりもはや先取特権者が物上代位権を行使することを妨げられるとすべき理由はないというべきである。そして、債務者が破産宣告決定を受けた場合おいても、その効果の実質的内容は、破産者の所有財産に対する管理処分権能が剥奪されて破産管財人に帰属せしめられるとともに、破産債権者による個別的な権利行使が禁止されることになるというにとどまり、これにより破産者の財産の所有権が破産財団又は破産管財人に譲渡されることになるものではなく、これを前記一般債権者による差押の場合と区別すべき積極的理由はない。したがって、先取特権者は、債務者が破産宣告決定を受けた後においても、物上代位権を行使することができるものと解するのが相当である」と述べ、Y会社（動産売買先取特権者）の優先を判示した。

3　最判昭和59年の法理の検証

　最判昭和59年も、破産宣告後の物上代位権行使を肯定したが、民法304条1項ただし書の「差押え」の趣旨に関し、上記のように、①「先取特権者のする右差押によって、第三債務者が金銭その他の物を債務者に払渡し又は引渡すことを禁止され、他方、債務者が第三債務者から債権を取立て又はこれを第三者に譲渡することを禁止される」と述べる。そして、②その結果、「物上代位の対象である債権の特定性が保持され、これにより物上代位権の効力を保全せし

751

めるとともに、③他面「第三者が不測の損害を被ることを防止しようとすることにある」と述べ、このことから、④「第三債務者による弁済」または⑤「債務者による債権の第三者への譲渡の場合」とは異なり、⑥「単に一般債権者が債務者に対する債務名義をもって目的債権につき差押命令を取得したにとどまる場合には、これによりもはや先取特権者が物上代位権を行使することを妨げられるとすべき理由はない」と述べ、⑦「債務者が破産宣告決定を受けた場合においても、その効果の実質的内容は、破産者の所有財産に対する管理処分権能が剝奪されて破産管財人に帰属せしめられるとともに、破産債権者による個別的な権利行使が禁止されることになるというにとどまり、これにより破産者の財産の所有権が破産財団又は破産管財人に譲渡されることになるものではなく、これを前記一般債権者による差押の場合と区別すべき積極的理由はない」と判示した。

以上の叙述のうち、上記①および②は、「差押え」の法的効果を述べているにすぎない（民執145条参照）。つまり、特定性維持説があげる「物上代位の目的債権の特定性維持」や優先権保全説があげる「物上代位権（優先権）の効力保全」は、「差押え」の趣旨・目的ではなく、「差押え」による法的効果（結果）を表現しているにすぎないのである。これに対し、最判昭和59年の「差押え」の趣旨に関する見解の核心は、③の「第三者の不測の損害防止」である。同最判は、この「第三者の不測の損害防止」の観点から、⑥および⑦を述べ、これらの場合には、第三者の不測の損害防止がいまだ惹起されていないとして、物上代位権行使を肯定しているのである。

したがって、最判昭和59年は、競合債権者を保護する優先権保全説の立場であり、「第三者」の範囲を狭く解し、破産管財人を「第三者」から除外するとともに、「破産宣告」を民法304条1項ただし書の「払渡し又は引渡し」から除外しただけである。それゆえ、最判昭和59年は、優先権保全説と特定性維持説との折衷説や二面説などではない。そのような「第三者（競合債権者）保護」は、⑤の「第三者への債権の譲渡の場合」と異なり、物上代位権行使が肯定されるという記述に明白に表れている。つまり、目的債権譲受人が登場した場合には、物上代位権行使が否定されると述べているからである（特定性維持説によれば、「第三者への債権の譲渡」は、「払渡し又は引渡し」に含まれず、物上代位

権行使も肯定される)。翌年、最判昭和60年は、上記⑥につき判示した。

4 最判昭和60年の事実と判旨

(1) 事　実

　X会社がAに溶接用材等を売り渡し、213万8310円の売掛代金債権を有していたところ、AがこれをB会社に転売した。AがX会社に上記売買代金を支払わないので、X会社は、昭和57年3月10日、動産売買先取特権の物上代位権に基づき、AのB会社に対する転売代金債権について差押・転付命令を得、同月11日、B会社に送達された。ところが、その直前の同年3月4日、Aの一般債権者Y₁会社が、上記転売代金債権について仮差押命令を得、同命令は、同月5日、B会社に送達されていた。また、Aの一般債権者Y₂信用金庫も、同月4日、上記転売代金債権について仮差押命令を得、同命令は、同日、B会社に送達された。B会社は、転売代金債務全額を供託したが、執行裁判所がXの優先権を認めなかったので、X会社が配当異議の訴えを提起した。第一審、原審ともにX会社の請求を棄却。

　原審は、民法304条1項ただし書の差押えは、先取特権の物上代位権についての対抗要件と解すべきであり、また、同項ただし書の「払渡し又は引渡し」には、一般債権者による差押え、仮差押えの執行も含まれると述べ、X会社は、Y₁会社、Y₂信用金庫に対し、物上代位権に基づく優先権を主張することができないと判示した。X会社が上告。

(2) 判旨：破棄自判

　「民法304条1項但書において、先取特権者が物上代位権を行使するためには物上代位の対象となる金銭その他の物の払渡又は引渡前に差押をしなければならないものと規定されている趣旨は、先取特権者のする右差押によって、第三債務者が金銭その他の物を債務者に払い渡し又は引き渡すことを禁止され、他方、債務者が第三債務者から債権を取り立て又はこれを第三者に譲渡することを禁止される結果、物上代位の目的となる債権(以下「目的債権」という。)の特定性が保持され、これにより、物上代位権の効力を保全せしめるとともに、他面目的債権の弁済をした第三債務者又は目的債権を譲り受け若しくは目的債権につき転付命令を得た第三者等が不測の損害を被ることを防止しようと

することにあるから、目的債権について一般債権者が差押又は仮差押の執行をしたにすぎないときは、その後に先取特権者が目的債権に対し物上代位権を行使することを妨げられるものではないと解すべきである（最高裁昭和56年(オ)第927号同59年2月2日第一小法廷判決・民集第38巻3号431頁参照）」と述べ、X会社（動産売買先取特権者）の優先を判示した。

5　最判昭和60年の法理の検証

　最判昭和59年が、判決理由の傍論として、前掲の3⑥のように、一般債権者による差押えの場合には物上代位権の行使は妨げられないと述べていたことにより、最判昭和60年の判決理由と結論は、当然予想されたものである。

　最判昭和60年は、「差押え」の趣旨に関し、基本的に最判昭和59年と同様のことを述べている。すなわち、上記のように、①「先取特権者のする右差押によって、第三債務者が金銭その他の物を債務者に払い渡し又は引き渡すことを禁止され、他方、債務者が第三債務者から債権を取り立て又はこれを第三者に譲渡することを禁止される」と述べ、②その結果、「物上代位の目的となる債権（以下「目的債権」という。）の<u>特定性</u>が保持され、これにより、<u>物上代位権の効力を保全</u>せしめるとともに、③他面「<u>目的債権の弁済をした第三債務者又は目的債権を譲り受け若しくは目的債権につき転付命令を得た第三者等が不測の損害を被ることを防止しようとすることにある</u>」と述べ、このことから、⑤「目的債権について一般債権者が差押又は仮差押の執行をしたにすぎないときは、その後に先取特権者が目的債権に対し物上代位権を行使することを妨げられるものではない」と述べ、物上代位権行使を肯定したのである。

　最判昭和60年と最判昭和59年との表現上の差異は、同60年の③においては、「目的債権の弁済をした第三債務者……が不測の損害を被ることを防止」という言葉が挿入されていることである。これは、最判昭和59年の前掲3④にいう「第三債務者による弁済」および⑤にいう「債務者による債権の第三者への譲渡の場合」を合わせた記述が、最判昭和60年の③においてまとめられ、一本化されただけのことである。

　それゆえ、最判昭和60年が、その③において「第三債務者」の不測の損害防止をあげていても、それに続け、同じ③の中で、「目的債権を譲り受け若しく

は目的債権につき転付命令を得た第三者等が不測の損害防止」をあげていることから、同最判は、民法304条1項ただし書の「差押え」の趣旨が、第三者（競合債権者）の不測の損害防止にあると解していることは明らかである。そして、「第三債務者」と「第三債務者以外の第三者（競合債権者）」の利益は根本的に異なるため、両者を同時並列的に保護することは不可能なのである。第三債務者の利益は、弁済相手が誰であろうが、目的債権を弁済することにより免責され、二重弁済の危険から解放される利益であるのに対し、競合債権者の利益は、第三債務者がいまだ弁済していない目的債権について物上代位権者に優先することだからである。結局、後者の「第三債務者以外の第三者」の利益は、物上代位権者に優先することであり、その場合には、「第三債務者」は、「第三債務者以外の第三者（競合債権者）」への弁済を強制されるのである。よって、前者と後者の利益を同時並列した場合には、前者の利益保護は無意味となり、後者の利益保護だけが残るわけである。

したがって、最判昭和60年は、一般債権者による差押え後の物上代位権行使を肯定したが、同59年と同様、物上代位権に基づく「差押え」と対抗関係にある「第三者」の範囲を限定解釈し、差押えをしただけの一般債権者を「第三者」から除外するとともに、そのような一般債権者の「差押え」を民法304条1項ただし書の「払渡し又は引渡し」から除外しただけである。他方、この両最高裁判決は、物上代位権の目的債権の譲受人を「第三者」に含め、「物上代位の目的債権の譲渡」を民法304条1項の「払渡し又は引渡し」に含めていることも明白であり、目的債権譲渡後の物上代位権行使を否定するのである（特定性維持説によれば、「物上代位権の目的債権譲渡」は「払渡し又は引渡し」に含まれないので、目的債権譲渡後の物上代位権行使は肯定される）。

6 小 括

この両最高裁判決がとった優先権保全説は、最判平成17年の原審である前掲の東京高判平成16年にほとんどそのまま継承されている。同東京高判は、前掲のように、①「先取特権者のする差押えによって、第三債務者が金銭その他の

5　清原泰司「物上代位の法的構造」法学新報110巻1・2号（2003年）184頁以下。

目的物を債務者に払い渡し又は引き渡すことが禁止され、他方、債務者が第三債務者から債権を取りたて又はこれを第三者に譲渡することを禁止される」と述べ、②その結果、「物上代位の目的となる債権（目的債権）の特定性が保持され、これにより物上代位権の効力を保全せしめるとともに、③他面「二重弁済を強いられる危険から第三債務者を保護し、④又は目的債権を譲り受けた第三者等が不測の損害を被ることを防止しようとすることにある」と述べているからである。

　ところが、同時に、東京高判平成16年は、上記③のように「二重弁済を強いられる危険から第三債務者を保護し」と述べ、最判昭和59年・同60年が説示しなかったことに言及して最判平成10年を引用している。これは、第三債務者保護説をとる趣旨であろうか。しかし、第三債務者保護説は、競合債権者（第三者）を保護する優先権保全説とは根本的に相容れない説である。その理由を、最判平成10年の法理を分析することにより論証する。

Ⅳ　最判平成10年の法理

1　事実と判旨

(1)　事　実

　平成2年9月28日、X会社は、A会社に30億円を融資し、B会社所有の建物に抵当権の設定を受け、その旨の登記を経た。平成4年12月、A会社は倒産したが、その直後の同5年1月12日、B会社は上記建物をY会社に賃貸し、従来からの賃借人は、Y会社から転借する形式がとられた。続いて、平成5年4月19日、C会社がB会社に7000万円を融資し、その翌日、B会社のY会社に対する賃料債権3年分が代物弁済として包括的にC会社に譲渡され、Y会社は確定日付ある証書による承諾を行った。

　そこで、平成5年5月10日、X会社は、抵当権の物上代位権に基づき、B会社のY会社に対する将来の（弁済期未到来の）賃料債権を差し押さえ、Y会社に支払いを求めた。

　第一審は、「差押え」の趣旨につき優先権保全説をとり、物上代位権に基づ

く差押えの前に債権譲渡の第三者対抗要件が具備されたことを理由に債権譲渡が優先するとする一方、当該債権譲渡は権利濫用であると判示し、結論として、X会社の物上代位権優先を認めた。

原審は、「差押え」趣旨につき優先権保全説をとり、物上代位権に基づく差押えの前に債権譲渡の第三者対抗要件が具備されたことを理由に債権譲渡が優先すると判示し、当該債権譲渡は適正に行われたとして、結論としても、X会社の物上代位権優先を認めなかった。

そこで、X会社が上告。

(2) **判旨：一部破棄自判**

「1　民法372条において準用する304条1項ただし書が抵当権者が物上代位権を行使するには払渡し又は引渡しの前に差押えをすることを要するとした趣旨目的は、主として、抵当権の効力が物上代位の目的となる債権にも及ぶことから、右債権の債務者（以下「第三債務者」という。）は、右債権の債権者である抵当不動産の所有者（以下「抵当権設定者」という。）に弁済をしても弁済による目的債権の消滅の効果を抵当権者に対抗できないという不安定な地位に置かれる可能性があるため、差押えを物上代位権行使の要件とし、第三債務者は、差押命令の送達を受ける前には抵当権設定者に弁済すれば足り、右弁済による目的債権消滅の効果を抵当権者にも対抗することができることにして、二重弁済を強いられる危険から第三債務者を保護するという点にあると解される。

2　右のような民法304条1項の趣旨目的に照らすと、同項の『払渡又は引渡』には債権譲渡は含まれず、抵当権者は、物上代位の目的債権が譲渡され第三者に対する対抗要件が備えられた後においても、自ら目的債権を差し押さえて物上代位権を行使することができるものと解するのが相当である。

けだし、㈠民法304条1項の『払渡又ハ引渡』という言葉には当然には債権譲渡を含むものとは解されないし、物上代位の目的債権が譲渡されたことから必然的に抵当権の効力が右目的債権に及ばなくなるものと解すべき理由もないところ、㈡物上代位の目的債権が譲渡された後に抵当権者が物上代位権に基づき目的債権の差押えをした場合において、第三債務者は、差押命令の送達を受ける前に債権譲受人に弁済した債権についてはその消滅を抵当権者に対抗する

ことができ、弁済していない債権についてはこれを供託すれば免責されるのであるから、抵当権者に目的債権の譲渡後における物上代位権の行使を認めても第三債務者の利益が害されることとはならず、㊂抵当権の効力が物上代位の目的債権についても及ぶことは抵当権設定登記により公示されているとみることができ、㊃対抗要件を備えた債権譲渡が物上代位に優先するものと解するならば、抵当権設定者は、抵当権者からの差押えの前に債権譲渡をすることによって容易に物上代位権の行使を免れることができるが、このことは抵当権者の利益を不当に害するものというべきだからである。

そして、以上の理は、物上代位による差押えの時点において債権譲渡に係る目的債権の弁済期が到来しているかどうかにかかわりなく、当てはまるものというべきである」と判示し、X会社の物上代位権優先を認めた。

2 最判平成10年の法理の分析

(1) 第三債務者保護説の立論の出発点

最判平成10年が判示する第三債務者保護説の核心は、①抵当権の効力が物上代位の目的となる債権にも及ぶということ、その結果として、②「第三債務者」は、右債権の債権者である抵当権設定者に弁済しても弁済による目的債権の消滅の効果を抵当権者に対抗できないという不安定な地位におかれる可能性がある、という2点にある。

まず、立論の出発点は①である。すなわち、民法304条1項本文所定の事由により、「債務者が受けるべき金銭その他の物」＝「抵当目的物の価値変形物」の上に抵当権の効力が及んでいる（物上代位権が成立している）ということである。「抵当目的物の価値変形物」＝「物上代位権の目的債権」の上に、抵当権（物上代位権）が付着しているからこそ（だから、この債権を、「物上代位（権）の目的債権」というのである）、この債権の債務者（第三債務者）は、優先権者である物上代位権者に弁済しなければならず、仮に、第三債務者が、抵当権設定者に弁済しても、それは弁済の相手を誤ったことになり、その債権消滅の効果を抵当権者に対抗できないのである（民481条参照）。その結果として、第三債務者は二重弁済の危険に陥るのである。

したがって、上記①にいう「物上代位権の発生により、その目的債権上に物

上代位権が付着（成立）している」ことさえ理解できれば、②にいう「第三債務者の二重弁済の危険の存在」も容易に理解できよう。結局、第三債務者保護説を理解するための出発点は、物上代位権の発生により、その目的債権上に物上代位権が付着（成立）していることを理解することに尽きる。他方、第三債務者の二重弁済の危険を否定し最判平成10年および第三債務者保護説を批判する見解は、上記①を認めないことを前提としており、そのような見解は、結局、民法304条1項本文の存在を否定するものであり、とうてい賛成できない。

(2) 第三債務者の二重弁済の危険を防止するための措置

以上のように、物上代位権が発生すれば、必ず、第三債務者の二重弁済の危険も発生する（他方、第三債務者以外の第三者は、物上代位権の存在を甘受しなければならない）。これが、物上代位制度の基本構造である。しかし、このままでは、第三債務者は、二重弁済の危険という不安定な地位におかれるため、そのような不安定な地位から解放することが必要である。そうすることが、結果的に（反射的・副次的・間接的に）、物上代位権の目的債権の債権者（抵当権設定者・目的債権譲受人）の利益を保護することにもなるのである。

では、第三債務者の不安定な状態をなくすにはどうすればよいか。それは、第三債務者の「弁済」を保護することであり、そのためにとられた措置が、民法304条1項ただし書である。そのことを、最判平成10年は、「払渡し又は引渡しの前に差押えをすることを要するとした趣旨目的は、主として、……差押えを物上代位権行使の要件とし、第三債務者は、差押命令の送達を受ける前には抵当権設定者に弁済すれば足り、右弁済による目的債権消滅の効果を抵当権者にも対抗することができることにして、二重弁済を強いられる危険から第三債務者を保護するという点にある」と述べているのである。

このように、「差押え」の趣旨は、民法304条1項本文だけが存在し、担保権者に物上代位権を付与しただけの状態において生じる第三債務者の二重弁済の危険を解消することにある。これこそが、同項ただし書の「差押え」の主たる（第一次的）趣旨であり、最判平成10年が、「主として」と述べているのは、そのような意味である。実際、最判平成10年の調査官解説は、「本判決は、差押えの主要な趣旨は第三債務者の保護にあり、競合債権者の保護や特定性の維持は第三債務者を保護することによる反射的利益（せいぜい副次的な目的）にす

ぎないことを明らかにした」と述べている。したがって、民法304条1項ただし書の「差押え」の趣旨は、第一次的に（主として）第三債務者保護以外にはあり得ない。ボアソナード博士は、そのことを明言し、諸国の物上代位法制も、そのような観点から制定されているのである。

　以上のように、「差押え」の趣旨が、第三債務者の二重弁済の危険を防止するためにあり、「差押え」が、物上代位権の存在を第三債務者に知らせる措置であるなら、「第三債務者以外の第三者（競合債権者）」と「物上代位権者」との優劣は、それぞれの権利の第三者対抗要件具備の先後で決することになる。民法304条1項本文が定めるように、物上代位権は、原担保権の効力そのものであり、原担保権が抵当権であれば、その物上代位権の公示は抵当権設定登記で足りる。そのことを、最判平成10年は、上記の「㈢抵当権の効力が物上代位の目的債権についても及ぶことは抵当権設定登記により公示されているとみることができ」と述べるのである。他方、原担保権が動産売買先取特権であれば、その物上代位権の公示も不要であり、その発生時から公示なしに「第三債務者以外の第三者」に対抗できることになるのは自明の理である。

　したがって、「差押え」の趣旨に関し第三債務者保護説をとった最判平成10年の法理と、優先権保全説をとった最判昭和59年・同60年の法理は根本的に異なるのである。前者の法理に従えば、物上代位権発生後の目的債権譲受人は、動産売買先取特権者に劣後する一方、後者の法理に従えば目的債権譲受人が優先するからである。ところが、最判平成17年の原審・東京高判平成16年は、目的債権譲受人を優先させたにもかかわらず、「差押え」の趣旨として、「二重弁済を強いられる危険から第三債務者を保護し」と述べたうえ、最判平成10年を引用するのである。これは、明白な論理矛盾であるにもかかわらず、最判平成17年は、その原審の判断を是認する。そこで、まず、原審の法理を検証する。

6　野山宏「判解」法曹時報50巻6号（1998年）166頁。
7　清原・前掲書（注1）15頁、55頁以下など参照。
8　東京高判平成16年に対する批評の詳細については、清原泰司「判批」金商1212号（2005年）59頁以下参照。

V　最判平成17年の法理の検証

1　東京高判平成16年の法理の検証

(1)　「差押え」＝物上代位権の公示方法

　東京高判平成16年は、本件事案を解決するため、「差押え」の趣旨に関し優先権保全説をとり、「差押え」が物上代位権の第三者対抗要件（公示方法）であると解した。そうであれば、抵当権に基づく物上代位権も、「差押え」により公示されると解するのが自然な論理である。優先権保全説によれば、先取特権であろうが抵当権であろうが、物上代位権が目的債権に及ぶことは、「差押え」により公示されると解されるからである。

　ところが、同高判は、「抵当権設定登記によりその存在及びその効力が物上代位の目的債権に及ぶことが公示される抵当権」と述べ、抵当権については、第三債務者保護説や特定性維持説の見解に従うことを述べる。その一方で、同高判は、動産売買先取特権については、公示方法が存在しないことを理由に優先権保全説をとるのである。その理由として、同高判は、「動産売買先取特権は、権利が存在すること及びその効力が目的債権に及ぶことが対外的に明らかにされているわけではないから」と述べ、動産売買先取特権も、その物上代位権も公示方法が存在しないことをあげるわけである。

　しかし、動産売買先取特権は、本来、公示方法なしに第三者に対抗できる法定担保物権であり、また、その物上代位権も、公示方法なしに第三者に対抗できる優先権である。それゆえ、物上代位権が目的債権に及ぶことは対外的に明らかにする必要はなく、物上代位権の付着した債権（だから、その債権を「物上代位（権）の目的債権」と称するのである）の譲渡を受けた譲受人は、本来、物上代位権者の優先を甘受しなければならない（民304条1項本文）。他方、民法304条1項ただし書が存在するため、第三債務者は、物上代位権者による「差押え」がない場合には、目的債権譲受人に弁済すれば免責される。これに対し、物上代位権者による「差押え」があった場合には、第三債務者は、物上代位権者に弁済する義務があり、物上代位権者が優先するのである。

この点に関し、東京高判平成16年は、「債権譲渡の対抗要件を具備した目的債権の譲渡よりも動産売買先取特権に基づく<u>物上代位権の行使による差押えが優先するとすれば、債権譲渡により確定的に債権譲受人に目的債権が帰属したとの第三債務者の信頼を害する</u>ことになることは明らかである」と述べる。しかし、そのような第三債務者の信頼を害することは全く起こらない。第三債務者の利益は、弁済した相手が誰であろうと、自己の弁済が有効となり、弁済義務から解放されることであり、第三債務者は、目的債権譲受人に弁済する前に、「差押え」により物上代位権者の存在を知ったのであれば、優先権者たる物上代位権者に弁済する義務を負うからである。それゆえ、物上代位権の行使による差押えが優先すると解しても、債権譲受人に目的債権が帰属したという第三債務者の信頼を害することは全くない。「第三債務者の信頼を害する」という上記の叙述は、民法304条1項本文の存在を否定し、債務者は、優先権者に弁済しなければならないという民法の基本を否定するものである。

　(2)　物上代位権者と目的債権譲受人との関係＝債権の二重譲渡類似の関係

　東京高判平成16年の次なる誤謬は、「動産売買先取特権者は、目的物が売却された場合に当該売買代金債権等に対して物上代位に基づく差押えをすることができるという点で、当該売買代金債権等の譲受人とは、<u>債権が二重に譲渡された場合の第一譲受人と第二譲受人と類似する関係に立つから、動産先取特権に基づく物上代位権の行使と目的債権の譲渡とは、物上代位に基づく差押命令の第三債務者に対する送達と債権譲渡の対抗要件の具備との前後関係によってその優劣を決すべき関係に立つと解するのが相当である</u>」と述べていることである。

　この叙述は、物上代位権に基づく差押え前の転売代金債権を単なる一般債権と考え、差押え前の債権にいまだ物上代位権（先取特権）が付着していないことを前提とするものである。だから、物上代位権者と物上代位権の目的債権の譲受人との関係を二重譲渡類似の関係と把握しているのである。

　しかし、物上代位権に基づく「差押え」の前に、民法304条1項本文によりすでに物上代位権（先取特権）が同債権上に成立しているのであり、差押えの対象となる目的債権上には物上代位権という優先権が付着しているのである。

したがって、一般債権が二重譲渡された場合と類似の関係は全く生じていない。物上代位権の目的債権（転売代金債権）には、「差押え」の前にすでに物上代位権が付着しているからこそ、同債権を「物上代位権の目的債権」と称し、その執行方法は、担保権の実行方法によるのである（民執193条１項後段）。仮に、「差押え」の対象となる債権が一般債権であるなら、担保権の実行方法という執行方法をとることはできない。東京高判平成16年は、民法304条１項本文および民事執行法193条１項後段の存在を看過するものである。

(3) 「差押え」をしない物上代位権者に対する第三債務者の任意弁済＝無効

最後に、東京高判平成16年は、「以上の民法304条１項の趣旨・目的及び動産売買先取特権の性質並びに関係者の利益状況を総合すれば、先取特権者が差押えを得ないまま、第三債務者から物上代位権の行使として債権の支払を受けることはできず、第三債務者は、目的債権消滅を債務者（目的債権の債権者）又は目的債権を譲り受けた第三者に主張することができず、先取特権者も物上代位権の優先権を主張することができない」と述べる。

これは、第一審の争点となった問題についての判示である。この結論自体は正当である。しかし、この結論を導くために、「民法304条１項の趣旨・目的及び動産売買先取特権の性質並びに関係者の利益状況を総合すれば」と述べる必要は全くない。民法304条１項ただし書が設けられ、第三債務者の二重弁済の危険が消失した結果、第三債務者は、物上代位権者による目的債権の「差押え」がない間は物上代位権者に弁済してはならず、そのことは、第三債務者が、物上代位権者の存在を知っている場合でも同じである。つまり、権利行使をしていない物上代位権者への弁済を有効とすることは、第三債務者の二重弁済の危険防止のために制定された民法304条１項ただし書の存在を否定することになるからである。

したがって、先取特権者による目的債権の「差押え」がなければ、第三債務者は、債権譲渡通知により知った目的債権の譲受人に弁済しなければならない。それが、民法304条１項ただし書の適用であり、いまだ「差押え」をしていない先取特権者に弁済したとすれば、その弁済が無効となるのは当然のことである。よって、上記の結論を導き出すためには、単純に民法304条１項ただ

し書を適用すれば済むことであり、「民法304条1項の趣旨・目的及び動産売買先取特権の性質並びに関係者の利益状況を総合」する必要は全くない。

　以上のように、東京高判平成16年は、物上代位制度の基本構造を全く理解していない。しかし、最判平成17年はその判断を正当であるとしたのである。そこで、最判平成17年の法理を検証しなければならない。

2　最判平成17年の法理の検証

(1)　第三者の利益保護の根拠

　最判平成17年は、民法304条1項ただし書の「差押え」の趣旨に関し、「抵当権とは異なり公示方法が存在しない動産売買の先取特権については、物上代位の目的債権の譲受人等の第三者の利益を保護する趣旨を含む」と述べ、動産売買先取特権者は、目的債権が譲渡され、第三者に対する対抗要件が備えられた後においては、目的債権を差し押さえて物上代位権を行使できないと判示した。したがって、最高裁判所は、「差押え」の趣旨に関し、抵当権と先取特権で異なった解釈を行ったわけである。この最高裁判所の見解に対し、先取特権と抵当権の差異に着目した、より緻密な見解であるという評価もあるが、私は、問題を混迷させ、不公正な結論を招来しているだけであると評価する。

　最判平成17年の法理の根幹は、公示方法の存在しない動産売買先取特権につき、「差押え」には「第三者の利益」を保護する趣旨を含むということに尽きる。それは、「差押え」が、物上代位権の公示方法（第三者対抗要件）になるということであり、最判昭和59年・60年と同様の法理である。その理由について、調査官解説は詳細に論じている。

　調査官解説によれば、最判平成17年の最強の論拠は民法333条である。すなわち、「先取特権は、先取特権者の占有を要件としていないため、目的物が動産の場合には公示方法が存在せず、追及効を制限することにより動産取引の第三者を保護しようとしたのである。そうとすれば、動産売買の先取特権に基づく物上代位権も目的債権が譲渡され債権が債務者から第三者に移転すると、もはや追及効がなくなるものと解すべきである。このような場合にも追及効があるとすれば、抵当権と異なり動産売買の先取特権には公示方法がないことから、第三者（債権譲受人等）の立場を不当に害するおそれがある」（傍点、筆者）

と述べる。

　しかし、民法333条により保護されるのは、動産取引の第三者ではなく、第三取得者である。そして、同条により、第三取得者は、動産売買先取特権の付着していない完全な所有権を取得する。つまり、動産売買先取特権は公示されていないため、動産取引安全の観点から、第三取得者の善意・悪意を問わず、当該動産上の先取特権が消滅することにしたのである。しかし、そのままでは、動産売買先取特権者は、自己の関知しない事情により、目的動産上の先取特権を喪失する。そこで、動産売買先取特権者を保護するため、当該動産の価値変形物（転売代金債権）が発生した場合に、その価値変形物上に先取特権が成立することを認めたのが民法304条1項本文である。これが動産売買先取特権の物上代位権であり、原担保権である動産売買先取特権と同様、本来、公示方法なしに第三者に対抗できる優先権である。

　問題は、その価値変形物である転売代金債権が譲渡された場合、公示方法が存在しないことを理由に、転売代金債権上の物上代位権が消滅するのか、ということである。最判平成17年は、民法333条を根拠にそのように解した。

　前述のように、民法333条により保護されているのは、第三者ではなく、第三取得者である。つまり、第三取得者は、民法333条により先取特権の付着しない完全な動産所有権を取得する一方で、その転売代金債務上には、民法304条1項本文により発生した物上代位権（先取特権）が付着しているため、二重弁済の危険にさらされる。そこで、第三取得者＝第三債務者の二重弁済の危険を防止するために設けられたのが、民法304条1項ただし書である。このただし書により、第三債務者（第三取得者）は、物上代位権者の「差押え」前においては、転売代金債権（物上代位権の目的債権）の債権者やその譲受人に弁済義務を負う一方、物上代位権者の「差押え」後においては、物上代位権者に弁済義務を負うとすることにより、第三債務者の弁済を保護したのである。すなわち、完全な動産所有権を取得した第三取得者を「弁済」の面でも保護するために講じられた措置が、民法304条1項ただし書なのである。だからこそ、同項ただし書は、物上代位権の消滅原因を、第三債務者の「払渡し又は引渡し」

9　志田原信三「判解」法曹時報58巻6号（2006年）169頁。

と定めているのであり、最判平成10年が、「払渡又ハ引渡」という言葉は当然には債権譲渡を含むものとは解されないと述べたのは、第三債務者保護の観点から、当然の事理だからである。よって、「払渡し又は引渡し」に、債権譲渡が含まれるとする解釈は、最判平成10年の法理に明白に抵触するのである。[10]

　これに対し、第三取得者（第三債務者）以外の第三者は、転売代金債権に付着した先取特権（物上代位権）の優先を甘受しなければならない。ここで、第三債務者と並んで、第三債務者以外の第三者を保護することは、民法304条1項本文により付与された物上代位権の存在を否定することになろう。第三債務者以外の第三者の保護は、第三債務者の「弁済」を保護することによる反射的効果（副次的・間接的効果）として保護すればよいのであり、そうすることが、民法304条1項本文の存在を活かすことになるのである。

　ところが、調査官解説は、「動産売買の先取特権は目的物が第三者に譲渡され引き渡されたときには行使することができないにもかかわらず、その効力の一つにすぎない物上代位権は目的債権が第三者に譲渡され第三者対抗要件が備えられた後も行使することができるというのではバランスを欠くように思われる」[11]と述べる。しかし、目的債権譲渡後の物上代位権行使を認めても、全くバランスを欠かない。なぜなら、民法333条の保護対象は、「第三取得者（第三債務者）」であり、同条を根拠に「第三者（競合債権者）」の保護を考えるのは筋違いだからである。第三債務者（第三取得者）以外の「第三者」は、あくまでも、公示方法のない物上代位権の優先を甘受しなければならないのである。

---

[10] 最判平成10年が、民法304条1項ただし書の「払渡し又は引渡し」という言葉には当然には債権譲渡を含むものとは解されないと述べていることについて、志田原調査官は、「この理解については異論がないところであると思われるし、平成10年最判は、あえて『当然には』と慎重な言い回しをしていることなどからすると、他の事情の存在いかんによっては、債権譲渡が『払渡又ハ引渡』と同列に位置付けられることがあり得ることを暗に示唆するものであるということができる上、もとより文言解釈は最終的な法的構成の問題といってもよく、決定的な決め手になるものではない」（志田原・前掲判解（注9）169頁）と述べる。しかし、この見解は、言葉遊びをしているだけであると評価せざるを得ない。最判平成10年のとる第三債務者保護説は、第三債務者の「弁済」を保護する説であるから、目的債権が弁済その他の事由により消滅した場合にのみ、物上代位権の行使を否定するのであり、目的債権が存続している「債権譲渡」は、「払渡し又は引渡し」に含まれず、物上代位権行使も肯定されるというのが当然の解釈である。

[11] 志田原・前掲判解（注9）168～169頁。

(2) 第三者の利益保護の必要性

次に、調査官解説は、「平成10年最判は、抵当権者に目的債権の譲渡後における物上代位権の行使を認めても第三債務者の利益が害されることとはならないという。しかし、上述したとおり、動産売買の先取特権者に目的債権の譲渡後における物上代位権の行使を認めた場合には競合債権者等の利益が害されることがあるのであり、抵当権の場合とは異なる配慮が必要であろう。したがって、第三債務者の利益が害されないからといって、動産売買の先取特権者に目的債権の譲渡後における物上代位権の行使を認めてよいということにはならないというべきである」と述べる。[12]

しかし、物上代位権の発生に伴ってとるべき措置は、第三債務者の利益が害されないようにすることだけであり、それ以外に、第三者（競合債権者）の利益を保護することは、民法304条1項本文により担保権者に付与した物上代位権の存在を否定することになる。競合債権者は、本来、物上代位権の優先を甘受すべきであり、目的債権の譲渡後における物上代位権行使を肯定したとしても、何ら競合債権者の利益が害されることはないからである。競合債権者の利益は、第三債務者の弁済保護による反射的効果として保護すれば十分であり、そのことを、最判平成10年は、「差押え」の趣旨が、主として第三債務者の保護にあると表現したのである。

(3) 目的債権譲渡後の物上代位権行使を否定する実際的理由

民法304条1項ただし書が設けられたことにより、第三債務者の利益は100％保護されているから、「差押え」の趣旨の中に、第三債務者以外の利益を含めてはならない、というのが第三債務者保護説の核心である。

ところが、調査官解説は、第三債務者の利益が害されない場合、「動産売買の先取特権者に目的債権の譲渡後における物上代位権の行使を認めてよいということにはならない」と述べ、目的債権譲渡後の物上代位権行使を認めるべきでないとする。しかし、第三債務者の利益が害されなければ、競合債権者の利益保護を考慮する必要はない。競合債権者の利益は、第三債務者保護の反射的効果として、十分に保護されるからである。第三債務者の利益が保護されてい

12　志田原・前掲判解（注9）169頁。

る場合は、物上代位制度の原則に立ち返り、物上代位権者を保護する解釈をすべきである。すなわち、目的債権が譲渡されても、同債権が消滅していない限り、民法304条1項本文により成立した物上代位権行使を認めるべきである。

さらに、目的債権譲渡後の物上代位権行使を認めるべきでないという調査官解説は、物上代位権行使時期がいつなのか、考えていないのではないだろうか。その行使は、債務者(動産買主)の債務不履行後に限られるのである。物上代位権行使は、担保権実行の一つであり、その手続は、債権執行に準拠するのであるから(民執193条1項後段)、買主が売主に対し債務不履行を惹起していない段階では、そもそも物上代位権の行使はあり得ず、そのような債務不履行前において行われる債権譲渡と物上代位権の競合もあり得ない。それゆえ、正常な債権取引は、十分保護されるのである。これに対し、物上代位権と債権譲渡が競合するのは、債務不履行後だけである。そして、債務不履行後であっても、物上代位権者による「差押え」前に債権譲受人が弁済を受ければ、その弁済は有効であり(民304条1項ただし書)、当該譲受人は保護されるのである。結局、物上代位権の優先を認めたとしても、それは、債務不履行後で、かつ当該目的債権が消滅していない場合だけである。

調査官解説は、この点を考えていないのではないか。それは、次の叙述に表れている。すなわち、「抵当権設定後の債権譲渡、とりわけ賃料債権の譲渡は執行妨害である事案が少なくなく、また将来にわたる包括的な賃料債権の譲渡を有効と認めるならば、抵当権者による賃料債権の物上代位の余地を奪うことになりかねない。これに対し、動産売買の先取特権の場合には必ずしも上記のような問題を一般的に含むものとはいえないし、問題事案について個別的に権利濫用法理等を適用することにより対処することが可能であろう[13]」と述べ、動産売買先取特権の物上代位の場合には、抵当権の物上代位の場合と比べ、執行妨害事案は少ないと考え、執行妨害という例外的事案に対しては権利濫用法理で対処すべきであるとするのである。

しかし、物上代位権の行使は、抵当権に基づくものであれ、先取特権に基づくものであれ、いずれも債務不履行を条件とするのであり(民執193条1項後

---

13 志田原・前掲判解(注9) 170頁。

段・2項)、いずれの物上代位権も、債務不履行後という極めて限定した場合にしか行使できない権利であって、両者に差異はない。実際、最判平成17年の事案では、目的債権の譲渡は、買主が破産宣告を受けた後であり、しかも債権譲受人は、破産会社の経理部長であった。調査官解説は、このような債権譲受人を保護すべきだというわけである。

　以上のように、物上代位権行使の場面で登場する競合債権者は、抵当権の場合であれ、先取特権の場合であれ、原則的に執行妨害を意図するものである。だから、最判平成10年は、「㈣対抗要件を備えた債権譲渡が物上代位に優先するものと解するならば、抵当権設定者は、抵当権者からの差押えの前に債権譲渡をすることによって容易に物上代位権の行使を免れることができるが、このことは抵当権者の利益を不当に害する」と述べているのである。結局、最判平成17年の法理は、物上代位権行使において原則的に現れる執行妨害事例に対処することができず、むしろ執行妨害を助長することが予想され、最判平成10年とは根本的に異なるものである。

　以上、最判平成17年に関し、「平成10年最判の示した理由付けと抵触することはないと考えられる」と述べる調査官解説は、ことごとく最判平成10年の法理に抵触しているのである。

Ⅵ　結　語

　民法304条1項ただし書の「差押え」は、同項本文により発生した物上代位権の行使要件であり、その趣旨をどう解するかによって物上代位権は消長する。最判昭和59年・同60年は、「差押え」の趣旨に関し、差押えの結果（法的

14　「倒産と担保・保証」実務研究会編『倒産と担保・保証』(商事法務・2014年) 462頁〔古里健治〕。

15　優先権保全説の論者は、権利濫用法理のような一般条項を通じた例外ルールの定立を主張する (内田貴『民法Ⅲ債権総論・担保物権〔第3版〕』(東京大学出版会・2005年) 414頁。しかし、物上代位権行使の場面においては執行妨害が原則である。仮に、執行妨害が例外であるとしても、一般条項は、解釈者により判断が分かれ、その適用主張者に過大な立証責任を課すから、問題の解決にならない。実際、最判平成10年の原審は、権利濫用を主張した物上代位権者の主張を認めず、第一審は、物上代位権者の主張を認めた。一般条項に依拠しなければ公正妥当な解決を導くことができない見解は、それ自体が失当であることの証である。

効果)と趣旨・目的をすべて列挙したうえ、その判決理由の傍論において、目的債権譲渡後の物上代位権行使は否定されると述べた。したがって、この両最判の「差押え」の趣旨に関する見解は、第三者（競合債権者）の利益保護をうたう優先権保全説である。

これに対し、最判平成10年は、「差押え」の趣旨に関し、主として第三債務者の二重弁済の危険防止にあると述べ、最判昭和59年・同60年が説示した競合債権者の保護や特定性維持は、第三債務者の保護の反射的利益（せいぜい副次的な目的）にすぎないことを明らかにし、目的債権譲渡後における抵当権の物上代位権行使を肯定した。民法372条は同304条を準用しており、かつ、大審院は、「差押え」の趣旨に関し、先取特権と抵当権で同じ解釈を行ってきた経緯からも、最判平成10年の登場後は、最判昭和59年・同60年の「差押え」の趣旨に関する見解も変更されるとともに、その傍論部分は無意味になるのではないかと私は予測した。

ところが、最判平成17年は、「差押え」の趣旨には第三者（競合債権者）の利益が含まれると述べ、目的債権譲渡後における動産売買先取特権の物上代位権行使を否定した。したがって、最判平成17年は、最判昭和59年・同60年の傍論を正面から確認したことになる。その結果、最高裁判所は、「差押え」の趣旨に関し、先取特権と抵当権で異なる解釈をとることを宣言したわけである。にもかかわらず、最判平成17年の調査官解説は、その法理が、同10年の法理と抵触しないと述べる。しかし、両最判の法理は根本的に抵触しているだけでなく、最判平成17年は、民法304条1項本文およびその実行手続としての民事執行法193条1項後段・2項の存在を否定するという論理矛盾を犯している。

最判平成10年も、「第三債務者以外の第三者（競合債権者）」の利益保護を否定しているのではない。しかし、それは、「第三債務者」の利益保護の反射的効果（副次的効果）として保護すればよいのである。物上代位権の発生に伴う「第三債務者」と「第三債務者以外の第三者」の利益は根本的に異なるため、これを同時並列的に保護することは論理的に不可能なのである。にもかかわらず、民法304条1項ただし書の「差押え」の趣旨を考える際、「第三債務者以外の第三者」の利益保護を立論の出発点に持ち込むことは、民法304条1項本文の否定につながるのである。

VI 結　語

　最判平成17年がとる第三者（競合債権者）保護説は、民法333条を根拠とする。しかし、民法333条により保護されるのは、「第三取得者（第三債務者）」であり、「第三取得者以外の第三者」は、本来、公示方法なき先取特権の優先を甘受しなければならない立場にあるから、同条を根拠に債権譲受人を保護するのは筋違いである。

　最判平成17年の法理は、動産買主の債務不履行後における債権取引を保護するものである。しかし、債務不履行が惹起されない限り、物上代位権の行使もあり得ず、物上代位権と目的債権譲渡との競合もあり得ない。物上代位権の行使は、動産買主の債務不履行後（倒産後）であるから、物上代位権行使と目的債権譲渡が競合するのは、非常に特殊な場面だけである。最判平成17年は、そのような特殊な場面で登場する債権譲受人を保護するのである。しかし、それは、先取特権も、その物上代位権もともに別除権であることを否定するものである。

　動産売買先取特権の物上代位をめぐる判例法理は、多数学説の影響を受け30年前に逆戻りしたけれども、それは、論理矛盾に満ちた法理であることを指摘したい。

今中利昭先生傘寿のお祝いに寄せて

―― 私の倒産法学と6人の方々

日本大学大学院法務研究科客員教授・東京大学名誉教授　伊藤　眞

はじめに

　本日は、倒産法学について教えをいただいた6人の方々に関するお話を申し上げます。このような関係にある方々につきましては、恩師と申し上げるのが通例かと存じますが、教室にて授業を承る形でご教示を受けたのは、ケネディ先生のみであり、後ほど申し上げますように、中坊先生とのお話が2時間余り、吉川先生とカンツリマン先生とは30分足らずであり、三先生のご記憶には、私のことは残っていなかったものと思います。もっとも、今中利昭先生と高木新二郎先生は、ご参会いただいたすべての皆様がご承知のとおり、実務および理論の最先頭でご活躍中であり、私も、始終ご指導を給わっておりますが、教室や執務室にてご教示を受けたというのとは、少し違った、尊敬する大先輩というべきかかわりかと存じます。

　あえて、恩師という表現を用いなかったのは、このような理由によるものでございます。それにもかかわらず、6人の先生のご教示は、私の心の中に深く刻まれ、自らの倒産法研究の礎石となっております。これが本日、6人の先生方についてお話する理由です。

I　吉川大二郎先生

　お手元の資料（本稿末参照。以下同じ）に記したとおり、先生は、日本弁護士連合会会長をお務めになった高名な実務家であり、また、民事保全を中心とした民事手続法学の大家として知られています。そして、私が、先生から直接のご指導を受けたのは、一度きり、しかも、それは、昭和42年（1967年）の司

法試験第 2 次試験、法律選択科目としての破産法口述試験の場でありました。

　すでに行われた他の科目の口述試験の結果について、自己評価があまり芳しいものではなく、いささか意気消沈していたところ、主査でいらした吉川先生の懇切な誘導を受け、何とか合格点をいただいたように感じております。もちろん、その時は学生ですから、主査の先生が吉川先生とはわからなかったのですが、豪快で、かつ、思いやりに満ちた先生の印象が深く私の心に刻まれ、その後、学会などでお目にかかる機会を得たことから、その折の考査委員が吉川先生であったことが判明いたしました。

　いずれにいたしましても、破産法についてこのような素晴らしい経験をしたことが、自らの気持の上で倒産法の研究を志す原点になったと感じております。

　そして、50年来の親友、石川正君が吉川法律事務所（現きっかわ法律事務所）に入所し、先生から親しく薫陶を受けたこと、また、その後、石川君が塚本宏明弁護士、宮崎誠弁護士とともに共同事務所を設立し、今日の大江橋法律事務所の礎を築いたこと、さらに、現在、同事務所の運営にあたっていらっしゃる上田裕康弁護士とともに、私が、昨年（平成26年）5 月に、別除権協定の効力について最高裁判所において口頭弁論をする機会に恵まれ、最高裁平成26年 6 月 5 日判決（金商1445号14頁）が言い渡されたことを思うとき、運命の不思議さを感じざるを得ません。しかも、その糸は、すべて吉川大二郎先生につながっていると申し上げてもよく、今更ながら、先生に感謝申し上げる次第でございます

　なお、吉川先生は、昭和 8 年（1933年）に裁判官を退官され、弁護士登録をなさっていらっしゃいますが、これは、いわゆる滝川事件[1]に対し京都帝国大学法学部の卒業生として、当時の国家権力に抗議するお気持からであり、また昭和17年（1942年）に立命館大学を辞職されたのも、戦時中の風潮に追随することを潔しとしないご判断によるものであったとされています[2]。お手元に配布いたしましたご略歴に記したように、カンツリマン先生が、全米を吹き荒れた

1　昭和 8 年（1933年）、京都帝国大学法学部の滝川幸辰教授（刑法担当）の所説が「危険思想」であるとして、鳩山一郎文部大臣によって滝川教授に対する休職処分がなされたことに端を発する。

マッカーシズムを批判して、イエール大学ロースクールを去られたことと考え合わせますと、実務家としても、また研究者としても、時流に流されることなく、社会や経済のあるべき姿についての自らの信念を貫くことの大切さをあらためて痛感する次第です。

II フランク・R・ケネディ先生とヴェルン・カンツリマン先生

　ケネディ先生につきましては、皆様にお受け取りいただいた随想集『千曲川の岸辺』25頁に想い出の一端を記してございます。多少、重複するところもございますが、付け加えてお話を申し上げます。ケネディ先生にアメリカ倒産法を教えていただいたのは、1979年、ミシガン大学ロースクールのことでございますから、もう40年近く前のことになります。当時は、アメリカといえども、倒産法についての学者の数は多いとはいえず、私の知る限りでは、ヴェルン・カンツリマン先生とケネディ先生とが、まさに双璧というべき存在であったように思います。カンツリマン先生は、双方未履行双務契約（executory contract）に関するカンツリマン・テストとして知られた方であり、私もお目にかかる機会がございました。第2次世界大戦中は戦闘機の操縦士をしていらしたというご経歴を彷彿とさせる精悍な風貌でいらっしゃいましたが、英語の不自由な、異国の若い学者である私に懇切に接していただいたことを記憶しております。

　一般には、すぐれた学者が教育者として秀でているとは限らないことは、わが国でも、かの国でも共通であり、ケネディ先生は、その例外であることも、随想集に記したとおりですが、同じことは、カンツリマン先生にもあてはまるように感じた次第です。これは、お二人のお人柄によるところが大きいとは存じますが、倒産法学という学問の性質とも多少の関係があるというのが私の信じるところです。つまり、個人であれ、法人であれ、また、消費者であれ、事業者であれ、倒産法学の想定は、人生や事業において失敗はつきものであり、

---

2 『保全処分の体系（上巻）（吉川大二郎博士還暦記念）』1頁以下（法律文化社・1965年）に収録された末川博士の「序に代えて——吉川君と私——」、斎藤秀夫ほか『逸話で語る民訴学者の面影』98頁（第一法規・1997年）における鈴木正裕博士の発言による。

失敗したときにどのように立ち直るか、また、立ち直るための手助けをすることこそが課題であるという意識ではないでしょうか。

　私が直接にご指導を受けたわけではございませんが、わが国における倒産法学の基礎を築いた加藤正治先生が、お手元の資料に記載のとおり、「抑も一国の興隆する所以は健全なる経済的企業が出来るだけ多く計画さるることである。企業なき所に発達はない。固より虚業や不健全なる事業の計画は避くべきだが、……経済的企業は或る程度の自信があれば積極的に七転八起の勇気を以て之に突進すべきである。……今茲に百の企業があるとして四十まで不成功に終わりても残りの六十が成功すれば国力は則ち伸びるのである。何等の企業なき所には破産も無き代わりに成功も無く国力は萎縮するのみである」とおっしゃっているのは、このことを端的に象徴しているように感じております。

　また、ミシガン大学ロースクールから帰国後、いくつかの論文を発表し、それを私の唯一の論文集である『債務者更生手続の研究』（西神田編集室・1984年）としてまとめておりますが、その中の多くは、ケネディ先生から教えていただいたことを基礎としたものでございます。

III　中坊公平先生

　次に、中坊公平先生との出会いについてお話申し上げます。前のお三方と異なって、中坊先生につきましては、皆様方の多くが、直接または間接に、存じ上げていらっしゃることと思います。私が先生から親しくご教示いただく機会を得たのは、昭和60年の豊田商事破産事件がきっかけでございました。当時、私は、一橋大学に職を奉じておりましたが、新聞報道などでこの事件を知り、これが破産手続の社会的役割に新たな時代を開くものと予感いたしました。そこで、それまで一面識もございませんでした中坊先生宛てにお手紙を差し上げ、破産手続の進行状況や今後の見通しなどについてご教示いただきたい旨をお願いいたしました。若さのゆえとはいえ、礼を顧みない行動であったと思い

3　加藤正治「破産者の解放を喜ぶ」同『破産法研究11巻』148頁（有斐閣・1953年）。旧漢字は常用漢字に改めている。

ますが、先生からご快諾いただき、破産管財人代理でいらっしゃった鬼追明夫先生とともに、残暑厳しい大阪にて、2時間を超えて、お話を承りました。拙著『破産法〔初版〕』（有斐閣・1988年）以来、現在の『破産法・民事再生法〔第3版〕』（有斐閣・2014年）に至るまで、序論の冒頭に昭和60年代の事業者破産事例として記述しておりますのは、その折のご教示を基礎としたものでございます。

　その後、現在に至るまで、何件か類似の出来事があり、本日ご出席の方々を含めた裁判官、弁護士各位のご尽力によって、反社会的な事業活動を終息させ、できる限りの被害の回復を実現することを通じて、破産手続が社会経済の安全網、いわゆるセイフティネットとしての役割を果たす存在であるとの認識が一般化しておりますが、その先鞭をつけたのが豊田商事事件であり、破産管財人としての職務を果たされた中坊先生は、十二の難しい仕事を完遂したヘラクレスにも比すべき存在であったと申し上げても、どなたからもご異議が出ないことと存じます。

　以上、4人の先生方がいずれも鬼籍に入られ、私自身が、お目にかかった当時の先生方の齢を超えて、古稀に至った今日、あらためて振り返ってみますと、吉川先生は、倒産法の研究に志す動機を与えてくださった方、ケネディ先生とカンツリマン先生は、倒産法学の基本的考え方をご教示いただいた方、中坊先生は、理論としての倒産法学が、社会の現実の中でどのような役割を果たすべきかについて、ご自身の実践を通じて私に説き聞かせてくださった方と感じております。

Ⅳ　今中利昭先生と高木新二郎先生——東西倒産実務研究会のこと

　両先生のこれまでの足跡および現在のご活躍につきましては、あらためて申し上げる必要はないものと存じます。関西と関東を代表するお二人との長いおつきあいの中で、私の倒産法学という視点から申しますと、最大の出来事は、両先生が代表をお務めになり、清水直先生、才口千晴先生、田原睦夫先生、多比羅誠先生、松嶋英機先生、須藤英章先生、池田靖先生、四宮章夫先生、瀬戸英雄先生を始め、本席にご出席賜っている何人かの方々が会員でいらした、東

西倒産実務研究会に、谷口安平先生、青山善充先生とともに、研究者として出席を認めていただいたことでございます。研究会の雰囲気などにつきましては、田原睦夫先生の『裁判・立法・実務』（有斐閣・2014年）314頁において、「そこで実際の有り様のままを踏まえた議論をして、その上で学者の先生方のご意見を聞くと、……その中で、なぜ東西で違うのか、それが理論的にどうなのかという辺りの相当深まった議論が行われ」と記述されておりますが、倒産法の実務と理論の接点をつくっていただいたという意味で、現在に至るまでの道筋を示してくださった組織であり、活動であったと感じております。

私自身について申し上げれば、練達の実務家の方々を前に、若輩の研究者が意見を求められることは、いささか重荷であったというのが正直な想いでございましたが、そのようにして鍛えていただいたことが、不十分ながら、自らの姿勢として、実務上の問題を理論研究の対象として受け止め、その解決のあり方を模索することにつながっていると感じております。

以前と比較いたしますと、今日では、実務家と研究者との交流の場も増え、研究者の一人として心より感謝しておりますが、その道を開いていただいた東西の研究会を想うとき、今中、高木両先生に対する感謝の気持は尽きるところがございません。

V　おわりに

研究者としての私の活動可能期間は、残されたところ、限られたものであると自覚しております。しかし、わが国の倒産法学は、その理論的精緻さと堅牢さにおいて、世界に冠たるものと存じますし、また、その上に聳える倒産実務は、公正さと信頼性において、水準を抜くものと信じるところです。皆様方におかれましては、それをますます発展させ、加えて、次の世代に継承されるようお願いして、本日のご厚意に対するお礼の言葉といたします。ありがとうございました。

4　その成果は、『和議』、『会社更生・会社整理』、『破産・特別清算』（商事法務・1988〜1989年）の3冊にまとめられている。

〈配布資料〉

吉川大二郎　先生（1901〜1978）

――『手続法の理論と実践――吉川大二郎博士追悼論集』（下巻）676頁（1981年、法律文化社）による

明治34年（1901年）1月14日京都市に生まれる

学歴
大正13年（1924年）京都帝国大学卒業
職歴
昭和2年（1927年）より昭和8年（1933年）まで、岡山・奈良・大阪各地方裁判所判事を歴任
昭和9年（1934年）弁護士登録（京都弁護士会）
昭和10年（1934年）弁護士登録抹消、立命館大学教授に任ぜられる（民事訴訟法・破産法講座を担当）
昭和17年（1942年）同大学教授を辞任し、弁護士登録（大阪弁護士会）
昭和22年（1947年）立命館大学に復帰する
昭和30年（1955年）大阪弁護士会会長・日本弁護士連合会副会長
昭和34年（1959年）日本弁護士連合会会長

この間、昭和21年より昭和48年まで（昭和24年度を除く）司法試験考査委員

Frank R. Kennedy 先生（1914〜2008）

――ミシガン大学ロースクール　ホームページによる（拙訳）

1914年7月27日　ミズリー州ストラフォードに生まれる

学歴
1935年　サウスウエスト　ミズリー州立大学卒業　教員免許を取得
1939年　ワシントン大学ロースクールにて、法学士学位取得
1953年　イエール大学ロースクールより法学博士学位を授与される
職歴
　ワシントン大学ロースクール修了後、弁護士として法律事務所勤務、第2次世界大戦中の海軍服務を経て、アイオワ大学ロースクール教授となり、1961年にミシガン大学ロースクールに移籍し、1984年まで教鞭をとる。同大学の名誉教授となった

後は、シカゴのSidley & Austin法律事務所にて、1994年まで顧問として活動する。

その間、主として破産法の研究に従事し、170本を超える論文発表を通じて、合衆国における破産法学の確立に寄与し、その50年にわたる研究成果を評価され、連邦議会の委嘱によって1970年に設立された破産法起草委員会の委員長となり、同委員会の改正提案が1978年の改正破産法（現行破産法）立案の基礎となった。

Vern Countryman 先生（1917～1999）

──ハーヴァート大学ロースクール　ホームページによる（拙訳）

1917年5月13日　モンタナ州ラウンダップに生まれる

学歴
1939年　ワシントン州立大学卒業。政治学学士号を取得
1942年　ワシントン州立大学ロースクールにて、法学士学位取得
職歴
　全米労働関係局シアトル事務所、連邦最高裁判所William O. Douglas裁判官の調査官、第2次世界大戦中の陸軍服務などを経て、1947年よりイエール大学ロースクール教員となるが、当時、全米を吹き荒れたマッカーシズム（共産主義者狩り）に反対の立場から、同大学を去り、ワシントンD.C.の法律事務所勤務などを経て、1959年より1964年までニューメキシコ大学ロースクール教授、1964年にハーヴァート・ロースクールに移籍し、1987年まで正教授として勤務する。

　不撓不屈の研究姿勢と徹底的な調査検討手法で知られ、いったん先生が論文を公表された問題については、論ずべき何らの点も残っていないと云われるほどである。他方、マッカーシズムに対する批判に見られるように、決して、象牙の塔の人ではなく、法の運用や改正に対する積極的な取組みは、破産実体法と手続法の分野でも際立ったものがある。

中坊公平　先生（1929～2013）

──「中坊公平さんを偲ぶ会（平成25年7月1日）」より抜粋

1929年8月2日　京都府に生まれる

学歴
1953年　京都大学卒業
職歴
1957年　弁護士登録（大阪弁護士会）

1984年　大阪弁護士会会長
1985年　豊田商事破産管財人
1990年　日本弁護士連合会会長

今中利昭　先生

1935年　兵庫県に生まれる
1958年　関西大学卒業
1962年　弁護士登録（第14期）
1982年　大阪弁護士会副会長、日本弁護士連合会理事
1998年　日本弁護士連合会司法制度調査会委員長
2004年　第一紡績株式会社社外取締役。甲南大学法科大学院教授・倒産法担当
2007年　関西大学より法学博士学位授与
2008年　学校法人兵庫医科大学監事

高木新二郎　先生

1935年　千葉県に生まれる
1960年　中央大学卒業
1963年　弁護士登録（第15期）
1988年　裁判官任官（弁護士任官第1号）。以後、東京地裁判事、山形地・家裁所長、新潟地裁所長、東京高裁判事（部総括）を歴任
2000年　判事依願退官後、獨協大学法学部教授。弁護士復帰（再登録）
2003年　株式会社産業再生機構・産業再生委員長
2004年　中央大学法科大学院教授
2007年　野村證券株式会社顧問に就任

[資料]

加藤正治「破産者の解放を喜ぶ」同・破産法研究11巻148頁（1953年）（旧漢字は常用漢字に改めている）

「抑も一国の興隆する所以は健全なる経済的企業が出来るだけ多く計画さるることである。企業なき所に発達はない。固より虚業や不健全なる事業の計画は避くべきだが、……中略……経済的企業は或る程度の自信があれば積極的に七転八起の勇気を以て之に突進すべきである。……中略……今茲に百の企業があるとして四十まで不成功に終わりても残りの六十が成功すれば国力は則ち伸びるのである。何等の企業

なき所には破産も無き代わりに成功も無く国力は萎縮するのみである。」

ブルフィンチ作＝野上弥生子訳・ギリシャ・ローマ神話197頁（1978年）
ヘラクレスの十二の仕事
「ヘラクレスはゼウスとアルクメネのあいだの息子でありました。ヘラは人間の母から生まれた夫の子供達にいつも敵意を持っていたから、ヘラクレスも生まれ落ちた時から、目の仇にしていじめられました。
……中略……しかし、ヘラのためにエウリュステウスの手下にされて、すべてその命令に従わねばならぬことになりました。エウリュステウスは彼に命がけの冒険をつぎつぎにさせました。それが世にいわゆる『ヘラクレスの十二の仕事』であります。
……中略……今一つの仕事はアウゲイアスの厩の掃除でありました。アウゲイアスはエリスの王で牛を三千頭持っていましたが、それは三十年間も掃除をしたことがないという牛舎でありました。ヘラクレスはアルペイオスとペネイオスの２つの河の水をその中に注ぎ込んで、一日ですっかりきれいにしてしまいました。」

※本稿は、平成27年2月6日に催された伊藤眞先生古稀記念祝賀パーティーにおいて伊藤先生が講演された原稿に、ご加筆をいただいたものです。今中先生の傘寿のお祝いに際し、ご寄稿いただきました。

今中利昭先生略歴

昭和10(1935)年5月15日兵庫県川西市（川辺郡東谷村）父利兵衛、母敏子の三男として誕生

昭和16(1941)年4月		川辺郡東谷村立東幼稚園入園
同年12月		太平洋戦争開戦
昭和17(1942)年4月		川辺郡東谷村立東谷小学校入学
昭和20(1945)年8月		太平洋戦争終戦
昭和21(1946)年10月		小学校5年生から軟式野球を始める
昭和23(1948)年3月		川辺郡東谷村立東谷小学校卒業
同年4月		川辺郡東谷村立東谷中学校入学、同中学校野球部入部
昭和25(1950)年8月		北摂中学校野球大会において投手・四番・主将として優勝
昭和26(1951)年3月		川辺郡東谷村立東谷中学校卒業
同年4月		兵庫県立伊丹高校入学、同校弁論部入部
昭和29(1954)年3月		兵庫県立伊丹高校卒業
同年4月		関西大学法学部入学
昭和32(1957)年4月		同大学にて大学院終了まで故西原寛一博士の指導を受く
昭和33(1958)年3月		関西大学法学部卒業
同年4月		関西大学大学院法学研究科入学（指導教授・故伊沢孝平博士）、同大学大学院特別研究生となる
昭和34(1959)年10月		司法試験合格
昭和35(1960)年3月		関西大学大学院法学研究科商法学研究終了（法学修士）
同年4月		司法修習生に採用（昭和37年3月まで）
昭和37(1962)年4月		弁護士登録　No.8466（大阪弁護士会　宇佐美幹雄法律事務所にて指導を受く）
昭和39(1964)年4月		大阪弁護士会常議員
同年5月		久美子と結婚
昭和40(1965)年3月		歌舞伎鑑賞を本格的に始める
同年4月		関西法律特許事務所を村林隆一弁護士と開設
同年5月		第一子美紀子誕生
昭和42(1967)年3月		第二子俊久誕生
昭和46(1971)年4月		大阪弁護士会法律扶助委員会副委員長（昭和47年3月まで）
昭和47(1972)年4月		大阪弁護士会司法委員会副委員長（昭和49年3月まで）、阪南大学非常勤講師（経済法担当）（昭和50年3月まで）
昭和49(1974)年4月		大阪学院大学非常勤講師（会社法担当）（昭和52年3月ま

		で）
	同年5月	日本弁護士連合会司法制度調査会委員
昭和50(1975)年4月		大阪弁護士会司法修習委員会副委員長（昭和51年3月まで）
	同年9月	東邦産業株式会社保全管理人
	同年11月	東邦産業株式会社破産管財人
昭和51(1976)年7月		『特許法と商法の諸問題』（村林隆一氏と共著）を出版
昭和52(1977)年10月		大阪市立大学非常勤講師（法学・商法Ⅱ担当）（平成3年3月まで）
昭和53(1978)年4月		大阪弁護士会常議委員会副議長（昭和54年3月まで）
	同年4月	大阪府建設工事紛争審査会特別委員（昭和58年3月まで）
	同年12月	『企業倒産法の理論と全書式』（河端幸弘氏と共編著・商事法務研究会刊）を出版
昭和56(1981)年2月		大阪府消費者生活苦情審査会委員（昭和58年1月まで）
	同年4月	大阪弁護士会消費者保護委員会（近畿弁護士会連合会）委員長
昭和57(1982)年4月		大阪弁護士会副会長（昭和58年3月まで）、日本弁護士連合会理事・近畿弁護士会連合会常務理事（昭和58年3月まで）、自宅の庭にて花づくりを始める
昭和58(1983)年4月		大阪府建設工事紛争審査会委員（平成7年6月まで）
	同年10月	大阪弁護士会綱紀委員会副委員長（昭和60年9月まで）
昭和60(1985)年4月		大阪弁護士会総合法律相談センター運営委員会副委員長（昭和63年3月まで）
昭和63(1988)年4月		大阪弁護士会総合法律相談センター運営委員会委員長（平成2年3月まで）、自作の花を接写し始める
	同年10月	『現代会員契約法』（民事法情報センター刊）を出版
平成2(1990)年4月		大阪弁護士会弁護士研修委員会（近畿弁護士会連合会）委員長（平成4年3月まで）
	同年5月	日本弁護士連合会研修委員会副委員長（平成4年4月まで）
平成3(1991)年10月		第一紡績株式会社保全管理人
平成4(1992)年2月		第一紡績株式会社更生管財人（平成16年3月まで）
	同年4月	大阪弁護士会司法委員会（近畿弁護士会連合会司法制度調査委員会）委員長（平成5年3月まで）
	同年5月	日本弁護士連合会司法制度調査会副委員長
	同年9月	『企業倒産法の理論と全書式〔新訂版〕』（河端幸弘氏と共編

	著・商事法務研究会刊）を出版
平成 5（1993）年 2 月	『会員権紛争の上手な対処法』（監修・民事法研究会刊）を出版
同年 7 月	大阪府建設工事紛争審査会会長（平成 7 年 6 月まで）
平成 6（1994）年 8 月	写真展（四季折々の花展）を大阪銀行梅田支店ロビーで催す（11月まで）
平成 7（1995）年 4 月	大阪弁護士会（近畿弁護士会連合会）司法修習委員会委員長（平成 8 年 3 月まで）
同年 5 月	日本弁護士連合会司法修習委員会副委員長（平成 8 年 4 月まで）
平成10（1998）年 5 月	日本弁護士連合会司法制度調査会委員長（平成11年 4 月まで）
平成12（2000）年 4 月	芦屋市建築審査会会長（平成24年 3 月まで）
平成13（2001）年 6 月	ニチメン株式会社社外監査役（平成15年 3 月まで）
平成15（2003）年 4 月	第一紡績株式会社社外取締役（平成20年 6 月まで）、甲南大学法科大学院教授（倒産法担当）（平成20年 3 月まで）
同年 6 月	株式会社池田銀行社外監査役
平成17（2005）年 4 月	イチボウ継永会名誉会長
平成19（2007）年 2 月	チェリーヒルズゴルフ倶楽部理事長
平成20（2008）年 6 月	学校法人兵庫医科大学監事（平成26年 3 月まで）、池田泉州銀行堂島支店ショールーム「街角フォトギャラリー花の素顔今中利昭写真集」
平成21（2009）年 9 月	関西大学より法学博士学位授与
平成22（2010）年10月	株式会社池田泉州ホールディングス社外監査役

今中利昭先生著作目録一覧

No.	年月日	題名	掲載文献等
1	昭和35(1960)年1月	手形の資金関係に関する研究	関西大学法学会誌5号
2	昭和35(1960)年2月	手形交付の原因関係に及ぼす影響	関西大学大学院修士論文
3	昭和43(1968)年1月	取締役の第三者に対する責任に関する一考察	司法研修所20周年記念論文第1巻
4	昭和43(1968)年3月	手形不渡届に対する異議申立の提供および預託金に関する研究	企業法研究154輯
5	昭和43(1968)年12月	企業倒産の法的規制の研究	関西大学千里山法律学会「睦法」11号
6	昭和44(1969)年6月	無効決議によって退職慰労金の支払いを受けた者及び取締役の責任	企業法研究第169輯
7	昭和45(1970)年4月	手形債権と原因債権の消滅時効	関西大学千里山法律学会「睦法」13号
8	昭和46(1971)年5月	産業公害拡大による取締役の責任に及ぼす影響	企業法研究192輯
9	昭和46(1971)年9月	単位株制度の課題	企業法研究196輯
10	昭和46(1971)年11月	自己の氏名または商号により手形行為をなすことを許諾した者の責任	工業所有権法・民事法の課題〈馬瀬文夫先生還暦論文集〉（法政書房）
11	昭和47(1972)年1月	会社の特許権侵害行為による損害賠償義務と会社代表取締役の個人としての連帯責任（共著 村林隆一）	判例タイムズ269号
12	昭和47(1972)年7月	関西法律特許事務所の概容	大阪弁護士会会報127号
13	昭和47(1972)年9月	譲渡制限株式の売買価格	企業法研究208輯
14	昭和49(1974)年5月	利息制限法所定の制限をこえる利息の定めのある金銭消費貸借において遅延損害金について特約のない場合と遅延損害金の率（共著 村林隆一）	判例研究1 庶民金融257号
15	昭和49(1974)年6月	監査役による取締役の違法行為差止仮処分と保証	企業法研究229輯

16	昭和49(1974)年7月	債務者が任意に支払った利息制限法所定の制限をこえる利息・損害金は当然に残存元本に充当されるか（共著　村林隆一）	判例研究2 庶民金融258号
17	昭和49(1974)年7月	債務者が利息制限法所定の制限をこえて利息・損害金を元本とともに任意に支払った場合と、右制限に従って元利合計額をこえる支払額に対する不当利得返還請求権の許否（共著　村林隆一）	判例研究3 庶民金融259号
18	昭和49(1974)年8月	手形・小切手を取得する者は振出人などの手形行為者としての責任の帰属者を確かめる必要がある（共著　村林隆一）	判例研究4 庶民金融260号
19	昭和49(1974)年9月	確定日払手形であっても振出日を記載して手形金の請求をする必要がある（共著　村林隆一）	判例研究5 庶民金融261号
20	昭和49(1974)年9月	日本における法律事務所の将来	自由と正義25巻9号
21	昭和49(1974)年10月	法人または組合が手形行為をするにはその代表資格を示して署名しなければならない（共著　村林隆一）	判例研究6 庶民金融262号
22	昭和49(1974)年11月	利息制限法所定の制限をこえる利息・損害金を支払った連帯債務者は、ほかの連帯債務者に対してこれを求償することができるか（共著　村林隆一）	判例研究7 庶民金融263号
23	昭和49(1974)年11月	法制度研究会だより	公正2号
24	昭和49(1974)年12月	利息制限法の適用がないとされた事例（共著　村林隆一）	判例研究8 庶民金融264号
25	昭和50(1975)年1月	他人名義で手形行為をなした者は手形金支払義務を負う（共著　村林隆一）	判例研究9 庶民金融265号
26	昭和50(1975)年2月	年数回の組入れを約する重利の予約と利息制限法の適用（共著　村林隆一）	判例研究10 庶民金融266号

27	昭和50(1975)年3月	自己の氏名または商号により手形行為をすることを許したものは手形金に支払い義務を負う（共著　村林隆一）	判例研究11庶民金融267号
28	昭和50(1975)年4月	無効・偽造などの手形であっても、その手形に署名した者は、当該手形金支払の義務を負う（共著　村林隆一）	判例研究12庶民金融268号
29	昭和50(1975)年4月	中間配当に関する取締役の注意義務と責任―特に商法第293条の5第5項但書の意味	企業法研究239輯
30	昭和50(1975)年5月	仮登記担保権（共著　村林隆一）	判例研究13庶民金融269号
31	昭和50(1975)年7月	仮登記担保の債権者の本登記請求と債務者の清算金支払請求との同時履行（共著　村林隆一）	判例研究14庶民金融270号
32	昭和50(1975)年8月	仮登記担保権者と賃借人占有者との関係（共著　村林隆一）	判例研究15庶民金融271号
33	昭和50(1975)年9月	手形であることを知って手形行為をすればその原因に瑕疵があっても、手形上の責任を負う（共著　村林隆一）	判例研究16庶民金融272号
34	昭和50(1975)年10月	振出・裏書などの手形行為をなした法人は、その定款所在の目的の範囲に拘わらず、手形上の責任を負う（共著　村林隆一）	判例研究17庶民金融273号
35	昭和50(1975)年11月	株式会社（有限会社）がその取締役または取締役が代理、代表する者に対して手形行為をなすにつき、取締役会（社員総会）の承認がなくとも悪意の第三者以外の者に対して責任を負う（共著　村林隆一）	判例研究18庶民金融274号
36	昭和50(1975)年12月	指名債権の二重譲渡とその優劣（共著　村林隆一）	判例研究19庶民金融275号
37	昭和50(1975)年12月	欧米美術漫歩	法曹近畿14号

38	昭和51(1976)年2月	公正証書に関する請求異議訴訟における債権者の応訴が当該債権の消滅時効を中断しない場合（共著　村林隆一）	判例研究20庶民金融276号
39	昭和51(1976)年3月	手形を偽造した者は手形上の責任を負う（共著　村林隆一）	判例研究21庶民金融277号
40	昭和51(1976)年3月	企業再建手続申立後破産宣告時までに生じた債権の取扱い	NBL108号
41	昭和51(1976)年4月	閉鎖的会社に関する法的規制の方向	企業法研究251輯
42	昭和51(1976)年4月	手形を偽造された者（被偽造者）が手形上の責任を負う事例（共著　村林隆一）	判例研究22庶民金融278号
43	昭和51(1976)年5月	白紙委任状および印鑑証明書の交付と民法第109条（表見代理）の適用の有無（共著　村林隆一）	判例研究23庶民金融279号
44	昭和51(1976)年6月	手形を偽造された者（被偽造者）が損害賠償責任を負う事例（共著　村林隆一）	判例研究24庶民金融280号
45	昭和51(1976)年7月	特許法と商法の諸問題（共著　村林隆一）	関西法律特許事務所開設10周年記念集
46	昭和51(1976)年8月	倒産企業に対する銀行の行う相殺の効力(上)・(下)	NBL118・120号
47	昭和51(1976)年9月	予防法学・経営法学・未来法学と共同法律事務所	新公論215号
48	昭和51(1976)年12月	二題	公正3号
49	昭和52(1977)年1月	法人格否認論適用の限界	司法研修所30周年記念論集
50	昭和52(1977)年3月	現先取引の構造とその法的性質	NBL133号
51	昭和52(1977)年4月	企業倒産法の基本構造	企業法研究263輯
52	昭和52(1977)年4月	書評倒産処理法	企業法研究263輯
53	昭和52(1977)年9月	弁護士業務の特殊性	新公論220号
54	昭和52(1977)年9月	独禁法に違反する拘束性預金契約の効力	企業法研究268輯
55	昭和52(1977)年11月	兄弟子を語る	公正4号
56	昭和53(1978)年1月	弁護士業務拡大論	新公論222号

57	昭和53(1978)年10月	株式会社の監視機構改正の方向	企業法研究281輯
58	昭和54(1979)年1月	文献資料の蒐集と整理の方法	自由と正義30巻1号
59	昭和54(1979)年3月	民事訴訟法における法人格の否認	民事訴訟法の争点（ジュリスト増刊）
60	昭和54(1979)年5月	破産原因とその他の破産開始の要件	破産和議の基礎（青林書院新社）
61	昭和54(1979)年5月	否認権の裁判外行使	破産和議の基礎（青林書院新社）
62	昭和54(1979)年8月	動産売買先取特権行使による手形の差押の可否	NBL191号
63	昭和54(1979)年9月	しあん六法31企業倒産について	月刊関西人9月号
64	昭和54(1979)年9月	現先契約とはどういう契約か	契約の基礎（青林書院新社）
65	昭和54(1979)年9月	委託販売契約とはどういう契約か	契約の基礎（青林書院新社）
66	昭和54(1979)年9月	チケット販売契約とはどういう契約か（共著　村林隆一）	契約の基礎（青林書院新社）
67	昭和54(1979)年9月	フランチャイズ契約とはどういう契約か（共著　村林隆一）	契約の基礎（青林書院新社）
68	昭和54(1979)年9月	ボランタリーチェーン契約とはどういう契約か（共著　村林隆一）	契約の基礎（青林書院新社）
69	昭和54(1979)年11月	動産売買先取特権と物上代位(上)・(下)	NBL197・199号
70	昭和54(1979)年12月	企業倒産法の理論と全書式（共編著　河端幸弘）	商事法務研究会
71	昭和54(1979)年12月	企業倒産法雑考	公正5号
72	昭和55(1980)年3月	山口吉美先生を悼む	大阪弁護士会会報153号
73	昭和55(1980)年4月	経営者弁護士といわゆるいそ弁問題──経済問題を主として	自由と正義31巻4号
74	昭和55(1980)年7月	企業倒産と法的手続の選択──和議事件を中心として	NBL213号
75	昭和55(1980)年10月	否認と手形支払の例外	破産法──実務と理論の問題点（金融・商事判例別冊1号）

76	昭和55(1980)年12月	ゴルフ法の基本構造	民事特別法の諸問題（関西法律特許事務所開設15周年記念論文集）
77	昭和55(1980)年12月	ゴルフ法の基本構造について	公正6号
78	昭和56(1981)年1月	破産宣告の動産売買先取特権に基づく物上代位に及ぼす影響	判例タイムズ427号
79	昭和56(1981)年6月	民事執行法下における動産売買先取特権の実行(上)（共著　井原紀昭／千田適）	NBL234号
80	昭和56(1981)年9月	民事執行法下における動産売買先取特権の実行(下)（共著　井原紀昭／千田適）	NBL240号
81	昭和56(1981)年10月	ゴルフ場事業法制定の必要性	法と政策5号（第一法規）
82	昭和56(1981)年10月	ゴルフ会員の権利とその移転について1	法律時報53巻11号
83	昭和56(1981)年11月	ゴルフ会員の権利とその移転について2	法律時報53巻12号
84	昭和56(1981)年11月	整理計画案の立案と確定	金融・商事判例627号
85	昭和56(1981)年11月	和議手続と会社更生手続の選択	NBL245・247号
86	昭和57(1982)年4月	消費者保護の真意を求めて（近畿弁護士会連合会の活動報告）	自由と正義33巻3号
87	昭和57(1982)年9月	会社の倒産と再建手続	商法教室2会社法（法律文化社）
88	昭和57(1982)年10月	消費者保護と弁護士	現代の弁護士［市民編］（日本評論社）
89	昭和58(1983)年3月	近弁連の日弁連副会長選出方法について	自由と正義34巻3号
90	昭和58(1983)年4月	金融機関と消費者保護	金融法務事情1021号
91	昭和58(1983)年4月	拘禁二法案サラ金二法案阻止の国会要請行動について	刑事留置施設法阻止ニュース6号
92	昭和58(1983)年5月	動産の先取特権とその内容	担保法大系第2巻（金融財政事情研究会）
93	昭和58(1983)年5月	単位株制度	改正会社法の諸問題（商事法研究会10周年記念）
94	昭和58(1983)年6月	歌舞伎と人生	自由と正義34巻6号

95	昭和58(1983)年11月	思い出の役員室	公正7号
96	昭和58(1983)年11月	私的整理選択の動機・背景・私的整理手順・方法	私的整理──実務と理論の問題点（金融・商事判例増刊679号）
97	昭和59(1984)年8月	和議の認否	注解和議法（青林書院）
98	昭和59(1984)年10月	動産売買の先取特権	裁判実務大系第6巻破産訴訟法（青林書院）
99	昭和59(1984)年11月	法曹公正会の現状と将来	公正8号
100	昭和60(1985)年6月	双務契約（共著　松本司）抵当権・根抵当権	新版会社更生法（金融・商事判例増刊719号）
101	昭和60(1985)年8月	無議決株を所有する株主はどのような場合にも議決権を行使できないか	問答式　株主総会の実務の手引（新日本法規出版）
102	昭和60(1985)年8月	株主名簿の閉鎖期間中あるいは基準日後、総会目前に発行された新株の株主に議決権はあるか	問答式　株主総会の実務の手引（新日本法規出版）
103	昭和60(1985)年8月	議決権の不統一行使とは	問答式　株主総会の実務の手引（新日本法規出版）
104	昭和60(1985)年8月	議決権の不統一行使を会社は拒むことができるか	問答式　株主総会の実務の手引（新日本法規出版）
105	昭和60(1985)年8月	総会における代理人の権限とはどのようなものか	問答式　株主総会の実務の手引（新日本法規出版）
106	昭和60(1985)年8月	株主の指示に反する議決権の代理行使は無効か	問答式　株主総会の実務の手引（新日本法規出版）
107	昭和60(1985)年8月	議決権行使の代理人を株主に限定する定款の規定は有効か	問答式　株主総会の実務の手引（新日本法規出版）
108	昭和60(1985)年8月	同一株主について数人が委任状を提出した場合の取扱はどうするか	問答式　株主総会の実務の手引（新日本法規出版）
109	昭和60(1985)年8月	委任者白紙の委任状は有効か	問答式　株主総会の実務の手引（新日本法規出版）

110	昭和60(1985)年8月	株主の捺印のない委任状は無効か	問答式　株主総会の実務の手引（新日本法規出版）
111	昭和60(1985)年9月	動産売買先取特権実行上の諸問題	民事特別法の諸問題第2巻（関西法律特許事務所開設20周年記念論文集）
112	昭和60(1985)年11月	近畿弁護士会連合会の日弁連理事選出問題について	公正9号
113	昭和60(1985)年11月	ゴルフ法の基本問題	関西大学千里山法律学会創立50周年記念誌
114	昭和60(1985)年12月	動産売買先取特権をめぐる最近の判例の動向と倒産法上の諸問題(上)・(下)	金融法務事情1107・1108号
115	昭和60(1985)年12月	はずかしながら私の失敗談——弱き者汝の名は弁護士なり	大阪弁護士会会報177号
116	昭和61(1986)年1月	動産売買先取特権と集合物譲渡担保権による債権回収	自由と正義37巻1号
117	昭和61(1986)年6月	企画委員会1年を省みて	公正グリーン
118	昭和61(1986)年6月	学者弁護士としての馬瀬文夫先生	馬瀬文夫先生追悼集
119	昭和61(1986)年11月	京都［大］について	公正10号
120	昭和62(1987)年1月	共有株主の議決権は誰が行使するか	問答式　株主総会の実務の手引（新日本法規出版）
121	昭和62(1987)年4月	株式会社の清算人の選任とその権限	企業法判例の展開〈本間輝雄・山口幸五郎先生還暦記念〉（法律文化社）
122	昭和62(1987)年5月	建設工事請負契約上の紛争予防法学(1)基本契約・変更契約・別途契約の明示義務	月刊大建協459号
123	昭和62(1987)年6月	建設工事請負契約上の紛争予防法学(2)設計者と管理者の確保	月刊大建協460号
124	昭和62(1987)年6月	法人格否認の法理と民事訴訟法	演習民事訴訟法（青林書院）
125	昭和62(1987)年7月	建設工事請負契約上の紛争予防法学(3)仲裁契約の効用	月刊大建協461号

126	昭和62(1987)年8月	請負契約の中途終了の場合の法律関係1	月刊大建協462号
127	昭和62(1987)年9月	請負契約の中途終了の場合の法律関係2	月刊大建協463号
128	昭和62(1987)年10月	請負人が第三者に加えた損害に対する注文者の責任	月刊大建協464号
129	昭和62(1987)年10月	実践　担保のとり方・活かし方・資産調査と担保取得のチャンス	月刊債権管理創刊号
130	昭和62(1987)年10月	和議の取消・和議における譲歩の取消・和議からの破産への移行	融資管理・回収実務事典
131	昭和62(1987)年11月	請負契約の瑕疵修補請求権とそれに代わる損害賠償請求権との選択的行使	月刊大建協465号
132	昭和62(1987)年12月	請負契約の瑕疵修補に代わる損害賠償金額の算定時はいつか	月刊大建協466号
133	昭和62(1987)年12月	銀行の不渡手形買戻期限の不正確な説明と賠償責任	手形研究404号
134	昭和63(1988)年1月	建設途中の不動産が不動産になりうるとき及び第三者が完成させたときの建物所有権の帰属	月刊大建協467号
135	昭和63(1988)年1月	自己株式について、無議決権株の発行制限はあるか（共著　辻川正人）	問答式　株主総会の実務の手引（新日本法規出版）
136	昭和63(1988)年1月	届出印と異なる捺印がある委任状はどうするか（共著　辻川正人）	問答式　株主総会の実務の手引（新日本法規出版）
137	昭和63(1988)年1月	議決権の行使が制限される場合とは	問答式　株主総会の実務の手引（新日本法規出版）
138	昭和63(1988)年1月	株主が死亡した場合には、だれが議決権を行使できるか	問答式　株主総会の実務の手引（新日本法規出版）

139	昭和63(1988)年1月	株式会社が定款で株主総会における議決権行使の代理人の資格を株主に限定している場合において、株主（未成年者）の親権者は代理人として株主総会に出席することができるか	問答式 株主総会の実務の手引（新日本法規出版）
140	昭和63(1988)年1月	株式会社が定款で株主総会における議決権行使の代理人の資格を株主に限定している場合において、株主である株式会社の従業員（非株主）を代理人として株主総会に出席させなかったことは、株主総会の決議の取消事由に該当するか	問答式 株主総会の実務の手引（新日本法規出版）
141	昭和63(1988)年2月	抵当権譲渡による債権回収の方法	月刊債権管理5号
142	昭和63(1988)年2月	仮工事請負契約解除による損害賠償	月刊大建協468号
143	昭和63(1988)年3月	請負代金の弁済の効力	月刊大建協469号
144	昭和63(1988)年3月	金融法務の原点に立ち返って	手形研究410号
145	昭和63(1988)年4月	請負契約に関する"臨場法学"の検討	月刊大建協470号
146	昭和63(1988)年5月	建築工事請負人破産時の注文者（元請負人）の有する権利の法的性質	月刊大建協471号
147	昭和63(1988)年6月	固定観念からの脱却を求めて	手形研究413号
148	昭和63(1988)年6月	動産売買先取特権と譲渡担保権の優劣とその実務——最高裁昭和62・11・10判決をめぐって（座談会司会）	月刊債権管理9号
149	昭和63(1988)年6月	下請の従業員の労災事故による被害と元請の損害賠償責任(上)（共著 今泉純一）	月刊大建協472号
150	昭和63(1988)年7月	下請の従業員の労災事故による被害と元請の損害賠償責任(下)（共著 今泉純一）	月刊大建協473号
151	昭和63(1988)年7月	民事訴訟法における法人格否認の法理	民事訴訟法の争点〔新版〕（ジュリスト増刊）

152	昭和63(1988)年7月	ゴルフ法判例拾遺（共著　今泉純一）	夏季研修30周年近畿弁護士会連合会記念論文集
153	昭和63(1988)年7月	動産売買先取特権と譲渡担保権の優劣とその実務——最高裁昭和62・11・10判決をめぐって第2回（座談会司会）	月刊債権管理10号
154	昭和63(1988)年8月	動産売買先取特権と譲渡担保権の優劣とその実務——最高裁昭和62・11・10判決をめぐって第3回（座談会司会）	月刊債権管理11号
155	昭和63(1988)年8月	労災事故における使用者の賠償責任と労災保険(上)（共著　今泉純一）	月刊大建協474号
156	昭和63(1988)年9月	労災事故における使用者の賠償責任と労災保険(下)（共著　今泉純一）	月刊大建協475号
157	昭和63(1988)年9月	実体法上の権利実現のための手続法	手形研究416号
158	昭和63(1988)年10月	現代会員契約法（各種会員契約の法律問題）	民事法情報センター
159	昭和63(1988)年10月	下請の被用者の起こした交通事故と元請の損害賠償責任（共著　今泉純一）	月刊大建協476号
160	昭和63(1988)年11月	再建方法の選択　整理委員の選任　和議債権者の意向の聴取　和議管財人の選任	問答式　破産・和議の実務（新日本法規出版）
161	昭和63(1988)年11月	工事完成保証人の法的地位(上)（共著　今泉純一）	月刊大建協477号
162	昭和63(1988)年11月	工事完成保証人の法的地位(下)（共著　今泉純一）	月刊大建協478号
163	昭和63(1988)年12月	消滅請求に代位弁済の効果が生じるか（共著　今泉純一）	手形研究418号
164	昭和63(1988)年12月	建築工事請負人の破産と注文者の権利第1回（座談会司会）	月刊債権管理15号
165	平成元(1989)年1月	建築工事請負人の破産と注文者の権利第2回（座談会司会）	月刊債権管理16号
166	平成元(1989)年1月	将来の金融法務のあり方について	手形研究419号

167	平成元(1989)年1月	共同企業体の一部構成員の倒産と他の構成員の責任(上)（共著　今泉純一）	月刊大建協479号
168	平成元(1989)年2月	共同企業体の一部構成員の倒産と他の構成員の責任（中1）（共著　今泉純一）	月刊大建協480号
169	平成元(1989)年2月	建築工事請負人の破産と注文者の権利第3回（座談会司会）	月刊債権管理17号
170	平成元(1989)年3月	共同企業体の一部構成員の倒産と他の構成員の責任（中2）（共著　今泉純一）	月刊大建協481号
171	平成元(1989)年7月	実務・会員権担保とその執行法第1回（共著　今泉純一）	月刊債権管理22号
172	平成元(1989)年8月	実務・会員権担保とその執行法第2回（共著　今泉純一）	月刊債権管理23号
173	平成元(1989)年9月	実務・会員権担保とその執行法第3回（共著　今泉純一）	月刊債権管理24号
174	平成元(1989)年9月	各種会員契約	民法コンメンタール(14)契約4（ぎょうせい）
175	平成元(1989)年10月	実務・会員権担保とその執行法第4回（共著　今泉純一）	月刊債権管理25号
176	平成元(1989)年11月	今日の時代の債権管理とは──その課題と展望	月刊債権管理26号
177	平成元(1989)年12月	実務・会員権担保とその執行法第5回（共著　今泉純一）	月刊債権管理27号
178	平成2(1990)年1月	ゴルフ場経営会社に対して理事会の設置、会員名簿等の発行を請求できるか	六甲カントリー事件の訴訟における鑑定意見書1
179	平成2(1990)年2月	執行行為の否認	新倒産判例百選（別冊ジュリスト106号）
180	平成2(1990)年2月	実務・会員権担保とその執行法第6回（共著　今泉純一）	月刊債権管理29号
181	平成2(1990)年3月	実務・会員権担保とその執行法第7回（共著　今泉純一）	月刊債権管理30号
182	平成2(1990)年5月	実務・会員権担保とその執行法第8回（共著　今泉純一）	月刊債権管理32号

183	平成2（1990）年6月	法的整理手続における全面的管理処分権者の動産売買先取特権に対する責任について	民事特別法の諸問題第3巻（関西法律特許事務所開設25周年記念論文集）
184	平成2（1990）年7月	実務・会員権担保とその執行法第9回（共著　今泉純一）	月刊債権管理34号
185	平成2（1990）年7月	会員権の本質と譲渡・相続	自由と正義41巻7号
186	平成2（1990）年7月	実務・会員権担保とその執行法第10回（共著　今泉純一）	月刊債権管理35号
187	平成2（1990）年8月	倒産法の早期改正の必要性	金融・商事判例845号
188	平成2（1990）年9月	自然人破産免責制度の確立を待望する	金融・商事判例846号
189	平成2（1990）年9月	ゴルフ場経営会社に対して理事会の設置、会員名簿等の発行を請求できるか	六甲カントリー事件の訴訟における鑑定意見書2
190	平成2（1990）年10月	将来における別除権付債権はどのように取り扱うべきか	講座・現代契約と現代債権の展望債権総論①（日本評論社）
191	平成2（1990）年10月	実務・会員権担保とその執行法第11回（共著　今泉純一）	月刊債権管理37号
192	平成2（1990）年11月	単位未満株主の議決権は（共著　辻川正人）	問答式　株主総会の実務の手引（新日本法規出版）
193	平成2（1990）年11月	常任代理人の議決権行使	問答式　株主総会の実務の手引（新日本法規出版）
194	平成2（1990）年12月	実務・会員権担保とその執行法第12回（共著　今泉純一）	月刊債権管理39号
195	平成2（1990）年12月	倒産手続実務の地域性と統一性	金融・商事判例855号
196	平成2（1990）年12月	新・否認と手形支払の例外	新版破産法―実務と理論の問題点（金融・商事判例別冊）
197	平成3（1991）年2月	実務・会員権担保とその執行法第13回（共著　今泉純一）	月刊債権管理41号
198	平成3（1991）年2月	倒産法改正の方向	金融・商事判例859号
199	平成3（1991）年3月	実務・会員権担保とその執行法第14回（共著　今泉純一）	月刊債権管理42号

200	平成3(1991)年4月	シリーズ・倒産処理手続第1回 和議手続とはどんな手続か	月刊債権管理43号
201	平成3(1991)年6月	実務・会員権担保とその執行法第15回（共著　今泉純一）	月刊債権管理45号
202	平成3(1991)年7月	実務・会員権担保とその執行法第16回（共著　今泉純一）	月刊債権管理46号
203	平成3(1991)年9月	実務・会員権担保とその執行法第17回（共著　今泉純一）	月刊債権管理48号
204	平成3(1991)年10月	建設工事紛争審査会における仲裁の基本構造	建設工事紛争審査会35周年記念誌
205	平成3(1991)年10月	クラブライフと会員権	芦屋カントリー倶楽部誌
206	平成3(1991)年11月	従業員持株会の議決権はだれが行使できるか	問答式　株主総会の実務の手引（新日本法規出版）
207	平成3(1991)年11月	従業員持株会で会員に株式信託契約を強制できるか	問答式　株主総会の実務の手引（新日本法規出版）
208	平成3(1991)年12月	実務・会員権担保とその執行法第18回（共著　今泉純一）	月刊債権管理51号
209	平成4(1992)年2月	整理計画案の立案と確定	新版　和議・会社整理・特別清算―理論と実務の問題点（金融・商事判例増刊885号）
210	平成4(1992)年2月	整理計画案に対する一部債権者の不同意	新版　和議・会社整理・特別清算―理論と実務の問題点（金融・商事判例増刊886号）
211	平成4(1992)年3月	弁護士研修の現状と将来	近弁連55号
212	平成4(1992)年3月	実務・会員権担保とその執行法第19回（共著　今泉純一）	月刊債権管理54号
213	平成4(1992)年3月	ゴルフクラブ会則の日本国籍条項を考える	ゴルフ場セミナー
214	平成4(1992)年4月	実務・会員権担保とその執行法第20回（共著　今泉純一）	月刊債権管理55号
215	平成4(1992)年5月	実務・会員権担保とその執行法第21回（共著　今泉純一）	月刊債権管理56号

216	平成4(1992)年6月	コース増設追加預金不払会員に不利益を加えることは会員権利侵害となるか	知多カントリークラブ事件の訴訟における鑑定意見書
217	平成4(1992)年6月	実務・会員権担保とその執行法第22回（共著　今泉純一）	月刊債権管理57号
218	平成4(1992)年6月	（取材）預託金問題への対処法は	ゴルフ場セミナー
219	平成4(1992)年7月	実務・会員権担保とその執行法第23回（共著　今泉純一）	月刊債権管理58号
220	平成4(1992)年8月	実務・会員権担保とその執行法第24回（共著　今泉純一）	月刊債権管理59号
221	平成4(1992)年9月	実務・会員権担保とその執行法第25回（共著　今泉純一）	月刊債権管理60号
222	平成4(1992)年10月	実務・会員権担保とその執行法第26回（共著　今泉純一）	月刊債権管理61号
223	平成4(1992)年11月	相互保有株式の議決権はどうなるか（共著　辻川正人）	問答式　株主総会の実務の手引（新日本法規出版）
224	平成4(1992)年11月	証券投資信託の場合の議決権について（共著　岩坪哲）	問答式　株主総会の実務の手引（新日本法規出版）
225	平成4(1992)年11月	取締役が株主の場合の議決権行使（共著　岩坪哲）	問答式　株主総会の実務の手引（新日本法規出版）
226	平成4(1992)年11月	法人株主の代表者と個人としての株主が同一人の場合の議決権行使（共著　辻川正人）	問答式　株主総会の実務の手引（新日本法規出版）
227	平成4(1992)年11月	会員契約適正化法（共著　今泉純一）	月刊債権管理62号
228	平成5(1993)年1月	ゴルフ倶楽部会員権の消滅時効	金融取引と時効―その実務と理論〔改訂版〕（手形研究増刊号475号）
229	平成5(1993)年1月	実務・会員権担保とその執行法第27回（共著　今泉純一）	月刊債権管理64号
230	平成5(1993)年1月	動産売買先取特権（共著　中川元）	破産・和議の実務と理論（判例タイムズ830号）

231	平成5(1993)年1月	和議条件とその内容（共著　河端幸弘）	破産・和議の実務と理論（判例タイムズ830号）
232	平成5(1993)年2月	実務・会員権担保とその執行法第28回・完（共著　今泉純一）	月刊債権管理65号
233	平成5(1993)年2月	会員権紛争の上手な対処法	監修（民事法研究会）
234	平成5(1993)年7月	カードの利用—妻が利用したカード会員の責任—（共著　東風龍明）	裁判実務大系第22巻金融信用供与取引訴訟法（青林書院）
235	平成5(1993)年7月	総会の議案につき特別の利害関係をもつ株主の議決権はどうなるか（共著　山本明人）	問答式　株主総会の実務の手引（新日本法規出版）
236	平成5(1993)年7月	議長不信任動議に対する白紙委任状はどう扱うか（共著　山本明人）	問答式　株主総会の実務の手引（新日本法規出版）
237	平成5(1993)年7月	未成年者である株主は議決権を行使できるか（共著　山本明人）	問答式　株主総会の実務の手引（新日本法規出版）
238	平成5(1993)年9月	会員権に関する諸問題	現代法律実務の諸問題〔平成4年版〕（日弁連研修叢書）
239	平成5(1993)年10月	いま更生会社では……第一紡績の場合（共著　浦田和栄）	月刊債権管理68号
240	平成5(1993)年11月	ゴルフ会員権の譲渡担保	問答式　破産・和議の実務1（新日本法規出版）
241	平成5(1993)年12月	和議の認否	注解和議法〔改訂版〕（青林書院）
242	平成6(1994)年4月	債権回収における公平について	手形研究493号
243	平成6(1994)年6月	動産売買先取特権に基づく差押承諾請求権（共著　中川元）	担保法の判例II（ジュリスト増刊）
244	平成6(1994)年8月	破産終結後における破産者の財産に関する訴訟と破産管財人の被告適格	民商法雑誌110巻4・5合併号
245	平成6(1994)年8月	債権譲渡担保再考	手形研究496号
246	平成6(1994)年9月	Q&A 資産調査や担保取得はどのようにすればよいのでしょうか	実践　担保のとり方・活かし方（民事法情報センター）

247	平成 6 (1994) 年10月	弁護士からみた金融機関とその融資管理上の問題点	金融法務事情1400号
248	平成 6 (1994) 年11月	ミニ会社更生手続の必要性	手形研究499号
249	平成 6 (1994) 年11月	ゴルフクラブ会則変更、追加入会金不払会員に対する会費値上げの可否等について	京阪ロイヤルゴルフクラブ事件の訴訟における鑑定書
250	平成 7 (1995) 年 1 月	営業店の為の法律専門家活用法―債権の担保取得はしっかりと	金融法務事情1408号
251	平成 7 (1995) 年 2 月	仲裁制度活用の必要性	銀行法務21・502号
252	平成 7 (1995) 年 3 月	更生計画案策定の実際	会社更生・会社整理・特別清算の実務と理論（判例タイムズ866号）
253	平成 7 (1995) 年 8 月	趣味と人生	庶民金融512号
254	平成 7 (1995) 年 8 月	還暦記念今中利昭著作集・法理論と実務の交錯(上)・(下)	民事法研究会
255	平成 7 (1995) 年 9 月	企業倒産法の基本理念としての企業維持の適用について	企業と法（下巻）〈西原寛一先生追悼論文集〉（有斐閣）
256	平成 7 (1995) 年12月	動産の先取特権	法律知識ライブラリー第 9 巻破産・和議の基礎知識（青林書院）
257	平成 8 (1996) 年 2 月	ゴルフ会員権の法的性質	ゴルフ会員権と債権管理（金融法務事情（債権管理）1442号）
258	平成 8 (1996) 年 2 月	〈座談会〉ゴルフ会員権と債権管理をめぐる諸問題（司会）	ゴルフ会員権と債権管理（金融法務事情（債権管理）1442号）
259	平成 8 (1996) 年 5 月	ゴルフ会員権譲渡担保の対抗要件否認	破産和議の実務（新日本法規出版）
260	平成 8 (1996) 年 7 月	建設工事紛争審査会の仲裁手続における職権主義について	大阪府建設工事紛争審査会40周年記念誌
261	平成 8 (1996) 年 9 月	抵当証券会社の倒産と債権管理上の諸問題	金融法務事情1462号（債権管理77号）
262	平成 8 (1996) 年 9 月	〈座談会〉ノンバンクの破綻処理と債権管理上の諸問題	金融法務事情1462号（債権管理77号）
263	平成 9 (1997) 年 3 月	預託金会員制ゴルフクラブの施設利用権の消滅時効と会員権の消長	私法判例リマークス14号

264	平成 9 (1997) 年 3 月	ゴルフクラブの入会契約上の権利と破産法上の双務未履行契約	破産和議の実務(上)（新日本法規出版）
265	平成 9 (1997) 年 7 月	金融機関の破綻に伴う法的処理（共著　冨田浩也）	自由と正義48巻 7 号
266	平成 9 (1997) 年 8 月	調査意見書（株式会社アポロリース）	㈱さくら銀行・㈱アポロリースに提出
267	平成 9 (1997) 年 8 月	ファイナンスリースの法的性質と倒産	調査意見書
268	平成 9 (1997) 年10月	外国人株主の議決権行使と議決権の不統一行使への対応	株主総会実務の手引・追録
269	平成 9 (1997) 年10月	すべての議案に「否」の指示のある委任状はどう取り扱うか	株主総会実務の手引・追録
270	平成10 (1998) 年 7 月	ゴルフ場倒産処理のジレンマ	金融法務事情1519号
271	平成10 (1998) 年 7 月	ゴルフ場経営企業倒産と再建・清算方法	金融法務事情1519号
272	平成10 (1998) 年 7 月	〈座談会〉ゴルフ場倒産をめぐる法的諸問題（司会）	金融法務事情1519号
273	平成10 (1998) 年11月	預託金会員権の法体系と「新理論」の考察	ゴルフ会員権再生の新制度（日本ゴルフ団体関連協議会出版）
274	平成10 (1998) 年12月	最近のゴルフ会員権契約をめぐる裁判例（共著　深堀知子）	金融・商事判例1054号
275	平成10 (1998) 年12月	浜田行正さんの死を悼む（共著　坂東平）	公正22号（法曹公正会創立60周年記念号）
276	平成10 (1998) 年12月	「折々の花」を楽しむ	公正22号（法曹公正会創立60周年記念号）
277	平成11 (1999) 年 3 月	ゴルフ会員権譲渡担保と対抗要件否認（共著　深堀知子）	倒産手続と担保権・否認権・相殺権の諸問題（金融・商事判例増刊1060号）
278	平成11 (1999) 年 3 月	浜田行正さんを偲ぶ	大阪弁護士会会報209号
279	平成11 (1999) 年 3 月	故林良平先生追悼シンポジウム・パネルディスカッション	近畿大学法学46巻 4 号
280	平成11 (1999) 年 7 月	これからの債権管理のあり方に寄せて	債権管理85号
281	平成11 (1999) 年 8 月	ゴルフ場経営企業の倒産と再建処理	銀行法務21・565号

282	平成11(1999)年9月	合併期日と定時株主総会との間に合併新株が譲渡された場合、議決権を行使するのはだれか	問答式　株主総会実務の手引・追録（新日本法規）
283	平成11(1999)年10月	新民事再生法に期待する	NBL674号
284	平成11(1999)年10月	臨床会社再生第2回企業再生に必要不可欠な九つの条件	債権管理86号
285	平成11(1999)年10月	ゴルフ場倒産と金融機関の対応―本書を編集するにあたって	ゴルフ場倒産と金融機関の対応（金融・商事判例別冊）
286	平成11(1999)年10月	〈座談会〉ゴルフ場の倒産（司会）	ゴルフ場倒産と金融機関の対応（金融・商事判例別冊）
287	平成11(1999)年10月	ゴルフ場経営企業倒産と金融機関	ゴルフ場倒産と金融機関の対応（金融・商事判例別冊）
288	平成11(1999)年11月	企業倒産・企業更生と取締役の責任	企業ビジネスと法的責任（法律文化社）
289	平成11(1999)年11月	長谷川俊作さんを悼む	大阪弁護士会会報210号
290	平成11(1999)年12月	既に会員契約を解除したゴルフ場会員にも、新たに退会手続を要せず、後に成立した和議条件の適用があるでしょうか。	問答式　破産・和議の実務・追録（新日本法規出版）
291	平成12(2000)年2月	株主の議決権の行使―議決権を行使できる株主無議決権株を所有する株主はどのような場合にも議決権を行使できないか	問答式　株主総会実務の手引・追録（新日本法規出版）
292	平成12(2000)年2月	議決権の行使が制限される場合とは	問答式　株主総会実務の手引・追録（新日本法規出版）
293	平成12(2000)年2月	外国人株主の議決権行使と議決権の不統一行使への対応	問答式　株主総会実務の手引・追録（新日本法規出版）
294	平成12(2000)年2月	すべての議案に「否」の指示のある委任状はどう取り扱うか／議案に「否」の指示のある委任状はどう取り扱うか	問答式　株主総会実務の手引・追録（新日本法規出版）

295	平成12(2000)年2月	自己株式について、無議決権株の発行制限はあるか（共著　辻川正人）	問答式　株主総会実務の手引・追録（新日本法規出版）
296	平成12(2000)年2月	相互保有株式の議決権はどうなるか（共著　辻川正人）	問答式　株主総会実務の手引・追録（新日本法規出版）
297	平成12(2000)年2月	単位未満株主の議決権は（共著　辻川正人）	問答式　株主総会実務の手引・追録（新日本法規出版）
298	平成12(2000)年2月	ゴルフ会員権の譲渡担保	問答式　破産・和議の実務（新日本法規出版）
299	平成12(2000)年2月	和議成立とゴルフ会員の地位	問答式　破産・和議の実務（新日本法規出版）
300	平成12(2000)年2月	民事再生手続法（仮称）の施行と運用について	公正フォーラム Vol.1
301	平成12(2000)年4月	民事再生法の施行について	銀行法務21・575号
302	平成12(2000)年7月	最近のゴルフ会員権契約関係をめぐる重要判例	金融・商事判例1094号
303	平成12(2000)年7月	現下のゴルフ会員権とゴルフ場倒産に関する法的諸問題	現代法律実務の諸問題〔平成11年版〕（日弁連研修叢書）
304	平成12(2000)年8月	〈座談会〉「差押えと相殺」の現在	銀行法務21・579号
305	平成12(2000)年8月	倒産実務における相殺権をめぐる諸問題（共著　浦田和栄）	銀行法務21・579号
306	平成12(2000)年8月	取締役が株主の場合の議決権行使	問答式　株主総会実務の手引・追録（新日本法規出版）
307	平成12(2000)年8月	議決権のない株主とはどのような株主か	問答式　株主総会実務の手引・追録（新日本法規出版）
308	平成12(2000)年8月	株主の指示に反する議決権の代理行使は無効か	問答式　株主総会実務の手引・追録（新日本法規出版）
309	平成12(2000)年8月	議決権行使の代理人を株主に限定する定款の規定は有効か	問答式　株主総会実務の手引・追録（新日本法規出版）

310	平成12(2000)年8月	株式会社が定款で株主総会における議決権行使の代理人の資格を株主に限定している場合において株主（未成年者）の親権者は代理人として株主総会に出席することができる	問答式　株主総会実務の手引・追録（新日本法規出版）
311	平成12(2000)年8月	常任代理人の議決権行使	問答式　株主総会実務の手引・追録（新日本法規出版）
312	平成12(2000)年8月	証券投資信託の場合の議決権について（共著　岩坪哲）	問答式　株主総会実務の手引・追録（新日本法規出版）
313	平成13(2001)年5月	ゴルフ法判例72	編集（金融・商事判例別冊）
314	平成13(2001)年6月	会社分割の理論・実務と書式―労働契約承継、会計・税務、登記・担保実務まで	監修・共編（民事法研究会）
315	平成13(2001)年6月	社団法人芦屋カンツリー倶楽部意見書（共著　赫高規）	
316	平成14(2002)年3月	閉鎖的社会における株主総会	会社訴訟をめぐる理論と実務（中央経済社）
317	平成14(2002)年3月	民事再生法における企業維持理念の適用について	民事特別法の諸問題第4巻〈関西法律特許事務所開設35周年記念論集〉（第一法規）
318	平成14(2002)年7月	会社分割の理論・実務と書式―労働契約承継、会計・税務、登記・担保実務まで〔第2版〕	監修・共編（民事法研究会）
319	平成14(2002)年7月	会社法改正と弁護士が果たす役割（共著　赫高規）	自由と正義53巻7号
320	平成14(2002)年9月	監査役に就任して	ニチメン21・No.5
321	平成14(2002)年10月	ゴルフ場の倒産・再生と金融機関	編集（銀行法務21増刊610号）
322	平成14(2002)年10月	会員権問題の理論と実務―入会契約から施設経営企業の倒産まで〔全訂増補版〕（共著　今泉純一）	実務法律学全集3（民事法研究会）
323	平成15(2003)年1月	改正倒産法の理念	銀行法務21増刊613号

324	平成15(2003)年3月	平成13・14年改正商法の理論・実務と書式	監修（民事法研究会）
325	平成15(2003)年	古瀬村邦夫先生追悼	月刊大阪弁護士会
326	平成15(2003)年7月	山本和彦著『倒産処理法入門』書評	自由と正義54巻7号
327	平成15(2003)年7月	ロースクール特集甲南大学の部	週刊東洋経済
328	平成15(2003)年11月	監査役制度と監査委員会制度の選択	最新会社法をめぐる理論と実務（新日本法規出版）
329	平成16(2004)年4月	美に誘われて	法苑135号
330	平成16(2004)年5月	民事清算法論（中厳格型・簡易型解体清算手続論）	銀行法務21・632号
331	平成16(2004)年6月	改正担保・執行法の理論・実務と書式	監修（民事法研究会）
332	平成16(2004)年6月	議決権行使又は配当請求権者を定める基準日後、総会日前に発行された新株の株主に議決権はあるか	問答式　株主総会実務の手引・追録（新日本法規出版）
333	平成16(2004)年8月	合併期日と定時株主総会との間に合併新株が譲渡された場合、議決権を行使するのは誰か	問答式　株主総会実務の手引　追録（新日本法規出版）
334	平成16(2004)年8月	株主が死亡した場合には、だれが議決権を行使できるか	問答式　株主総会実務の手引　追録（新日本法規出版）
335	平成16(2004)年8月	議決権のない株主とはどのような株主か	問答式　株主総会実務の手引　追録（新日本法規出版）
336	平成16(2004)年8月	株券喪失登録された株券について議決権はあるか	問答式　株主総会実務の手引　追録（新日本法規出版）
337	平成16(2004)年9月	会社分割の理論・実務と書式―労働契約承継、会計・税務、登記・担保実務まで〔第3版〕	監修・共編（民事法研究会）
338	平成16(2004)年11月	実務　倒産法講義（共著　今泉純一）	民事法研究会
339	平成17(2005)年3月	新倒産法大系	甲南法務研究1号
340	平成17(2005)年4月	ゴルフ始めて45年	芦屋カンツリークラブ季刊誌「あしや」

341	平成17(2005)年5月	合併期日と定時株主総会との間に合併新株が譲渡された場合、議決権を行使するのは誰か	問答式　株主総会実務の手引・追録（新日本法規出版）
342	平成17(2005)年5月	新破産法の運用に望むこと	銀行法務21・648号
343	平成17(2005)年5月	議決権のない株主とはどのような株主か	問答式　株主総会実務の手引・追録（新日本法規出版）
344	平成17(2005)年5月	届出印と異なる捺印がある委任状はどうするか（共著　辻川正人）	問答式　株主総会実務の手引・追録（新日本法規出版）
345	平成17(2005)年7月	合併期日と定時株主総会との間に合併新株が譲渡された場合、議決権を行使するのは誰か	問答式　株主総会実務の手引・追録（新日本法規出版）
346	平成17(2005)年9月	イチボウ継永会の本意	イチボウ継永会創刊号
347	平成18(2006)年3月	実務　倒産法講義〔改訂増補版〕（共著　今泉純一・中井康之）	民事法研究会
348	平成18(2006)年6月	詳解　新会社法の理論と実務	共編（民事法研究会）
349	平成18(2006)年9月	イチボウ継永会地固めの時	イチボウ継永会2号
350	平成18(2006)年11月	大阪府建設工事紛争審査会体験記	あゆみ（大阪府建設工事紛争審査会50周年記念誌）
351	平成18(2006)年12月	書評「倒産・再生再編六法―判例・通達・ガイドライン付」	銀行法務21・668号
352	平成19(2007)年3月	消費者保護の真意を求めて（消費者保護委員歴代委員長ご挨拶）	消費者被害救済ガイドブック〈大阪弁護士会消費者保護委員会30周年記念〉（大阪弁護士会）
353	平成19(2007)年3月	建築審査会の基本構造について	兵庫県建築審査会協議会記録誌
354	平成19(2007)年6月	会社分割の理論・実務と書式―労働契約承継、会計・税務、登記・担保実務まで〔第4版〕	監修・共編（民事法研究会）
355	平成19(2007)年9月	イチボウ継永会から文化の香りを	イチボウ継永会3号
356	平成19(2007)年10月	法曹公正会創立70周年に向けて	公正31号

357	平成19(2007)年12月	詳解　会社法の理論と実務〔第2版〕	共編（民事法研究会）
358	平成20(2008)年1月	動産売買先取特権に基づく物上代位論（博士論文）	民事法研究会
359	平成20(2008)年1月	新年明けましておめでとうございます	チェリーヒルズゴルフクラブvol41
360	平成20(2008)年7月	法曹公正会創立70周年に向けて	公正とグリーン24号
361	平成20(2008)年9月	イチボウ継永史を越えて	イチボウ継永会4号
362	平成20(2008)年10月	法曹公正会創立70周年挨拶	公正32号
363	平成21(2009)年1月	品格の高いゴルフクラブを目指し一丸となって	チェリーヒルズゴルフクラブvol45
364	平成21(2009)年7月	美を求めて	池田銀行・行報いけだ150号
365	平成21(2009)年7月	会社合併の理論・実務と書式—労働問題、会計・税務、登記・担保実務まで	共編（民事法研究会）
366	平成21(2009)年9月	美の回遊を求めよう	イチボウ継永会5号
367	平成21(2009)年11月	実務倒産法講義〔第3版〕（共著　今泉純一・中井康之）	民事法研究会
368	平成22(2010)年1月	クラブライフを楽しめるゴルフクラブを目指して	チェリーヒルズゴルフクラブvol49
369	平成22(2010)年4月	動産売買先取特権に基づく物上代位の目的物—物上代位論世論—	民事特別法の諸問題第5巻(上)〈弁護士法人関西法律特許事務所45周年記念論文集〉（第一法規）
370	平成22(2010)年4月	新役員就任に際し思うこと	チェリーヒルズゴルフクラブvol50
371	平成22(2010)年4月	わたしが洗礼を受けたとき	岡本教会会報
372	平成22(2010)年7月	事業譲渡の理論・実務と書式—労働問題、会計・税務、登記・担保実務まで	共編（民事法研究会）
373	平成22(2010)年9月	健康と人生	イチボウ継永会6号
374	平成22(2010)年10月	会社分割の理論・実務と書式—労働契約承継、会計・税務、登記・担保実務まで〔第5版〕	共編（民事法研究会）
375	平成23(2011)年1月	2011年の新年を迎えるにあたってのご挨拶	チェリーヒルズゴルフクラブvol53

376	平成23(2011)年4月	会社合併の理論・実務と書式―労働問題、会計・税務、登記・担保実務まで〔第2版〕	共編（民事法研究会）
377	平成23(2011)年8月	事業譲渡の理論・実務と書式―労働問題、会計・税務、登記・担保実務まで〔第2版〕	共編（民事法研究会）
378	平成23(2011)年9月	イチボウ継永会の「道」	イチボウ継永会7号
379	平成24(2012)年1月	2012年新年を迎えるにあたってのご挨拶	チェリーヒルズゴルフクラブ vol57
380	平成24(2012)年4月	新役員選任により新たな出発を!!	チェリーヒルズゴルフクラブ vol58
381	平成24(2012)年9月	イチボウ継永会の存在意義	イチボウ継永会8号
382	平成24(2012)年10月	井上洋一先生追悼文「泰然自若」の人・井上洋一先生の死を悼む	月刊大阪弁護士会10月号
383	平成25(2013)年1月	ゴルフプレーの本質について	チェリーヒルズゴルフクラブ vol61
384	平成25(2013)年1月	会社分割の理論・実務と書式―労働契約承継、会計・税務、登記・担保実務まで〔第6版〕	共編（民事法研究会）
385	平成25(2013)年9月	イチボウ継永会9周年の重み	イチボウ継永会9号
386	平成25(2013)年12月	私のスター	公正37号
387	平成26(2014)年1月	ゴルフの美	チェリーヒルズゴルフクラブ vol65
388	平成26(2014)年2月	開場25周年に向けて	チェリーヒルズゴルフクラブ vol66
389	平成26(2014)年10月	監査役（会）設置制度と指名委員会等設置制度と監査等委員会設置制度の選択	会社法改正の潮流（新日本法規出版）
390	平成26(2014)年10月	イチボウ継永会創立10周年を迎えて	イチボウ継永会10号
391	平成26(2014)年12月	この人に聞く	公正38号
392	平成27(2015)年1月	創立25周年を超えて目指すべきこと	チェリーヒルズゴルフクラブ vol69

今中利昭先生傘寿記念
会社法・倒産法の現代的展開

平成27年5月15日　第1刷発行　　　　　　　　　定価　本体12,000円＋税

編　者　田邊光政・阿多博文・今泉純一・佐藤鉄男・
　　　　四宮章夫・赫　高規・中井康之・山本和彦
発　行　株式会社　民事法研究会
印　刷　文唱堂印刷株式会社

発行所　株式会社　民事法研究会
〒150-0013　東京都渋谷区恵比寿3-7-16
　　〔営業〕TEL 03(5798)7257　FAX 03(5798)7258
　　〔編集〕TEL 03(5798)7277　FAX 03(5798)7278
　　http://www.minjiho.com/　info@minjiho.com

落丁・乱丁本はお取り換えします。
ISBN 978-4-86556-018-3 C3032 ￥12000E